2012 解读浙江经济

金汝斌　梁普明 主编

浙江工商大学出版社

图书在版编目(CIP)数据

2012解读浙江经济 / 金汝斌，梁普明主编. — 杭州：浙江工商大学出版社，2012.7

ISBN 978-7-81140-546-0

Ⅰ. ①2… Ⅱ. ①金… ②梁… Ⅲ. ①区域经济发展—研究—浙江省—2012 Ⅳ. ①F127.55

中国版本图书馆CIP数据核字(2012)第149163号

2012解读浙江经济

金汝斌 梁普明 主编

责任编辑 刘 韵 祝希茜
封面设计 流 云
责任印制 汪 俊
出版发行 浙江工商大学出版社
(杭州市教工路198号 邮政编码310012)
(E-mail:zjgsupress@163.com)
(网址:http://www.zjgsupress.com)
电话:0571-88904980,88831806(传真)
排 版 杭州朝曦图文设计有限公司
印 刷 浙江新华数码印务有限公司
开 本 787mm×960mm 1/16
印 张 29
字 数 505千
版 印 次 2012年7月第1版 2012年7月第1次印刷
书 号 ISBN 978-7-81140-546-0
定 价 68.00元

目　录

经济监测

专题研究

市县观察

经济监测

2011年浙江经济平稳较快发展

2011年以来，浙江深入贯彻落实科学发展观，认真实施"八八战略"和"两创"总战略，在国际经济增长减速，国内实施积极的财政政策和稳健的货币政策的宏观环境下，着力稳增长、抓转型、控物价、惠民生、促和谐，加快启动实施三大国家战略，积极帮助中小企业脱困解难，全省经济保持平稳增长，民生进一步改善，实现了"十二五"发展的良好开局。

一、经济运行总体平稳

（一）经济平稳增长

2011年，全省生产总值(GDP)为32000.1亿元，比上年增长9%，实现了9%的预期目标，其中，一产增长3.6%；二产增长9.1%；三产增长9.4%。人均GDP为58665元，约合9083美元(按年平均汇率6.4588测算)，比上年增长7.1%。三次产业比例为4.9∶51.3∶43.8，与上年相比，三产比重上升0.3个百分点，二产比重下降0.3个百分点。

1.工业生产在三季度快速回落的基础上有所趋稳，服务业发展较快，农业发展平稳。2011年，规模以上工业增加值10878亿元，比上年增长10.9%，增速比一季度和上半年分别回落2个百分点和1.2个百分点，比前三季度回落0.3个百分点，回落幅度有所减小。实现利润3080.1亿元，比上年增长9.9%，增速比上半年和前三季度分别回落22.5个百分点和11.3个百分点。采取化解中小微企业困境的措施取得初步成效。企业资金紧张状况已有所缓解。年末规模以上工业企业银行贷款余额12914.5亿元，比9月末增加365.5亿元，比上年增长18.1%。工业生产增速快速回落的态势有所遏制。11月规模以上工业增加值增长7.3%，比上月回落0.4个百分点，回落幅度比10月减小0.7个百分点，12月增长9%，增速比上月回升1.7个百分点。全年小型企业增加值增长11.4%，高于规模以上工业0.5个百分点，工业生产形势正在逐步趋于稳定。

服务业发展较快。2011年，服务业增加值比上年增长9.4%，高于GDP增速0.4个百分点，对GDP的增长贡献率达45.7%，比上年提高1.8个百分点。服务业从业人员比重为34.6%，比上年提高0.4个百分点。在服务业中，

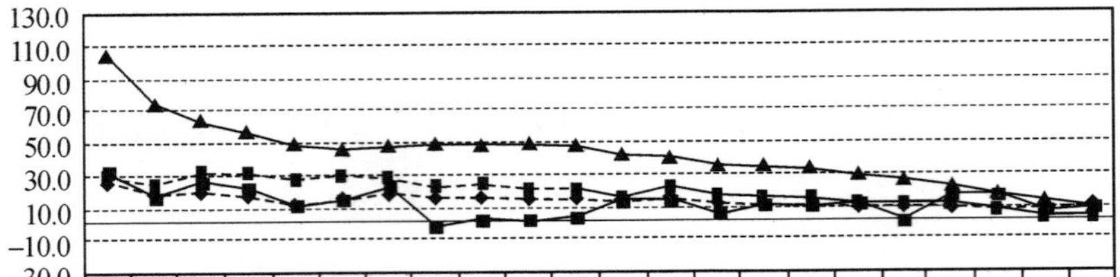

	2010年1–2月	3月	4月	5月	6月	7月	8月	9月	10月	11月	12月	2011年1–2月	3月	4月	5月	6月	7月	8月	9月	10月	11月	12月
工业增加值	25.3	17.3	19.8	17.0	11.7	14.6	17.2	16.0	15.1	13.6	14.1	12.5	14.2	11.5	10.8	10.7	9.4	9.0	8.8	7.7	7.3	9.0
出品交货值	28.7	24.4	31.4	31.7	26.9	30.1	27.6	22.3	23.6	20.5	20.2	15.1	21.8	16.4	15.5	14.8	11.7	11.4	11.3	7.5	3.5	3.7
工业利润(累计)	104	74.6	62.8	56.5	49.1	45.9	46.6	48.6	48.3	49.0	47.3	41.8	40.0	35.3	33.7	32.4	28.7	25.2	21.2	16.6	12.7	9.9
工业用电量	31.5	17.0	26.2	21.6	11.7	14.1	23.1	−1.2	2.3	1.3	3.9	13.3	13.4	5.8	10.3	10.5	11.5	−0.1	16.6	16.1	6.2	8.9

图 1　工业增加值、出口交货值、工业用电量当月增速和工业利润累计增速(%)

批发和零售业、住宿和餐饮业、其他服务业增长较快，增加值分别增长 13.1%、12.0%和 12.5%，交通运输仓储和邮政业、金融业增加值分别增长 9.9%和 8.1%，房地产业增加值下降 3.5%。全社会铁、公、水路的客运、货运周转量分别比上年增长 3.6%和 21.3%；旅游外汇收入和国内旅游收入分别增长 15.6%和 24.3%。1—11 月，限额以上交通、信息、商务、科技、文化、居民服务及其他服务业等企业营业收入和营业利润同比分别增长 17.4%和 25.8%。

农业生产稳定增长。预计全年农、林、牧、渔业增加值分别比上年增长 2.3%、4.3%、2.0%、7.4%，农林牧渔服务业总产值增长 6.5%。农作物种植结构进一步调整，花卉苗木等种植收益好的农作物生产规模继续扩大。粮食播种面积与上年基本持平，粮食总产量 781.6 万吨(156.3 亿斤)，增长 1.4%。畜牧业继续保持稳步发展态势，渔业生产稳定增长。全省肉类总产量 176 万吨，比上年增长 0.4%；水产品产量 519.8 万吨(含远洋)，增长 8.7%，其中，海水产量 415 万吨，淡水产量 104.8 万吨。

2. 投资、消费增速基本稳定，出口增速回落。2011 年，固定资产投资 14290 亿元，比上年增长 24.8%，增速分别比上半年和前三季度略回落 1.1 个百分点和 0.8 个百分点，按投资价格指数缩减，实际增速为 16.1%，其中，房地产开发投资 4494 亿元，增长 48.5%。社会消费品零售总额 11931 亿元，比上年增长 17.4%，扣除价格因素实际增长 11.3%。进出口总额 3094 亿美元，比上年增长 22%，其中，出口 2164 亿美元，增长 19.9%，增速分别比上半年和前三季度回落 2.4 个百分点和 1.9 个百分点；进口 930 亿美元，增长 27.3%。新批外商投资企业 1691 家，合同利用外资 205.8 亿美元，实际利用外资 116.7 亿美元，比上年分别增长 2.7%和 6%；全省对外投资中方投资额 34.1 亿美元，增长 1.5%。

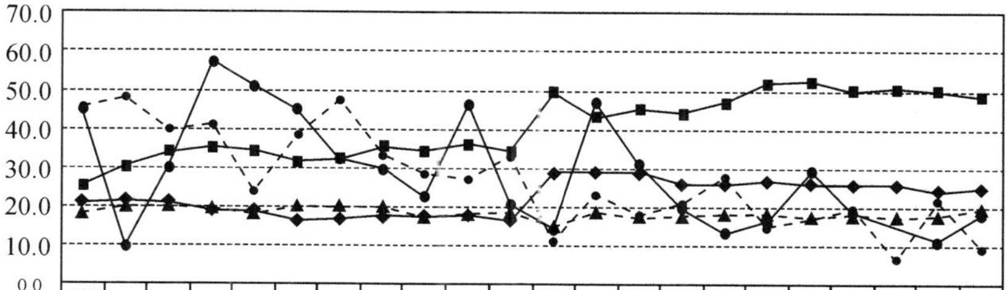

	2010年1-2月	3月	4月	5月	6月	7月	8月	9月	10月	11月	12月	2011年1-2月	3月	4月	5月	6月	7月	8月	9月	10月	11月	12月
—◆—固定资产投资	20.7	21.5	20.7	19.0	18.5	16.7	16.8	17.7	17.2	17.7	16.7	29.1	29.0	28.9	26.2	25.9	26.9	25.9	25.6	25.6	24.1	24.8
—■—#房产投资	25.2	30.3	34.2	35.2	34.6	31.7	32.3	35.4	34.3	36.1	34.4	49.6	43.3	45.4	44.4	47.1	51.9	52.3	50.1	50.8	49.9	48.5
-▲-社会消费品零售总额	18.3	19.9	20.2	19.4	18.1	19.9	20.0	19.9	17.3	17.9	18.6	15.0	18.7	17.2	17.5	18.3	17.9	17.2	18.0	17.1	17.5	19.3
-●-#汽车零售	45.6	48.3	40.1	41.1	23.8	38.2	47.5	33.4	28.6	27.6	33.2	11.4	23.1	17.8	20.7	27.8	14.8	16.8	19.3	6.4	21.5	9.5
—●—出口	45.1	9.9	30.3	57.2	50.9	45.0	32.5	30.0	22.9	46.5	20.9	14.5	47.1	31.1	19.8	13.3	16.1	29.3	18.8	14.7	11.4	17.9

图 2　固定资产和房地产投资累计增速、社会消费品零售额、汽车零售额和出口当月增速(%)

3.财政收入增速基本稳定,存贷款增速走低。2011 年,财政一般预算总收入 5925 亿元,比上年增长 21.0%,地方一般预算收入 3151 亿元,增长 20.8%,按可比口径计算增长 15.2%。在地方一般预算收入中,企业所得税和个人所得税增长较快,分别比上年增长 33%和 22.8%,增值税和营业税分别增长 15.8%和 12.1%。地方财政一般预算支出 3843 亿元,增长 19.8%。2011 年末,金融机构本外币存款余额 60893 亿元,比上年末增长 12%,新增存款 6507 亿元,同比少增 2766 亿元。本外币贷款余额 53239 亿元,增长 13.8%,新增贷款 6482 亿元,同比少增 1175.5 亿元,其中 12 月新增 600 亿元,同比多增 314 亿元。从境内贷款投向看,短期贷款增长 19.7%,中长期贷款增长 5.1%,票据融资增长 5.4%。

(二)转型升级积极推进

1.创新驱动持续增强。2011 年,地方财政中用于科技支出 144 亿元,比上年增长 18.7%。规模以上工业企业科技活动经费支出增长 21%。产品升级换代取得积极成效,2011 年,规模以上工业新产品总产值 12253 亿元,比上年增长 28.8%,新产品产值率 22%,比重提高 1.3 个百分点。专利事业取得新进展。2011 年,全省专利申请量、授权量分别达 17.7 万件和 13.0 万件,比上年分别增长 46.7%和 13.6%;发明专利申请量、授权量分别为 22500 件和 8600 件,增长 25%和 35%,发明专利授权量占专利授权总量的比重由 2010 年的 5.6%提高到 6.7%。

2.大平台大产业大项目大企业建设积极推进。14 个产业集聚区建设有序实施，编制完成第二批 21 个升级产业集群示范区实施方案，推动 42 个块状经济向现代产业集群转型升级，积极培育战略性新兴产业。预计 2011 年全省海洋经济生产总值 4500 亿元，比上年增长 19%（未扣除价格因素），约占 GDP 的 14%。2011 年，规模以上工业装备制造业和高新技术产业增加值比上年分别增长 12.1%和 13.4%，增速分别比规模以上工业高 1.2 个百分点和 2.5 个百分点，所占比重为 33.1%和 24.1%，高新技术产业比重比上年提高 0.3 个百分点，装备制造业拉动规模以上工业增长 4.1 个百分点，增长贡献率为 37.4%。发光二极管（LED）、太阳能电池成品和多晶硅等节能产品产量增长较快，分别增长 28.2%、44.7%和 80.8%。投资更多地投向装备制造业、重点服务业和战略性新兴产业。2011 年，制造业投资 4563 亿元，比上年增长 14%，装备制造业投资 2203 亿元，增长 18%，比制造业投资增速快 4 个百分点，工业技术改造投资占工业投资的 55.4%。服务业投资增长 32.6%，其中，教育、批发零售、科研、水利环境、居民服务、卫生社会保障和社会福利、文化体育和娱乐业投资分别增长 22%、13.9%、30.5%、16.4%、104.7%、18.1%、60.2%。重点实施 146 家龙头骨干企业 663 项重大项目，做强做大龙头骨干企业，新组建企业集团 100 余个，重点推进 6 个国际区域品牌试点。大企业大集团发展较好。2011 年，大型企业工业增加值比上年增长 11.7%，增速比规模以上工业高 0.8 个百分点。

3. 节能减排取得一定成效。2011 年，规模以上高耗能行业工业增加值 4447 亿元，比上年增长 10.6%，增速比规模以上工业低 0.3 个百分点，按可比价计算，高耗能行业工业增加值占规模以上工业比重为 39.8%，比上年下降 0.1 个百分点，其中，纺织（9.1%）、电力（6.7%）和石油加工（2.3%）的增加值增速均低于平均水平。11、12 月高耗能行业工业增加值仅增长 5.7% 和 8.2%，出现下半年以来最大幅度的回落。全年单位 GDP 能耗降低率为 3.1%，其中，规模以上工业单位增加值能耗降低率为 3.8%。初步核定，化学需氧量、二氧化硫排放量分别下降 2.81%和 3.15%，均完成年度减排目标。

4. 多层次资本市场建设稳步推动。2011 年，全省新增境内外上市公司 40 家，有 30 家上市公司 2011 年实现再融资，上市公司累计达 283 家，资本市场融资额累计 2636 亿元。其中，境内上市公司 38 家，占全国（285 家）的 13.3%，资本市场融资（含首发、再融资）627.8 亿元。其中，A、B 股上市公司 225 家，数量居全国第 2 位，境内资本市场融资累计 2448 亿元；中小企业板上市公司 113 家，居全国第 2 位；创业板公司 26 家，居全国第 4 位，上市公司数量继续全国领先。

（三）民生进一步改善

1.城乡居民收入差距缩小，低收入农户收入快速增长。2011年，我省城镇居民人均可支配收入突破3万元，达30971元，比上年增长13.2%，扣除价格因素，实际增长7.5%，实际增速比上年加快0.5个百分点；农村居民人均纯收入13071元，比上年增长15.6%，扣除价格因素，实际增长9.5%，实际增速比上年加快0.9个百分点。城镇居民人均可支配收入水平自2001年开始已连续11年列上海、北京后，居全国31个省（市、自治区）第3位，省（区）第1位；农村居民人均纯收入水平自1985年开始已连续27年位居各省（区）首位。农村居民人均纯收入增速比城镇居民人均可支配收入增速快2个百分点，城乡收入差距从上年的2.42倍缩小到2.37倍。规模以上工业从业人员人均劳动报酬34456元，比上年增长16.9%。据全省低收入农户奔小康工程统计监测调查资料，2011年，低收入农户人均纯收入为5298元，比上年增长25.0%，扣除价格因素实际增长18.4%，增幅均高出全省农村居民人均纯收入9个百分点左右。全省低收入农户家庭人均纯收入达到4000元及以上的低收入农户比重为63.4%，若"低保"农户除外，这一比重已近65%，预计2012年可以超过省第十二次党代会上提出的"力争使低收入农户（'低保'农户除外）70%以上家庭人均纯收入超过4000元"的基本目标。

2.民生进一步改善。财政用于改善民生等方面的支出力度进一步加大。2011年，住房保障、国土资源气象等事务、社会保障和就业、农林水事务、城乡社区事务、医疗卫生、教育、交通运输支出分别增长96.1%、45.2%、41.4%、28.6%、24.3%、24.3%、23.9%和17.4%。就业总量持续增长，规模不断扩大。预计2011年末全省从业人员为3680万人，比上年增加44万人，增长1.2%，非农产业从业人员比重达85.6%，比上年提高1.6个百分点。新增城镇就业人员94.6万人，帮助39.5万名城镇失业人员实现再就业，城镇登记失业率为3.12%，比上年末下降0.08个百分点。社会保险参保人数持续增加。据人力社保厅资料，2011年，企业养老保险参保人数1821.8万人，新增215.6万人；城镇职工基本医疗保险参保人数1514.4万人，农民工445.3万人，分别新增170万人和17.2万人，城镇居民基本医疗保险参保人数605.9万人，新增63.4万人；工伤、失业、生育保险参保人数分别为1610.6万人、980.6万人和977.3万人，新增135.5万人、105.6万人和113.6万人，农民工参加工伤保险731.4万人，新增90.8万人。378.2万被征地农民参加基本生活保障。完善落实了最低生活保障制度和困难群众基本生活价格补贴政策。

3. 加快推进保障性住房建设。据省建设厅资料，2011 年，全省新开工建设各类保障性住房 20.9 万套，新增廉租住房货币补贴 7753 户。

（四）物价和房地产市场调控取得明显成效

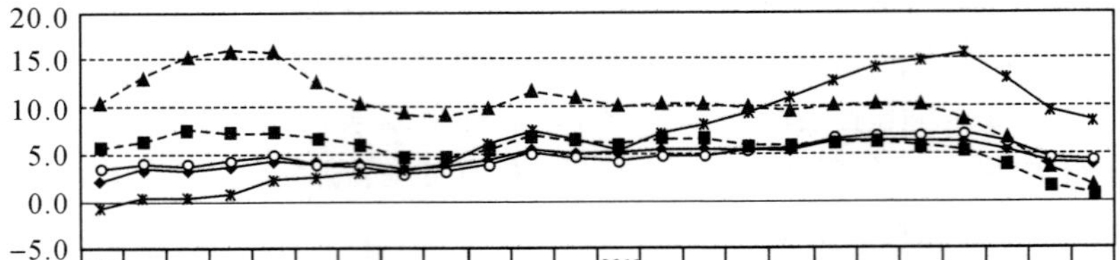

	2010年1月	2月	3月	4月	5月	6月	7月	8月	9月	10月	11月	12月	2011年1月	2月	3月	4月	5月	6月	7月	8月	9月	10月	11月	12月
居民消费价格	2.1	3.3	3.1	3.7	4.2	3.8	4.1	3.4	3.6	4.2	5.5	4.9	5.1	5.2	5.3	5.2	5.3	6.4	6.3	6.2	6.2	5.5	4.0	3.9
工业生产者出厂价格	5.7	6.4	7.6	7.2	7.2	6.7	6.0	4.6	4.5	5.4	6.9	6.4	6.0	6.5	6.6	5.9	5.8	6.2	6.4	5.9	5.2	3.7	1.5	0.6
工业生产者购进价格	10.4	13.1	15.3	16.0	15.8	12.6	10.4	9.2	9.0	9.8	11.6	10.9	10.0	10.2	10.2	9.9	9.6	10.0	10.3	10.0	8.7	6.6	3.5	1.6
商品零售价格	3.3	3.9	3.7	4.2	4.7	3.9	3.7	2.9	3.2	3.8	5.1	4.5	4.2	4.7	4.8	5.2	5.4	6.6	6.8	6.8	7.0	6.1	4.4	4.2
农业生产资料价格	−0.8	0.3	0.4	0.7	2.3	2.4	3.0	3.2	3.9	6.0	7.5	6.5	5.4	7.1	8.1	9.3	10.9	12.8	14.1	14.9	15.6	12.9	9.6	8.5

图 3　各类价格月底涨幅（%）

1. 市场价格过快上涨的势头得到遏制。随着中央宏观调控措施的落实到位，国际市场大宗商品价格回落，翘尾因素逐月减小，我省居民消费价格过快上涨的势头得到了初步遏制。2011 年，居民消费价格（CPI）上涨 5.4%，月度涨幅从 6 月的 6.4%回落到 10、11、12 月的 5.5%、4%和 3.9%，12 月涨幅比全国同期低 0.2 个百分点，累计涨幅与全国持平；从环比看，10 月份开始转升为降，10、11 月分别比上月下降 0.2%和 0.5%，12 月略有回升（上涨 0.2%）。2011 年，工业生产者出厂价格（PPI）和购进价格分别上涨 5.0%和 8.3%，涨幅比全国同期低 1 个百分点和 0.8 个百分点，月度涨幅从 7 月的 6.4%和 10.3%快速回落到 12 月的 0.6%和 1.6%；环比连续 5、4 个月下降，12 月环比分别下降 0.5%和 0.9%。

2. 商品房销售清淡，房价涨幅回落。2011 年，全省房地产开发企业的商品房销售面积 3827 万平方米，比上年下降 20.5%，销售额 3728 亿元，下降 16.4%。从国家统计局公布的 12 月 70 个大中城市新建商品住宅（不含保障性住房）销售价格变动情况看，与上年同月相比，温州和宁波分别下降 7.4%和 1.3%，杭州、金华分别上涨 1%和 1.3%，金华、杭州、宁波、温州分别居涨幅第 48、50、68 和 70 位；与上月相比，温州、杭州、宁波、金华环比分别下降 2%、0.7%、1.5%和 0.3%，均居 51 位以后。

二、经济运行中存在的主要问题

1. 经济增速处于下行态势。一至四季度，GDP 累计增速分别为 10.4%、

9.9%、9.5%、9.0%，同比分别回落4.6、1.8、3.0、2.9个百分点，下行趋势比较明显。由于我省小企业比重大，资源要素制约严重，产业转型难度较大，经济下行趋势比全国严峻。GDP增速与全国相比，从2010年一季度高于3.1个百分点回落到2011年全年低于0.2个百分点。企业景气持续回落。据企业景气调查，四季度，我省企业家信心指数为113，分别比三季度和上年同期回落10.7点和25.2点，为2009年二季度以来的新低；企业景气指数为126，比一至三季度分别回落8.1点、9.6点和7.0点，比上年同期回落16.1点，为2009年四季度以来的新低，信心指数和景气指数分别比全国低9个百分点和2.2个百分点。

特别需要关注的是工业经济下行过快，持续时间过长，对经济增长的影响较大。10月份以来，省委省政府采取了一揽子政策措施全力帮助中小微企业脱困解难，取得了初步成效。但在外需减弱、货币政策较紧和原材料成本、人民币升值、用工成本和利率成本等大幅上升的情况下，工业企业的生产经营压力依然较大，特别是市场需求不足的影响在加大。下半年各月规模以上工业已连续6个月进入个位数增长区间。出口交货值增速已从5、6月的15%左右下滑到12月的3.7%，2011年，出口拉动销售产值增长仅2.7个百分点，比上年低3.3个百分点，增长贡献率从上年的19.9%下降到12.7%。工业产品订货减少。据企业景气调查，四季度，工业产品订货景气指数为102.4，分别比三季度和上年同期回落16.5点和30点，其中，出口企业产品订货景气指数为92.5点，同比回落17.5点，环比回落8.2点，回落幅度呈加快趋势，跌入不景气区间。生产经营成本上升导致企业利润下滑过快。规模以上工业实现利润累计增速从一季度的40%下滑到全年的9.9%，与全国增速的差距由1—6月的高出3.7个百分点转为全年低15.5个百分点。月度利润增速回落幅度更大，不仅从年初41.8%的高位一路快速回落到8月份的个位数增长，且从9月起出现下降，9、10、11、12月同比分别下降1.5%、12.0%、14%和8.6%，利润下滑的幅度大于生产下滑的幅度，而全国11月当月利润仍增长17.9%。2011年，我省37个行业中有7个行业利润出现下降，10个行业为个位数增长。企业亏损额160.6亿元，增长72.9%。

外需和内需的拉动力均在减弱。受美债信用评级下调、欧债危机扩散升级以及全球经济下滑风险加大等不利因素影响，外需明显下滑。全省出口规模从7、8月的200亿美元以上回落到190亿美元左右，增速从8月的29.3%回落到11、12月的11.4%和17.9%。2011年，我省出口增速低于全国同期（20.3%）0.4个百分点，也低于山东（20.7%）、福建（29.9%）。对欧盟和美国出口持续低迷，2011 年分别增长 15.4%和 14.7%，低于全省同期出口平均增速 4.5 个百分点和 5.2 个百分点。贸易保护主义对国际贸易摩擦“重灾区”的浙江所产生的不利影响不容忽视。省内消费的实际增速走低。2011 年，社会消费品零售总额扣除价格因素的实际增速为 11.3%，比上年低 3.2 个百分点。汽车销售对消费品零售总额的贡献率下降，新的消费热点不明显。2011 年，汽车类零售额为 2211 亿元，比上年增长 16.6%，占限额以上贸易企业商品零售额的 40.4%，对社会消费品零售总额的贡献率为 18%，比上年回落 12.2 个百分点，与汽车相关的石油及制品(增长 40.5%)比重也高达 18.3%。而销售增速较快的家具(增长 57.1%)、金银珠宝(增长 53.5%)和通讯器材(增长 31.7%)类零售额所占比重不大，共为 3.1%，影响面较小。投资增长后劲堪忧，产业投资拉动力减弱。2011 年投资主要靠房地产投资拉动，全年房地产开发投资占固定资产投资的 31.5%，比重比上年提高 5.1 个百分点，比上年增长 48.5%，拉动固定资产投资总额增长 12.8 个百分点，增长贡献率达 51.8%；土地购置费占房地产投资的 37.7%，其增长难有持续性。而除房地产开发投资外的三产项目投资仅增长 19.6%，工业投资增长 13.1%，制造业投资增长 14%，分别低于固定资产投资 5.2、11.7 和 10.8 个百分点，将可能影响今年的经济增长后劲。

2.市场价格涨幅仍然较高。2011 年，全省居民消费价格上涨 5.4%，涨幅比上年上升 1.6 个百分点，创 1997 年以来的新高，其中，6—9 月连续 4 个月涨幅都在 6%以上，最高的 6 月达 6.4%。2011 年，所调查的八大类价格同比全面上涨，食品类涨幅最高，上涨 12.1%，居住、医疗保健和个人用品、家庭设备用品及维修服务、衣着、烟酒、交通和通信、娱乐教育文化用品及服务类价格同比分别上涨 5.3%、3.7%、3.7%、2.9%、1.7%、0.7%、0.1%。食品类价格大幅攀升是影响居民消费价格总水平上升的首要因素，推动价格总水平上升 3.4 个百分点，居住、医疗保健和个人用品类分别推动价格总水平上升 1.1 个百分点和 0.3 个百分点。居民消费价格(CPI)高位运行是流动性过剩、需求拉动、成本推动和外部输入等共同作用的结果。2011 年，工业生产者购进价格比上年上涨 8.3%，高于出厂价格(PPI)3.3 个百分点，涨幅在 10%以上是有色金属材料电线类(11.7%)、化工原料类(11.2%)和农副产品类(10.1%)，燃料动力类、建筑材料及非金属矿类、其他工业原材料及半成品类、纺织原料类、黑色金属材料类、木材及纸浆类等购进价格涨幅在 3.8%—9.7%之间。

3.城乡居民持续增收难度加大。从居民人均收入的构成看，城镇居民人均可支配收入的三分之二和农村居民人均纯收入的一半以上均来自于工资性收入，经济增速下行、企业生产经营困难将直接影响工资性收入特别是城镇居民可支配收入的增长，涨幅较高的居民消费价格严重缩减居民收入的实际增速，影响中低收入居民的生活水平。同时，农业生产费用支出增长更快，直接影响农民纯收入增长。2011 年，农业生产资料价格同比上涨 10.8%，其中，9 月涨幅(15.6%)为 2008 年 11 月以来新高。土地流转费用、用工成本提高也较快。

4. 一些不稳定因素和潜在的风险在集聚。一是商品房销售清淡影响企业的资金回笼。2010 年 6 月以来，商品房销售面积开始步入下降通道，除 2011 年 1—2 月外，销售额也基本处于微增和下降之中，全年销售额下降 16.4%，为近一年半来最大降幅。2011 年，房地产投资资金来源仅增长 10.6%，比同期房地产投资增速低 37.9 个百分点。二是部分企业资金困难。据企业景气调查，四季度，企业流动资金和融资景气指数分别为 103.5 和 94.5，比三季度分别回落 4.9 点和 2.5 点，其中，中小企业融资景气指数为 95.4，比大型企业低 2.2 点，比三季度回落 1.2 点，融资景气指数已连续 3 个季度处于“不景气”区间。三是企业利润加速下滑，一定程度上将影响企业家的信心和今年生产和投资的增长。四是政府减税让利和企业利润下滑与财政民生支出持续增加的矛盾显现，财政收支平衡压力加大。

当前世界经济增长放缓，国际贸易增速回落，国际金融市场剧烈动荡，各类风险明显增多。主要经济体经济增速下滑，欧美国家主权债务问题突出，消费市场低迷成为常态，新兴市场国家增速减缓，通胀压力仍然较大，各种形式的保护主义愈演愈烈，极端气候和自然灾害频发也给世界经济带来负面影响，世界经济复苏的不稳定性不确定性上升，风险挑战增多，对外贸依存度较大的我省经济增长的影响较大。

我国的宏观环境和宏观调控政策正在向有利于保持经济增长的方向发展。中央经济工作会议明确提出：2012 年经济工作必须继续抓住科学发展这个主题和加快转变经济发展方式这条主线，牢牢把握扩大内需这一战略基点、发展实体经济这一坚实基础、加快改革创新这一强大动力、保障和改善民生这一根本目的，要突出把握好稳中求进的工作总基调，把稳增长、控物价、调结构、惠民生、抓改革、促和谐更好地结合起来。

我省经济工作会议提出要深入贯彻落实科学发展观，全面实施“八八战略”和“创业富民、创新强省”总战略，突出把握好“稳中求进”的工作总基调，紧紧围绕保持经济平稳较快发展和社会和谐稳定的目标，按照“调结构、抓转型，重投入、兴实体，强改革、优环境，惠民生、促和谐”的思路，着力推进“三大国家战略”“四大建设”“五大统筹”，切实增强发展的稳定性、协调性、普惠性和可持续性。我省将更加注重扩大内需，发挥投资、消费对经济的拉动作用，加快地方金融改革发展，优化民营经济发展环境，实施浙商回归工程，加强招商引资和境外拓展，推进文化大省向文化强省转变，这都将有利于促进浙江经济平稳较快发展。

浙江省统计局

附　录

附表　2011 年浙江省主要经济指标及预测

指标	1 季度	上半年	1—3 季度		1—11 月	全年	
	增长(%)	增长(%)	实绩	增长(%)	增长(%)	实绩	增长(%)
地区生产总值(GDP)(亿元)	10.4	9.9	22627	9.5	—	32000	9.0
人均 GDP(元)						58665	7.1
人均 GDP 折合美元						9083	
规模以上工业增加值(亿元)	12.9	12.1	7945	11.2	10.9	10878	10.9
利润总额(亿元)	40.0	32.4	2214	21.2	12.7	3080.1	9.9
全社会用电量(亿千瓦时)	14.6	11.7	2356	10.9	10.6	3117	10.5
♯工业用电量(亿千瓦时)	13.3	10.5	1786	9.8	10.0	2383	9.9
单位 GDP 能耗下降率(%)	1.3	2.0	1.9	—	—	3.0 左右	
固定资产投资(亿元)	29.0	25.9	9872	25.6	24.1	14290	24.8
♯房地产投资(亿元)	43.3	47.1	3102	50.1	49.9	4494	48.5
社会消费品零售总额(亿元)	16.1	16.9	8625	17.2	17.2	11931	17.4
进出口总额(亿美元)	26.1	23.1	2308	23.8	22.7	3094	22
♯出口总额(亿美元)	24.2	22.3	1619	21.8	20.1	2163.6	19.9
实际利用外商直接投资(亿美元)	20.0	18.2	86	17.3	12.6	116.7	6.0
财政总收入(亿元)	31.0	27.1	4809	25.8	22.8	5925	21.0
♯地方财政收入(亿元)	31.2	27.6	2603	26.5	23.6	3150.8	20.8
金融机构本外币贷款余额(亿元)	16.2	15.3	51892	14.1	13.3	53239	13.8
居民消费价格(CPI)涨幅(%)	5.2	5.4	5.7	—	5.5	5.4	
工业生产者出厂价格涨幅(%)	6.4	6.2	6.0	—	5.4	5.0	
工业生产者购进价格涨幅(%)	10.1	10.0	9.9	—	9.0	8.3	
城镇居民人均可支配收入(元)	7.4	7.1	23877	7.3	—	30971	7.5
农村居民人均纯收入(元)	9.3	9.3	12312	9.0	—	13071	9.5

注:GDP、工业增加值、城乡居民收入增速为扣除了价格因素的实际增速,农村居民季度人均纯收入为现金收入。

2011 年一季度经济运行：从较快回升转向平稳增长

2011 年是实施“十二五”规划的第一年，浙江按照“稳增长、抓转型、控物价、惠民生、促和谐”的工作要求，加快转变经济发展方式，一季度经济增长平稳、开局良好，继续朝着宏观调控的预期方向发展，基本延续了去年以来的经济发展格局，从经济较快回升转向平稳增长阶段，增长质量和效益进一步提升，企业利润和财政收支增长较快，民生继续改善，贷款增速回落，市场价格继续走高。

一、经济运行的基本态势

一季度，我省生产总值为 6311.2 亿元，比去年同期增长 10.4%，虽比去年同期 15% 的增速明显回落，也低于去年全年增长 11.8% 的速度，但仍保持两位数增长，其中，一产增加值 215.1 亿元，增长 3.1%；二产增加值 3167.5 亿元，增长 10.8%；三产增加值 2928.7 亿元，增长 10.5%。

（一）生产平稳增长，结构优化升级

1. 工业生产平稳增长，结构效益改善。一季度，规模以上工业企业（年主营业务收入 2000 万元及以上企业）工业增加值为 2282.5 亿元，比去年同期增长 12.9%，比去年一季度回落 9.6 个百分点，其中，3 月份工业增加值增长 14.2%，比 1—2 月回升 1.7 个百分点（见图 1）；出口交货值 2273.9 亿元，增长 17.5%，比去年同期回落 9.6 个百分点。实现利润 624.3 亿元，同比增长 40%（1—2 月增速 41.8% 高于全国 7.5 个百分点），利税总额增长 36.8%。

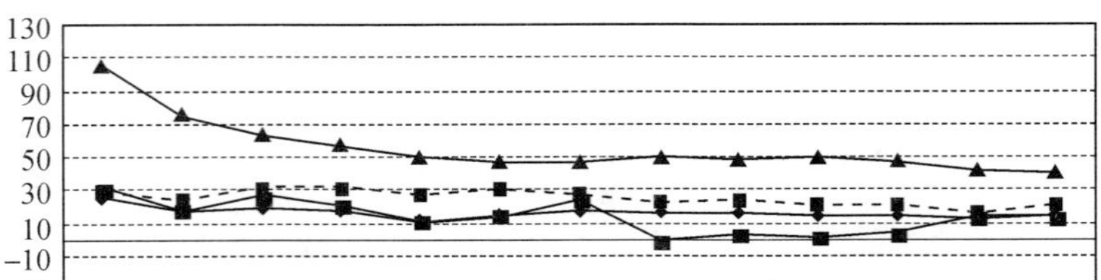

	2010年1-2月	3月	4月	5月	6月	7月	8月	9月	10月	11月	12月	2011年1-2月	3月
工业增加值	25.3	17.3	19.8	17	11.7	14.6	17.2	16	15.1	13.6	14.1	12.5	14.2
出口交货值	28.7	24.4	31.4	31.7	26.9	30.1	27.6	22.3	23.6	20.5	20.2	15.1	21.8
工业利润(累计)	104.2	74.6	62.8	56.5	49.1	45.9	46.6	48.6	48.3	49	47.6	41.8	40
工业用电量	31.5	17	26.2	21.6	11.7	14.1	23.1	-1.18	2.3	1.3	3.9	13.3	13.4

图 1　工业增加值、出口交货值、工业用电量当月增速和工业利润累计增速(%)

工业生产经营的特点：一是自主创新成效进一步显现。一季度，规模以上工业新产品产值同比增长35.7%，对总产值增长的贡献率达25.7%，新产品产值率为19.8%，同比提高1.5个百分点。规模以上工业科技活动经费支出增长33.4%。二是高新技术产业和装备制造业增速加快。一季度，规模以上工业企业高新技术产业增加值544.9亿元，装备制造业增加值740.2亿元，分别增长14.8%和14.6%，增速比规模以上工业高1.9个百分点和1.7个百分点，占规模以上工业的23.9%和32.4%。三是高耗能行业比重下降，单位增加值能耗继续降低。八大高耗能行业增加值增长12.7%，增速比规模以上工业低0.2个百分点，按可比价计算，高耗能行业工业增加值占规模以上工业的38.8%，比重同比下降0.1个百分点。预计一季度单位GDP能耗降低1.3%，规模以上工业增加值能耗降低2.9%，如果扣除镇海大乙烯项目的不可比因素，单位GDP能耗降低2.3%，规模以上工业增加值能耗降低4.8%。四是经济效益明显改善。规模以上工业总资产贡献率、资本保值增值率和成本费用利润率分别为11.5%、122%和6.1%，同比提高1.3个百分点、4.6个百分点和0.7个百分点。

2.服务业平稳较快发展。一季度，限额以上服务业企业营业收入和营业利润预计仍将保持15%左右的增长。全社会铁、公、水路客运量和客运周转量同比增长2.5%和6.1%；货运量和货物周转量分别增长9.2%和21.1%。批发零售贸易商品销售总额增长23%；住宿和餐饮业营业额分别增长19.3%和21.5%。金融机构本外币存、贷款余额分别为57913亿元和48820亿元，增长18.6%和16.2%。全省接待入境旅游者141.5万人次，同比增长12.02%；旅游外汇收入9.05亿美元，增长14.05%；有组织出境旅游者21.5万人次，同比下降0.2%；根据抽样调查测算，接待国内旅游者8250万人次，同比增长17.4%，实现国内旅游收入863.2亿元人民币，增长19.9%。

3.粮食生产开局良好。预计春季农作物播种面积773.8千公顷，比去年减少0.5%，其中，春粮播种面积180.75千公顷(271.13万亩)，增长2.7%，在2010年比2009年增长3.8%的基础上，继续保持增长态势。春粮播种面积的增加，主要是小麦播种面积的持续扩种，增长8.3%，已连续五年保持较快增长。春季蔬菜、药材、果用瓜、花卉苗木面积分别增长1.1%、3.8%、1%和5.2%，但油菜籽播种面积下降7.1%。畜牧业和渔业稳步发展。一季度，肉类总产量52.2万吨，增长5.5%，饲养生猪和家禽普遍盈利；水产品产量92.5万吨，增长0.9%，其中，海洋捕捞增长3.3%，海水养殖下降7.1%，淡水产量增长2.5%。

（二）投资快速增长，消费、出口增速有所回落

1. 固定资产投资快速增长。一季度，全省固定资产投资 2413.2 亿元，比去年同期增长 29%，增速分别比去年同期和全年提高 7.5 个百分点和 12.3 个百分点（见图 2），扣除投资价格上涨因素，实际增长 18%，比去年同期回落 0.9 个百分点，但比去年全年提高 6.5 个百分点。施工项目 20662 个，同比增长 14%，其中新开工项目 3719 个，增长 5.3%，新开工项目计划总投资增长 49.3%。从投资主体看，国有控股投资增长 22.5%；非国有投资 1641.7 亿元，增长 32.3%，占投资总额的比重从去年同期的 66.3%上升到 68%，其中，民间投资 1427.4 亿元，增长 34.4%，民间投资主要投向制造业和房地产业，分别占民间投资的 46.5%和 44.5%。从投资领域看，一产投资 7.2 亿元，同比增长 7.1%；二产投资 979.6 亿元，增长 24.2%，工业投资增长 23.2%，工业技术改造投资增长 26.7%，占工业投资的 55%，制造业投资 832.2 亿元，增长 22.5%，装备制造业投资 392.9 亿元，增长 30.4%；三产投资 1426.4 亿元，增长 32.7%，增速分别比固定资产投资总额和二产投资高 3.7 个百分点和 8.5 个百分点，所占比重达 59.1%，三产投资较快增长主要是房地产开发投资增长较快，其他三产项目投资增长 23.5%。房地产开发投资 717.0 亿元，增长 43.3%。新开工面积和购置土地面积等部分先行指标增速较快，分别增长 67.5%和 48%。商品房销售额增长 13.2%，商品房销售面积下降 5.5%，增速分别比去年全年回升 10.6 个百分点和 7.6 个百分点，其中，90 平方米以下住宅销售面积增长 8.8%。

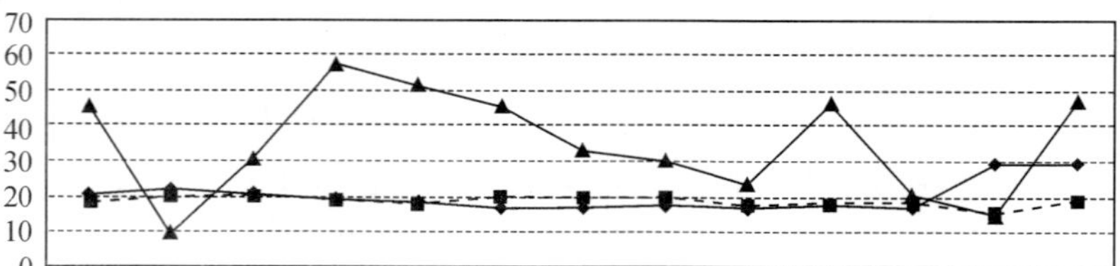

	2010年1–2月	3月	4月	5月	6月	7月	8月	9月	10月	11月	12月	2011年1–2月	3月
固定资产投资	20.7	21.5	20.7	19	18.5	16.7	16.8	17.7	17.2	17.7	16.7	29.1	29
消费	18.3	19.9	20.2	19.4	18.1	19.9	20	19.9	17.3	17.9	18.6	15	18.7
出口	45.1	9.9	30.3	57.2	50.9	45	32.5	30	22.9	46.5	20.9	14.5	47.1

图 2　固定资产投资累计增幅、社会消费品零售额和出口当月增速(%)

2. 消费品零售额平稳增长。一季度，社会消费品零售总额 2813.3 亿元，比去年同期增长 16.1%，增速比去年同期和全年分别回落 2.7 个百分点和 2.9 个百分点，扣除商品零售价格上涨因素，增长 11.0%。其中，城镇 2176.1 亿元，增长 17.3%，乡村 637.2 亿元，增长 12.4%。从限额以上贸易企业分类

商品零售额看，增长较快的前五类分别为金银珠宝、家具、石油及制品、通讯器材、服装鞋帽针纺织品类，增速分别为71.7%、44.5%、41.1%、22.4%、19.7%。汽车类零售额为472.4亿元，同比增长15.7%。

3.出口较快增长。一季度，全省进出口总额664.6亿美元，比去年同期增长26.1%，其中，出口446.5亿美元，增长24.2%，出口增速分别比去年同期和全年回落8.2个百分点和11.5个百分点；进口218.1亿美元，增长30.1%。从分月数据看，1月出口192.5亿美元，增长45.5%，出口规模创历史新高；2月由于春节因素，出口95.6亿美元，同比下降20%；3月出口158.5亿美元，增长47.1%(见图2)。从进出口商品结构看，机电产品和高新技术产品出口分别增长22.5%和24.3%，占全省出口的比重为43.5%和8.4%。半导体、电动机及发电机、汽车零件出口分别增长117.8%、42.2%和29.2%，但船舶下降3.9%。纺织品、服装、鞋类、农产品、家具、塑料制品、旅行用品及箱包等传统商品出口分别增长29.8%、13.5%、23.8%、30.9%、19.4%、23.1%和33.2%。随着生产需求扩大和设备更新改造以及国际市场大宗商品价格大幅上涨，一季度我省进口额大幅增长，月度进口规模屡创历史新高，继1月份创出78.7亿美元的历史新高后，3月份再次刷新纪录，达82.9亿美元，季度环比增长11.7%。铁矿砂、对苯二甲酸、乙二醇、纸浆等进口额分别增长119.8%、55.1%、29.2%和57.2%，成品油、粮食、棉花等资源性商品进口分别增长409.2%、42.4%和98.4%，纺织机械及零件、计量仪器、机床进口分别增长66.9%、92.9%和44.4%。从出口市场看，对东盟、拉美等新兴市场出口分别增长40.7%和35.9%，对日本出口增长32.6%，分别高于出口平均增速16.5个百分点、11.7个百分点和8.4个百分点，对欧盟、美国、中东出口增速相对较慢，分别为19.9%、20.8%、23.7%。从出口主体看，私营企业出口233.6亿美元，增长30.4%，占出口总额的52.3%，同比提高2.5个百分点；外资企业出口增长20.8%。

利用外资较快增长。一季度，全省新批外商直接投资企业351家，合同外资42.5亿美元，比去年同期增长40.3%，实际使用外资29.9亿美元，增长20%，增速比去年同期分别提高14.8个百分点和20.1个百分点。

（三）财政收支较快增长，民生继续改善

1.财政收入较快增长，民生支出得到保障。一季度，财政一般预算总收入1716.9亿元，其中地方一般预算收入946.4亿元，同比分别增长31%和31.2%。在地方一般预算收入中，增值税、营业税、企业所得税和个人所得税分别增长21.4%、19.4%、41.4%和38.8%。地方财政一般预算支出745.2

亿元，增长 27.5%。财政支出中用于民生的支出增长较快，社会保障和就业、住房保障、城乡社区事务、医疗卫生、科学技术、文化体育与传媒、公共安全支出分别增长 64.1%、83.7%、38.9%、36.1%、28.3%、23.9%和 22.7%，农林水事务、节能环保、一般公共服务、教育等支出分别增长 35.1%、18.2%、13.6%和 8.2%。

2. 居民收入保持增长。一季度，我省城镇居民人均可支配收入为 9974 元，比去年同期增长 13%，扣除价格因素实际增长 7.4%；农村居民人均现金收入 5151 元，增长 14.9%，扣除价格因素实际增长 9.3%。城乡居民收入实际增速分别比去年同期回落 0.2 个百分点和 1.5 个百分点。城镇居民收入中，经营净收入增长较快，一季度同比增长 32.0%；转移性和财产性收入分别增长 15.8%和 14.5%；工资性收入增长 7.8%。在农村居民现金收入中，工资性收入较快增长，一季度同比增长 13.5%；家庭经营性收入增长 16.5%，其中一产增长 4.1%，二、三产增长 27.6%；财产性和转移性收入增长 14.6%。

3. 就业、社会保障和公共安全形势稳定。据人力社保厅资料，3 月末，全省城镇新增就业人员 22.8 万人，城镇登记失业率为 3.06%，比去年同期和去年末分别降低 0.18 个百分点和 0.14 个百分点。企业养老、城镇职工基本医疗、失业、生育保险参保人数分别为 1633 万人、1372 万人、889 万人、874 万人，比上年末新增 26.9 万人、27.3 万人、14.0 万人、10.2 万人，参加工伤保险 1483.5 万人，参加城乡居民养老保险 1233.7 万人。一季度，安全生产事故起数、死亡人数和直接经济损失分别下降 16.2%、5%和 14.9%，社会保持和谐稳定。

（四）市场价格继续走高

一季度，全省居民消费价格比去年同期上涨 5.2%，涨幅比去年四季度提高 0.3 个百分点，1、2、3 月同比涨幅分别为 5.1%、5.2%、5.3%（见图 3），环比涨幅分别为 1%、1.7%、−0.4%。所调查的八大类价格同比指数全面上涨，食品、居住、医疗保健、家庭设备、烟酒、衣着、娱乐教育文化用品及服务、交通和通信类价格分别上涨 11.0%、7.3%、2.9%、2.5%、1.3%、1.0%、0.7%和 0.1%。商品零售价格同比上涨 4.6%。

一季度，工业生产者出厂价格和购进价格同比分别上涨 6.4%和 10.1%，与去年四季度相比，出厂价格涨幅提高 0.2 个百分点，购进价格涨幅回落 0.7 个百分点，其中，3 月份同比分别上涨 6.6%和 10.2%（见图 3），环比分别上涨 0.8%和 1.2%。15 个工业部门出厂价格同比全面上涨，建材工业涨幅居首，上涨 16.1%，其次为石油工业，上涨 14.5%，纺织工业上涨 11.0%，化学工业上涨 10.2%，其他部门涨幅都在 10%以内；从九大类购进价格同比涨幅看，化工原料和纺织原料类涨幅居首，均上涨 14.0%，其次为有色金属和电线类，上涨 13.5%，农副产品类上涨 13.2%，黑色金属类分别上涨 11.3%。

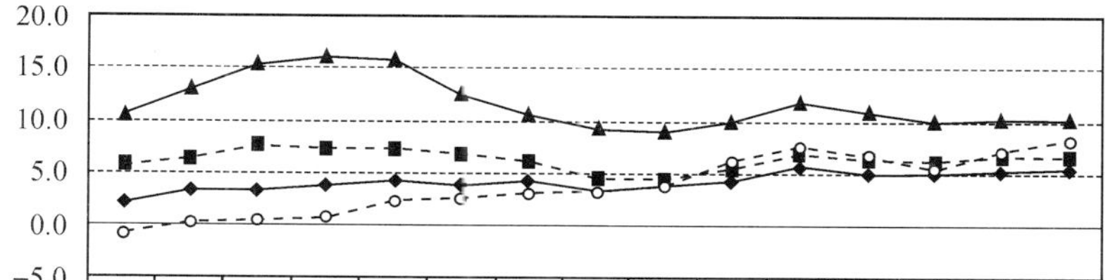

	2010年1月	2月	3月	4月	5月	6月	7月	8月	9月	10月	11月	12月	2011年1月	2月	3月
—◆— 居民消费价格	2.1	3.3	3.1	3.7	4.2	3.8	4.1	3.4	3.6	4.2	5.5	4.9	5.1	5.2	5.3
-■- 工业生产者出厂价格	5.7	6.4	7.6	7.2	7.2	6.7	6.0	4.6	4.5	5.4	6.9	6.4	6.0	6.5	6.6
—▲— 工业生产者购进价格	10.4	13.1	15.3	16.0	15.8	12.6	10.4	9.2	9.0	9.8	11.6	10.9	10.0	10.2	10.2
-○- 农业生产资料价格	-0.8	0.3	0.4	0.7	2.3	2.4	3.0	3.2	3.9	6.0	7.5	6.5	5.4	7.1	8.1

图 3　各类价格月度涨幅(%)

城市房价环比出现下降，同比仍然上涨。3 月份，杭州、宁波新建商品住宅价格与上月环比分别下降 0.1%和 0.6%，成为全国环比价格下降的 12 个大中城市之中的 2 个，温州环比持平，金华环比上涨 0.8%，这四个城市在 70 个大中城市中分别居第 59、66、51 和 6 位；杭州、宁波、温州和金华四城市新建商品住宅价格同比分别上涨 1.6%、3.3%、1.1%和 5.1%，同比涨幅分别居 70 个城市的第 64、54、65 和 41 位。

二、经济运行中值得关注的情况和问题

1. 世界政治经济面临的不确定因素增加、人民币升值加快、日本地震等影响我省出口进一步扩大，进口成本上升。当前世界主要经济体经济恢复增长，但失业率仍居高位，一些国家财政赤字高企，一些国家主权债务危机隐患仍然没有消除；主要货币汇率波动加剧，国际市场粮食、石油等大宗商品价格不断上涨；通胀压力正在从新兴经济体扩大到发达经济体。世界经济还没有走上正常增长的轨道，西亚、北非政局动荡，日本地震、海啸和核辐射灾害，不可避免要影响世界经济复苏进程。IMF 在 11 日预测 2011 年世界经济将增长 4.4%，2012 年则为 4.5%。一季度人民币累计升值 1%以上，近日人民币对美元汇率中间价已破 6.52。一季度，全省外贸出口增速(24.2%)同比回落 8.2 个百分点，低于全国(26.5%)2.3 个百分点，连续 2 个月低于全国平均增速，也低于广东(33.9%)、山东(32%)，略高于江苏(21.5%)、福建(22.7%)和上海(20%)。对欧盟、美国、中东等国出口增速低于出口平均增速。从出口的先行指标看，一季度规模以上工业出口交货值同比增速(17.5%)比去年全年回落

10.1 个百分点，比销售产值低 7.8 个百分点，出口交货值增速为去年以来的最低，出口交货值占销售产值的比重从去年同期的 21.5%下降至 20.2%，出口对工业生产的拉动作用有所减弱。交通运输、服装、塑料、橡胶、金属制品、电气机械、通用设备等部分主要行业出口回落明显。从“浙江省外经贸运行调查监测系统”数据看，3 月末，1640 家重点联系企业尚未执行的在手出口订单同比增长的占 45.7%，比上月增加 0.4 个百分点；同比下降的占 20.4%，比上月扩大 0.6 个百分点。虽然订单增长的企业比重在上月小幅回落的基础上略有回升且在高位运行，但订单同比下降的企业比重连续 3 个月有所扩大，需密切跟踪。日本地震对浙江外贸的影响近期正在逐步显现，特别是对产品出口地或原材料进口地在重灾区的企业影响较大，部分产品出口订单被要求延期交货或取消交易，一些主要从重灾区进口原材料或加工贸易的企业，货源受到影响且价格上涨。同时，生产灾后紧缺物资的企业订单增加。3 月份，我省对日本出口增长 50.1%，自日本进口增长 32.4%。

2. 消费持续增长缺乏新热点。居民收入增速仍低于财政收入和企业利润的增速，也略低于 GDP 增速。一季度，城乡居民人均收入分别增长 13%和 14.9%，扣除价格因素实际增长 7.4%和 9.3%，GDP 预计增长 10.5%左右，规模以上工业企业劳动报酬和利润分别增长 25.2%和 40.8%，地方财政收入增长 31.2%，增速相差仍然较大，收入增长不快使消费持续扩大和三产比重进一步提高的难度加大。一季度，城镇、农村居民人均消费性支出分别为 5453 和 2651 元，增长 11.1%和 17.7%，扣除价格因素分别增长 5.6%和 11.9%，农村居民消费支出名义和实际增速分别比去年同期提高 7.0 个百分点和 3.6 个百分点，而城镇居民消费名义和实际支出增速分别比去年同期回落 3.3 个百分点和 5.8 个百分点。去年的消费热点也有所消退，影响消费的持续扩大。随着汽车保有量的增加，一季度，全省限上企业汽车零售额 472.4 亿元，同比增长 15.7%，增速比去年同期回落 30.9 个百分点。汽车类零售额占限额以上批发零售业零售额和全社会消费品零售额的比重分别为 37.5%和 16.8%，对限额以上批发零售业零售额和全社会消费品零售额的增长贡献率从去年同期的 48.4%和 31.5%下降至 29.2%和 16.4%。汽车销售占到社会消费品零售额的比重较大，其增速回落对今年消费增长的影响不可小视。家电销售增速明显回落，占类值合计的 5.3%的家电类销售增长 11.7%，增速同比回落 22.7 个百分点。建筑与装潢材料类销售出现下降，一季度销售额同比下降 3.4%。而今年增长领先的金银珠宝类（占 2.3%）、家具（占 0.2%）、石油及制品（占 17.7%）、通讯器材（占 0.9%）、服装鞋帽针纺织品（占 9.4%）前五类合计比重为30.5%，还比汽车比重小7个百分点，难以拉动消费持续较快增长。

3.市场价格上升压力较大。一季度，居民消费价格比去年同期上涨5.2%，涨幅比去年四季度和全年分别提高0.3个百分点和1.4个百分点，已连续5个月维持在5%左右的高位，1、2月环比分别上涨1%和1.7%。食品类价格大幅攀升成为影响居民消费价格总水平上升的首要因素，推动价格总水平上升3.1个百分点，所调查的16类食品价格全面上涨，其中，粮食、油脂、猪肉、蛋价格涨幅较大，分别上涨16.3%、17.6%、16.2%和18.3%。居住类推动价格总水平上升1.5个百分点。同时，去年的翘尾因素影响较大，据测算，今年一季度翘尾因素达3.2个百分点，全年为2.1个百分点，比去年的1.2个百分点高出0.9个百分点。在发达经济体货币政策保持宽松状态、全球流动性过剩和地缘政治动荡的背景下，国际大宗商品价格尤其是石油价格和粮食价格不断走高，结构性通胀风险和输入性通胀压力陡增。

4.节能减排任务仍然较重。经过"十一五"节能降耗工作的大力推进，"十二五"节能降耗空间和潜力减小，但国家确定的我省节能降耗目标要高于全国2个百分点。去年下半年采取区域有序用电总量控制、限制高耗能企业生产等一系列措施，杭钢、宁钢等一批能耗较大的企业进行设备检修或停炉、减产，今年恢复生产后能耗回升。镇海炼化大乙烯项目的影响依然较大，由于该项目是去年4月份以后开始陆续投入生产，在去年一季度的能耗数据中还未反映，今年一季度镇海炼化能耗增长大大高于同期生产增长。受水泥需求和价格上升拉动，3月份水泥企业开足马力生产，全省规模以上企业水泥熟料产量达637.3万吨，同比增长72.3%，一季度累计1356.1万吨，增长24.5%。据测算，仅水泥增产就影响一季度规模以上工业单位增加值能耗降低率1.6个百分点。一季度呈现万吨以上用能企业能耗降低率(2.3%)差于规模以上企业(2.9%)、八大高耗能行业单位增加值能耗六降二升(石油加工和化纤)的格局。今年还将有一批高能耗行业项目上马，给降低全省的工业增加值能耗水平带来新的压力。随着经济的发展和人民生活的不断改善，居民生活、办公和商业性等楼宇用能呈刚性增长，结构节能贡献难以快速显现。一季度，全社会用电量比去年同期增长14.6%，其中工业用电量增长13.3%；第三产业用电量增长18.5%；城乡居民用电量增长18.8%。按GDP增长10.4%测算，单位GDP电耗上升3.5%以上，单位GDP能耗降低1.3%，为"十一五"时期以来的较低降幅，与完成全年目标任务差距较大。因此，今年节能降耗形势不容乐观，特别要防止节能降耗工作前松后紧。

5.要素制约加剧，企业景气回落。资金更加趋紧，用资成本大幅上升。去年 10 月以来，央行四次加息，十次调高存款准备金率，民间利率持续高涨，新增贷款明显减少。3 月末全省金融机构贷款增速(16.2%)比去年末和上月末分别回落 3.5 个百分点和 1 个百分点，一季度新增贷款 2061.7 亿元，增量虽居全国各省市区首位，但同比仍少增 847.6 亿元。据企业景气调查，一季度流动资金紧张的企业比重达 16%，工业企业融资景气指数仅为 108.5，比上季下降 5.6 点，呈持续下降趋势。规模以上工业企业贷款利息同比增长 33.8%，高于同期贷款增速(17.8%)16 个百分点。用电缺口提早出现。受年初气温较低和用电需求恢复性增长的影响，今年已两次启动 C 级有序用电，3 月 22 日已由 C 级上调为 D 级，成为近期国内为数不多的开展错避峰用电的省份。企业“高进低出”的压力较大。一季度，工业生产者出厂价格和购进价格同比分别上涨 6.4%和 10.1%，进出涨幅差仍有 3.7 个百分点；3 月份，购进价格环比上涨 1.2%，高于出厂价格 0.4 个百分点。一季度，规模以上工业有亏损企业 6330 家，亏损面为 19.8%，亏损 68.4 亿元，同比增亏 32.7%。劳动力成本增加，结构性“招工难”问题突出。目前“招工难”主要集中在机械制造、电子技术、纺织服装等中小型劳动密集型企业，尤其是工资福利和劳动保障待遇差、劳动强度大的民营小企业。技工特别是高级技工缺口较大。农业生产成本上涨也较快。今年土地流转费用、用工成本提高较快，氮肥、种子、饲料、机油等部分农资价格上涨幅度大。一季度农业生产资料价格同比上涨 6.9%，其中 3 月份上涨 8.1%。

企业景气指数回落。企业家对当前经济发展总体运行状况的判断较为谨慎。据一季度企业景气调查，在 1527 家被调查企业中，企业家对当前宏观经济景气状况持“乐观”态度的占 40.7%，认为“一般”的占 53.1%，而认为“不佳”的企业占 6.2%。企业家信心指数为 134.5，分别比去年同期和去年四季度低 3.8 点和 3.7 点。企业景气指数为 134.1，比去年同期和去年四季度分别下降 0.5 点和 8.0 点。

6.房地产走势值得关注。一季度，房地产投资增长 43.3%，拉动全省固定资产投资增长 11.6 个百分点，增长贡献率达 39.9%，房地产投资占固定资产投资的 29.7%，比去年同期高出 2.9 个百分点，如果不含房地产投资，固定资产投资项目增长 23.8%。房地产投资增长较快的主要原因是，前些年拍卖的土地进入开发期，房地产投资额中土地款所占比重较大，一季度，土地购置费 186 亿元，占房地产投资的 26%，同比提高 1.2 个百分点，增速达 50%。从全国及各省市区的房地产投资中的土地购置费所占的比重看，2010 年我省为 37.5%，高于全国平均 20.7%的比重，居各省市区第 3 位。随着房地产市场调控政策效应的显现，商品房成交量明显萎缩，市场观望气氛较浓。去年6月份开始全省商品房销售面积出现下降，今年一季度销售面积又下降5.5%。房地产税收增速明显回落。虽然一季度全省房地产业税收仍增长36.1%，但从收入结构看，增量的七成来自土地增值税和房地产税，其主要原因是加强了对房地产开发项目税收的清算和稽查，而反映房地产交易状况的营业税、契税增幅已出现回落。一季度，房地产营业税、契税分别增长19%和15.4%，增速同比回落121.7个百分点和70.6个百分点。随着房地产交易量的下降，以及一次性增收因素消失，预计后期房地产业税收将明显回落。

从一季度主要经济指标看，浙江经济运行整体上呈现平稳增长态势，开局良好，继续朝着宏观调控预期的方向发展，增长质量效益提高，社会和谐稳定。但今年国际发展环境复杂多变，世界经济复苏和我国经济增长都出现趋缓势头，流动性过剩和通胀压力较大，居民收入较快增长和消费持续扩大缺乏新增长点，宏观调控面临许多两难选择问题，企业生产经营面临多重压力。根据一季度的经济运行数据作出全年判断还比较难，总体来看，发展趋势不容乐观，保持经济平稳较快增长的难度加大。

综合处 傅吉青

上半年经济运行:增长质量和效益进一步提高

2011 年是实施"十二五"规划的第一年,浙江按照"稳增长、抓转型、控物价、惠民生、促和谐"的工作要求,积极推进大平台大产业大项目大企业建设,上半年全省经济增长平稳,继续朝着宏观调控的预期方向发展,从较快增长进入平稳增长阶段,增长质量和效益进一步提高,民生继续改善。但稳中见忧、环境趋紧,经济运行中存在一些突出矛盾和问题,必须引起高度重视,采取切实有效措施,确保经济平稳健康发展和社会和谐稳定。

一、经济运行的基本态势

上半年,全省生产总值为 14653.6 亿元,比去年同期增长 9.9%,其中,一产增加值 593.4 亿元,增长 3.0%;二产增加值 7600.2 亿元,增长 10.1%;三产增加值 6460.0 亿元,增长 10.3%。

(一) 经济平稳增长

1.从三大产业看:春粮面积、单产、总产量"三增长",但旱涝急转影响收成。上半年,全省实现农林牧渔服务业总产值 952.1 亿元,比去年同期增长 2.6%,其中农、林、牧、渔业和服务业总产值分别增长 1.6%、7.3%、2.0%、3.9%和 5.2%。今年全省春粮播种面积比去年增长 2.7%,但小麦收割时恰遇连日暴雨,严重影响部分地区的小麦收割、翻晒和质量,春粮单产预计为 3475 公斤/公顷(231.7 公斤/亩),增长 3.6%;总产量预计为 62.9 万吨,增长 6.4%,其中小麦增产 11.9%。早稻种植面积下降 5%,油菜籽总产量 33.6 万吨,增长 1%。上半年预计,棉花、药材、蔬菜播种面积分别增长 4.3%、4.1%和 0.4%。生猪量价齐升。生猪存栏、能繁母猪存栏、出栏肉猪同比分别增长 5%、7.5%和 0.3%;肉类总产量 86.9 万吨,同比增长 2.9%,其中猪肉产量增长 6%;禽蛋产量增长 3.3%;水产品产量 167.9 万吨,增长 4%。工业生产、出口增速放缓。上半年,规模以上工业增加值 5089 亿元,同比增长 12.1%,增速比去年同期和全年分别回落 6.7 个百分点和 4.1 个百分点,比一季度回落 0.8 个百分点,其中,轻、重工业增加值分别增长 10.7%和 13.1%;出口交货值 5174 亿元,同比增长 16.7%,增速比去年同期和全年回落 11.9 个百分点和 10.9 个百分点,比一季度回落 0.8 个百分点。6 月份,规模以上工业增加值

962.4亿元，出口交货值1009.9亿元，分别比去年同期增长10.7%和14.8%，增速比上月分别回落0.1个百分点和0.7个百分点。服务业发展较快。上半年，全社会铁、公、水路客、货运周转量同比分别增长4.4%和21.2%，宁波—舟山港货物吞吐量和集装箱吞吐量分别增长9.8%和14.2%；批发零售贸易商品销售总额增长24.1%，住宿和餐饮业营业额分别增长20.5%和23.3%；预计旅游外汇收入和国内旅游收入分别增长17.1%和22.1%。金融机构存贷款余额分别增长18.3%和15.3%。商品房销售额增长4.2%。限额以上交通、信息、商务、科技、文化、居民服务及其他服务业企业营业收入和营业利润同比分别增长16.5%和15.4%。

2.从三大需求看：投资增长较快。上半年，全省固定资产投资6106.8亿元，比去年同期增长25.9%，增速比去年同期和全年分别提高7.4个百分点和9.2个百分点，比一季度回落3.1个百分点。扣除投资价格上涨因素，实际增长15.9%，比一季度回落2.1个百分点。施工项目25657个，同比增长10.2%，其中新开工项目9100个，增长7.2%，新开工项目计划总投资增长44.4%。消费稳步增长。上半年，社会消费品零售总额5640.2亿元，比去年同期增长16.9%，扣除价格因素实际增长11.1%，增速分别比一季度加快0.8个百分点和0.1个百分点。其中，6月份社会消费品零售总额955.2亿元，比去年同期增长18.3%，增速比5月提高0.8个百分点。出口规模继续扩大。据海关快报，上半年，出口1004.9亿美元，增长22.3%；进口441.7亿美元，增长25.1%；进出口1446.5亿美元，增长23.1%，增幅分别比一季度回落1.9、4.9和3个百分点。1月份出口规模创历史新高，达192.5亿美元，二季度各月均达180亿美元以上，6月份出口188.7亿美元，同比增长13.3%，增速比5月回落6.5个百分点，上半年月均出口规模167.5亿美元，同比扩大30.5亿美元。引进外资和境外投资增长较快。上半年，全省新批外商投资企业817家，投资总额183.6亿美元，合同外资金额104.6亿美元，实际使用外资62.8亿美元，投资额同比分别增长30.7%、22.8%和18.2%。经审批和核准的境外企业和机构232家，投资总额20.1亿美元，中方投资19.3亿美元，同比分别增长76.5%和154.3%，实际对外直接投资9.5亿美元。

（二）经济效益继续提高，民生保障不断改善

1.增长质量和效益提升。上半年，财政一般预算总收入3424亿元，同比增长27.1%，地方一般预算收入1874亿元，增长27.6%，增速同比加快1.7个百分点和2.1个百分点，但比一季度回落3.9个百分点和3.6个百分点，房地产业税收对地方财政收入的增收贡献已由去年同期的63.7%下滑至

27.9%,4、5、6 月房地产营业税环比分别下降 17%、16%、8.1%。上半年,规模以上工业实现利润 1432.1 亿元,同比增长 32.4%,30 个制造业大类行业中,29 个行业利润同比增长,1 个(皮革)下降;总资产贡献率为 12.2%,成本费用利润率为 6.2%,同比分别提高 1.0 个百分点和 0.4 个百分点。产销衔接状况良好,工业产品产销率为 97.5%。

居民收入稳定增长。上半年,我省城镇居民人均可支配收入为 16835 元,比去年同期增长 12.8%,扣除价格因素,实际增长 7.1%,增速分别比一季度低 0.2 个百分点和 0.3 个百分点。其中,工资性收入增长 9.4%,比一季度加快 1.6 个百分点;经营净收入增长 26.9%。农村居民人均现金收入 8439 元,同比增长 15.4%,增速高于一季度 0.5 个百分点,扣除价格因素,实际增长 9.3%,增速与一季度持平。其中,工资性收入增长 14.9%,比一季度加快 1.4 个百分点;在家庭经营收入中,来自一产收入增长 8.3%,二、三产收入增长 26.5%。低收入家庭收入稳定增长。城镇 10%低收入家庭人均可支配收入 4798 元,同比增长 10.7%,增幅比 10%高收入家庭高 2.8 个百分点,高低收入家庭人均收入的倍数由去年同期的 9.61 倍缩小到 9.37 倍。

2.财政对民生保障支出加快。上半年,地方财政一般预算支出 1646 亿元,增长 29.4%,其中住房保障、交通运输、农林水事务、社会保障和就业、城乡社区事务、医疗卫生支出分别增长 109.9%、65%、58.2%、46.1%、45.7%和 36.6%。

3.就业总体稳定,社会保障继续加强。完善落实积极的就业政策。据人力社保厅资料,6 月末,全省城镇新增就业人员 48.65 万人,帮助 20.9 万名下岗失业人员实现再就业,其中困难人员 7.24 万人,城镇登记失业率为 3.02%,比一季度末降低 0.04 个百分点。部分行业“招工难”问题已有所缓和,人力资源市场求人倍率已从年初的 2.38 降到 6 月的 2.06。社会保险从制度全覆盖向人群全覆盖发展。6 月末,企业养老、城镇职工基本医疗、工伤、失业、生育保险参保人数分别为 1697.5 万人、1422.5 万人、1522.7 万人、917.8 万人、915.6 万人,比上年末新增 91.3 万人、78.0 万人、47.6 万人、42.8 万人、51.8 万人;参加城乡居民养老保险 1242.6 万人,参保率达 85%以上,有 590 万人领取基础养老金。439.6 万名被征地农民参加了社会保险。全省最低月工资标准上调到 950—1310 元,最高档工资标准仅低于深圳;企业退休人员月基本养老金超过 2000 元,继续位居全国前列。完善落实最低生活保障制度和困难群众基本生活价格补贴政策,全省财政对 8.9 万名城镇低保对象和 60.8 万名农村低保对象,累计发放物价补助 7900 万元。

4.房地产调控取得初步成效,保障房建设有序推进。上半年,商品房销售面积同比下降 8.4%,降幅比一季度扩大 2.9 个百分点,销售额同比上涨 4.2%,增速比一季度回落 9 个百分点。国家下达的 18.5 万套保障房建设任务已分解到各市,正在扎实有序推进。据省建设厅统计,6 月底,全省新开工建设保障性住房 10.76 万套,完成目标任务的 59.8%,竣工 2.7 万套;新增廉租住房受益家庭 3393 户,完成目标任务的 33.9%。

(三)转型升级步伐加快

1.创新驱动持续增强。上半年,地方财政中用于科技支出 53.4 亿元,同比增长 29.9%。产品升级换代速度加快并取得积极成效。规模以上工业新产品产值 5449.5 亿元,同比增长 34.0%,对规模以上工业总产值增长贡献率为 27.7%,新产品产值率为 21.0%,同比提高 1.6 个百分点。规模以上工业企业科技活动经费支出增长 24.4%。全省发明专利申请量和授权量同比分别增长 32.8%和 77.9%。

2.结构调整取得新进展。积极推进大平台大产业大项目大企业建设,全省 14 个产业集聚区规划陆续制定实施,加快战略性新兴产业规划和推进工作。主导产业发展良好,装备制造业拉动作用明显。上半年,高新技术产业和装备制造业增加值分别为 1219.6 亿元和 1674.3 亿元,同比增长 14.6%和 13.5%,增速比规模以上工业高 2.5 个百分点和 1.4 个百分点,比重分别达 24%和 32.9%,其中,装备制造业的增长贡献率为 37.3%,拉动规模以上工业增长 4.5 个百分点,增加值增长较快的制造业行业还有化学原料(21.1%)、仪器仪表(20.5%)和烟草制品(19.4%)等;装备制造业实现利润 506.8 亿元,增长 19.2%,占规模以上工业利润的 35.4%,利润比重比增加值比重高出 2.5 个百分点。利润增长较快的还有非金属矿物制品、石油加工、化学纤维、化学原料、有色金属冶炼和烟草行业利润总额同比分别增长 181.3%、93.6%、64.4%、59.3%、45.7%和 42.5%,这 6 个行业对规模以上工业利润增长的贡献率为 51.4%,拉动规模以上工业利润总额增长 16.7 个百分点。除去这 6 个行业,规模以上工业利润总额增长仅为 20.2%。投资结构改善。上半年,在固定资产投资中,工业投资增长 16.2%,其中,工业技术改造投资增长 9.7%,占工业投资的 55.7%。制造业投资增长 15.3%,其中,装备制造业投资 1028 亿元,增长 20.6%;三产投资 3605.7 亿元,增长 33.2%,增速分别比固定资产投资总额和二产投资快 7.3 个百分点和 15.7 个百分点,所占比重达 59%,除房地产投资外的三产项目投资增长 21%。在新开工项目投资中,一产投资增长 46.3%;二产投资增长 16.1%,其中,制造业投资增长 19.2%,装备制造业投资增长23.3%，投资额较大且增速较快的行业有电气机械(45.4%)、化学(81.3%)、化纤(27.8%)、金属制品(28.4%)、非金属矿物制品(27.3%)、通信电子(37.1%)等，投资总量居制造业第2、4位的纺织和通用设备制造业投资同比增长9%和22.8%；三产投资增长21.7%。资源性商品进口增长较快。上半年，铁矿砂、成品油进口同比分别增长65.4%和151.3%，直接拉动全省进口增长6.3个百分点，增长较快的还有纸浆、计量检测分析仪器、对苯二甲酸、粮食等，进口增速都在45%以上，纺织机械增长29.9%。大企业大集团发展较快。上半年，大型企业工业增加值同比增长12.3%，比规模以上工业高0.2个百分点。新组建企业集团105个，企业集团已经达到1848个，浙江物产集团成功入围美国《财富》杂志评选的世界500强公司排行榜，居第483位，成为浙江首家入围世界500强的企业。

3.节能减排取得新的进展，节能创新产品生产增长较快。上半年，全省单位GDP能耗同比约降低1.8%，降幅比一季度扩大0.5个百分点，化学需氧量、二氧化硫、氨氮和氮氧化物排放量约分别下降1.5%、1.9%、0.7%和0.7%(均未经国家审定)。德清铅蓄电池中毒事件爆发后，我省坚决关停273家铅蓄电池企业以配合环保检查，电池产业迅速降温。前4个月，规模以上电池制造业增加值同比增长45%以上；5、6月大幅回落，分别增长9.1%和下降7.6%。节能产品生产增长较快。上半年，规模以上工业生产的发光二极管(LED)、风力发电机组、太阳能电池成品和多晶硅等节能产品产量分别增长30.5%、85.1%、107.9%和113.6%，增长较快。

二、经济运行中需要关注的方面和问题

虽然今年我省经济开局良好、总体平稳，但稳中见忧、环境趋紧，尤其是经济运行中的不确定、不稳定因素较多，保持经济平稳健康发展面临许多挑战。

(一) 经济增速下行态势显现

从GDP增速看，去年四个季度的累计增速分别是15%、11.7%、12.5%和11.9%，今年一季度和上半年分别为10.4%和9.9%，回落趋势明显，从去年一季度高于全国平均增速3.1个百分点回落到今年上半年略高于全国9.6%的增速。影响浙江经济平稳运行的主要因素有以下几个方面：

1.货币政策调整对企业特别是中小企业的预期和融资环境等带来一定影响。今年以来，央行为收紧流动性、对抗通胀，3次加息，6次上调存款准备金率，冻结资金超过2万亿元，新增存贷款明显减少。6月末，浙江金融机构本外币贷款余额为50646亿元，同比增长15.3%，增速比去年同期回落7.1个百分点，比一季度回落0.9个百分点，上半年新增贷款3888亿元，同比少增925.2

亿元,月度贷款增量持续减小;本外币存款余额 60873 亿元,同比增长 18.3%,增速比去年同期和一季度分别回落 2.5 个百分点和 0.3 个百分点,新增存款 6487 亿元,同比多增 161.9 亿元。由于贷款规模约束和新增贷款多用于支持优质客户,使中小企业融资难度进一步加大。据企业景气调查,二季度,流动资金紧张的企业比重达 19.3%,比上季增加 3.3 个百分点;中小企业流动资金和融资景气指数仅为 95.2 和 97.7,均跌入不景气区间,比上季分别下降 6.5 点和 5.4 点,呈持续下降趋势,融资景气指数已接近 2008 年三季度国际金融危机影响最严重时 95.9 的水平。商业银行对企业贷款利率普遍上浮 20%—30%,高的上浮 60%。上半年,规模以上工业企业财务费用同比增长 27.6%,其中利息净支出 369.9 亿元,增长 34.4%,高于贷款和负债增速 16.5 个百分点和 14.8 个百分点,利息净支出相当于同期利润的 25.8%。部分小企业在银行难以贷到款,转而求助民间资本。温州民间借贷利率持续高涨,据人行温州中心支行监测,6 月份,民间贷款(含担保和小额贷款)综合年利率为 24.47%,是央行 6 个月以内 6.1%贷款利率的 4 倍。企业资金链紧绷甚至断裂的风险加大。企业家信心不足,景气指数明显回落。据企业景气调查,在 1527 家被调查企业中,二季度,企业家对当前宏观经济景气状况持"乐观"态度的占 36.4%,比上季下降 4.3 个百分点,认为"一般"的占 54.9%,认为"不佳"的企业占 8.7%,分别比上季扩大 1.8 个百分点、2.5 个百分点;企业家信心指数为 127.8,比一季度降低 6.7 点,同比降低 5.6 点,其中,工业、建筑业分别比上季下跌 9 点和 10 点,房地产从上季的 103.1 下跌至 91,跌入不景气区间,下跌 12.1 点。企业景气指数从上季的 134.1 略升至 135.6,但下季预计将回落到 133.6。

2. 投资和出口需求增速回落,消费持续增长缺乏新热点。投资增速回落趋势明显,从一季度的 29%回落到上半年的 25.9%,回落 3.1 个百分点,其中,制造业投资增速从 22.5%回落到 16.3%,回落 6.2 个百分点。房地产投资增长 47.1%,对全省固定资产投资的增长贡献率达 47.3%,房地产投资占固定资产投资的 30.4%,比重同比提高 4.4 个百分点。房地产市场调控效应已逐步显现,除舟山市("群岛新区"效应显现)外均成交低迷,上半年全省商品房销售面积同比下降 8.4%,降幅比一季度扩大 2.9 个百分点,销售额同比上涨 4.2%,增速比一季度回落 9 个百分点,预计后期房地产投资增速也将随之回落。基础设施投资受地方融资平台清理等影响,新开工项目投资仅增长 3.8%。从投资主体看,民间投资增长乏力,新开工项目投资仅增长 16.4%,比国有控股投资增速低 3.1 个百分点。投资到位资金增速明显低于投资额增速，资金来源中，国内贷款进一步收缩，自筹资金比重接近55%，投资资金的保障程度降低。消费持续增长缺乏新热点。房市、车市和股市降温以及刺激消费政策的逐步退出等，在一定程度上影响消费持续较快增长。从上半年限额以上贸易企业分类商品零售额看，随着汽车保有量的增加和油价大幅上涨以及基数较大的影响，汽车零售额1023.9亿元，同比增长19%，增速比去年同期回落21.1个百分点，对限上零售额和社会消费品零售额的增长贡献率从去年同期的49.2%和29.7%分别下降至33.1%和20%，占到社会消费品零售额的18.2%，其增速大幅回落对消费增势有一定影响。建筑与装潢材料类零售额增长3.8%，家电类零售额增长15.3%，增速同比分别回落22个百分点和11个百分点。食品安全问题、高档商品国外代购增多等也影响国内零售额的增长。居民财产性收入增长较慢。上半年城镇居民人均财产性收入仅增长5.9%，其中其他投资收入下降12.3%。居民收入增长不快制约购买力的提高。上半年，城镇、农村居民人均消费性支出分别为10074元和4690元，同比增长13.7%和18.6%，扣除价格因素分别增长8.0%和12.6%。出口比较优势减弱。上半年，我省出口增长22.3%，增速同比回落17.4个百分点，低于全国同期(24%)1.7个百分点，累计增速已连续5个月低于全国平均增速，这是在历年少有的，也低于山东(26.8%)、广东(28.2%)，略高于江苏(20.4%)、福建(23.9%)和上海(17.7%)。受中东、北非政局动荡影响，我省对非洲、中东出口同比分别增长15.7%和21.5%，低于去年同期增速20.2个百分点和16个百分点，也低于出口总额平均增速。当前全球范围内以手机、电脑、电视为主的终端设备更新步伐放缓，日本大地震使其国内相关产品原材料生产受阻、对我国出口受限，导致我国高科技产品出口增速有所放缓、比重下降。上半年，我省机电产品出口427亿美元，同比增长17.4%，高新技术产品出口76.8亿美元，增长18%，增幅分别比全省平均低4.9个百分点和4.3个百分点，比一季度回落5.1个百分点和6.3个百分点，比重从一季度的43.5%和8.4%下降到42.5%和7.6%。企业在手出口订单短期出现明显回落。据“浙江省外经贸运行调查监测系统”1730多家重点联系企业的调查，前4个月企业出口订单同比增长及持平的比重一直维持在80%左右，但5月份回落至76.7%，比4月下降3.7个百分点；6月份再次下滑1.2个百分点，为75.5%；另一方面，价格上涨推高出口增速。上半年，我省出口总额若扣除工业生产者出厂价格指数(上涨6.2%)后，实际增长15.2%，比名义增速低7.1个百分点。出口对经济增长的拉动力减弱。上半年，规模以上工业出口交货值对销售产值的增长贡献率为15.2%，同比降低5.3个百分点。在发达国家复苏趋缓，欧债危机蔓延，外需支撑力度减弱和大宗商品价格波动加剧、人民币汇率升值加速、用电紧缺等多重压力叠加下，出口企业接单难度加大、顾虑增多将影响我省后续外贸出口。

3.成本压力加大，电力等资源要素供需矛盾比较突出。除前述的融资成本压力外，企业还面临原材料上涨、汇率、用工、用地等成本压力。上半年，工业生产者出厂价格和购进价格同比分别上涨6.2%和10.0%，进出涨幅差仍有3.8个百分点，高于全国平均水平0.5个百分点。汇改重启一年来人民币对美元升值5.5%，今年累计升值2%以上，近日人民币对美元汇率中间价已破6.47。劳动力成本增加，部分地区、部分行业用工紧缺。上半年规模以上工业从业人员人均劳动报酬由去年同期的13480元/人提高到15800元/人，增长17.2%。目前用工紧缺主要集中在劳动强度大、工资福利和劳动保障待遇差、工作环境差的纺织服装鞋帽制造、有色金属加工、家具制造、橡胶制品等企业，居民服务和其他服务业、住宿餐饮业企业用工紧缺情况也比较突出，一线普工难招，技工特别是高级技工缺口较大。据"浙江省外经贸运行调查监测系统"调查，6月份，认为原材料价格大幅上涨、人民币快速升值及用工成本增加是影响企业经营前三大主要因素的企业比重分别为80%、66.8%和49.8%。应收账款和存货居高不下挤占企业流动资金，6月末规模以上工业企业分别增长21.3%和28%。企业税负较重，上半年规模以上工业主营业务税金及附加同比增长31.6%，高于主营业务收入增速8.2个百分点。受成本高、产品议价弱两面挤压，企业利润空间不断缩小。据省商务厅调查，有80%以上的出口企业没有议价权。下游行业、传统产业比较困难。上半年，规模以上工业有亏损企业4674家，亏损面为14.6%，亏损91.5亿元，同比增亏23.6%。据二季度规模以上工业企业生产经营状况及趋势判断专项调查，认为生产能力正常发挥的企业占被调查企业的77.6%（产值比重），比一季度低4.5个百分点。部分中小企业面临被市场淘汰出局的危险。

用电缺口提早出现。受年初气温较低和用电需求较快增长的影响，一季度我省已3次启动有序用电，成为当时国内为数不多的开展错避峰用电的省份，直接影响企业生产和交货安排，间接影响投资环境。不少地区重现拉限电，嘉兴、绍兴等地部分企业停三开四，一些企业再次面临不敢接订单的尴尬局面。虽梅雨季水电大发，6月中旬已取消全省有序用电方案。但随着夏季用电高峰的到来，将再度出现用电紧张形势，预计夏季电力最大缺口约为360万千瓦时左右，若遇持续高温干旱天气、外购电低于预期、机组故障或缺煤停机等，则缺口有可能超过500万千瓦时，今年电力供应已由去年的季节性、时段性缺电转变为全年性、多时段缺电，电力供需形势较为严峻。土地资源供需矛盾突出。上半年，全省土地供应总量同比下降 15.2%，工业用地和普通商品房用地平均出让价格同比分别上涨 4.8%和 15.9%，可用地减少、部分土地批而未供、工业用地审批困难，促使部分企业外迁或对外投资。

4. 节能减排压力仍较大。"十一五"时期单位 GDP 能耗降低率目标的完成，部分得益于去年下半年采取的拉闸限电等非常态措施，能耗下降的基础并不稳固。国家下达给浙江的"十二五"单位 GDP 能耗降低率目标为 18%，平均每年下降 3.9%，今年一季度降低 1.3%，上半年约降低 2%(未经国家审定)，与年度节能目标任务(确保下降 3.5%)有较大差距。上半年，全社会和工业用电量分别增长 11.7%和 10.5%。规模以上高耗能行业增加值 2084 亿元，同比增长 12.2%，增幅比规模以上工业高 0.1 个百分点。按可比价计算，高耗能行业增加值占规模以上工业比重为 39.6%，同比提高 0.1 个百分点，其中，石油加工、化学原料、化纤制造业增加值分别增长 4.3%、20.9%、12.1%，能耗则分别增长 52.4%、18.4%、14.8%，超过规模以上工业能耗平均增速。为确保"十二五"开局之年顺利完成节能目标，下半年需严控高耗能行业和高耗能产品生产的过快增长。

此外，今年旱涝急转的灾害性天气不仅影响农业生产和水利设施，还影响到工业交通生产。据省防指统计，梅雨洪水致我省 10 个市 57 个县(市、区) 441.3 万人受灾，因洪涝灾害造成直接经济损失 108 亿元，其中农业 47 亿元，工业交通 27 亿元，水利工程设施 25 亿元，3311 家企业停产，农作物受灾面积 242 千公顷，其中成灾面积 118 千公顷，绝收 34 千公顷。

(二) 市场价格处于高位

1. 居民消费价格持续走高似趋于见顶。上半年，居民消费价格比去年同期上涨 5.4%，涨幅比去年全年提高 1.6 个百分点，比一季度提高 0.2 个百分点，其中，6 月份上涨 6.4%，创了 2008 年 7 月以来 3 年的新高，当月和累计涨幅均与全国平均持平。所调查的 8 大类价格同比全面上涨，食品类涨幅最高，上涨 11.8%，居住、医疗保健和个人用品、家庭设备用品及维修服务、衣着、烟酒、交通和通信、娱乐教育文化用品及服务等类价格分别上涨 6.7%、3.3%、3%、1.9%、1.5%、0.5%、0.4%。食品类价格大幅攀升是影响居民消费价格总水平上升的首要因素，推动价格总水平上升 3.3 个百分点，所调查的 16 类食品价格全部上涨，其中，粮食、油脂、猪肉、蛋价格涨幅较大，分别上涨 14.4%、18.9%、28.4%和 19.4%，6 月份猪肉和蛋的价格涨幅创 2008 年 5 月以来新高，分别上涨 56.9%和 24.6%。居住类推动价格总水平上升 1.4 个百分点。同时，去年的翘尾因素影响较大，据测算，今年一季度翘尾因素达 3.17 个百分点，上半年为 2.86 个百分点（其中 6 月为 2.91 个百分点，为除一季度外的最高值）。下半年粮油肉禽蛋等主要农产品价格上涨压力仍然较大，劳动力成本上涨，政策性调价项目仍有上涨空间。同时，全球经济复苏形势的复杂性，下半年美国是否继续推行量化宽松的货币政策的不确定性和美元加速贬值，地缘政治动荡等，加剧了原油等大宗商品价格的振荡，粮食价格不断走高。欧元区债务危机蔓延加剧了欧元的振荡。一方面，5 月以来曾经回落的原油、铁矿石、有色金属等资源价格近期再现上涨走势使输入型通胀存在很大不确定性；另一方面，部分工业品如科技含量较高的工业品价格继续处于下降通道，后期上涨空间较小。下半年翘尾影响将逐渐减弱，下半年为 1.24 个百分点，比上半年低 1.62 个百分点，其中，三、四季度分别为 2 个百分点和 0.5 个百分点，翘尾对价格上涨的压力将逐渐减小，全年为 2.1 个百分点，比去年的 1.2 个百分点高出 0.9 个百分点，年中 6、7 月份可能达到全年 CPI 的峰值，涨幅将超出 6%，若下半年不再增加新涨价因素，8 月以后随着翘尾因素的减小涨幅有望逐步回落，但要实现 4%左右的年度调控目标难度极大。

2. 工业生产者价格处于高位。工业生产者出厂价格和购进价格涨幅，一季度逐月攀升，4、5 月份逐月回落，6 月份又有回升。上半年，两项价格同比分别上涨 6.2%和 10.0%，涨幅比一季度分别回落 0.2 个百分点和 0.1 个百分点，比全国同期低 0.8 个百分点和 0.3 个百分点。二季度以来两项价格指数环比涨幅逐月缩小，6 月份，工业生产者出厂价格环比上涨 0.01%，生产者购进价格环比转升为降，下降 0.3%。上半年，15 个工业部门出厂价格同比全面上涨，建材工业涨幅居首，上涨 16.4%，其次为石油工业，上涨 15.9%，纺织、化学和冶金工业分别上涨 10%、9.7%和 8.9%，其他部门涨幅都在 8%以内。9 大类原材料购进价格同比全面上涨，有色金属类涨幅居首，上涨 14.1%，纺织原料、化工原料和农副产品类分别上涨 13.9%、13.8%和 12.8%，其他类涨幅都在 10%以内。

3. 二线城市房价仍然上涨。6 月份，从新建住宅价格同比涨幅看，除杭州下降 0.7%外，金华、宁波和温州三城市分别上涨 3.9%、2.1%和 0.6%，分别居 70 个城市的第 42（和天津并列）、56 和 65 位（和合肥并列），杭州、南充和三亚是全国仅有的 3 个房价下降的城市，杭州居第 68 位；从环比涨幅看，温州上涨 0.2%，在 70 个大中城市中居并列 13 位，金华和宁波均上涨 0.1%，居并列第 28 位，杭州持平，居并列第 44 位。

（三）实现居民收入增收的预期目标有一定难度

居民收入增速明显低于财政收入和企业利润的增速，也略低于 GDP 增速。上半年，城镇居民人均可支配收入和农村居民人均现金收入分别增长 12.8%和 15.4%，扣除价格因素实际增长 7.1%和 9.3%，均低于 GDP 增速。地方财政收入增长 27.6%，规模以上工业企业利润增长 32.4%，高出居民收入名义增速 1 倍左右。从影响居民增收的因素看，下半年经济走势仍有许多不确定和不稳定因素，使收入增长的持续性有待观察。去年城镇居民人均可支配收入的 66.9%和农村居民人均纯收入的 52.6%来自于工资性收入，经济增速的快慢直接影响工资收入能否持续较快增长，从而影响总收入的增长。同时，农业生产的不稳定性及价格大幅波动不利于农民收入持续较快增长。从历年农产品价格波动的情况看，农产品价格波动具有周期性，往往呈现不太稳定的特点，特别是暴涨暴跌将最终影响农户的长期收益。最近，肉猪价格出现大幅上涨，虽然短期内养猪效益可观，但随着价格进一步上扬，养殖风险也会进一步推高，抑或对下半年的收入增长带来一定隐患。而且，在农村居民现金收入较快增长的背后，生产费用支出增长更快，直接影响纯收入的增速。今年农业生产成本上涨也较快。上半年，农业生产资料价格同比上涨 8.9%，涨幅逐月攀升，其中 6 月上涨 12.8%，为 2008 年 11 月以来的新高，10 大类农资商品和服务价格全面上涨，其中畜产品价格上涨 44.5%，化肥和农用机油价格上涨 13.9%和 8.5%。土地流转费用、用工成本也提高较快。此外，梅雨季节洪涝灾害影响受灾地区农民收入，据受灾较严重的兰溪市统计，农民因灾人均减收 1769 元。因此，全年要实现年初确定的城镇居民人均可支配收入和农村居民人均纯收入增长 9%左右、与 GDP 增速同步的目标还有较大难度。

展望下半年，从国际经济环境看，全球经济复苏正在暂时放缓且不平衡，经济向下的风险日益放大。国际货币基金组织（IMF）6 月发布的金融稳定报告，第一季全球经济相比去年同期增长 4.3%，预期全球经济增长率将于第二季度放缓，并在下半年有望重新加速。美国经济比预期疲软得多，欧元区债务危机产生传染效应，又放大了各国在经济发展中所遇挑战。同时，地震和海啸不仅影响了日本经济，还扰乱了全球工业产品的生产节奏。考虑到经济衰退的波及面，诸多发达国家的经济仍显疲软。

从国内经济环境和宏观调控政策看，今年是建党 90 周年，又是“十二五”开局之年，明年要召开党的十八大，目前，一方面经济增速下行的趋势比较明显，另一方面，市场价格处于可控区间。温家宝总理在近日召开的经济形势座谈会上强调，要继续把稳定物价总水平作为宏观调控的首要任务，坚持宏观调控的基本取向不变，同时根据形势变化，提高政策的针对性、灵活性、前瞻性，切实把握好宏观调控的力度、节奏和重点，处理好保持经济平稳较快发展、调整经济结构、管理通胀预期三者关系，既要把物价涨幅降下来，又不使经济增速出现大的波动。

由此预计，下半年浙江经济将延续平稳增长态势，增速将有所回落，但回落的幅度不会太大，服务业将加快发展，消费继续扩大，工业、投资、出口、财政收入等增速将有所回落，市场价格涨幅比上半年有可能回落，居民收入增速将有所加快。下半年，要防止经济增速过快回落，继续将“以调促稳”作为总基调，充分利用当前资源要素趋紧、节能减排强化以及中央宏观调控政策形成的倒逼机制，坚持转型升级不动摇，加大结构调整力度，以国家批准实施浙江海洋经济发展示范区建设和义乌国际贸易综合改革试点为契机，抓好体制机制创新和新增长极、新增长点的培育，千方百计帮助企业和基层化解难题，把解决即期问题和实现长远目标有机结合起来，进一步做好改善民生、加强和创新社会管理的各项工作，促进全省经济平稳健康发展和社会和谐稳定，确保“十二五”开好局、起好步。

综合处　王美福　傅吉青　范菁雁

前三季度经济运行:增速呈现下行趋势

2011 年,在国际经济增长减速,国内实施积极的财政政策和稳健的货币政策的宏观环境下,浙江按照"稳增长、抓转型、控物价、惠民生、促和谐"的总体要求,落实各项工作,经济运行从较快增长转入平稳增长区间,继续朝着宏观调控的预期方向发展,转型升级积极推进,社会民生继续改善。但三季度经济增速继续呈现下行趋势,出现了一些新的矛盾和问题,需要引起高度重视,采取切实有效措施,防止经济出现大的回落,确保社会和谐稳定和年初确定的预期目标全面完成。

一、经济运行基本态势

前三季度,全省生产总值 22627.4 亿元,比去年同期增长 9.5%,其中,一产增加值 951.6 亿元,增长 3.0%;二产增加值 11683.7 亿元,增长 9.7%;三产增加值 9992.1 亿元,增长 9.7%。一季度、上半年和前三季度生产总值增速分别为 10.4%、9.9%、9.5%,同比分别回落 4.6、1.8 和 3 个百分点,下行趋势比较明显。工业增速进一步下行,出口增速回落,存贷款增速持续走低,投资、消费、收入、农业增速基本稳定,市场价格仍处高位,但价格过快上涨的势头得到了初步遏制,主要经济指标呈现"三下、四稳、一高"态势。

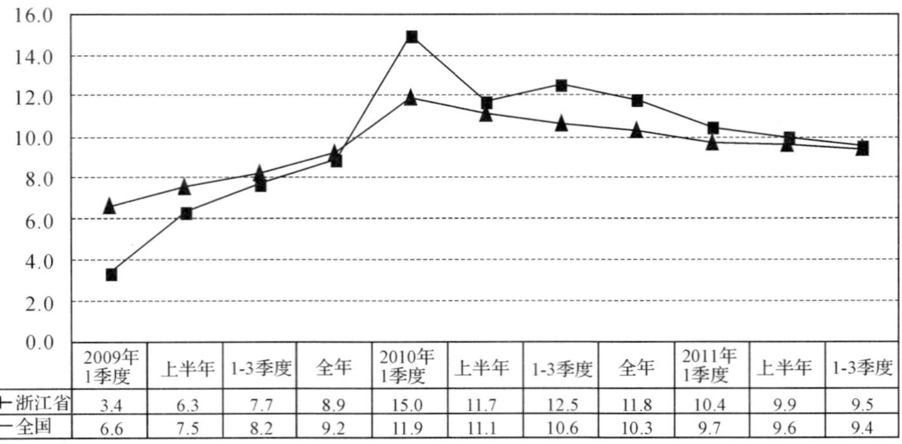

	2009年1季度	上半年	1-3季度	全年	2010年1季度	上半年	1-3季度	全年	2011年1季度	上半年	1-3季度
■ 浙江省	3.4	6.3	7.7	8.9	15.0	11.7	12.5	11.8	10.4	9.9	9.5
▲ 全国	6.6	7.5	8.2	9.2	11.9	11.1	10.6	10.3	9.7	9.6	9.4

图 1　浙江省和全国 GDP 累计增速(%)

（一）从产业发展情况看

1. 工业生产、出口、利润和用电量增速持续减缓。前三季度，规模以上工业增加值 7945 亿元，比去年同期增长 11.2%，比一季度和上半年分别回落 1.7 个百分点和 0.9 个百分点，月度增速从 3 月的 14.2% 回落到 9 月的 8.8%，三季度呈加速回落态势，进入个位数增长区间（见图 2）。规模以上工业出口交货值 8080 亿元，同比增长 14.5%，增速比一季度和上半年分别回落 3 个百分点和 2.2 个百分点，比销售产值低 8.2 个百分点。实现利润 2214 亿元，同比增长 21.2%，增速比一季度和上半年分别回落 18.8 个百分点和 11.2 个百分点。全社会用电量和工业用电量分别增长 10.9% 和 9.8%，比上半年分别回落 0.8 个百分点和 0.7 个百分点。

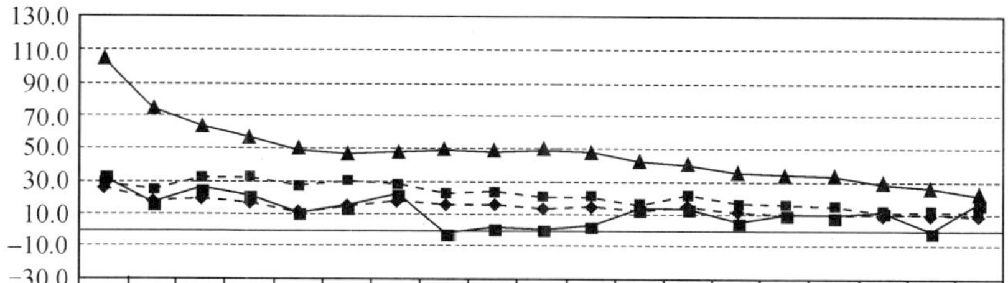

	2010年1—2月	3月	4月	5月	6月	7月	8月	9月	10月	11月	12月	2011年1—2月	3月	4月	5月	6月	7月	8月	9月
工业增加值	25.3	17.3	19.8	17.0	11.7	14.6	17.2	16.0	15.1	13.6	14.1	12.5	14.2	11.5	10.8	10.7	9.4	9.0	8.8
出口交货值	28.7	24.4	31.4	31.7	26.9	30.1	27.6	22.3	23.6	20.5	20.2	15.1	21.8	16.4	15.5	14.8	11.7	11.4	11.3
工业利润(累计)	104	74.6	62.8	56.5	49.1	45.9	46.6	48.6	48.3	49.0	47.3	41.8	40.0	35.3	33.7	32.4	28.7	25.2	21.2
工业用电量	31.5	17.0	26.2	21.6	11.7	14.1	23.1	−1.2	2.3	1.3	3.9	13.3	13.4	5.8	10.3	10.5	11.5	−0.1	16.6

图 2　工业增加值、出口交货值、工业用电量当月增速和工业利润累计增速(%)

2. 服务业平稳较快发展。前三季度，全省服务业增加值同比增长 9.7%，比 GDP 增速快 0.2 个百分点。其中，批发和零售业增加值增长 13%，高于三产增速 3.3 个百分点，总量及增速均处于各行业首位；住宿和餐饮业增长 11.6%，交通运输仓储和邮政业增长 8.9%；金融业增长 8.3%，房地产业下降 1.2%，比上半年分别回落 1.6 个百分点和 2.5 个百分点，增速明显放缓。国内旅游收入和旅游外汇收入分别增长 21.7% 和 16.4%。

3. 农业生产基本稳定，农作物播种面积下降。前三季度，农林牧渔业总产值 1525 亿元，同比增长 2.4%，其中，农、林、牧、渔和服务业分别增长 1.8%、7.6%、1.2%、3.6% 和 5.8%。预计全年农作物播种面积比去年下降 1.2%，其中粮食播种面积预计 1879 万亩，下降 1.8%。春粮面积、单产、总产实现"三增长"，分别增长 2.7%、3.6%、6.4%；早稻播种面积下降 5%，总产量增长

7.7%；晚稻播种面积下降 2.8%。油料作物面积下降 6.1%。预计棉花、药材、花卉苗木面积分别增长 4.3%、3.3%和 9.7%，蔬菜面积基本持平。生猪量价齐升，水产品产量基本稳定。前三季度，肉类总产量 128.1 万吨，同比增长 1.5%，其中猪肉产量增长 3.3%，禽蛋产量同比增长 3.8%；水产品产量 272.6 万吨，增长 2.2%。

（二）从需求拉动情况看

1. 投资增长较快。前三季度，全省固定资产投资 9872 亿元，比去年同期增长 25.6%，增速比一季度回落 3.4 个百分点（见图 3），扣除价格因素实际增长 16%，与 2009—2010 年基本相当。其中，土地购置费 1755.5 亿元，增长 45%，拉动固定资产投资增长 6.9 个百分点，占投资的比重由去年同期的 15.4%提高到 17.8%。新开工项目 13621 个，同比增长 8.7%，新开工项目计划总投资增长 40%。房地产开发投资 3101.6 亿元，同比增长 50.1%，增速比一季度和上半年分别加快 6.8 个百分点和 3 个百分点（见图 3）。

2. 消费基本稳定。前三季度，社会消费品零售总额 8625 亿元，比去年同期增长 17.2%，扣除价格因素实际增长 10.9%。从限额以上贸易企业分类商品零售额看，增长较快的分别是金银珠宝、石油及制品、家具类和通讯器材，同比分别增长 60.5%、44.4%、33.5%和 32.7%。汽车销售增速回落，增长 18.3%，其中，7、8、9 月份分别增长 14.8%、16.8%和 19.3%，增速同比大幅回落（见图 3）。居民消费基本稳定。前三季度，城镇居民人均消费支出 15380 元，同比增长 14.2%；农村居民人均生活消费现金支出 6865 元，增长 17.1%，扣除价格因素，实际增长 8.1%和 10.6%。

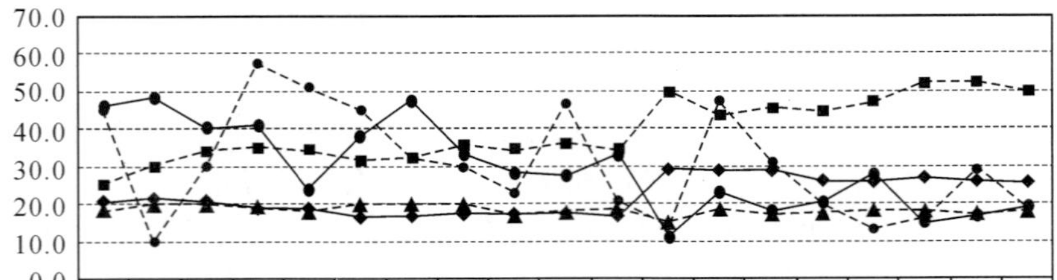

	2010年1-2月	3月	4月	5月	6月	7月	8月	9月	10月	11月	12月	2011年1-2月	3月	4月	5月	6月	7月	8月	9月
—◆—固定资产投资	20.7	21.5	20.7	19.0	18.5	16.7	16.8	17.7	17.2	17.7	16.7	29.1	29.0	28.9	26.2	25.9	26.9	25.9	25.6
-■-#房地产投资	25.2	30.3	34.2	35.2	34.6	31.7	32.3	35.4	34.3	36.1	34.4	49.6	43.3	45.4	44.4	47.1	51.9	52.3	50.1
-▲-社会消费品零售总额	18.3	19.9	20.2	19.4	18.1	19.9	20.0	19.9	17.3	17.9	18.6	15.0	18.7	17.2	17.5	18.3	17.9	17.2	18.0
—●—#汽车零售	45.6	48.3	40.1	41.1	23.8	38.2	47.5	33.4	28.6	27.6	33.2	11.4	23.1	17.8	20.7	27.8	14.8	16.8	19.3
-●-出口	45.1	9.9	30.3	57.2	50.9	45.0	32.5	30.0	22.9	46.5	20.9	14.5	47.1	31.1	19.8	13.3	16.1	29.3	18.8

图 3　固定资产和房地产投资累计增速、社会消费品零售额、汽车零售额和出口当月增速(%)

3.出口增速回落。前三季度，全省出口 1619 亿美元，比去年同期增长 21.8%，增速比一季度和上半年分别回落 2.4 个百分点和 0.5 个百分点；进口 689 亿美元，进出口总额 2308 亿美元，分别比去年同期增长 28.8%和 23.8%。其中，9 月份，出口 198.9 亿美元，增长 13.8%，增速比上月和去年同月分别回落 10.5 个百分点和 11.2 个百分点(见图 3)，进口 84.6 亿美元，增长 36.7%；进出口总额 283.5 亿美元，增长 23.6%，增速分别比上月回落 0.7 个百分点和 7.9 个百分点。前三季度，我省出口增速低于全国同期(22.7%)0.9 个百分点，也低于山东(25%)、福建(27.2%)、广东(22.2%)，高于江苏(18.8%)和上海(17.6%)。对日本出口快速回暖，对东盟、韩国等周边市场出口增长较快。前三季度，对日本出口增长 31.7%，高于全省出口平均增速 9.9 个百分点，增幅同比回升 15.1 个百分点，对东盟和韩国出口分别增长 37.1%和 25.4%，均高于平均增幅。对欧盟和美国出口持续低迷，同比分别增长 19%和 15.1%，低于全省出口平均增速 2.8 个百分点和 6.7 个百分点，比上半年回落 1.7 个百分点和 2.9 个百分点，欧美两大市场占全省出口的比重由去年同期的 44%下降到 42.5%。

利用外资增长稳定。前三季度，全省新批外商投资企业 1185 家，合同外资金额 144.1 亿美元，实际使用外资 85.7 亿美元，投资额同比分别增长 10.5%和 17.3%，增速分别比上半年回落 12.3 个百分点和 0.9 个百分点。

二、转型升级和民生改善取得新进展

1.创新驱动持续增强，节能减排取得一定成效。前三季度，地方财政中用于科技支出 82.5 亿元，同比增长 22.1%。规模以上工业企业科技活动经费支出增长 32.9%。产品升级换代取得积极成效，规模以上工业新产品产值 8628 亿元，同比增长 30.8%，对规模以上工业总产值增长贡献率为 27.1%，新产品产值率为 21.3%，同比提高 1.4 个百分点。全省发明专利申请量和授权量同比分别增长 32.3%和 51.1%。前三季度，预计单位 GDP 能耗同比降低 2%左右；上半年，化学需氧量、二氧化硫、氨氮排放量分别下降 1.35%、2.16%、0.5%。

2.大平台大产业大项目大企业建设积极推进。14 个产业集聚区建设有序实施，战略性新兴产业集聚发展。前三季度，规模以上工业装备制造业增加值 2603 亿元，同比增长 12.2%，高新技术增加值 1880 亿元，增长 13.8%，增速分别比规模以上工业高 1 个百分点和 2.6 个百分点，装备制造业拉动规模以上工业增长 4.1 个百分点，发光二极管(LED)、风力发电机组、太阳能电池成品和多晶硅等节能产品产量增长较快，分别增长 38.6%、85.4%、82.8%、

110.5%;装备制造业利润 786.3 亿元,增长 11.9%,纺织、服装行业利润增长基本稳定,分别增长 19.8%和 19.9%。重点服务业发展较快。1—8 月,限额以上交通、信息、商务、科技、文化、居民服务及其他服务业企业营业收入同比增长 16.4%,营业利润增长 25.5%,扣除不可比因素(浙海海运有限公司出售下属水泥厂的投资收益)增长 20.6%,同比增速比上半年加快 5.2 个百分点。投资更多地投向装备制造业、重点服务业和战略性新兴产业。前三季度,一产投资增长 58.6%;二产投资增长 15.4%,其中,制造业投资增长 15.8%,装备制造业投资增长 21.2%,投资总量较大或增速较快的其他制造业有化纤、塑料制品、纺织、化学原料、非金属矿物制品业,分别增长 18.7%、13.6%、4.3%、12.1%和 11.3%;三产投资增长 33%,其中,教育、信息传输和计算机服务、水利环境和公共设施、居民服务、社会保障和社会福利、文化体育和娱乐业投资分别增长 39.5%、13%、19%、165%、241%、69.8%。大企业大集团发展较好。前三季度,大型企业工业增加值同比增长 11.9%,比规模以上工业高 0.7 个百分点。今年以来新组建企业集团 100 余个。

3.财政民生支出增长较快,住房保障支出力度加大。前三季度,财政一般预算总收入 4808.5 亿元,同比增长 25.8%,地方一般预算收入 2602.5 亿元,增长 26.5%,增速分别比上半年回落 1.3 个百分点、1.1 个百分点。在地方一般预算收入中,土地增值税、城市维护建设税、企业所得税和个人所得税增长较快,同比分别增长 50.4%、42.4%、36.5%和 31.8%,增值税和营业税分别增长 19.2%和 17.9%。前三季度,地方财政一般预算支出 2490.5 亿元,同比增长 25.1%,增速比上半年回落 4.3 个百分点,住房保障支出增长 132.2%,增速居首位,社会保障和就业、城乡社区事务、医疗卫生、农林水事务、交通运输、公共安全、教育、一般公共服务等支出分别增长 54.9%、46%、40%、35.9%、28.3%、16.5%、14.3%和 11.5%。

4.居民收入稳定增长,就业和社会保障继续改善。前三季度,城镇居民人均可支配收入为 23877 元,比去年同期增长 13.3%,扣除价格因素,实际增长 7.3%,增速分别比上半年高 0.5 个百分点和 0.2 个百分点。农村居民人均现金收入 12312 元,同比增长 15.8%,增速高于上半年 0.4 个百分点,扣除价格因素,实际增长 9.0%,实际增速比上半年回落 0.3 个百分点。城镇单位在岗职工平均工资 32413 元,同比增长 13.5%,增速同比加快 1.1 个百分点,比上半年低 0.7 个百分点。规模以上工业从业人员人均劳动报酬 24258 元,同比增长 16.4%。据人力社保厅资料,前三季度,新增城镇就业 71.6 万人,季末城镇登记失业率为 3.15%,部分行业“招工难”问题已有所缓和。社会保险从制度全覆盖向人群全覆盖发展。9月末，企业养老、职工医保和居民医保、工伤、失业、生育保险参保人数分别为1759.7万人、1475.3万人和597.4万人、1583万人、949.9万人、950.9万人，比上年末新增153.5万人、185.8万人、107.9万人、75.0万人、87.2万人；参加城乡居民养老保险1268.4万人，新增54.5万人。完善落实了最低生活保障制度和困难群众基本生活价格补贴政策。

5.物价和房地产市场调控取得初步成效，价格过快上涨的势头得到了初步遏制。三季度，CPI月度涨幅略有回落，从6月的6.4%逐步回落到7、8、9月的6.3%、6.2%和6.2%（见图4），前三季度上涨5.7%，涨幅与全国持平。随着翘尾因素的减小（四季度翘尾因素为0.5个百分点），四季度涨幅有望有所回落，目前来看，6月可能是今年的峰值。工业生产者出厂价格和购进价格同比涨幅也从今年最高的7月（6.4%和10.3%）回落到9月的5.2%和8.7%，回落1.2个百分点和1.6个百分点（见图4），前三季度分别上涨6%和9.9%，比上半年分别回落0.2个百分点和0.1个百分点，涨幅分别比全国同期低1个百分点和0.5个百分点。商品房销售清淡，前三季度，商品房销售面积下降15.3%，降幅比一季度和上半年分别扩大9.8个百分点和6.9个百分点，销售额从上半年增长4.2%转为下降5.9%，降幅同比扩大4.9个百分点。9月份，新建住宅价格同比涨幅在全国靠后，金华、杭州和宁波市分别上涨2.3%、1.2%和0.2%，分别居全国70个城市的第51、66、69位，温州下降0.5%，居末位；从环比涨幅来看，金华持平（并列25位），杭州、宁波均下降0.1%（并列55位），温州下降1.3%，居70个城市末位。

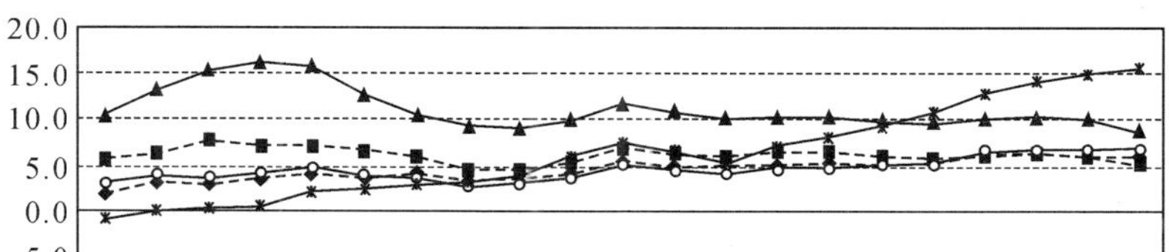

	2010年1月	2月	3月	4月	5月	6月	7月	8月	9月	10月	11月	12月	2011年1月	2月	3月	4月	5月	6月	7月	8月	9月
-◆- 居民消费价格	2.1	3.3	3.1	3.7	4.2	3.8	4.1	3.4	3.6	4.2	5.5	4.9	5.1	5.2	5.3	5.2	5.3	6.4	6.3	6.2	6.2
-■- 工业生产者出厂价格	5.7	6.4	7.6	7.2	7.2	6.7	6.0	4.6	4.5	5.4	6.9	6.4	6.0	6.5	6.6	5.9	5.8	6.2	6.4	5.9	5.2
—▲— 工业生产者购进价格	10.4	13.1	15.3	16.0	15.8	12.6	10.4	9.2	9.0	9.8	11.6	10.9	10.0	10.2	10.2	9.9	9.6	10.0	10.3	10.0	8.7
—○— 商品零售价格	3.3	3.9	3.7	4.2	4.7	3.9	3.7	2.9	3.2	3.8	5.1	4.5	4.2	4.7	4.8	5.2	5.4	6.6	6.8	6.8	7.0
—✳— 农业生产资料价格	−0.8	0.3	0.4	0.7	2.3	2.4	3.0	3.2	3.9	6.0	7.5	6.5	5.4	7.1	8.1	9.3	10.9	12.8	14.1	14.9	15.6

图4　各类价格月度涨幅(%)

三、亟须关注的几个问题

（一）经济增速加速下行趋势比较严峻，产业转型难度较大

目前，世界经济复苏进程减缓和国家宏观调控力度加大，这两个因素叠加

对经济发展的累积效应正在加大，小型企业首当其冲受到影响，全国小型企业采购经理指数（PMI）连续 5 个月位于收缩区间，与全部企业采购经理指数（PMI）出现回升趋势相反，9 月份为 45.3%，且降幅有所扩大。由于我省小企业比重大，资源要素制约严重，经济下行趋势比全国严峻。三季度，我省规模以上工业增加值、出口交货值、利润、工业用电量、海关出口等月度增速和融资景气指数等指标已接近 2008 年三季度国际金融危机影响最严重时的水平，GDP 增速与全国相比，从去年一季度高于 3.1 个百分点回落到今年前三季度高于 0.1 个百分点（见图 1），上半年列各省市区的倒数第三，仅高于北京和上海。9 月份与 6 月份相比，规模以上工业增加值增速回落 1.9 个百分点，与 5、6 月回落 0.8 个百分点相比，呈加速回落之势，连续 3 个月进入个位数增长区间。

1. 外需和内需的拉动力均在减弱。受美债信用评级下调、欧债危机升级以及全球经济下滑风险加大等不利因素影响，外需明显下滑。9 月份，全省出口规模从 7、8 月的 200 亿美元以上回落到 200 亿美元以下，增速比上月和去年同月均回落 10 个百分点以上。三季度，规模以上工业出口交货值增速已从 5、6 月的 15%左右下滑到 11.5%左右，前三季度，出口拉动销售产值增长仅 3.2 个百分点，增长贡献率从去年同期的 20.7%下降到 14%。据“浙江省外经贸运行调查监测系统”省级重点联系企业的调查，9 月份反映“国外市场需求不稳”是影响企业出口的主因的企业比重为 21%，比上月上升 2.4 个百分点，排在原材料成本、汇率、用工成本上升之后的第 4 位，已连续 6 个月上升。9 月中国制造业采购经理指数（PMI）的新出口订单指数虽重回临界点以上，为 50.9%，但仍低于历史同期水平，且 8 月仅 48.3%，为 2009 年 4 月以来首次进入收缩区间。据我省企业景气调查，三季度工业产品订货及国外订货景气指数仅分别为 118.9 和 100.7，比上季度大幅下跌 21.2 个百分点和 31.2 个百分点。一些企业的圣诞节出口订单没有如期到来，未来出口形势不容乐观。国内市场需求趋于回落。8、9 月份，规模以上工业国内销售产值同比分别增长 20.6%和 19.8%，破了 5—7 月 24%左右的平台。省内消费的实际增速逐步走低。前三季度，社会消费品零售总额扣除价格因素的实际增速为 10.9%，比去年同期低 4.2 个百分点。汽车销售降温，前三季度，汽车类零售额为 1599.2 亿元，同比增长 18.3%，对社会消费品零售总额的贡献率为 19.5%，同比下降 11.1 个百分点。汽车产量由去年同期的增长 10.0%回落到今年前三季度的下降 0.4%。投资增长后劲堪忧。今年投资主要靠房地产投资拉动，前三季度，房地产投资拉动固定资产投资总额增长 13.2 个百分点，增长贡献率达

51.4%，土地购置费占房地产投资的比重达38.2%，同比提高1.1个百分点，其增长难有持续性。制造业投资增长15.8%，扣除投资价格因素，实际增长6.9%，已跌入个位数区间，将影响明年的工业经济增长。

2.存贷款增速继续回落，融资景气指数已接近2008年三季度水平。9月末，金融机构本外币存款余额59953亿元，比去年同期增长12.1%，增速比上月末回落2.2个百分点，新增存款5567.2亿元，同比少增2819.9亿元。本外币贷款余额为51892亿元，增长14.1%，增速比上月末回落0.1个百分点，前三季度新增贷款5134.2亿元，同比少增1219.3亿元。存贷款余额是在"月末冲量现象"下产生的，其实际情况比数据反映更紧张。由于贷款规模约束和新增贷款多用于支持优质客户，使中小企业融资难度进一步加大。据企业景气调查，三季度，流动资金紧张的企业比重达19.3%，比一、二季度分别上升3.8个百分点和0.5个百分点；企业融资景气指数为97，其中，工业、建筑业、交通运输业、社会服务业企业分别为99.9、74.8、95.9、94.2，小型企业融资景气指数91.2，比二季度下降1.5点，均跌入不景气区间，并呈持续下降态势，已接近2008年三季度国际金融危机影响最严重时的水平。房地产业的流动资金和融资景气指数仅分别为82.2和53.2。商业银行对企业贷款利率普遍上浮，部分小企业在银行难以贷到款，转而求助民间资本，而民间借贷利率是央行6个月以内6.1%贷款利率的4倍左右。前三季度，规模以上工业企业财务费用同比增长30.6%，其中利息净支出581.5亿元，增长36.0%，高于同口径贷款和负债增速17.8和16.7个百分点，利息净支出相当于同期利润的26.3%，小型企业利息支出增速高达46.6%。企业资金链紧绷甚至断裂的风险显现。

企业景气指数回落，实体投资意愿减弱。据三季度企业景气调查，在1525家被调查企业中，企业家对当前宏观经济景气状况持"乐观"态度的占34.6%，认为"一般"的占54.5%，分别比上季下降1.8个百分点和0.4个百分点，认为"不佳"的企业占10.9%，比上季扩大2.2个百分点，一至三季度，企业家信心指数分别为134.5、127.8和123.7，呈逐季走低态势，其中，房地产分别为103.1、91和79.2，跌入不景气区间，工业、建筑业三季度分别为126.3和130.4，比上季下跌5.1点和8.9点，企业有主动收缩生产的意愿。综合反映企业生产经营状况的企业景气指数三个季度分别为134.1、135.6和133。企业投资实体的意愿减弱。随着实体经济受要素制约趋紧和各类成本上涨影响，在资金运作高利润回报的利益驱动下，不少企业到外地设立总部，寻求外迁和对外投资，在本地再投资的意愿减弱，参与房产、矿产、期货和股权股票投资增多。

3. 在经济增速下行的同时，产业转型难度较大。一是装备制造业和高新技术产业增加值比重下降。前三季度，装备制造业和高新技术产业增加值同比增长 12.2%和 13.8%，增速分别比上半年回落 1.3 个百分点和 0.8 个百分点，占规模以上工业增加值的比重分别为 32.8%和 23.7%，比上半年下降 0.1 个百分点和 0.3 个百分点，其中装备制造业比重比去年同期下降 0.7 个百分点，为近三年来较低水平。二是部分高能耗行业在利润高增长刺激下生产和投资增长较快。前三季度，八大高耗能行业利润同比增长 33.2%，增速比规模以上工业高 12 个百分点，特别是非金属矿物制品业、石油加工、化纤、化学原料行业利润分别增长 126.4%、31.1%、41.5%和 36.4%。受高利润的刺激，八大高耗能行业生产较快增长，前三季度增加值 3265.5 亿元，同比增长 11.4%，增速比规模以上工业快 0.2 个百分点，按可比价计算，高耗能行业增加值占规模以上工业比重为 39.8%，同比提高 0.1 个百分点，其中，化学原料、非金属矿物制品、化纤制造业增加值增长较快，分别增长 19.3%、15.7%和 12.4%。一些地区上高耗能项目的冲动仍较强，黑色金属、有色金属冶炼和压延、化纤等“两高”行业投资增速分别达 41.8%、38%和 18.7%。三是服务业比重短期内难以较快提高。前三季度，全省服务业增加值增长 9.7%，与二产增速一致，比上半年回落 0.6 个百分点，全年要实现服务业增加值占 GDP 的比重提高 1 个百分点的预期目标难度较大。

4. 生产经营成本上升导致企业效益逐月下滑，9 月利润转升为降。在原材料成本、人民币升值、用工成本和利率成本等大幅上升的情况下，规模以上工业实现利润累计增速从一季度的 40%下滑到前三季度的 21.2%，与全国的距离由 1—6 月的高出 3.7 个百分点转变为 1—8 月低 3 个百分点，月度增速从 1 月—2 月的 41.8%下滑到 7、8 月的 10.7%、6.8%，破了 4—6 月在 25%—30%之间波动的格局，9 月更是转升为降，同比下降 1.5%。前三季度，若扣除利润增长较快的非金属矿物制品、有色金属、石油加工、化纤、化学原料和烟草 6 个行业(其对规模以上工业利润增长的贡献率为 52%)，其余 31 个工业行业利润同比增长 13.1%。前三季度企业亏损额 121.4 亿元，增长 37%，比上半年增速上升 13.5 个百分点。1—8 月，每百元主营业务收入中的成本为 85.9%，比全国高 0.8 个百分点，主营业务收入利润率为 5.73%，比全国(6.07%)低 0.34 个百分点。特别是小企业生产经营困难。据企业景气调查，三季度，小型企业的企业家信心指数和企业景气指数分别为 112.7 和 118.8，比全部企业分别低 11 点和 14.2 点，小企业生产经营状况堪忧，未来发展面临诸多挑战。

（二）消费价格指数仍居高位

CPI持续高位，6—9月连续4个月涨幅都在6%以上，9月份为6.2%，未能延续7、8月份同比涨幅均比上月回落0.1个百分点的态势，累计涨幅却以每月0.1个百分点的幅度上升，从上半年的5.4%上升到前三季度的5.7%，三季度各月环比均为上涨，7—9月分别上涨0.6、0.2和0.3%。所调查的八大类价格同比全面上涨，食品类涨幅最高，上涨12.6%，居住、医疗保健和个人用品、家庭设备用品及维修服务、衣着、烟酒、交通和通信、娱乐教育文化用品及服务等类价格同比分别上涨6.2%、3.7%、3.5%、2.8%、1.6%、0.7%、0.4%。本轮CPI的上涨是需求拉动、成本推动和外部输入共同作用的结果。食品类价格大幅攀升是影响居民消费价格总水平上升的首要因素，推动价格总水平上升3.5个百分点，拉动率达61.4%，16类食品价格同比全面上涨，其中，猪肉价格上涨35.2%，拉动CPI上涨0.73个百分点，拉动率达12.3%；粮食价格上涨13.6%，拉动CPI上涨0.25个百分点；油脂价格上涨19.7%，拉动CPI上涨0.16个百分点；蛋价格上涨18.8%。居住、医疗保健和个人用品类分别推动价格总水平上升1.3个百分点和0.3个百分点。虽然价格过快上涨的势头得到了初步遏制，但我省回落的趋势没有全国明显，全国同比涨幅从最高的7月6.5%回落到9月的6.1%，回落了0.4个百分点，我省从最高的6月仅回落0.2个百分点。从新涨价因素看，我省9月已达4.5个百分点，高于全国同期（4个百分点）0.5个百分点，前三季度为3.1个百分点。四季度新涨价因素还将继续上升，全年居民消费价格涨幅可能在5%以上。

（三）实现居民收入增收的预期目标有一定难度

居民收入增速明显低于财政收入和企业利润的增速，也低于GDP增速。前三季度，城镇居民人均可支配收入和农村居民人均现金收入实际增速分别为7.3%和9%，均低于GDP增速。地方财政收入增长26.5%，规模以上工业企业利润增长21.2%，高出居民收入名义增速1倍左右。从影响居民增收的因素看，去年城镇居民人均可支配收入的66.9%和农村居民人均纯收入的52.6%来自于工资性收入，经济增速下行将直接影响工资性收入特别是城镇居民可支配收入的增长，消费价格涨幅居高不下严重缩减居民收入的实际增速，影响中低收入居民的生活水平。同时，在农村居民现金收入较快增长的背后，生产费用支出增长更快，直接影响年度纯收入的增速。前三季度，农业生产资料价格同比上涨10.9%，9月涨幅（15.6%）为2008年11月以来的新高。土地流转费用、用工成本也提高较快。从往年的情况看，纯收入增速一般要低于现金收入。预计全年农村居民人均纯收入实际增长8%—9%。全年要实现城镇居民人均可支配收入和农村居民人均纯收入增长 9%左右的目标有一定难度。

行业间收入差距继续拉大。前三季度，全省城镇单位平均劳动报酬居前三位的分别是金融业、电力煤气及水的生产和供应业、信息传输计算机服务和软件业，分别为 73629、54485 和 54226 元，后三位的分别是住宿和餐饮业、建筑业、制造业，为 19140、22021 和 23956 元，最高和最低相差 3.85 倍，比 2009 和 2010 年同期的 3.48 和 3.74 倍均有明显扩大。

（四）节能减排压力仍然较大，单位 GDP 能耗降低率与年度目标任务有较大差距

一季度单位 GDP 能耗降低 1.3%，上半年降低 2%，预计前三季度降低 2%左右，与年度节能目标任务（确保下降 3.5%）有较大差距。今年以来部分高能耗行业在利润高增长刺激下生产和投资增长较快，不利于节能降耗。重点用能企业节能成效不明显。去年下半年对比基数相对较小对今年的影响不容小视。前三季度，财政节能环保支出仅增长 0.9%，上半年氮氧化物排放量上升 4.22%。

面对当前复杂和严峻的国际环境，要密切关注国内宏观调控的方向、力度和节奏变化，既要对今后一段时期经济运行从较快增长转入中低速增长要有充分的思想准备，未雨绸缪，又要密切关注苗头性、倾向性的动向，采取切实有效措施，防止经济出现大的回落，在用好货币政策的同时，加大财税政策的调控力度，加快税制改革，利用经济下行的倒逼机制加快转变经济发展方式，对困难企业要有保有压，扶持关乎国计民生或市场占有率和影响面大的困难企业，坚决淘汰“两高”和落后产能，妥善处理企业之间担保、资金链断裂问题，确保经济平稳健康发展和社会和谐稳定，确保年初确定的预期目标全面完成和“十二五”的良好开局。

综合处　傅吉青　范菁雁

2011年浙江CPI高位回落　宏观调控成效显现

2011年浙江全省CPI(105.4)高位运行,并创下三年来新高。伴随国家宏观调控政策成效显现及世界经济在欧债危机阴霾下不断走弱影响,浙江CPI走出了从年中的最高位(106.4)到年底最低位(103.9)的回落走势,价格涨幅跌宕起伏。所调查的八大类消费品及服务项目价格全面上涨,涨幅高居首位的是食品类价格,上涨12.1%;其次是居住类价格上涨5.3%,家庭设备用品及维修服务和医疗保健及个人用品价格均上涨3.7%,衣着类价格上涨2.9%,烟酒类价格上涨1.7%,交通和通信价格上涨0.7%,娱乐教育文化用品及服务价格上涨0.1%。

一、2011年CPI创下三年来新高

(一) 全年CPI高位运行

全省CPI为105.4,其中城市为105.3,农村为105.6,均创三年来新高。2011年CPI从1月(105.2)开始持续走高,直至6月(106.4)攀升到全年顶峰,并创下36个月来新高后,CPI保持了随后四个月超出106的罕见高度,使前三季度CPI高达105.7。到四季度,伴随翘尾和新涨价因素共同减弱影响,浙江CPI才从高位逐渐回落到年底的最低点(103.9)。各月走势见图1。

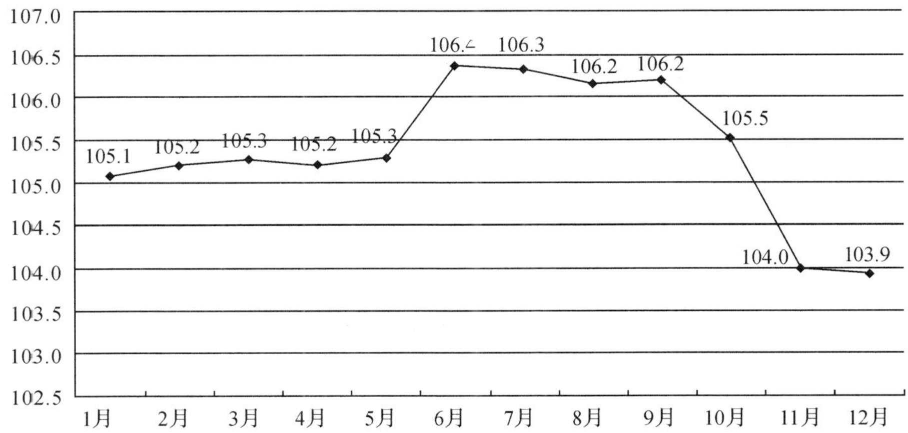

图1　2011年全省各月同比CPI走势

（二）食品价格上涨成为拉动CPI上扬的首要因素

全年食品类价格上涨12.1％，拉动总指数上涨3.42个百分点，成为拉动CPI上扬的首要因素。调查的16个中类食品价格全部出现上涨，其中涨幅达两位数的有肉禽及其制品价格上涨22.9％，其中猪肉价格涨幅高达33.3％；油脂价格上涨17.6％；干鲜瓜果价格上涨17.0％；蛋价上涨16.0％；水产品价格上涨13.6％；粮食价格上涨12.5％；糖价上涨10.7％。食品价格上涨主要来自三条主线，一是需求拉动下的价格上涨。受猪肉周期性波动影响，去年上半年在需求拉动下的肉价再次大幅上扬，去年6月涨幅高达56.9％，使一度仔猪价格一年来涨一倍，农民养猪热情空前高涨。二是以粮食为主线的价格持续上涨，带动饲料类价格上涨，推动养殖成本提高，影响肉、禽、蛋、养殖的水产品价格上扬。三是受国际原油价格高位影响，使运输成本提高进一步助推各类食品价格上涨。而2011年全年的风调雨顺，使全年菜价仅上涨0.3％，也为全国粮食连续第八年丰收打下基础，在一定程度上抑制了粮价进一步上涨。

（三）服务项目价格涨幅创下八年来新高

服务项目价格上涨3.2％，涨幅为2004年以来八年新高，成为推动CPI上扬的第二大因素。首先人工成本推动下的各类服务项目价格上涨。其中家庭服务价格上涨19.1％，加工维修服务价格上涨4.4％，衣着加工服务费上涨6.6％，快递费上涨4.3％，车辆修理服务费上涨4.1％，个人服务价格上涨3.1％。其二受房地产调控影响下的租房市场需求趋旺，带动住房租金上涨6.7％，自有住房价格上涨6.3％。其三是交通费上涨。受成品油价格上调影响，市区公共交通费上涨2.4％，城市间交通费上涨1.3％。其四是旅游价格上涨4.4％，景点门票上涨5.1％。

（四）工业品价格上涨2.3％

首先因国际原油价格上涨，使全省液化石油气价格大涨14.1％，带动汽、柴油价格均上涨13.7％。受成本提高和需求旺盛的共同影响，建房及装修材料价格上涨4.7％；床上用品、家具、家庭日用杂品价格分别上涨3.9％、3.3％、3.6％。而中药材价格续拾上年涨势再涨38.7％，影响滋补保健用品价格上涨13.7％。受黄金价格上涨影响，带动个人饰品价格上涨11.1％。在大部分工业品价格上涨同时，部分工业品价格继续下跌，如通信工具、交通工具分别下降11.8％、3.3％，各类文娱用耐用消费品和西药价格分别下降6.1％和1.8％。

二、新涨价和翘尾因素共推CPI高位运行

（一）全年超出2个百分点的翘尾影响，是推高全年CPI的一个内在因素

受2010年下半年开始的CPI月环比价格逐月持续上涨6个月带动，造成对2011年的翘尾影响主要集中在上半年，尤其是1月的翘尾影响高达4.1个百分点，整个上半年也高达3.1个百分点。全年2.05个百分点的翘尾因素，占到全年CPI上扬的近四成，这是造成全年CPI上扬的一个内在因素。

（二）新涨价因素助CPI持续攀升

扣除翘尾影响，2011年新涨价因素为3.3个百分点。

1.宽松货币政策的后续影响。2008年以来为应对世界性的金融危机，全球范围内实施的宽松货币政策持续到2009、2010年，而随之产生的以国际市场大宗商品价格大幅上涨为代表的全球范围的通货膨胀此起彼伏，也波及我国，使全国各地的居民消费价格持续全面地上涨。浙江自2010年5月起，居民消费价格同比涨幅持续19个月超出3%，其中2011年涨幅超出6%的月份持续了4个月。

2.需求拉动下价格上涨。伴随城镇化进程加快，2011年我国首次城镇人口数超农村，同时，我国居民人均收入的稳步提高，使消费需求保持较快增长，拉动价格上涨。2011年食品价格大幅上涨12.1%中，受猪肉供应周期性影响造成的供不应求，价格大涨33.3%现象值得关注。猪肉价格大涨的比价效应下，鸡、鸭、羊、牛、蛋价格大幅攀升，全年肉禽及其制品价格上涨22.9%，影响总指数上扬1.1个百分点，明显加剧食品类价格的上涨压力。

3.成本推动对CPI的拉动。2011年，既有输入型通胀对CPI的提升，主要反映在国际大宗商品价格的上涨，如石油、矿石、粮食等，也有国内劳动力成本持续上升的成本推动。尤其在浙江，尽管一些地区的一线工人工资上涨15%左右，但招工难问题仍普遍存在。

三、宏观调控政策成效显现，四季度CPI从高位回落

（一）国家一系列收紧的货币政策出台

2011年是我国较频繁出台金融政策的年份，其中六次上调存款准备金率，三次上调利率，使货币政策迅速转向。与之相配合的史上最严厉的房地产调控政策的持续推出，使我国四个季度经济增速逐季放缓。最终导致去年12月在连续上调存款准备金率和利率后，年内首次下调存款准备金率。一年来货币政策出台频繁程度足见一斑。从紧的货币政策首先从原材料价格从高位迅速回落开始，反映到CPI大约在四季度。2011年同比CPI从10月开始，连续三个月比上月回落0.7、1.5和1.1个百分点，直至全年最低点12月的CPI

为 103.9。

（二）各级政府相继出台稳定物价的措施

紧随国务院相关政策出台，各级地方政府也相继出台稳定当地物价的措施，如 11 月出台的非居民用电价格上调；各地水、电、气等公共产品提价措施的尽量后延；各地减免鲜活菜运输车辆的过路费；向市场定时投放平价菜、冻猪肉等；加强对重要商品价格的检测预警等。这些措施的出台，在一定程度上有利于价格的稳定。

四、2012 年 CPI 走势展望

（一）三大因素促 CPI 继续上扬

一是伴随我国居民对食品需求的刚性增长，以粮食为代表的食品价格上涨将形成长期趋势。去年是我国自然灾害相对较少年份，有利于农业生产，尤其是粮食获得连续 8 年丰收的骄人成绩，今年农产品供应形势能否好过去年，将存在不确定性。二是劳动力成本稳步提高将推动服务项目、工业品价格成本进一步上扬，“十二五”规划目标已明确我国城镇居民人均可支配收入和农村居民人均纯收入分别年均增长 7%以上，与经济增速保持同步，将促使 CPI 走高。三是公共产品调价压力的集中释放，如水、电、气价格在 2012 年集中上调几成定局。

（二）全年 CPI 可能会低于去年

1. 2012 年全年翘尾影响为 0.65 个百分点，低于去年 1.4 个百分点。

2. 农产品价格涨幅可能小于去年。2011 年许多农产品价格持续创下历史新高后，如猪肉、禽、蛋价格四季度起已出现逐月回落走势，在今年 1 月春节需求强劲拉动下价格再度攀升后，节后价格有望进一步回落，全年的涨幅可能会小于去年。

3. 受出口、投资需求不旺的影响，在当前国际经济普遍不景气背景下，今年出口形势不容乐观。在调结构保增长的大环境下，国家对房地产调控政策近期也难言改变，使出口、投资需求这两驾马车难有大起色，抑制价格上扬。

4. 即使货币政策在适时转向宽松，对 CPI 的传导也将推迟到半年以后，刺激全年 CPI 进一步上扬将存一段延迟期。

（三）不确定因素增多

从国内看，出口增速回落，房地产调控政策延续，使国内很多生产企业面临压力增大。去年四季度全国 GDP 的增速已滑落至 8.9%，使今年上半年经济增速预期也普遍不乐观，可能引发政府宏观政策的转向。从国际上看，欧债危机下的欧盟区经济何时复苏似乎仍未有明确时间表；世界范围内局部地区动荡此起彼伏；以美元主导下的大宗商品价格走势的剧烈波动等。这些不确定性同时困扰着国家宏观调控政策的向左或向右，当然也掌控了CPI的走向。

浙江调查总队消费价格调查处　叶飞霞

2011 年浙江固定资产投资价格变动分析

2011 年，浙江深入贯彻落实科学发展观，积极落实各项宏观调控措施，从严控制新开工项目，全省经济运行总体平稳，固定资产投资保持较快增长，固定资产投资价格稳步上涨。2011 年浙江固定资产投资价格同比上涨 7.5%，涨幅比上年扩大 2.8 个百分点。

一、2011 年固定资产投资价格变动的主要特点

与上年相比，2011 年浙江固定资产投资价格上涨 7.5%，涨幅比 2010 年高 2.8 个百分点，价格指数比 2009 年高 10.8 个点，价格指数为近三年最高。从图 1 可以看出，2009 年浙江固定资产投资价格低位运行，2010 年一季度价格出现回升，并于 2011 年一季度到达高点，随后涨幅逐季回落。2011 年一季度同比上涨 9.3%，二季度同比上涨 7.9%，三季度同比上涨 7.8%，四季度同比上涨 4.9%。从构成固定资产投资价格的三大要素来看：2011 年建筑安装、装饰工程价格同比上涨 11.4%，涨幅比上年高 4.7 个百分点；设备、工器具购置价格同比上涨 1.6%，涨幅比上年高 0.3 个百分点；其他费用价格同比上涨 3.1%，涨幅比上年高 0.5 个百分点。

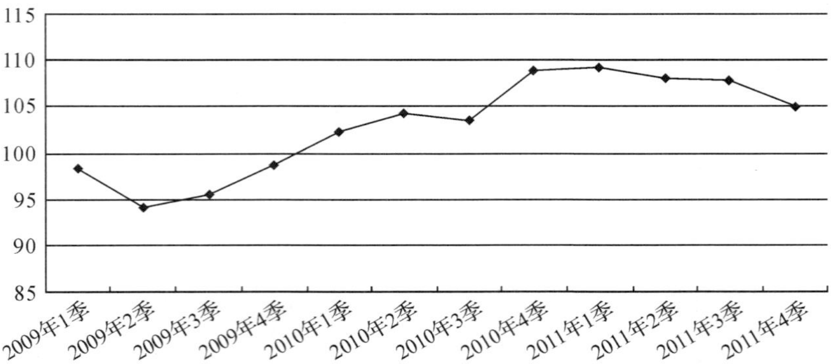

图 1　2009—2011 年各季浙江固定资产投资价格指数

（一）建筑安装、装饰工程价格涨幅较大

2011 年浙江建筑安装、装饰工程价格同比上涨 11.4%，涨幅比上年扩大

4.7个百分点，其中一季度同比上涨14.2%，二季度同比上涨12.3%，三季度同比上涨11.9%，四季度同比上涨7.1%，涨幅逐季趋缓。在建安工程费中，人工费价格保持较高的涨幅，同比上涨15.5%，涨幅比上年扩大6.3个百分点；机械使用费价格同比上涨5.3%，涨幅比上年扩大2.6个百分点；材料费价格同比上涨11.3%，涨幅比上年扩大4.6个百分点。

（二）人工费价格涨幅十五年来最高

2011年浙江建筑企业人工费价格同比上涨15.5%，涨幅与2008年持平，同为十五年来最高。其中工程管理人员人工费同比上涨12.4%，工程技术人员人工费同比上涨13.7%，普通工人人工费同比上涨16.5%，普通工人涨幅最高。建筑行业是劳动密集型行业，长期以来人工费价格处于一个较低的水平。2000年以来，浙江建筑施工企业注重“品质创效益”，不断提高劳动用工标准，导致优秀的人力资源求大于供，人工费价格稳步上涨。最近几年浙江的建筑业发展形势良好，建筑业产值和承接工程数量大幅提高，从而增加了对管理、技术人员和普通工人的需求；另一方面随着各地生活条件的提高，外来民工数量相对早几年明显减少，本地建筑业务工人也在减少，劳动力供给不足，人力资源供需的矛盾迫使建筑企业之间竞相提高工资以吸引优秀的劳力资源，从而使得人工费价格持续走高。

（三）七大建筑材料价格全面上涨

2010年浙江材料费价格持续上涨，并于2011年一季度达到高点，随后涨幅逐季回落。从各季看：2011年一季度同比上涨15.0%，二季度同比上涨12.3%，三季度同比上涨11.5%，四季度涨幅回落幅度进一步加大，同比上涨6.0%。具体看调查的七大类建筑材料价格全线上涨，水泥价格涨幅最高，钢材、地方建筑材料价格继续攀升，电料、木材和化工材料价格平稳上涨，其他材料价格稳中趋升。

1.水泥价格高位运行。2011年浙江水泥价格同比上涨15.2%，涨幅比上年扩大5.6个百分点，涨幅位居七大建筑材料之首。水泥价格的高位运行主要受2010年下半年浙江开展对水泥等高能耗企业的限电停产，导致水泥价格大幅上涨的滞后影响。分季度看水泥价格涨幅逐季回落：一季度同比上涨24.6%，二季度同比上涨16.2%，三季度同比上涨13.8%，四季度同比上涨5.7%。

2.地方建筑材料价格继续走高。2011年浙江地方建筑材料价格同比上涨11.5%，涨幅比上年扩大5.2个百分点，在七大建筑材料中仅次于水泥，位居第二。地方建筑材料价格的上涨一方面受资源限制，供应量减少以及汽油、柴油价格上涨，运输成本上升的影响；另一方面受气候条件的影响，2011 年浙江前期天气干旱，江河水位下降，水运受影响；后期大多地区发大水，船只无法通行，导致沙、石等地方建筑材料货紧价扬，价格上涨。

3. 钢材价格涨幅位居第三。2011 年浙江钢材价格同比上涨 11.1%，涨幅比上年扩大 4.0 个百分点。纵观 2011 年浙江建筑钢材价格的走势：年初，建筑钢材价格承接了 2010 年以来的上扬走势，钢材价格一路上涨，于 5 月份达到高点；下半年受制于下游制造业增速的放缓和房地产调控政策显效以及外围市场动荡的影响，市场成交量萎缩，钢材价格走出一波下行行情。

4. 电料、木材和化工材料价格平稳上涨。与上年比，2011 年浙江电料、木材和化工材料价格分别上涨 8.1%、7.9% 和 7.6%，涨幅比 2010 年分别扩大 1.6、4.1 和 2.3 个百分点，价格呈现平稳上涨之势。具体看，电料价格上涨主要源于有色金属价格的上涨，2011 年浙江有色金属产品出厂价格同比上涨 9.1%，有色金属产品价格的上涨在一定程度上增加了电线电缆企业的生产成本，浙江电料价格涨幅也随之扩大；木材价格的上涨主要源于进口减少以及国家加强森林保护，限制随意开采林木，木材供应量减少，价格走高；化工材料价格主要受国际原油价格上涨的影响。

（四）设备、工器具购置价格趋于平稳

2011 年浙江在产业政策、宏观调控政策的引导下，全省投资结构不断调整优化，装备制造业投资力度不断增强，通用设备制造业、专用设备制造业、交通运输设备制造业、电气机械及器械制造业、通信设备计算机及其他电子设备制造业、仪器仪表及文化办公用机械制造业等装备制造行业的投资均保持较快的增长态势，浙江设备、工器具购置价格趋于平稳，2011 年浙江设备、工器具购置价格同比上涨 1.6%。

（五）其他费用投资价格小幅上涨

2011 年浙江其他费用投资价格同比上涨 3.1%，其中一季度同比上涨 3.7%，二季度同比上涨 2.6%，三季度同比上涨 3.0%，四季度同比上涨 3.2%。分类看，受加息和房地产调控等因素的影响，2011 年浙江土地取得费同比上涨 1.8%，前期工程费同比上涨 2.3%，施工工作费同比上涨 2.0%，建设单位其他费用同比上涨 6.4%。

（六）浙江固定资产投资价格涨幅高于全国平均水平

2011 年浙江固定资产投资价格同比上涨 7.5%，涨幅高于全国平均水平 0.9 个百分点，位列全国第 3 位。具体看，建筑安装装饰工程投资价格同比上涨 11.4%，涨幅高出全国平均水平 2.2 个百分点；设备、工器具购置价格同比上涨1.6%，涨幅高出全国平均水平0.5个百分点；其他费用投资价格同比上涨3.1%，涨幅低于全国平均水平0.9个百分点。在全国31个省、市、区中，涨幅最高的是江西省，同比上涨8.4%；其次是安徽省，同比上涨8.1%。

在华东六省一市中，浙江的固定资产投资价格涨幅位居第三，次于江西和安徽。其他如江苏省和山东省同比均上涨6.8%、上海市同比上涨6.5%，福建省同比上涨6.2%。

二、影响2011年固定资产投资价格变动的主要因素

（一）国际资源性商品的大幅上涨成为影响浙江固定资产投资价格上涨的主要因素

2008年以来为应对世界性的金融危机，全球范围内实施宽松的货币政策，国际大宗商品价格大幅上涨，2011年原油、钢材、煤炭等资源性商品价格高位运行，直接带动了投资品价格的走高。

（二）建筑材料价格的大幅上涨成为推动固定资产投资价格总水平上升的重要因素

2011年浙江材料费价格同比上升11.3%，直接带动建筑安装工程费价格指数上升8.2个百分点，继而影响浙江固定资产投资价格总指数上升4.7个百分点。在材料费价格中，钢材、水泥、地方建筑材料占了材料费总额的八成，而2011年此三大类材料价格涨幅位居七大材料涨幅的前三位，直接导致全省固定资产投资价格涨幅的扩大。

（三）人工费价格上涨逐渐成为推动固定资产投资价格总水平上升的另一重要因素

2011年，浙江人工费价格同比上涨15.5%，涨幅为十五年来最高。经测算，由于人工费价格上涨影响建筑安装工程费价格指数上升2.9个百分点，影响固定资产投资价格总指数上升1.6个百分点。随着建筑用工缺口的加大以及浙江人均收入的持续增长，人工费价格对全省固定资产投资价格的影响将越来越大。

（四）基础性原材料价格上涨推动了固定资产投资价格的上升

2011年浙江工业生产者出厂价格同比上涨5.0%，其中生产资料产品出厂价格同比上涨5.5%。作为价格总水平先行指标的生产资料价格的上涨对下游的投资品价格的上涨产生一定的推动作用。

三、2012年固定资产投资价格走势分析

（一）推动固定资产投资价格上升的主要因素

一是国际上存在着一些影响投资价格走高的因素。从国际环境看，今年

将会受许多风险因素影响，国际经济增速会小幅回落，但继续保持小幅增长的大趋势不会改变。国际货币基金组织认为世界经济虽然处在新的危险阶段，但仍有望维持低速增长态势，预计 2012 年世界经济增速为 4.0%。同时欧盟启动对伊朗的石油禁运、海湾局势动荡将使原油等国际大宗商品价格仍维持高位运行。这些都将会在一定程度上推动固定资产投资价格上升。

二是劳动力成本稳步提高将推动人工费价格进一步上扬。长期以来，我国的劳动力价格一直维持在比较低廉的水平上，随着经济的快速发展，随着越来越多的劳动力被吸引到工业和建筑业中，劳动力缺口越来越大，浙江建筑企业的劳动力价格稳步上涨，2011 年达到 15 年来最高，2012 年预计仍将在高位。劳动力价格的上涨将会成为推动 2012 年固定资产投资价格的走高的重要因素。

（二）抑制固定资产投资价格上涨的主要因素

一是外需和内需的拉动力均在减弱。受美债信用评级下调、欧债危机扩散升级以及全球经济下滑风险加大等不利因素影响，外需明显下滑。国内受房地产调控等因素影响下，经济增速下行的风险加大，内需也会受到一定的影响。需求的减弱不可避免地给固定资产投资价格总水平的上升带来一定的影响。

二是宏观经济政策继续保持稳定。欧债危机的演化存在很大的不确定性，对我国经济下行的压力不可小觑。中央经济工作会议确定“稳中求进”的总基调，将会继续压制投资价格的进一步上涨空间，即使货币政策在适时转向宽松，对投资价格的传导也有一个滞后性。而在 2011 年采取的一系列的宏观调控政策将在今年进一步显现，一些过高的投资品价格将会继续回落，这一切都将抑制固定资产投资价格的上升空间。

三是主要建筑材料价格的回落将影响固定资产投资价格总水平的提高。钢材、水泥价格涨幅在 2012 年将会继续回落。就钢材而言，一方面，2012 年由于基础设施建设投资和工业生产的增长速度将有所放缓，对钢铁的需求将有所减缓；另一方面全球经济形势仍然严峻，经济增长动力不足，复苏趋缓，全球需求将继续放缓，再加上人民币升值和贸易保护主义盛行的前景下，2012 年我国钢材出口量或许难以达到去年水平，因此如没有其他突发因素，钢材价格会继续有所回落。就水泥而言，随着翘尾因素的消失，水泥价格涨幅也必然回落。钢材、水泥价格涨幅的回落会进一步制约固定资产投资价格的进一步上涨。

综合以上分析，预计 2012 年浙江固定资产投资价格将继续在上升轨道运行，涨幅可能会有所缩小。

浙江调查总队生产投资价格调查处　蒋晓红

2011 年浙江工业生产者出厂价格走势分析及预测

2011 年浙江工业生产者出厂价格同比上涨 5.0%，与上年相比，涨幅缩小 1.2 个百分点；浙江工业生产者购进价格同比上涨 8.3%，与上年相比，涨幅缩小 3.7 个百分点。从各月走势来看，1—3 月份工业生产者出厂价格和购进价格同比涨幅都呈逐月扩大态势，4—5 月份涨幅有所回落，6—7 月份涨幅再次扩大，8—12 月份涨幅继续回落。全年浙江工业生产者购进价格涨幅高于出厂价格涨幅 3.3 个百分点，工业生产者购销价格涨幅呈"高进低出"的格局（见图 1）。

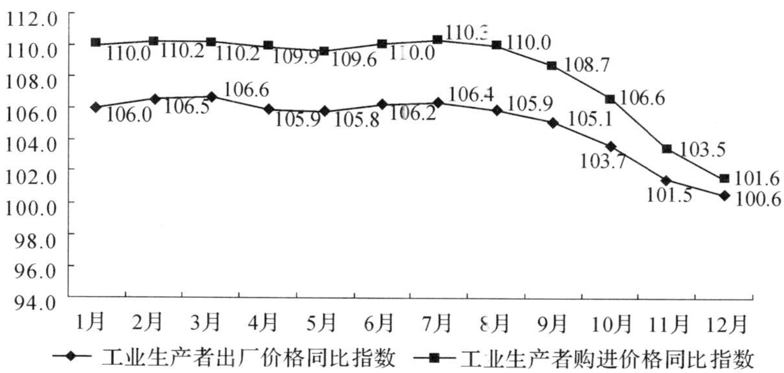

图 1 2011 年浙江工业生产者价格指数

一、浙江工业生产者出厂价格运行的特点

（一）轻工业产品出厂价格涨幅高于重工业产品出厂价格涨幅 0.2 个百分点

2011 年浙江轻工业产品出厂价格同比上涨 5.1%，其中以农产品为原料及非农产品为原料的产品出厂价格同比分别上涨 5.5%和 4.6%，以农产品为原料的产品价格涨幅高出以非农产品为原料的产品价格涨幅 0.9 个百分点；重工业产品出厂价格同比上涨 4.9%。

（二）生产资料类产品出厂价格涨幅高于生活资料类产品出厂价格涨幅2.0个百分点

2011年浙江生产资料类产品出厂价格同比上涨5.5%，其中采掘类产品出厂价格上涨15.3%，原料类产品出厂价格上涨8.3%，加工类产品出厂价格上涨4.5%；生活资料类产品出厂价格同比上涨3.5%，其中食品类产品出厂价格上涨5.6%，衣着类产品出厂价格上涨4.6%，一般日用品类产品出厂价格上涨2.7%，耐用消费品类产品出厂价格上涨1.2%。

（三）十五个工业部门产品出厂价格全面上涨

2011年十五个工业部门产品出厂价格都呈不同程度的上涨，涨幅为两位数的有：石油工业和建筑材料工业产品出厂价格同比分别上涨15.0%和11.7%，冶金工业、化学工业、机械工业、食品工业、纺织工业、造纸工业、电力工业、煤炭及炼焦工业、森林工业、缝纫工业、皮革工业、文教艺术用品和其他工业产品出厂价格涨幅在1.8%—8.2%之间（见图2）。

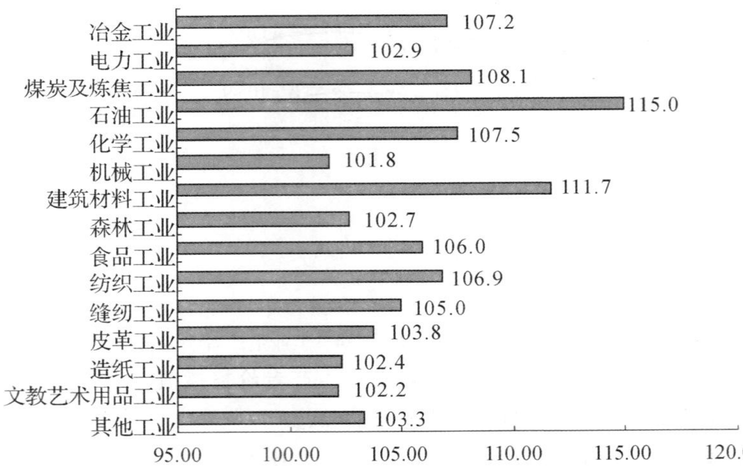

图2　2011年浙江省工业部门产品出厂价格指数

（四）九成以上大类行业产品出厂价格上涨

2011年浙江37个大类行业除烟草制品业产品出厂价格与上年持平，仪器仪表文化办公用机械制造业和通信设备计算机及其他电子设备制造业产品出厂价格同比略降外，其余34个大类行业产品出厂价格呈不同程度上涨，其中涨幅在10%以上的有7个行业：黑色金属矿采选业（26.5%）、有色金属矿采选业（16.6%）、非金属矿采选业（13.5%）、石油加工炼焦及核燃料加工业（16.0%）、化学纤维制造业（12.7%）、非金属矿物制品业（10.8%）和废弃资源废旧材料回收加工业(15.8%)。

表 1　2011 年浙江分行业工业生产者出厂价格指数

行业	指数	行业	指数
全部工业品	104.98	医药制造业	100.77
煤炭开采和洗选业	107.43	化学纤维制造业	112.67
黑色金属矿采选业	126.48	橡胶制品业	107.67
有色金属矿采选业	116.61	塑料制品业	106.51
非金属矿采选业	113.47	非金属矿物制品业	110.76
农副食品加工业	109.32	黑色金属冶炼及压延加工业	108.58
食品制造业	107.66	有色金属冶炼及压延加工业	109.08
饮料制造业	102.58	金属制品业	103.02
烟草制品业	100.00	通用设备制造业	102.47
纺织业	106.92	专用设备制造业	101.01
纺织服装、鞋、帽制造业	103.27	交通运输设备制造业	101.02
皮革、毛皮、羽毛(绒)及其制品业	104.31	电气机械及器材制造业	103.26
木材加工及木、竹、藤、棕、草制品业	103.19	通信设备、计算机及其他电子设备制造业	99.42
家具制造业	101.47	仪器仪表及文化、办公用机械制造业	99.98
造纸及纸制品业	102.36	工艺品及其他制造业	103.63
印刷业和记录媒介的复制	101.66	废弃资源和废旧材料回收加工业	115.79
文教体育用品制造业	102.81	电力、热力的生产和供应业	102.95
石油加工、炼焦及核燃料加工业	116.01	燃气生产和供应业	106.28
化学原料及化学制品制造业	106.88	水的生产和供应业	105.27

(五) 工业生产者购进价格全面上涨

2011 年浙江工业生产者购进价格同比上涨 8.3%。与上年相比,九大类原材料价格涨幅在 10%以上的有 3 个行业:有色金属材料电线类(11.7%)、化工原料类(11.2%)和农副产品类(10.1%)。燃料动力类、建筑材料及非金属矿类、其他工业原材料及半成品类、纺织原料类、黑色金属材料类和木材及纸浆类五大类购进价格涨幅在 3.8%—9.7%之间。

二、工业生产者出厂价格指数(PPI)变动的主要原因分析

(一) 主要行业产品出厂价格影响 PPI 的走势

2011 年,石油相关行业产品出厂价格上涨影响总指数上涨 1.6 个百分点,金属相关行业产品出厂价格上涨影响总指数上涨 0.7 个百分点,纺织业产品出厂价格上涨影响总指数上涨 0.9 个百分点,石油、金属和纺织相关行业产品出厂价格上涨对浙江 PPI 上涨的贡献率为 64.3%。细分看:化学原料及化学制品制造业产品出厂价格同比上涨 6.9%,影响工业生产者出厂价格总水平上涨 0.5 个百分点;化学纤维制造业产品出厂价格同比上涨 12.7%,影响工业生产者出厂价格总水平上涨 0.5 个百分点;黑色金属冶炼及压延加工业产品出厂价格同比上涨 8.6%,影响工业生产者出厂价格总水平上涨 0.3 个百分点;有色金属冶炼及压延加工业产品出厂价格同比上涨 9.1%,影响工业生产者出厂价格总水平上涨 0.3 个百分点。

(二) 生产成本上涨推动 PPI 上行

原油、贵金属和铁矿石等国际大宗商品价格持续高位震荡,使得原材料价格不断上涨,加上企业人工成本、环保成本和财务成本的不断上升,上游行业产品价格的上扬给中下游行业带来的成本压力愈来愈明显。2011 年前 11 个月,浙江工业企业购销价格涨幅差在 2.1—4.1 个百分点之间,使得企业在赢利空间缩小的情况下,不得不通过提价把部分生产成本转嫁到产品上,从而推动工业生产者出厂价格的上行。

(三) 外部环境对 PPI 的影响

美国经济恢复乏力,日本经济复苏受阻,欧洲一些国家主权债务危机还在发展,贸易保护主义愈演愈烈。面对复杂多变的国际经济环境,出口外向型企业不可避免地受到冲击,加之部分劳动密集型的制造业生产能力相对过剩,企业之间竞争激烈,从工业生产者出厂价格各月的同比指数来看,2011 年以来,浙江工业生产者出厂价格涨幅已先后两次出现回落,且显继续回落的态势。

三、2012 年工业生产者出厂价格走势预测

(一) 推动工业生产者出厂价格上涨的主要因素

一是全球货币流动性依然充裕、欧盟启动对伊朗的石油禁运、海湾局势动荡等引起国际大宗商品价格高企的主要因素依旧存在,以美元计价的国际大宗商品价格还将维持高位运行。二是国内加快推动保障性安居工程建设力度将逐步加大,将在一定程度上刺激市场对水泥、钢材等生产资料的需求;我国进出口关税从 2012 年 1 月 1 日起进行部分调整,坚持出口和进口并重,内外市场需求拉动工业生产者出厂价格的上涨。三是能源、原材料和劳动力成本

上升，资源环保成本加大，工业生产者出厂价格上行的压力也在增加。

（二）抑制工业生产者出厂价格上涨的主要因素

一是政府已经和将要出台一系列降低生产流通成本的政策措施，在一定程度上减轻了企业生产经营成本持续上涨的压力，今年还将继续落实提高增值税、营业税起征点等减轻小微企业税费负担的各项政策，从而抑制工业生产者出厂价格的快速上涨。二是国内改变经济发展方式及产业结构调整的力度加大，对“两高一资”产业的增长形成一定制约，从目前的供给看，部分行业的产能过剩仍会制约终端产品价格的上升。三是世界经济增长放缓，人民币升值影响出口外向型企业的利润空间，对上游行业产品的需求减少从而影响工业生产者出厂价格的上涨。

综上所述，2012 年作为“十二五”规划的第二年，我国将继续实施积极的财政政策和稳健的货币政策，增强宏观调控的针对性、灵活性、有效性，促进经济平稳较快发展；另外，受发达国家债务危机拖累，世界经济增长放缓，国际金融市场剧烈动荡，国际政治经济环境更加严峻复杂。预计 2012 年一季度浙江工业生产者出厂价格同比涨幅将继续回落，可能会呈现负增长的态势。

浙江调查总队生产投资价格调查处　李　莉

2011 年浙江城镇居民收入平稳增长 消费水平持续提升

2011 年，浙江按照“稳增长、抓转型、控物价、惠民生、促和谐”的总体要求，经济社会全面发展，居民收入持续增长，生活质量不断提升，民生继续改善。

一、城镇居民收入平稳增长

2011 年浙江城镇居民人均家庭总收入 34264 元，同比增长 13.7%；其中人均可支配收入 30971 元，比上年增长 13.2%，扣除价格因素，实际增长 7.5%，增幅比去年同期高 0.6 个百分点。其中，一季度人均可支配收入增长 13.0%，二季度增长 12.7%，三季度增长 14.6%，四季度增长 12.7%，收入继续平稳增长。

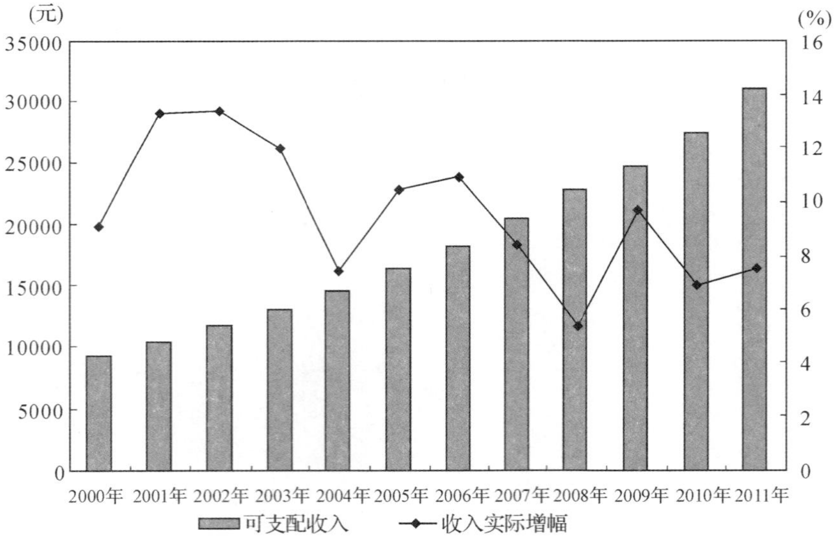

图 1　2000 年以来城镇居民人均可支配收入和增长幅度

（一）工资性收入是居民收入的主要来源

2011 年浙江城镇居民人均工资性收入 20334 元，比上年增长 11.0%，拉动家庭总收入增长 6.7 个百分点，占家庭总收入的 59.3%，是城镇居民收入的主要来源。分季度看，一季度工资收入增长 7.8%，二季度增长 11.8%，三季度增长 13.4%，四季度增长 12.6%。

（二）经营净收入较快增长

2011 年浙江城镇居民人均经营净收入 4384 元，占家庭总收入的 12.8%，同比增长 20.4%，比去年 10.5%的增幅高 9.9 个百分点，拉动家庭总收入增长 2.5 个百分点。分季度看，依次增长 32.0%、20.3%、16.2%和 11.4%。

（三）理财收入增速有所回升

2011 年浙江城镇居民人均财产性收入 1572 元，增长 7.0%，增幅比去年同期高 3.1 个百分点。其中，2011 年城镇居民人均出租房屋收入 842 元，增长 5.3%，拉动财产性收入增长 2.9 个百分点，对财产性收入增长的贡献达 41.2%；利息和股息红利收入人均 460 元，同比增长 15.3%，对财产性收入增长的贡献达 59.6%。

（四）离退休金和养老金平稳增长

2011 年浙江城镇居民人均转移性收入 7974 元，比上年增长 18.8%，增幅比去年同期高 1.3 个百分点，拉动家庭总收入增长 4.2 个百分点。分季度看，分别增长 15.8%、16.3%、21.8%和 22.2%。其中人均离退休金和养老金为 6200 元，比上年增长 14.4%，增幅比去年同期的 20.0%慢 5.6 个百分点，对转移性收入增长的贡献率达 61.9%。

表 1 2011 年分季度收入表

	一季度		二季度		三季度		四季度		全年	
	人均（元）	增长（%）	人均（元）	增长（%）	人均（元）	增长（%）	人均（元）	增长（%）	人均（元）	增长（%）
家庭总收入	10718	12.5	7638	13	7853	14.9	8056	15.0	34264	13.7
可支配收入	9974	13	6862	12.7	7043	14.6	7092	12.7	30971	13.2
1.工资性收入	6494	7.8	4490	11.8	4615	13.4	4736	12.6	20334	11.0
2.经营净收入	1379	32	984	20.3	974	16.2	1047	11.4	4384	20.4
3.财产性收入	568	14.5	336	－6	322	－3.4	347	22.3	1572	7.0
4.转移性收入	2277	15.8	1828	16.3	1943	21.8	1926	22.2	7974	18.8
养老金或离退休金	1583	11	1493	14	1541	14.7	1583	18.4	6200	14.4

（五）人均可支配收入的中位数为 27283 元

2011 年浙江城镇居民人均可支配收入的中位数为 27283 元，比上年增长 16.6%。人均可支配收入的中位数比人均可支配收入 30971 元低 3688 元。

收入在平均水平(30971元)以下的家庭占61.4%,比上年减小1.7个百分点。

(六) 浙江城镇居民人均可支配收入首次超过3万,居全国31个省(市、区)第3位

2011年浙江城镇居民人均可支配收入首次超过3万元,为30971元,比全国平均水平21810元高出9161元。2011年浙江城镇居民收入位列上海、北京之后,继续居全国31个省(区、市)第3位,各省(区)第1位,是自2001年以来连续第十一年位居全国前列。居民收入最高的是上海市,人均可支配收入为36230元;北京市为32903元,居第2位;天津市为26921元,居第4位;广东省为26897元,居第5位;江苏省为26341元,居第6位;福建省为24907元,居第7位;山东省为22792元,居第8位。

二、城镇居民消费水平继续提升

2011年浙江城镇居民人均消费支出20437元,同比增长14.4%,增幅比上年提高7.4个百分点,扣除价格因素,实际增长8.6%,实际增幅比去年同期高5.5个百分点,其中八大类消费呈全面增长态势。

表2 2011年分季度消费支出表

	一季度		二季度		三季度		四季度		全年	
	人均(元)	增长(%)	人均(元)	增长(%)	人均(元)	增长(%)	人均(元)	增长(%)	人均(元)	增长(%)
消费支出	5453	11.1	4621	16.9	5306	15.2	5058	15.3	20437	14.4
1.食品	2008	14.4	1609	16	1700	18.0	1749	13.9	7066	15.5
2.衣着	709	21.2	452	22.2	334	16.7	645	14.8	2139	18.7
3.居住	347	4.1	319	−0.2	463	20.6	390	2.2	1518	7.1
4.设备用品及服务	276	24.9	286	26.8	276	19.4	271	13.9	1109	21.1
5.医疗保健	344	18.9	303	24.6	298	23.5	305	16.9	1249	20.8
6.交通和通信	887	−7.8	965	18.2	896	3.3	981	24.0	3728	8.5
7.娱乐文教服务	671	10.5	492	7.7	1134	8.7	518	8.3	2816	8.9
8.其他商品和服务	210	35.6	195	43.6	206	81.0	200	41.3	812	48.5

(一) 食品价格上涨带动食品支出增长,恩格尔系数有所回升

2011年浙江城镇居民人均食品支出为7066元,比上年增长15.5%,拉动消费支出增长5.3个百分点,对消费支出增长的贡献率达36.7%。城镇居民食品消费支出扣除食品价格上涨因素实际增长3.3%,城镇居民恩格尔系数

(食品支出占消费总支出的比重)为34.6%,比上年高0.3个百分点,恩格尔系数有所反弹。

（二）衣着支出、设备用品及服务、医疗保健支出增长较快

2011年浙江城镇居民人均衣着支出2139元,同比增长18.7%,比去年同期高7.1个百分点,拉动消费支出增长1.9个百分点;人均设备用品及服务支出1109元,同比增长21.1%,增速比去年同期高10.6个百分点,拉动消费支出增长1.1个百分点;人均医疗保健支出1249元,同比增长20.8%,增速比去年同期分别快15.8个百分点,拉动消费支出增长1.2个百分点,其中城镇居民药品费和医疗费分别增长23.5%和35.9%。

（三）居住、交通通讯和娱乐文教支出平稳增长

2011年浙江城镇居民人均居住支出1518元,增长7.1%,增幅比去年同期高11.6个百分点;人均交通通讯支出3728元,增长8.5%,增幅比去年同期高4.0个百分点,拉动消费支出增长1.6个百分点;城镇居民日益重视精神文化消费,人均娱乐教育文化消费支出为2816元,增长8.9%。

（四）其他商品和服务支出高速增长

2011年浙江城镇居民人均其他商品和服务支出812元,同比增长48.5%,增速比上年同期快54.1个百分点,拉动消费支出增长1.5个百分点。这主要是由于今年以来居民购买金银饰品和美容消费等的支出大幅上升所致,其中金银珠宝饰品消费增长79.2%,美容费增长34.8%,化妆品消费增长33.1%。

（五）浙江城镇居民消费水平上升至全国第三位

2011年浙江城镇居民人均消费性支出为20437元,比全国平均水平15161元高5276元,在全国31个省(市、区)中从上年的第四位上升至第三位。消费支出高于浙江的是:上海市,人均消费支出25102元;北京市,人均21984元。消费支出在全国平均数以上的省(市)还有广东(20252元)、天津(18424元)、江苏(16782元)、福建(16661元)。

三、城镇居民生活质量不断改善

（一）服务性消费快速增长,消费结构继续调整

2011年浙江城镇居民文教娱乐、休闲旅游、医疗保健等服务性消费支出快速增长,生活质量进一步提高。2011年浙江城镇居民人均服务性消费支出5639元,比上年增长12.8%,扣除价格因素,实际增长9.1%,比消费性总支出的实际增速快0.5个百分点。在服务性消费中,家政服务支出比上年增长53.8%,居住服务支出增长35.9%,表明家庭服务社会化趋势日益明显;在外饮食支出增长11.4%;医疗费支出增长35.9%;交通费支出增长16.3%;文化

娱乐服务支出增长 13.5%。

（二） 网络消费快速增长，信息化程度不断提高

2011 年浙江城镇居民家庭每百户家用电脑拥有量 103.6 台，比上年增长 15.3%，其中 88.6%的家用电脑接入互联网。此外手机上网渐成时尚，2011 年浙江城镇居民每百户接入互联网的移动电话达 44.4 部。随着信息化程度的不断提高，网络消费快速增长，人们足不出户即可享受便捷的网络购物，2011 年浙江城镇居民人均通过互联网购买的商品及服务支出 165 元，同比增长 77.2%。

（三） 旅游、健身成为居民消费热点

随着收入的稳步增长，人们对生活质量的追求也越来越高，外出旅游和健身活动已成为人们工作、学习之余放松身心的一种生活方式。2011 年浙江城镇居民人均旅游花费达到 972 元，比上年增加 152 元，同比增长 18.6%。旅游支出占消费总支出的比重由上年的 3.8%上升到 4.8%。其中参加各类旅行社的团体旅游人均支出 670 元，比上年增长 12.4%。人均健身活动支出 23 元，增长 37.9%。

（四） 居住条件不断改善

2011 年末浙江城镇居民人均住房建筑面积 36.9 平方米，比上年末增加 1.6 平方米，户均住房面积增加 4.2 平方米。房屋产权为商品房的城镇居民家庭占 59.8%，比上年提高 4.5 个百分点；使用管道燃气的家庭占 36.0%，比上年提高 6.7 个百分点；使用空调作为取暖设备的家庭占 93.9%，比上年提高 3.2 个百分点。

四、城镇居民生活中需要关注的问题

（一） 收入差距有所扩大

2011 年浙江城镇 20%高收入家庭人均可支配收入为 62536 元，20%低收入家庭人均可支配收入为 11774 元，高低倍数由 2010 年的 5.1 倍扩大到 2011 年 5.31 倍；10%最高最低收入家庭人均可支配收入的倍数由 2010 年的 7.9 倍扩大到 2011 年的 8.67 倍。从收入增长情况看，城镇 20%高低收入家庭人均可支配收入比上年分别增长 11.6%和 7.2%。城镇 10%最低收入家庭人均可支配收入 8997 元，同比仅增长 2.7%，增幅比 10%最高收入家庭低 9.9 个百分点。低收入家庭收入增长缓慢，使浙江城镇居民收入差距比上年扩大。

（二） 食品价格快速上涨使低收入家庭户均食品消费多支出 1328 元，物价大幅上涨不利于低收入家庭消费结构的改善

2011 年浙江 10%城镇低收入家庭人均食品支出 4330 元，同比增长 17.3%，扣除食品价格因素，实际增长 5.1%。快速上涨的 CPI，特别是食品价格的大幅上涨，使低收入家庭的食品支出快速增长，其中因食品价格的上涨使

10%低收入家庭人均多支出450元，户均多支出1328元，低收入家庭食品消费支出中用以应对食品价格上涨的支出占10.4%。对低收入家庭来说，刚性的食品消费受价格上涨的影响更甚于一般居民家庭，积极的价格补贴机制有助于缓解因物价上涨对低收入家庭造成的生活压力。

在收入水平较低、物价上涨较快的情况下，低收入家庭的消费以满足食品、医疗、居住、教育等日常基本生活开支为主，不利于低收入家庭消费结构的转变。10%低收入家庭的恩格尔系数（食品支出占消费支出的比重）为44.6%，比全省城镇平均水平高10.0个百分点；人均药品医疗支出占消费支出的比重为7.9%，比全省城镇平均水平高3.4个百分点；人均水电燃料支出占消费支出的比重为7.3%，比全省城镇平均水平高2.9个百分点；人均教育支出占消费支出的比重为8.7%，比全省城镇平均水平高2.2个百分点。

（三）居民收入实际增长低于GDP增幅

2011年浙江城镇居民人均可支配收入名义增长13.2%，扣除价格因素后实际仅增长7.5%，较高的CPI缩减了居民收入的实际增幅，也使各项增资政策的效果减弱。从宏观数据看，2011年浙江城镇居民人均可支配收入仅为人均GDP的52.8%，且收入实际增幅明显低于同期GDP9%以上的增长速度（见图2）。GDP增长要真正体现到人民生活水平的提高上，还需要政府进一步改善收入分配结构，提高居民收入在国民收入分配中的比重。

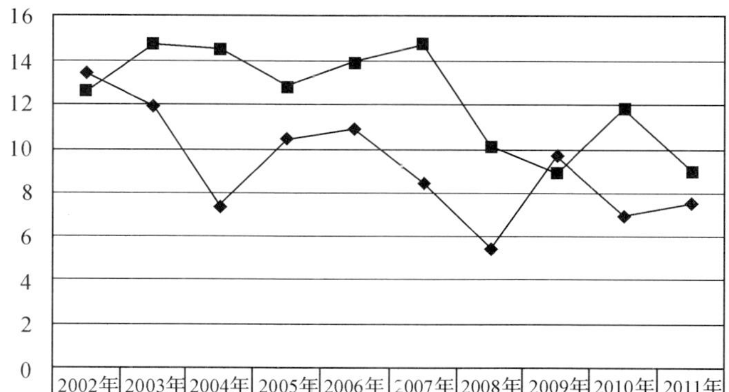

	2002年	2003年	2004年	2005年	2006年	2007年	2008年	2009年	2010年	2011年
收入实际增幅	13.4	11.9	7.4	10.4	10.9	8.4	5.4	9.7	6.9	7.5
GDP增长	12.6	14.7	14.5	12.8	13.9	14.7	10.1	8.9	11.8	9.0

图2　2002年以来城镇居民收入和GDP的增幅(%)

浙江调查总队城镇住户调查处　黄　程

2011 年浙江农村居民收入增速创 1997 年以来最高

2011 年，浙江按照“稳增长、抓转型、控物价、惠民生、促和谐”的总体要求，确保了经济平稳增长，主要农产品价格上涨明显，政府转移支付持续增加，民生进一步改善，促进了农村居民收入快速增长。

一、农村居民收入增长的主要特点

（一）收入增速创 1997 年以来最高

据对全省 4700 户农村居民家庭抽样调查，2011 年浙江农村居民人均纯收入 13071 元，比 2010 年增加 1768 元，增长 15.6%，名义增幅比上年提高 2.7 个百分点，为 1997 年以来最高。扣除价格因素影响，实际增长 9.5%，实际增幅比上年提高 0.9 个百分点，和 2009 年一样，都是 1997 年以来的最高增长年份。

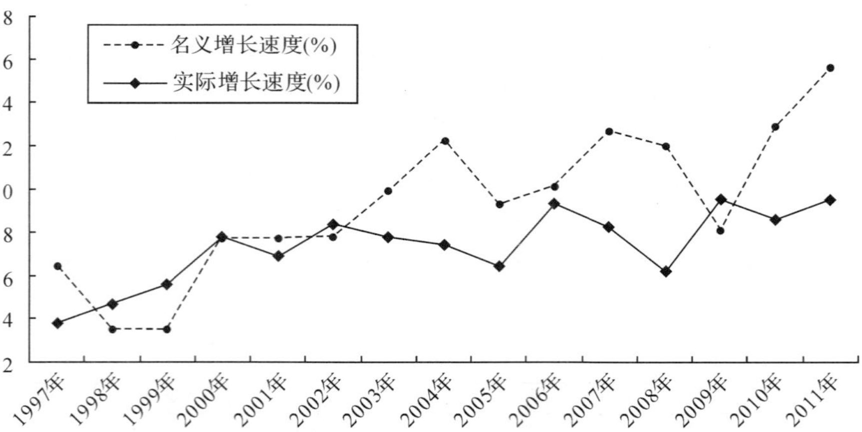

图 1　1997—2011 年浙江农村居民收入增长速度

（二）工资性收入是推动农村居民收入增长的主要动力

2011 年浙江农村居民在各类企事业中从业或从事其他各种劳务活动获得的工资性收入人均 6878 元，比上年增加 929 元，增长 15.6%，占全部纯收入的比重为 52.6%。工资性收入对纯收入的增长贡献率为 52.5%，工资性收入增长拉动全部纯收入增长 8.2 个百分点。工资性收入是浙江农村居民收入的主要来源，更是收入增长的主要推动力。2011 年初开始，企业陆续出现招工难、留人难等问题，为留住劳动者，企业不得已不断提高工资和福利，同时，在全社会物价持续上涨的压力下，企业为了提高工人的实际购买力也采取了发放物价补贴、提高工资标准等措施；此外，浙江 2011 年再次上调了最低工资标准，平均调幅接近 20%，为 1994 年以来最高。这些因素共同促进农村居民的务工收入较快增长。

（三）家庭经营第一产业收入增幅继续回升

2011 年浙江农村居民来自家庭经营的农林牧渔业第一产业纯收入人均 2183 元，比上年增加 299 元，增长 15.9%，增幅在上年回升 12.7 个百分点的基础上继续提高 2.5 个百分点。从农林牧渔各业来看，农业收入增幅继续回升，牧业收入和渔业收入保持较快增长，林业收入减幅收窄。

1. 农业收入：农村居民从农业中得到的纯收入人均 1324 元，同比增长 19.4%，增幅在上年回升 8.4 个百分点的基础上继续提高 5.5 个百分点。农业收入的大幅增长主要得益于农业经营的多样化、高效化及农产品价格的上涨。农业经营的多样化使农村居民从事农产品初加工、提供农业机械服务得到的现金收入数倍增加；种植业结构不断调整，种植花卉苗木等高效农业越来越成为农业经营户增收的主要来源，2011 年浙江农村居民出售花卉、绿化苗木得到的现金收入同比增长 1 倍，扣除成本费用之后，效益依然可观；农产品价格上涨使农村居民在产量小幅增长或减产的情况下效益仍然有所提高，如出售谷物数量比上年仅增长 2.9%，出售水果数量减少 9.6%，由于价格上涨明显，出售谷物和水果的现金收入却分别比上年增长 17.1% 和 29.0%。

2. 林业收入：农村居民从林业中得到的纯收入人均 177 元，比上年略减。2011 年，浙江农村居民出售板栗、核桃、竹木等林产品数量同比基本持平或有所减产，因此尽管林产品价格上涨明显，总体上得到的林业经营收入并没有比上年增加。

3. 牧业收入：农村居民从牧业中得到的纯收入人均 504 元，在上年增长 21.1% 的基础上继续增长 13.8%。从牧业产品品种看，肉猪和家禽由于出售量大幅减少，尽管价格较高，出售收入仍难以弥补减产的损失；蛋类和仔猪呈现了量价齐升的态势。从全省看，主要牧业产品（如肉猪）由于产量支撑不足，对总体农村居民收入增长的促进作用有限，但对具体的经营户来说，持续高涨的价格使他们经营效益普遍提高。

4. 渔业收入：农村居民从渔业中获得的纯收入人均178元，增长16.0%，保持了较快的增速。近年来，政府重点加强了对渔业生产的扶植和补贴，渔民的生产积极性普遍提高，同时渔业结构调整带来效益提升，农村居民从事渔业生产的收益保持了持续快速增长，近几年的增幅均在15%以上。

（四）家庭经营二、三产业收入较快增长

2011年，农村居民来自家庭经营的二、三产业收入人均2690元，比上年增加383元，增长16.6%，占农村居民收入的比重为20.6%。2011年年初，浙江经济开局良好，工业经济增长较快，带动了从事配套经营的农村家庭工业的发展，呈现出生产较为旺盛的状态，农村第三产业也呈现较好的发展态势。全年总体经济的平稳发展及服务费用的提高，为浙江以从事加工、服务为主的家庭二、三产业发展带来了较多的收益。其中，家庭从事工业、建筑业、交通运输邮电业、批零贸易餐饮业和社会服务业的收入增幅均在15%以上。

（五）非经营性收入增长13.5%

2011年浙江农村居民获得的非经营性收入人均1320元，增加157元，增长13.5%。其中，财产性纯收入与上年基本持平，转移性纯收入大幅增长。从增长的来源看，租金收入成为城乡结合部农民收入的重要来源之一，比上年增长28.6%；随着农村社会保障面的扩大和保障水平的进一步提高，农村居民的离退休金养老金收入人均338元，增长41.9%；农村居民得到的政府性转移支付大幅增长，如粮食直补、生产资料补贴等众多的扶农支农补贴收入人均达105元，增幅在2倍以上。

二、农村居民增收中的主要问题

（一）居高不下的CPI使农村居民的实际收入水平大幅缩水

2011年，浙江农村居民人均纯收入名义增长15.6%，比上年同期增幅高2.7个百分点，但受价格水平快速上涨的影响，实际增长9.5%，实际增速明显低于名义增速。较高的CPI削减了政府提高居民收入等相关政策的效果。对低收入家庭来说，由于消费率较高，且基本均是刚性消费，因而对价格上涨更为敏感，低收入家庭的收入水平提高被价格上涨的抵消更为严重。

（二）收入差距扩大，收入向高收入群体集中

2011年，浙江农村居民收入在名义增速和实际增速双双创下1997年以来最高的背景下，农村居民家庭之间的收入差距有所扩大，衡量收入差距的基尼系数由上年的0.3650上升到0.3671。从农村贫富的“两极”看，收入最高的20%家庭人均纯收入28404元，收入最低的20%家庭人均纯收入3687元，贫

富"两极"的收入之比为 7.70∶1,比上年的 7.27∶1 明显扩大。20%最低收入家庭的人均纯收入仅比上年增长 8.7%,比高收入家庭增速慢 6.5 个百分点。低收入户收入增长乏力,农户间收入差距扩大,将会成为浙江农民进一步持续稳定增收的主要制约因素。

浙江调查总队农村住户调查处　胡央娣

2011 年浙江住宅销售价格涨幅回落

2011 年，在“稳增长、控物价、调结构、惠民生”的主基调下，各级政府继续加强房地产市场宏观调控，各项措施进一步细化和落实，有效抑制了房价过快上涨。

一、2011 年浙江住宅销售价格基本走势及特点

（一）住宅销售价格同比涨幅回落明显

2011 年全省新建住宅销售价格比 2010 年上涨 2.8%，涨幅比 2010 年缩小 12.5 个百分点，其中新建商品住宅（不含保障性住房）销售价格比 2010 年上涨 2.9%，涨幅比 2010 年缩小 13.2 个百分点；二手住宅销售价格比 2010 年上涨 1.7%，涨幅比 2010 年缩小 6.2 个百分点（见图 1）。

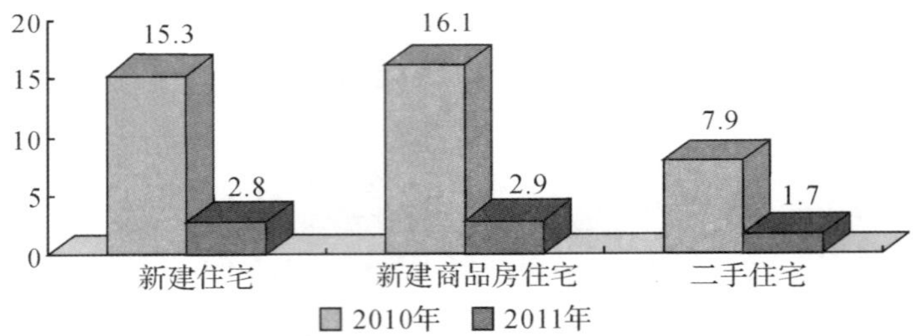

图 1　2011 年与 2010 年住宅分类型销售价格涨幅对比（%）

（二）新建住宅销售价格拐点显现

2011 年全省各月新建住宅销售价格走势以 8 月为拐点，其中前七个月价格表现为微涨，环比涨幅分别为 0.8%、0.5%、0.7%、0.3%、0.1%、0.2%和 0.1%；从 8 月份开始，后五个月价格连续下跌，环比跌幅分别为 0.1%、0.3%、0.6%、0.3%和 0.7%（见图 2）。

（三）二手住宅销售价格市场灵敏度比新建住宅高

2011 年全省二手住宅销售价格比上年上涨 1.7%，比同期新建住宅销售价格涨幅低 1.1 个百分点。从分月数据来看，10 月份全省二手住宅销售价格同比由涨转跌，12 月份二手住宅销售价格跌幅达到最大，为 3.7%，市场的预期在二手房市场表现得更明显。

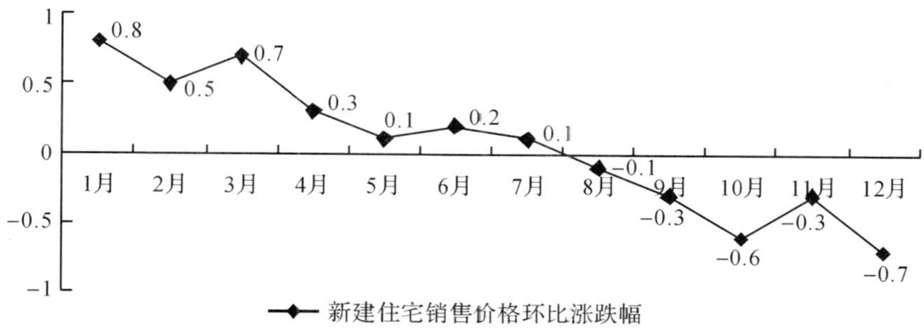

图 2　2011 年分月新建住宅销售价格环比走势(%)

（四）小面积、中等面积等实用型住宅价格支撑力较强

分面积看，2011 年全省小面积(90 平方米以下)新建商品住宅同比涨幅为 3.8%，涨幅分别比中等面积(90—144 平方米)、大面积(144 平方米以上)住宅高 1.1 个百分点、1.2 个百分点；二手房市场与新建房市场不同，中等面积(90—144 平方米)同比涨幅为 3.2%，分别比小面积(90 平方米以下)、大面积(144 平方米以上)住宅高 1.8 个百分点、4.1 个百分点。说明经济型、实用型的商品住宅更受市场欢迎(见图 3)。

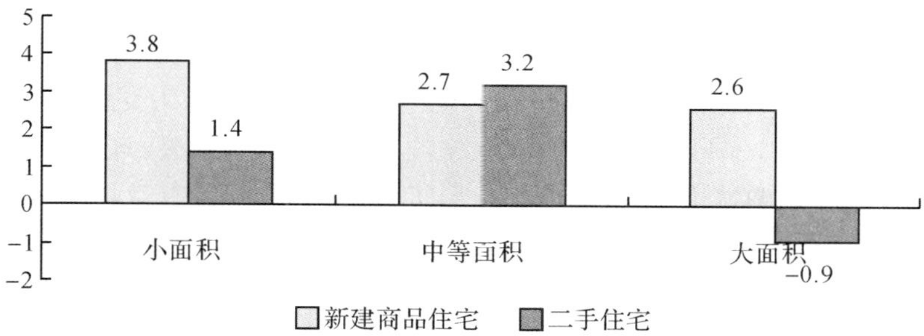

图 3　2011 年浙江分面积住宅销售价格同比涨幅(%)

（五）浙江新建商品住宅销售价格与上海、南京走势基本相同

2011 年浙江与上海、南京等市新建商品住宅价格走势基本相同，都呈“斜 M 型”。以浙江为例，年初市场较好，价格略涨，同比涨幅最高点出现在 3 月，为 4.9%；随后受宏观调控政策影响，4 月、5 月、6 月价格较平稳，7 月、8 月受翘尾因素影响同比涨幅又有回升，8 月份甚至达到 3.8%的季度高点，之后价格一路下滑，至 12 月为全年低点，比上年同期仅上涨 0.8%(见图 4)。

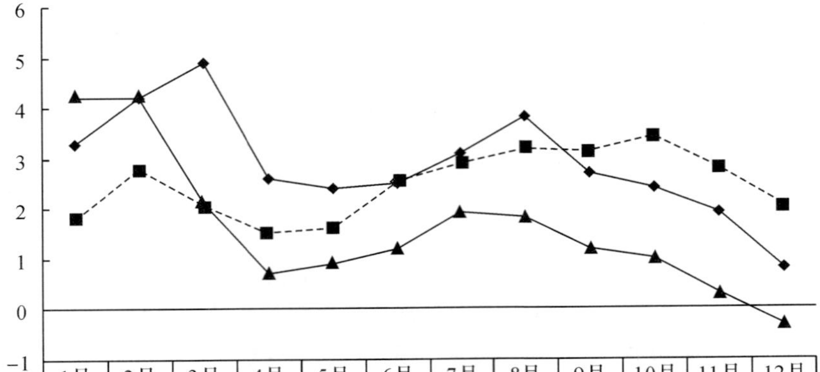

	1月	2月	3月	4月	5月	6月	7月	8月	9月	10月	11月	12月
—◆— 浙江	3.3	4.2	4.9	2.6	2.4	2.5	3.1	3.8	2.7	2.4	1.9	0.8
---■--- 上海	1.8	2.8	2	1.5	1.6	2.6	2.9	3.2	3.1	3.4	2.8	2
—▲— 南京	4.2	4.2	2.1	0.7	0.9	1.2	1.9	1.8	1.2	1	0.3	−0.3

图 4　2011 年全国、浙江和上海分月新建商品住宅销售价格指数走势图(%)

二、2011 年住宅销售价格变动原因

(一) 调控政策抑制了价格上涨

根据中国人民银行公布的《2011 年金融机构贷款投向统计》报告显示，2011 年中国房地产贷款增速总体回落，12 月末，房地产贷款余额同比增长 13.9%，比上年末回落 13.5 个百分点；全年累计增加 1.26 万亿元，同比少增 7704 亿元。另外，2011 年浙江的杭州、宁波、温州、金华、绍兴、舟山、台州七个设区市被定为限购城市，地方政府都出台了楼市调控细则，有效抑制了市场投机行为。“限购”“限价”“限贷”等宏观政策调控直接促使全省住宅销售价格涨幅回落。

(二) 保障房供应力度大，解决部分低收入家庭住房需求

由于保障性住房受到政府重视，保障性住房资金和开工建设进度都得到保证。到 2010 年 12 月末，全省保障性住房开发贷款余额 3499 亿元，全年累计增加 1751 亿元，占同期房产开发贷款增量的 50.1%，比年初水平提高 31.7 个百分点；2011 年全省开工建设保障性住房 20.9 万套，使部分低收入家庭通过保障房途径解决住房需求，减少了对市场购房需求。

(三) 全省商品房销售面积和销售额同比均下降，房企回笼资金愿望迫切

浙江省统计局的最新数据显示，2011 年，浙江省商品房销售面积为 3827 万平方米，同比下降 20.5%。其中，住宅销售同比降幅最大，达到 21.6%；与销售面积相对应，2011 年，浙江商品房销售额为 3728.2 亿元，同

比下降16.4%，楼市成交额呈下降态势。随着成交低迷，省内的许多房企、中介公司资金链吃紧，绿城等房企频频传出“危机”，房企资金“回笼”压力陡增，买房送装修、购房送车位、赠送面积等“以价换量”方式频现，房价明显回落。

三、2012年浙江房地产市场存在的问题及对策

目前，浙江房地产调控成效已经显现，投资、投机性住房需求退出，保障性住房和中小户型普通商品住房供应增加，住房市场供求关系逐步改善，房价过快上涨的局面得到有效控制。但应该看到，现阶段实施的房地产调控政策中，“限购令”“限价令”等多是短期行政手段，房价仍处于高位，市场住宅供应减缓，住房供应体系有待进一步完善。

（一）房地产市场调控仍需坚持

2011年，一系列宏观调控政策发挥了积极的作用，“限购”、“限贷”、“限价”等行政措施发挥了重要作用，浙江房地产市场已进入理性调整阶段。但是，正因为房价的回稳与政府的强制性政策有直接关系，一旦政策松动，房价反弹的压力依然存在，只有保持调控政策的稳定性和延续性，继续严格贯彻执行国家有关调控政策，继续加大房地产市场调控力度，继续执行限购、限贷、限价政策，才能巩固宏观调控成果。

（二）整合土地资源，加大市场供应

受市场交易低迷影响，2011年房地产企业拿地明显减少，新开工楼盘速度也持续减慢，这都会在一定程度上影响今年房地产市场的住宅供给量。因此，各级政府继续加大对房地产企业闲置土地的清理，督促拿地企业尽快开工；同时出台更多的措施，加大住宅市场的供给，保证2012年住宅价格稳定。

（三）加强对房地产企业的资金监管

坚持房地产调控政策不动摇，促进房价合理回归仍将是2012年房地产政策的主旋律。在这种情况下，往年高价买地或囤地过多的企业，或者实力不强的中小型房地产企业，资金紧张的问题会更加突出。目前一些地方由于房地产企业资金链断裂，房地产企业主“跑路”，出现了“烂尾楼”现象，带来很多社会问题。因此各级政府部门要及时加强对房地产开发企业资金链条的监管，尤其是加强对预售资金的监管，确保预售资金专款专用。

（四）完善住房体系，合理规范市场

实现住有所居，必须完善以市场为主、与政府保障相结合的住房体系。通过经济手段，在保有和交易环节用好税收杠杆，鼓励和引导刚性需求，规范投资需求，遏制投机性需求，解决房价过高、普通居民买不起房的问题。还可以

通过规范租房市场，引导部分收入低的居民到租赁市场解决居住问题。

2012 年，中央明确坚持房地产调控政策不动摇。随着房地产调控深入，浙江房地产市场情况不容乐观，全年销售难有增长，预计全省住宅销售价格将低于 2011 年。

浙江调查总队生产投资价格调查处　金伟刚

2011年浙江小微工业企业融资问题分析

小型微型工业对解决农村劳动力就业、增加农民收入和促进整个工业经济稳定、健康、持续发展有着十分重要的作用。2011年浙江工业单位中，小微工业数量达85.70万家，从业人员807.56万人，创造了18651.92亿元的工业总产值。同时，2011年浙江小微企业也面临着国际金融危机以来最为严峻的融资环境，虽然政府在加大支持力度、创新金融服务、拓宽融资渠道等方面努力开展工作，取得了一些进展，小微企业融资难问题得到了一定缓解，但相对于企业的发展需求而言，多数小微企业融资难的问题仍未得到根本性的解决。

一、浙江小微工业企业资金紧张

2011年，浙江小型微型工业企业在生产经营中依然面临着资金紧张的局面，具体表现为融资较为困难，资金流转不畅。

（一）小微企业融资较为困难

1.银行融资较为困难。虽然自2011年下半年以来，各级政府以及相关部门为解决小微企业融资问题出台了一些政策、采取了一些措施，但向银行申请贷款的小微企业仍有近半数难以如愿，其中微型企业更是不易得到银行贷款，融资难仍是困扰小微企业发展的突出问题之一。据抽样调查，2011年有58.3%的小微企业向银行申请贷款，这些企业中，有24.9%的企业未能得到任何银行借款，24.1%的企业只能得到少部分银行借款。从企业规模看，微型企业融资更加困难，2011年向银行申请借款的微型企业中，有34.6%的企业未能得到任何银行借款，比小型企业高19.0个百分点；24.3%的微型企业仅能满足少部分的借款需求，比小型企业高0.4个百分点。

2.民间借款利率较高。由于银行借款不易，一些资金紧张的企业在生产经营中采用民间借款方式筹集资金。调查显示，民间借款利率明显高于金融机构名义利率，但借款利率情况总体正常。据抽样调查，2011年浙江小微工业企业生产经营活动中，涉及民间借款的企业平均年利率为11.2%。其中民间借款平均年利率为12%的企业最多，占借款企业的25.0%；其次是借款平均年利率为10%的企业，占借款企业的13.0%。从利率的分布区间看，民间借款平均年利率为10%—15%的企业最多，占46.2%，其次是利率为5%—10%

的企业，占25.5%。利率在15%以上的企业占20.4%，在5%以下的占7.3%。较低利率主要是一些企业主从亲戚好友借的无息借款较多，拉低了企业的平均借款利率；而高利率主要是企业的短期拆借，个别企业的短期借款利率为月利率5%，折算成年利率高达60%。

（二）小微企业资金流转不畅

1.应收账款普遍较多。在成本不断攀升的情况下，浙江小微工业企业生产经营利润较薄，往往依靠资金的快速周转来维系企业的运作。在应收账款较多的情况下，企业因资金不能及时回笼而造成流动资金被占用，进而导致企业间相互拖欠情况比较严重。据抽样调查，2011年末，浙江小微工业企业应收账款达1680.31亿元，比上年增长14.6%；90.1%的企业存在应收账款；企业户均应收账款为143.70万元，占企业户均主营业务收入的21.9%。从企业规模看，小型企业的应收账款问题比微型企业更突出。2011年末，94.8%的小型企业有应收账款，比微型企业高8.3个百分点；户均应收账款为234.34万元，是微型企业的3.44倍。

2.部分企业流动资金短缺。在融资困难、货款拖欠的情况下，部分小微企业出现流动资金短缺，影响企业的正常生产运营。据抽样调查，2011年37.0%的小微企业出现流动资金紧张，这些企业中，19.2%的企业资金缺口在20%以上。分行业看，一些原材料价格较高的行业出现资金紧张的企业较多，其中黑色金属冶炼及压延加工业、有色金属冶炼及压延加工业出现流动资金紧张的企业比例最高，分别为53.5%和45.6%，其他如橡胶制品业、皮革、毛皮、羽毛（绒）及其制品业、纺织服装、鞋、帽制造业、交通运输设备制造业、化学纤维制造业、文教体育用品制造业，出现流动资金紧张的企业比例均在40%以上。

二、浙江小微工业企业融资困难原因分析

从浙江小微工业企业的特点来看，融资困难既有企业自身的原因，也有外部融资环境的影响。

（一）小微企业自身不足导致融资困难

浙江小微工业尽管起步较早、数量众多，但是产业层次不高，以传统制造业为主，产品技术含量较低。由于规模较小，企业缺乏自主创新能力，产品和市场竞争力不强，经营风险较高；同时，不少小微企业管理制度落后，特别是微型企业，家庭作坊式经营还较普遍，财务制度不健全，信息透明度低，财务信息、非财务信息难以把握，导致金融机构对小微企业的贷款风险增加，进而提高贷款门槛，致使企业融资难度加大。另外，由于企业规模小，实物资产少，流

动性差，负债能力极为有限，通常不能按照银行规定提供担保或其他抵押资产；资金需求一次性量小、频率高，导致融资复杂性加大，融资的成本和代价高，金融机构面向小微企业开展业务的意向不高。

（二）现行金融体制不利于小微企业融资

我国现有的金融体系是以国有大银行为主的体系，以服务大中型企业和大的经济主体为主。小微企业融资难，其根本原因就在于我国现行金融体系的主体架构并非针对小企业设计，很多商业银行的信贷风险评估和成本收益模式并不适应小微企业。在此模式下给小微企业融资，金融机构的成本太高，风险太大。同时，小微企业在资本市场直接融资的可能性极低，只有极少数收入增长快、盈利能力强、科技含量高的高成长型企业能进入股票市场中小企业板块，绝大多数小微企业被高门槛排除在外。

三、缓解当前小微工业企业融资困难的建议

（一）落实小微企业扶持政策，帮助小微企业做大做强

从 2011 年下半年以来，各级政府相继出台的小微企业扶持政策，要尽快出台细则落实到位。要切实实行小微企业减税政策，降低税负水平，减免行政性收费，为小微企业减轻负担。同时，要进一步引导小微企业健全财务制度，强化财务管理，增加企业经营及财务的透明度，确保经营过程中会计信息的真实合法；要增强企业诚信意识的培养，树立良好的信用形象，保持良好的信用记录，为对外融资打下信用基础。

（二）构建适合小微企业的融资体系

在国有大银行为主的金融体系下，要充分发挥各家中小金融机构的作用，促进中小商业银行建立针对小微企业的融资体系。要合理调整城市商业银行、城市信用社和农村信用社的信贷投向，突出支持地方重点小企业，使中小金融机构充分发挥支持小微企业的主渠道作用。针对小微企业抵押物少、担保不足的问题，可以设立小微企业信用担保基金，向符合融资条件但担保资产缺乏的小微企业提供信用保证，弥补其信用不足，并为金融机构分担贷款风险。通过建立小微企业互助性担保基金和民营商业性担保基金，按照互助、互信、互担风险的原则，向企业提供信用保证，帮助他们向银行取得短期融资。

浙江调查总队工业调查处　吴　磊

2011 年浙江开放型经济全面发展

2011 年,是我国加入世界贸易组织第十个年头,也是国际经济环境最为复杂和困难的一年。世界经济复苏步伐放缓,下行风险增大,主权债务危机蔓延,全球金融市场波动加剧,国际大宗商品价格高位波动,很多国家通胀仍然维持高位。在省委省政府的正确领导下,在全省上下的共同努力下,进出口贸易、利用外资、对外投资、国际服务贸易等开放型经济各方面都保持了稳定增长,并且在结构、质量上有所优化和提高。

一、进出口贸易稳定增长,出口总额跃居全国第三

2011 年,全省全年进出口总额 3094 亿美元,其中,出口 2163.6 亿美元,进口 930.4 亿美元,分别比上年增长 22%、19.9%和 27.3%。出口总额超过上海,跃居全国第三。"入世"十年来,浙江进出口贸易年均增长 25%以上,月度出口规模从 2001 年的不到 20 亿美元,上升到 2011 年月均 180 亿美元的水平,2011 年 7 月更是创造了 209.3 亿美元的月度出口历史纪录。出口占全国总额的比重由 2001 年的 8.6%上升到 11.4%。

1.一般贸易进出口快速增长,加工贸易所占比重有所下降。2011 年,全省一般贸易进出口 2418.4 亿美元,比上年增长 24.4%,高于全省平均增速 2.4 个百分点,占全省进出口总值的 78.2%。加工贸易进出口 532.3 亿美元,增长 9.2%,低于全省平均增速 12.8 个百分点,占全省进出口总值的 17.2%。此外,全省各个保税区、出口加工区、保税物流中心等海关特殊监管区域进出口 132.3 亿美元,增长 42.6%,高于全省平均增速 20.6 个百分点,占 4.3%。

2.民营经济对出口增长的贡献率持续提高。2011 年,全省民营经济出口 1299.1 亿美元,比上年增长 24.8%,高于全省出口平均增速 4.9 个百分点,占出口总值的 60%;对出口增长的贡献率达到 72%,比上年提高 7 个百分点。外商投资企业出口 652.9 亿美元,增长 12.3%,低于全省出口平均增速 7.6 个百分点,占出口总值的比重由上年的 32.2%下降到 30.2%。国有企业出口 211.4 亿美元,增长 15.9%,低于全省平均 4 个百分点。大型企业出口表现良好。全年出口 5000 万美元以上规模较大企业共有 555 家,其中有 456 家比上年有所增长,占 82.2%。

3. 对欧美市场出口增速大幅放缓，对新兴市场出口快速增长。2011年，浙江对欧盟、美国出口分别比上年同期增长15.4%和14.7%，分别低于全省平均增速4.5个百分点和5.2个百分点。其中，对欧盟出口增速下降较快，11月单月甚至出现了负增长，除英国外，我省对主要欧盟国家(德国、荷兰、意大利、法国、西班牙等)出口均出现不同程度的下降，欧债危机持续蔓延对我省出口影响明显。对拉美、东盟等新兴市场出口继续保持较快增长，增速分别为30.5%和34%，分别高于全省平均增速10.6个百分点和14.1个百分点。

4. 纺织品、鞋类和农产品等传统商品出口快速增长，机电产品和高新技术产品出口增长缓慢。2011年，全省纺织纱线织物及制品、鞋类、农产品分别比上年增长25.1%、25.1%和24%，均高于平均增速。服装及衣着附件出口增速相对较低，全年出口增速为17.7%。机电产品主要受船舶出口下降拖累，出口921亿美元，比上年增长16.4%，其中船舶出口65.9亿美元，比上年下降10.2%。高新技术产品出口增速持续下滑，全年仅增长5.4%，且连续多月出口负增长，9、10、11月光伏产品出口同比下降幅度都超过35%，对高新技术产品拖累很大。

5. 原材料资源性商品进口快速增长，进口商品价格仍在高位运行。2011年，全省进口铁矿砂、废金属、初级形状的塑料等20大类原材料资源性商品513.1亿美元，比上年增长35.7%，高于全省进口平均增速8.4个百分点，占全省进口总值的55.1%，比重比上年提高3.4个百分点。国际原材料资源性商品价格仍在高位运行，20大类原材料资源性商品的进口价格平均比上年增长25.3%，其中二甲苯涨幅最大，为51.2%。但总体涨幅呈逐月回落态势。

6. 衢州、丽水和温州进出口增长较快。2011年，衢州、丽水和温州市进出口分别为26.9亿美元、21.3亿美元和215.7亿美元，比上年分别增长42.2%、38.7%和26.2%，进出口增速居全省前3位，三者合计占全省进出口总值的8.5%。宁波、台州和杭州进出口分别为981.9、205和639.7亿美元，分别增长18.4%、20.6%和22.2%，进出口增速列全省后3位，三者合计占全省进出口总值的59%。

二、利用外资结构优化，对外投资稳定增长

2011年，全省实际利用外商直接投资116.7亿美元，比上年增长6.0%。服务业利用外资比重持续扩大，制造业中高新技术行业项目增多。对外投资继续保持稳定增长势头，全年中方投资34.4亿美元，比上年增长2.5%。

1. 服务业引资比重稳步提高，高新技术行业项目增多。2011年，全省服务业外商直接投资合同外资和实际外资增速分别达到16.2%和30.3%，占全省比重分别比上年上升 5.3 个百分点和 8.6 个百分点。制造业引资比重有所下降，但高新技术行业的外商直接投资项目增多。全年新批高新技术行业合同外资 25.2 亿美元，实际外资 12.2 亿美元，分别比上年增长 18%和 24.2%，大大高于平均增速。全年新批世界 500 强投资企业 9 家，总投资 10.75 亿美元，合同外资 3.59 亿美元。到 2011 年底，已累计批准 139 家世界 500 强在我省投资设立 399 家企业。

2. 来源地结构进一步改善，引资方式进一步创新。来自欧洲、美国、日本的投资占全省比重继续上升，2011 年这三地的合同外资和实际外资占比分别达到 10.5%和 12.2%，分别比上年提高 0.4 个百分点和 1.2 个百分点。对日引资成效尤为明显，来自日本的合同外资和实际外资增幅达 41.5%和 34.0%。港资比重有所回落，合同外资和实际外资占全省比重分别下降 2.9 个百分点和 2.1 个百分点。在商务部《关于跨境人民币直接投资有关问题的通知》的指导下，2011 年我省共上报跨境人民币直接投资项目 21 个，投资额 35.8 亿元人民币。新批并购项目 78 个，投资总额和合同外资分别为 21.9 亿美元和 11.0 亿美元，占全省总数的 6.0%和 9.4%

3. 境外投资平均规模有新突破，增资、并购项目比重逐步提高。2011 年，我省企业境外中方投资额 34.4 亿美元，剔除 2010 年 7 月吉利并购沃尔沃中方投资额 13.88 亿美元大项目因素外，增长 74.4%。单个境外投资企业的中方投资规模达到 606 万美元，比去年增加 73 万美元。2011 年投资额 1000 万美元以上的大项目 66 个，其中投资额 5000 万美元以上 20 个，投资额 1 亿美元以上 4 个。以增资形式实现的境外投资项目共有 72 个，增资额为 6.7 亿美元，占中方投资额 19.4%；以并购方式实现的境外投资项目共有 39 个，并购项目的中方投资额为 11.9 亿美元，占中方投资额 33.4%。

4. 亚洲仍是我省对外投资的主要市场。2011 年，对亚洲直接投资额 17.4 亿美元，占中方总投资的 50.3%，增长 49.8%；对欧洲投资额为 9.3 亿美元，占我省中方投资额的 26.9%；对非洲、大洋洲投资增长较快，增速都在 40%以上。

三、服务贸易稳步增长，服务外包又有新突破

全年服务贸易总额达到 223.1 亿美元，比上年增长 11.2%。对外承包工程主体队伍不断壮大，旅游出口稳步增长。服务外包企业实力增强，规模扩大。

1. 服务外包又有新突破。2011 年，全省离岸服务外包合同签约 32.4 亿美元，执行额为 25.9 亿美元，比上年增长 50.1%。服务外包产品结构有所优化，

知识流程外包比重上升。全年信息技术外包(ITO)合同执行额为16.3亿美元,占总额的62.8%,业务流程外包(BPO)执行额占9.3%。涉及医药研发外包、电力设计服务等多个领域的知识流程外包(KPO)合同执行额占27.8%,比重比上年提高9个百分点。外包企业实力有所增强。12月末,进入商务部服务外包业务管理和统计系统注册登记的浙江企业有2108家,其中当年新增612家;1—12月有离岸服务外包经营业绩的企业总数为557家,其中,合同执行额在1000万美元以上的大企业49家,合同执行额共18亿美元,占全省总额的69.4%。

2.对外承包工程主体队伍不断壮大,市场不断拓展。2011年,全省新批25家对外承包工程经营资格企业,目前全省已有246家对外承包工程经营资格企业。截至目前,我省外经企业在世界6大洲90个国家和地区承揽工程项目143项,其中总包项目95项,占66.4%。2011年,我省在亚洲、非洲完成营业额分别为12.7亿美元和10.4亿美元,占全省总量的43.8%和35.9%。在拉丁美洲业务开拓成效明显,2011年完成营业额占全省总量的11.8%,增长14.4%。完成营业额较大的国家有阿尔及利亚、利比亚、越南、新加坡等。

3.旅游服务进出口稳步增长。2011年,全省旅游服务出口45.4亿美元,比上年增长15.6%。全年接待入境旅游人数773.7万人次,增长13%。其中,接待外国人515万人次,增长15.1%;香港同胞113万人次,增长31.9%,澳门同胞25万人次,增长8.2%;台湾同胞121万人次,下降6.1%。2011年,浙江旅行社组织出境游人数为119.8万人次,增长16.1%。其中,出国游累计组团人数60.7万人次,增长24.7%,港澳台游累计组团人数58万人次,增长8.1%。全年台湾游累计组团人数15.3万人次,下降15.9%。浙江人在境外旅游消费额大幅增长,全年旅游服务进口40.9亿美元,增长88.4%。

省地方统计调查局三产处 张 卫

专题研究

现阶段浙江产业投资结构优化研究

现代经济增长历史表明，一个国家（或地区）经济的整体效益，在很大程度上取决于经济结构是否合理，而产业结构是经济结构的核心，对经济增长的影响和作用也最大。产业结构是指国民经济中各产业部门之间的相互关系，产业投资结构则是指社会投资在经济各产业部门之间分配后形成的数量比例关系，二者相互制约和相互影响。当前的产业结构状况是由过去的产业投资结构形成的，而未来产业结构的变化主要取决于当前的产业投资结构，产业投资结构的动态发展是实现产业结构演进的最基本动因和手段。

改革开放以来，浙江产业结构在不断优化中调整，取得了很大的成就。但不可否认，经济总量达到一定程度后，面对浙江资源禀赋等条件的制约，原有的产业结构和发展方式已经不能更好地适应目前经济发展的需要。国际金融危机又一次暴露了我省经济在结构和布局上的"软肋"，经济结构的调整和发展方式转变已经成为重中之重。

浙江经济已经进入发展方式转变的关键时期，经济结构性矛盾是现阶段存在的主要方面，但对浙江的投资结构尤其是产业结构和投资结构的内在关系等方面进行系统研究的，目前还比较少。鉴于此，本文广泛借鉴国内外研究成果，在对浙江产业结构与产业投资结构的演变以及现状进行全面分析的基础上，对浙江三次产业投资结构与三次产业结构的互动关系以及产业投资内部结构进行实证研究，进而提出优化产业投资结构的对策咨询建议。

一、浙江产业结构与投资结构演进特征和现状分析

改革开放以来，浙江经济快速发展，产业结构不断调整，这与投资结构持续优化发展是密不可分的。

（一）产业结构变动情况

改革开放以来，浙江经济总量快速扩大，GDP跃居全国第四位，三次产业结构不断调整优化。从各产业增加值比重的变化曲线看，第一产业比重基本呈下降态势；第二产业增加值占比于1993年首次突破50%，此后基本维持在50%—55%之间，近几年又有所回落；第三产业增加值占比基本呈现持续上升的运行态势，并于2002年突破40%，其间也有部分年份出现小幅回调。总体

上看，浙江三次产业构成自 1987 年后一直呈现“二、三、一”形态，近年来尚未发生根本变化，当前的产业结构正处于工业化向现代化的过渡时期。根据发达国家演进过程看，产业结构处于此阶段的时间相对较长，第二产业占主导经济格局在近期还将保持稳定。

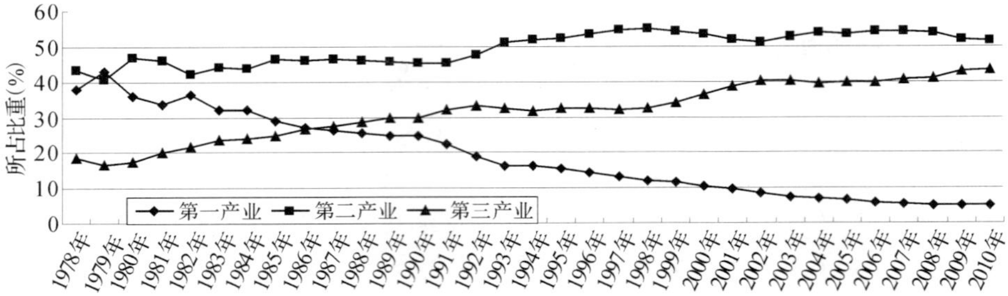

图 1　1978—2010 年浙江三次产业增加值变动情况

从 1979 年以来 GDP 和各产业增加值平均增长情况看，GDP 平均增长 13.0%，第一产业仅有 4.0%，第二产业为最高达 15.6%，第三产业也有 13.7%；2006 年以来平均增幅均有所回落，GDP 为 11.9%，第一产业为 3.2%，第二产业回落最多，增速为 11.7%，第三产业增长最快为 13.4%。近几年，第三产业增加值平均增速明显高于第二产业。从目前三次产业增加值增长速度和比重变化趋势看，浙江三次产业结构变动趋势基本符合经济发展的要求和规律。

（二）投资结构变动特征

改革开放以来，浙江投资规模不断发展壮大，投资结构也在不断优化调整。从三次产业投资结构变动看，1979 年国有等经济单位口径三次产业投资比例为 18.1∶46.7∶35.2，第一产业还占有相当的份额。随着工业化进程的加快，第二产业投资力度不断加大，占比逐步走高。到 20 世纪 90 年代初期，随着房地产业等第三产业的全面发展，其投资比重上升并超过了第二产业，其后三次产业投资结构一直维持在“三、二、一”格局。

表 1　2003—2010 年浙江省三次产业投资构成情况

	第一产业(%)	第二产业(%)	第三产业(%)
2003 年	0.34	43.4	56.3
2004 年	0.31	45.2	54.5
2005 年	0.33	46.5	53.2

续表

	第一产业(%)	第二产业(%)	第三产业(%)
2006 年	0.31	46.4	53.3
2007 年	0.43	47.0	52.6
2008 年	0.42	46.1	53.5
2009 年	0.58	43.3	56.1
2010 年	0.52	40.7	58.8

进入新世纪以来，浙江产业投资结构在打造先进制造业基地、新农村建设、加快现代服务业发展等一系列重大发展战略措施的影响下，继续优化调整。由表 1 可知，近几年浙江第一产业投资所占比重一直在 0.4%左右波动，尽管近几年占比有所提高，但到 2010 年占比也仅为 0.52%。2003 年以来，第二产业投资占比先升后降，而第三产业投资占比表现为先降后升的运行态势。至 2010 年，浙江限额以上三次产业投资比重调整为 0.52∶40.7∶58.8。在这一过程中，第二产业内部投资结构也经历了向重点发展装备制造业和高新技术等产业优化调整的过程。

从近几年投资增长的情况看，第一产业投资由于总量较小，投资增长波动较大，第二产业投资基本保持了平稳的运行速度，第三产业投资则相对增长较快。结合产业结构的变动情况来看，改革开放以来产业投资结构的历次调整基本上是与当时经济社会发展的实际相适应的，产业投资结构不断优化，符合经济发展的内在要求，也为浙江经济发展方式转变提供了动力。

（三）三次产业投资结构分析

由于第一产业投资总量很小，本文主要就第二、第三产业投资的内部结构进行分析。

1. 第二产业内部投资结构得到优化。2010 年，全省限额以上第二产业投资 4656 亿元，比上年增长 8.6%。其中，采矿业、制造业、电力燃气及水的生产和供应业、建筑业分别投资 19 亿元、4008 亿元、585 亿元、44 亿元，分别增长 9.9%、9.6%、1.0%和 29.8%。从 2005 年以来各行业投资占第二产业比重情况看，制造业投资呈现不断上升的态势，由 2005 年的 80.0%提高到 2010 年的 86.1%；而电力燃气及水的生产和供应业占比则不断下降，由 19.1%降到 12.6%；同时，采矿业和建筑业尽管占比较小，但是均呈现上升的态势，2010 年二者的比重分别为 0.41%和 0.94%。

从制造业内部投资情况来看。近年来，浙江重点扶持的、符合产业发展政策方向的装备制造业迅速发展，占制造业投资比重由 2005 年的 36.6%上升到 2010 年的 47.9%。7 个装备制造业行业中，有 6 个行业占比出现较为明显提高；传统行业如纺织业、纺织服装鞋帽制造业、革毛皮羽毛(绒)及其制品业等行业投资所占比重出现下降；化学原料及化学制品制造业、黑色金属冶炼及压延加工业等部分国家重点调控行业投资所占比重呈现不断下降的态势。这表明制造业内部投资结构也在不断优化调整。

表 2　2005 年和 2010 年浙江省制造业投资增速和比重变动情况

	2005 年		2010 年		
	投资(亿元)	比重(%)	投资(亿元)	比重(%)	增长(%)
制造业	2284.0	100	4008.0	100	9.6
农副食品加工业	25.1	1.10	44.2	1.10	−3.3
食品制造业	18.3	0.80	32.1	0.80	0.9
饮料制造业	22.2	0.97	29.8	0.74	4.9
烟草制品业	2.8	0.12	9.7	0.24	202.5
纺织业	286.9	12.56	427.3	10.66	15.7
纺织服装、鞋、帽制造业	105.8	4.63	121.1	3.02	2.4
皮革、毛皮、羽毛(绒)及其制品业	47.5	2.08	56.2	1.40	29.3
木材加工及木、竹、藤、棕、草制品业	26.6	1.17	56.5	1.41	16.9
家具制造业	40.3	1.77	57.4	1.43	15.3
造纸及纸制品业	88.0	3.85	117.0	2.92	24.6
印刷业和记录媒介的复制	26.8	1.17	46.4	1.16	3.8
文教体育用品制造业	31.1	1.36	46.3	1.16	−0.4
石油加工、炼焦及核燃料加工业	10.3	0.45	27.6	0.69	41.5
化学原料及化学制品制造业	201.0	8.80	293.8	7.33	−19.8
医药制造业	56.5	2.47	86.7	2.16	22.7
化学纤维制造业	50.8	2.22	103.1	2.57	53.1
橡胶制品业	20.1	0.88	47.2	1.18	25.7

续表

	2005年		2010年		
	投资（亿元）	比重（%）	投资（亿元）	比重（%）	增长（%）
塑料制品业	100.6	4.40	157.3	3.92	23.5
非金属矿物制品业	98.8	4.33	175.7	4.38	14.8
黑色金属冶炼及压延加工业	80.9	3.54	62.2	1.55	－21.7
有色金属冶炼及压延加工业	32.5	1.42	48.0	1.20	8.1
金属制品业	120.6	5.28	255.6	6.38	17.1
通用设备制造业	180.7	7.91	386.5	9.64	8.9
专用设备制造业	84.1	3.68	183.1	4.57	－1.0
交通运输设备制造业	162.1	7.10	425.1	10.61	6.3
电气机械及器材制造业	179.2	7.84	430.0	10.73	22.9
通信设备计算机及其他电子设备制造业	81.7	3.58	150.6	3.76	19.5
仪器仪表及文化、办公用机械制造业	27.5	1.20	35.4	0.88	17.5
工艺品及其他制造业	66.8	2.92	86.9	2.17	6.3
废弃资源和废旧材料回收加工工业	8.6	0.38	9.3	0.23	－55.4

2010年，限额以上制造业投资中，属于装备制造业的金属制品业、电气机械及器械制造业、通信设备计算机及其他电子设备制造业、仪器仪表及文化办公用机械制造业等行业投资增长相对较快，分别增长17.1%、22.9%、19.5%和17.5%；传统优势行业通过加大技术改造力度，投资也保持了较快的增长，如纺织业和医药制品业，增幅分别为15.7%和22.7%。

2.第三产业投资增长相对较快。近年来，浙江把发展服务业作为新的经济增长点和结构调整的战略重点，有力地推进了第三产业投资的较快增长。从第三产业投资内部结构变动情况看，房地产业在第三产业投资中的比重提高最快，其占第三产业投资的比重由2005年的47.1%提高到2010年的53.1%；其他如批发和零售业、住宿和餐饮业、金融业、文化体育和娱乐业等行业投资也取得了长足的发展，所占比重均有所提高；而交通运输仓储和邮政业等行业投资占比则出现一定程度的下降。

表 3　2005 年和 2010 年浙江省三次产业投资构成情况

	2005 投资(亿元)	2005 年比重(%)	2010 投资(亿元)	2010 年比重(%)	2010 年增长(%)
第三产业	3264.5	100	6735.5	100	21.1
交通运输、仓储和邮政业	670.6	20.54	1040.7	15.45	6.2
信息传输和计算机服务和软件业	96.7	2.96	158.3	2.35	0.5
批发和零售业	50.8	1.56	200.2	2.97	23.9
住宿和餐饮业	41.8	1.28	141	2.09	16.5
金融业	4.7	0.14	36	0.54	67
房地产业	1536.4	47.06	3574.5	53.07	35.4
租赁和商务服务业	59.5	1.82	129	1.91	9.8
科学研究、技术服务和地质勘查业	10	0.31	37.8	0.56	21.6
水利、环境和公共设施管理业	518.8	15.89	1020.9	15.16	7.2
居民服务和其他服务业	32.5	1	11.1	0.16	22.9
教育	102.2	3.13	123	1.83	1.9
卫生、社会保障和社会福利业	35.3	1.08	80.5	1.19	6
文化、体育和娱乐业	28.2	0.86	72.1	1.07	—10.3
公共管理和社会组织	77.1	2.36	110.4	1.64	17.9

2010 年,限额以上第三产业投资 6735 亿元,增长 21.1%,明显高于第二产业增长。其中,金融业、房地产业投资增幅居前,分别增长 67.0% 和 35.1%。第三产业投资的较快增长,对于推动浙江产业结构优化调整,提高人民生活水平,构建和谐社会产生了强有力的推动作用。

(四) 三次产业投资结构的比较分析

与全国三次产业投资结构的平均水平相比,浙江第一产业投资占比为 0.81%,远远低于全国的 2.85%;第二产业比重为 40.5%,也低于全国 2 个百分点;第三产业占比为 58.7%,高出全国 4 个百分点(详见表 4)。

与经济总量居前三的广东、江苏和山东省相比,第一产业投资占比山东最高,浙江最低;第二产业投资占比江苏最高为 53.8%,广东最低为 33.6%;第三产业投资占比广东最高为 65%,江苏最低为 45.3%(详见表 4)。这与各省份的经济发展所处的阶段是相适应的,也表明广东经济发展阶段和产业结构在全国各省份中是领先的,这也将是今后浙江投资结构调整的方向。

表 4　2010 年全国及部分省份三次产业投资构成情况

	全社会投资（亿元）	第一产业		第二产业		第三产业	
		总量（亿元）	占比（%）	总量（亿元）	占比（%）	总量（亿元）	占比（%）
全国	278122	7923	2.85	118102	42.5	152097	54.7
江苏	23184	222	0.96	12463	53.8	10499	45.3
山东	23281	628	2.70	10983	47.2	11669	50.1
广东	15624	219	1.40	5255	33.6	10150	65.0
浙江	12376	100	0.81	5013	40.5	7263	58.7

（五）三大产业投资效果分析

一般而言，在投资规模、结构既定的条件下，要提高地区经济增长率就必须提高投资效率。投资效率可以从一个侧面反映产业投资结构是否合理。本文选用投资效果系数来度量投资效率。投资效果系数＝某时期国内生产总值增加额/同一期全社会投资额。其值愈高，单位投资实现的 GDP 增加值就愈多，投资的经济效益也就愈好。

如表 5 所示，2005 年以来，除 2009 年政府加大投资导致这一年的投资效果系数异常低之外，浙江其余年份基本保持在一个比较稳定的水平上。但是从三次产业的投资效果系数看，差异较大。第一产业投资效果系数最高，但因为投资比重太小，对全省总体水平的影响较小；第三产业投资占比最高，总投资效果系数受其影响程度最大。近几年由于投资规模的迅速扩大，使得效果系数相对较低，也在一定程度上拉低了总投资效率。总体上看，第二产业投资效果要优于第三产业。

表 5　2005 年以来浙江三次产业投资效果系数变动情况

指标	第一产业	第二产业	第三产业	总投资
2005 年	3.91	0.32	0.24	0.29
2006 年	1.48	0.42	0.24	0.33
2007 年	1.84	0.45	0.33	0.39
2008 年	3.05	0.36	0.26	0.32
2009 年	1.17	0.08	0.20	0.15
2010 年	3.28	0.51	0.32	0.41
平均	2.46	0.36	0.27	0.32

二、浙江产业投资结构的实证分析

在对产业结构和投资结构分析的基础上，重点对浙江三大产业结构、投资结构、按新行业划分的行业结构及其投资结构等方面进行实证分析。

（一）灰色系统理论简介

从 1982 年问世以来，灰色系统理论获得了飞速的发展，已渗透到自然科学和社会科学的各个领域，为研究解决系统分析、建模、预测、决策和控制提供了有效的工具。灰色系统理论的主要方法是灰色关联度，其基本思想是对影响主行为的相关因子的相对重要性的排序分析。根据序列曲线几何形状的相似程度来判断其联系是否紧密。如果一组几何曲线形状越相似，则关联度越大，反之则越小，以此从所考察的复杂系统中找出主次因素，为系统综合决策及提高综合效益提供信息。

1. 各产业增加值与 GDP 关联度的理论模型。根据本文研究需要，各产业增加值与 GDP 关联度的灰色关联度理论模型可以写成如下形式：

$$\psi_i(t)=\frac{\text{minmin}\left|x_0(t)-x_i(t)\right|+\rho\text{maxmax}\left|x_0(t)-x_i(t)\right|}{\left|x_0(t)-x_i(t)\right|+\rho\text{maxmax}\left|x_0(t)-x_i(t)\right|}$$

$$r_i=\frac{1}{N}\sum\psi_i(t)/N$$

其中：minmin 和 maxmax 分别表示求最小序列差和最大序列差；

$x_0(t)$ 表示第 t 年的 GDP，$x_i(t)$ 表示 i 产业第 t 年的增加值；

ρ 为分辨系数，一般取 0.5；

$\psi_i(t)$ 表示 i 产业第 t 年增加值与当年 GDP 的关联系数；

r_i 表示 i 产业增加值与 GDP 的平均关联度。

2. 各产业投资与各产业增加值的理论模型。对上述模型进行变形，就可以得到各产业投资与各产业增加值的理论模型，具体形式如下。

$$\psi_i(t)=\frac{\text{minmin}\left|y_j(t)-x_i(t)\right|+\rho\text{maxmax}\left|y_j(t)-x_i(t)\right|}{\left|y_j(t)-x_i(t)\right|+\rho\text{maxmax}\left|y_j(t)-x_i(t)\right|}$$

$$r_{ji}=\frac{1}{N}\sum\psi_i(t)/N$$

$$R=\sum r_{ji}/k$$

其中：minmin 和 maxmax 分别表示求最小序列差和最大序列差；

$y_j(t)$ 表示 j 产业第 t 年的投资，$x_i(t)$ 表示 i 产业第 t 年的增加值；

ρ 为分辨系数，一般取 0.5；

$\psi_i(t)$ 表示 j 产业第 t 年投资与 i 产业第 t 年增加值之间的关联度；

r_{ji} 表示 j 产业投资与 i 产业增加值之间的关联度。

R 表示 j 产业投资对整个工业产业增加值的平均关联度。

（二）三次产业投资结构的实证分析

1.行业及数据选取。根据研究的需要和数据来源情况，选取2006年到2010年GDP、三次产业增加值、三次产业投资等相关数据作为研究对象，实证分析浙江产业结构情况。

2.各产业对经济发展的影响分析。应用灰色系统理论模型，通过计算，得到浙江省各产业对GDP的关联度，排序如下：第三产业（0.6951）＞第二产业（0.6355）＞第一产业（0.4947）。从三次产业和GDP的关联度看，第一产业和GDP关联最弱，明显低于其他两大产业；第三产业和GDP关联度最强，也就是说目前这个产业对GDP的影响最大。

3.三次产业投资结构对产业结构的影响分析。通过计算，得到浙江省三次产业投资和各产业增加值的平均关联度。排序如下：总投资（0.738433）＞第二产业（0.7274）＞第三产业（0.691）＞第一产业（0.586533）。从数据上看，总投资对各产业增加值的平均关联度最大，这也表明目前阶段我省投资对于经济增长的影响还处于非常重要的地位。第一产业投资对三次产业发展的影响最小；第二产业投资对三次产业发展的平均影响最大；第三产业则处于中间位置。

（三）行业投资结构的实证分析

1.行业及数据选取。根据研究的需要和数据来源情况，选取2006—2010年GDP、各行业增加值、各行业投资等数据作为研究对象，具体如下（代号在分析中代表该行业）：农林牧渔业（A1）、工业（A2）、建筑业（A3）、交通运输仓储和邮政业（A4）、信息传输计算机服务和软件业（A5）、批发和零售业（A6）、住宿和餐饮业（A7）、金融业（A8）、房地产业（A9）、租赁和商务服务业（A10）、科学研究技术服务和地质勘查业（A11）、水利环境和公共设施管理业（A12）、居民服务和其他服务业（A13）、教育（A14）、卫生社会保障和社会福利业（A15）、文化体育和娱乐业（A16）、公共管理和社会组织（A17）等17个。

2.各产业对GDP的影响分析。应用灰色系统理论模型，通过计算，得到浙江省各行业对GDP的关联度（见表6）。

表6 浙江省各产业对GDP的关联度表

产业名称	A1	A2	A3	A4	A5	A6	A7	A8	A9
关联度	0.6439	0.7082	0.6931	0.878	0.729	0.7302	0.87	0.6885	0.6202
产业名称	A10	A11	A12	A13	A14	A15	A16	A17	
关联度	0.6557	0.675	0.5978	0.7953	0.615	0.6562	0.7723	0.7822	

从以上数据可以看出，各个行业对 GDP 影响的大小依次为：

A4＞A7＞A13＞A17＞A16＞A6＞A5＞A2＞A3＞A8＞A11＞A15＞A10＞A1＞A9＞A14＞A12

通过对以上数据进行分析研究可知，浙江产业结构具有一定的层次性，根据各行业和 GDP 的关联度大小，可以把这些产业分成三个层次。

第一层，交通运输仓储和邮政业、住宿和餐饮业等 2 个行业与 GDP 的关联度最强，这表明近几年它们在浙江经济发展中发挥着重要的拉动作用，应该成为今后重点优先发展的行业。

第二层，居民服务和其他服务业、公共管理和社会组织、文化体育和娱乐业、批发和零售业、信息传输计算机服务和软件业、工业等六个行业与经济发展的关联性也比较强。前五个行业属于第三产业，属于今后重点发展的现代服务业，是浙江产业结构调整的关键。尽管工业增加值规模最大，但是实证结论与 GDP 的关联不如其他行业，表明今后工业相关产业对整个经济发展的贡献有进一步减弱的可能性，这也和产业结构调整的方向相吻合。

第三层，建筑业、金融业、科学研究技术服务和地质勘查业、卫生社会保障和社会福利业、租赁和商务服务业、农林牧渔业、房地产业、教育、水利环境和公共设施管理业等九个行业。建筑业和金融业排在第三层次的前 2 位，对 GDP 的影响力也不小，尤其是金融业应当重点发展。值得一提的是，房地产业和 GDP 的关联度并不突出，这也为房地产业回归其居住属性提供了一定程度的理论依据。

3. 内部行业投资结构对产业结构的影响分析。把固定资产投资(A18)列入研究的范畴。通过计算，得到各行业投资对产业结构影响的关联系数矩阵和相应的关联度(结果见表 7)。

表 7　各产业投资对各产业增加值的平均关联度

产业名称	A1	A2	A3	A4	A5	A6	A7	A8	A9
关联度	0.715076	0.818712	0.702724	0.543324	0.680971	0.733047	0.665241	0.759129	0.804465
产业名称	A10	A11	A12	A13	A14	A15	A16	A17	A18
关联度	0.727465	0.714682	0.717206	0.660041	0.587141	0.553865	0.5419	0.643641	0.842094

各行业投资对产业结构的影响大小依次为：

A18＞A2＞A9＞A8＞A6＞A10＞A12＞A1＞A11＞A3＞A5＞A7＞A13＞A17＞A14＞A15＞A14＞A16

从以上排序可以看出，总投资对各行业增加值的平均关联度最大，这表明通过扩大总投资规模来拉动经济发展的效果非常突出，现阶段浙江保持一定的投资规模来带动经济发展是必不可少的。

单个行业投资对所有产业增加值影响力处于前列的是工业、房地产业等两个行业，说明这两个行业投资对浙江经济发展的贡献是很大的，其投资对其他行业产生的经济效益也很明显，是应该继续加大投资力度的行业。但目前它们对经济发展的影响并不十分突出，投资规模也已经很大，结合浙江具体情况、国家政策和经济发展的规律，这两大行业应该保持稳步发展，即保持一定的增长，从管理水平、技术水平上实现产品的升级，避免低水平的重复建设，继续发挥它们对其他行业发展的巨大带动作用。

处于第二层次的是金融业、批发零售业、租赁和商务服务业、水利环境和公共设施管理业、农林牧渔业、科学研究技术服务和地质勘查业、建筑业等七个行业。金融等行业作为现代服务业的重要组成部分，对其他产业的促进作用是很大的。尽管目前它们的投资还比较小，由于它们对其他行业的影响比较突出，对经济发展的影响力也不小，基本符合产业演变规律。农业等相关行业在国民经济中的基础地位，有必要保持一定规模。

处于第三层次的是信息传输计算机服务和软件业、住宿和餐饮业、居民服务和其他服务业、公共管理和社会组织、教育、卫生社会保障和社会福利业、交通运输仓储和邮政业、文化体育和娱乐业等 8 个行业。这些行业和 GDP 的关联度很强，也是国家重点支持的行业，尽管对其他产业的影响不大，但是也是应该大力发展的产业。

（四）几点结论

对上述研究进行总结，可以得到如下结论：

1. 从三次产业看，浙江第三产业对经济发展的影响最强，第二产业投资对各产业发展的作用更大。现阶段，固定资产投资在促进经济增长，并带动相关产业发展中仍发挥着重要作用，保持一定速度的投资增长是非常必要的。第二产业投资对其他产业发展的作用要优于第三产业。第三产业对 GDP 的影响最大，应该成为今后产业结构调整的重中之重，这也是实现未来经济发展方式转变的关键所在。

2. 从投资对各行业发展的作用看，工业投资表现最好。投资规模最大的工业和房地产业，对其他行业发展的影响最大。由此可见，尽管它们对 GDP 的关联度弱于其他部分行业，但仍需要保持一定规模的发展，这对于经济的平稳健康发展至关重要。

3. 现阶段浙江投资更应该注重优化投资结构。必须保持一定的投资规模，重点应放在产业投资结构调整。工业、房地产业应保持适度的发展规模。优先发展现代服务业，如交通运输仓储和邮政业、住宿和餐饮业、居民服务和其他服务业、文化体育和娱乐业、批发和零售业、信息传输计算机服务和软件业、金融业、租赁和商务服务业等行业和GDP的关联度大，需要重点发展，也符合投资结构调整的方向。

值得说明的是，采用灰色系统理论方法来进行分析研究，在一定程度上减少了主观性，但不可避免，这种方法也有一定的不足之处，毕竟这是一种概率分析，并不能十分准确地指出事物的内在联系。所以，必须结合浙江投资的实际情况进行分析，找出目前产业投资结构存在的问题，为投资总体结构优化的方向提供对策建议。

三、优化产业投资结构的对策建议

浙江产业投资结构在不断优化调整中发展，但同时也存在着不少问题，比如传统行业所占比重仍然偏大、投资效益不高，高新技术产业投资发展不快、传统产业企业自身加快技术改造投资的意愿不强等等。为进一步优化投资结构，促进浙江经济发展方式转变，提出如下对策建议。

（一）加快推进产业投资结构转型，实现投资合理增长

第一产业应该保持一定的投资规模，重点发挥其对其他行业影响较大的作用。比如要进一步加强农业、农村的基础设施建设，不断提高农业综合生产能力，切实改变农村面貌。还要扩大对现代农业投资，大力推进农业产业化经营，加快农业结构调整步伐。第二产业要保持稳定增长，重点放在调整其内部结构上，尤其是制造业内部结构调整。第三产业投资应该加快发展，但是也要关注其内在结构的改善，比如房地产投资可以适度放缓，现代服务业等相关产业重点发展等。同时，也要通过政府引导，使投资结构与产业结构动态发展的方向一致，提高各产业的劳动生产率，促进产业结构的优化、升级，最终实现经济发展方式的转变。

（二）第二产业投资要继续保持平稳增长，推动内部投资结构升级

调整工业投资结构，实现投资重心由传统工业向高新技术产业为主的转变，由原材料工业向高附加值精深加工工业为主的转变，促进结构优化升级。一是继续加大装备制造业等产业投资力度，努力提高这些产业在整个经济中的比重，强化它们的带动作用，以再创浙江产业未来发展的优势；二是积极促进通讯、电子、信息、生物医药产业等高新技术产业投资，调整高新技术产业的内部结构，这对打破原有相对低级的产业结构，实现产业结构升级有巨大的引

导作用;三是对于纺织业、化工行业、非金属矿物制品业、纺织服装鞋帽制造业、食品等行业,加大技术改造投资力度,保持传统产业的优势地位;四是严格限制部分高耗能、高污染产业的投资规模,把主要资金用在能够提高生产效率、降低能耗和污染等方面的投资上,既有利于节能减排责任目标的完成,又有利于产业投资结构优化升级。

(三) 切实加大第三产业投资力度,促进现代服务业发展

在工业化的中后期阶段,服务业的迅速发展,是产业结构演进的一个重要特征,也是经济增长的引擎。要重点加大对金融保险、信息咨询服务、科研等现代服务业的投资力度,促进产业高级化。适度增加交通运输、邮电通信、教育及公用事业等基础行业投资,实现投资对其他行业的带动作用。推动非公有制企业参与投资社会需求大、发展潜力广阔的新兴服务业,如社区服务业、物流业、旅游、技术服务业以及各类产业中介服务业等。适当降低房地产业投资在第三产业中的比重,实现其合理发展。

(四) 建立完善有利于加快经济发展方式转变的投资结构调整机制

继续深化投资体制改革,不断完善健全政府投资决策责任机制,把推动投资增长、优化投资结构的积极性引导到促使经济发展方式转变上来,提升地方政府推动投资结构优化的内源动力。综合运用财政、金融等手段,广泛建立推动投资结构优化和经济发展方式转变的支持机制,合理引导和促进产业升级、经济结构调整,推动民间投资的发展。进一步完善政府与金融机构之间紧密联系的工作机制,引导商业信贷资金向战略性新兴产业、优势产业和优势企业倾斜。

课题负责人　郁志君
课题组成员　沙培锋　程彩霞　杨士鹏
　　　　　　曹　靓　潘雅文
执　　　笔　杨士鹏

参考文献:

[1] 浙江省统计局. 浙江省统计年鉴 2011 年[M]. 北京:中国统计出版社,2011.
[2] 国家统计局. 中国统计年鉴 2011 年[M]. 北京:中国统计出版社,2011.
[3] 单月鸿,王松林,杨旭鹍. 论金融危机新形势下我国民间投资对经济的影响力[J]. 中国科技博览,2010(8).

[4] 杨公朴.现代产业经济学[M].上海:上海财经大学出版社,1999.

[5] 张燕冰,卞家宏,张永开.产业投资结构优化研究及实证分析[J].河北工业科技,2003(1).

[6] 范德成、刘希宋.产业投资结构与产业结构的关系分析[J].学术交流,2003(1).

[7] 胡召音.灰色理论及其应用研究[J].武汉理工大学学报,2003(6).

浙江中小企业转型升级发展现状、问题及对策研究

改革开放30多年来，浙江中小企业实现较快发展，数量多、吸纳就业能力强、经济总量大，在浙江经济社会发展中发挥着十分重要的作用。浙江中小企业主要集中在传统制造业，以低端产业、低附加值产品、低层次技术、低价格竞争（以下简称为“四低”企业）为主的发展特点十分明显，主要依赖低成本竞争和资源环境消耗的增长方式，产业层次普遍较低，创新能力不强。随着要素资源约束加剧，浙江中小企业竞争力下降，经济增长不可持续的问题日益突出，转型升级任务十分紧迫。国家统计局浙江调查总队近期在宁波、金华和台州等市开展了中小企业转型升级专项问卷调查，对企业转型升级问题进行深入研究，旨在为政府部门实施中小企业转型升级提供有价值的参考依据。

一、调查样本情况

2011年6—7月，浙江调查总队在宁波、金华和台州等市开展中小工业企业转型升级专项问卷调查。调查对象为企业负责人。调查内容主要有：企业对转型升级的认识、近两年转型升级取得成效、今后两年的发展计划、转型升级的相关因素、转型升级面临的困难和问题、政府部门在转型升级中的作用等。调查样本数量为770家，其中小型和中型工业企业分别为610家、160家。从行业分布看，调查单位比较集中的行业有纺织业，纺织服装、鞋、帽制造业，化学原料及化学制品制造业，医药制造业，塑料制品业，金属制品业，通用设备制造业，专用设备制造业，交通运输设备制造业，电气机械及器材制造业，工艺品及其他制造业等主要行业，这些行业的样本量达564家单位，占73.2%，调查问卷中反映的情况和问题对浙江中小企业具有较强代表性。

二、企业转型升级现状

（一）企业家对转型升级的认识

企业家对转型升级的认识水平直接关系到企业转型升级决策与成效。多数企业负责人认为企业转型升级应通过技改提高生产过程环保水平、资源利用水平，提高产品质量，延伸产业链，提高产品附加值等，推动企业整体实力提升。认为企业转型升级应通过跨行业经营、资产重组等形式提升企业实力的认同率不高。据浙江中小企业转型升级专项问卷调查（以下简称为专项调查）

结果显示:“转型升级是通过改进装备、工艺等手段使生产过程的环保、资源利用水平大幅提高,推动企业整体实力提升”的认同率为 60.5%,“转型升级是通过改进装备、工艺等手段大幅提高产品质量,推动企业整体实力提升”的认同率为 59.4%,“转型升级是通过增加研发投入,产业链向两端延伸,附加值大幅提高,推动企业整体实力提升”的认同率为 56.8%,“转型升级是通过体制、机制改革与创新,经营与管理的水平大幅提高,推动企业整体实力提升”的认同率为 49.7%,“转型升级是生产经营全面或部分进入新行业,推动企业整体实力提升”的认同率为 24.6%,“转型升级是通过资产重组、并购以及企业间联合等,推动企业整体实力提升”的认同率为 8.4%。

(二) 企业转型升级的相关因素

1.多数企业选择国家宏观经济景气度较高、企业生产形势好时,实施转型升级。专项调查结果显示:如果企业实施转型升级,54.3%的企业将选择“国家宏观经济景气度较高,企业生产形势尚可”的时机,19.2%的企业选择“国家宏观经济景气度较低,企业生产形势尚可”的时机,16.8%的企业选择“国家宏观经济景气度较高,企业生产形势困难”的时机,9.0%的企业选择“国家宏观经济景气度较低,企业生产形势困难”的时机。

2.多数企业认为“企业生存与发展的要求”是转型升级的主要根据。专项调查结果显示:77.4%的企业认为实施转型升级的主要根据是“企业生存与发展的要求”,11.2%的企业认为是“全球经济发展趋势的要求”,7.0%的企业认为是“国家或地区产业政策的要求”,3.5%的企业认为是“政府及相关部门的要求”。

3.多数企业认为转型升级对企业发展是重要的。专项调查结果显示:62.0%的企业认为转型升级对企业发展“重要”,其中“很重要”的占 18.7%;认为作用“一般”和“不重要”的分别占 32.9%、5.2%。

4.企业对转型升级策略的实施十分慎重。专项调查结果显示:在转型升级策略实施前,53.1%的企业认为要“综合考虑转型升级的收益和风险,再决定是否要实施”,36.2%的企业认为“只要有条件,尽可能加快转型升级”,9.6%的企业认为“尽可能沿袭过去做法,因为转型升级是有风险的”。

5.多数企业认为政府在企业转型升级中能够发挥重要作用。近几年,各级政府不断引导、鼓励和支持企业转型升级,特别是进入“十二五”以来,更加重视企业转型升级,多数企业已认识和体会到政府在转型升级中的作用。专项调查结果显示:72.3%的企业认为政府在企业转型升级中能够发挥“重要”作用,其中认为“很重要”的占 24.8%;22.7%的企业认为政府的作用“一般”,

4.9％的企业认为政府作用不大。

（三）转型升级主要成效

企业生存与发展必须依靠经济实力的提高。增加技改投入、改进装备水平、提高产品质量和管理水平等是企业常用的经营策略，也是企业转型升级的主要内容。专项调查结果显示：2008年以来企业比较重视转型升级，成效明显。主要表现为：多数企业技改投入有所增加，提高装备水平已成为多数企业的共识，主要产品质量普遍提高，多数企业生产过程的环保水平、资源利用水平提高，近半数企业的产业结构作了调整等。

1.多数企业技改投入有所增加，提高装备水平已成为多数企业的共识。专项调查结果显示：与2008年比较，69.3％的企业认为技改投入有所增加，其中大幅增加的企业占19.9％；认为变化不大、有所下降和没有投入的企业分别占25.7％、1.7％和3.4％。75.5％的企业认为装备水平有所提高，其中大幅提高的占19.0％；认为装备水平变化不大和有所下降的分别占24.0％和0.5％。

2.多数企业生产过程的环保水平和资源利用水平有所提高。专项调查结果显示：与2008年比较，74.6％的企业认为生产过程的环保水平有所提高，其中大幅提高的企业占18.8％；认为变化不大、有所下降和不存在环保问题的企业分别占16.4％、1.2％和7.8％。认为生产过程的资源利用水平有所提高的企业占71.9％，其中大幅提高的占10.9％；认为变化不大、有所下降的分别占26.8％和1.3％。

3.主要产品质量普遍提高，近半数企业的产业结构有所调整，但全面进入新产业的比例较低。专项调查结果显示：与2008年比较，认为目前产品质量有所提高的企业占84.0％，其中大幅提高的占20.3％；认为产品质量变化不大、有所下降的分别占14.8％和1.2％。认为产业结构已作调整的企业占48.0％，其中全面进入新产业和部分进入新产业的分别占4.2％和43.8％；认为没有变化的占52.0％。

4.超过半数的企业进行体制或机制创新。专项调查结果显示：与2008年比较，认为体制或机制有创新的企业占51.8％，其中体制和机制均有创新的企业占39.9％；认为体制、机制没有变化的企业占48.2％。

5.资产重组力度较大的企业比例低，企业间合作力度较大的比例不高。专项调查结果显示：与2008年比较，认为资产重组力度“较大”的企业占7.1％，“一般”的占28.1％，“较小”的占12.1％，没有资产重组的占52.7％。认为企业间合作力度“较大”的占19.2％，“一般”的占53.5％，“较小”的占

14.7%，没有合作的占 12.6%。

6.六成以上企业主要产品竞争力较强，近四成企业研发能力较强。专项调查结果显示：认为目前企业主要产品竞争力很强、较强的分别占 16.1%、48.6%，认为“一般”和“较弱”的分别占 31.4%和 3.9%。认为目前企业产品研发能力很强、较强的分别占 6.1%和 33.6%，认为“一般”、“较弱”和“很弱”的分别占 51.3%、7.3%和 1.7%。

（四）企业转型升级发展目标

2008 年底，浙江省政府出台《关于加快工业转型升级的实施意见》，为浙江工业企业转型升级赢得先机。2011 年中央和浙江的“十二五”规划纲要将转型升级列为重要内容，进一步规范了转型升级的内涵，提升了企业转型升级的动力。专项调查结果显示：当前及今后两年内，多数企业将继续增加技改投入，确保产品质量不断提高，生产过程的环保水平和资源利用水平继续提高，产业结构调整、体制和机制创新、资产重组、企业间合作等力度将进一步加大。

1.装备水平加速提高。专项调查结果显示：今后两年内，84.3%的企业认为装备水平将有所提高，其中 20.8%的企业认为将大幅提高，比过去两年分别提高 8.8 个百分点和 1.8 个百分点。

2.多数企业技改投入继续增加。专项调查结果显示：今后两年内，认为技改投入将有所增加的企业占 64.8%，其中大幅增加的占 17.7%；认为基本持平的占 31.4%。尽管多数企业技改投入继续增加，但与过去两年比较，技改投入增加的企业比例下降 4.5 个百分点，持平的企业比例提高 5.7 个百分点。

3.产业结构调整力度加大，多数企业主要产品质量继续提高，但跨行业生产、淘汰现有产品的同时研发或引进高技术产品等的企业比例不高。专项调查结果显示：今后两年内，认为产业结构将发生较大调整的企业占 51.1%，比前两年提高 3.1 个百分点。通过实施经营策略，认为能够确保产品质量不断提高的企业占 67.8%，认为“保持现有产品生产不变的同时，准备投资跨行业生产经营”的企业占 12.7%，认为“准备淘汰现有产品，在本行业内研发或引进技术含量更高的新产品”的企业占 9.2%，认为“准备保持现有产品生产，没有新的计划”的企业占 8.4%，认为“准备退出现在的行业，全面实施跨行业生产经营”的企业占 1.2%。

4.多数企业生产过程的环保水平和资源利用水平继续提高。专项调查结果显示：今后两年内，认为生产过程环保水平将有所提高的企业占 74.4%，与过去两年基本持平。认为生产过程的资源利用水平将有所提高的企业占70.1%，比过去两年下降1.8个百分点。

5.企业进行体制和机制创新力度大幅提高。专项调查结果显示：今后两年内，准备进行体制或机制创新的企业占69.6%，其中体制和机制均有创新的企业占54.4%，分别比过去两年提高17.8个百分点、14.5个百分点。

6.资产重组和企业间合作的力度将加大。专项调查结果显示：今后两年内，认为资产重组力度较大的企业占9.2%，比过去两年提高2.0个百分点；企业间合作力度"较大"的占24.2%，比过去两年提高5.0个百分点。

三、主要问题与困难

尽管过去两年企业转型升级取得明显成效，今后两年的转型升级动力提升，但与国家、浙江"十二五"规划纲要中提出的转型升级要求差距仍较大，存在不少问题与困难。主要表现为：部分企业家对转型升级的重要性认识不足，人才紧缺和资金制约，体制与机制转型滞后，研发能力不强、产品核心竞争力偏弱，落后产能淘汰任务繁重而艰巨等。

（一）部分企业家对转型升级的重要性认识不足

企业转型升级都会面临困难和风险。浙江中小企业负责人，很大一部分是农民企业家，受年龄、知识层次以及生活经验等条件的局限，有胆识、敢冒险，但眼光不够长远，比较注重近期利益，小富即安等。专项调查结果显示：认为转型升级重要性为"一般""不重要"和"很不重要"的占38.1%。表明这部分企业对转型升级重要性的认识不足。在产业结构、经营策略上表现为：一是产业结构不作调整的企业比例高。二是经营策略上以扩大生产规模为主的企业比例高。专项调查显示：2008年至今，产业结构没有变化的企业占52.0%，今后两年产业结构不打算变化的占46.9%；今后两年内，准备淘汰现有产品、研发或引进技术含量更高的新产品、准备退出现在行业和全面实施跨行业生产经营的企业比例不高，仅占23.1%，其中准备退出现行业、全面实施跨行业生产经营的企业仅占1.2%；今后两年内，认为准备扩大生产规模的企业占59.1%。这些经营策略，很大程度上影响企业转型升级的进程和效果。

（二）企业转型升级所需人才紧缺

企业实施技术改造、提高研发能力需要技术人才。企业体制与机制创新、提高资产重组力度、加强企业间合作等都需要高素质管理人才。专项调查结果显示：有关浙江中小企业生存和发展最重要的因素中，提高管理水平、顺应市场需要和人才引进等因素的认同率较高，分别达73.6%、51.8%和42.5%；

企业融资、科技、抓住机遇、企业文化的认同率，分别为 19.4%、28.8%、23.9% 和 7.3%。企业当前及今后可能遇到的主要困难，认同率较高的分别是招工难、资金紧张和缺人才，分别为 60.9%、39.0%和 38.8%；工业用地紧张、税费偏高、能源紧张、原材料紧张、产品销路和没有核心技术的认同率，分别为 21.3%、27.3%、25.2%、20.5%、18.4%和 12.9%。企业提高管理水平、顺应市场需要，需要各种人才来驾驭，转型升级是企业发展的内在要求，对人才将更加渴求。

（三）企业转型升级所需资金紧张

资金是企业转型升级必须具备的重要条件之一。中小企业转型升级一般采取引进和消化新技术、添置先进生产线、增加研发投入等策略，提高生产过程的环保水平和资源利用水平，提高产品技术含量和竞争能力等。企业必须投入一定量的资金，仅靠企业自身筹集资金往往难以解决，而中小企业从国家金融机构贷款又十分困难。因此，资金紧张问题在很大程度上制约企业转型升级。专项调查结果反映，企业当前及今后可能遇到的主要困难中，资金紧张的认同率高达 39.0%，比缺人才的认同率高 0.2 个百分点。

（四）体制与机制转型滞后

体制和机制的转型是企业转型升级的重要内容。浙江中小企业绝大多数是民营企业，尽管工商注册登记为有限责任公司或股份有限公司，但在管理模式上仍是家族式管理，体制和机制上存在缺陷。特别是企业达到一定规模后，家族式管理将严重影响企业的生存与发展。主要表现为：一是缺乏科学的现代企业管理制度，企业经营决策容易出现非理性，决策失误的概率增加。二是缺乏有效的管理机制。一些企业的管理不是靠健全的制度、机制和客观事实，而是凭经营者的经验和常识，或建立的制度不完整、不细致、不严密，不注重制度的实施和管理，使得制度无法起到应有的作用。三是缺乏科学的用人机制。企业的很多重要部门，如营销、财务经理都是由自家人担任，任人唯亲，难以发挥外来人才的作用。专项调查结果显示：与 2008 年比较，体制和机制没有变化的企业比例达 48.2%，未来两年体制和机制不打算变化的占 30.4%。

（五）研发能力不强，产品核心竞争力偏弱

研发能力、产品核心竞争力是企业立业之本。提高企业的核心竞争力是企业转型升级的核心内容。长期以来，浙江中小企业凭借改革开放先机，较低的生产要素和环境污染成本，依托专业市场，赢得比较优势。随着市场经济发展，生产要素约束不断加剧，由于多数浙江中小企业产品技术含量不高，核心竞争力不强，品牌意识较弱，比较优势不明显，企业利润空间不断缩小。2010年底，浙江中小工业企业达21.33万家，中小企业每百元营业收入实现利润总额为6.26元，每百元资产总计实现利润总额为6.11元，总体上处于微利经营状态。专项调查结果显示：认为当前产品研发能力属"一般""较弱"和"很弱"的企业占59.6%；认为当前产品竞争力属"一般""较弱"和"很弱"的企业占35.3%。

（六）落后产能淘汰任务繁重、难度大

浙江中小企业数量多、经济总量大，在经济社会发展中发挥着重要作用。2010年底，浙江规模以下工业单位数达83.94万家，均为微、小企业；吸纳就业人员数663.28万人，占全部工业从业人数的53.8%，资产总计达6586.7亿元；全年工业总产值达1.25万亿元。尽管浙江中小企业发挥着十分重要的作用，很大一部分企业充满活力，具有较强的竞争力，有发展潜力，但"四低"企业比例不在少数，占有了大量的生产要素，经济和社会效益不高，生产过程影响周边生态和生活环境，对小城镇、新农村建设带来困难。当前，"四低"企业在广大乡村随处可见，甚至存在于部分工业园区中，这部分产能在转型升级中必须淘汰，但量大面广，通过市场自然淘汰步伐会十分缓慢，通过行政手段阻力重重，是企业转型升级中的难点。

四、几点建议

浙江中小企业转型升级任务很重，面临困难不少，企业对政府在转型升级中的作用寄予厚望。各级政府应根据国家、浙江"十二五"规划纲要，进一步落实《浙江省人民政府关于加快工业转型升级的实施意见》精神，大力营造企业转型升级的宽松环境，制定科学的产业布局，引导企业大力改造传统产业，发展现代服务业，加快体制和机制转型，使浙江中小企业产业结构合理，档次提升，效益提高，实现可持续发展。

（一）大力营造促进企业转型升级的外部环境

1.建立相对完善的企业转型升级政策体系。各级政府部门应积极引导企业转型升级，从融资、税费、用地、知识产权保护、行业自律等方面加快建立相对完善的政策措施，加强管理，根据企业转型升级的力度进行鼓励，切实从制度上促进和保证企业转型升级进程顺利实施。

2.进一步减轻企业负担。各级政府部门应尽可能取消各类行政性收费，严控增加行政性收费项目，降低企业生产经营的税费率，切实减轻企业负担，让企业有更多的财力投入转型升级。专项调查结果显示：当前企业希望政府部门支持的主要方面中，认同率最高的是减轻企业负担，达76.0%；其次是希望国家经济政策保持相对稳定、相关政策具有连续性的认同率达 59.4%；希望政府部门在中小企业融资政策上进一步开放、务实、有效的认同率也较高，为 41.7%。

3.进一步营造吸引和留住人才创业的环境。人才是社会的稀缺资源，是企业转型升级成功的必备条件。各级政府部门要努力营造一种重视人才环境，通过建立相应制度，为人才提供良好的生活条件、创业环境和政治待遇，形成尊重人才、爱护人才、关心人才的良好风尚，造就吸引人才、留住人才、并使人才充分发挥作用的外部环境。

4.进一步提高转型升级的服务水平。企业转型升级是一项系统工程，会碰到各种问题与困难，各级政府部门应积极主动为转型升级提供服务，充分发挥行业协会作用，成立专门服务机构，建立企业转型升级网络服务平台。通过专门机构或平台，一是宣传转型升级对企业生存与发展的意义，让更多的企业进一步认识到转型升级的作用。二是为企业转型升级涉及的政策法规问题解惑，为技术问题提供咨询，为企业间合作、寻求科研机构和大专院校技术指导牵线搭桥。三是进一步宣传浙江工业企业转型升级的税费减免优惠政策。主要有：企业自主创新和技术进步、高新技术产业发展、节能减排和安全生产方面、工业用地节约集约利用、中小企业发展等方面的优惠政策。

（二）进一步明确中小企业转型升级发展方向

根据国家和浙江的“十二五”规划纲要，各级政府部门应结合本地区资源要素及产业结构的特点，科学制定本地区中小企业转型升级发展规划，引领中小企业转型升级，把握以下原则。

1.以改造提升制造业为重点。浙江中小企业主要集中在传统制造业，规模不大、产业层次较低、产品附加值不高，但仍有其独特的优势，对行业和产品生产情况熟悉、销售网络基础较好、专业市场发达等，引导企业加强技术改造，加大新产品研发投入，推动产业结构调整，优化产业布局，再造传统产业的新优势，提高产业核心竞争力。如：浙江中小企业中，机械工业具有较强实力，应推动装备制造业提高基础工艺、基础材料、基础元器件研发和系统集成水平，发展成套装备产业化、智能化；轻纺行业是浙江中小企业集聚的主要行业，应提高环保和质量安全，企业品牌建设，提升工艺技术；电子信息行业的经济总量比重大，但产品附加值不高，应引导产业链向高端延伸；纺织服装、鞋、帽制造业，木材加工及木、竹、藤、棕、草制品业，食品制造业，家具制造业，造纸及纸制品业，文教体育用品制造业，塑料制品业和金属制品业等行业，中小企业比较集中，经济总量比较大，产品生产“四低”现象比较突出，是改造升级的重点。

2. 加快块状经济向现代产业集群发展。浙江块状经济数量多、规模大、产业比较全，集聚了大量的中小企业。块状经济在浙江产业发展中发挥着十分重要的作用，但由于块状经济产业雷同、企业规模不大、产品档次普遍偏低、缺少品牌、过度低成本竞争、资源利用效率不高等特点，制约块状经济发展步伐，与现代产业集群生产方式要求存在较大差距，应通过培育龙头企业，加强专业化分工与协作，强化品牌意识，加大企业间兼并、重组、联合，加强科学管理等，引导块状经济加快转型升级，向现代产业集群发展。

3. 鼓励向现代服务业转型。随着经济社会发展，人民生活水平快速提高，2010 年浙江人均 GDP 已达 7690 美元，对现代服务业的需求将进一步扩大、要求进一步提高，现代服务业领域发展空间广阔已得到各级政府部门的认同，鼓励、支持大力发展现代服务业，是中小企业转型的一个重要方向。但从传统制造业向现代服务业转型，企业会不同程度地受思维定势的制约，各级政府部门应加大宣传力度，公布本地区需要大力发展现代服务业的规划、目标，公开相关的具体信息，提供学习培训机会，帮助转型企业发展现代服务业。

4. 鼓励向新兴产业转型。新兴产业在未来经济发展中的优势十分明显。浙江自然资源十分匮乏，发展新兴产业更加必要和重要。目前浙江制造业的主要行业中，成长了一批基础好、实力强、发展潜力大、有长远发展规划的中小企业，政府部门应积极引导、鼓励和支持这批企业向新兴产业发展，重点发展生物、物联网、新能源、新材料、高端装备、节能环保、海洋、新能源汽车等产业，尽快在新兴产业中占得先机，引领浙江经济高质量发展。

（三）大力改造传统产业

传统产业改造是浙江中小企业转型升级的核心，关系到转型升级的成败。浙江传统产业优势与劣势并存，通过转型升级要大力发挥优势，控制劣势，各级政府部门对传统产业改造应采取分类指导。

1. 向“专精特新”发展。对资源占用少、环境影响少、无污染、发展前景大的产品，应鼓励企业通过加大投入和研发力度，提高装备水平、改进工艺，向“专精特新”发展，大力提高产品的技术含量、附加值和核心竞争力。

2. 拓展产业链，提高产品附加值。对长期从事贴牌生产、量大利薄的企业，如果产品有较高技术含量、市场销量大，在转型升级中应通过加大对该产品的研发投入，突破核心技术，开拓市场，力求将产业链向两端延伸，控制“微笑曲线”两头的核心技术、营销与服务。

3. 树品牌、创名牌，保护企业知识产权。在鼓励企业大力研发新产品的同时，要积极引导企业树品牌、创名牌，保护知识产权，品牌和名牌的创立不仅要求产品具有较高的技术含量、稳定质量和优质服务，而且要求企业生产经营过程中注重树立良好的信誉，使品牌、名牌得到长期的培育和保护。

4.加快淘汰落后产能。淘汰落后产能是企业转型升级过程中十分重要的内容。落后产能淘汰后才能“腾笼换鸟”“退低进高”“提高容积率”“增加投资强度”等，使有限资源的利用效率提高，进一步发展新型产业。政府有关部门应对本地区现行产业进行全面梳理，制定淘汰落后产能的规划，并拨出专项资金，对主动淘汰落后产能的企业给予一定的补贴，同时，加强监管，行政推动，促进落后产能淘汰。

（四）进一步推进企业体制和机制转型升级

浙江中小企业绝大多数是民营企业，大多数采取家族制管理模式，没有建立现代企业管理制度，阻碍了企业的生存与进一步发展，特别是多子女参与管理经营和主要管理部门采用亲属的企业。各政府部门，一要积极引导企业建立符合现代企业制度要求、适应本企业实际和发展需要的企业组织形式和法人治理结构，注重体制与机制创新，促进企业全面提高战略规划、生产组织、技术开发、财务管理、市场营销、售后服务等基础性管理水平，夯实管理创新基础。二是针对不同行业特点和企业规模，开展企业现代企业制度建设示范活动，培育一批管理创新示范企业，总结行之有效的管理模式和经验，及时向全省企业推广。三是认真梳理本地区的企业，对发展前景广阔但还没有真正建立现代企业制度的中小企业，加强引导，使企业负责人真正意识到体制与机制对企业发展的重要意义。

（五）加大企业转型升级人才培养力度

企业转型升级需要大量人才，除大力引进、留住人才外，还应加大人才培养力度。各级政府部门应制定企业转型升级人才培养规划，大幅增加人才培养经费投入，利用转型升级成功企业家的现身经验为蓝本，充分利用高校、科研机构以及国内外教育资源，梯度培养企业转型升级的实用人才。一是分级分批开展企业家增强创业创新和现代经营管理能力轮训，提高企业家队伍素质。二是引导企业加快构建一批以企业创新领军人才为核心的创新团队和一支以高层次企业经营管理人才、中高级专业技术人才为骨干的工业高层次专业人才队伍。三是深入实施高技能人才培训工程，积极推动校企合作，大力发展职业教育；依托中高职院校、技工学校、大型企业，加快建设一批省级高技能人才实训基地；督促企业加大员工培训的投入，广泛开展各种形式的岗位练兵和职业技能竞赛，抓紧培养一支以中高级技工为骨干的高技能人才队伍。雄厚的人才资源储备，能够加快企业转型升级的进程，不断提高经济发展质量，使转型升级成为经济发展过程中的常态。

课题负责人　严勤芳
课题组成员　王继章　吴　磊
陈丽丽　邢田华（总队工业处）
张仁林　童坚勇　王建国（宁波调查队）
叶宴明　金　辉　王立行（金华调查队）
叶勤英　陈三铭　王美红（台州调查队）

浙江省小微企业发展情况研究

浙江是中小企业大省，小微企业是我省国民经济和社会发展的重要力量，是浙商企业家创业成长的主要平台，在吸纳就业、增加城乡居民收入、科技创新、促进经济平稳较快发展和社会和谐稳定等方面更发挥着重要的无可替代的作用。但近年来，小微企业的发展遇到了复杂多变的国内外经济环境和原材料、人工、资金、用地、用电及人民币升值等各种要素成本上扬的影响，出口受阻，生产经营难度加大。10 月份以来，中央和省委、省政府及时出台了一系列化解中小微企业困境的政策措施，减税让利，提振企业信心，已取得了一定成效。近日国务院常务会议研究部署了进一步支持小型和微型企业健康发展的政策措施，对我省小微企业发展具有重大意义。

一、小微企业的基本情况

（一）小微企业的地位作用

1. 小微企业数量占绝对比重。根据统计上大中小微企业划分标准，截至 2012 年 1 月末，我省小微企业有 56.93 万家，占企业总数的 97.0%。其中，小型和微型企业分别为 13.6 万家和 43.33 万家，分别占 23.2%和 73.8%。从产业分布看，小微企业多数分布于二、三产业（详见表 1）。其中，小型企业逾六成为二产企业，在三次产业中比重分别为 3.8%、65.0%和 31.1%；微型企业半数为三产企业，在三次产业中比重分别为 2.4%、47.3%和 50.3%。从行业分布看，小微企业七成以上分布于制造业、批发和零售业两大传统行业（详见表 2）。小型企业中，制造业企业数量最多，为 8.36 万家，占 61.5%；其次为批发和零售业 1.83 万家，占 13.4%。微型企业中，制造业、批发和零售业企业分别有 18.84 万家和 12.38 万家，分别占 43.5%和 28.6%。

表 1　2012 年 1 月末小微企业在三次产业中的分布

	合计个数	一产		二产		三产	
		个数	比重(%)	个数	比重(%)	个数	比重(%)
合计	569315	15595	2.7	293418	51.5	260302	45.7
小型企业	136035	5237	3.8	88465	65.0	42333	31.1
微型企业	433280	10358	2.4	204953	47.3	217969	50.3

表 2 2012 年 1 月末小微企业行业分布

	合计个数	小型		微型	
		个数	比重	个数	比重
合计	569315	136035	100	433280	100
农、林、牧、渔业	15595	5237	3.8	10358	2.4
采矿业	1380	453	0.3	927	0.2
制造业	272031	83641	61.5	188390	43.5
电力、燃气及水的生产和供应业	3677	613	0.5	3064	0.7
建筑业	16330	3758	2.8	12572	2.9
交通运输、仓储和邮政业	12171	2271	1.7	9900	2.3
信息传输、计算机服务和软件业	15238	1575	1.2	13663	3.2
批发和零售业	142095	18287	13.4	123808	28.6
住宿和餐饮业	7049	3306	2.4	3743	0.9
房地产业	14735	2392	1.8	12343	2.8
租赁和商务服务业	42726	5692	4.2	37034	8.5
科学研究、技术服务和地质勘查业	13802	4021	3	9781	2.3
水利、环境和公共设施管理业	2495	1132	0.8	1363	0.3
居民服务和其他服务业	6839	2296	1.7	4543	1
教育	0	0	0	0	0
卫生、社会保障和社会福利业	70	19	0	51	0
文化、体育和娱乐业	3082	1342	1	1740	0.4
公共管理和社会组织	0	0	0	0	0

2. 小微企业在国民经济中占有重要地位。我省小微企业数量在绝大多数行业中均占绝对比重。其中，租赁和商务服务业比重最高，为 99.7%，采矿业、信息传输、计算机服务和软件业、居民服务和其他服务业、科学研究、技术服务和地质勘查业、制造业、交通运输、仓储和邮政业、批发和零售业、电力、燃气及水的生产和供应业、文化、体育和娱乐业、水利、环境和公共设施管理业、农、林、牧、渔业、住宿和餐饮业等行业，小微企业数量占全部企业数量的 90%以上，建筑业、房地产业比重略低，分别为 89.7%和 89.6%，卫生、社会保障和社

会福利业等行业比重较低，占全行业企业总数不到10%。

3.小微企业是就业的重要渠道。小微企业在扩大就业、促进再就业中发挥了重要作用。2012年1月末，小微企业共吸纳就业（注：就业人员是按名录库数据统计，与企业现有人数可能有差异）1178.5万人，占同口径所有企业的55.5%。其中，小型和微型企业分别吸纳就业811万人和367.5万人，分别占38.2%和17.3%。

4.小微企业是经济发展和科技创新的重要力量。在工业总产值中小微企业占到一半以上。2011年，在全部工业总产值中，规模以上小型企业约占31.2%，规模以下工业（部分小微企业和个体工业单位）约占25.1%，共占56.3%。在规模以上工业中，小型企业的科技活动经费支出比上年增长31.2%，增速比大中型企业高14.6个百分点；小型企业的固定资产投资增长12%，增速比大中型企业高10.3个百分点。据法人单位统计年报数据，2010年，我省小微企业主营业务收入4.6万亿元，占全部企业的43.2%。其中，小型和微型企业主营业务收入分别为3.8万亿元和0.8万亿元，分别占35.7%和7.5%。第一产业、工业和第三产业中，小微企业主营业务收入占比均在40%左右；建筑业主营业务收入占比较低，为12.9%。

5.小微企业经济总量在全国保持领先。"十一五"期间，我省小微企业中的规模以下工业主要经济总量指标保持全国第一。2010年，工业单位数、工业总产值、资产总计、从业人员数分别为83.9万家、12504亿元、6586.7亿元、663.3万人，分别占全国的13.4%、18.5%、15.1%和13.5%，均居全国各省（区、市）的首位，单位数的比重比居第2位的河南省高1.7个百分点，工业总产值、资产总计和从业人员数比居第2位的广东省分别高7.2、6.0和0.9个百分点。

（二）小微企业的特征

总体来看，浙江小微企业"低、小、散"的格局未有根本改变，表现为企业规模小、产业层次低、产品档次低、利润率低、竞争力弱，多数企业处于产业链和价值链的末端，少有定价权，抵御各种风险的能力较弱。每次遇到世界经济波动、外部需求减弱和国内宏观调控力度加大的情况，浙江小微企业往往首当其冲受到影响，经济增速率先回落。

1.企业规模相对小型化。我省小微企业规模不断扩大，但平均规模相对小型化的状况依然明显。我省规模以上工业户均总产值相对于全国水平从本世纪初的87%左右下降到目前的58%左右。2010年[①]，我省规模以上工业小型企业户均总产值0.4亿元，比2006年仅增长25.6%，增幅低于大中型企业5.4个百分点。

2.投入产出效益水平低。我省小微企业存在产业层次低、产品档次低、技术含量小、市场定位不高、自主开发能力弱等长期积累的问题，产品具有明显的区域块状特色，技术雷同，企业缺乏核心竞争力，品牌意识较弱，比较优势不明显，使得生产经营普遍具有低价格、低技术、低收益、低附加值等特征，直接制约了其投入产出效益水平的提高。根据成本费用调查，2010年我省规模以上工业中，小型企业增加值率仅为17.3%，分别低于大型企业和中型企业3.4个百分点和3.2个百分点。2011年，规模以上小型企业主营业务收入利润率仅为4.9%，分别低于大型企业和中型企业1.7个百分点和1.5个百分点。

3.产业结构转型升级较慢。从工业看，传统制造业仍是浙江小微企业的支柱行业。2011年，在规模以上工业小型企业中，纺织、电气机械及器材制造、通用设备制造、化学原料、金属制品业五大行业占了近一半，总产值分别占12.6%、8.7%、8.5%、8.4%和5.0%，共占43.2%；规模以下工业中，纺织业、通用设备制造业、金属制品业、塑料制品业、纺织服装鞋帽制造业五大行业占了一半，总产值分别占18.9%、11.4%、6.7%、6.4%和5.9%，共占49.3%。微型企业主多数比较注重近期利益，小富即安，缺乏创新的实力和胆识，缺乏产品转型和技术革新的动力，遇到世界经济波动、外部需求减弱和国内宏观调控力度加大时，多数企业通过收缩生产规避风险；在经济好转、订单增加时，又多以增加劳动力投入来扩大生产。装备制造业等新兴产业虽然发展较快，企业数量不断增加，但发展水平仍未达到质的飞跃。2011年，我省规模以上工业企业中，小型企业装备制造业企业达到1.1万家，占小型企业的39.1%；实现工业总产值7640.8亿元，占小型企业的32.9%；户均产值为小型企业平均水平的84.1%。

二、小微企业的发展情况和困难

2011年以来，世界经济复苏进程减缓和国家宏观调控力度加大，这两个因素叠加对经济发展的累积效应加大，小型企业首当其冲受到影响，全国小型企业PMI指数5月份开始连续8个月位于收缩区间，与全部企业PMI指数出现回升趋势相反，9月份低至45.3，10月份回升到49.7，仍处于收缩区间，12月

---

①因2011年规模以上工业统计标准提高至主营业务收入2000万元，为保持可比性，该处使用2006年和2010年主营业务收入500万以上企业数据进行对比。

为 48.7。我省小型企业也一样，复杂多变的国内外经济环境和原材料、人工、资金、用地、用电及人民币升值等各种要素成本上扬等，对中小企业形成了严峻考验，企业出口受阻，生产经营难度加大，直接影响到全省经济走势。

2011 年，我省规模以上工业企业中，小型企业增加值和利润总额分别为 4372.1 亿元和 1081.7 亿元，比上年分别增长 11.4%和 11.2%，增速比规模以上工业分别高 0.5 个百分点和 1.3 个百分点（详见表 3），出口交货值 4163.3 亿元，增长 16.0%，增速比规模以上工业高 3.7 个百分点，但与前两年相比，增速回落幅度较大，下半年小型企业工业增加值、出口交货值、利润月度增速和融资景气指数等指标已接近 2008 年下半年国际金融危机影响较严重时期的水平。

1. 主要经济总量增速大幅回落，企业景气回落。2011 年，规模以上小型企业工业增加值、利润增速分别比上年回落 8.6 个百分点和 52.7 个百分点，出口交货值增速回落 15.8 个百分点，出口占销售产值的比重为 18.4%，比大型和中型企业分别低 1.9 个百分点和 3.4 个百分点，比 2010 年下降 1 个百分点。尤其是三季度呈加速回落态势，月度增速进入个位数增长区间甚至负增长，工业增加值增速从年初（1—2 月）的 13.5%回落到 10、11 月份的 8.3%；出口交货值增速从 18.6%回落到 11 月份的 8.6%；利润增速从 1—2 月的 36%增长高位快速回落到 9 月的负增长（−2.5%），11 月份最低（−14.4%），利润下滑的幅度大于生产和出口下滑的幅度。9 月末，停产的小型企业有 409 家，占全部小型企业的比重为 1.5%。据企业景气调查，小型企业的企业家信心指数和景气指数明显回落，四季度分别为 107.8 和 111.9，已接近 100 的景气临界点，创 2009 年二季度以来的新低，比全部调查企业分别低 5.2 点和 14.1 点。据四季度对规模以下工业的抽样调查，认为生产经营状况“好”或“很好”的企业占 23.4%，认为“一般”的占 63.6%，认为“差”或“很差”的占 13%。剩余订单余额增幅大幅回落。2011 年末，规模以下工业企业剩余订单余额为 438.5 亿元，比上年增长 8.9%，增幅比 6 月末和 9 月末分别下降 15 个百分点、13.6 个百分点。

2. 融资难、融资贵，对小型企业资金链产生不利影响。据企业景气调查，2011 年，小型企业融资景气指数处于“不景气”区间，四个季度分别为 92、92.7、91.2 和 89.5，四季度比全部企业低 5 点，与 2008 年三、四季度国际金融危机影响最严重时期（91.8 和 88.2）基本相当。小微企业在贷款时大多面临利率上浮、存贷挂钩、附加手续费、搭售理财产品等要求，再加上担保、中介等其他费用，导致中小企业的银行融资成本大幅上升。2011 年，小型企业利息净支出374亿元，占规模以上工业企业的45.2%，相当于同期银行贷款余额的6.7%，远高于大中型企业的5.2%；小型企业利息净支出增长47.2%，远高于大中型企业32%的增速。规模以下工业企业资金紧张的企业比重达38%，其中很紧张（缺口在20%以上）的占7.1%。部分企业为维持生产，只能选择民间借贷来调剂资金余缺，从而加剧了企业的经营成本与风险，企业资金链紧绷甚至断裂的风险显现，三季度出现少数企业主集中出走的现象。

3.税负重、成本高、利润率低。2011年，规模以上工业小型企业主营业务税金及附加比上年增长32.1%，远高于大中型企业的22.8%，比同期主营业务收入增速高11.9个百分点；主营业务成本占收入的比重为87.4%，比大、中型企业分别高出3.3个百分点和2.1个百分点；主营业务收入利润率4.9%，比上年下降0.4个百分点，明显低于大中型企业（详见表3）。规模以下工业企业主营业务收入营业利润率为4.95%，其中营业利润率在10%以上的企业数占16.3%，在5%—10%之间的占24.6%，在0—5%之间的占49.8%，亏损企业占9.4%；每百元资产实现营业利润仅为5.58元。随着实体经济受要素制约趋紧和各类成本上涨影响，在资金运作高利润回报的利益驱动下，一些企业寻求外迁和对外投资，在本地扩大生产和投资的意愿减弱，参与房产、矿产、期货和股权股票投资增多。

表3 2011年规模以上工业主要经济指标

指标	增加值		利润总额		主营业务收入		主营业务成本		主营业务收入利润率	
	亿元	增速(%)	亿元	增速(%)	亿元	增速(%)	亿元	增速(%)	%	提高百分点
总计	10878	10.9	3080	9.9	53071	18.8	45603	19.5	5.8	-0.4
大型	2135	11.7	649	11.1	9821	20.7	8259	22.2	6.6	-0.6
中型	4371	10.0	1350	8.2	21006	16.6	17910	17.3	6.4	-0.5
小型	4372	11.4	1082	11.2	22244	20.1	19434	20.5	4.9	-0.4

4.招工难、“用工荒”和外来人口集聚快并存。受生产周期性变化影响，经济回暖即现招工难已成为常态。特别是每年春节前后，不少小微企业出现“用工荒”、用工成本提高。据2011年四季度规模以下工业企业抽样调查，认为“劳动力成本上升快”是当前首要突出问题的企业比重达30.8%。同时，由于小微企业大多是技术含量不高的劳动力密集企业，需要大量的低端普工，又使我省人口迅速集聚，这也是浙江外来人口净增加最快、劳动人口受教育年限低的主要原因。据“六普”资料显示，2010年，我省常住人口中来自省外流入人口

为 1182 万人，占全部常住人口的 21.7%，即每 5 个常住人口中就有 1 人以上来自省外，与 2000 年相比，增加了 813 万人，约相当于新流入了一个海南省(867.1 万)的人口，增幅高达 2.2 倍，占比提高 13.8 个百分点。省外流入人口以初中及以下人口为主，占 84.8%；15—39 岁的中青年文盲人口中，省外流入人口占 46.2%。

由于我省小企业比重大，经济下行趋势比全国严峻。一至四季度，我省 GDP 累计增速分别为 10.4%、9.9%、9.5%、9.0%，同比分别回落 4.6、1.8、3.0、2.9 个百分点，下行趋势比较明显。GDP 增速与全国相比，从 2010 年一季度高于 3.1 个百分点回落到 2011 年全年低于 0.2 个百分点，居各省市区的倒数第三。

10 月份以来，中央和浙江省委、省政府及时出台了一系列政策措施，化解中小微企业困境，提振企业信心。一是着力缓解中小企业融资难。设立 10 亿元省级财政中小企业再担保资金，引导金融机构加强对小微企业支持，落实差异化信贷政策措施。进一步完善小微企业贷款风险补偿机制，充分发挥融资性担保公司对小微企业的增信作用，积极推动有条件的小微企业境内外上市融资，鼓励支持小微企业发行集合票据“抱团”融资，大力拓宽融资渠道，有效缓解企业融资难和资金使用成本高的问题。加快推动金融创新，引导民间资本合理流向，积极鼓励民间资本参与小微企业担保机构、小额贷款公司等发展，加快完善中小企业融资担保体系，努力形成多元化融资格局。办好“浙融会”，推进成长型小微企业与国内外投融资机构的对接等。二是努力减轻企业负担，优化企业发展环境。清理取消 31 项涉企行政事业性收费，减免符合转型升级要求的小微困难企业相关税费，实行社会保险“五缓四减三补贴”政策。深化“服务企业、服务基层”专项行动，帮助企业破解用电难、用地难等要素瓶颈制约。坚持治乱和减负相结合，开展以“五项治理”和“三查”为重点的企业减负活动。通过优化中小企业政策环境、服务环境和融资环境，重点培育扶持一批创业型、创新型、外向型、配套型、品牌型小微企业，形成了促进我省小微企业加快创业创新、转型发展的良好环境。

随着这些政策措施的贯彻落实，对推动小微企业平稳健康发展发挥了重要作用。资金紧张状况略有缓解。四季度，我省规模以上工业企业中，小型企业新增贷款余额 199.1 亿元，占规模以上工业的 54.5%，比前三季度提高 11.6 个百分点。亏损面有所下降。12 月末，我省规模以上工业企业中，小型企业亏损面为 10.6%，比 9 月末缩小 2.2 个百分点。生产和利润增速快速回落的态势有所遏制。12 月份，规模以上小型企业工业增加值增长 9.2%，比前

2个月回升0.9个百分点；利润增速从9—11月连续3个月的降势转为增长0.7%，生产形势正在逐步趋于稳定。

但总体来说，小微企业的生产经营状况仍不尽如人意，生产和利润增速延续回落态势。四季度，我省规模以上工业企业中，小型企业增加值和利润总额同比分别增长8.6%和－6.3%，增幅比前三季度分别回落3.2个百分点和27.6个百分点。

三、对策建议

近日召开的国务院常务会议研究部署了进一步支持小型和微型企业健康发展，要求认真落实国务院2011年10月12日常务会议确定的各项财税和金融支持政策，确定了完善财税支持政策；努力缓解融资困难；加快技术改造，提高装备水平，提升创新能力；加强服务和管理等政策措施，还提出了建立和完善小型微型企业分类统计调查、监测分析和定期发布制度，对小微企业健康发展具有重大意义。从我省实际看，要尽快落实国务院和我省进一步支持小微企业健康发展的各项政策措施，从以下几方面加大工作力度。

1.积极实施三大国家战略及国家级的有关综合改革试点。以此以作为现阶段浙江经济新的发展契机，进一步争取发展政策，尽快作出战略性布局，出台具体实施方案，有序、有效、持续性地推进落实，降低准入门槛，破除影响民间投资的体制障碍，鼓励支持小微企业进入发展。

2.采取有效措施，防止小微企业生产下滑。当前国际国内形势错综复杂，各种矛盾问题相互交织叠加，影响经济增长的不确定性因素增多，不能排除继续下行的风险。因此，要采取切实有效的措施，着力破解民营企业小微企业“融资难”“投资难”“创新难”和“盈利难”，保持经济稳定增长。一是要保持清醒头脑，增强忧患意识，加大政府协调，提高政策措施的针对性和有效性。二是努力缓解融资困难。抓紧实施中小企业金融服务中心和民间财富管理中心建设行动计划，创建温州国家金融综合改革试验区，推进丽水农村金融综合改革试点，规范发展民间融资，积极争取信贷投放增量，创新金融产品和信贷模式，提高小微企业贷款比例，降低企业实际融资成本，强化对小微企业健康发展的金融支撑。三是进一步加快重大税制改革，比照2008年的做法，尽快出台和落实减轻企业负担和让利于企业、服务于企业的政策措施，提振企业信心，帮助企业改善生存环境和生产经营环境。四是要做好煤电油运、土地供应、信贷支持等各项要素保障工作，努力缓解各种要素制约。五是要帮助企业赴省内外、境内外参展，千方百计保订单、保出口，努力拓展营销网络和省外、国外市场。

3. 加快结构调整和转型升级。当前经济下行，正是推进结构调整、淘汰落后产能、转变发展方式的有利时机。因此，要充分利用目前宏观偏紧等环境，以此作为倒逼机制，加快改变传统的发展方式，改变浙江经济长期处于国际国内产业分工价值链末端的不利处境，扶持引导小微企业向“专、精、特、优”发展，形成一批科技型、成长型企业。根据现阶段我省的实际情况，关键要加快传统制造业的改造提升，把传统制造业的转型升级落实到龙头企业和产业集群的转型发展上，特别是要支持龙头企业向制定行业标准、创建品牌、掌握议价权发展，以此带动面上千家万户相关小微企业转型升级。要有选择地推进战略性新兴产业的培育和发展。要以优化产业结构、提高产业素质、增强竞争力为主要目标，通过组织创新、科技创新、市场创新、品牌创新和建立供应链及分销网络，转向产业链上较高层次，着力提高产品质量，降低消耗，减少污染、降低成本、提高附加值。

4. 加强行政服务和管理力度，推动民营经济大发展大提升。政府要加强引导、服务、管理和考核，努力为民营企业和小微企业发展提供充足的阳光、空气、土壤、雨露和水分，坚定不移推进民营企业和小微企业大发展大提升，使小微企业成为企业家创业成长的主要平台。完善扶持实体经济的政策措施，鼓励支持小微企业加大实体经济投入，坚守实业，做强主业，夯实立身之本，加快集聚天下浙商巨大能量，合力共推浙江继续走在科学发展前列。

课题负责人　金汝斌
课题组成员　王美福　傅吉青　王继章
　　　　　　徐　璐　凌　艳
执　　　笔　傅吉青

服务业集聚发展状况研究

服务业集聚发展模式是当今服务业发展的潮流，是经过实践检验的发展服务业行之有效的方法之一。随着浙江服务业规模的不断扩大，服务业的集聚发展模式也愈加明显，特别是近年来，省委省政府高度重视服务业发展，充分发挥各地服务业发展的特点和优势，加快了现代服务业集聚示范区的建设工作，服务业集聚发展已初见成效。

一、服务业集聚发展的理论背景

随着信息技术的高速发展、分工的不断细化，服务业空间集聚现象日趋明显。从20世纪80年代起，西方学者开始关注现代服务业布局的集聚化的情况，我国对服务业集聚发展研究起步较晚，但随着服务业在国民经济中地位的不断上升，越来越多的目光开始关注于此。

1. 服务业集聚发展的原因。某种经济行为的出现，必然有着内在或外在的驱动和原因，服务业企业形成集聚发展的态势，也是各种因素综合作用下的结果。

服务业集聚发展的内部原因主要在于其地理位置的接近、联系的增加所带来的各种外部经济效果。服务业产生集聚后的各企业空间较小，地理位置接近，无论合作竞争企业间的交往都极为密切，有利于新思想、新知识、新观念传播，获取"学习经济"，增强企业的研究和创新能力，使得整个集聚区产生一种集聚经济效应。同时，多个企业在互相竞争合作的时候互相联系、互相补充，作为一个集体，其生产方式非常灵活多样。这种集体的灵活性保证了企业可以对市场信息和新技术快速吸收，能够对多样化的消费需求及时反应，从而投入、供给能够得到及时的调整，同时还可以更为合理地对劳动力资源有效使用、培训和分配，非常有利于企业之间形成一种既竞争又协作的、多维网络组织的集聚生产方式。

政府的作用在服务业集聚发展过程中也是不可忽视的，特别是当前我省服务业并不是非常发达的时候，政府在服务业集聚发展中所起的作用尤为重要，浙江人民政府先后出台了多项政策措施，从用地、用工、税收、电力等多个方面对服务业集聚发展施以外力推动，同时加大宣传力度，使服务业集聚发展的重要性和优越性得到进一步体现。

2.服务业集聚区的概念。对于什么是服务业集聚区，目前学术界尚未有明确、统一的定义。有学者认为服务业集聚区就是某一领域内具有共同性质或相互补充的服务企业形成的地理上近邻的地区，是通过市场和非市场的联系而形成的相互竞争、合作和依赖的服务企业之间的集中，是现代服务业特定领域内联系密切的产业在空间上的集中并由此带来范围经济和规模经济的机构的集合，是现代服务业空间组织的一种表现。还有学者认为，现代服务业集聚区是指伴随现代技术变革、产业分工深化和经济社会发展而来的新型服务业领域内，相互关联的企业及其支撑体系在一定区域内大量集聚发展并形成的具有持续竞争优势的经济群落，是在服务领域内相互关联互补与竞争的现代服务企业与服务机构在一定地域内聚集，形成上、中、下游结构完整的，充满知识和技术创新活力的有机体。

在我国，上海和江苏较早地进行了服务业集聚区的建设和研究，借鉴两地的经验并结合浙江实际，我们认为现代服务业集聚区是在一定地理区域内同类或相关服务业企业集聚群体，企业将共享公共服务平台，具有较强资源整合和辐射带动功能，并以此带来范围经济和规模经济，在较长时期内都将具备强大的竞争力。

3.浙江服务业集聚区的形成过程。我省服务业集聚区的形成可大约分为两种情况，一种是主要依靠自身发展而形成实质意义上的集聚区，如杭州农副产品物流中心、宁波梅山保税港区物流园区、义乌国际商贸城、绍兴县纺织品综合服务区等，这些集聚区所属地区在服务业发展上领先于邻近区域，有着较为悠久的集聚区发展历史，积累了丰富的经验，在我省制定服务业集聚发展政策之前就已经有了较好的集聚发展基础，形成了集聚发展的雏形，服务业集聚发展政策制定以后，这些地方自然而然地就形成了比较成熟的现代服务业集聚示范区。另外一种情况是本身集聚发展的现象并不明显，主要依靠各级政府部门根据产业发展规划而进行重点扶持、指导，是一种外力作用下的集聚发展，如南浔国际建材城、永康五金产业总部中心、德清临杭物流园区、舟山国际粮油集散中心等。这些集聚区主要是各级政府从长远的眼光为未来服务业发展的布局而设定的，还处于初步的发展阶段，更需要政府政策上的支持。

二、浙江服务业集聚发展状况

近年来，浙江省不断加快服务业的发展，服务业增加值、人均服务业增加值等绝对数指标以及服务业增加值增速、服务业增加值占 GDP 的比重等相对数指标在全国各省市中都位居前列，服务业浑厚的实力为服务业集聚发展奠定了坚实的基础。同时，为引导推动现代服务业集聚发展，浙江省大力创建现代服务业集聚示范区，浙江服务业的集聚发展进入了新的发展阶段。

（一）服务业总量扩大、结构优化

2010 年，浙江服务业增加值首次突破万亿元大关，达到 12063.8 万亿元[①]，仅次于广东、江苏和山东省，居全国第四位，人均服务业增加值 22501 元，仅次于北京、上海、天津三个直辖市，列各省区首位。服务业增加值比上年增长 12.3%，拉动 GDP 增长 5.2 个百分点，贡献率为 43.9%，占 GDP 的比重为 43.5%，比上年提高 0.4 个百分点，居全国第八位。服务业的快速发展，创造了大量就业岗位，对财政增收贡献也不断加大。2010 年末，浙江服务业就业规模达到 1243.8 万人，服务业从业人员占总就业人数的比重为 34.2%；服务业税收收入为 2875 亿元，占全部税收收入的比重为 51%，服务业税收收入对全部税收收入的增长贡献率达到 59.7%。

新世纪以来，浙江省服务业行业结构不断优化，交通运输、仓储和邮政业等传统服务业比重逐步降低，以金融业为代表的新兴服务业发展迅猛，比重不断提高。以金融业、信息传输和计算机服务业、租赁和商务服务业、批发业、科技服务业、交通运输业为内容的生产性服务业保持快速增长态势，2010 年生产性服务业增加值占全部服务业的比重已达到 53.5%。

浙江服务业与城市经济互为促进，新型城市化进程的加快推进，也成为服务业发展的主要推动力量，同时服务业的加快发展又有效促进了城市经济的发展，对活跃城市经济、提升城市功能、满足群众需求、提高生活品质、促进城市经济发展方式转变起到了重要的促进作用。服务业向中心城市集聚的势头明显，杭州、宁波、温州三市服务业增加值之和稳居全省一半，2010 年杭州市服务业增加值占 GDP 比重已达到 48.7%，连续两年超过第二产业的比重，率先形成了以服务经济为主的产业结构。

（二）浙江县域服务业集聚发展态势明显

1. 浙江的县域经济一直在全省经济中占有重要地位。2010 年，临安、余姚、玉环等浙江 20 个经济强县的 GDP 之和占全省 GDP（浙江全省有 90 个县级行政单位）的 39.5%，农业增加值占 40.5%，工业增加值占 44.5%，服务业增加值占的比重为 33.4%。

大部分经济强县也是服务业强县。2010 年，20 个经济强县中有 9 个县的

---

① 本部分数据取自《2011 年浙江统计年鉴》《2011 年中国统计年鉴》及相关地区 2011 年统计年鉴或由其推算得出，绝对数为当年价，相对数为可比价。

服务业增加值总量超过200亿元，其中萧山区第一，达到420.0亿元，义乌市紧随其后，为331.4亿元，鄞州区以271.9亿元位居第三；从比上年增速看，2010年有16个强县的服务业增长速度高于全省平均水平，其中余杭区增速居首，为15.8%；绍兴县第二，为15.1%；诸暨市第三，为15.0%。

2.浙江县域经济集聚化水平较高。综合考虑数据获得的方便性、指标被理解的难易程度等因素，本文使用区位商指数来测量浙江省县域经济的集聚化水平。区位商是指一个地区某产业的产值在地区总产值中所占比重与其上一级行政区域该产业产值在总产值中所占比重之间的比值。计算公式如下：

$$LQ = Z_{pi} / X_{ti}$$

其中 Z_{pi} 代表该p地区j产业的增加值占该地区服务业增加值的比重，X_{ti} 代表t地区(t地区为p地区的上级行政区域)j产业的增加值占该地区服务业增加值的比重。区位商大于1时，说明p地区j产业有明显的集聚发展态势，在整个t地区中具有比较优势，越大表明集聚程度越高；小于1时，说明p地区j产业的集聚化水平与t地区相比没有优势；等于1时说明该地区j产业集聚化水平与t地区平均水平相当。

由于不同地区集聚发展的服务业行业各具特色，因此本文选取了杭州市所属的萧山区、金华市所属的义乌市及温州市所属的瓯海区这三个地区为代表，分别测算萧山区交通运输仓储和邮政业的区位商、义乌市批发和零售业的区位商、瓯海区金融业的区位商，具体数据见下表。

表1 萧山、义乌和瓯海三地区的区位商及相关行业增加值(亿元)

年份		2006年	2007年	2008年	2009年	2010年
全省	第三产业	6281.86	7613.46	8799.31	9918.78	12063.82
	交通运输、仓储和邮政业	635.16	748.61	843.20	888.02	1076.67
	批发和零售业	1411.69	1650.15	1899.02	2119.39	2646.14
	金融业	906.37	1251.43	1653.45	1899.33	2326.58
萧山	交通运输、仓储和邮政业	25.25	30.83	35.22	40.19	44.66
	区位商	1.20	1.20	1.17	1.26	1.19
义乌	批发和零售业	67.41	80.42	99.73	105.23	129.42
	区位商	1.67	1.72	1.82	1.75	1.75
瓯海	金融业	9.05	12.77	20.35	21.73	24.67
	区位商	1.19	1.22	1.42	1.35	1.34

从表1我们可以看出，近年来萧山区的交通运输、仓储和邮政业区位商基本保持在1.2左右，2009年一度达到1.26，已呈现集聚发展的初始状态，作为省会城市杭州的一个区，萧山以传化物流基地为龙头的物流行业有很大的发展潜力，未来的集聚态势也将更加明显。义乌作为全国闻名的小商品集散地，在批发和零售业的集聚发展方面有着得天独厚的条件，本文区位商的测算结果也表明了这一点，其2006—2010年的区位商在1.67以上，并且还在逐渐上升，2010年已达1.75。如果一个地区的某个行业区位商高于1.5，则表明这个行业在该地区的集聚程度很高，具有较大比较优势。义乌小商品市场在全国的影响力、号召力日益明显，吸引了多个国家、多个省市的厂商进驻，各地客户云集，其批发零售业的集聚发展势头极快，必将成为义乌市的支柱性行业。瓯海区金融业2006年的区位商仅为1.19，只是初步的集聚状态，而2010年已经上升到了1.34，表明瓯海区金融业的集聚发展正较快推进。

（三）服务业集聚区建设取得一定成效

1.服务业集聚区建设日益规范有序。浙江省服务业集聚区共有200多个，广泛分布于全省各个地市，兼顾了各地区的比较优势、行业代表性和地区均衡性等多方面因素。根据我省服务业集聚区发展态势和促进经济转型升级的现实需要，我省服务业集聚区可分为以下九类：物流园区、总部基地、科技创业园、创意产业园、软件与服务外包基地、商贸综合体、旅游休闲度假区、新型专业市场、综合性生产服务集聚区。

为进一步有序规划服务业集聚区的建设和发展，2010年，浙江省委省政府确定了40个服务业集聚区作为浙江省级首批现代服务业集聚示范区，我省服务业集聚区的建设进入了快速发展轨道。我省首批建设的40个服务业集聚区中有物流园区8个，新型专业市场6个，创意产业园和总部基地各5个，软件与服务外包基地、科技创业园和综合性生产服务聚集区4个、商贸综合体和旅游休闲度假区各2个。这些示范区主要分布在杭州、宁波、金华等市，分别有9个、5个、5个服务业集聚示范区；衢州、丽水两市都只有1个，服务业集聚区的建设暂时落后于其他地市。

2.集聚示范区发展初见成效。至2010年年底，浙江40个服务业集聚示范区共吸收入驻单位6.21万家，年末从业人员25.3万人，全年累计完成投资129.8亿元，累计完成营业收入1571.8亿元，实现营业利润149.6亿元，上缴税收25.35亿元。2011年，现代服务业集聚示范区发展较快，至8月底有入驻单位6.31万家，8月末从业人员24.18万人，累计完成投资181.6亿元，完成营业收入 1633.8 亿元，实现营业利润 127.9 亿元，上缴税收 40.1 亿元，各项指标都有大幅度的增长。

按集聚示范区类型来看，物流园区、新型专业市场、总部基地等三类集聚区发展较为突出。至 2011 年 8 月底，物流园区类型的服务业集聚示范区吸引入驻单位 2010 家，比 2010 年年末增加 572 家，共有从业人员 1.67 万人，比 2010 年年末增加 3085 人；1—8 月累计完成营业收入 288.2 亿元，比 2010 年全年增加 24.2 亿元，实现营业利润 26.4 亿元，比 2010 年全年增加 3.4 亿元，上缴税收 4.92 亿元，比 2010 年全年增加 276 万元。至 2011 年 8 月底，新型专业市场类型的服务业集聚示范区吸引入驻单位 5.61 万家，比 2010 年年末增加 3506 家，共有从业人员 1.54 万人，比 2010 年年末增加 5833 人；1—8 月累计上缴税收 10.87 亿元。至 2011 年 8 月底，总部基地类型的服务业集聚示范区吸引入驻单位 680 家，比 2010 年年末增加 325 家，共有从业人员 8736 人，比 2010 年年末增加 5833 人；1—8 月累计完成营业收入 433.48 亿元，比 2010 年全年增加 426.1 亿元，实现营业利润 9.96 亿元，比 2010 年全年增加 9.6 亿元，上缴税收 5.23 亿元。

三、浙江服务业集聚发展过程中存在的问题

相对而言，服务业的集聚发展是一个新生事物，各方面对服务业集聚发展的认识还不全面，相关定义概念还没有统一，与发达国家和地区相比，浙江服务业的发展规模还较小，发展环境还有待于改善，这些都导致我省服务业在集聚发展的过程中存在一定的困难及障碍。

1.浙江服务业基础相对薄弱，对服务业集聚发展支撑力不够。高度发达的服务业是服务业集聚发展的源泉，21 世纪以来我省服务业的发展速度不断提高，规模不断扩大，这奠定了服务业集聚发展的基础，但与西方发达国家甚至是一些发展中国家相比，我省服务业发展程度还不高。

现阶段，发达国家服务业增加值占 GDP 的比重已接近 70%，中等收入国家服务业增加值占 GDP 的比重一般也超过 50%，而我省 2010 年服务业增加值占 GDP 的比重为 43.5%。

我省服务业发展层次偏低也是制约服务业进一步集聚发展的一大因素。与工业企业相比，我省服务业企业的经营效率并没有很大的优势，竞争力并不明显，而且我省现代服务业比重较低，信息服务、科研和综合技术服务、旅游、管理咨询等高科技、高附加值的行业所占比重不大，服务业行业结构有待于进一步优化，这些对服务业集聚发展有着直接的不利影响。

2.集聚区的空间划定存在误区。集聚区作为服务业集聚发展的典型表现，对服务业集聚发展有着至关重要的作用，但现阶段我省对服务业集聚区的空间尺度的划分有一定的不合理。

有的地区将整个城市新城或旅游景区当做集聚区，而服务业集聚区的空间尺度与城市新城、旅游景区有着明显区别。城市新城一般由公建、居住、工业等各种不同功能的建设用地组成，旅游景区往往包括山体、水面等自然环境，空间尺度都较大；而现代服务业集聚区的功能相对具体，一般不会涉及太多的方面，建设地以公建用地为主，空间尺度相对较小。因此一个城市新城可以划分为多个不同类型的服务业集聚区，旅游景区也只有各类服务设施集中的区域划分为集聚区较合适。还有部分地市将多个有类似功能地块合并成一个集聚区，但一般概念上，只有在空间上是集中成片的大批具有类似或互补功能企业的集合体才能称为一个集聚区，用地不相邻但功能相同的多个地块，应视为多个集聚区。因此，我们要避免将同一行政区域内所有同类型服务业发展的地块划入同一个集聚区，这种划分方式往往导致一些徒有集聚区之名而无集聚区之实的集聚区产生。

3. 浙江服务业集聚发展的竞争压力大，资源约束严重。一方面，近年来，上海、江苏等省市的服务业发展势头较快，探索实践服务业的集聚发展也早于浙江，这些地区为推动服务业集聚发展出台了很多优惠政策，扶持力度大，吸引了周边地区甚至我省的许多优质项目、优秀人才，给我省服务业的集聚发展带来了巨大的压力。另一方面，浙江省能源、土地等自然资源较为缺乏，服务业集聚发展的初期阶段对自然资源的需求较大，自然资源的匮乏直接制约了服务业的快速集聚发展。此外，浙江服务业专业人才储备并不丰裕，尚未有切实可行的服务业人才储备计划，人才的缺乏必然会导致我省服务业的集聚发展面临后续乏力、缺少创新思维、缺乏凝聚力等问题。

四、进一步加快浙江服务业集聚发展的对策建议

浙江服务业的集聚发展尚处于起步阶段，还有许多方面有待于我们进一步完善和改进，我们需要借鉴各地服务业集聚发展的成功经验，通过多种方法、多种手段来科学推进浙江服务业的集聚发展。

1. 出台各种扶持政策，为服务业的集聚发展提供强有力的支撑。针对我省服务业集聚发展的现实状况，我们必须加快研究制定相关优惠政策，从财政、税费、金融等方面进一步加大扶持力度，吸引优秀的服务业企业进一步集聚式发展。通过强化财政扶持的方式，引导资金向集聚发展的企业、地区倾斜，有条件的地区可以建立并逐步扩大服务业引导资金，重点支持本地服务业的集聚发展；在国家税法规定框架内，充分利用现有的各项税收优惠政策，地方税减免可适当向集聚发展的服务业企业倾斜;鼓励金融机构对服务业集聚发展区域内的基础设施建设以及服务业企业加大信贷支持,支持符合条件的企业进入资本市场融资。

2.推进服务业领域的产业化,为服务业的集聚发展打好基础。长期以来,服务业的许多领域被当做公益型、福利型的事业来办,因此服务业的许多行业缺乏自我发展活力,这会降低服务业自我集聚的向心力,对服务业的集聚发展是非常不利的。因此,某些适宜进行产业化经营的社会事业必须加快改革步伐,把发展服务业与政府职能转变及事业单位改制结合起来,合理划分服务业中的竞争性和公益性行业,实行不同的运行模式和经营管理方式。竞争性行业应逐步推向市场,国家要逐步减少并直到取消补贴,公益性为主又兼有经营性的行业,应合理区分营利性业务和非营利性业务,推动营利性业务走产业化道路。合理确定文化、卫生、邮政等行业的经营性范围,适当引进市场机制,积极探索产业化发展道路,积极推进非义务教育、非公共卫生、非基础研究领域的产业化,进一步扩大企业的自主权。

3.协调市场力量和政府行为在不同服务业集聚阶段的作用。由于发展时间较短,除少数地区外,我省服务业集聚发展还处于初始阶段,对处于不同发展阶段的,我们必须合理地配置市场力量和政府行为在其中所起到的作用,将政府的作用和市场的力量有效地互补结合起来,这样才能保证服务业的集聚发展摆脱盲目性和过多的目的性。在集聚发展的初期,政府应通过政策调控、完善基础建设等多种方法,吸引受利益驱动的企业逐渐汇聚,加快企业的集聚速度,引导服务业集聚现象的出现和初步发展,在这个过程中政府的作用是非常重要的。对于已进入成长阶段的服务业企业集聚区域,政府主要通过加强服务业体系建设、软环境建设等方法来支持集聚发展,要逐步加强市场在其中所起的作用;当集聚发展已相对成熟时,应该让市场力量成为集聚区发展的核心动力,主要通过市场机制的作用,由企业主体通过竞争与协同、技术创新等动力机制来自由发展,政府主要起协调、提供公共服务的作用,对发展方向、经营模式等问题的直接介入不宜过多。

4.吸引各种专业型、创新型人才,强化服务业集聚发展的创新性。现代服务业是一个依托现代管理理念、经营方式和信息技术发展的行业,对专业人才、创新型人才的依赖性远远超过其他行业。服务业要实现由一般发展向集聚发展的转变,关键点之一就在于吸引专业人才,尤其是创新型人才。创新型人才的引进有利于得到信息、技术、资金等支持,相关企业间的创新合作也有助于分散风险、加快创新速度,使得现代服务业集聚发展后,在学习与创新的动力、环境、组织等方面具有很强的优势，可促使服务业集聚发展后的整体及个体都成为创新主体，发挥服务创新优势，推动产业进步。同时，创新型人才具有强烈的创新意识和创新精神，熟悉创新原理，掌握多种行之有效的创新方法，能在各种社会实践活动中以自己的创新性思维和创新性劳动作出创新性成果，有助于推动产业调整和服务业集聚发展。

5.大力培育生产性服务业集聚区，强化服务业集聚发展的竞争力。生产性服务业是服务业中的核心，生产性服务业集聚区是提升区域经济竞争力的最重要因素之一，积极发展并合理引导生产性服务业集聚区发展，努力打造具有品牌影响和独具特色的生产性服务业集聚区，是我省服务业集聚发展的一个重点。在建设生产性服务业集聚区的过程中，要紧跟制造业的需求，为制造业提供质优价廉的信息服务、高效便捷的物流服务等，要同时起到市场中介、商务营销、咨询培训、低息融资等多方面的作用，要发挥知识和信息化服务业类别的联动作用，引进和培育高科技、高附加值的企业，着力发展创意、研发、设计等新兴产业，有效地增强生产性服务业集聚区的市场竞争力。

课题负责人　沈　强
课题组成员　郭慧敏　张　卫
　　　　　　徐文晔　钱轶娟
执　　　笔　徐文晔

浙江省开发区（园区）现代服务业发展研究

作为衡量现代社会经济发展水平的重要标志，现代服务业已成为经济增长、结构调整以及提升城市竞争力的新引擎。近年来，浙江开发区（园区）加快现代服务业发展平台建设，坚持以知识、信息为依托，培育并初步形成了现代物流业、软件信息业、文化创意、电子商务及服务外包等为主导的现代服务业体系，呈现出二、三产业融合发展的格局。现代服务业成为经济转型和产业结构调整的主要推动力，也是全面提升开发区（园区）经济综合竞争力的重要途径，对全面提升经济发展质量和水平都具有重要意义。

一、开发区（园区）发展现代服务业的重要性

（一）现代服务业的内涵

现代服务业具有现代性、高新技术性、知识密集性、动态性和生产性等共性特征。产业特征主要体现为高增值性、高科技含量、高人力资本和强辐射性，并不断衍生出新知识技术、新经营业态、新增长率、新服务内容和新管理理念的低资源消耗和低环境代价的发展态势。可以看出，现代服务业是我国经济社会发展到一个新阶段的产物，是与传统服务业相对应的、伴随着工业化进程及信息技术和知识经济的持续发展，以现代知识、信息技术、先进管理手段和方法及组织形式等为依托而发展起来的知识、技术和信息密集型服务部门，是向社会提供高知识和科技含量、高附加值、满足更高层次精神享受的服务性产业；既包括新兴服务业，也包括以现代化的新技术、新业态和新服务方式改造和提升的传统服务业。现代服务业的本质是实现服务业的现代化。

（二）现代服务业的行业界定

目前，对于现代服务业有众多理论和政策研究，但尚没有完整统一的行业界定和统计体系。在实际统计工作中，也没有具体的行业划分范围。因此，本课题借鉴国内外划分标准和其他研究成果，参照我国国民经济行业分类标准，立足于经济发展现状以及现代服务业的特征含义，结合浙江省社会和经济发展及服务业实际发展情况，进行严密的筛选和认定。因此，本课题认为，现代服务业主要包括：金融业、信息服务业、房地产业、现代物流与客运业、现代商贸流通业、商务服务业、科学研究和技术服务业、现代社区服务业、其他产业中

的现代服务业等九个行业。在此基础上，再把现代服务业分为两类：一是传统服务业经过新技术、新服务方式改造提升后的行业，包括金融业、房地产业、现代物流与客运业、现代商贸流通业、现代社会服务业；二是现代化过程中产生的新兴服务业，包括信息服务业、商务服务业、科学研究与技术服务业与涉海服务业等。

（三）开发区（园区）现代服务业的发展背景

现代服务业作为服务业中的新兴产业，其产生与发展有着深刻而现实的经济背景，本质来自于社会进步、经济发展和社会分工的专业化等需求。

一是制造业与服务业的加速融合。现代服务业是在工业化高度发展阶段产生的，目前制造业与服务业的产业融合已成为全球经济发展的基本趋势，工业化加速了产业集聚，发展产业及产业集聚又需要服务业尤其是现代服务业的支持。

二是知识经济时代的来临。随着科技革命的深化，知识与资本、劳动力、土地一同成为独立的生产要素。突出表现为服务业以高新技术为载体，在当今世界经济中发挥着日益突出的作用。在发达国家，服务业正从资本密集型向知识密集型过渡，其发展日益依靠技术、知识和人才资源。

三是专业化分工的需求。制造业中研发、设计等部门的独立催生了对科技、商务服务业的大量需求。同时，信息、物流、商务等现代服务业也成为产业链之间衔接的润滑剂，有助于降低企业内外不同环节间的交易成本，加深产业链一体化程度。

（四）开发区（园区）发展现代服务业的重要性

一是发展现代服务业是转变经济发展方式的迫切需要。加快发展现代服务业是转变经济增长方式、提高经济增长内生动力的迫切需要，也是改变靠资源高消耗、环境高污染来换取经济发展模式的必然要求。

二是发展现代服务业是优化产业结构的有效途径。从生产型经济向服务型经济转变是全球经济发展的趋势。加快开发区（园区）现代服务业的发展，有利于延长产业链，推动产业融合，促进制造业和服务业协调发展，良性互动，促进产业优化升级。

三是发展现代服务业是提升竞争优势的必然要求。现代服务业以高效率、高质量和高效益凸显自身的价值，其发展速度的超常性，为开发区（园区）发展提供了新的动力源和增长极，有利于开发区（园区）增强聚集和辐射功能，提升竞争优势和综合实力。

四是发展现代服务业是落实科学发展观的重要体现。经济与社会协调发展是科学发展观的内在要求。现代服务业既是拉动经济发展、提升经济运行质量、实现经济可持续发展的重要力量，也是缓解资源、环境和就业压力的主要渠道。

二、开发区(园区)现代服务业发展现状

近年来，浙江开发区(园区)现代服务业总量规模不断扩大，发展势头逐步增强，拉动经济增长作用明显。

(一) 快速崛起，总量规模扩大，现代服务业成为发展新引擎

2010年，全省开发区(园区)现代服务业发展迅速，规模不断扩大。全省116家开发区(园区)共实现服务业营业收入7335.7亿元，占全部开发区营业收入的22.6%；实现利税总额467.3亿元，占全部开发区的比重为15.1%；年末从业人数37.3万人，占全部开发区的比重为8.1%(详见表1)。同时，开发区内服务业企业品质不断提升，一批具有创新性、示范性的大型现代服务企业开始涌现，一批富有竞争力、影响力的大型服务企业集团也快速崛起。

表1　2010年全省开发区(园区)服务业主要指标

指标	2010年	占全部比重(%)
营业收入(亿元)	7335.7	22.6
利税总额(亿元)	467.3	15.1
从业人员(万人)	37.3	8.1

(二) 谋篇布局，制造业引来服务业聚集，现代服务业成为招商引资重点

从项目引进看，自2008年起，全省开发区(园区)引进项目就呈现服务业多于制造业的格局。2010年，全省开发区(园区)新引进服务业企业7704家，同比增长44.0%，占全部新入园企业的比重为57.9%，已远远超过工业企业。全部已入园企业中，服务业企业达38328家，占比为41.8%，比上年同期提高1.7个百分点，平均每家开发区(园区)拥有服务业企业330家。

(三) 投资加大，发展后劲持续增强，对外开放水平进一步提升

随着开发区(园区)现代服务业对制造业中间投入的不断增加，服务业逐步向制造业的前期、中期和后期全过程渗透，入园企业资金开始更多地流向服务业。2010年，全省开发区(园区)实际引进服务业内资417.0亿元，同比增长71.9%，占全部引进内资的25.0%。全年完成固定资产投资802.1亿元，占总投资总额的18.9%。全年服务业实际到位外资13.3亿元，同比增长18.7%，增幅高出制造业12.2个百分点，占全部到位外资的19.8%。全年服务业企业进出口总额202.4亿美元，占开发区(园区)的18.0%；出口额114.1亿美元，

占15.5%，进口额88.3亿元，占22.7%。

表2 全省开发区（园区）服务业投资及对外贸易情况

指标	2010年	占全部开发区比重（%）
实际引进内资（亿元）	417.0	25.0
实际到位外资（亿元）	13.3	19.8
进出口总额（亿美元）	202.4	18.0
其中：出口（亿美元）	114.1	15.5
进口（亿美元）	88.3	22.7

（四）加快集聚，区域块状经济特征明显，集群化发展态势初现

全省开发区（园区）不断拓展上下游配套项目，促进服务业产业的集群化发展。现代服务业区域块状经济聚集步伐加快，已产生良好的集聚示范效应，尤其是杭州、宁波、嘉兴等地现代服务业区域特色明显。如杭州市大力发展中国电子商务之都，做强服务外包，文化创意产业比重不断提高；宁波市充分发挥港口优势，大力发展以港口物流为核心的现代服务业，海港空港联动发展；嘉兴跨区域投资增加，总部经济发展势头正旺，企业总部集群化布局初现；金华加快物流市场培育，目标建成全国著名的商贸流通物流中心和浙江四大现代物流枢纽之一。随着开发区（园区）现代服务业产业链的不断延长，其服务项目也涉及多个领域，包括进出口贸易、软件开发、信息与科技业、旅游休闲、商贸业、金融业等等。这些支柱产业在快速发展的同时，一些如风能、太阳能等新能源产业和低碳经济产业也开始涌现，新兴服务业的新生和发展也凸显出浙江开发区（园区）现代服务业的发展后劲。

（五）提升创新，积极构建创新服务平台，研发机构向开发区（园区）集聚

浙江开发区（园区）不断拓展服务空间，深化服务内涵，不断加强以龙头企业为主体、以企业研发技术中心为支撑的产学研合作机制，营造了良好的科技创业氛围，科技创新能力进一步提升。从开发区层面看，管委会加快建设服务支撑体系，加快技术创新平台建设，为入园企业提供技术服务和共性技术的研发。2010年，全省开发区（园区）技术研发平台投入资金16.2亿元，是上年的5.4倍，历年累计投入达28.9亿元。全年产品质量检测机构投入1.2亿元，同比增长9.1%，累计投入6.9亿元。截至2010年底，全省有50家开发区（园区）建有创新投资服务中心（孵化器），建筑面积达到293.9万平方米，累计孵化项目11464个，孵化项目以软件、网络、电子和创意产业等现代服务业为主。

从企业层面看，至 2010 年底，企业研发中心已达 1988 家，其中国家级 65 家，省级 902 家。开发区（园区）年末拥有大专及以上学历或高中级技术职称人员 78.7 万人，专业技术人员 55.2 万人，占全部从业人员的比重分别为 18.5% 和 13.0%。

（六）优化环境，加快配套服务支撑体系建设，现代服务业发展环境日趋完善

浙江开发区（园区）不断加强"软环境"和"硬环境"建设。2010 年，全省开发区实际固定资产投资 4245.5 亿元，增长 52.9%，其中基础设施建设投入 713 亿元，同比增长 34.1%。杭州、宁波、湖州、嘉兴和绍兴等 5 市基础设施投资较大，宁波和杭州均在 100 亿元以上，分别达到 124.7 亿元和 171.3 亿元；其次是湖州、嘉兴和绍兴，分别为 92.6 亿元、84.9 亿元和 84.8 亿元。继续加强企业创新配套体系建设。截至 2010 年，全省有 54 家通过 ISO9000 质量体系和 ISO14000 环境管理体系"双优"认证；有 9096 家企业通过 ISO9000 质量体系认证，有 2352 家企业通过 ISO4000 环境管理认证。半数以上开发区与入园企业之间实现电子政务，企业只要在网上点点鼠标就能办理相关事宜，配套服务体系不断优化。

三、开发区(园区)现代服务业发展特征

（一）现代服务业发展进程特征

浙江开发区（园区）现代服务业从无到有，发展较快。开发区（园区）成立时间较早、发展较快、产业集聚水平较高的园区，其现代服务业发展进程相对也快，其中杭州经济技术开发区和杭州高新技术产业园区等国家级开发区，已形成较为成熟的现代服务业主导产业。从全省开发区发展进程分析，存在发展不平衡的状况，一是有近四分之一开发区（园区）现代服务业处于自然发展阶段，即服务业刚刚起步，现代服务业几乎是一穷二白，处于"零起点"。以丽水、温州和台州等发展较为缓慢的部分开发区（园区）为主，这些园区产业集聚度较低，经济总量在全省相对较低。二是有三分之一开发区（园区）现代服务业处于蓄势待发阶段，即传统服务业为主体，现代服务业逐渐生根发芽。以金华、衢州、湖州等地部分开发区为主。三是有四成多开发区（园区）现代服务业处于内生增长阶段，即以现代服务业为主带动服务业增长的新格局正逐步形成。信息传输、计算机服务和软件业、商务服务业、科学研究与技术服务业等现代服务业快速发展，以杭州、宁波、嘉兴、绍兴等起步较早的部分开发区（园区）为主。

（二）地区结构发展特征

1. 杭州、宁波开发区现代服务业发展较快，嘉兴、绍兴、台州、湖州、金华和

温州尚起步，衢州、丽水、舟山几乎空白。分11市看，经济较为发达、现代服务业发展较为成熟的地区，其开发区的现代服务业发展速度也较快。按照2010年开发区服务业营业收入进行分类，可以分为三个层次。

第一层次：杭州和宁波，开发区（园区）现代服务业发展较快，初步形成制造业和现代服务业融合发展的格局，并形成较为成熟的动漫创意产业、工业设计、软件业、信息业等现代服务业主导产业。2010年服务业营业收入分别为2339.9亿元和1598.7亿元，占全省开发区（园区）全部服务业营业收入的比重超过一半，达到53.7%。由于经济相对发达，对外开放程度较高，服务业进出口总量多，比重大。2010年，两市开发区（园区）服务业出口占全省的比重达到70.8%，其中宁波超过六成。两市开发区（园区）实际到位外资更是“四分天下有其三”，占比达到75.7%。

第二层次：嘉兴、绍兴、台州、湖州、金华和温州，开发区（园区）现代服务业尚起步，但发展后劲较大，现代物流、总部经济、科创中心等建设进程较快。2010年6市开发区服务业占全省的比重分别为9.1%、8.2%、8.1%、7.7%、6.6%和4.8%，合计为44.5%。服务业总体发展水平低于杭、甬两市，对外资的吸引力也相对较弱，但开发区（园区）服务业的投资额增加较快。监测资料显示，2010年，湖州、绍兴、嘉兴服务业企业投资额分别为174.4亿元、172.0亿元和112.8亿元，分别位居全省第一、第二和第四位，合计比重占全省的57.2%。

第三层次：衢州、丽水和舟山，开发区（园区）现代服务业几乎一穷二白。2010年3市开发区服务业比重最小，合计仅为1.8%。无论从总量、规模、引资水平还是进出口来看，三地均处于全省最低水平。2010年，全省开发区（园区）服务业营业收入最高与最低之间相差192倍，存在着较大的不平衡现象。

2. 宁波湖州引进现代服务业内资占全省的一半多，杭州和宁波是吸引外资的主阵地。从引进内资看，2010年，宁波和湖州两市开发区（园区）引进服务业内资均在100亿元以上，分别达到111.6亿元和111.5亿元，分别比上年同期增长79.4%和5.9倍，两市合计占全省的53.5%；杭州和嘉兴均在70万元—80万元之间，绍兴和金华在10万元—20万元（详见图1）。从引进外资看，2010年杭州、宁波和湖州实际到位服务业外资为7.9亿美元、2.1亿美元和1.7亿美元，三市合计占全省的88.0%。

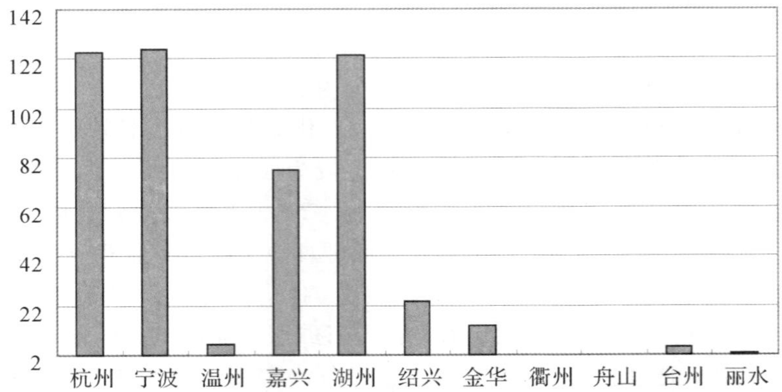

图 1　2010 年 11 市开发区引进服务业内资情况(万元)

3.杭州湾产业带开发区(园区)现代服务业企业投资较大,宁波现代服务业对外开放水平最高。2010 年,湖州、绍兴和宁波开发区(园区)服务业企业投入加大,占比分别达到 21.7%、21.4%和 20.2%,3 市合计比重超过六成,为 63.3%。2010 年,宁波市开发区(园区)服务业进出口总额达到 137.35 万美元,占全省的 67.9%,其中,出口额 60.9 万美元,占全省的 53.4%,进口额 76.4 万美元,占全省的 86.5%。湖州和嘉兴服务业进出口总额分别为 15.9 万美元和 12.6 万美元,温州和绍兴分别为 9.8 万美元和 9.7 万美元,台州、杭州和金华分别为 7.1 万美元、6.0 万美元和 3.1 万美元(详见图 2)。

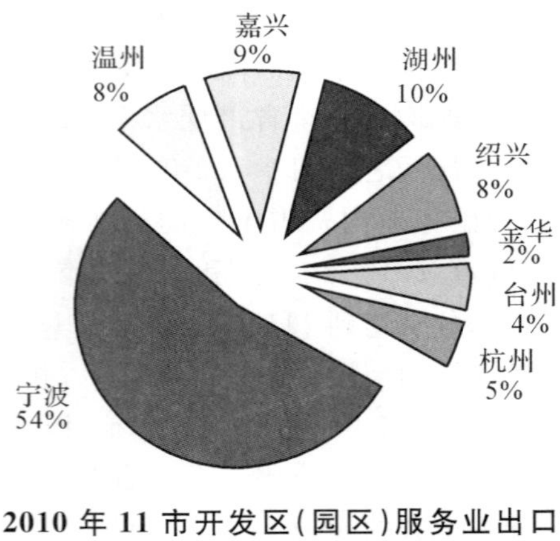

图 2　2010 年 11 市开发区(园区)服务业出口额比重

(三) 主要产业发展特征

1.现代物流。现代物流业是开发区(园区)现代服务业尤其是生产性服务业较为重要的服务配套产业之一。近年来,发展全面提速,建设物流配送中心，大力引进和培育现代物流骨干企业，行业组织化程度不断提高，成为开发区内发展较为成熟的现代服务业之一。2010年，全省开发区（园区）管委会配套自建现代物流配送中心已达23家，有半数开发区（园区）引进物流企业，物流企业总数达732家，全年物流产业营业收入431.1亿元。目前，杭州、宁波、温州和金华等地开发区全力打造的现代物流平台，已初具规模，其中宁波发展最快，2010年，宁波开发区（园区）物流产业营业收入为214.5亿元，较上年同期增长68.9%，占全省的比重近一半。如UPS、联邦快递等物流巨头入驻宁波保税物流园区，全球著名物流设施供应商——美国AMB公司入驻宁波出口加工区积极拓展物流功能。

2. 服务外包。近年来，浙江开发区（园区）不断引进各类外包企业，服务外包的广度和宽度也不断延伸，目前经营范围已涉及信息和软件外包、影视动漫、研发设计、生产外包、设计外包、物流外包等行业。如杭州高新技术产业园区的软件和服务外包产业，2010年服务外包企业承接外包合同签约额12.11亿美元，执行接包合同执行额10.3亿美元，进入商务部服务外包业务管理系统备案的企业达161家，10家企业入选"中国服务外包领军企业"和"中国服务外包成长型企业"，浙大网新更被外包专业化国际联合会（IAOP）评为"2010全球外包领军100强"。宁波经济技术开发区，荣获"全省国际服务外包示范园区"称号，积极发展区内"一个园区，两个平台"（科技创业园、数字科技园）的服务外包基地模式。

3. 创意产业。创意产业是借助于高科技对文化资源进行创造与提升，是具有创造财富和就业潜力的现代新兴产业。浙江开发区（园区）创意产业具体涵盖影视制作、艺术设计、工业设计、建筑设计、广告策划、游戏动漫等方面。如杭州高新区动画产业基地被国家广电总局命名为全国唯一的最佳动画产业基地，《乐比悠悠教育系列》《历险小奇兵》等4部作品荣获"2010年全国动画精品"荣誉称号。宁波的动漫产业主要涉及动漫编剧制作及外包、衍生产品的生产和加工，与中央电视台合作拍摄了中国第一部手绘纪录片《大唐西游记》，已在全国百余个频道播放。嘉兴国际创意产业园入驻了当代中国艺术中心、铁哥们等13家创意企业，年产值上亿元。

4. 信息产业。信息产业特指将信息转变为商品的行业，包括计算机服务业、软件业、数据库等行业。近年来，全省开发区（园区）信息产业发展较快，增值效益大，已成为浙江经济的先导产业。如杭州高新技术产业园，近几年软件产业保持20%左右的增长速度，2010年完成软件及相关服务收入441亿元，拥有软件企业1100家，集聚了全国软件百强企业11家、国家规划布局内重点软件企业 13 家。阿里巴巴集团旗下的公司在各自领域成为行业领跑者，作为中国最大的 B2B 电子商务平台，占中国 B2B 电子商务运营商营业收入的比重达 52.6％。

5.总部经济。随着长三角区域一体化的不断加速和开发区（园区）服务能力的不断提升，已经进入到产业结构升级和城市新区的重要阶段，总部经济建设发展加快。监测资料显示，2010 年全省共引进总部经济项目 64 个，其中嘉兴发展最快，达到 35 个，超过一半。杭州、宁波和温州等地也加快发展，市政府相继出台有关政策，成立“总部经济园区”和“总部经济核心区块”，推动总部经济发展。如嘉兴工业园区的中国长三角·嘉兴总部商务园，主要引进企业的研发中心、营运中心和销售中心等，目前已有 40 多家国内外知名企业集团加盟入驻；浙江海宁经编产业园区的总部商城，总建筑面积 5.6 万平方米，目前已有 139 家企业入驻，打造世界经编产业的总部经济；杭州也将总部经济作为招商引资的重头戏，近两年已有近百家企业总部落户。

6.科技研发服务业。近年来，全省开发区（园区）坚持以科技创新为主题，以发展高新技术产业、加速成果转化为重点，大力促进科技与经济相结合，充分发挥科技对服务业发展的引领作用，开发区（园区）科技服务业加快提升。如嘉兴经济技术开发区，2010 年有 22 家企业的 22 个科技项目列入嘉兴市科技计划项目中，以高效节能技术、可再生能源利用技术为主导；宁波高新技术产业开发区目前拥有中国科学院宁波材料研究所、中国兵器科学研究院宁波分院以及材料领域的 5 家重点实验室的技术支撑，与园区内 183 家企业技术研发中心建立了紧密的科技力量；杭州高新区企业先后承接国家级科技创新项目 369 项。2009—2010 年，共有 11 家企业获得国家技术发明二等奖和科技进步二等奖，累计有 7 家企业参与国际标准研制，已发布国际标准 8 项，有 50 多家企业参与国家和行业标准研制，已发布国家和行业标准 138 项，3 家企业获中国标准创新贡献奖。高水平的科技成果为推动开发区（园区）科技进步，带动相关产业快速发展发挥了积极作用。

四、开发区（园区）发展现代服务业 SWOT 分析

SWOT 分析法又称为态势分析法，广泛应用于战略研究与竞争分析，由美国旧金山大学工商管理学院著名管理学教授韦利克提出，结合内外部市场条件及经济环境要素，对优势（Strength）、劣势（Weakness）、机遇（Opportunity）和威胁（Threat）加以综合评估与分析。通过 SWOT 分析，我们可以找出浙江开发区（园区）现代服务业发展的优势和机会，规避劣势与威胁，寻找发展战略和途径，引导现代服务业健康、可持续发展。

（一）优势(S)

1.坚实的经济基础。近年来，全省开发区(园区)紧紧围绕省委省政府提出的加快发展方式转变、推进“四大建设”、加强自主创新等重大战略，经济发展突飞猛进，综合实力不断增强。2010年全省开发区实现工业总产值26285.9亿元，同比增长30.3%，分别占全省工业和全省规模以上工业的41.0%和50.9%；实际到位外资占全省的61.0%，进出口总额占全省的44.3%。

2.产业发展优势。从产业关联的角度来说，随着经济的发展，制造业的中间投入中的服务业投入的比重将越来越大，而制造业投入比重则相对较低。也就是说，制造业对服务业有着越来越大的引致需求。日本1970年到1980年的发展经验也证实了这一点，十年高速发展阶段中，制造业服务业的中间需求年平均增长率为13.4%，而对制造业本身的中间需求年平均增长率为11.3%。全省开发区(园区)制造业的快速发展，为现代服务业的进一步扩充提供了巨大的发展空间。

3.区位资源优势。开发区成立之初，在选址方面有着较高的要求，具备便捷的交通条件是重要因素。浙江开发区(园区)紧邻高速公路或国道，便捷的交通条件为开发区现代服务业的发展创造了较为有利的条件。同时，凭借地缘优势，浙江开发区(园区)更容易融入上海经济的发展，也容易与江苏省内开发区(园区)形成联动发展。此外，浙江产业基础雄厚，临港工业、高科技等特色产业不断集聚壮大，为促进先进制造业和现代服务业互动发展提供了有利条件。港口功能的升级，使物流发展迅速，增值服务需求提高；临港工业集群也进一步促进了对生产性服务业的需求；区位优势不断提升，也使现代服务业快速崛起，新兴服务业发展潜力巨大。

（二）机遇(O)

1.政策支持和明确的目标战略为现代服务业发展指明了方向。浙江省委、省政府始终把现代服务业的发展放在十分突出的战略位置。自2008年全省服务业工作会议以来，已陆续出台若干政策文件支持、促进服务业的发展。目前，浙江省人民政府又刚刚出台了《关于进一步加快发展服务业的若干政策意见》(浙政发〔2011〕33号)文件，通过用地保障、金融支持、财政扶持、税费优惠等一系列配套政策，为服务业发展营造良好的外部环境。《浙江省服务业发展规划(2008—2012年)》提出，到2012年全省服务业增加值占GDP比重达到47%，年均增长12%以上；到2020年超过55%，形成以现代服务业为主体的产业结构。全省“十二五”规划纲要也明确提出服务业占比要年均增长1个百分点、5年5个百分点的目标，为现代服务业的发展指明了方向。

2. 长三角一体化的快速推进为现代服务业的发展提供新契机。2010 年 5 月，国务院正式批准实施《长江三角洲地区区域规划》，明确了长三角地区的发展战略定位：亚太地区重要的国际门户、全球重要的现代服务业和先进制造业中心、具有较强国际竞争力的世界级城市群。这对带动长江流域经济的发展，推动产业与技术转移，参与国际竞争都具有重要作用。另一方面，浙江正在实施“港航强省”战略，省政府工作报告中提出要以海陆联运集疏运网络为基础，发展港口金融、信息配套服务为支撑的“三位一体”港航物流服务体系建设的战略构想。随着长三角一体化和上海国际航运中心建设的深入推进，国外服务业向长三角地区的转移加快，浙江现代服务业将迎来新的发展契机。

3. 外包服务市场的迅速扩大为现代服务业的发展带来新机遇。随着经济全球化的深入，产业转移不断从制造业向服务业延伸。目前全球 500 强企业所涉及的 50 多种行业中，属于服务业范畴的将近 30 个，服务外包产业正以前所未有的速度蓬勃发展。作为国际产业转移的新形式，服务外包涉及领域广泛，与软件信息业、金融、现代物流、文化创意等现代服务业结合紧密。目前，服务业国际投资逐步转向发展中国家，浙江承接国际服务业转移、提升现代服务业整体发展水平也因此迎来非常好的发展时机，对于进一步带动全省服务外包与先进制造业、现代服务业、新兴战略性产业等的互动发展也是难得的机遇。

（三）劣势(W)

1. 总体发展水平处于低位，新兴产业占比低。调查显示，浙江开发区(园区)现代服务企业经营规模普遍偏小，科技创新能力总体不强，多数企业提供的只是知识和技术服务链上的低端服务产品，真正能实现生产运营和高层管理服务相分离的总部型大企业、大集团还不多见。另一方面，从现代服务业内部结构看，主要是以商务服务业、软件业、咨询业等新兴行业为主，而浙江开发区(园区)的现代服务业尚存在较大差距，难以满足多元化的市场要求，现代服务业总体仍处于较低发展水平。

2. 与国内部分开发区相比，存在一定差距。江苏作为中国兴办开发区时间最早、发展最快、规模最大的省份之一，开发区现代服务业发展步伐较快，以苏州工业园区为例，作为全省乃至国内开发区(园区)现代服务业发展的典范，苏州工业园区十分注重现代服务业的规划布局，以新理念、新目标、新形态加快发展，突出高端引领，彰显优势特色。江苏省开发区不断加大对现代服务业的投入，目前有 23 个总投资达 58 亿元的现代服务业创新型项目正全面启动，浙江无论从经济规模、产业能级、资源配置功能和配置效率等方面来看，都存在一定差距。现代服务业的供给、服务质量和服务手段也尚未达到一定高度。

3.高端人才缺乏,服务支撑体系有待加强。开发区(园区)现代服务业的发展需要一系列的支撑条件,如人力支撑、资本支持、体制运作等,现代服务业的核心是高的科技含量与高的人力资本投入。浙江开发区(园区)2010年服务业从业人数仅为工业从业人数的8.8%,且大多集中在传统服务领域,服务效率和人均增加值都不高。精通信息技术、现代管理等方面的人才较为缺乏。在培养和引进发展现代服务业所需的高层次、国际化人才方面针对性不够强,导致一些知识密集型现代服务业人才短缺。此外,功能配套不全也导致部分新兴行业缺乏适合现代市场经济要求的公共服务与管理体制。信用体系的缺乏,也导致现代服务企业融资面临较大困难。

(四) 威胁(T)

1.产业组织结构不尽合理,竞争日趋激烈。从大区范围看,长三角、珠三角和京津唐地区是我国经济发展的重心区域,其经济发展水平差异相对来说比较小,服务业产业结构的相似造成了较为明显的竞争。仅从长三角范围看,上海和浙江现代服务业的发展重点也基本趋同,辖区经济的发展模式使得现代服务业发展总体规划差别不大,势必造成激烈的市场竞争。从全省开发区(园区)内部看,由于准入门槛较低,除了软件业、动漫创意、现代物流等新兴产业外,其他普遍存在规模较小、竞争力不强的局面。此外,上海、江苏服务业的发展,必然使浙江的人力资源、资金等各种要素流向这些区域,对于承接其他区域的服务业产生棘轮效应,从而导致浙江在实现服务业的转型和升级的过程中面临激烈的市场竞争。

2.缺乏龙头企业,市场化、产业化、国际化程度较低。目前,浙江开发区(园区)现代服务业真正的市场主体尚未形成,缺少龙头企业和骨干企业,现代服务业供给能力的扩张也受到制约,相应影响了产业化进程。相对应的,一些供不应求的行业、价格明显高出国际市场的行业,不仅服务质量远远不能满足消费者需求,市场供求状况和企业的成本效益也难以真实反映。从市场竞争来看,目前现代服务业标准不够明确,行业自律能力不足,市场化程度较低。

3.土地要素制约,影响现代服务业的持续性发展。浙江在开发区(园区)二十多年的发展历程中,土地资源一直是园区发展的主要制约因素。开发区(园区)经过清理整顿后,土地扩容指标一直处于“冻结”状态。数据显示,浙江省级以上开发区经国家核准面积平均为29.4平方公里,最小开发区只有1平方公里。目前多数开发区原批准规划面积已基本完成开发建设,用地形势十分严峻,导致开发区(园区)产业成片布局、完善综合配套的难度较大,土地供需矛盾依然尖锐，空间拓展艰难。

五、开发区(园区)加快发展现代服务业的对策建议

(一) 制定科学规划，着力谋划现代服务业发展新格局

现代服务业作为未来发展的重点方向，在“十二五”发展规划中占有十分重要的地位，全省开发区(园区)应抓住机遇，立足大范围、构筑大平台、谋划大发展，做好区内产业发展规划和现代服务业发展方向的制订。一是要站在战略高度，以创新的理念、系统的思维、科学有序地推进现代服务业总体发展规划，明确“十二五”期间现代服务业发展的指导思想、总体目标和重要发展领域的具体指标，确定一批现代服务业大项目，并做好服务业各主导行业“十二五”专项规划的制订和落实。二是大力抓好开发区(园区)现代服务业的规划编制，明确园区现代服务业发展目标、建设规划和功能定位。

(二) 加快转型升级，着力形成产业集聚新优势

一是根据浙江开发区(园区)现代服务业的发展特色，形成开发区(园区)现代服务业聚集特色和优势。如，杭州开发区(园区)的动漫产业集聚优势、宁波开发区(园区)的港口物流集聚优势、嘉兴开发区(园区)的总部经济集聚优势、金华开发区(园区)的商贸流通集聚优势等。通过立足优势产业集群，将现代服务业集聚发展与现代产业集群建设相衔接，推动现代服务业走向更高层次和水平。二是立足于优化产业结构，顺应制造业发展对生产性服务业的市场需求，积极实施先进制造业与现代服务业“双轮驱动”发展战略，加快推进产业分工的深化和细化，以制造业的中间环节分离和向两端延伸为突破口，建立高效配套的生产服务体系，形成先进制造业与现代服务业联动发展格局。

(三) 加快科技创新，着力提升综合竞争新水平

按照高端化、高质化、高新化产业结构的要求，积极构筑产业科技创新大平台，大力拓展高新技术发展新境界。一是培植新兴产业。积极推进开发区从形态开发向功能开发转变，重点发展新能源、新材料、生物化工、电子信息、动漫创意等新兴产业，占据产业链高端，提升开发区的产业层级。二是强化孵化功能。以科创中心为载体，大力引进一批高科技孵化项目和服务外包企业，吸引更多的信息、技术，着力放大孵化效应，提升创业服务功能，为科技型中小企业创新创业提供土壤，积极创建各级服务外包示范区和科技孵化基地，打造未来科技新领地。三是鼓励产学研结合。倡导企校挂钩，建立企业与高校院所的长效合作机制，通过组织针对性强的科技对接项目，促进规模企业、高新技术企业与高校院所建立产学研紧密联合的实体，加大对大专院校研发机构

的引进。四是实施品牌带动。引导企业抓质量、创名牌，发掘筛选一批名牌产品培育对象，进行重点帮助扶持。鼓励采用先进的国内、国际标准和专利保护，发展具有自主知识产权的新产品，提高产品附加值。

（四）加强要素保障，着力提高资源使用新效率

一是加大人才引进力度，重点引进金融业、现代物流业等发展紧缺人才，充分发挥服务业人才培养基地作用，多渠道、多层次培养服务业人才，利用各类教育培训机构开展现代服务业技能型人才再培训、再教育，为浙江开发区（园区）服务业发展提供智力支持。二是进一步加大财政对服务业发展的支持力度，优化经费支出结构，重点支持高端商贸、现代物流、金融、科技信息、创意设计、服务外包等高成长性、高增值性、高知识性的生产性服务业发展。完善和整合服务业专项资金，建立服务业引导资金随财政增长适度增加的机制。三是提高现代服务业用地比例，优先安排重大服务业项目用地指标。探索土地利用新模式，积极支持以划拨方式取得土地单位利用工业厂房、仓储用房、传统商业街等存量用房、土地资源兴办信息服务、研发设计、创意产业等现代服务业。探索集体建设用地流转制度，鼓励盘活、利用集体建设用地，为现代服务业发展提供更多可用土地。

（五）优化发展环境，着力形成体制机制新局面

加快现代服务业发展步伐，需着力解决制约现代服务业发展的体制机制障碍。一是加强地区和部门间的协调，改革条块分割的管理体制，使现代服务业能够实现跨行业跨地区的发展。其次要建立公开、平等、规范的服务业准入制度，扩大整个服务业的开放程度，提高服务业对内对外开放水平，鼓励社会资金和外资投入现代服务业，引导行业内良性有序竞争。二是改革对现代服务业发展不利的税费制度，对鼓励发展和符合战略规划的现代服务业，应实行税收优惠政策。三是完善现代服务业的投融资机制，加大社会化服务领域改革力度，积极推进服务业综合改革试点，尽快突破制约现代服务业发展的制度性障碍。

课题负责人　陈　敏
课题组成员　何　判　丁建红
　　　　　　尚国强　徐　涓（总队服务业调查处）
　　　　　　陈燕芬　金小天　张　莹（宁波调查队）
　　　　　　陈学超　罗　卿（杭州调查队）
执　　　笔　丁建红　张　莹

参考文献：

[1]李清娟，等. 生产性服务业与园区开发：理论·策略·案例[M]. 上海：上海三联书店，2007.

[2]李朝鲜，李宝仁. 现代服务业评价指标体系与方法研究[M]. 北京：中国经济出版社，2007.

浙江文化强省建设的现状分析与对策研究

当前，文化建设正迎来新的"里程碑"式的历史发展机遇。党的十七届六中全会，第一次以文化改革发展为主题，研究提出了建设社会主义文化强国的行动纲领。为适应文化建设的新形势，浙江省委、省政府审时度势，制定了《关于认真贯彻党的十七届六中全会精神，大力推进文化强省建设的决定》，在注重文化自立、增强文化自觉、提升文化自信、坚持文化自省、推进文化自强的实践中，不失时机地推动浙江从文化大省向文化强省迈进，进一步彰显浙江文化的魅力和力量，形成具有浙江特色的文化创造、生产和传播能力。

一、文化强省建设的现状

1999 年，浙江省委、省政府在历史即将进入 21 世纪之际提出了"建设文化大省"的目标，经过十几年的努力，取得了很大的成绩，文化产业总量不断扩大，主要文化服务业繁荣发展，浙江历史底蕴深厚，博大精深的浙江文化，丰富多彩的文化资源，为推动文化大发展大繁荣、建设文化强省奠定了坚实的基础。

（一）文化产业总量不断扩大，发展势头良好，呈较快增长态势

2010 年，浙江文化产业增加值突破 1000 亿元，达到 1056.1 亿元（现价，下同），比 2009 年增长 30.7%，占 GDP 的比重为 3.8%，比 2005 年提高 0.5 个百分点。"十一五"时期，浙江文化产业增加值年均增长 19.0%，高出同期 GDP 现价增幅 3.4 个百分点。2010 年，全省文化产品制造业增加值 525 亿元；文化产品批发零售业增加值 133.1 亿元；文化服务业增加值 398.1 亿元，文化产品制造业、批发零售业和文化服务业的比例为 49.7∶12.6∶37.7。文化服务业（包括批发零售）增加值占第三产业的比重为 4.4%。文化产业核心层、外围层、相关层三者增加值之比为 29.2∶23.9∶46.9。

文化产业发展平台进一步拓宽。义乌文博会、杭州国际动漫节成为浙江文化产业发展的两大平台，对文化产业发展的带动作用日益显现。从 2010 年起，义乌文博会成为文化部重点支持的全国四个文博会之一。2010 义乌文博会共实现经贸成交额 28.1 亿元，比上年增长 51.8%，其中外贸成交额 16.9 亿元，比 2009 年增长 55.1%，占总成交额的 60.2%，创历史新高。2010 年，第六

届中国国际动漫节共签约项目近 200 个，涉及金额 83 亿元，现场成交额 23 亿元，总金额达到 106 亿元。杭州国际动漫节已成为国内规模最大、人气最旺、影响最广泛的动漫专业盛会，荣获中国动画学会“最具影响力动画展奖”。

表 1　2005—2010 年浙江省文化产业增加值情况

单位：亿元

	2005 年	2006 年	2007 年	2008 年	2009 年	2010 年
文化产业增加值	442.2	501.7	595.9	735.4	808.0	1056.1
＃文化产品制造业	247.3	276.0	331.8	385.6	406.2	525.0
文化产品批零业	71.5	79.5	92.7	85.2	100.4	133.1
文化服务业	123.4	146.2	171.4	264.7	301.3	398.1
＃核心层		126.9	142.8	148.8	170.9	308.0
外围层		72.2	83.2	156.3	182.3	252.2
相关层		302.6	369.9	430.4	454.8	495.9
占 GDP 比重(%)	3.3	3.2	3.2	3.4	3.5	3.8

（二）主要文化服务业取得新的成就，呈繁荣发展态势

1. 文化艺术业全面发展。文化设施建设加快推进，公共文化服务供给不断丰富和发展。2010 年，全省县级图书馆、县级文化馆、乡镇综合文化站基本实现全覆盖，村级文化活动室的覆盖率达到 85%，文化信息资源共享工程基本覆盖城乡，基层服务站点达 4 万余个，其中乡镇覆盖率达 100%，村覆盖率 98.5%。一批重点文化设施建设加快推进，杭州西湖文化广场新远国际影城、金华市文化艺术中心、景宁畲族文化中心等建成投入使用。舟山普陀大剧院、宁波市水下考古基地、台州市博物馆等正式开工建设。公共文化服务供给不断丰富和发展。2010 年，全省送戏下乡 2 万场，送书下乡 165 万册。深入实施农村文化队伍素质提升工程，全省培训人数达 6.5 万余人次。积极扶持农村“种文化”活动，全省文化部门举办市县级和乡镇级群众性文化活动分别达 128 场和 2064 场。持续推进博物馆免费开放工作，全省博物馆本年度新推出展陈项目 800 多个，年参观人次超过 1700 万。加强未成年人文化服务，举办第六届浙江省未成年人读书节，全省举办的各类未成年人读书活动总计达 600 余场次。改善残疾人文化服务，举办了浙江历史上规模最大、社会反响最为热烈的一届盲人节庆祝活动，浙江图书馆盲人图书馆共接待盲人读者 5000 余人次。

文艺创作精品不断涌现。全省一批文艺精品和优秀文艺人才在重大文艺赛事中频获大奖。浙江小百花越剧团的《藏书之家》和浙江省京剧团、青海省戏剧艺术剧院合作的《藏羚羊》成功入选2009—2010年度“国家舞台艺术精品工程”资助剧目，《藏羚羊》还获第二届全国少数民族戏剧会演金奖（最高奖）。在第九届中国艺术节上，浙江越剧团《九斤姑娘》、浙江婺剧团《梦断婺江》、杭州越剧院《女人街》获第十三届“文华优秀剧目奖”，浙江小百花越剧团茅威涛、浙江昆剧团林为林获首批中国文化艺术政府奖（文华表演奖），浙江越剧团王滨梅，浙江婺剧团陈美兰、朱元昊，杭州越剧院周妤俊获第九届中国艺术节表演奖；有14个作品、5个项目获第十五届“群星奖”，5人获“群文之星”称号，“群星奖”获奖总数为全国第二，仅次于东道主广东省。在文化部主办的第八届全国杂技比赛中，浙江曲艺杂技总团有限公司青年魔术师蒋亚平的魔术《牌影》获得文华魔术节目金奖（第一名）、杂技《墨荷—蹬伞》获得文华杂技节目银奖（第一名），杭州杂技总团魔术师李洁的黑光魔术获文华魔术节目银奖。在第二届中国越剧艺术节上，全省有6个剧目获金奖、6个剧目获银奖、7个剧目获铜奖、8人获“十佳演员”、10人获“十佳新秀”。绍兴县小百花艺术中心《李慧娘》获2010年度中国戏曲学会奖。浙江歌舞剧院民族乐团获“2010香港国际江南丝竹团体展演邀请赛”第一名。

文化遗产保护有了新突破。2010年，全省共有非物质文化遗产保护机构94个，工作人员336人，综合性或专题性非遗馆376个，非遗传习所880个，10640个非物质文化遗产代表性传承人。浙江瑞安市的“中国活字印刷术”新入选联合国教科文组织《急需保护的非物质文化遗产名录》，全省累计共有8个项目入选联合国教科文组织非物质文化遗产名录，入选数位列全国榜首。象山海洋渔文化生态区成功入围国家级文化生态保护实验区。新建立了普陀观音文化、龙泉青瓷文化两个省级文化生态保护实验区，全省共建立了9个文化生态保护实验区，命名了62所省非遗传承教学基地。加强非物质文化遗产资源的合理利用，公布22个省级非遗旅游经典景区（景点），开创了全国先例。重点培育120个传统表演艺术精品项目。在国家非物质文化遗产保护中心支持下，在杭州设立了中国非遗保护浙江培训基地。在全省开展第五个“服务传承人月”和“文化遗产日”系列活动，成功举办了第二届中国（浙江）非遗博览会。在文化部公示的第三批国家级非物质文化遗产名录推荐项目名单中，全省58个项目上榜，连续三批位列全国第一。

文化交流活动有了新拓展。2010年，我省在海外举办的“欢乐春节”文化活动正成为在海外宣传中国和推动浙江文化“走出去”的重要品牌。浙江婺剧团赴巴西参加圣保罗中国春节庆祝活动，杭州歌舞剧院赴泰国参加“欢乐春节”演出，杭州余杭滚灯艺术团赴新西兰参加“元宵灯会”，都受到当地民众的热烈欢迎。组织浙江小百花越剧团赴瑞士参加“2010 年瑞士文化风景线艺术节·中国主宾国”法语区开幕式演出活动，“物华天工—浙江民间手工艺精品展”赴俄罗斯参加“中国文化节”，“丝绸之路——中国丝绸艺术展”赴哈萨克斯坦巡回展出，多次受到文化部和我有关驻外使馆的表彰。积极发动各地和社会各界参与文化交流。据统计，2010 年我省共实施对外对港澳台文化交流项目 747 起，8070 人次，项目数量创历史之最，其中，引进项目 599 起，派出项目 148 起。

2. 广播影视业不断推进。广播影视业取得新成效。2010 年，全省广播影视业经营总收入 176.12 亿元，比上年增长 44.3%；资产总额为 359.86 亿元，比上年增长 18.6%。广播电视作品中有 7 件获得第 20 届中国新闻奖，中央电视台《新闻联播》播发浙江新闻 386 条，其中头条 23 条，中国之声播出浙江新闻 1219 条，其中头条 13 条，均创历史新高。浙江国际频道已覆盖欧洲、美洲和亚太地区。2010 年支持推动华策影视公司成功上市，成为全国“电视剧第一股”。全省影视节目制作机构 614 家，居全国第三位。共有 86 家影院 555 块银幕，2010 年，新增或改建 35 家影院 234 块银幕，其中县级城镇多厅影院 22 家，有 18 个县填补了空白，部分解决了县城周边群众看电影难的问题。全省观影人数达到 2020 万人次，电影票房收入 7.38 亿元，列全国各省第五位，全省初步形成了以院线制为核心的现代电影产业市场体系。

影视动画精品创作生产形势良好。2010 年，制作电影 33 部，动画电影《梦回金沙城》入围第 83 届奥斯卡最佳动画长片奖，首部浙产中澳合拍片《寻龙夺宝》远销 50 多个国家和地区；制作电视剧 43 部 1500 集，总量居全国第二，《牵挂》等 4 部电视剧分别在央视一套和八套黄金时间播出；制作动画片 4.5 万分钟，排名全国第二，其中杭州市以 3.5 万分钟的产量连续两年居全国各城市第一。全国原创动画制作生产十大机构，我省 5 个机构入选；全国动画创作生产数量位居十大城市前列，我省 2 个城市入选；广电总局向全国广电播出机构推荐播出 81 部优秀动画作品中，我省制作的有 10 部，列全国第二位。横店影视产业实验区目前入驻企业 382 家，2010 年实现营业收入 30 多亿元。我省影视动画节目出口已覆盖五大洲 70 多个国家和地区，2010 年海外销售超过 1600 万美元。

农村广播影视公共服务体系不断完善。目前，全省对农节目从 3 年前的 233 档增加到现在的 757 档，广播已达到每周 3 档以上，电视大部分台也达到了每周3档。完成嵊泗、椒江、洞头、平阳五个县(区)12个海岛乡镇电视微波联网工程,标志着我省广播电视"村村通"工程后续工程全部完成。全省所有乡镇和99.3%以上的行政村实现了有线电视联网,农村有线电视入户800万余户。全省已累计完成32391个行政村的"村村响"工程建设,安装室内外各类调频音箱和高音喇叭近160万只,占全省行政村总数的98%以上,有线广播农村人口有效覆盖达80%以上。

广播电视有线网络数字化和新媒体发展不断推进。完成11个市级广电网络机构与华数全部统一平台技术对接和县级网络加入全省联合发展任务。目前全省城市有线数字电视用户整转比例达到82.3%,城市双向化网络覆盖用户完成比例达到85.3%。积极推动三网融合试点工作,IP电视、手机电视播控平台和监管平台建设加快。大力支持广电媒体发展新媒体新业务,浙江网视联盟整合全省50家广电媒体视听资源,实现在线广播电视播出和增值服务。浙江中广传播有限公司正式挂牌运营,我省CMMB手机电视进入商业运营新阶段。浙江广电集团"新蓝网"努力打造"省内第一,国内领先"的综合性音视频网络媒体。全省移动、车载、楼宇电视等广电新媒体稳步发展,杭州、宁波、温州公交移动数字电视覆盖六千多辆公交车。浙江广源传媒在全国300多列空调车上安装了近40000个液晶电视屏。

3.新闻出版业综合实力居全国第三。2010年,全省新闻出版产业总体经济规模综合评价居全国第3位,总产出达1150.9亿元,居全国第2位;资产总额1371亿元,居全国第3位;净资产651.2亿元,居全国第3位;营业收入1123.5亿元,居全国第2位;利润总额74.8亿元,居全国第4位;纳税总额60.7亿元,居全国第4位。单位数量、企业法人数量和直接就业人数分别为30032家、13589家和44.6万人,均居全国第2位。

扩大出版规模,提高优秀出版物的质量。2010年,全省共出版图书8084种,总印数2.82亿册;公开发行的报纸有71种,年发行量达32.5亿份;出版期刊220种,年发行量0.72亿册。重点推进精品战略。我省现有48个项目列入国家"十一五"重点出版物规划,其中图书39个、音像电子出版物9个。制定实施2010年度少儿精品出版工程,以加强爱国主义、集体主义、社会主义教育,树立社会主义荣辱观的原创性读物及一系列少年儿童喜闻乐见的出版物和国产动漫出版物为重点,共列重点选题60种,其中图书选题51种、音像制品和电子出版物选题9种。积极做好全国性出版物奖的申报参评工作,共有10种作品荣获第三届中华优秀出版物奖,7种报刊被新闻出版总署评为2010年"向全国少年儿童推荐的优秀少儿报刊",数量为近几年之最。

推进新闻出版新媒体、新技术、新业态的发展。积极推动数字出版、网络出版发展。2010 年 4 月，新闻出版总署正式批准建立杭州国家数字出版产业基地。加强对手机出版的调研，积极支持中国移动手机阅读基地、中国电信数字阅读基地落户杭州。继续支持和促进我省数字出版、网络出版发展，目前我省已有 22 家具有网络出版权的出版单位。浙江出版联合集团数字传媒有限公司积极搭建数字化样书库、研发“博库”手持阅读器、开发学习平台，以数字阅读、数字教育、出版信息化为重点拓展数字出版业务，探索数字出版赢利模式。

4. 体育业发展有序、竞技实力增强。全民健身工作有序推进。2010 年，全省新建小康体育村 3000 个；国家级社区多功能运动场 5 个；命名余姚市全民健身活动中心、龙游县全民健身活动基地和开化县体育主题公园为省级全民健身活动中心；建成省级青少年体育户外活动营地 5 个，省级青少年体育俱乐部 72 个，社区体育健身俱乐部 86 个、村级体育俱乐部 300 个和中心镇、中心村全民健身广场 30 多个。各类体育活动丰富多彩。围绕第十四届省运会、首届省体育大会和“全民健身日”，在全省开展了丰富多彩、富有特色的体育活动。在全省范围开展全民健身片区“种文化”活动，以“全民健身，健康同行”为主题，以县(市、区)、镇(乡)和街道为参赛主体，先后进行了浙东片区、浙中片区、浙北片区，浙西片区、浙南片区的各项活动，3000 多名体育爱好者投身其中。举办了全省少数民族运动会、残疾人运动会、妇女健身展示大会，全省中学生篮球、足球、乒乓球联赛。全省各级体育社团组织各类体育活动 1000 余次，各级体育部门组织了丰富多彩的群众体育活动，100 多万群众积极参与，全民健身理念更加深入人心。

竞技体育水平明显提高。“十一五”期间，浙江省共获得世界冠军 48 个、亚洲冠军 86 个、全国冠军 402 个。在 2008 年北京奥运会上取得 2 枚金牌，保持了我国恢复参加奥运会以来我省届届都有金牌的殊荣。2009 年，在第十一届全运会上，我省获得 68 枚奖牌和 1515 分，分列奖牌榜第 7 位和总分榜第 8 位。2010 年，在广州举行的第十六届亚洲运动会上，我省共夺得 26 金 10 银 7 铜，其中游泳项目 1 人打破 1 项亚洲纪录，获得的金牌数也达到了历史最好成绩，列全国各省区市第 6 位。

体育产业发展势头良好。2010 年，全省体育产业增加值 204 亿元，比 2009 年增长 23.8%，高于 GDP 现价增幅 3.2 个百分点，占 GDP 的比重为 0.74%，比 2009 年上升 0.02 个百分点。体育产业市场培育初见成效，休闲产业兴起，富阳打造运动休闲之城，建设永安山滑翔基地二期等六大运动休闲基地，被国家体育总局正式授予国家体育产业基地和国家首个运动休闲产业示范区的称号。宁海、安吉、平湖等地运动休闲项目建设也呈良好态势。山地户外运动受到广大消费者热捧，职业化体育俱乐部渐趋成熟，北仑中国女排主场、女足世界杯（杭州赛区）、宁波八一篮球主场等品牌赛事综合效应显现。2010 年，成功举办中国长三角国际体育休闲用品博览会，共有 250 家企业参展，成交额 1542 万元。

5. 旅游业持续扩大发展。旅游业规模持续扩大，综合实力居全国第三。2010 年，全省接待入境旅游者 684.7 万人次，比 2009 年增长 20%；实现旅游外汇收入 39.3 亿美元，增长 21.9%；接待国内旅游者 2.95 亿人次，增长 20.9%；实现国内旅游收入 3045.5 亿元，增长 25.7%；实现旅游总收入 3312.6 亿元，增长 25.3%，旅游经济综合实力居全国第三。2010 年，全省共有旅行社 1682 家，比上年增加 173 家。其中出境游组团社 67 家，比上年增加 12 家。我省旅行社接待入境旅游者 100.4 万人次，比上年增长 36.1%，占全省接待入境旅游者总量的 22.4%。

旅游区（点）等级提升。2010 年，全省共有 279 个 A 级旅游区（点），比上年增加 18 个。其中 5A 级旅游区（点）7 个，新增 4 个，4A 级旅游区（点）97 个，3A 级旅游区（点）72 个，新增 13 个，2A 级旅游区（点）94 个，1A 级旅游区（点）9 个。2010 年，全省 3A、4A、5A 级旅游区（点）共接待旅游者 1.9 亿人次，比 2009 年增长 19%，门票收入 38.4 亿元，增长 26.2%。

文化与旅游不断结合，促进旅游业转型升级。文化与旅游不断结合，主要表现在民俗文化旅游、大遗址文化旅游、石窟文化旅游、古建筑文化旅游、文化名胜旅游、博物馆文化旅游等等。深厚的历史底蕴以及不间断的历史文化传承，使得浙江历史文化遗产众多，通过不断挖掘历史文化遗产，走历史文化与旅游不断整合的道路，有效提升了旅游业的吸引力和产业辐射力，促进旅游业转型升级。

二、文化强省建设存在的主要问题

尽管近几年浙江文化发展成就显著，但仍存在一些薄弱环节。

一是文化产业发展水平还不高，还未成为全省的支柱产业。近几年，虽然浙江文化产业总量不断扩大，但总体规模仍然较小，2010 年文化产业增加值占 GDP 的比重为 3.8%，与建设文化强省目标 7%相比仍有较大的差距。

二是城乡居民文化消费相对滞后。2010 年，浙江城镇居民人均娱乐教育文化支出为 2586 元，农村居民人均文教娱乐用品及服务支出为 800 元，据此估计，2010 年全省城乡居民文化消费约为 1035 亿元，只占消费总额的

10.7%，相当于发展中国家平均文化消费水平的60%左右，目前文化消费总量偏低，文化消费相对滞后。相对较低的文化消费制约了文化市场的发育，文化娱乐消费缺乏刚性，潜在的精神文化需求亟待唤醒后转化为现实的文化生产力。

三是文化产品的科技含量和附加值有待提高。相对于北京、上海、广东等文化先进省市，浙江文化精品较少，在国内外有影响力的拳头产品少，一些地区未能有效地培育新兴文化产业，运用现代科技改造、抢救传统文化资源还很不充分，对有丰富内涵的文化资源缺乏深入的挖掘和创新，具有核心竞争力的品牌产品和品牌企业少，文化资源和高新技术结合的高附加值、高回报的品牌文化产品难以批量涌现。

四是文化产业高端复合型人才较为缺乏。全省文化产业从业人员主要集中于制造流通领域，文化资本运营、文化经纪代理、媒体产业经营管理等高端复合型人才较为缺乏，对文化人才的引进、培养、激励与保障等机制仍需进一步健全。

三、加快文化强省建设的建议

经济社会发展的新目标对浙江文化产业的发展提出了更高的要求，也为浙江文化产业的发展带来了新的历史机遇。浙江文化发展有基础、有优势，结合浙江实际，文化发展的总体战略思路应以科学发展观为指导，以丰厚的浙江文化资源为依托，以结构调整为主线，以改革创新为动力，全面规划，重点突破，经过努力，尽快形成一批强势文化企业，培育一批知名文化品牌，建立一批具有明显地域优势的文化产业基地，推动文化产业尽快成为支柱性产业。具体建议为落实好“九个抓”。

1.抓规划，高起点谋划文化强省建设。发展文化产业，建设文化强省，必须着力调整优化文化产业结构，培育文化产业品牌，加强资源要素集聚，构建主导产业集群，使文化产业成为拉动经济发展的强大“引擎”、国民经济的重要支柱性产业。“十二五”时期，全省及各市要制定各类规划，高起点谋划文化强省建设，力争将我省文化产业建成地域特色鲜明，产业优势突出，总体实力不断增强，彰显浙江特色的现代发展的新格局。

2.抓宣传，营造建设文化强省的良好氛围。各级政府部门要转变观念，确立文化强省、文化强市的理念，成立文化产业发展的领导协调机构，实行由文化产业相关部门负责人参加的联席会议制度。加大对文化强省建设宣传力度，对内大力宣传浙江文化资源和文化品牌，达成全民发展文化产业的共识，形成上下联动的发展文化产业的氛围；对外提高浙江的知名度和影响力，吸引各方资金来浙投资，形成文化产业发展的良性循环。

3.抓政策，扶持引导文化产业做大做强。近几年，浙江省委省政府切实将文化产业提上优先发展的战略位置，先后出台了《关于支持文化体制改革和文化企业发展的意见》《关于促进电影产业繁荣发展的实施意见》《关于金融支持文化产业发展的若干意见》等等政策文件，成立了由省委书记为组长的省文化建设领导小组，对全省文化建设工作作出更加全面的部署。各市也应出台地方性推进文化产业发展的政策文件，营造文化产业发展的政策环境。要制定涉及财政、人才、奖励、基金等各方面的有利于文化产业发展的、比较完善的政策，进一步扶持文化产业发展。

4.抓改革，进一步释放文化生产力。深化文化体制改革，不断创新文化体制机制。一是要继续推进经营性文化单位转企改制，进一步创新内部机制，完善法人治理结构，建立现代企业制度。二是要继续深化国有文化集团改革，进一步探索形成产业经营集团化、市场化的新型运行机制，并积极创造条件，努力争取在跨地区覆盖、多媒体兼营、跨行业拓展上有所突破，做大做强，形成一批文化企业领军企业。三是要继续完善文化管理体制，在加快文化管理部门职能转变、巩固完善文化市场综合执法改革、有效保护知识产权、进一步健全市场准入政策和退出机制、加快文化产业地方性法规体系建设、以全新方式构建覆盖全社会的公共文化服务体系等方面，更大程度地发挥市场在文化资源配置中的基础性作用，不断释放文化生产力。

5.抓品牌，扩大产业示范效应。文化产业发展需要文化品牌引领，文化品牌需要特色资源支撑。任何一个产业的发展壮大，都离不开一批名企名品的支撑。一个企业的发展没有品牌就没有生命力，一个产品没有品牌就不会长盛不衰，要注重企业科技创新，开发具有自主知识产权的产品，提高产品的科技含量和附加值，形成一批名牌品牌，通过扩大品牌示范效应，从而带动整个产业快速发展。

6.抓基地，形成产业集聚效应。基地的关键，在于形成集聚效应。通过基地建设，可以把产业集聚起来，促进文化企业自身发展。企业集聚有利于企业间相互交流、互动、借鉴，有利于客户比较、选择，提高企业的服务质量。我省文化产业的发展，必须整合资源，合理调整结构和布局，打造有影响力的文化产业发展基地，将文化资源转变为经济资源，促进文化产业发展提升。

7.抓项目，形成产业支撑效应。文化产业的发展，一定要有项目来支撑。实现重大项目带动战略，扶持、培育一批大型文化企业和企业集团。积极支持企业开发原创性产品，提升核心竞争力，鼓励中小文化企业向“专、精、特、新”

方向发展。全力打造一批精品文化项目，支撑产业发展。

8. 抓人才，构建文化发展人才支撑体系。文化人才是文化产业发展的主体，文化产业作为最具创意性的产业，主要靠的是从业者的创造力。要积极培育文化人才市场，促进人才的合理流动。要建立健全文化产业人才激励机制，对文化产业发展作出突出贡献的人才要给予重奖，吸引优秀文化人才加盟我省文化产业创业活动。要打破体制限制，既要培养文化专业人才，造就一批文化名人和文化大家，又要培养熟悉艺术、有较高创新意识和文化品位，懂市场运作的文化产业复合型人才，为文化强省建设积蓄人力资本。

9. 抓保障，促进居民文化消费的增加。2010 年末，全省城乡居民储蓄存款余额达到 2.1 万亿元，储蓄率高达 70%以上，全球平均储蓄率仅为 20%左右，奇高的储蓄率严重限制了即期消费，尤其是即期文化消费。造成目前居民储蓄率居高不下的主要原因：一是与中国的传统文化、家庭观念等社会因素密切相关；二是与改革转型期社会保障体系的不健全造成居民对未来收入预期的下降和支出的上升，以及缺乏稳定可靠、效益明显的金融投资渠道等经济因素密切相关。要提高居民文化消费水平，应努力构造居民扩大文化消费的社会环境。要通过完善社会保障体系，降低居民对未来收入和支出的不确定性预期，减少居民的被动预防性储蓄。要完善和发展资本市场，拓展居民的投资渠道，分享更多的资本收益。当前收益稳定，未来收益预期前景明朗，社会保障体系健全，覆盖面广泛，居民的文化消费自然会大幅度增加。

社科处　许明娟

浙江海洋经济发展研究

海洋是人类生存和发展的基本环境和重要资源，是世界各国进入全球经济体系的重要桥梁。浩瀚的海洋蕴藏着极其丰富的资源，具有巨大经济价值，为人类发展提供了广阔空间。随着陆域资源的日益紧缺，许多国家都将触角尽力向海洋延伸，发展海洋经济已成为各国中长期战略的重要组成部分。

我国"十二五"规划中明确提出要"大力发展海洋经济"，"坚持海陆统筹，制定并实施海洋发展战略，提高海洋开发控制综合管理能力"，标志着我国"海洋强国战略"的全面实施。

作为海洋资源大省，浙江在全国沿海发展战略中具有重要的地位。独特的区位条件、丰富的海洋资源、突出的特色产业以及灵活的体制机制，使浙江具有加快海洋经济发展的巨大潜力。2011年初，国务院正式批复《浙江海洋经济发展示范区规划》，成为我省海洋经济发展进程中的一个重要里程碑。如何抓住这一机遇，充分发挥优势，通过大力发展海洋经济，建设海洋经济发展示范区，加快区域协调发展，是浙江寻求新的经济增长点，解决发展空间问题，促进经济持续稳定发展，推进经济发展方式转变的重大问题。

一、浙江发展海洋经济的必然性

（一）陆域资源非常稀缺，日益成为经济持续发展的瓶颈

从陆域资源来看，浙江省人口稠密而资源禀赋条件差，是一个资源能源小省。2010年末，全省常住人口5446.51万人，约占全国的4.06%，而土地面积只占全国的1.06%；森林覆盖率居全国前列，但人均森林面积只有0.11公顷/人，低于全国平均水平；主要矿产资源更是严重缺乏。在这样的资源条件下，浙江创造了全国第四位的经济总量，2010年人均GDP达到51711元，是全国平均的1.72倍，经济发展取得了重大成就，人民物质生活水平日益提高。然而随着经济的快速发展，人口、资源、环境与经济发展之间的矛盾也越来越突出，资源紧缺日益成为制约我省经济持续发展的重要因素。为了推动浙江经济社会继续保持稳定的发展趋势，一方面要努力转变发展方式，优化产业结构，提高资源利用效率；另一方面必须要积极寻求新的可替代资源，科学合理地进行开发利用，为经济的进一步发展和优化创造物质基础。

（二）海洋资源极为丰富，为我省经济发展带来广阔空间

如果把眼光转向海洋，我省则拥有其他地区无法匹敌的丰富海洋资源，是一个海洋资源大省。浙江区位条件优越，位于我国"T"字形经济带和长三角城市群核心区，是全国"两纵三横"城市化战略格局中沿海通道的重要组成部分。我省拥有 6696 公里海岸线，占全国总长度的 20.9%，居全国第 1 位，其中深水岸线 506 公里，占全国 30.7%；能建万吨级以上深水泊位的岸线 471 公里，大多数集中在宁波—舟山港域，是我国建设世界级深水港群的最佳选址；拥有面积 500 平方米以上的海岛 2878 个，约占全国海岛总数的 2/5，在东海海域星罗棋布，是维护国家海洋权益和实施生态系统保护的重要载体；拥有近 400 万亩滩涂资源，约占全国的 13%，这些滩涂资源目前与浙江沿海城市以及产业园区紧密相连，形成了较好的组合条件，是沿海经济带建设的新空间。因此，浙江具有得天独厚的"渔、港、景、油、涂"资源组合优势与经济区位优势。发展海洋经济，有利于我省扬长避短，充分发挥资源优势；有利于进一步拓展新的发展空间；有利于扩大开放，增强国际竞争力，是实现经济社会可持续发展的重要战略资源依托，也为未来发展提供了重要战略空间。

（三）制定海洋开发战略，为海洋经济发展提供政策保障

海洋是浙江的希望所在、潜力所在、优势所在。历届省委、省政府都高度重视海洋经济发展。1993 年，全省第一次海洋经济工作会议上提出要开发蓝色国土，拓展新的发展空间。1998 年，提出要发展海洋产业，建设海洋经济大省。2003 年，进一步提出要实施陆海联动，建设海洋经济强省。2009 年，为更好推进海洋综合开发、加快海洋经济发展、促进全省经济转型升级，省委省政府作出重大决策，努力推动浙江海洋经济发展上升为国家战略。2011 年初，《浙江海洋经济发展示范区规划》得到国务院正式批复。规划明确了"一个中心、四个示范"的战略定位，即要建设成为我国重要的大宗商品国际物流中心、海洋海岛开发开放改革示范区、现代海洋产业发展示范区、海陆协调发展示范区、海洋生态文明和清洁能源示范区。同时，进一步明确了"一核两翼三圈九区多岛"的空间布局和构筑"三位一体"港航物流服务体系、规划建设舟山群岛新区和发展海洋新兴产业的三大任务。这些规划和战略，再加上一系列鼓励民营经济参与港口物流、战略物资储运、石化工业以及海岸线、滩涂、小岛、海域等集中连片开发的政策举措，必将推动我省海洋经济的发展进入一个全面发展的时期。

二、浙江海洋经济发展状况

（一）海洋经济总体发展情况

1.海洋经济规模不断扩大，对全省经济作用日益重要。经过多年的发展，浙江的海洋经济已逐渐成为支撑发展的一个重要增长极。2010 年，全省海洋及相关产业总产出 12350 亿元，海洋及相关产业增加值 3775 亿元，按现价计算（下同），海洋及相关产业增加值比上年增长 25.8%，是 2004 年的 2.6 倍，年均增长 17.0%，高于同期 GDP 总量增长速度。海洋经济占 GDP 的比重由 2004 年的 12.6%提高到 2010 年的 13.6%，比全国平均水平高 3.9 个百分点，海洋经济在我省国民经济中已经占据重要地位，发挥着重要作用。而且，海洋经济附加值高于经济发展平均水平，2010 年，我省海洋经济增加值率（增加值占总产出的比重）为 30.6%，比全省 GDP 增加值率高 1.7 个百分点。

2.海洋经济二、三产业比重上升，第三产业发展较快。2010 年，我省海洋经济第一、第二、第三产业增加值分别为 287 亿元、1599 亿元和 1889 亿元，三次产业结构为 7.6∶42.4∶50.0。与 2004 年海洋经济三次产业结构对比（见表 1），海洋第一产业增加值所占比重下降 4.8 个百分点；第二产业增加值比重上升 0.1 个百分点；第三产业增加值比亘上升 4.7 个百分点。2005—2010 年，海洋经济第一、二、三产业增加值年均分别增长 7.8%、17.0%和 18.9%，第三产业增加值年均增速比全部海洋经济年均增逭高 1.9 个百分点，因此比重上升较快。2010 年，海洋经济二、三产业增加值所占比重合计达 92.4%，地位日趋突出，在海洋经济中占主导地位。但其中传统劳动密集型产业依然是海洋经济中的主要门类，对海洋资源、环境、生态带来较大压力，因而资金密集型、技术密集型和资源节约型的现代化产业是海洋经济今后发展的方向。

表 1　2004 年和 2010 年浙江海洋经济三次产业构成

	2010 年		2004 年	
	增加值（亿元）	占海洋经济比重（%）	增加值（亿元）	占海洋经济比重（%）
海洋及相关产业合计	3774.73	100.0	1472.52	100.0
第一产业	286.71	7.6	182.98	12.4
第二产业	1598.95	42.4	622.59	42.3
第三产业	1889.07	50.0	666.95	45.3

3.海洋主要产业增长较快，带动海洋经济整体发展。按照产业关联程度进行划分，海洋经济还可分为海洋产业和海洋相关产业。2010 年，作为海洋经

济核心层和支持层的海洋产业增加值为2130亿元，占GDP的比重为7.7%（见表2），其中海洋主要产业增加值1836亿元，占GDP的6.6%。2005—2010年，海洋主要产业年均增长19%，比整个海洋经济平均增速高2个百分点，2010年发展尤为迅速，比上年增长37.3%，比海洋经济平均增速高11.5个百分点。与2004年海洋经济构成情况相比，海洋主要产业占GDP的比重提高1个百分点，是推动我省海洋经济比重上升的主要动力；占全省海洋经济的比重为48.6%，在整个海洋经济中处于核心地位。2010年，作为海洋经济外围层的海洋相关产业实现增加值1644亿元，占GDP的比重为5.9%。近年来，海洋相关产业发展比较稳定，2005—2010年海洋相关产业增加值年均增长15%，占GDP的比重基本稳定在5.9%—6.2%之间。

表2　2004年和2010年浙江海洋及相关产业增加值构成

	2010年		2004年	
	增加值（亿元）	占GDP比重（%）	增加值（亿元）	占GDP比重（%）
海洋及相关产业	3774.73	13.6	1472.52	12.6
海洋产业合计	2130.44	7.7	762.37	6.5
海洋主要产业	1836.20	6.6	647.13	5.6
海洋科研教育管理服务业	294.23	1.1	115.25	1.0
海洋相关产业合计	1644.29	5.9	710.15	6.1

（二）海洋主要产业发展情况

随着海洋经济的发展以及海洋科技、信息技术对传统产业的改造，我省海洋产业类型日趋多样，海洋传统产业不断发展的同时，涌现出了一批科技含量高、发展潜力大的海洋新兴产业。目前，全省已形成了涵盖13类海洋主要产业的产业体系，海洋传统产业与日益增值扩大的海洋新兴产业共同支撑着浙江海洋经济的持续发展。

1.发挥海洋生物资源优势，海洋渔业发展形势良好。浙江位于亚热带季风气候带，气候温暖湿润，海域自然条件优越，有着丰富的海洋生物资源，造就了海洋渔业的传统优势地位。随着伏季休渔制度的逐步实行和海洋捕捞管理模式不断完善，在缓解过度开发捕捞渔业资源、遏制海洋生态恶化、增加海洋生物种群数量等方面取得了显著成绩，保障了全省海洋渔业的平稳增长。海洋渔业发展形势良好，渔业经济总规模稳步提高。2010年，海洋渔业实现总产出366亿元，增加值209亿元，分别比上年增长20%和21%。渔业产量平稳

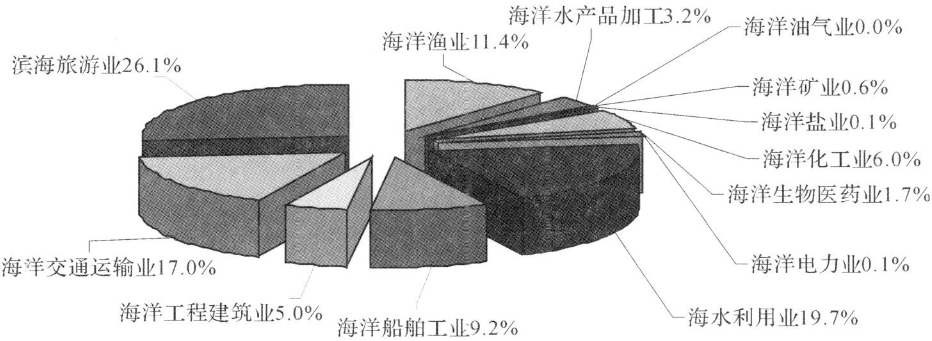

图 1　2010 年主要海洋产业增加值构成

增长。2010 年,海洋渔业产量 415 万吨,比上年增长 3.5%,其中远洋渔业产量 19 万吨,比上年增长 21%,增长较快。水产品出口贸易快速回升,国内贸易市场交易活跃。2010 年,水产品出口贸易额 17 亿美元,比上年增长 19.6%;规模以上水产品交易市场成交额 431 亿元,比上年增长 12.2%。渔民收入实现较快增长。2010 年,渔民人均纯收入 13350 元,比上年增长 11%。大力发展生态、高效现代渔业,着力改善养殖渔区生态环境和持续发展能力。落实《浙江省水产养殖主导产业发展规划(2009—2015 年)》,启动了现代渔业园区、养鱼稳粮增收、养鱼洁水、休闲观赏渔业提升、远洋渔业拓展、水产品市场营销工程和海洋捕捞业优化升级探索等渔业转型升级"6+1"行动。到 2010 年底,全省已有 88 个现代渔业园区通过省级认定,建成 13 家省级以上水产原良种场,良种覆盖率达到 80%。建成无公害、绿色和有机养殖基地面积 220 多万亩,水产养殖标准化实施率达到 35%。

2. 涉海工业增长较快,临港工业发展格局进一步形成。2010 年,涉海工业继续保持较快的发展态势,实现总产出 6354 亿元,比上年增长 28.1%,增加值 1383 亿元,比上年增长 30.7%,比整个海洋经济增加值增速高 4.9 个百分点,占全省生产总值的 5%,比上年提高 0.4 个百分点。海洋化工、海水利用、海洋生物制品开发、海洋设备制造、涉海产品材料制造、海洋环境监测等行业项目得到重点发展,形成了以电力、化工、船舶修造为主体的临港工业发展格局。

涉海工业中,海洋船舶工业和海洋化工业所占比重较高,发展较快。2010 年,实现增加值 169 和 111 亿元,占海洋主要产业的 9.2%和 6.0%,分别比上年增长 13.2%和 22.3%。近几年,海洋船舶工业经历了 2005—2008 年的高速增长阶段和 2009 年国际金融危机导致的大幅回落,2010 年回复到较为平稳的发展。2005—2010 年均增长 45.1%,比海洋主要产业增加值的年均增速高

26.1 个百分点，仍是发展最快的行业。海洋生物医药业增长较快，发展前景广阔。海洋生物医药产业以海洋生物资源为研发对象，以海洋生物技术为主导技术，有巨大的开发潜力和市场发展空间，已成为高新技术产业发展重点和海洋经济发展的热点。2010 年，我省海洋生物医药业实现增加值 31 亿元，比上年增长 22.6％，2005 年以来年均增长 21.5％，在全国海洋生物医药领域占据重要地位，也是未来海洋经济发展的重要增长点。其他主要涉海工业中，海洋电力业发展很快，2005 年以来增加值年均增长 35.3％。海洋能发电和利用临海地域优势建设火电项目快速增长，2010 年底，我省拥有海洋风力、潮汐发电装机容量 14.38 万千瓦，年发电量 2.98 亿千瓦小时，分别比上年增长 62％和 183％。海水淡化与综合利用技术日趋成熟，2010 年全省可日产淡水量 7.7 万吨，海水年综合利用总量 2922 万吨，分别比上年增长 192％和 80％。

3.重点工程建筑继续推进，海洋工程建筑业稳定增长。海洋工程建筑是在海上、海底和海岸所进行的用于海洋生产、交通、防护等用途的建筑工程施工及准备活动，包括海港建筑、滨海电站建筑、海岸堤坝建筑、海底隧道桥梁建筑、海上油气田陆地终端及处理设施建造、海底线路管道和设备安装，对整个海洋经济的发展起到十分重要的基础性作用。我省把海洋重点工程作为投资的重点领域，积极推进沿海基础设施建设。2010 年，全省完成海洋工程建筑业总产出 418 亿元，实现增加值 91 亿元，分别比上年增长 21.5％和 15.1％。宁波北仑港工程、镇海 100 万吨乙烯工程、温州半岛浅滩一期工程、飞云江南岸堤防工程、舟山洋山深水港区三期（港口）工程、舟山大陆连岛工程项目、三门核电站等大批临港工业重点项目建设顺利或按期建成交付使用，充分发挥出滨海地带土地资源优势。

4.海洋交通运输规模持续扩大，港口物流快速发展。随着国际贸易形势趋好和航运价格恢复性增长，海洋交通运输业迅速回暖。2010 年，全省海洋货物运输周转量为 5098 亿吨公里，比上年增长 32.6％，其中沿海运输增长 26.1％，远洋运输增长 65.9％。海洋交通运输业实现增加值 311 亿元，比上年增长 25.3％，占海洋主要产业的比重为 17％。海运运力规模快速增长的同时，运力结构也在不断优化，船型向大型化、标准化发展，经营航线逐渐增多，经营范围不断扩大。2010 年末，全省海上货物运输船舶 3654 艘，运力 1272 万载重吨。

随着港口开发力度的不断加大和港口资源的科学合理利用，港口货物吞吐量持续快速增长。2010 年，我省新增港口生产泊位 29 个，其中万吨级以上深水泊位 26 个；全省拥有达到港口生产泊位 1095 个，其中万吨级以上深水泊位159个,20万吨级以上泊位拥有量位居全国港口前列。2010年,港口货物吞吐量达到78846万吨,比上年增长10.3%,其中宁波—舟山港的货物吞吐量62052万吨,居全球港口第二位。金塘大浦口等集装箱码头投入运行,集装箱吞吐量快速增长,2010年我省港口集装箱吞吐量首次迈上1400万标箱的新台阶,达到1404万TEU,比上年增长25.5%,实现历史性突破。其中宁波—舟山港集装箱吞吐量1315万TEU,比上年增长25.1%,在世界十大集装箱港口中增速最快,吞吐量从2009年的第8位升至第6位。宁波—舟山作为长三角区域大宗散货中转基地和沿海中部国家大宗战略物资储备中转基地的地位已经确立。随着多个跨海大桥的建成通车,我省沿海地区与周边大城市乃至国际物流的联系日益密切,资源优势和区位优势更显突出,为港口物流业的未来发展提供了坚实的基础。

5.依托特色旅游资源,滨海旅游业发展迅猛。滨海旅游业依托海岸带、海岛及海洋各种景观资源,是我省海洋经济的主导产业之一。多年来,其产业增加值始终位居前列,是沿海地区财政收入的重要来源,也是吸纳就业的主要力量。2010年,滨海旅游业在宁波—舟山跨海大桥通车效应和上海世博会等因素的有力促进下,发展形势喜人。随着宁波—舟山跨海大桥、温州(洞头)半岛工程的通车,舟山群岛、洞头列岛已成为我省滨海旅游发展的主区域;随着旅游基础设施的不断完善,南麂列岛成为我省发展海洋生态旅游和度假休闲的理想场所,其他滨海区域也结合自身优势,积极推出了各种特色滨海旅游项目,使滨海旅游经济得到快速发展。2010年,接待国内旅游者17564万人次,接待入境游客238万人次;滨海旅游业总产出1203亿元,增加值480亿元,分别比上年增长89.6%和85.3%;滨海旅游业增加值占海洋生产总值的比重为12.7%,在海洋主要产业中居于首位,对整个海洋经济增长的贡献率高达28.6%,对推动我省海洋经济发展起到了举足轻重的作用。

三、海洋经济发展存在的主要问题

近几年,虽然我省海洋经济持续了较快增长态势,在国民经济中的比重有较大提高,但从总体上来看,我省海洋开发利用水平与我省海洋资源大省的地位还不相适应,离海洋经济强省还有一定距离。

(一) 海洋经济总量较小比重较低

根据《2010年中国海洋统计年鉴》公布的沿海地区海洋生产总值数据,2009年浙江海洋生产总值居全国第4位,排在广东、山东、上海之后;海洋生产总值占GDP的比重在沿海11个省、市、自治区中的排位也偏后。特别是与同为海洋经济发展试点的广东、山东两省相比,浙江海洋经济发展相对不足,说明目前浙江的海洋资源优势还没有很好地转化为海洋产业优势，海洋经济的产业链较短，深加工产品不够，产品附加值不高。这也表明，浙江发展海洋经济的空间很大、潜力很大，它不仅可以成为全省下一步经济发展的重要增长极，而且可以成为经济转型升级的重要突破口。

（二）海洋产业结构有待进一步升级

从世界海洋产业的发展来看，现代海洋石油工业、海洋旅游业、海洋渔业和海洋交通运输业是全球海洋经济的四大支柱产业；海洋石油和天然气、海洋水产、海洋生物技术、海洋信息技术、海洋娱乐休闲业、海洋服务和海洋新能源等，已经成为海洋经济的主要增长领域。浙江海洋经济与先进国家或地区相比，尚存在不小差距。在海洋渔业方面，浙江正处于由传统渔业向现代渔业、由近海捕捞向远洋捕捞的转变过程之中，现代海洋渔业、特别是远洋捕捞的规模、水平、技术和远洋基地建设等，都与发达地区有不少差距。在海洋油气产业方面，东海大陆架拥有丰富的油气资源，主体部分在浙江海域，开发前景良好，但目前已经启动的仅有平湖油气田的开发，东海油气产业的整体培育，还任重而道远。在海洋旅游业方面，浙江拥有大量的海洋旅游资源，拥有不断扩大的旅游客源市场，旅游产业的发展，还有非常大的空间。在海洋交通运输业方面，浙江拥有得天独厚的建港条件，近年港口建设和集疏运网络也发展得很快，但从简单的货物装卸、堆存服务转向现代综合物流服务，构建大宗商品交易平台、海陆联动集疏运网络、金融和信息服务支撑系统等“三位一体”的港航物流服务体系，仍需要坚持不懈的努力和探索。随着科学技术的发展，海水综合利用、海洋潮汐能和风能、浅海养殖、海洋生物资源的深度开发等还大有潜力可挖。

（三）海洋科技人才缺乏，创新能力不足

从总体上看，我省海洋科技现状与海洋经济发展的要求还不相适应。作为海洋资源大省，海洋科研机构及院校和海洋开发人才相对缺乏，高等院校内设置的与海洋相关的专业也较少，而上海、辽宁、山东、广东、福建等省市海洋院校及与海洋相关的专业均比我省多。海洋科研机构和科研力量相对薄弱，难以培养出大量高层次的海洋科技人员与高素质的作业人员，导致海洋科技创新能力不足，将影响我省海洋经济竞争力的进一步提高。在海洋产业的发展上，就表现为海洋高新技术产业在海洋产业中的比例仍然偏低，企业尚未真正成为技术创新的主体，海洋科技成果产业化程度不高，科技发展对海洋经济的贡献率不大，可持续发展能力不强。这就迫切需要我们进一步加大力度落实科技兴海战略，加快海洋科技成果的转化和产业化，充分发挥海洋科技对支撑和拉动海洋经济发展的巨大作用。

（四）海洋生态环境保护形势严峻

对海洋资源的开发利用，给沿海地区带来了可观的经济效益，但由于一定程度的无序开发和局部过度利用，也出现了严重的海洋环境问题。陆域污染物入海总量控制难度大，沿海开发活动增多和涉海工程建设对海洋生态环境的影响日益增大，我省海洋生态环境面临着日益严峻的挑战。2010年，海洋环境监测结果表明，我省近岸海域环境质量总体趋差，较清洁、轻度污染、中度污染和严重污染的近海海域面积分别为10390平方公里、6830平方公里、6580平方公里和18600平方公里，未达到清洁、较清洁海域面积较上年有较大增加，严重污染和中度污染海域占五分之三。这不仅有开发海洋产业过程中所带来的污染，更有发展陆域经济过程中大量排放污水、废水造成的污染。海洋生态环境恶化，将直接影响近岸海域的海洋生态系统，造成海洋生物数量的减少，影响海洋渔业捕捞和海水养殖业，威胁海洋经济的可持续发展。

四、进一步发展我省海洋经济的对策与建议

当前，浙江海洋经济发展将迎来难得的发展机遇。我们应坚持以科学发展为主题，坚持转变发展方式为主线，从全局和战略高度重视发展海洋经济，把体制优势、机制优势、产业经济优势和特有的海洋自然优势有机结合起来，科学开发海洋资源，合理布局海洋产业，积极制定相关政策，创新体制和机制，增加政府投入，推动沿海地区经济社会与海洋资源、生态、环境可持续发展，推动海洋科技创新能力与核心竞争力的进一步提升。

（一）陆海统筹，科学规划海洋经济发展

“十二五”规划建议中明确提出，要“发展海洋经济，坚持陆海统筹，制定和实施海洋发展战略，科学规划海洋经济发展。”陆海统筹是在陆地与海洋两个不同的地理单元之间建立一种协调的关系和发展模式，要求更注重区域比较优势和资源特色，围绕沿海社会和经济的发展，建立统一、协调的规划体系和政策体系。一要统筹海洋经济发展与产业结构调整，加快培育和发展战略性海洋新兴产业。二要统筹临港产业和园区建设布局，避免产业同构、园区建设雷同和恶性竞争，推进区域海洋产业集群化和规模化。三要统筹近海开发与远海空间拓展，既着力于沿海，也要注重远海，及早谋划和制定浙江面向太平洋的“东海战略”。四要统筹海洋资源的时序利用，海洋不仅是重要的自然资源，也是其他资源的重要载体，对海洋的利用应做到取之有时、用之有度。五要统筹海洋经济发展和生态环境保护，充分考虑海洋生态环境的承载力，既要发挥环境对经济发展的支撑作用，又要兼顾经济发展对环境的保护作用。

（二）优化结构，着力构建现代海洋产业体系

加快发展现代海洋产业，既是我省海洋经济发展示范区建设的重点，也是构建我省现代产业体系的一个重要突破口。要充分利用“渔、港、景、油、涂”等优势资源，合理开发和利用，促进海洋产业协调发展，提升我省海洋经济的整体竞争力。

第一，要积极做强海洋优势产业。一是优先发展新型环保临港产业。重点瞄准世界级石化基地、船舶基地目标，抓好现代产业园区和科研创新平台建设，促进产业向高附加值环节延伸，形成具有国际竞争力的现代产业体系。二是积极发展生态精品渔业。优化海洋捕捞结构，科学控制近海捕捞总量和强度，保障近海渔业资源休养生息；积极稳妥发展远洋渔业，增强获取国际渔业资源能力，建设全国领先的综合性现代远洋渔业基地；优先发展高效生态海水养殖，建设生态型水产养殖园区，减少养殖污染，提升产品品质。三是加快发展滨海旅游休闲业。以舟山群岛海洋旅游试验区建设为重点，着力构建甬舟、温台、杭州湾三大海洋旅游区，大力深化海洋旅游管理体制改革，培育引进知名旅游企业，建成我国海洋文化和休闲旅游目的地。

第二，要培育壮大海洋新兴产业。一是升级扩大海洋工程装备业。依托骨干科研机构与企业，加强研发，重点发展钻井平台、海上浮式生产储卸油装置、深水作业工程船、海洋石油平台辅助船、海上风机安装船等海洋工程装备，突破关键技术，形成系列化自主开发能力和品牌产品。二是大力发展海水利用业。针对制约海水利用业发展的自主关键配套设备及材料、大型成套装备和产业配套政策等，积极开展关键材料、产业化成套技术与装备自主研发，力争在海洋精细化工研发领域取得突破，加快形成产业集群。三是培育发展海洋生物医药业。加快搭建和完善全省海洋医药和生物制品公共研发平台，培育引进高科技企业，争取一批海洋医药和生物制品的科研成果转化项目列入国家重点；开发具有资源特色的海洋药物，逐步形成和发展海洋药物产业。

（三）科技兴海，完善创新和人才培养机制

海洋产业是高投入、高风险、高收益的产业，需要高技术的支撑。应继续深入实施“科技兴海”战略，依靠科技进步，加快海洋资源的开发利用，使海洋资源优势转化为经济优势。首先，构建海洋科技创新研发体系，加强产学研合作。整合科技资源，集聚创新要素，加快构建以企业为主体、以资产为纽带、产学研相结合的海洋科技创新体系。充分发挥高校和科研院所的技术优势，参与企业技术改造和技术开发，为提升海洋传统产业提供技术支撑。其次，构建海洋科技创新服务体系，推进海洋科技成果产业化。对海洋产业的高新技术

研究成果，要从科学上的可行性，工艺、设备、技术和开发的可行性，经济效益的可行性等方面进行研究分析。积极培育信息、代理、风险投资和知识产权保护等中介机构，提供产业发展和产品开发的技术支撑，促进科技成果产业化、商品化、市场化。第三，构建海洋科技创新人才体系，提供智力支撑。引导涉海高校整合教育资源，调整学科结构，加快海洋科技人才尤其是学术带头人和技术带头人的培养，使更多的高科技领军人才脱颖而出，加快海洋人才队伍的培养和建设，不断提高我省海洋经济发展水平。

（四）加大投入，制定完善配套扶持政策

一要制定完善海洋经济发展的财政投入政策。加大政府引导性投入，重点投向船舶制造、海洋装备制造、远洋渔业、现代养殖业、港口运输、海洋生物医药、海水综合利用、海洋能源、海洋精细化工等高技术含量、资金密集型海洋产业领域，支持涉海基础设施建设等公益性项目的发展。二要制定完善海洋经济发展的税收优惠政策。制订海洋优先发展产业目录，对海洋油气开发、港口码头、跨海大桥、仓储物流、海洋生物制药、海洋能源、海洋新材料、海水综合利月等高端海洋产业开发项目，以及国家鼓励优先发展的海洋产业领域项目实行税收减免等优惠政策。放宽对海洋高新技术企业的税收征缴条件，充分调动涉海企业的积极性。三要制定完善海洋经济发展的金融扶持政策。完善信贷担保体系，加大信贷投入力度，努力消除在融资方面的制约瓶颈。鼓励银行、保险和担保机构对高风险的海洋产业提供相应的贷款、保险和担保等金融服务，支持符合上市条件的涉海重点企业通过上市、发行企业债券等形式直接融资。引导和鼓励社会资本参与海洋经济开发，积极争取世界银行等国际金融组织贷款以及其他国外资金，扩大利用外资规模。逐步建立起以政府投入为引导、企业投入为主体、外资投入为补充、民间资本积极参与的多元化的投入体系，多渠道解决涉海企业融资难的问题。

（五）保护生态，保障海洋资源永续利用

人海和谐、可持续发展是海洋经济的根脉，发展海洋经济既要“海里淘金”，更要生态文明。一方面要坚持科学发展，树立绿色和低碳的海洋经济发展理念。坚定不移地走海洋生态保护与海洋开发并重的发展道路，强化海洋资源有序开发、生态利用和有效保护，合理开发岸线资源和海岛资源，把有条件的大中岛屿建设成为港口物流岛、清洁能源岛、国际旅游岛，大力发展低碳技术和循环经济，切实提高海洋经济可持续发展能力。另一方面要加强陆海污染综合防治和海洋环境保护。建立完善海洋环境监测网络系统，加强对各种海洋开发活动的环境跟踪监测，以及海域油污染的监控与整治。对入海排污实施总量限定，推行海域使用许可制度和有偿使用制度，建立海洋生态补偿机制，使生态补偿逐步制度化和规范化。建立各级政府海洋环境保护目标责任制，依法对海洋工程、海岸工程进行环境影响评价论证，严格规范审批各项海洋开发程序，根据生态环境的特性和承载力，科学确定开发强度和规模。

课题负责人　左南丁
课题组成员　王启金　朱飞飞　汪维薇
　　　　　　王　娟　张序旦　张　琦
执　　　笔　王　娟

浙江住房保障体系研究

浙江“十二五”规划纲要指出，将在今后5年内开工建设各类保障性安居工程住房5550万平方米、76万套，新增廉租住房货币补贴家庭1.6万户，相应投资达到1900亿元左右，浙江保障性住房时代已经到来，住房保障体系是否科学、完整的问题再次引起社会各界的广泛关注。因此，加强调查研究，着力强化城镇住房保障，不断改善中低收入家庭住房条件，及时制定出台行之有效的保障性住房政策措施，完善全省住房保障体系就显得尤为重要。

一、住房保障体系的概念及构成

（一）住房保障体系概念

住房保障体系是一项政策性强、社会涉及面广的系统工程，是政府通过该体系运作，为中低收入住房困难家庭提供限定标准、限定价格或租金的优惠住房。

（二）住房保障体系构成

1994年浙江省政府印发《浙江省深化城镇住房制度改革实施方案》（浙政〔1994〕15号），将加快经济适用住房的建设，解决中低收入家庭的住房问题，作为住房制度改革的一项十分重要的任务，提出了建立浙江住房保障体系的要求。经过17年不断完善和发展，已经初步形成了由廉租房、经济适用住房、两限商品住房和政策性租赁房（公共租赁房）四部分构成的住房保障体系。

1.经济适用房。是指具有社会保障性质的住宅，政府以划拨方式提供土地，免收城市基础设施配套费等各种行政事业性收费和政府性基金，实行税收优惠政策，以政府指导价出售给有一定支付能力的低收入住房困难家庭，购房人拥有有限产权。所以，经济适用房具有经济性和适用性的特点。经济性是指住宅价格相对于市场平均水平的价格比较适中，能够适应中低收入家庭的承受能力；适用性是指在住房设计及其建筑标准上强调住房的使用效果，而非建筑标准。

2.廉租房。是指政府或机构拥有，用政府核定的低租金租赁给低收入家庭的住房。低收入家庭对廉租住房没有产权，是非产权的住房保障。廉租房只租不售，出租给城镇居民中最低收入者。

3. 两限商品住房。即“限套型、限房价、竞地价、竞房价”。为降低房价，解决本地居民自住需求(含解决拆迁安置需求)，保证中低价位、中小套型普通商品住房土地供应，套型建筑面积基本为 90 平方米以下，是为限制高房价采取的一种临时性举措。

4. 政策性租赁房(公共租赁房)。指通过政府或政府委托的机构，按照低于市场平均水平的租价向中低收入的住房困难家庭提供可租赁的住房，同时，政府对承租家庭按月给予相应标准的租房补贴。其目的是解决家庭收入高于享受廉租房标准而又无力购买经济适用房的夹心层群体的住房困难，是面向中低收入群体、新就业人员、外来务工人员的政策性租赁住房，定位上属于“保基本”的范畴。

二、近期浙江住房保障体系的基本概况

近年以来，浙江先后出台了一系列政策举措，各地政府加大了保障性住房的建设力度。

(一) 保障性住房建设规模达到一定水平

截止 2010 年底，全省已累计解决 77.01 万户城市中低收入家庭的住房困难，城镇住房保障受益家庭覆盖面达 13.8%。其中，以廉租住房货币补贴和实物配租方式解决 6.86 万户，售租经济适用住房解决 32 万户，通过旧住宅区综合改造、公共租赁住房和限价商品住房建设等办法解决住房问题 38.15 万户。

(二) 住房保障工作开始受到各地政府重视

全省建立了保障性安居工程工作领导机构，明确设立保障性住房专项资金，支持各地加快发展公共租赁住房、欠发达地区实施廉租住房保障。杭州专门成立租赁房建设管理中心具体负责公共租赁房开发与管理；嘉兴成立住房保障局统筹保障房建设工作；绍兴成立了以市分管领导为组长的经济适用住房和廉租住房建设领导小组，市建设局成立了由局长任组长的解决低收入家庭住房困难工作领导小组，全面推进住房解困工作。同时，各地都在加快资金落实，2010 年浙江省政府规定土地出让金的 2%和公积金增值收益扣除管理费和风险金后的余额用于廉租住房，保障资金大多到位，保障的力度也在加大。

(三) 全省低于标准两倍以下的困难家庭基本实现“应保尽保”

全省基本实现城市低保标准 2 倍以下低收入住房困难家庭的廉租房“应保尽保”，基本满足当地城镇居民人均可支配收入 60%以下的城市住房困难家庭购租经济适用住房的需要。到 2010 年底，全省累计向 125 万城镇居民发放住房补贴 250 亿元；累计向 86 万户家庭发放公积金贷款 1614 亿元。

（四）全省各地不断创新保障模式，完善住房保障体系

全省各地均在进一步完善住房保障体系，从制度保障、组织保障等多渠道推进保障房建设，逐步解决城市中低收入家庭、拆迁户、外来创业、务工人员和各类人才的住房困难。杭州坚持租、售、改"三位一体"，构建了以经济适用房、廉租住房、限价商品房（拆迁安置房）、危改房、经济租赁房和人才专项房为主要内容的"六房并举"住房保障体系，全面改善中低收入家庭、引进人才、老旧小区居民居住条件。温州积极采取新建、收购、调剂等方式多渠道落实廉租房源，提高实物配租比例，并抓好经济适用房"先租后售"、"租售并举"的试点工作。

（五）各地保障的重心在上移，保障覆盖面在不断扩大

在宁波，人均年收入低于城镇居民人均可支配收入 80%且人均住房居住面积低于 18 平方米的家庭已被纳入保障体系；温州已将廉租住房保障对象扩大到低保标准 2 倍以下的住房困难家庭；嘉兴、湖州等地扩大到低保标准 2.5 倍以下的住房困难家庭。一些地方已突破浙政发〔2006〕49 号规定的经济适用住房保障对象条件，主动扩大保障面：绍兴县将经济适用房申请者收入扩大到平均收入 100%以下；杭州、嘉兴等地已放宽至平均收入 80%以下；湖州、嘉兴等地已将人均建筑面积扩大到 18 平方米以下。各地还通过开发农民公寓、人才公寓、公共租赁房等办法解决新就业职工、外来务工人员住房困难。杭州、湖州率先推出经济租赁房，满足既不符合廉租住房条件、又买不起经济适用房家庭的基本居住需要。

（六）夹心层群体保障问题正在得到一些地方政府重视

在 2010 年 7 月 1 日前，《浙江省城镇廉租住房保障办法》的受益对象仅限为依法获得最低生活保障救助的家庭，未能将低收入家庭纳入保障范围。随着全省"十二五"城镇住房保障规划的出台和公共廉租房建设的开展，夹心层群体保障问题已经得到各地重视。杭州、绍兴、台州、舟山等城市已提出，到 2012 年力争实现经济适用住房与廉租住房的保障对象相衔接，确保城市人均可支配收入 80%以下的住房困难家庭应保尽保。

（七）保障性住房用地供应开始提速

浙江历来人多地少，土地资源紧缺。随着城镇住房保障力度的加大，全省将全面清理闲置土地，确保保障性住房用地建设。如杭州市，2010 年主城区以划拨方式供应各类保障性住房用地 4841 亩，完成年度保障性住房用地供地计划的 138%，远超同期主城区 2022 亩的商品住宅用地供应量。2011 年，杭州要在商品住房供地总量中，安排 10%的土地用于建设或配建保障性住房，以加

大保障性住房用地供应。

（八）部分城市廉租房退出机制开始实施

随着《杭州市城镇廉租住房保障管理办法》、《杭州市区廉租住房保障实施细则（试行）》等政策的相继出台，廉租住房的保障模式、保障范围、申请流程、配租标准等方面都逐渐制度化和规范化。在此基础上，杭州市房管部门启动了廉租住房保障资格证验证工作，进行核查验证，确保廉租住房保障资格合法有效。房管部门对家庭经济条件改善、购买汽车或商品房等丧失申报资格的廉租房用户进行了清理，共有 1158 户家庭由此被房管部门注销其廉租住房保障资格。

三、浙江住房保障体系发展中存在的问题

浙江住房保障体系在解决城市低收入家庭住房方面初见成效，但与发达国家或地区相比，浙江的住房保障体系建设起步较晚，存在着投资比重下降、保障性住房类型繁多、保障覆盖面狭窄，投融资渠道单一、政府预算不足，相关配套政策不完善、缺乏统一有效的管理体制，地方政府执行力度不够、监督机制不健全等问题。

（一）经济适用房占住宅投资比重明显下降

随着浙江住房保障体系的逐步发展，各级政府都加大了住房保障的投资建设力度，经济适用房投资额不断增长，年平均增长率保持在 17%以上。但是与住宅投资总额相比，政府对保障性住房资金投入力度明显不足。以经济适用房为例，自 2001 年到 2010 年，经济适用房投资额占住宅投资总额的比重从 4.8%降至 1.6%，短短 10 年间下降了 3.2 个百分点。

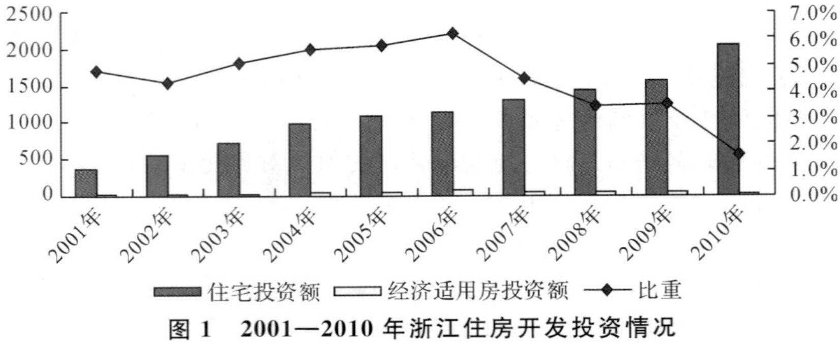

图 1　2001—2010 年浙江住房开发投资情况

（二）各地对保障性住房建设重视程度有待提高

1. 管理机构不到位，人员配备严重不足。近年来，中央越来越重视住房保障问题，明确硬任务，下达硬指标，省政府也多次下文要求各地全面完成各项住房保障建设任务，各地住房保障建设与管理的任务日趋繁重，但不少地方没有建立与此相适应的机构与人员配备。

一是不少地方住房保障工作由建设局或房管局牵头，缺少由地方分管领导任负责人、由各相关部门组成的联席会议制度或领导小组，难以及时协调保障房建设中的土地、资金、政策及管理体制等问题。

二是不少地方建设局或房管局内部没有设立专门的机构，没有明确划分出一定人数的专职人员分管保障房建设与管理工作。

三是各地保障房管理机构及组织体系不同。各地均缺乏完善的组织体系和应有的协调管理权限，影响保障性住房建设效率。

2. 地方政府缺乏供应住房保障用地的动力。不合理的财税体系使得地方政府每年都面临巨大的财政缺口，而土地出让金不纳入财政范围，自然成为各级地方政府的资金来源。以杭州为例，2010 年杭州市区地方财政预算内收入仅 589.4 亿元，同期土地出让金为 922.57 亿元，土地出让金在很大程度上弥补了地方政府的财政资金不足。保障性住房用地大多是采取划拨和协议的出让方式，难以或者较少产生政府收益，对于财政紧张的地方政府而言缺乏供地动力，各地政府存在缺位。

（三）住房保障体系缺乏法律保障

纵观住房保障体系发展历程，从中央到地方，均以《通知》、《意见》和《办法》等文件形式来推动，缺乏法律权威性。对于住房保障用地的供给、项目的审批、项目建设和销售标准等问题，没有高层次立法的硬性约束，就为政府在住房保障问题上的严重缺位和寻租行为提供了理由。

（四）各地推进保障性住房的力度存在差异

1. 保障标准差异很大。从廉租房保障看，高保障地区，如绍兴、舟山等，已基本实现对城镇低保标准 3 倍以下的住房困难家庭"应保尽保"；中度保障地区，如嘉兴、湖州、杭州等，已基本实现对城镇低保标准 2.5 倍以下的住房困难家庭"应保尽保"；一般保障地区，如金华、台州等，基本实现城镇低保标准 2 倍以下的住房困难家庭"应保尽保"。经济适用房保障标准各地差异更大，杭州、嘉兴、湖州、绍兴、台州等经济发达的地区每年都保证推出一定规模的经济适用房，以满足中低收入家庭拥有自己住房的需求。但是部分经济落后地区，如丽水已多年未开工建设经济适用房，不少县级城市也多年未建经济适用房。

2. 保障性住房类型过多，建设与管理难度增大。浙江各地保障性住房的类型众多，包含廉租住房、人才公寓、外来务工者公寓、经济租赁房、经济适用房、限价商品房等，导致内涵分层不清晰、边界重叠，给保障性住房的建设与后续管理带来困难。

（五）保障覆盖面不广，合理衔接的“分层”住房保障体系尚未完全形成

公共租赁房作为一个新的保障性住房类型，还处于摸索阶段，对既不符合廉租住房又买不起经济适用房的家庭缺乏应有的保障，全民“应保尽保”难以实现。浙江住房保障提供的对象主要是拥有本地户籍的中低收入者，而非本地常住人口中的中低收入者，这个问题在杭州等外来人口较多的城市尤其突出。这与我国的户籍管理制度一脉相承，有其特定的社会历史根源，但已经成为社会不公平的因素之一，不利于社会的公平稳定和经济的长远健康发展。

（六）保障住房准入审核与退出执行难

由于个人收入不透明，也没有建立跨地区房产信息、银行存款信息、车辆信息等联网查询平台，对保障对象收入、财产审核难度较大。各地房管部门对居民收入的审核难，且以一年的收入证明很难真正反映申请者实际状况。同时，对利用不正当手段骗购、骗租住房保障行为的处罚，对因经济条件改善而不再具备享受住房保障条件的强制退出，对在住房保障工作中滥用职权、徇私舞弊、玩忽职守工作人员的处理等，亦在法律法规层面缺乏可具体操作的规定。

（七）廉租房集中安置社会问题初显

在杭州、舟山、湖州等地，廉租住房实物配租集中的小区各种社会问题已经开始出现。廉租住房住户中有相当一部分是社会归正人员、老弱病残人员，他们集中居住后带来小区治安、管理、帮扶等诸多社会问题，这些问题处理不妥，将成为影响社会稳定的导火线。

四、国外做法对浙江住房保障体系发展的启示

回顾发达国家住房保障体制的演进历程，尽管各国住房保障体制各有特色，利弊并存，甚至在发展道路上时有反复，但就总体而言，住房保障体系对这些国家的社会进步与经济发展起到了不可替代的、巨大的促进作用，而其住房保障体系在这一发展过程中表现出来的经验教训，无疑对完善浙江住房保障体系发展具有重要的启示意义。

（一）住房保障体系产生的必然性

作为 18 世纪产业革命和全球性城市化产物的住房问题，几乎出现在每一个发达国家的工业化加速时期。由于工业和人口在城市的高度集中，形成对城市土地和住房供应的巨大需求，从而产生了住房供应的短缺，进而导致土地价格以致住房价格的上涨，造成中低收入居民家庭的住房支付能力与住房价格之间巨大的落差，使整个社会饱经住房问题的折磨。另一方面，发达国家的

实践也表明，如果解决了城市的住房问题，也就基本上解决了全社会的住房问题。因此从这个意义上说，城市住房问题是住房问题的焦点和主题。因此，为提高民众福利，缓解住房与社会矛盾，保持社会安定，各国政府都针对城市的住房问题进行积极干预，从而促进住房保障体系的萌生。

正因为住房保障体系的产生与工业化和城市化，尤其是现代城市的发展密切相关，对于处于工业化和城市化进程的浙江而言，完善和发展住房保障体系是一项势在必行的重要任务。

（二）住房保障体系的政府主体性

随着社会经济的发展，"居者有其屋"成为社会各界的共识。然而住房因其具有的特性及住房市场所存在的缺陷，是一种特殊的商品，其价值大、使用周期长，仅仅依赖市场机制难以来解决低收入者阶层自身的住房问题。另一方面，政府作为经济的调控者和管理者，担负着促进社会全面发展和保障全体居民基本权利实现的职责，掌握城市发展方向和土地、规划、财政等资源情况，最能够发动社会力量摸清住房保障的需求规模和特性，理应成为构建住房保障体系的主体。尤其是在因城市化快速发展而居民收入水平普遍低等原因造成的全社会性的住房紧张的情况下，没有政府的管理和干预，就不可能有效地缓解尖锐的住房矛盾。

因此，发达国家虽然主张自由竞争、市场调节，但在住宅建设上政府却用各种方法进行干预。日本政府采取优惠住房政策，实行降利、减免税等措施促进住宅建设；新加坡政府率先实行住房公积金制度，开创住房保障制度特色化的先河；俄罗斯政府发放住房补贴金、执行税收优惠方案，解决低收入者的住房问题；在香港，大约有30%的人口租住在政府提供的公屋里，20%的人从政府手里购买房屋，总体上看，约有一半人依靠政府的资助解决了住房问题。

（三）住房保障体系的阶段性

不同的房地产市场发展阶段，住房的供求关系状况有很大的差别，保障性住房的需求程度和发生作用的范围也会相应产生很大的差别。一般来说，住房严重短缺时期，住房价格与城镇居民家庭平均的住房支付能力差距较大；而在住房供求关系相对缓和时期，需要政府保障的范围较小，保障程度的要求较低，保障压力相对较轻。另一方面，不同的房地产市场发展阶段也会深刻影响住房保障具体方式的选择。例如，在住房严重短缺时期，应当采用最有利于刺激住宅的供给、加快住房建设的政府直接建房方式；而在住房供求关系缓和时期，采取房租补贴的方式则更恰当和经济。相反，如果在住房短缺时期简单地实行房租补贴的方式，则会由于房价较高、申请住房补贴的居民较多、补贴数额较大，而难以达到预期的保障效果。同理，如果住房供求矛盾较小，房价比较稳定，继续实行建房政策，则不利于市场作用的覆盖范围和程度，影响了住房保障方式的选择以及各种具体方式之间的关系。因此，应当根据房地产市场发展阶段来决定住房保障体制的运行方式，并随其演化进而及时改变。

（四）住房保障体系的层次性

住房保障体系的核心，是政府采取措施承担住房市场价格与居民支付能力的差距。因此，很多国家通过严格的管理机制，将低收入家庭划分为不同等级，重点解决低收入家庭的住房问题，然后再逐步解决中等收入家庭的住房问题，整个住房保障体系发展具有层次性。这种层次性使不同收入水平的居民享受到不同程度的保障，是一种经济、合理的保障制度，同时也有利于节约财政支出，减轻政府住房保障负担或保障成本，让更多的居民按照其所应享受的待遇，享受到政府相应程度的保障。

与之相适应，为灵活地适应不同保障对象的具体需求和保障待遇，应提供不同的保障手段，换言之，保障水平的层次性决定了手段的多元化。为保证这种层次性的实现，就必须建立严格的收入划分标准和资格审查制度以防止出现“寻租”现象，规定不同收入标准所能享受到的保障待遇，从而控制不同保障手段和水平的适用对象与范围。对于社会的特别困难群体，由政府按照社会最低住房保障标准实施救助，廉租房形式就是这类保障的典型；而对于一般低收入家庭，政府采用一定补贴的方式，如经济适用房、限价房等形式，及时解决他们住房的迫切需要。这些保障手段对政府财力的要求，对市场机制的影响，对保障公平性的体现都是各有不同的，分别适应于不同的经济政策安排、不同的住房发展阶段和不同的居民保障需求。

（五）住房保障体系需考虑财政的可承受性

无论各国住房保障体系采用何种模式、何种手段，都毫无例外地需要以政府的财政支持作为后盾，尤其是需要财政资金的投入，否则就无法实施。因为住房保障体系实际上是政府向居民提供的一种公共产品，其效用就是通过转移支付的方式实现社会收入的再分配，使广大中低收入和最低收入居民家庭也能够享受经济发展的利益，从而保持分配公平和社会稳定。若要使政府持续地提供这种公共产品，或者说使住房保障体系的运行具有可行性，就必须考虑政府能否有足够的财政支付能力。所以，财政支付能力是保持住房保障体系运行可持续性的基础性因素，在很大程度上决定了住房保障体系运行的效果。对浙江住房保障体系的运行而言，意味着保障模式和手段的选择要恰当，达到的保障水平要适度，避免陷入一些国家的“福利的困境”。

（六）住房保障体系的制度性

住房保障体系建设是一项复杂的系统工程，完善住房保障法制规范是住房保障政策实施的重要保证。在美国、日本、新加坡等国家，住房保障法都是国家大法，其制定是各国政府的一项重要任务。浙江政府需要提升住房政策到法制层面，加强住房保障政策的法制化和规范化。

（七）住房保障体系与其他社会保障体系之间的关联性

根据其他国家经验，住房保障作为全社会保障体系的一个部分，其发展离不开其他社会保障体系的支持和配合。医疗、教育、失业、养老等保障体系的建立健全，可以对住房保障体系起到保驾护航的作用。因此，在完善住房保障体系的同时，要注重各个保障体系间的关联性，健全和完善其他社会保障体系，对住房保障体系发展有事半功倍的效果。

五、科学构建浙江住房保障体系

从发达国家和地区住房制度的设计、保障性住房的特点以及住房市场的发展演变来看，需要强化城镇住房保障，建立和完善科学的准入退出机制，构建多层次、多渠道住房保障体系，不断改善中低收入家庭住房条件，真正实现“居者有其屋”。

（一）制定浙江省的住房保障法规

浙江省级人大及其常委会，出台地方性的住房保障法规，结合浙江经济发展的实际，从立法上规定住房保障的对象、保障标准、保障水平、保障资金运作方式、保障措施、专门管理机构的建立，包括明确住房保障含义及保障对象；规定住房保障准入标准、保障水平、保障方式，同时对违反法律的行为予以严惩；明确各级政府在住房保障资金投入、土地提供、金融支持、财税优惠等方面的具体责任；要求并保障财政拨款计划、租金控制计划、税收减免计划、抵押贷款贴息计划等的实施；以及对一些骗取保障优惠行为的严惩等，形成较为完备的法律法规体系，提高住房保障的法律层次，完善配套法规，维护住房保障建设的健康发展。

（二）构建住房保障管理体系

1. 确定专门机构进行行政管理。为确保住房保障建设健康发展，需要加强政府管理的专业性和系统性，加快政府从只注重建设向建设管理并重的角色转变，充分发挥各地城乡建设委员会的作用或者设立市级专门机构，全面负责住房保障的规划、建设、分配、使用和退出等环节的政府专门管理机构。

在功能上可以分为决策层和执行层。一是决策层，主要在市本级专门成立的决策协调机构，负责制定政策和长期发展计划，并在住房保障建设发展规划和年度计划的报批、建设项目用地的选址与开发、项目的建设、销售与经营管理等环节整体负责与计划、财政、金融、土地、法律、建设等部门的沟通与协调。二是执行层，由市本级和各区住房保障办公室组成，主要负责本区内住房保障的建设、分配、管理和监控等住房保障体系运作工作；另外还需将街道办事处纳入住房保障部门，负责街道低收入家庭基本住房保障的公告、复核等日常工作，做好社会保障部门等有关部门与上级住房保障办公室等的联络与协调工作。

2. 纳入政府考核管理体系。加强对保障性住房建设和管理的组织领导，落实人员编制和工作经费，纳入有关部门主管领导的年终考核，从政绩考核机制上加重政府用于住房保障方面的财政支出金额、投入比例及增长幅度、解决中低收入群众住房户数和覆盖面等住房保障建设方面内容，并将之列为政府考核内容进行问责，实行一票否决制，促进住房保障体系的发展。

3. 纳入政府监管体系。住房保障体系的实施，需建设部门、民政部门、财政部门、发改委、税务部门、银行系统等多部委协调，落实多项配套政策。但在紧缺资源管理权限分散的情况下，容易产生权利寻租，滋生腐败。所以像新加坡和中国香港等，公共住房（等同浙江保障性住房）从选址规划、开发建设、运营管理到社会分配，都处在高效运行的政府专门机构的透明管理下，使其住房保障体系得到不断发展和完善。

（三）住房保障需求体系

浙江需解决住房保障的群体，可以划分为以下三大类：

1. 廉租房保障群体，主要为当地城镇居民人均可支配收入 30%以下、居住面积 18 平方米以下的低收入住房困难家庭。截至 2010 年全省通过廉租住房货币补贴和实物配租方式已解决 6.86 万户。根据城镇住户抽样调查数据测算，社会上仍有 5.9 万户住房困难家庭需要得到廉租房保障，共需 308 万平方米的廉租房。

2. 公共租赁房、经济适用房、限价房保障群体，主要为当地城镇居民人均可支配收入 60%以下、居住面积 18 平方米以下的低收入住房困难家庭。

(1)本地户籍，不符合廉租房条件，又买不起经济适用房的中低收入家庭。浙江各地经济适用房价格一般在 3000 元/㎡左右，购买一套 60 平方米的住房，总价在 18 万元左右。由于经济适用房处置难，各地商业银行普遍不予按揭贷款支持，且中低收入家庭成员大多没有参加住房公积金，购买经济适用房只能选择一次性付款，明显增加了收入低、积蓄少的中低收入家庭购房难度。即使银行能提供按揭，若首付为 20%，其余贷款，按商业银行最优惠利率、贷款期为15年计，则年还款额为12920元，按国际上通行的住房消费支出一般不超过家庭收入的30%标准，要求家庭可支配收入至少在43066元。按照2010年浙江城镇居民人均可支配收入为27359元、户均2.9人测算，一般在城镇居民人均可支配收入60%以下的家庭无力购买经济适用房。

(2)外来人口新增加住房需求。一是异地就业的高校毕业生与引进人才。随着高校扩招，浙江省高校毕业生数量激增，从2001年的3.7万人增加到2009年的22.9万人，他们中的大多数是从农村转移到了城市、从小城市转移到了中心城市，成为城市化的中坚力量。大多数高校毕业生是离开父母异地工作，如绍兴县每年新就业的大学生约4000人，其中本地大学生只有1500名左右；省内高校毕业生留在杭州工作的人数在6万多人，大部分为新杭州人。异地工作就必须在工作地租房或购房，而浙江各地房价普遍较高的现实，成为一些家庭条件差或条件一般的毕业生的沉重负担，使得这些大学生通常选择居住条件很差的群租生活。二是有稳定职业、在当地居住一定年限、有专长的外来务工人员。

(3)经济适用房、限价房保障群体需求。完善住房保障体系，对于一部分城镇居民人均可支配收入60%的家庭，有部分支付能力，如通过亲友借款等各种方式，向政府支付一定数额房款后，向政府租赁保障性住房，并在5年租赁期限满后支付全部房款及利息，购买该套保障性住房。

根据城镇住户抽样调查数据测算，全省城镇居民人均可支配收入30%—60%的家庭仍有20.6万户未得到住房保障，共需1075.3万平方米的公共租赁房、经济适用房和限价房。

（四）住房保障供应体系

1.保障性住房建设布局规划。随着全省大规模的保障性住房开工建设，这就要求保障性住房建设有一个科学合理的规划，各类保障性住房布局总体应该遵循“均衡分布、便于出行、配套齐全、规模适中”的原则。首先是交通，对于中低收入者而言，主要交通工具必然是公共交通，因此保障性住房选址应该靠近公共交通发达地区，一般应在公交汽车、地铁、快速公交等沿线区域，保障居住者上下班和出入的方便。其次，从环境和生态角度，保障性住房区域每平方公里人口密度不能过大，不要与商品房布局隔离，应适当进行混合，创造良好生活氛围和居住环境。再次就是要有方便的生活配套设施，如超市、学校、医院等。

2.住房保障套型建筑面积标准。由于住房保障套型建筑面积标准应梯度设置，根据不同的住房保障类型提供不同的套型建筑面积。2010年浙江省城镇居民人均住房建筑面积为 35.3 平方米，参照保障群体划分标准，廉租房户型设定是以一居室、两居室为主，建筑面积原则上按一居室套型建筑面积 35 平方米，两居室套型建筑面积 45 平方米，三居室套型建筑面积 55 平方米；公共租赁房套型建筑面积控制在 75 平方米；经济适用房和两限商品房，考虑经济性和适用性的特点，要严格控制在中小套型，套型建筑面积控制在 90 平方米，不允许突破上限。

3.保障性房源筹措和管理体系。政府在住房保障体系建设中有主体作用，确立了保障性房源的解决，主要靠政府主导来筹措住房保障房源。

(1)传统模式。根据财政预算安排，各级政府直接投资、开发商与政府合作开发建设、项目法人招标建设以及由企业提供自有土地建设等模式，在建成后交付政府，从中收取费用；或采取交房模式和从承包商手中回购产权的模式。通过新建、改建、购买、长期租赁等方式，多渠道筹集住房保障房源，确保实现住房保障建设目标。按照往年全省保障性住房建设力度测算，每年可提供 277.2 万平方米的住房面积。

(2)借鉴法国住房保障制度，可以出台地方法规规定开发商在开发住宅项目时，其中必须有 5%的面积用于住房保障建设，并为之提供日常的管理和维护，在法律的高度上保证了保障性住房的市场供给。按照 2005—2010 年全省住宅竣工面积计算，六年累计可以向社会提供保障性住房 1810.1 万平方米，平均每年可提供 150.8 万平方米，这将大大提高住房保障工程的建设效率，也降低了背上英国式的公共住房财政包袱的风险。

表 1　2005—2010 年全省房地产开发企业可供应保障性住房面积

年份	2005	2006	2007	2008	2009	2010	累计
住宅竣工面积(万平方米)	3208.9	2995.3	3054.5	3260.8	2783.2	2798.4	18101.1
提供比例(%)	5	5	5	5	5	5	5
可供应房屋面积(万平方米)	160.5	149.8	152.7	163.0	139.2	139.9	905.1

(3)清理整顿存量直管公房，作为公共租赁房提供给困难群体。1998 年下半年实行住房分配货币化后，大量公房通过出售、房改房等办法，进入住房二级市场，成为居民自有住房。但部分存量直管公房仍被不合理占用，未能有效使用，造成社会公共资源浪费，产生了较大的社会负面影响。公有住房作为全民财产，只要没有将其进行私有化(如“公转私”或用于出资设立公司等)，房屋所有权始终属于国家，因此政府可以将存量公房直接纳为公共租赁房。如 2011 年杭州市存量直管公房约为 110 万平方米，另有一部分各单位自管公房，

如果都纳入公共租赁房，将极大增加保障性住房房源。

4. 建设全社会房屋信息系统。1985 年，在国家的统一部署和指导下，为摸清全省城镇房屋状况和居民居住水平，浙江进行了第一次城镇房屋普查，为随后的房改提供了重要的科学依据。没有准确的全社会房屋信息数据，就无法科学决策，直接影响到住房保障政策的针对性和有效性。因此，建立全社会房屋信息系统是亟待解决的问题。

（五）住房保障运作体系

完善住房保障的运作是整个住房保障体系良性发展的关键，应建立动态管理的进入退出机制，健全住房保障申请、审核、公示和退出机制，提供住房保障“准入”和“退出”的监管，提高动态化、规范化、制度化、精细化管理水平。

1. 准入审核机制，建立保障住房对象档案信息系统。随着市场经济的发展，居民财产投资异地化、工作变动频繁化倾向越来越突出，大量隐性收入难以统计，政府对居民真实收入状况无法掌握，政府与申请者存在严重的信息不对称是解决住房保障分配公平性的最大难题。因此，政府应建立起透明的居民收入申报系统，同民政、公安、税务、公积金、房管、银行、证监、车管等部门对接，对申请者的户籍、房产、银行存款、股票、车辆等经济状况信息进行全面核查，按照一宅一档、一户一档的原则将保障房、保障对象信息真实录入，认真执行身份资格认证制度，切实防范和严肃查处虚报、隐瞒、伪造个人信息，公开接受公众监督，确保保障性住房分配给那些中低收入、财产积累少的中低收入住房困难家庭及特定群体。并实施保障信息平台与房屋权属登记信息库无缝跨库连接，确保正在享受保障性住房的家庭，在购买商品房时，政府能够及时发现和办理退出手续，否则不能办理新购商品住房产权证。

2. 轮候机制，是对已确定保障对象的收入水平进行分秩序保障。浙江还处于城市化快速进程中，低收入家庭数量众多，在当前的人力物力财力制约下，不可能一下子解决大范围居民的住房问题。住房保障体系层次性的特点，决定了要完成浙江住房保障目标，不可能在很短时间内悉数解决，只能是一个循序渐进的过程。所以，必须制定分级计划，有步骤、有层次地解决中低收入家庭的住房问题，采取轮候机制，对所有申请人的住房需要程度进行评估和优先排序。在评估过程中，不仅仅根据申请者的家庭收入确定准入条件，还应设置综合性的指标，如户籍条件、年龄条件、收入水平条件、现有住房条件、财产条件、在城市已居住时间和其他条件进行评估，对申请者评出相应的分数。依据所得分数的多少对不同的申请者进行排序，优先解决中低收入家庭特殊群体的住房。根据上文我们对全社会保障性住房需求和供应能力测算，对各类保障性住房的总需求面积为 1383.3 万平方米，而每年测算出的政府可提供各类保障性住房基本在 428.0 万平方米左右。通过轮候机制，经过 4 年左右时间，浙江就能够基本解决全省中低收入家庭住房需求，实现“应保尽保”目标。

3.退出机制，是对住房保障对象家庭收入变动情况审查，界定退出对象的动态管理。一是廉租房、公共租赁房的退出机制。随着中低收入家庭人员、就业状况以及生活水平的改变，会出现不符合住房保障条件而需要退出的情况。定期审查享受住房保障的家庭收入、人口和住房情况，对住房保障对象予以动态的管理，防止住房保障空置或挪作他用等现象，增加进入退出机制的透明度，做到公平、公正。对不同的享受者（实物配租、租金补贴、租金减免），如享受廉租房家庭享受政府提供的租赁保障期为 5 年，超过 5 年转为公共租赁房的租金标准等，采取不同的退出措施。二是已售给个人的经济适用房退出机制。经济适用房由于存在政府补贴，所以不再属于单纯性的商品房，而是一种准公共住宅，所以在交易时要保证购买者和政府双方权益，购买经济适用房满 5 年的，可以作为商品房出售，但房价增值部分的 50%归政府所有。如果发生贬值，政府仍以原先购买价格为标准。这些由政府回购的房屋继续作为经济适用住房向符合条件的家庭出售，这样不仅增加了住房保障房源，还对改变目前经济适用房销售混乱的现状有积极意义。

总之，完善住房保障体系发展，要坚持以政府为主体，分别从管理机制、需求体系、供应体系、运作体系等方面进行构建与完善，以保障低收入困难群体的基本居住权利。

课题负责人　程定尧
课题组成员　沈健芬　蒋晓红　李　莉
金伟刚　朱章勇（总队生产投资价格调查处）
池　波　赵　敏（杭州调查队）
崔宝军　沈小叶（宁波调查队）
张　健　涂　渺（温州调查队）
总 撰 稿 人　金伟刚

参考文献：

[1]马智力，吕铭友.西南地区城市住房保障存在的问题及运行机制研究[J].经济研究导刊，2010(8).

[2]CREIS 中指数据.我国住房保障专题研究报告[EB/OL].(2010—11)[2012—3—5]

http://wenku.baidu.com/view/fe8273a0b0717fd5360cdc7b.html.

[3]张娟锋，虞晓芬，章大良.浙江省公共租赁房制度建设的若干问题[J].中国房地产(学术版)，2011(12).

[4] 长江证券.中国房地产政策研究系列之一——住房保障专题[EB/OL].(2009-09-28)[2012-03-05]http://wenku.baidu.com/view/28348722bcd126fff7050bbe.html.

[5]浙江省统计局，国家统计局浙江调查总队.浙江统计年鉴[M].北京：中国统计出版社，2010.

居民收入增长与经济发展同步研究

世界各国的发展进程与发展阶段变化表明，居民收入与经济发展间的关系主要表现为滞后、同步与超前三种形态，这三种形态在不同时期、不同区域和不同发展阶段对特定地区、国家的经济增长动力、增长质量与可持续性，以及城乡居民福利变化都有着十分深远的影响。不同国家或地区在居民收入与经济增长关系上的制度安排，对其发展进程与经济增长成功都有着高度的相关性，既有成功的案例，也有失败的教训。美、德、英、法、日和韩国、中国香港、新加坡和中国台湾等国家和地区是收入关系调整成功的案例。而近年来部分拉美国家经济与社会发展失衡、经济增长停滞、贫富分化、社会动荡等现状则是收入关系制度安排失效的典型。从世界各国和国内各地区、各个时期的政策执行结果与目标评价看，任何一种收入分配制度安排对居民生活水平的提高和经济增长的可持续性都会产生深远的影响。因此，在 2010 年浙江人均 GDP 超过 5 万元，越过中等收入分界线的情况下，研究居民收入与经济增长关系变化已十分重要，值得关注。

一、绪论

（一）问题的提出

2010 年 10 月 18 日中国共产党第十七届中央委员会第五次全体会议通过的《中共中央关于制定国民经济和社会发展第十二个五年规划的建议》(以下简称《建议》)中，将“城乡居民收入普遍较快增加”作为 2011—2015 年经济社会发展的主要目标之一。《建议》指出，“努力实现居民收入增长和经济发展同步、劳动报酬增长和劳动生产率提高同步，低收入者收入明显增加，中等收入群体持续扩大，贫困人口显著减少，人民生活质量和水平不断提高。”这是党中央在总结我国经济社会发展经验的基础上，分析当前我国经济社会发展形势，按照科学发展观的要求提出的我国经济社会发展战略，在党的历史上第一次明确提出增加城乡居民收入分配份额，纠正收入分配偏移的指导性意见，体现了党中央在未来一个阶段调整收入分配格局，提高城乡居民收入的决心与举措。

（二）研究的目的与意义

居民收入与经济发展同步增长在我国是一个全新的发展理念，是在我国国民经济持续、快速增长，国民经济综合实力大幅度增强，国内生产总值位居全球前列的基础上提出的一个新概念；更是当前城乡居民收入在经济发展中的分配地位下降，国内消费增长乏力、外需萎缩，经济发展活力下降局势下，转变经济增长方式、提升增长动力的一项新举措。因此，研究居民收入与经济增长同步，避免经济增长与居民收入增长出现波动，对维护经济社会和谐发展有着十分重要的意义。

（三）本文采用的基本概念

研究居民收入与经济增长的关系，我们有必要对居民收入和经济增长等相关定义进行界定，以提高研究的针对性、准确性和有效性。

居民收入分为广义居民收入和狭义居民收入。广义的居民收入除包含居民可支配的收入外，还包含收入的二次、三次等多次分配结果，即包括国家和社会组织免费为居民提供的教育、医疗、养老等各项福利。而狭义居民收入仅指居民获得的可支配收入。由于广义居民收入在核算上还有一定的难度，且国民收入的二次以上分配在居民收入中的占比还很低，因此，本课题只研究狭义居民收入，在核算国家、企业与居民收入三者关系时，采用分配法计算的GDP。狭义的居民收入又分为城镇居民可支配收入和农民人均纯收入。

经济增长是指一国或者特定地区的经济综合增长情况，本文采用国际通行的经济增长综合性指标——GDP，并辅之以财政收入、企业利润等相关指标。为了提高不同经济指标及其增长率之间的可比性，居民收入与GDP相比较时采用可比增长。

（四）国内外研究综述

为了深入了解本课题的国内外研究成果，我们根据SCI引用检索，对收入与分配关系论文进行联网检索，检索表明收入分配与经济增长的关系研究是近年来国际国内政策研究的一个热点与重点。涉及收入根本关系的制度安排是否合理直接影响执政党的执政地位，影响国内社会的稳定，因而受到世界各国的广泛关注。从各国收入分配制度变迁情况看，居民收入增长滞后于经济发展的制度安排一般都出现在经济增长的初期，为了加速经济的增长，大多数国家都会作出有利于国家与企业的收入分配安排，以吸引更多的投资与要素注入，相应的代价是减少城乡居民收入的分配比例，为发展提供更多的积累，以加快发展速度，缩短由落后走向相对发达的距离。亚洲四小龙在经济起飞初期的资本倾斜策略、我国于建国初期实施的“重工业优先发展战略”都是这一制度安排的表现。而从经济发展的终极目标看，发展的核心是人的发展，因此，在渡过初级发展阶段后，一般都会考虑调整国家、企业与居民间的收入分配关系，将更多的资源用于改善城乡居民的生活，进而提升居民的福利水平。20世纪50年代后，美、英、德、法等发达国家，尤其是冰岛、瑞士等北欧国家，将收入分配向居民倾斜推向极致，实行“从母腹到坟墓”的保障体制建设。由于收入分配政策的变化涉及各个层面及各种团体与集团的利益调整，局部矛盾冲突会比较激烈，并对资源要素的流向与经济发展产生剧烈的影响。近三十年来，美国等西方发达国家经济增长减缓、资本与制造业外流，以及亚洲四小龙、金砖四国，尤其是我国三十年来的经济高度发展都与收入分配制度高度相关。因此，世界各国的收入分配政策调整一般都是一个渐进的过程，政策的变迁比较慎重。西方发达国家在调整国民收入分配格局时都经历了上百年的历史时期，并且在部分年份中还出现了重大反复。发展中国家在处理国民收入分配关系调整中，顺利突破“中等收入陷阱”的国家和地区也并不多，韩国、新加坡、中国香港和中国台湾等“亚洲四小龙”有过这一阶段的经历，这些国家和地区无一例外地采用了产业升级和地区间产业转移的方式。我国要实现居民收入增长与经济发展同步，不能简单地照搬小国或者经济区域的做法，二者之间的差异还是很明显的，必须结合中国实际，找出一条适应中国的发展道路。

二、居民收入增长慢于经济发展增速

（一）居民收入总体呈现持续性增长

改革开放以来，浙江城乡居民的收入水平得到了较大的提高，2010年城镇居民人均可支配收入为27359元，比1978年增长了81.4倍，平均每年14.8%；农村居民人均纯收入为11303元，比1978年增长了67.5倍，年均递增14.1%。30多年来，城乡居民收入总体呈持续性增长（见图1）。横向比较看，城镇居民人均可支配收入和农村居民人均纯收入分别于2001年和1985年开始位居各省区首位。从各个时期收入增长速度看，城镇居民前低后高，农村居民前高后低。上世纪80年代城镇居民人均可支配收入年均实际增长速度为6.0%，90年代为7.3%，2001—2010年为9.7%，农村居民人均纯收入三个时期的年均实际增长速度分别为11.0%、6.5%和7.8%。

在城乡居民收入持续增长的同时，收入来源日益多样化。城镇居民单一的工薪收入逐渐被多元化的收入结构所替代。1995—2010年，城镇居民的工薪收入比重从77.6%下降到60.8%，经营净收入比重从1.6%上升到12.1%，转移性收入比重从17.2 %上升到22.3%。工资性收入、经营净收入和转移性收入是城镇居民收入增长的主动力，“十一五”期间，这三者的增量相当于城镇居民家庭收入增量的94.8%。在农村，伴随着工业化进程的推进和农业劳动力的大量转移，非农产业收入逐渐成为农村居民增收的主要来源。

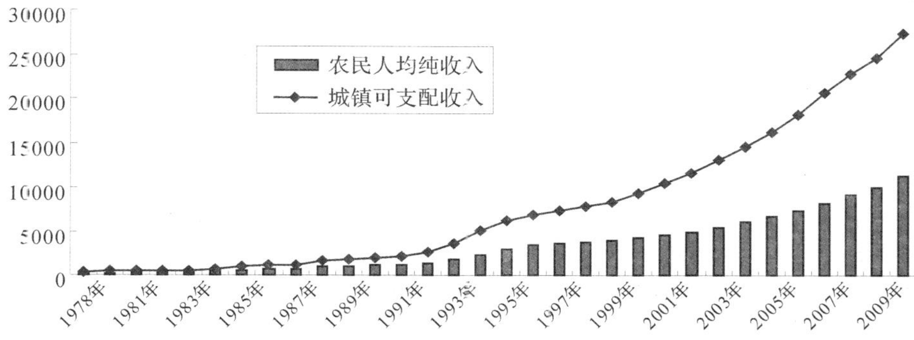

图 1 浙江城乡居民收入变化图(元)

在 2010 年农村居民纯收入中，工资性收入比重达到 52.6%，家庭经营的农林牧渔业等第一产业收入只占 16.7%，家庭经营的二、三产业收入比重为 20.4%，来自土地征用补偿、租金、股息红利等转移性和财产性收入比重达到 10.3%。

（二）居民收入增长明显低于经济发展增速

由于我国居民收入分配调节机制的发展相对滞后，城乡居民收入更多地来源于经济的发展，来源于国民收入的初次分配。进入“十一五”以来，国家开始重视收入分配向城乡居民、向低收入群体倾斜，强化高收入群的税收调节和公共财政支出向居民倾斜，但从 12.66 亿大陆人口基数平均角度看，国家公共财政用于居民福利部分的人均数不大，占比更小。2010 年中央财政的社会保障支出为 3582 亿元，医疗卫生支出 1389 亿元，农林水利事务支出 3779 亿元，三者之和为 8750 亿元，人均 691 元，若剔除各级职能部门的公共支出，实际能到达居民手中的收入约占 1/3 左右，即人均 230 元，按 2010 年我国城乡居民收入数据，公共财政非现金分配占比低于 3%。所以，考察居民收入与经济发展的增长关系主要考察居民可支配收入与经济增长的关系。二者的关系变化表明，除改革开放初期外，我国居民收入实际增速明显低于经济增速，扣除价格因素，1980 年至 2010 年，我国国内生产总值年均增长 10.1%，同期城镇居民人均可支配收入和农民人均纯收入年均可比分别增长 9.1%和 6.6%，经济增长速度高出城镇、农村居民收入增长速度 1 个百分点和 3.5 个百分点。按照 2010 年第六次人口普查的城乡人口比测算，2010 年我国居民的收入为 12472 元，比 2000 年提高 2.36 倍，剔除同期价格上涨因素，十年来年均增长 9.7%，收入增长速度明显快于 20 世纪，但仍低于同期 GDP(10.4%)的可比增长速度 0.7 个百分点。

浙江省基本与全国一样，在过去的 30 多年中，城乡居民收入增长慢于经济的增长。2010 年城镇居民人均可支配收入和农村居民人均纯收入分别为 27359 元和 11303 元，比 1980 年增长了 55.1 倍和 50.6 倍，剔除价格因素，年均实际增长分别为 7.7%和 8.5%。2010 年全省 GDP 为 27722 亿元，比 1980 年实际年均增长 12.8%，高于同期城镇居民人均可支配收入 5.1 个百分点和农村居民纯收入 4.3 个百分点。如果用人均 GDP 作比较，浙江省 1980—2010 年人均 GDP 的年均可比增速为 11.6%，高于同期城乡居民收入增速 3.9 个百分点和 3.1 个百分点。

从分阶段的经济增长与居民收入增长变化看，改革开放初期 1980—1985 年，浙江城乡居民的收入增长快于 GDP 的增长；1985—1990 年，城乡居民的收入与 GDP 增长基本同步；从 1990 年起，城乡居民的收入增长滞后于经济的增长，其中 1990—1995 年是城乡居民收入增长较大幅度地滞后于 GDP 增长的时期。进入新世纪后，经济增长与城乡居民收入增长间的差距有所缩小，但经济增长快于收入的态势并未得到逆转。

（三）劳动者所得占国民收入初次分配份额逐步降低

从浙江地区生产总值的流向角度看，近年来浙江经济发展所创新的 GDP 在分配中更多地倾向于投资方和各级政府。劳动报酬在 GDP 的分配占比有较大幅度的下降。

我们将当年 GDP 构成中的劳动者报酬、折旧加营业盈余、生产税净额分别代表劳动者所得、资本所得和政府所得进行了分析。不难发现，1995 年以来，政府所得占比稳中有升，最低的 1995 年为 8.5%，最高的 2007 年占比为 15.3%；劳动者所得和资本所得变化较大，劳动者所得整体呈下降趋势，其占比由 1990 年的 53.1%下降至 2010 年的 38.9%；资本所得在 2000 年后得以跃升，2005 年达到最高值 46%，以后一直维持在 45%左右（见表 1）。从全国的情况看，居民收入在国民财富中所占的比重逐渐下降，全国最高的年份居民收入占比达到 58%，现在降到了 44%。在西方发达国家，居民收入占国民财富的比重一般在 70%以上。

表 1　浙江地区生产总值构成表

指标 年份	全省生产总值（亿元）	劳动者报酬（亿元）	生产税净额（亿元）	固定资产折旧（亿元）	营业盈余（亿元）	#劳动者报酬占比（%）
1990	898	476	89	121	211	53.1
1995	3525	1683	300	405	1137	47.8

续表

指标 年份	全省生产总值(亿元)	劳动者报酬(亿元)	生产税净额(亿元)	固定资产折旧(亿元)	营业盈余(亿元)	#劳动者报酬占比(%)
2000	6036	2982	768	873	1414	49.4
2003	7796	3036	963	1190	2007	38.9
2004	9395	4375	1153	1399	2467	46.6
2005	13418	5330	1915	1891	4282	39.7
2006	15718	6341	2297	2157	4924	40.3
2007	18754	7442	2870	2534	5908	39.7
2008	21463	8852	3260	2906	6444	41.2
2009	22990	9105	3418	2936	7501	39.6
2010	27722	10789	4274	3316	9343	38.9

三、居民收入增长慢于经济发展的原因剖析

造成收入增长慢于经济发展的原因主要有以下几个方面：

（一）制度安排上分配向资本倾斜

1978 年党的十一届三中全会决定改革开放以来，我们面临着经济基础薄弱，人口就业压力大等一系列经济问题，为了切实加快资源要素的引入，动员各种资本进入实业领域，加速经济的发展，增加就业，改善城乡居民生活，从 20 世纪 80 年代后期，我国就在国家制度层面、法律层面、政策层面、行业准入和领导重视等多个层面对收入分配向资本倾斜作出了安排。浙江对外资企业、内资企业、中小企业，高新技术产业、海洋经济、现代服务业等许多特定投资主体、产业主体都设定了投资优惠、经营优惠等优惠措施，其中除外商投资企业的优惠力度在近年来有所减弱外，适合国家和浙江产业发展导向的优惠措施在近年来有持续强化的态势。1994 年开展全面实行的分税制及其配套的增值税条例，强化了中央政府参与分配的功能，而同期地方性基金的出台又进一步提高了地方参与 GDP 分配的能力。在国家、企业与城乡居民三者间，居民一方再次成为弱势群体，其收入在 GDP 分配中的比例一降再降。表现有三：一是国家制度安排上弱化了居民增收的话语权。劳资双方的薪酬谈判机制不健全。二是政策执行层面上的弱化。各级各地党委政府为了保持经济的快速发展，吸引更多的投资主体来本地投资兴业，主观上倾向于率先保护投资方。从浙江有记载的劳资纠纷处理结果中不难发现，劳动者获得保护、提薪和增加福

利的案例占比还不到半数。三是国家政策制定与指导思想上，重生产、轻消费的倾向比较严重。在发展中重投资、轻消费，重生产、轻生活的偏向由来已久。新中国成立后，为了加快工业化步伐，在当时的苏联发展模式和"生产资料部类优先发展"的思想影响下，我国实行高积累、低工资、低消费政策，以各种政策手段最大限度地动员国内资源发展工业，特别是加快重工业建设，城乡居民收入和消费需求增长受到了抑制。至今，一些部门和地方在经济工作中仍存在片面追求生产速度，轻视收入与生活消费的倾向。

（二）产业结构不合理

要获得更高的劳动报酬，就必须创造更多的财富，这是古往今来颠扑不破的真理，而浙江产业结构的缺憾使浙江的劳动报酬增长不快，占比提升缓慢。第二次经济普查资料显示，2006 年浙江经济增长中有 75.8％的总产出，53.9％的增加值来自第二产业，而第二产业又以低端传统制造业为主（第二产业中制造业的总产出占比达到 85.4％，增加值占比达到 83.5％）。当年制造业的增加值率为 19％，低于全省经济 27.4％左右的平均增加值率 8.4 个百分点，相当于低 1/3 左右。从产业盈利状况看，第二次经济普查反映的浙江主营业务利润率仅为 11.1％，其包含的工资福利只能达到主营业务销售额的 5.7％，这表明浙江经济结构中，大量产业处于产业链的低端环节，市场进入门槛低，竞争主体众多，竞争激烈，利润率低，制约了工资收入的大幅提高。

（三）劳动力供过于求且素质不高

改革开放以来，总体上我国劳动力基本处于供过于求的状态。产业工人中农民工的比例较大，总体来说素质不够高。第六次人口普查数据显示，2010 年全省常住人口中，15—59 岁人口（也称经济活动人口）为 3967.91 万人，占 72.90％；同 2000 年第五次全国人口普查相比，15—59 岁人口的比重上升 3.31 个百分点。经济活动人口的持续增长带来持续的就业压力，不利于就业者人均劳动报酬的提高。全省常住人口中，具有大学（指大专以上）程度的人口为 507.78 万人；具有高中（含中专）程度的人口为 738.12 万人；具有初中程度的人口为 1996.41 万人；具有小学程度的人口为 1568.54 万人（以上各种受教育程度的人包括各类学校的毕业生、肄业生和在校生）。全省常住人口中，文盲人口（15 岁及以上不识字的人）为 306.10 万人，文盲率为 5.62％。从受教育程度情况看，浙江的大专以上人口占比为 9.3％，略高于全国（8.9％），文盲率高于全国（4.08％），反映出劳动力素质的改善缓于全国，从而导致职均工资增长不快。

（四）财产性增收机制缺位

从西方发达国家居民收入来源看，居民的财产性收入已经是一个重要的收入来源。世界银行的数据表明，美、英、德、法、日等国的居民收入来源中，来自财产增值部分的收益已超过20%。而从浙江城乡居民的收入来源看，由于我国财产性增收机制的缺位和资本市场的不规范，城乡居民的财产性收入主要来自于农村土地的征用和家庭财产的变现、出租，与目前投资收益为主的世界财富增值和转移相比，我国居民财产性收入基本处于可忽略的地位。改革开放以来，浙江城乡居民的财产性收入在总量上未曾突破过2000元大关，在城乡居民收入中的占比都低于10%，2010年城镇居民的财产性收入占比为4.9%，2010年农民的财产性收入占比为5.3%。城乡居民财产性收入的占比在"十一五"时期的五年中提升幅度在2个百分点以内，提升速度十分缓慢。

（五）社会保障制度处于建设初期，转移性收入增长缓慢

与区域经济高速增长所不同的是，浙江城乡居民的社会保障仍处于起步阶段，保障覆盖面小，保障水平低和保障差异度大是当前浙江城乡居民社会保障的主要特点。进入"十一五"时期，在平等城乡公共服务，提升城乡居民生活稳定度的改革上，浙江的城乡社会保障有较大好转，但人均水平仍处于成长的初始阶段。2010年全省城镇居民收入中来自社会保障等转移性收入的部分为6710元，占城镇居民家庭收入的17.2%。同期农民人均纯收入中来自转移性收入的部分为561元，占农民收入的5%，两者在绝对值上相差11倍，在占比上相差2倍以上。城乡不均衡性十分突出。与此同时，浙江居民的转移性收入总量小、增长不快，人口基数庞大和地方财政的拮据决定了依靠公共财政支出结构调整改善的社会保障性增收难度相当大。

四、居民收入增长慢于经济发展的不良影响

从居民收入增长与经济发展的关系看，居民收入的增长缓于经济的增长，使本应用于城乡居民生活消费、改善生活质量的社会财富被用于再投资与再发展，加速了产业规模的扩张，形成国内主要产品供过于求等结构性问题。这不仅延滞了浙江居民生活水平的提升和生活质量的提高，影响城乡居民幸福度与福利的提升，还加剧了产需矛盾，使浙江的产业结构转型导向发生了偏差，进而影响全面小康社会的实现、经济增长模式的转变和国内政治社会的稳定。概括起来，主要有以下几个方面：

（一）分配失衡影响全面小康社会的建设进程

按照人均GDP与城乡居民收入的比例关系看，1980年浙江城市居民的收入相当于人均GDP的1.04倍，同期农村居民收入相当于当年人均GDP的

46.5%。到了2010年，浙江城市居民的收入相当于人均GDP的54.7%，农村居民收入相当于当年人均GDP的22.6%，城乡居民收入占人均GDP的比重直线下降。若考虑到30多年来经济发展过程中的财富积累与价格上涨因素，则浙江居民的财富分配比例更小。其后果就是形成当前国富民不强的现状。这一现状产生三大负面影响：一是居民的生活质量提升与经济发展差距扩大。与经济发展阶段相比，我们已经进入工业化发展的中后期，城乡居民的生活水平已实现了由温饱走向小康的跨越，但浙江居民生活水平与经济发展阶段相比，两者的差距没有缩小，反而有所扩大。按照发达国家及"亚洲"四小龙的发展进程，当一个国家或者地区的发展阶段进入工业化后期时，其国民的生活消费随之跨越小康进入初步富裕阶段，休闲型、发展型消费增长明显加快，生活质量进入一个新阶段。2010年全省城镇居民的人均文娱消费支出为2586元，占生活消费的14.5%；交通与通讯消费支出为3437元，占19.2%。同期农民人均文娱消费支出为800元，占生活消费支出的9.5%，交通与通讯消费支出为1067元，占12.7%。生活消费的升级还只停留在高收入地区、高收入阶层。二是部分城乡居民还未摆脱贫困。居民收入分配滞后于经济发展不仅使城乡居民的收入增长缓慢，还使城乡低收入阶层的救助机制改善不快，城乡低收入救助机制覆盖面偏小，救助渠道单一、救助标准偏低，救助时滞等现象还在一定层面上存在，部分城乡居民还未摆脱贫困，生活比较困难。三是不同群体间、城乡间的收入差距扩大，社会心态失衡。2010年全省城乡居民收入的基尼系数分别为0.325和0.365，处于有效竞争的范围。但从城乡收入差距看，浙江城乡居民收入差距由1984年的1.45∶1扩大到2010年的2.42∶1，城乡收入绝对数的差额由1984年的223元扩大到2010年的1.61万元，收入差距呈现持续扩大态势。收入差距的扩大，加大低收入保障的影响，使社会心态失衡现象有所抬头，社会矛盾增多，需要引起高度关注。

(二) 分配失衡推升外贸依存度，产业稳定性弱化

由于居民收入增长滞后于经济的增长，国内消费增长滞后于产能的提高与产成品的增长，迫使国内生产加大产品与服务的出口，不断提升内外贸易顺差，从而使国际贸易严重失衡，贸易纠纷增多。从产业发展与要素流动方式看，国内收入分配失衡→国内消费增长缓慢→产品供大于求→扩大出口→增加外汇储备→增发人民币收购外汇→国内物价上涨→物价上涨侵蚀居民生活结余→消费进一步萎缩→产品过剩加剧→出口再扩大，形成恶性循环。1990年至2010年的二十年间，浙江GDP增长的外贸依存度由15.6%上升到63%，单位进出口增长对GDP增长的拉动系数由1990年的0.322上升到2010年的

1.023，即进出口对GDP的拉动已经超过国内消费与投资的增量拉动，其中出口增长对GDP的拉动系数已由1990年的0.22上升到2010年的0.74。出口拉动系数最高的年份——1985年曾经达0.84，即出口每增长1元，则当年GDP增长0.84元。由此可见，过高的外贸依存度影响了浙江经济长期稳定的发展。

（三）分配失衡加速投资增长，产出效率下降

国民收入分配偏向于企业与政府使更多的资本可用于再生产，而资本的逐利性推动了投资的快速增长。固定资产投资数据变化显示，浙江的投资率从改革开放以来呈现快速上升态势，从1978年的18%左右一路攀升，到2001年起投资率超过40%，2001年至2010年十年间，浙江的平均投资率达到46.8%。若考虑投资所具有的累积效应，则改革开放30多年来浙江的平均投资率达到44%，这一系列的数据远高于发达国家和发展中大国20%—30%左右的投资率，反映出浙江经济增长的不合理性。投资的持续高增长和投资率的居高不下不仅影响浙江国民经济的良性循环，还使投资的增值效果趋于弱化。2010年浙江投资对GDP增量的效果系数由1985年的1.04（每投资1元人民币增加1.04元增加值）下降为2010年的0.34，降幅超过2/3。投资效果系数的下降表明，当前这种经济增长模式有着较多缺陷，增长动力下降较快。

（四）分配失衡制约产业的升级与转型

居民收入增长滞后对经济结构的转型升级带来负面影响，其突出表现主要有两个方面：一是影响产业结构的转型。居民收入增长缓慢影响了居民家庭服务、个人服务、个性化服务的社会化进程，使得浙江第三产业的成长不快。“十一五”期间浙江城乡居民生活消费中，服务性消费得到了快速增长，服务需求在生活消费中的占比不断提高，反映出城乡居民的生活消费由以商品性消费为主转向商品与服务消费并举。2010年城镇居民生活消费中，服务性消费为4998元，占当年生活消费支出的28%；农民生活消费中服务性消费为2548元，占当年生活消费支出的30%。但二者的绝对额与占比，与上海、北京和发达国家和地区相比，还有很大的距离。居民服务需求觉醒滞后与增长不快使浙江服务业增长缺乏有效的市场支撑，经济的转型与三产的发展都受到影响。二是产品与服务需求升级滞后，影响浙江产业转型。从浙江城乡居民的消费变化看，近年来，浙江城乡居民在解决温饱走向小康过程中，消费需求的升级进入一个积累期，消费大件由过去的万元级（家电）上升为十万元级（汽车等）和百万元级（住房、装修），收入增长不快和生活结余总量偏少的现象，使消费升级的积累期相对延长，从而制约了新型产业的成长。如轿车产业尚未成长为主导产业，产业升级脱节，产业技术在低层次徘徊。第二产业的结构发展升级受限

制，又进而影响了第三产业和第一产业的发展。从世界各国的经验看，当人均GDP超过3000美元以后，居民消费升级步伐会明显加快，但如果居民收入水平不高，则会延缓居民消费结构升级的速度，容易减弱消费对经济的拉动力。

五、实现居民收入增长与经济发展同步政策选择

由于“居民收入增长和经济发展同步、劳动报酬增长和劳动生产率提高同步”要从根本上调节各利益主体的分配关系，因此全国层面的收入、税收和财政转移支付等政策的调整需要中央政府来进行，省及省以下政府可以根据本地区发展实际，通过加速推进产业结构的转型升级，均等公共服务，打破城乡与行业间分割，拓宽城乡就业面，提高职均工资水平，来实现居民收入与经济发展同步增长。

（一）推进产业转型，提升居民增收空间

从劳资双方的博弈关系看，工资的分配只能来自于产业的增值，即不同的产业可以支付不同标准的职工工资。低端产业只能支付低标准的工资，其工资支付的上限是产业经营的毛利，毛利低，工资必然低；毛利高，那么工资支付可以高，但并不一定就高。因此，政策干预必须建立在产业附加值提升的基础上。为此，我们建议以加快经济增长方式为基础，全力推动浙江产业的转型升级，提高产业附加值，并按照增量改革的思路，以渐进的方式实现省内产业与分工的重新定位，通过改善产业盈利模式，提升居民收入的增速。概括起来，主要要把握三个推进：一是推进高端产业、高科技产业、高附加值产业的成长，提升全省经济的提薪能力。通过增量引导、资源定价、产业转移等方式，促进浙江产业的转型升级，在最大限度地引进“三高二低（高科技、高附加值、高效益，低污染、低能耗）”产业的基础上，分步分阶段地分流、转移和改造传统产业。操作上以“腾笼换鸟”、优势互补为措施，不断加大新型产业的占比，加速区域经济转型。让浙江城乡居民的就业薪资有更高的提升空间。二是推进产业分工细化，提高增长效率。从浙江各地的经济发展趋势看，改革开放三十多年来的发展形成了目前各地的产业特色，促进了同质要素的相对集中和比较优势的突显，但受国家政策的限制，地区间要素配置不合理、低质竞争激烈仍在一定层面上存在，降低了发展的效率。因此，应加大地区产业集聚的要素流动，引导土地、资金、人才等基础资源配置的市场化，促进地区间分工细化，提升经济增长效率与居民增收空间。三是推进服务业成长环境优化，加速第三产业的增长。通过构筑多产业平等竞争环境，引导资源的市场化配置，通过改善产业结构的资本有机构成来提高居民收入增长率，使居民收入的增长与经济发展同步。

（二）加速城乡、产业与地区融合，实现低收入群体收入的跨越式增长

由于历史原因、制度原因和利益原因形成的城乡分离、地区分割、行业垄

断等多种限制，使浙江不同群体居民间的就业机会、增收机会出现了很大差异，2010 年浙江城乡居民的工资性收入差距为 3.1∶1，如果在“十二五”期间能够使这一差距得到缩小，那么，农民收入的增长将进入一个加速期。按照同等劳动获得同等报酬计算，城乡居民收入中来自工资性收入的部分差距应该小于 2∶1，那么仅此一项，就可以使浙江农民收入增长 50%以上，拉动全省居民收入增长 25 个百分点。

同样，破除不同地域间居民的流动障碍，可以大幅度提高低收入地区的居民收入。2010 年全省有农民收入调查的 81 个县(市、区)中，收入最高的绍兴市绍兴县为 16665 元，最低的县温州泰顺为 6010 元，农民收入的高低差达到 2.77∶1，农民人均纯收入的高低差达到 10675 元，为全省农民人均纯收入的 94%。如果能解决欠发达地区居民的流动就业，仅此一项就可以加速低收入地区的收入增长，进而提高浙江居民的收入增长，缩小城乡差距与地区差距。平等城乡间、地域间和行业间的就业与增收机会，可以在加快要素的流动、提高经济增长效率的同时，加速居民收入的增长。

（三）千方百计扩大与改善就业

就业是民生之本，是改善分配关系、缩小收入差距、实现共同富裕的重要前提。为增加城镇居民收入，要努力做好就业再就业工作，重点做好三个增加：一是增加就业机会。要增加就业机会就需要高度关注就业岗位的变化，尤其是在推进浙江经济转型升级的同时，要注重把握劳动密集型产业转移、转型的时机，降低产业转型带来的负面影响。与此同时，要大力发展服务业外包、现代金融、现代物流、社区服务、餐饮等劳动密集型产业，鼓励中小企业和非公有制经济的发展。加强劳动职业培训，引导职工转变就业观念，发展灵活多样的就业方式。落实好最低工资制度，确保职工工资按时足额发放。二是增加中高端就业岗位，提高职均薪酬水平。通过提升产业水平和劳动力职业技能积累，引入岗位选择的能力竞争机制，使浙江劳动力的就业行业向高附加值集中，就业岗位向中高端集中，大幅度提升居民的职均工资水平。三是增加政府的就业支持投入，构成与完善就业服务体系。就业支持是服务型政府的重要公共服务职能，需要我们将其纳入基本政府职能的范畴，进行重点支持与保障。在就业岗前培训、在职技能深造与就业介绍、流动支持，劳动保障等多个方面提供支持，普及首次就业与困难就业的免费支持，促使浙江城乡居民充分就业，合理就业。

（四）推进收入分配制度改革，规范和完善分配体制

加快推进收入分配制度改革，努力提高居民收入在国民收入中的比重和

劳动报酬在初次分配中的比重。进一步规范收入分配秩序，增加收入分配的透明度，体现再次分配的公正性。重点整顿和规范部分地区、部分行业和部分人群的畸高收入。推进税收调节、上限封顶和转移倾斜等三项措施。限制部分地区、部分垄断领域和部分国资企业的收入过快增长。采取高收入群体收入封顶措施，对过高的收入进行调节。通过征收资源税、补偿税等措施消除垄断行业的超额利润，尽可能消除行业间的收入分配差距。通过优化公共财政的支出方向和支出结构，增加对城乡居民的医疗、养老与保障支出。进一步提高社会保险待遇水平，继续提高企业退休人员养老金待遇，对符合条件未参保的城镇企业退休人员要纳入基本养老保险统筹，适当提高企业退休人员养老金、城乡低保标准，适时提高失业保险标准，提高农村五保供养对象保障水平，将所有灵活就业的困难人员纳入社会保险补贴范围。

（五）均等公共服务，推进居民收入多元化

从浙江城乡居民收入变迁中我们不难发现，要实现居民增收，除推动经济增长、破除制度性制约因素外，均等城乡间、地区间和人群间的公共服务也十分重要。对浙江城乡居民而言，为城乡居民提供平等的受教育权利，提升劳动者的职业技能、文明素质都相当关键。因此，将更多的公共财力用于基础教育扩幅、延伸至学前和高中教育、职业技能培训很有必要。基础教育、职业教育和技能培训要统筹兼顾。中央和各级财政要加大对农村基础教育的支持力度，让农民子女享有平等的受教育权利。同时，积极推进教育体系改革，最终形成城乡统一的教育体制。

在推进居民收入增长的同时，我们要建立居民财富积累机制，使浙江居民历年节余的收入转化为财富，并随着浙江经济的增长和时间的延伸而增长，使更多的浙江居民分享经济发展的成果。操作上主要是明晰城乡私有产权，完善居民财产保护制度，降低居民财产性增收的市场准入门槛，创造条件让更多的浙江居民拥有财产性收入。如果说工资性增收随就业、随产业的提升而增长，那么，居民财产性增收随知识积累、产权制度改革和市场化竞争而拓展。明确产权，拓展增收渠道，加速资源流动、细化产业分工，提升增收效率。积极落实各项惠民政策，通过地域性股份合作等形式，以土地、资产等要素入股为手段，建立地区经济增长利益分享机制，确保城乡居民收入持续、快速、和谐增长。

（六）坚持以人为本，构建居民收入与国民经济增长的同步互动机制

与历史上推进经济高度发展，追求区域性提升所不同的是，当前推进"居民收入与经济增长同步，劳动报酬与劳动生产率提高同步"更多的是要体现分

配的合理与公平，因此，其推动与深化并不能简单地依靠市场主体的力量，而是需要发动全社会的力量来加以深化。各级党委、政府作为构建和谐社会的主导者，有责任、有义务、也有能力推动“两个同步”的实现。为了加大“两个同步”建设的行政推动力，我们需要构建居民收入与国民经济增长的互动机制，实现居民收入增长与经济发展间的良性互动。操作上主要把握三个关系：一是居民收入增长与经济发展的关系。在行政推动与考核上以经济增长为基础，同步推进居民收入为目标，分层设置目标，分阶段考核，分步推进。二是居民收入分配占比调节与可持续增长的关系。分配关系调整中，我们需要妥善解决资本回报的增长和稳定，与居民收入分配占比提高的关系问题，在稳定与增加百元投资回报率以保持区域发展活力的基础上，提高居民收入占比，进而改善城乡居民收入结构，提高生活质量。三是劳动报酬增长与劳动生产率增长的关系。劳动生产率的提高是劳动报酬提高的基础，因此，我们要以科技进步、技术创新为依托，加速劳动生产率的提高。并在此基础上，逐步调节劳动报酬与劳动生产率的比例，实现二者的同步超越。

课题负责人　沈国良
课题组成员　殷柏尧
张全跃(嘉兴调查队)
韩铁民(萧山调查队)
执　　　笔　殷柏尧　张全跃

参考资料：

[1]张五常. 经济解释[M]. 香港：花千树出版有限公司，2002.

[2]胡浩志，易会文. 经济增长与城镇不同阶层收入分配问题研究[J]. 中南财经政法大学学报，2008(4).

[3]王小鲁，樊纲. 中国收入差距的走势和影响因素分析[J]. 经济研究，2005(10)：24—36.

[4]周文兴. 中国城镇居民收入分配与经济增长关系实证分析[J]. 经济科学，2002(1)：40—47.

[5]发展改革委就业和收入分配司. 英国再分配调节措施的基本情况和效果评估[EB/OL]. (2008-04-21)[2012-03-18] http://www.hljic.gov.cn/zylm/zt/gwjy/t20080421_295153.htm.

[6]李宗克. 抓住调节收入分配的时间窗口[J]. 杭州，2011(2).

浙江粮食生产功能区建设调查与研究

——以绍兴、衢州、温岭为例

粮食安全始终是中国经济社会发展中的一个重大问题。改革开放以来，浙江从一个资源小省发展为经济强省，粮食也由基本自给转为主要依靠省外供应。对人多地少的浙江来说，粮食安全问题更加突出。对此，浙江省委、省政府适时作出建设粮食生产功能区、巩固和提高浙江粮食生产能力的决定。此举对于解决浙江人民长期的吃饭问题具有十分重要的意义。由于粮食生产功能区建设是一项长期的工程，如何确保粮食生产功能区建设如期如效地稳步推进，并充分发挥粮食生产功能区的作用，需要长期加以关注。本文通过对绍兴市、衢州市和温岭市等三地粮食生产功能区建设情况的典型调研，初步总结了粮食生产功能区建设的进展情况、模式经验等现状，剖析了存在的困难和问题，并提出一些具体建议供领导和有关部门决策参考。

一、粮食生产功能区的基本概念及其建设意义

（一）粮食生产功能区的基本概念

综合起来讲，粮食生产功能区就是集中采用先进的农业生产技术和管理方法，按照建设良田、应用良种、推广良法、配套良机、推行良制的要求，建成粮食稳产高产高效模式示范区、先进适用技术推广应用区、解决季节性抛荒带动区、统一服务先行区，切实增强粮食综合生产能力。

（二）粮食生产功能区的建设标准

2009 年，浙江省农业厅出台了《浙江粮食生产功能区建设考核验收标准》。主要内容：一是改善农田基础设施。达到旱涝保收高标准粮食生产农田，做到沟、渠、路、电配套，水利设施灌排自如，开展对标准农田特别是新标准农田的培肥改良，切实提高耕地质量和地力；二是增加复种指数，减少季节性抛荒。功能区内农田复种指数超过 200%，其中粮食作物复种指数 100%以上；三是应用先进科技。功能区内良种覆盖率达 100%，先进适用技术应用面积达 90%以上，主要生产环节实现全程机械化，农产品无公害率达 100%；四是开展统一服务。功能区内全面实行“五统一”（统一品种、统一肥水、统一植保、统一技术、统一机械化），其中水稻统防统治等服务面积 90%以上，水稻机耕、机

收率 90%以上；五是实现高产高效。功能区粮食作物平均亩产比当地同类作物当年平均亩产高 10%以上。同时，为规范和指导功能区的农田水利建设行为，提高农田水利建设质量和管理水平，浙江还制定了一套较为完备和科学的功能区农田水利建设标准，从防洪排涝和灌溉等方面做了细致的要求。

（三）建设粮食生产功能区的意义

首先，建设粮食生产功能区是保证浙江粮食安全的重要举措之一。其根本的意义在于解决浙江人的吃饭问题。浙江作为粮食主销区，粮食安全有赖于全国粮食供求形势，但从粮食长期安全和应对突发公共危机的需要来看，要解决浙江 5000 多万人口的吃饭问题，必须千方百计加强浙江自身的粮食综合生产能力，保持一定的粮食生产量，减轻全省粮食调运压力。

浙江省从 2010 年开始投巨资，启动粮食生产功能区建设，计划用 8 到 10 年时间，按照良田、良种、良法、良机、良制等“五良”标准，建设土壤肥沃、技术先进、机制健全的功能区 800 万亩。粮食生产功能区整体计划达到亩产吨粮的生产能力，即一亩田全年粮食产量要达到 1000 公斤。800 万亩吨粮田建成后，就能确保每年 160 亿斤粮食的产能。

其次，建设粮食生产功能区有利于促进浙江农业现代化。在全面建设粮食生产功能区过程中，浙江农业现代化气息越来越浓，农业向规模化、科技化、机械化逐步转型。建设粮食生产功能区鼓励土地适度规模经营，放活土地承包经营权，鼓励多种形式流转土地，引导农民走土地流转、合作发展的路子，强化土地的集约化经营，为实现粮食生产的规模化、机械化、专业化、良种化、标准化奠定基础。把建设粮食生产功能区作为不断提升粮食生产能力的重要突破口，不断提高中低产田的产出水平，促进粮食生产数量、质量和效益稳定提升。加强农田水利基本建设，拓展农机作业和服务领域，增加科技含量，普及粮食高产综合技术，在重点农时季节组织开展机耕、机播、机收服务，加快农业机械化步伐。

二、粮食生产功能区建设的现状

2010 年省政府下发《关于加强粮食生产功能区建设与保护工作的意见》（浙政办发〔2010〕7 号）中明确提出，到 2010 年底计划建成 100 万亩，到 2014 年底建成 500 万亩左右，到 2018 年力争全省建成 800 万亩粮食生产功能区。

按照粮食生产功能区的高标准及粮食安全行政首长负责制的要求，各市、县（市、区）政府结合省下达的计划任务，编制粮食生产功能区发展规划，形成了一套省、市、县(市、区)三级管理体制,任务层层落实。从面上和调研情况看,粮食生产功能区建设总体乐观。主要表现在以下几方面:

(一) 粮食生产功能区建设总体有序推进

在省级规划下,各市级纷纷联动,加强农田水利建设。杭州市明确"十二五"期间,市级财政每年安排不少于1500万元全方位扶持粮食生产功能区的建设与保护。不断改善粮食生产功能区生产条件,每年安排不少于500万元用于农田基础设施建设和改善农田地力状况。宁波市实施粮食生产功能区农田地力提升工程,在已建成的粮食生产功能区实施农田质量提升工程,2011年实施面积5万亩,重点向标准化建设试点区块倾斜,补贴标准按省规定执行,所需资金市、县(市)区财政按比例承担。温州市加大扶持力度,形成多渠道、多元化的资金投入机制,市财政整合各类支农资金,重点扶持连片面积平原500亩以上,山区、半山区200亩以上的粮食生产功能区建设,同时要求各县级财政也要增加对粮食生产功能区的投入。绍兴市将粮食生产功能区建设列入农业农村工作目标责任制,分解落实计划任务,规划到2014年建设64.65万亩,全面落实省政府下达的到2018年100万亩、到2014年63万亩的指导性计划任务,规划到2018年需总投资21.14亿元、到2014年需投资12.56亿元。湖州市根据2011年省下达的12.34万亩的新建任务,实际规划面积13.43万亩,其中千亩以上55个,面积9.75万亩,并层层分解落实任务,及时将任务分解落实到县区、乡镇和村、圩。衢州市分期规划,第一期规划从2010—2014年建设粮食生产功能区409个,建设面积38.68万亩,需投入建设资金12.06亿元;第二期规划从2015—2018年建设粮食生产功能区296个,建设面积19.85万亩,需投入建设资金6.39亿元。其中2010年计划建设粮食生产功能区83个,建设面积8万亩,投入建设资金2.44亿元。嘉兴市到2018年计划投资17.67亿元,建设完成粮食生产功能区119.4万亩,其中到2014年建设完成粮食生产功能区73.6万亩,建成165个千亩粮食生产功能示范区。

(二) 建设手段多措并举

从绍兴、衢州、温岭三地情况来看,粮食生产功能区建设的手段呈多样化。

绍兴市:以资金保障为前提,有序发展粮食生产功能区。2010年,绍兴市全面推开粮食生产功能区建设。6个县(市、区)粮食生产功能区建设规划(2010—2018年)于2010年底编制完成并全部通过省级评审。绍兴市在先期启动的13个"千亩示范、万亩连片"粮食高产样板(功能)区建设的基础上,全面推进粮食生产功能区建设工作。全市各级共投入粮食生产功能区建设资金

3934.75万元，建成粮食生产功能区101个区块，面积14.68万亩，并全部通过由县级以上验收认定和公告发布，完成省下达任务的104.9%。2011年，绍兴市规划建设粮食生产功能区14万亩。各地切实加大地方财政投入力度，据初步调查，绍兴市本级、诸暨市、上虞市和新昌县财政将分别安排1000万元、4700万元、400万元和150万元粮食生产功能区建设资金，绍兴县粮食生产功能区建设项目全部列入农田水利建设项目，嵊州对列入省级生产功能区的乡镇每个补助15万元，对通过验收合格的粮食生产功能区给予每亩50元补助。目前各地正在组织开展建设前期工作，积极申报争取国家、省级粮食生产功能区建设项目，多方筹措资金，加快建设进度，确保完成今年各项建设任务（详见表1）。

表1 绍兴市粮食生产功能区规划建设表

县别	2010年建成（万亩）	2011年任务（万亩）	2010—2014年规划（万亩）	2010—2018年规划（万亩）	到2018年新增粮食生产能力（亿斤）
合计	14.68	14.00	64.65	100.47	0.53
市区	0.74	0.75	3.55	4.04	0.02
诸暨市	4.64	4.54	20.56	32.01	0.18
上虞市	3.13	2.60	13.24	21.25	0.13
嵊州市	2.30	2.34	11.00	18.07	0.08
绍兴县	3.13	2.93	12.27	19.01	0.09
新昌县	0.74	0.84	4.03	6.09	0.03

衢州市：加强粮食生产功能区基础设施与服务体系建设，有力保证粮食生产功能区达标。衢州市6个县（市、区）已全部完成了县级规划的编制，并通过了县级省级认证评审。根据规划，从2010年开始，到2018年全市规划建设粮食生产功能区705个，建设面积58.53万亩，计划建设总投资18.45亿元。

2010年衢州市粮食生产功能区建设规划任务8万亩，实际完成面积8.25万亩，已经全部通过县级认定验收，其中通过省级认定验收6个，面积1.366万亩。2010年建成的83个粮食生产功能区，累计完成投资额8161.74万元，修建（含修复）排灌渠117.2公里，机耕路123.27公里，泵站24座，下田坡2436处，新建合作社50家，新置农机具253台（详见表2）。

表 2　2010 年衢州市粮食生产功能区建设情况统计表

地区			衢州市	柯城区	衢江区	江山市	常山县	开化县	龙游县
目前已通过认定的面积(万亩,以县发文为准)	个数		83	2	18	22	8	16	17
	面积(万亩)		8.2487	0.2189	1.8754	2.0558	1.06	1.0312	2.0074
累计修建基础设施	排灌渠(公里)		117.2	10	11.725	14.9	3.575	41	36
	机耕路(公里)		123.273	12	7.373	6.5	17.4	22	58
	泵站(座)		24	0	1	0	7	12	4
	下田坡(处)		2436	4	222	106	510	374	1220
社会化服务体系建设	新建合作社(家)		50	2	9	2	7	10	20
	新置农机具(台/套)		253	40	55	35	22	85	16
	服务覆盖面积(万亩)	统防统治	7.5114	0.1314	1.68	1.7	0.85	0.45	2.7
		机耕机收	14.2844	0.1532	6.14	2.5	0.86	1.0312	3.6
		机插	4.5888	0.0438	0.24	1.4	0.425	0.08	2.4

温岭市:省、市两级粮食生产功能区齐发展。2011 年温岭市下发了《关于加强粮食生产功能区建设的意见》(温政发〔2011〕70 号),明确了粮食生产功能区建设的目标任务、资金补助、保障措施和工作要求,建立了年度目标考核制度,制定了《温岭市粮食生产功能区建设规划》,计划通过 8—10 年的努力,全力建设粮食生产功能区。总体目标是:到 2014 年建成 9 万亩,到 2018 年建成 15 万亩,到 2020 年实现粮食增产 400 万公斤。

温岭粮食生产功能区建设启动较晚,目前省级建设项目“箬横粮食功能示范园区”(包括东红和乐邦 2 个项目区),面积 4500 亩。2010 年已经启动建设的泽国镇东部粮食生产功能区、新河镇塘下粮食生产功能区和城南镇彭下粮食生产功能区,共计面积 16720 亩。2011 年计划启动并建设完成新河镇高桥片等项目区,使全市粮食生产功能区面积达到 45904 亩,初步发挥效益。

（三）发展模式不断创新

以绍兴市为例,根据粮食生产功能区的建设要求与现有的土地政策,绍兴市创新思维,在实践中创建了以下三种新模式:一是“新南”模式。“新南”模式就是由村级合作社统一经营管理,合作社每年返粮给农户及年终分红。诸暨新南村省级粮食生产功能区连片面积 1260 亩,统一由村级合作社管理耕作,每年给农户750斤/亩的粮食，合作社实行了8个“统一”，统一机插、统一育秧、统一植保、统一水浆管理、统一测土配方、统一收割、统一稻谷烘干、统防统治等。“新南”模式的好处在于一体化管理，技术推广方便，成本节约更加明显，粮食安全能够得到百分百保障，社会效益突出；二是大户主导模式。绍兴县齐贤镇省级粮食生产功能区内共有种粮大户9户，承包经营面积1928亩，规模经营率51.6%，基本上以大户为主，土地流转力度还在进一步加强。该粮食生产功能区经营主体是粮农个体，他们对所属粮田拥有自主经营权，同时粮食生产功能区建立了2家粮食专业合作社、1家植保农机专业合作社对粮食生产功能区内及周边土地开展代育、代插、代管、代收、代烘等社会化服务；三是村级统一管理加散户经营模式。诸暨市安华三联粮食生产功能区就是这种模式，该粮食生产功能区所有的田块都是村民的口粮田，没有一户规模户，同时村合作社开展统一育秧、统一机插、肥料统一采购、统防统治等服务工作。

（四）建成的粮食生产功能区发挥出实效

仍以三地中粮食生产功能区建设起步较早的绍兴市为例，建成的粮食生产功能区已产生较好的实效。

一是有效提高了单产水平。粮食生产功能区良种推广较广泛，粮食单产水平较高。绍兴县齐贤镇省级粮食生产功能区2010年种植早稻1537亩，平均亩产486公斤，比全县平均增产24.0公斤；晚稻3007亩，平均亩产502.9公斤，比全县平均亩产增产20.9公斤，粮食生产功能区今年共增产稻谷10.66万公斤，按每公斤2.4元计，直接增加经济效益25.59万元。诸暨安华三联省级粮食生产功能区2010年单季稻1350亩，平均亩产660公斤，比全镇增产35公斤，粮食生产功能区2010年共增产稻谷47250公斤，按每公斤2.4元计，直接增加经济效益11.34万元。

二是有效节省了生产成本。粮食生产功能区内全面实行统一品种、统一肥水、统一植保、统一技术、统一机械化的“五统一”，有效降低了种植成本。据调查，绍兴县齐贤镇省级粮食生产功能区，推广机械插秧每亩节省用工成本30元；推广测土配方施肥每亩节省肥料成本12元；推广植保统防统治技术每亩节省农药成本18.5元，合计亩均减少成本60.5元。诸暨安华三联省级粮食生产功能区推广机械插秧技术1350每亩节省用工成本55元；推广测土配方施肥每亩节省肥料成本15元；推广植保统防统治技术每亩节省农药成本27.5元，合计亩均减少成本97.5元。

三是一定程度激发了农民种粮热情。由于粮食生产功能区优惠政策更加公开透明和优惠力度的进一步突出，相比于其他零散户，粮食生产功能区对这些优惠政策宣传更到位，种粮户对具体种粮补贴项目和标准更加熟悉。这些优惠政策的公开透明化，对于更好地调动农民种粮的积极性发挥了较好的作用。如绍兴"三联"粮食生产功能区反映，粮食生产功能区在省、市、县三级资金配套下，对粮食生产功能区内的粮农在保障国家种粮补贴的前提下，进一步开展优质低价的种粮服务功能，在方便农民种粮的同时把利润让给农民，比方说统防统治收费仅 30 元/亩，机耕、机插、机收也优惠到 30 元/亩等，粮食生产功能区内所有村民都自己种粮，没有一例流转转包，种粮积极性较高。

三、粮食生产功能区建设中存在的困难和问题

自 2010 年全面建设粮食生产功能区以来，对稳定浙江粮食生产与保障粮食安全起到了积极的作用，但从三地调研中了解到，在粮食生产功能区建设过程中也存在着几个值得关注的问题：

（一）政府的主体作用不突出

由于土地承包到户的政策长期不变，农户作为转租者将土地流转给经营者过程中，以租金高低为主导，谁的租金高就租给谁，随意性较大；承包者因为租赁关系拥有对土地的经营权，种啥收益高就种啥。而作为粮食生产功能区建设的主体——政府目前难以有效驾驭上述两种情况，主体作用不突出。

（二）建设资金配套力度参差不齐

粮食生产功能区建设资金投入以省级为主，地方和经营主体为辅。衢州市 2010 年共投入 8161.74 万元，其中省级财政投入 4453.94 万元，县级投入 1169 万元，乡镇投入 758.8 万元，经营主体投入 1780 万元。省级投入占一半以上，占总资金投入的 54.6%，地方（县乡级）投入相对较小，占总资金投入的 23.62%，经营主体投入占 21.81%。地方资金投入相对较少，一定程度上会影响粮食生产功能区建设的质量和推进步伐。绍兴市规划到 2018 年建设 100.47 万亩，规划总投入资金 21.19 亿元。而市本级及辖各县（市）投入力度参差不齐，总体建设资金明显不足，乡镇、村重视程度不一，全面建设进度和实际建设质量难以平衡。据温岭市反映，估计粮食生产功能区建设成本每亩在 800 元以上，今年的温岭粮食生产功能区建设任务是 2 万亩，需要资金 1600 万元以上，这些资金除省重点扶持外，资金缺口较大。

农田水利建设等硬件投入是粮食生产功能区建设的关键。在粮食生产功能区建设初期，往往是选择基础设施比较好的农田，相比较而言，在后期的建设上投资需求会更大一些。

（三）"土地流转难"影响粮食生产功能区的建设初衷

建设粮食生产功能区的初衷是实现大面积连片规模种植，实现规模效益。

由于目前的土地是集体所有、包产到户的使用性质不变，在土地流转过程中又采取农户自愿的原则，所以，农户在出租土地时往往考虑土地的租金问题，想租时就租，不想租时就不租，随意性较大。土地难以长期稳定流转，给粮食生产功能区要求连片集中的建设标准带来很大的困难。而土地不连片集中，又给统防、统治、机耕、机播、机收造成一定困难。这些都可能影响粮食生产功能区的建设初衷。

（四）粮食作物与经济作物争地矛盾突出

以温岭为例，近年来温岭市大力发展特色农业，西瓜、甘蔗等长季节作物常年稳定在 3.5 万亩和 2.8 万亩左右，还有芋头、茭白等长季节蔬菜作物具备一定的种植规模，葡萄等多年生作物目前已达到 3.0 万亩的规模，并有进一步扩大的趋势。温岭市现有耕地 48 万亩，粮食生产功能区建设目标为 15 万亩，造成与特色农业发展争地的矛盾。更值得注意的是由于种植经济作物租金较高，农户更愿意把土地流转给经济作物种植大户。与萧山接壤的绍兴县杨汛桥、齐贤镇种粮土地大量被萧山花卉苗木种植户以 1900 元/亩的价格承包。这不仅反映出粮食作物与经济作物争地的矛盾突出，同时也严重影响到土地的耕作层。

（五）种粮大户文化素质低影响科技推广

在调研中了解到，目前种粮大户普遍存在文化水平偏低、重经验轻科技等现象。比如：绍兴市种粮大户平均年龄 50 岁以上，小学及文盲占 77.1%，总体素质不高。而且各乡镇缺乏农技人员，在岗在位的农技人员顶多 1—2 名。衢州反映农业技术人员（农业专家）短缺，特别是缺一些能深入农村田间地头指导农业的一线技术人员；农业劳动力出现结构性断层。农村的青壮年劳动力大都外出从事二、三产业，留在家的是老人和孩子，在农村从事农业劳动的大多是 50 岁以上的人员。由于经营者文化程度低，接受新鲜事物、高科技知识的能力偏低，同时抵御风险的意识往往比较淡漠，这些都将影响农业科技的推广。

（六）粮食生产功能区的后期维护难

目前粮食生产功能区的管理维护主要是由乡（镇）政府主导，村级代管。这种计划经济式的管理模式在功能区建设初期的确发挥了不可或缺的作用，但是其粗放、散漫的局限性在随后的建设过程中将可能影响粮食生产功能区建设整体目标的实现。今后可能会出现以下几方面问题：一是难以保证粮食生产功能区内一定种粮。目前的管理者没有权力干涉功能区内长年种植经济作物等现象，只能善意沟通。而粮食生产功能区内的种粮大户承租耕地期限较短，一般为 3—5 年，能否长期租赁种粮也是未知数；二是粮食生产功能区建设牵涉到发改、农林、国土、财政、水利、交通、电力、粮食等部门，存在多头管理，职、权、责不够明晰，经常导致谁都不管，谁都管不了的现象；三是长久管理更是个大问题。

四、加强和完善粮食生产功能区建设的几点建议

粮食生产功能区建设是一项长期的系统工程。如何确保粮食生产功能区建设如期如效地稳步推进并发挥其应有的作用？这需要着眼长远，扎实谋划。针对当前粮食生产功能区建设中存在的困难和问题，本文提出以下几点建议，供决策参考。

（一）强化政府主体意识，加强组织宣传管理

毋庸置疑，粮食生产功能区建设的主体是政府。政府应责无旁贷地承担起粮食生产功能区建设的主体作用，不是简单地发个文、出台一个标准等就完事了，而应注意抓好建设的落实和日后的管理工作。具体建议：

一是加强组织领导，成立独立工作机构。粮食生产功能区建设是一项复杂的系统工程，涉及部门多，经费投入大，而且经费来源来自农业、水利、交通等各条线，光靠某一部门（现是农业部门）去协调各条线的情况，工作力度不够。应自上而下成立一个独立的工作机构，人员独立，由省、市、县政府直接领导，农业、水利、交通等各条线的资金集中使用，不需通过各条线去周转，由上级直接下拨粮食生产功能区建设资金，机构的经费列入各级政府的财政预算，严格管理，专款专用，提高资金的使用效益。

二是加强宣传，增强公众的认同感。政府相关职能部门要把粮食生产功能区建设的必要性和重要性讲细讲透。粮食生产功能区建设是政府为保证粮食生产安全的一项利国利民重点工作，是一项公共事业和战略工程。通过宣传，增强公众的认同感，有利于粮食生产功能区的顺利推进。

三是加强粮食生产功能区建设的维护。很多情况下，建设容易维护难。政府部门一定要谋划长远，出台相应的政策措施或以法律的形式保护粮食生产功能区，真正让粮食生产功能区发挥长远的作用。

（二）保障建设资金合理到位，确保建设工程质量

针对各地不同程度、不同层面反映的资金问题，采取多措并举的方式进行综合治理。其具体措施如下：

一是省、市、县要建立粮食生产功能区专项资金，专款专用，并要长远规划，合理分配，做到不浪费，不重复，循序渐进，按时完成全省 800 万亩的目标任务。

二是加大对粮食生产功能区农田基础设施建设的倾斜力度，切实增强农田抵御自然灾害的能力。

三是尝试多元化投资环境。在政府资金相对不足的地区，可鼓励和引导金融信贷资金、社会资金投入到粮食生产功能区的建设中来。

四是注重粮食生产功能区的建设资金集聚使用。在资金不足的情况下，不宜遍地开花，避免出现注重考核、不重质量的现象发生。

总之，既要想方设法保障建设资金合理到位，又要确保粮食生产功能区的建设质量。

（三）推广科学种植，维护农户利益

粮食生产功能区建设牵涉到千家万户。政府在制定功能区建设和维护政策时，既要引导群众建设、维护好粮食生产功能区，又要广泛吸收群众意见，尊重群众意愿，维护群众利益，使粮食生产功能区发挥出社会效益和经济效益"双赢"的作用。为此建议：

一要突出粮食生产功能区建设的优势。近年来，由于普通农户对耕地"重用轻养"，造成土壤地力退化，有机质下降，土壤养分失调，磷钾素含量偏低，土壤酸化严重。应通过粮食生产功能区建设这一载体，减少化肥使用量，增加有机肥投入，改善土壤结构，培养土地肥力，提高耕地质量。

二要推广科学种植。实践证明，水旱轮作的耕作模式不仅可节肥20%左右，还能有效减轻病害的发生，起到水旱作物互惠互利、提高产量的作用。如温岭反映，"冬花菜—早稻—西兰花"季节轮作，"西瓜、蔬菜—水稻、蔬菜"年度轮作，可有效提高土地利用率，增加土地产出率。所以，在不影响粮食安全的前提下，在粮食生产功能区内科学推广粮经轮作，既能较好发挥耕地效能、增加农户收入，又能解决与特色农业协调发展问题，可谓两全其美。

三要尊重农民意愿，不搞单纯的土地连片。在粮食生产功能区建设中，政府不能以行政手段强制农户进行土地流转，要尊重农户意愿，维护农户利益。

四要加强培训，提高生产和管理水平。针对目前粮食生产功用区内种粮大户文化程度偏低、管理水平欠高等情况，各级政府要切实加强对粮食生产功能区内生产和管理人员的培训，切实提高科学种田、科学管理的水平，使粮食生产功能区的作用更加突出。

（四）合理调控粮价，保护农户种粮积极性

粮价偏低是影响农户种粮积极性最直接的原因。近年来，粮食价格虽然有了较大幅度的提升，但相对蔬菜等其他农产品和农资等生产成本来说，粮价涨幅明显偏低，种粮收益明显低下。据种粮大户反映，如果没有政府的补贴，种粮无利可图。诚然,粮食作为特殊农产品,价格完全放开确实可能带来较大的风险,但其生产成本要素的市场化运作与终端销售非市场化运作的矛盾,如果长期得不到解决,粮食生产就很难得到保障,进而危及粮食安全。因此,要积极探索市场调节为主、政府调控为辅的粮食价格调控机制,让粮价保持一个合理的水平。当然,说说容易做做难,它需要社会各界共同的努力来逐步解决难题。

课题负责人　洪　玉
课题组成员　吴红卫　章公雨　刘小宁(总队农业处)
　　　　　　彭上升　叶兴昌　傅　江(绍兴调查队)
　　　　　　邵阿明　应昱杰(衢州调查队)
　　　　　　叶戴平　郑永华　吴仁程(温岭调查队)
课题执笔人　吴红卫　刘小宁

推进中心镇建设和小城市培育发展的思考

由中心镇建设向小城市培育的转变，是我省经济社会发展阶段中，加快产业转型升级，推动发展方式转变的必然要求；是新型城市化发展过程中，由人口集聚向产业集聚的重大举措；也是加快社会主义新农村建设，促进城乡一体化发展的重要载体。据第六次全国人口普查，我省城市人口比重已经达到61.6%，但城市化与产业结构不协调，以城市化为特征的第三产业发展还比较慢，初步核算，2010年我省第三产业占生产总值的比重为43.1%，两者相差18.5个百分点。一方面，我省“十一五”时期城市化进程加速，人口集聚规模扩大；另一方面，人口集聚缺乏产业基础，大量省外人口迁入，集中于劳动密集型的加工制造业，产业结构调整不快。因此，如何在“十二五”时期，在推进城市化过程中带动产业集聚并转型，是一个制度创新的重大课题。

针对城市“大”所带来的系列“大问题”，发达国家依据霍华德“花园城市”及卫星城的理论，于20世纪50年代末开始在大城市周边地区建立“卫星城”，以法国、英国为代表的欧洲国家走在最前面，从“卧城”、“科学城”、“大学城”、“创意产业城”到各类新城，卓有成效地分解了大城市居住及就业等方面的压力。欧洲国家总的人口规模不大，但其城市化道路的经验很有借鉴意义。

据第六次全国人口普查，我省人口规模已突破5400万人，普查登记的常住人口为5442.69万人，十年增加765.71万人。面对如此巨大的人口数量，和“七山一水二分田”的自然禀赋，集聚城市资源更显意义重大。笔者认为，小城市培育要按照凸显地域文化特征和产业特色的方针，沿着可持续发展的方向，做好以下几个结合。

一、推进中心镇建设和与统筹城乡发展相结合

推进中心镇建设和小城市培育发展是统筹城乡发展的有效路径，实现城乡统筹的最好平台。从我省近几年城乡统筹发展进程看，城乡统筹发展水平

明显提升。2009 年，全省城乡统筹发展水平综合评价得分为 76.88 分[①]，比 2008 年提高了 4.01 分，比评价起始年 2005 年的 61.87 分(《浙江省统筹城乡发展、推进城乡一体化纲要》全面实施年)提高 15.01 分，2006 年上升到 65.88 分，按照初步统筹(45 分以下)、基本统筹(45—65 分)、整体协调(65—85 分)、全面融合(85 分以上)四个阶段的划分，从基本统筹阶段进入了整体协调阶段，整体协调已历经五年的发展，但离全面融合阶段还相差较大距离，存在一些突出的矛盾和问题，如区域间城乡统筹发展水平差距较大，有 12 个县仍处在基本统筹阶段，有 36 个、近 60%的县(市)评价得分低于全省评价得分；城乡居民生活和社会保障领域增速较慢，由于我省城镇职工、城镇居民社会保障起步较早、制度健全，保障水平和统筹层次起点较高；而农村居民的保障起步相对晚，人口多、起点低，医疗保险实行的是农村合作医疗，近年来两者之间的差距虽有所缩小，但由于基数差异大，城乡之间差距仍然较大。从 2005 年到 2009 年，统筹城乡居民生活和社会保障领域的目标实现度，从 58.88%提高到 69.78%，提升了 10.9 个百分点，升幅低于统筹城乡发展的其他三个领域。加快实现特大镇向小城市转型发展，培育小城市发展，将有利于基础设施、公共服务、现代文明向农村延伸、覆盖和辐射，促进城乡一体化发展。

二、推进中心镇建设和培育小城市发展与工业化相结合

推进中心镇建设和培育小城市发展是工业进程中的必有选择。美国在 19 世纪末 20 世纪初进行了第二次产业革命，在大约 40 年的时间内，美国由一个农业大国转变为工业大国，与此同时伴随着以农村人口向城市迁移为代表的大规模城镇化浪潮。因此，工业化是人口集聚的基础。2010 年，我省确定的 27 个小城市培育的镇，平均每个镇财政总收入 8.46 亿元，企业实缴税金总额 5.6 亿元，说明工业化程度相对较高。在未来培育过程中，既要有一定的人口集聚产业，更要以转型升级推动工业化，加快制造业结构调整，实现人口集聚与人才集聚的结合。

三、推进中心镇建设和培育小城市发展与产业升级相结合

在美国 20 世纪 20 年代，工业化、城市化大潮发展迅猛，大量农民工涌入城市，使城市住房日趋紧张。再加上 20 世纪 20 年代末 30 年代初的世界经济大萧条，美国政府不得不开始介入住房问题，制定了促进住房建设、解决中低

---

① 浙江省发改委、浙江省统计局关于印发《浙江省 2009 年城乡统筹发展水平综合评价报告》的通知(浙发改城体〔2010〕1012 号)。

收入阶层住房问题、促进融资流通的一系列政策，其中1937年提出了公共住房计划，1965年提出房租援助计划，1974年提出住房和社会发展法案。伴随着经济发展和城市化进程，美国政府对低收入阶层住房问题宏观调控的推进持续了半个世纪之久。第三产业的快速发展，有效提升了国民经济产业结构，实现投资与消费的协同拉动经济发展。

20世纪70年代的日本，经济发展状况与当前长三角区域城市十分相像。日本曾长期追求高速增长，导致环境的破坏和公害的泛滥，以至于在20世纪70年代末出现了震惊世界的"四大公害"案件。当时日本政府以及企业和个人，产生了一个共识，那就是资源无限供给的时代已经结束，今后的发展必须要转变增长模式，即从过去的数量增长向质量增长转变。通过减、节、转，压缩成本，消除冗余；提倡节约，推行能源节约措施；调整产业结构和产品结构，改变企业投资方向，减少用于量的扩大投资，扩大用于技术改造和技术更新投资。与此同时，当年的日本通过大力增加研究开发投入，完成了由技术引进、技术改良阶段向自主技术开发的转变，推动了日本经济结构在短时间内迅速升级，实现了经济增长方式由粗放型向集约型的转变。GDP结构中第二产业比重由1970年的43.1%下降到1985年的35.1%，而服务业比重由50.9%上升61.8%；就业结构中第二产业比重由34.0%下降到33.1%，服务业比重由46.6%提高到57.3%。20世纪90年代的中国台湾、韩国也有日本20世纪70年代的类似过程。

目前，我省经济发展阶段特征与当时的日本十分相似。人均生产总值7500美元左右，产业结构亟待调整，人口大规模流动，近2000万外省人口流入，本省虽也有大量人口流到省外、国外，但净流入1182.4万人在浙江常住，城市扩容十分迫切。只有人口的集聚，而没有产业的集聚，不可避免地会产生"城市病"。在推进城市化进程中，特别要借鉴和吸取东亚国家的经验和教训，优化城乡空间布局，缓解大中城市发展压力，实现大中小城市协调发展。特别是要坚持错位发展、集约发展的原则，主动承接大中城市产业转移，按照城市经济的特点，大力发展现代物流、商务、金融等生产性服务业，因地制宜大力发展高新技术产业和战略性新兴产业。按照我省"十二五"确定的主题、主线和目标，加快推进人口集中、产业集聚、功能集成、要素集约、社会和谐稳定。

四、推进中心镇建设和小城市培育发展与提高农村居民收入相结合

虽然近年来我省农村居民收入水平不断提高，连续26年居全国各省区首位，2010年农村居民人均纯收入达11303元，2008年以来城乡居民收入差距总体上呈逐步缩小趋势，但城乡居民收入比仍有 2.42（以农村居民人均纯收入为 1）。加快培育一批经济繁荣、社会进步、功能完备、生态文明、宜居宜业、社会和谐的小城市，大力推进小城市社区建设，积极推进住房制度改革和住房保障体系建设，促进农村人口向小城市集中；创新户籍管理制度，加快出台低门槛落户、享受与当地城镇居民同等待遇的农民进城激励政策，加快推进农民市民化，使一部分农民转为城市居民、转移农村富余劳动力也是提高农村居民收入水平的途径之一。

另一方面，近几年农村居民内部收入差距呈扩大趋势，从 2007 年的 0.3535 逐步上升到 2008 年的 0.3614、2009 年的 0.3634、2010 年的 0.3650。从农村贫富的"两极"看，2010 年，收入最高的 20％家庭人均纯收入 24661 元，最低的 20％家庭人均纯收入 3391 元，贫富"两极"的收入之比为 7.27∶1，比 2009 年的 7.19∶1 又有所扩大。尽管在各项政策的扶持下，低收入户的增收速度明显加快，2010 年收入最低的 20％家庭收入增长速度为 13.5％，高于全省平均 0.6 个百分点，但仍低于收入最高的 20％家庭 14.8％的增收速度，收入向高收入群体集中的现象明显。2010 年，收入最高的 20％家庭所占全部收入的份额达到 39.1％，而收入最低的 20％家庭所占全部收入的份额仅占 6.3％。进一步分析可以发现，2010 年浙江 20％最高收入户 43％的收入来自工资性收入，45％收入来自于家庭经营性收入，7％收入来自财产性收入，5％收入来自转移性收入；但对 20％最低收入户来说，相应的比例分别是 59％、28％、3％、10％。很明显，最高收入户收入主要来自于家庭经营性收入，最低收入户收入主要来自于工资性收入。尽管 2010 年第一产业收入增长回升明显，但多数农产品受气候影响产量减少，农业的增收主要是依靠价格上涨推动的，但种种迹象表明，价格上涨的增收效应很难持久，而且很大一部分涨价利润被中间流通商赚走了。如果农产品价格保持稳定持续上涨，对农民增收是有利的，但如果价格大幅波动，尽管可能在上行的当年对增收有利，但长远来看，则不利于农业生产经营的发展，也不利于完成防止物价过快上涨这个当前经济工作的一大任务。这几年的生猪价格大起大落使农民经营效益受损，给了我们深刻的教训。要从根本上提高农村居民收入、扭转城乡居民收入差距，低收入农户增收是关键，提高低收入农户工资性收入是低收入农户增收的主要途径之一。应培育小城市，大力发展小城市经济，着力推进特色产业集群发展，因地制宜地发展旅游、商贸、文化娱乐等面向民生的服务业，吸纳当地的农村劳动力，促进农村居民工资性收入的增收。同时，大力发展城郊农业、设施农业、旅游观光农业，提升现代农业发展水平；结合当地产业、资源优势，帮助低收入农户积极发展有特色、可持续的产业项目，鼓励低收入农户自主创业，大力发展二、三产业，着力提高低收入农户的家庭经营性收入。

总之，加快实现特大镇向小城市的转型发展是一项系统工程，是让浙江人民群众共享改革发展成果的一大举措，是拓展发展空间和推动城乡区域协调发展的必由之路，需要我们深化改革、推动创新，走出一条具有浙江特色的城乡一体化发展新路子。

综合处　王美福　傅吉青

输入型通胀对浙江CPI传导的实证研究

第一部分　导　论

近年来，伴随着我国CPI持续高位运行，影响通货膨胀的重要因素——输入型通胀，对浙江CPI的传导影响成为令人关注的研究课题。本文从国际市场上大宗单个商品价格波动的量化模型分析入手，论证输入型通货膨胀对浙江CPI的直接、间接传导和影响程度，从而提出尽可能降低输入型通货膨胀对我国CPI传导的对策建议，以期更好为政府宏观调控政策提供参考。

一、输入型通货膨胀的基本概念

（一）输入型通货膨胀的定义

输入型通货膨胀一般是指由于国外商品或生产要素价格上涨，引起本国主要商品和服务价格的持续上涨的一种现象。输入型通货膨胀影响程度与一国经济开放程度存在密切相关性，即开放的程度越大，其影响程度也就越大。

（二）输入型通货膨胀与CPI的关系

假如一国经济处于封闭式自给自足状态，那么输入型通货膨胀对其影响几乎可忽略不计。但近十年来，我国经济融入世界经济步伐的加快，尤其我国作为石油、矿石、大豆等国际大宗商品的主要消费国，对外依存度正在逐年增加，这些商品价格波动对我国CPI的传导效应也愈来愈明显，在一些领域甚至直接主导着我国市场部分商品价格走势，从而带动国内相关产品价格波动，并直接、间接地传导到CPI中，使输入型通货膨胀概念越来越靠近人们的生活。

二、输入型通货膨胀的传导方式

（一）成本推动型通胀传导

成本推动型通胀的传递是一种最直接和最直观的传导方式。主要受国际市场上大宗基础商品价格上涨影响，如石油、矿石、有色金属、粮食、大豆等原材料价格上涨，导致国内这些基础产品输入价格直接上涨，引起国内以这些基础商品为原材料生产的产品成本上升、产品价格提高，从而引发成本推动型通货膨胀。

（二）需求推动型通胀传导

1. 国外商品价格上涨直接传导对本国商品需求的增长。

2. 国外商品价格上涨，在价格机制的作用下，导致本国对外贸易出口需求增加。

（三）对外贸易顺差导致本国货币供给增加

受对外贸易出现大量顺差影响，使本国的外汇储备大量增加，在固定汇率制下，大量的外汇储备将导致国内货币供给大大增加，从而引起流动性过剩的投资增加，导致本国的通货膨胀。

第二部分 国际原油价格波动对CPI传导的实证剖析

石油作为工业社会的基础性燃料与原材料，在国民经济发展中具有重要地位，是“国民经济的血脉”。我国是一个石油消费大国，工信部提供的数据显示2009年和2010年我国原油消费对外依存度均超过50%。国际原油价格波动对国民经济是“牵一发而动全身”，对国内CPI的传导影响明显。

一、直接传导剖析

原油价格波动对CPI的直接传导：原油价格—成品油（汽油、柴油）价格—交通运输、燃料产品和服务价格—居民消费价格指数（CPI）。

（一）原油价格与国内成品油价格的联动

目前国内汽、柴油价格实行最高零售价和最高批发价管理，企业根据市场供求情况确定具体批发价格或零售价格。2008年12月起，我国成品油价格改变之前参照新加坡、鹿特丹、纽约等三地市场价格的定价机制，与国际市场原油价格有控制地间接接轨。当国际市场相关油种连续22个工作日移动平均价格上涨超过4%时，国内成品油价格相应提高；反之相应降低。当国际市场原油价格过高、过低或剧烈波动时，国家将采取相关措施对汽、柴油价格进行适当调控。

根据CPI计算原理测算，汽柴油价格和浙江省CPI的弹性系数分别为0.007%和0.002%，也就是说，汽油、柴油价格同比上涨10个百分点，分别直接拉动全省CPI上涨0.07个百分点和0.02个百分点。

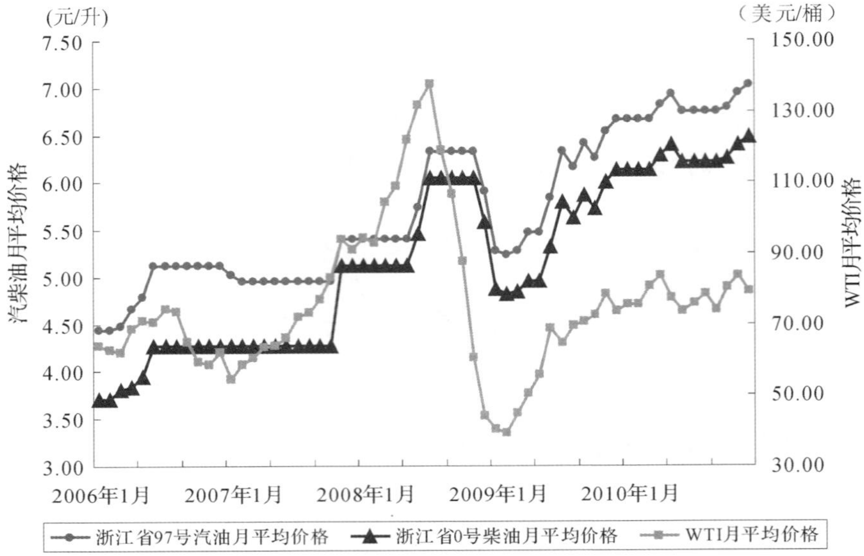

图1 浙江省汽柴油零售价与国际原油的关系

注:2008年12月19日前,浙江省成品油零售价格管理实行三个价区分别作价,图表中为杭州市区价格,零售价格均包含清洁剂0.05元/升加价;2008年12月19日起实行全省统一的最高零售价格,0.05元/升的清净剂加价取消。

(二)原油价格与国内液化气价格保持紧密相关性

随着石油化学工业的发展,液化石油气作为一种化工基本原料和新型燃料,已经广泛应用于生活、工业等各个领域。液化石油气价格的上涨,一方面作为生活燃料,直接拉动CPI上涨,通过对浙江省CPI的测算,液化石油气价格每上涨10个百分点,直接推动CPI上升1.1个百分点;另一方面作为生产合成塑料、合成橡胶、合成纤维及医药、炸药、染料等产品的原材料,提高了相关工业品的生产成本,推高了工业品价格,从而间接拉动CPI的上涨。

对2006—2010年五年浙江省民用液化石油气零售价格变动率与纽约商品交易所WTI[①]原油价格变动率进行相关分析得出:

相关系数 $R=0.85$ 可决系数 $R^2=0.7225$

---

①WTI即West Texas Intermediate(Crude Oil),美国西德克萨斯轻质原油,是北美地区较为通用的一类原油。由于美国在全球的军事以及经济能力,目前WTI原油已经成为全球原油定价的基准。

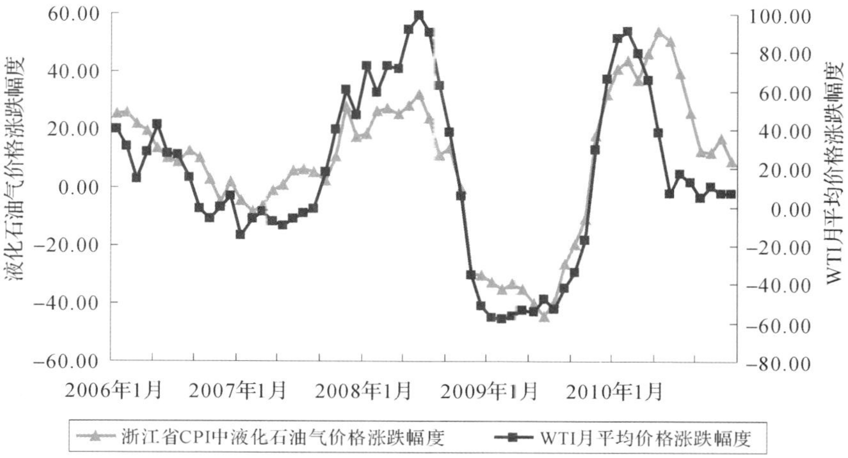

图 2　浙江省民用液化石油气零售价格与国际原油的关系(%)

数据来源：普氏现货、浙江省统计年鉴。

其中 R^2 表示有百分之多少的因变量能被自变量解释。从相关系数看，浙江省民用液化石油气零售价格的变化与 WTI 原油价格之间相关性较高，引发浙江省液化石油气价格变动的因素中，72.25%的因素是由国际原油价格变动决定的。

二、间接影响剖析

间接传导路径：原油价格—石油化工产品原料价格—塑料、橡胶、化纤等行业产品价格—国民经济各类产品价格—居民消费价格指数(CPI)。

(一) 服装(衣着材料)

目前服装行业的产品除了全棉、全毛面料以外，大部分以棉和涤纶等合成面料为主，其中涤纶等占的比例在七成左右，而涤纶纤维等合成纤维都是从石油、石化产品中提取的。其次，服装行业原材料中的辅料，如服装上搭配的线、纽扣、拉链、衣架、染料等等，也都与石油制品密不可分。因此，原油价格上涨拉动化纤原料乙二醇、PTA、PTMEG、MDI 等产品的生产成本上涨，对纺织产业链的影响明显。

从图 3 来看，2008 年以前有段时期，国内化纤原料价格与 WIT 原油价格走势整体出现不一致现象，主要原因是受美国次级债危机影响美元大幅贬值，冲抵了一部分原油涨价因素。但 2008 年以来随着我国对国际原油的依存度不断上升，原油价格对化纤行业造成的成本增加影响更为直观。

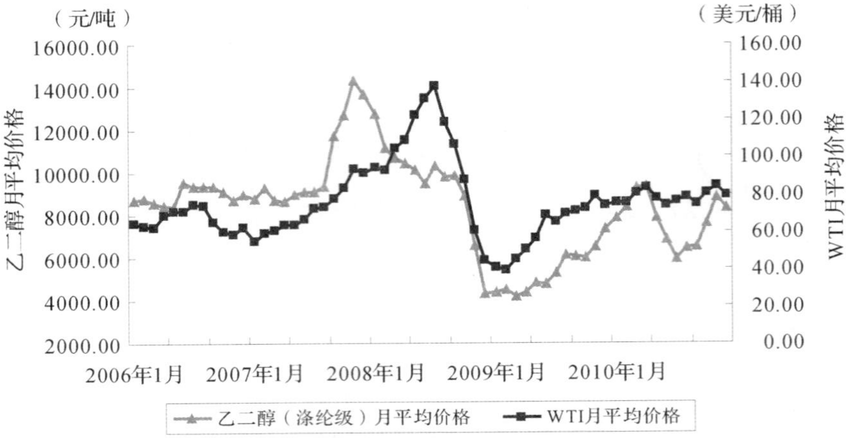

图 3　国内乙二醇价格与原油价格的关系

数据来源：普氏现货、浙江省统计年鉴。

目前 CPI 的“衣着”项目，主要包括服装、衣着材料和鞋帽袜等，衣着材料价格直接受到上游化纤原料价格的影响，而比重最大的服装价格除了受原材料影响以外，还取决于设计费、营销广告费、品牌附加值等成本因素。因此，原油价格对服装价格的传导需要一定的时间，而且每个环节都对价格波动因素进行一定的消化。

（二）个人用品（清洁用品）与家庭日用杂品（洗涤用品）

日化行业所用的大部分原料都属于原油的副产品，包装所用到的大量塑料制品也处于原油产业链中，加上受成品油价直接影响的终端销售运输成本，日化行业中的清洁、洗涤用品、化妆品等产品价格都与原油价格息息相关。

以日常生活中最常用的洗涤产品洗洁精和洗衣粉为例，这两大类洗涤用品的原料均来自石油衍生物，主要原料为表面活性剂，其中最具代表性的是由石油提炼的烷基苯磺酸盐（LAS）。

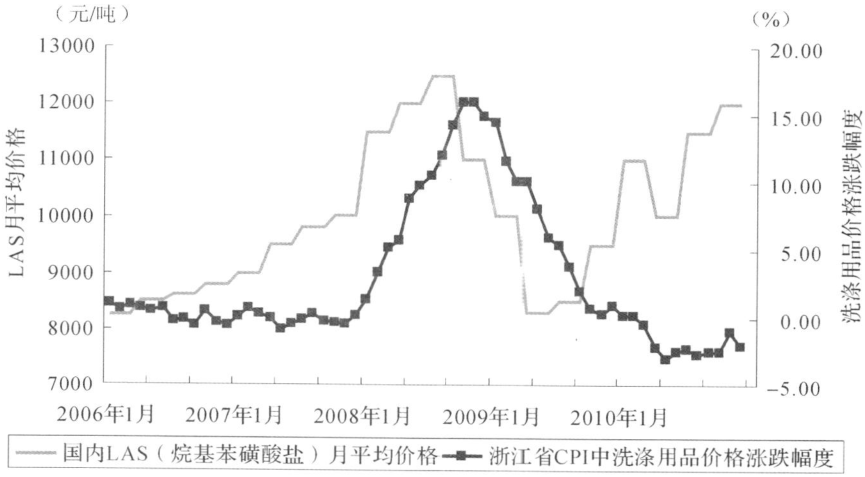

图 4 WTI 原油价格与国内 LAS(烷基苯磺酸盐)价格的关系

数据来源：普氏现货、浙江省统计年鉴。

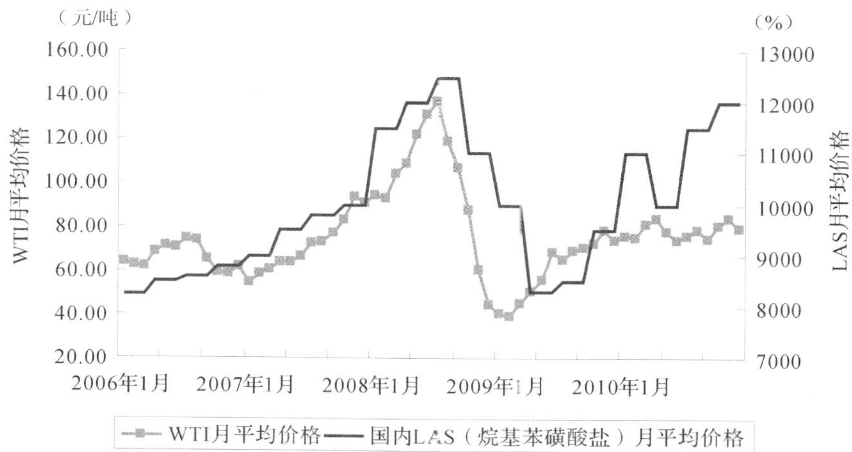

图 5 国内 LAS(烷基苯磺酸盐)价格与浙江省 CPI 洗涤用品价格的关系

数据来源：普氏现货、浙江省统计年鉴。

从图表中可以看到，国内 LAS 价格走势与国际原油价格走势基本一致

（三） 建筑装修材料(涂料、粘胶、玻璃)

建筑装修材料中有很多产品的原材料都处于石油产业链中，玻璃行业的主要原材料是重油，通常占玻璃成本的 30%左右，重油价格直接与原油价格联动，另外夹层玻璃中还用到 PVB 膜，也是石油化工产品；油漆涂料的主要原材

料亚洲芳烃、TDI、MDI、甲乙酮等涂料溶剂是石油炼化的产物；粘胶所需的原材料石油树脂，是石油裂解的副产品。因此，国际原油价格的波动，直接影响建筑装修材料生产所需要的各类原材料出厂价格。

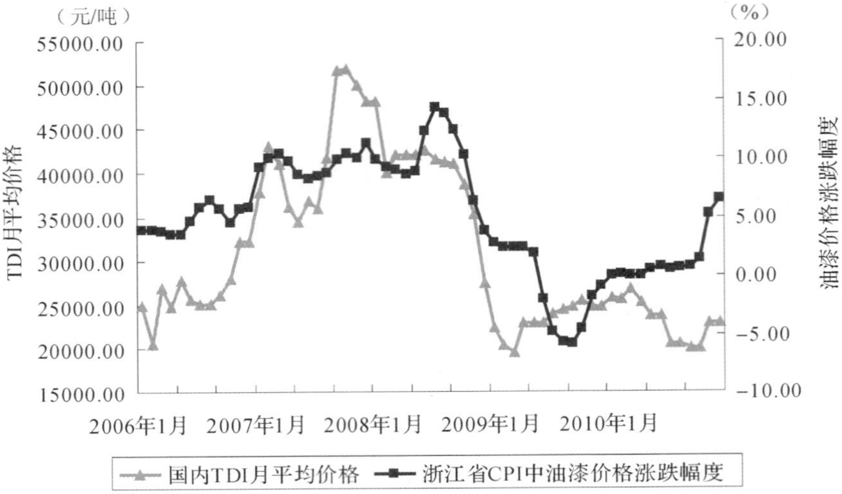

图 6　国内 TDI 价格与浙江省 CPI 油漆价格的关系

数据来源：普氏现货、浙江省统计年鉴。

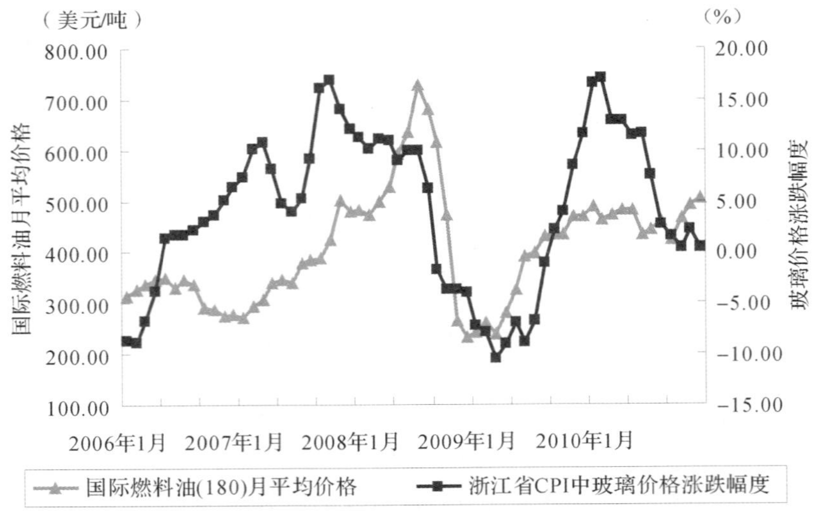

图 7　国际燃料油(180)价格与浙江省 CPI 玻璃价格的关系

数据来源：普氏现货、浙江省统计年鉴。

三、结论:原油价格每上涨1个百分点,拉动CPI上涨0.05个百分点

工业经济的发展离不开石油,石油产业链中的相关产品分布于各个领域。随着我国市场开放程度不断扩大以及对国际原油依存度的逐年增大,国际原油价格的波动已经从方方面面影响到居民消费价格。具体从构成CPI的八大类来看,交通和通信类受到的直接影响较大,而原油价格上涨对化肥、农药、农膜等农资价格也产生推动作用,进而影响农产品价格,因此在CPI中占比重最大的食品类价格,也同样受到石油价格波动的影响。

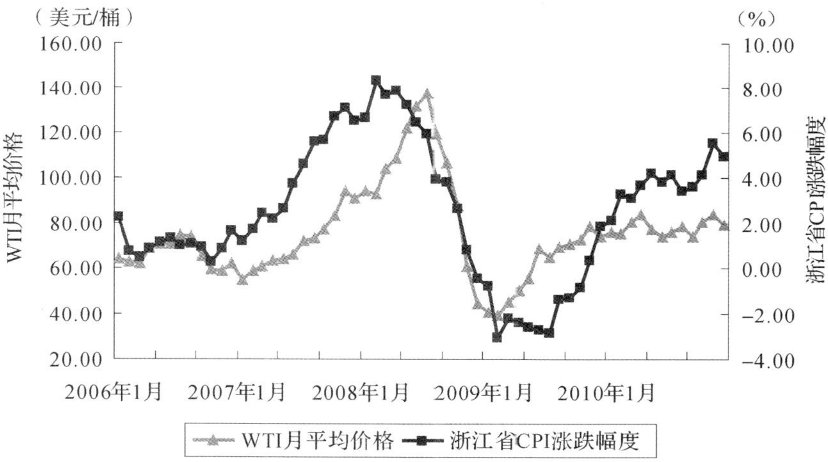

图8　WTI原油价格与浙江省CPI的关系

数据来源:普氏现货、浙江省统计年鉴。

对2006—2010年以来浙江省CPI与WTI原油价格变动率进行相关及回归分析得出:

相关系数R=0.74　回归方程式:y=96.62+0.0509x

其中y表示浙江省月度CPI;x表示WTI原油月度平均价格同比涨跌幅度。从回归方程看,两者的回归系数为0.0509,表明WTI原油价格每上涨1个百分点,拉动浙江省CPI上涨0.05个百分点。

四、个案分析——原油价格波动下纺织企业的艰难抉择

绍兴作为传统的纺织大市,主要纺织品产量位居浙江乃至全国前列。自2010年以来,受国际油价波动的影响,PTA、腈纶、涤纶等化纤原料价格先后出现异常上涨,且上涨幅度已超出了一般纺织企业所能承受的范围,尤以下游企业为甚。

（一）纺织原料价格走势与国际原油价格变化存在相关性

1. 化纤价格与原油价格走势存在高度相关性。

(1)化纤核心材料 PTA 主要来源于原油。以绍兴市的主要纺织原料涤纶为例，涤纶的主要原料是 PTA，在 PTA 的产业链中，原油是 PTA 产品上游的源头(石油—石脑油—MX—PX—PTA)，其价格的涨跌直接影响到下游产品的成本高低。

(2)PTA 与原油价格存在高度相关性。在假设供求关系相对平衡、成本驱动型前提下，原油价格的波动将是 PTA 价格走势的主导力量。从历史价格走势来看，PTA 很多次大的上涨行情都有原油大涨的带动，两者价格存在极强的正向相关性(见图 9)。

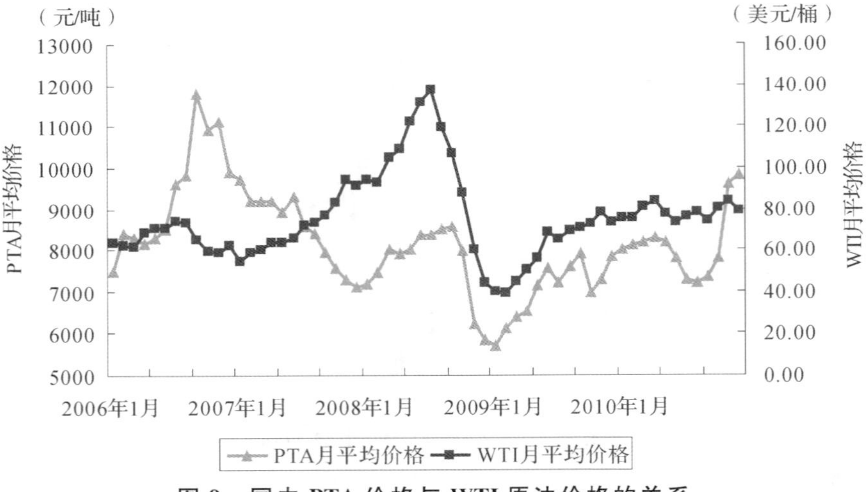

图 9　国内 PTA 价格与 WTI 原油价格的关系

数据来源：普氏现货、浙江省统计年鉴。

2. 棉花价格受替代效应影响与原油价格存在间接影响

(1)近代棉纤维在纺织纤维中占比大幅下降。据国际棉花咨询委员会(2001，2007)报告，从 20 世纪 50 年代初到新世纪的前 7 年，棉纤维占纺织纤维的比例从 72.7%下降到 40.0%，降幅达 32.7 个百分点。

(2)棉花、短纤和长丝作为纺织和服装产品的生产原料，具备相互替代性。2010 年下半年，由于棉花价格的持续上涨造成中下游纺织企业生产成本的上升，企业便转向更多地采用具有一定价格优势且性能相近的化纤短纤作为替代，主要是涤纶短纤、粘胶短纤，从而带动作为棉花主要替代品的短纤市场需求的增长。

棉花价格的上升直接带动粘胶短纤、涤纶短纤的价格上升，而石油价格的上涨带动化纤短纤价格的上涨，从而联动棉花价格上涨。纵观近几年涤纶短纤、粘胶短纤的市场走势，均呈现随棉花涨跌而有规律的变化（见图10）。

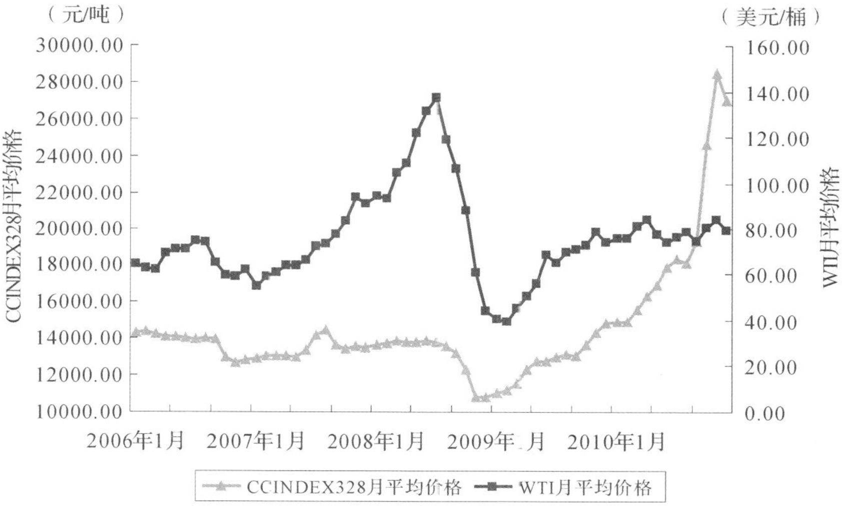

图10　国内棉花价格与WTI原油价格的关系

数据来源：中国棉花协会网站、普氏现货。

注：中国棉花价格指数是1999年国家决定放开棉花购销价格时，由中华全国供销合作总社棉麻局酝酿建立，于2002年6月正式发布，英文简称“CC Index”，“328”为棉花等级。

（二）纺织企业面对原油价格剧烈波动举步维艰

1. 企业经营成本提高严重挤压企业利润空间。纺织业主要原料来自化纤业，乙二醇、聚酯切片、涤纶聚酯、锦纶都直接受油价的影响，这些原料的价格几乎完全是由成本推动的，油价上涨，石油产品的原材料购进成本必然跟着上升。尽管产品出厂价有所回升，但上涨幅度远远低于原材料价格涨幅，企业利润空间大幅缩小，“高进低出”的矛盾进一步加剧，纺织企业受到较大冲击，产业面临着严峻的形势。

2. 面对需求不足的买方市场，提价是企业无奈的选择。在原材料价格上涨的同时，企业员工加薪、人民币升值、加息收贷等多重因素的叠加压力下，纺织服装企业面对需求不足的买方市场，提价只是无奈的选择。资料显示：2011年1—6月份，绍兴市绢纺丝出厂价格上涨31.66%，蚕丝及交织机织物出厂价格上涨28.55%，影响面巾、浴巾及其他棉、化纤制品出厂价格均上涨

14.67%，棉、化纤针织品及编织品出厂价格上涨 8.16%，纺织服装制造业产品上涨 6.08%。

第三部分　国际市场金属、矿石价格波动对 CPI 的传导

国际有色金属、贵金属、铁矿石价格的变动主要受全球经济发展阶段性影响。尤其是 2004 年世界经济的强劲复苏，伴随着原油、粮食等大宗商品价格上涨，金属、矿石价格也开始出现持续攀升。随后，伴随 2008 年三季度末世界范围的金融危机爆发，国际大宗商品价格又出现大幅波动。随着 2009 年下半年世界经济逐渐复苏，国际有色金属等价格再次上涨。

一、我国大宗原材料商品整体对外依存度居高不下

我国经济快速发展的同时，随着城镇化和新兴工业化的推进，给中国经济注入了新的活力与动力，使得近年我国对大宗原材料商品的进口需求不断扩大。

（一）铁矿石进口量连年增加

在我国前五位重要进口商品的进口趋势中，铁矿石进口增长最为迅速，表现最值得关注。2002 年铁矿石进口突破 1 亿吨，2003 年，进口量首次超过日本，成为全球最大的铁矿石进口国；2004 年，进口量更是达到 2.08 亿吨，占国际铁矿石海运贸易总量的 1/3，中国因此被称为“全球吸铁石”。到 2007 年又上升到了 3.83 亿吨，已接近国际铁矿石海运贸易总量的 50%，且全球新增铁矿石量的 90%以上是用于我国的消费。有资料显示 2010 年我国粗钢产量已达到 6.267 亿吨，占全球总产量的 44.3%。随着产业的发展对钢铁需求量日益增长，铁矿石进口量连年攀升。2010 年铁矿石对外依存度已达 63%。

（二）铜、镍、铅对外依存度均超 50%

由于需求持续旺盛、投资高速增长，我国对铜、镍、铅等商品的需求量也日益增加。铜对外依存度高达 80%，镍为 70%，铅和铝矾土都超过了 50%。

二、国际市场金属、矿石价格上涨直接导致我国进口价格总水平一路走高

（一）主要进口大宗商品价格连年上涨

从近 5 年主要进口商品看，未锻造的铜及铜材、铁矿砂及其精矿、未锻造的铝及铝材价格涨幅较大。

表 1　2005—2010 年我国主要进口商品年平均单价同比上涨情况(%)

商品名称	2005 年	2006 年	2007 年	2008 年	2009 年	2010 年
铁矿砂及其精矿	9.4	−4.0	37.6	55.9	−41.9	60.6
钢材	34.4	12.4	13.7	24.7	−27.2	10.8
未锻造的铜及铜材	22.9	63.6	17.5	3.1	−27.7	78.4
未锻造的铝及铝材	19.1	24.0	24.3	—	—	37.1

数据来源:海关总署。

（二）铁矿石价格涨幅远大于钢材价格涨幅

国际铁矿石价格在 2003 年之前的二十年,受需求稳定影响,价格低稳。2004 年后,随着“中国特需”进入铁矿石领域,国际铁矿石价格连年暴涨。但由于全球 70%的铁矿石贸易由澳大利亚必和必拓、力拓以及巴西淡水河谷世界三大铁矿石巨头所掌控,中国需求与垄断定价成为影响国际铁矿石价格波动的重要因素。反观同期 CRU 的全球钢材价格指数,2000 年 1 月份只有 90,2008 年 8 月份曾触及 292.8 的最高位,目前已经回落至 150。相比较而言,铁矿石价格上涨幅度明显大于钢材价格的涨幅。

进入 2010 年,国际主要大宗原材料进口量趋于涨跌互现相对稳定状态,但进口价格无一例外地继续出现大幅上涨。进口铁矿砂 6.2 亿吨,同比下降 1.4%;进口平均价格为 128 美元/吨,上涨 60.6%。由于进口铁矿砂涨价,我国钢铁行业为此多支出近 300 亿美元。2010 年,进口未锻造铜及铜材 429 万吨,进口量与 2009 年同期持平,进口额为 327 亿美元,同比增长 44.4%,进口平均价格为 7626 美元/吨,上涨 44.4%;进口未锻造铝及铝材 95.5 万吨,同比下降 58.8%,进口额为 39.3 亿美元,同比下降 26.5%,进口平均价格为 4109 美元/吨,上涨 78.4%。

三、国际有色金属、矿石价格波动对浙江 CPI 的传导

基础产品一般处在国民经济产业链中的上游,其价格的大幅上涨对下游产品价格上涨和居民消费价格上涨具有直接的、长久的推动作用。

（一）国际基础金属价格与浙江省 PPI、CPI 运行存在较高的一致性

将 2005—2010 年国际铁矿石、主要基础金属价格与浙江省 PPI、CPI 及黑色金属冶炼压延加工业出厂价格、有色金属冶炼压延加工业出厂价格指数走势进行对比,可以发现铜、铝等金属价格与 PPI、CPI 彼此间联动的紧密度较强,铁矿石价格的紧密度相对较弱,这与国际市场铁矿石寡头垄断,利用中国需求强行提价密不可分。

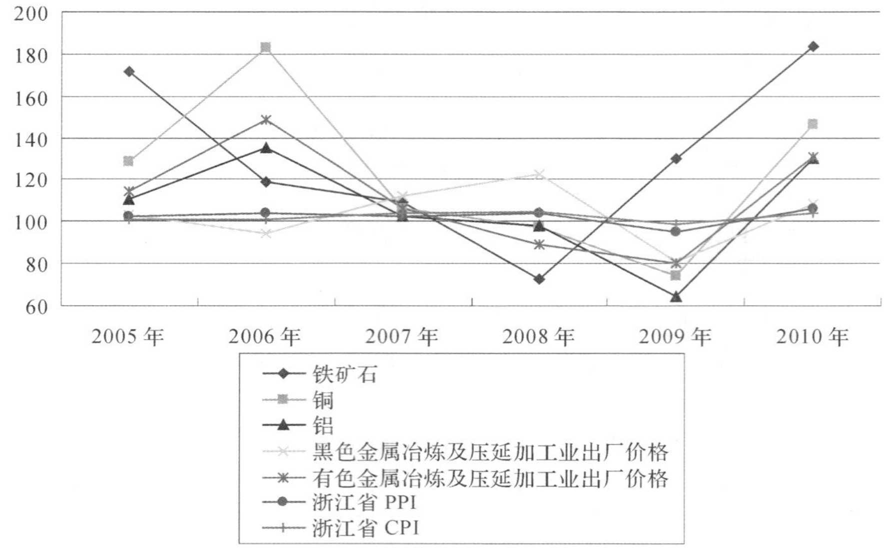

图 11　2005—2010 年铁矿石、金属价格变动幅度与浙江省 PPI、CPI 对比

（二）国际铁矿石对浙江省价格总水平影响的分析

铁矿石作为钢材的重要原材料，其价格上涨必将通过产业链传导到下游行业，因此浙江 MPI、PPI 受其影响相对较大。但其对 CPI 的影响较弱，由于 CPI 构成中受铁矿石价格影响较大是家庭设备用品及维修服务、交通与通讯以及居住类价格，前两者所占权重较小，居住类权重虽高，不过其价格并不包括房地产价格在内。而且伴随价格传导速度和效应的减弱，国际铁矿石价格对浙江 CPI 的影响度减弱。

（三）金属输入性通胀对浙江省价格总水平影响的特点

1. 影响范围逐步扩散。2000—2004 年的这一段时间，国际铜、铝、锌等金属价格变动对国内价格的影响最初只局限在有色金属、黑金属原材料购进价格方面。不过，伴随着经济全球化的深入，特别是国内房地产、汽车、家电等行业的快速发展，金属的对外需求激增，国际金属价格对国内价格影响的范围逐步扩散到相关工业品出厂价格，直至居民消费价格。

2. 影响效应逐步显现。国际金属价格对国内价格的影响经历了“从无到有、渐次显现”的过程。在对比过程中，我们发现，2005 年之前，国际金属价格总体呈低位、平稳态势，变化很小，金属输入型通胀几乎不存在。2005 年后，国际金属价格变动对国内的影响开始在有色金属领域中显现，不过此时国际有色金属价格的波动还不能全面引发国内三大价格指数的变动。至 2008 年时，包括黑金属在内的国际金属价格变化对国内的影响日渐凸现，2008 年后，从铜、铝、锌到铁矿石，国际主要金属品价格波动对浙江省原材料购进价格和工业品出厂价格的影响已相当明显，这表现在 2009 年后国际金属价格的波动均会引发浙江省原材料购进价格和工业品出厂价格指数，甚至居民消费价格指数的同向波动。

对 2005—2010 年国际铜价与浙江省 CPI 相关分析可以得出：

回归方程式：$y=1.7667+0.01571x$

其中 y 表示浙江省年度 CPI；x 表示国际铜价年度涨幅。从回归方程看，两者的回归系数为 0.01571，表明国际铜价每上涨 1 个百分点，就会拉动浙江省 CPI 上涨 0.01571 个百分点。

第四部分　国际主要农产品价格波动对 CPI 的传导

近年来，受全球自然灾害及充沛流动性影响，国际主要农产品价格出现持续上涨和高位震荡，很大程度上波及我国食品价格的上涨。

一、国际油脂价格波动左右国内油脂价格走向

（一）我国大豆消费对外依存度大幅上升

自 2001 年我国加入 WTO，2002 年取消大豆进口关税和配额限制之后，国外成本较低且出油率高的转基因大豆如潮水般涌入中国，2004 年国内大豆产业遭受重创，并形成"南美人种大豆，中国人买大豆，美国人卖大豆并决定价格"的格局，2005 年中国成为世界上最大的大豆进口国，到 2009 年，全国大豆总需求量高达 5463 万吨，而国内大豆产量只能达到 1500 万吨左右，约 4000 万吨的消费依赖进口。近三年全国大豆进口量一直以 10%—20%的速度增长，榨油用量成为我国大豆需求的最主要增长点。

（二）国际大豆价格与浙江省油脂价格波动存在紧密相关性

由于大豆是油脂压榨的主要原材料，结合我国烹饪用豆油消费约占豆油消费量的 78%的现状，国际大豆价格波动一方面左右着国际油脂价格，另一方面则直接影响着国内油脂类价格的运行。从图 12 可以看出，国内油脂价格的波动与国际油脂价格的波动基本同步，在国际油脂价格达到最高值的 2008 年上半年，浙江油脂价格也创历史新高；当 2010 年下半年起国际油脂价格出现五年来的第二轮上涨，浙江油脂价格也开始逐月攀升。

对五年来国际油脂价格指数与浙江省油脂价格的变动率进行相关及回归

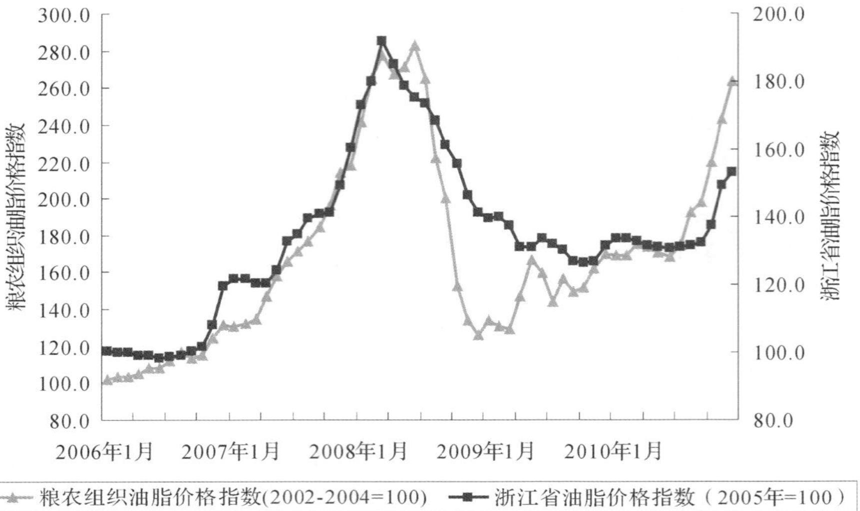

图 12　国际国内油脂价格指数波动曲线

分析得出：

相关系数 R＝0.89　可决系数 R^2＝0.79

回归方程式：y＝0.4163x＋63.912

从相关系数看，国际油脂价格变动与国内油脂价格变动呈显著相关，引发国内油脂价格变动的因素中，79％的因素是由国际油脂价格变动决定的。

从回归方程看，两者的回归系数为 0.4163，表明国际油脂价格指数平均每上涨 1 个百分点，浙江油脂类价格就平均上涨 0.42 个百分点，可见国际油脂价格变动对国内油脂价格变动的影响程度很大。

二、国际粮价与国内粮价从长期趋势看存在一致性

在国内外粮食市场日益交融的条件下，国内粮价走势与国际粮价具有一定的联动性，国际粮价的变动对国内粮食市场必然会带来传导作用，在一定程度上影响国内粮价的上涨。2001 年我国正式加入世贸组织，政府以完全放开大豆价格为代价，保护了国内主要口粮（小麦、水稻、玉米）不受农业发达国家的冲击，目前这些品种的自给率在 95％以上，使国内外粮食市场价格总体保持相对平稳走势。我国小麦、玉米、稻谷产需基本平衡，进口量很小，不足国内粮食总产量的 1％，主要粮食品种能够自给自足，国内粮食价格变动基本不受国际市场的影响。另外，我国粮食价格的形成中政府调控成分较大，政府主要通过粮食最低收购价政策、粮食收储和拍卖机制以及粮食外贸政策等来实现对粮价的调控。在2007—2008年及2010年至今的两轮国际粮价大涨引发全球粮食危机时，我国粮价基本保持稳中趋升的运行态势，没有出现粮价的大幅波动。但从长期趋势看，国际粮价与国内粮价还是存在趋势一致性，2006年—2010年，浙江省粮食价格累计上涨36.8%，这期间国际谷物价格指数上涨120.4%（见图13）。

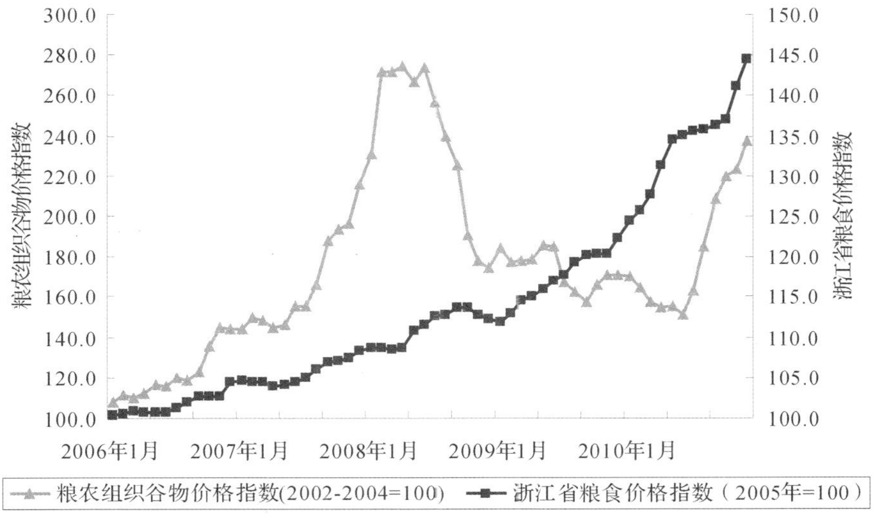

图13 国际国内粮食价格指数波动曲线

三、国内猪肉价格基本不受国际市场肉价影响

我国是人口大国，猪肉产销量在国际市场上所占比重较大，加上全球各主要猪肉进口国设置了较高的进口壁垒，以及我国对猪肉进口的严格限制，决定了我国猪肉市场与国际市场的相对独立性，国内猪价基本不受国际猪价影响。从2006—2010年的价格走势看，国际肉类价格波动与浙江肉禽及其制品价格波动完全不一致。在我国，供需矛盾扩大和成本上升是推动猪价趋势性上涨的主要动因，在没有国家干预及重大疫情的情况下，猪肉运行周期仍遵循"蛛网理论"，一般2—3年完成一个完整周期的运行。2008年2月和2010年12月，全省猪肉价格分别比2005年末上涨97.3%和65.4%。

四、国际食品价格波动与CPI存在较大相关性

国际粮农组织食品价格指数是衡量一揽子食品类商品国际价格月度变化的尺度。它由五个商品类别（谷物、油脂、乳制品、肉类、食糖）的价格指数（含55种商品价格）的加权平均数构成，权数为2002—2004年各商品类别的平均出口贸易比重。通过2006年至2010年五年间国际食品价格波动与浙江CPI

进行相关及回归分析得出：

相关系数为 R＝0.83

回归方程式　Y＝0.1193X＋88.05

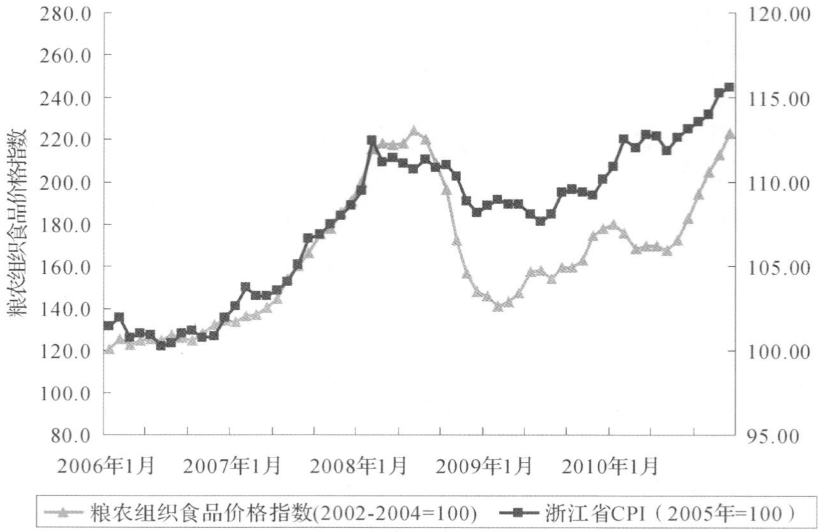

图 14　国际食品价格指数与浙江 CPI 波动曲线

注：数据来源为联合国粮农组织网站。

可见，国际食品价格波动与浙江 CPI 存在着高度相关性。但同时应该看到，由于我国主要食品如粮食、猪肉、水产品等有很高的自给率，尽管国际食品价格与浙江的 CPI 存在一定相关性，说明全球性食品类价格上涨成为一种共性，但食品类输入型通胀对我国的影响程度更多取决于我国主要农产品供求关系及其本身的成本推动。

第五部分　充沛的流动性助推 CPI 上扬

本次通胀与世界范围内的充沛流动性存在密切关系，一定程度上加剧我国货币供应量被动增加，并传导到居民消费上引起价格上扬。

一、货币供应量变动对 CPI 的传导

通货膨胀的本质是流通中的货币供给大于货币需求。一般用狭义货币供应量（M1）变动来反映市场流动性的变化。从图 15 可以看出，M1 与 CPI 存在时滞后的相关性。从 2001—2010 年 M1 增速与浙江 CPI 的时间序列看，尽管

M1 增速与 CPI 波动在周期性波动中幅度有所区别，但其大致趋势仍基本一致，二者随时间关联波动。根据 2001—2010 年数据计算可知，M1 滞后一年与 CPI 的相关系数为 0.72，M1 与 CPI 存在正相关性。M1 增速峰值分别出现在 2003 年（18.7%）、2007 年（21.0%）、2009 年（32.3%），CPI 涨幅峰值分别出现在 2004 年（3.9%）、2008 年（5.0%）和 2010 年（3.8%）；M1 增速在 2005 年跌入低谷，为 11.8%，CPI 涨幅也在次年回落至 1.1%，2008 年 M1 增速回落至 9.1%，CPI 也于 2009 年至谷底，下降 1.5%。这表明历次价格上涨都伴随 M1 增幅的高企，存在一致的相关性。不过，M1 启动要先于价格上涨，当 M1 增幅达到高点时，CPI 涨幅基本在次年达到涨幅高点，当 M1 增幅回落时，CPI 涨幅也基本在次年表现回落态势。

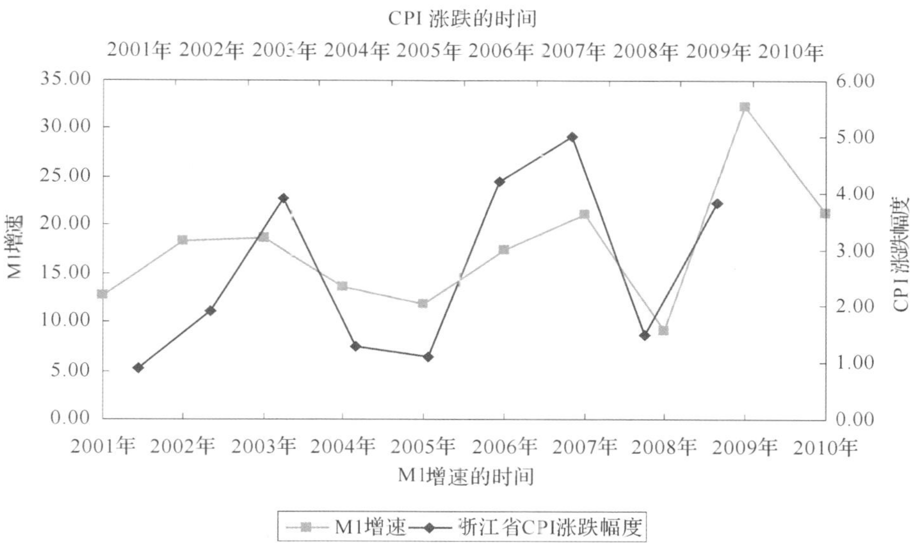

图 15　浙江 CPI 与 M1 波动时滞曲线

二、国际游资对我国流动性的冲击

（一）国际游资的概念

国际游资是伴随着国际经济金融一体化的潮流发展起来的，其中发端于本世纪 60 年代的离岸金融市场是其产生并不断壮大的市场依托，游资的流动方向是从利率低的市场流入利率高的市场，由汇率有下跌趋势的货币转换为有上升趋势的货币，当两种货币汇率变动后再回流。国际游资（热钱），指那些没有真实贸易背景的游资，一般旨在短期内利用利率、汇率及相关资产的价格差价成一定规模流入某个经济体内，当赚取利润后又迅速流出的投机资金。

（二）人民币升值预期和内外币的利差吸引国际游资的流入

近年来，受我国经济的高速发展和人民币升值的预期及内外币的利差影响，境外的各种投机资金通过各种渠道流入境内，资金量呈现加速上升的势头。2005 年后至 2007 年末约有 5200 亿美元的流入，近年数额更呈快速增长态势。由于国际游资赌人民币升值，导致我国货币供应量被动增加；与此同时，国际游资涌入进一步增加了人民币升值的压力，迫使人民币加速升值，进而吸引更多国际游资进入，货币供给进一步增加，通货膨胀压力更大。

（三）国际游资规模不断扩大

截至 2011 年 6 月末，我国外汇储备余额达 31975 亿美元，同比大增 30.3％，甚至有专家说，热钱规模已超过外汇，社会上关于热钱的说法很多，但热钱数额大，增长快是不争的事实。由于国际热钱对人民币的稳定升值预期不会改变，外商直接投资和外贸顺差未来不会大幅下滑，同时跨境贸易的人民币结算所占比例的提高，使得今后一段时期，新增外汇将继续保持增长，我国依然是国际热钱流入的热土。

三、国际游资的危害

（一）造成汇率的单边升值

我国自 2005 年 7 月汇改以来，人民币不断升值。人民币的单边升值使我国的外汇储备蒸发，也对我国的出口企业特别是一些劳动密集型企业造成重大打击，利润空间大幅缩水，国内的外贸企业在汇率不断上升中挣扎徘徊。只要人民币升值的预期还在，热钱就会大量涌入。我国采取渐进升值的方式，但是人民币的缓慢升值导致热钱的大量涌入，形成人民币升值预期热钱涌入的恶性循环。

（二）造成严重的市场泡沫

当一个地区或国家的经济结构存在缺陷，而经济又发展很快时，国际热钱就会认为有利可图，大量涌入，在房市、股市中不断兴风作浪，造成房市、股市异常繁荣的假象，这种繁荣就是泡沫。一旦热钱在收获暴利后出逃了，市场的资金大量缺失，会造成投资者信心下降，甚至是市场崩溃，经济长期不振。

（三）加剧本国通胀压力

当热钱大量涌入资本市场后，经过一段时间的运作，造成房市、股市的不断上扬，制造了一个市场异常繁荣的假象，但人民却没有分享到任何这种繁荣带来的好处，市场的虚假繁荣造成了物价的上涨，热钱流入国内，外币不断增多，迫使央行发行更多的基础货币。货币供应增多，通胀压力加大。甚至当热钱撤离市场时，经济严重下滑，物价一涨再涨，资金却又不足，收入下降，人民生活水平严重下降。

第六部分　有效控制输入型通胀的建议

伴随我国经济融入世界经济的速度加快，输入型通胀对我国通货膨胀的影响程度在日趋加强。面对世界经济一体化的挑战和机遇，如何尽快适应并跟上世界经济发展步伐是我们应面对的课题。

一、加强我国粮食、能源类产品的总体发展规划

（一）坚持粮食生产安全保障机制

我国作为世界人口最多的国家，稳粮价即稳人心。建立粮食战略储备，粮食生产安全和农业基础地位发展总规划，要不断加大对农业生产的政策扶持和财政补贴力度，加大农业基础设施建设力度，提高农业综合生产能力。

（二）加强对国际大宗商品价格的监测，构建多元的国家储备体系

加强对重要能源、资源类产品市场价格、供求量和库存变化的有效全面监测。以能源、物资等储备代替单一的外汇储备，构建多元的国家储备体系，以防止价格过度依赖国际市场价格波动，提高我国抗输入型通胀的能力。

（三）增强重要商品价格在国际市场的定价权

我国对铁矿石需求占世界的60%以上，钢材需求占50%左右，铜和铝的需求接近40%。同时，我国作为世界第四大农产品进口国和第五大农产品出口国，理应成为国际市场大宗商品价格的影响者和制定者，而非价格的被动接受者。尽快增强我国对国际市场大宗商品采购的谈判砝码，从战略高度发展我国的期货市场，逐步形成中国在世界市场上的定价权。

二、加强资源类价格改革步伐，调整优化投资结构

（一）及时推出资源类价格改革方向

首先使资源性产品价格真正走向市场化。其次是让资源产品价值全面体现对环境污染的治理、生态平衡的保护等成本，使其价格合理回归。其三是资源性产品的价格改革的统筹兼顾。

（二）以优化投资结构为契机，减缓对大宗资源类产品的旺盛需求力

从源头上遏止对国际市场原油、矿石等大宗资源类商品需求的过猛上升，扭转长期以来以高污染、高能耗、低产出，以牺牲环境和资源为代价的粗放型经济结构，注重节能减排、生态工程、医疗教育和公共设施等领域的投资，审时度势地调整投资结构，引导资本向产业结构升级和转变经济发展方式的方向投入。

三、完善我国的货币汇率制度

（一）完善货币汇率制度，避免人民币长期升值预期

人民币升值是热钱进入我国的直接诱因，进一步完善我国货币汇率制度，增加浮动性和灵活性，避免人民币长期一边倒的升值预期。

（二）提高人民币直接贸易的吸引力

本轮输入型通胀的重要根源之一是美元贬值引发的国际大宗商品价格的上涨。针对美元贬值输入的通胀，在国际贸易中，增加人民币结算对其他区域国家的优惠出口税率政策，增加人民币直接贸易的吸引力，通过人民币对外升值增加进口采购和对内发行宽松货币，去应对输入性通胀带来的损失，平衡老百姓原有储蓄损失，增加消费和采购能力。

四、加强宏观政策的前瞻性和连续性

（一）提高我国宏观政策的前瞻性和连续性能力

世界经济进入多极化发展趋势，区域政治动荡更加剧世界经济波动概率，面对复杂多变的世界经济格局，如何提高我国宏观政策执行过程中的前瞻性和连续性能力，已是摆在我国政府面前的现实问题，也在很大程度上成为提高我国抵抗输入型通胀的一枚重棋。只有首先保持投资需求平稳和货币供应量的适度增长，才能真正实现熨平价格周期波动的目的。

（二）加强金融监管，严控非法资金流入

加强金融监管，建立异常资金流动报告机制。各种金融监察机构应该加强合作，做到各种数据与信息共享，加强对流入市场资金的监控，发现异常资金应马上报告并采取措施，降低热钱在市场上的流动性。

课题负责人 叶飞霞
课题组成员 吴晓燕 李 波 华 敏（总队消费价格调查处）
施菲菲（绍兴调查队）
何艳秋（杭州调查队）

参考文献：

[1]鲍尔，项婷婷. 通货膨胀与货币理论[M]. 北京：华夏出版社，2009.

[2]吴庆. 见证通胀：动荡世界中的中国利益[M]. 上海：远东出版社，2011.

[3]董直庆，蔡玉程，谢加贞. CPI 和 PPI 周期协动效应——基于频带分析方法的实证检验[J]. 数量经济技术经济研究，2009(10)：126－138.

浙江不同区域农村居民收入问题研究

改革开放以来，浙江农村居民收入总体水平有了很大程度的提高，由1978年的人均165元增长到2010年的人均11303元，累计增长了67.5倍，年均增长14.1%，剔除价格因素影响，年均实际增长超过8%。但与此同时，浙江不同区域间农民的收入差距有所扩大，仅2000年至2010年十年间，不同地市间的收入差距由2000年的2.14∶1扩大到2.2∶1，收入差额由2000年的人均2532元扩大到2010年的人均7828元，收入差扩大到3.1倍。这种收入增长不平衡现象的存在，不符合共同富裕和建设全面小康社会的要求。为此，本文主要利用农村住户抽样调查资料，对"十一五"期间浙江三大区域农村居民收入增长的模式进行探究，并对影响各区域农民增收的因素进行实证分析，找出起主导作用的关键因素，针对性提出促进各地农民收入增长、缩小差距的政策建议，供有关方面决策参考。

一、"十一五"浙江农村居民收入稳定增长

（一）收入稳定增长，收入水平全国领先

"十一五"期间，浙江农村居民人均纯收入从2005年的6660元增加到2010年的11303元，年均增长11.2%，比"十五"期间的年均增长9.4%高了1.8个百分点。其间，2008年浙江农民收入提前两年实现了"十一五"规划目标，2009年实现了万元跨越。虽然在2008年至2009年间经济回落的背景下，浙江农民收入增速略有放缓，但随着2009年下半年经济向好，浙江农民增收加快。在整个"十一五"期间，浙江农民收入保持了稳定较快的增长态势（见图1）。与此同时，浙江农民收入水平保持全国领先水平，连续26年居各省区之首，2010年农民人均纯收入11303元，比全国平均水平5919元高出近1倍。

（二）收入来源多元化，非农收入增长较快

随着社会经济的发展和收入水平的不断提高，农民收入来源越来越趋多样化，农业收入占比持续下降，非农收入增长加快。"十一五"期间，第一产业收入占全部纯收入的比重从2005年的18.7%下降到2010年的16.7%，下降趋势明显，同期工资性收入和家庭二三产业收入等非农收入占比从2005年的72.3%上升到73.0%。非农收入不仅占比有所增加，且增长速度较快，对收入

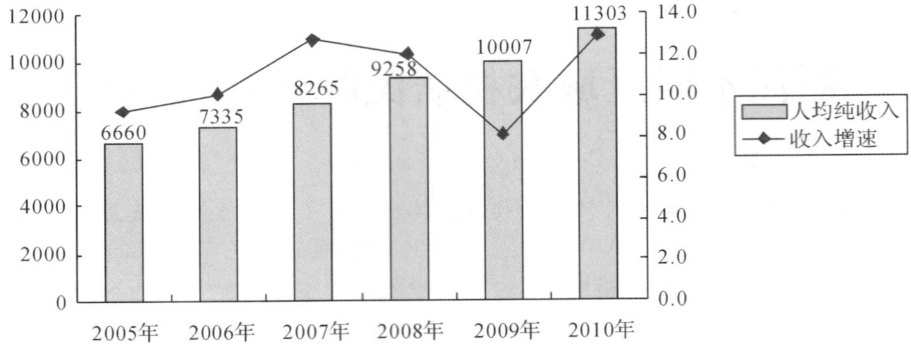

图 1　"十一五"浙江农村居民收入增长情况

增长的贡献较大。2005 年至 2010 年,非农收入的年均增速为 11.4%,高于全部纯收入的平均增速,对纯收入的累计贡献率为 74.0%。可以说,"十一五"期间,浙江农民收入的增长主要由非农收入增长拉动的(见图 2)。此外,浙江农民收入来源多样化的另一表现是财产性和转移性等非经营性收入增长明显。非经营性收入占全部纯收入的比重从 2005 年的 8.9%提高到 2010 年的 10.3%,年均增速达 14.3%,高出全部纯收入增速 3.1 个百分点,租金、投资收益、红利收入、养老金等日益成为富裕起来的浙江农民收入的有益补充。

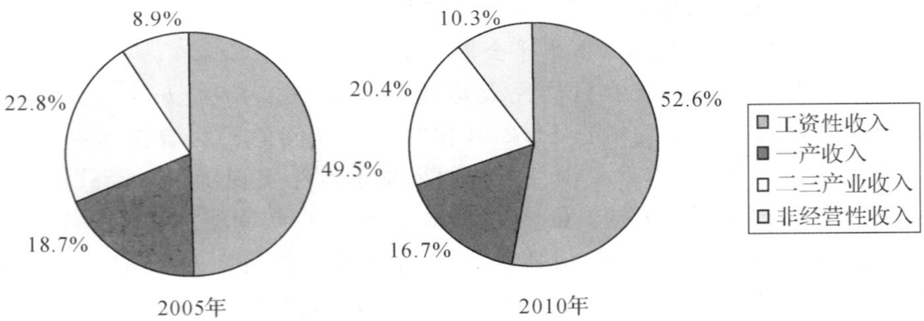

图 2　2005 年和 2010 年收入来源对比图

(三) 农民收入增长快于城镇居民,城乡收入差距有所缩小

"十一五"期间,浙江城镇居民人均可支配收入从 2005 年的 16294 元增加到 2010 年的 27359 元,年均增长 10.9%,低于同期农民收入增速 0.3 个百分点。从各个年份来看,除 2005 年和 2009 年城镇居民收入增长快于农村居民外,其余年份的农民收入增长均快于城镇居民。由于农民收入增长快于城镇居民,城乡收入差距在"十一五"期间有所缩小,城乡收入比由 2005 年的 2.45∶1缩小到 2010 年的 2.42∶1(详见图 3)。

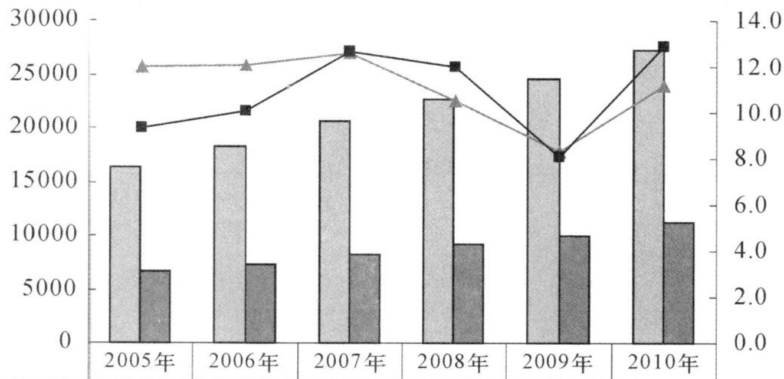

	2005年	2006年	2007年	2008年	2009年	2010年
城镇居民人均可支配收入	16294	18265	20574	22727	24611	27359
农村居民人均纯收入	6660	7335	8265	9258	10007	11303
城镇居民增速	12	12.1	12.6	10.5	8.3	11.2
农村居民增速	9.3	10.1	12.7	12	8.1	12.9

图 3 “十一五”浙江城乡居民收入及增长速度变化

二、“十一五”浙江不同区域农民收入增长不平衡

“十一五”期间，虽然全省农民收入增长取得了较好成绩，但收入增长并不平衡，特别是不同地区收入水平差异较大、差距呈扩大之势。为了更好地进行分析，我们试图将全省分成三个区域，剖析其农村居民收入变化及增收机制。

（一）区域分类及基本特征

将全省 90 个县（市、区）按照地域分布、经济发展水平和农村居民收入水平，以设区市为依托，划分为浙东北、浙中南、浙西三个区域。浙东北包括杭州、宁波、嘉兴、湖州、绍兴、舟山 6 个市所辖的县（市、区），浙中南包括温州、台州、金华 3 个市所辖的县（市、区），浙西包括衢州、丽水 2 个市所辖的县（市、区）。

三大区域基本情况如下：

浙东北：位于浙江的东北部，主要分布在宁绍平原、杭嘉湖平原及沿海地区，地势以平原和沿海为主，总体上综合经济实力较强，经济发展水平较高，农村居民人均纯收入明显高于全省平均水平。

浙中南：位于浙江的中部和南部，综合经济实力居全省中上游但内部差距较大，民营经济发展走在前列，农村居民人均纯收入水平与全省平均水平相当。

浙西：位于浙江的最西部，地势以丘陵和山区为主，经济发展水平相对落后，一产就业劳动力较多，农村居民人均纯收入明显低于全省平均水平。

（二）不同区域农村居民收入水平和增长速度的差异

"十一五"期间，浙江的农村居民收入进入了稳定较快的增长阶段，但不同区域间的收入水平和增长速度却并不平衡（详见表 1）。

表 1　"十一五"浙江不同区域农村居民人均收入情况

	2005 年（元）	2006 年（元）	2007 年（元）	2008 年（元）	2009 年（元）	2010 年（元）	"十一五"年均增速(%)
浙东北	7860	8659	9666	11084	11775	13285	11.1
浙中南	5855	6321	7397	7874	8855	9999	11.3
浙西	4122	4779	5124	5640	6059	6850	10.7

从表 1 可以看出，农村居民人均收入水平总体上呈现东高西低的态势，且浙东北的农村居民人均收入水平接近于浙西的两倍，比浙中南高 30%以上。从收入差距看出，浙东北与浙西、浙中南与浙西的差距有所扩大，分别由 2005 年的 1.91 倍、1.42 倍扩大到 2010 年的 1.94 倍和 1.46 倍，而浙东北与浙中南的差距有所缩小，由 2005 年的 1.34 倍缩小到 1.33 倍，三大区域收入差距总体上呈扩大之势。但从增长的速度来看，三个区域农村居民收入的增速并不像收入水平差异那么明显，相反处于中等收入水平的浙中南近几年增收的速度略快于浙东北地区，但浙西无论在收入水平和增收速度上均逊于其他两个区域的特点却非常明显。

（三）不同区域农村居民收入结构的差异

浙江农村居民收入结构变动具有明显的区域性，区域间除总体收入水平的差距较大外，其收入来源结构的差异更大，我们对收入的构成进行了详细的分析比较（详情见表 2、图 4），从中找到不同区域农村居民收入差异的实质所在。

表 2　不同区域农村居民收入构成及变化分析表

指标名称	浙东北			浙中南			浙西		
	2010 年绝对额（元）	2010 年比重(%)	"十一五"年均增速(%)	2010 年绝对额（元）	2010 年比重(%)	"十一五"年均增速(%)	2010 年绝对额（元）	2010 年比重(%)	"十一五"年均增速(%)
全年人均纯收入	13285	100.0	11.1	9999	100.0	11.3	6850	100.0	10.7
一、工资性收入	7782	58.6	12.6	4505	45.1	12.4	3472	50.7	15.1
#本地域劳动得到	6118	78.6	12.2	3305	73.4	12.0	2041	58.8	14.7
外出从业得到	946	12.2	14.5	844	18.7	13.7	1224	35.3	15.7

续表

指标名称	浙东北			浙中南			浙西		
	2010年绝对额(元)	2010年比重(%)	"十一五"年均增速(%)	2010年绝对额(元)	2010年比重(%)	"十一五"年均增速(%)	2010年绝对额(元)	2010年比重(%)	"十一五"年均增速(%)
二、家庭经营纯收入	4212	31.7	7.5	4054	40.5	8.7	2304	33.6	4.2
1、一产收入	1892	44.9	5.3	1581	39.0	10.5	1813	78.7	4.2
2、二三产业收入	2320	55.1	9.6	2473	61.0	7.7	491	21.3	4.0
三、财产性收入	745	5.6	15.4	622	6.2	9.9	284	4.1	7.2
四、转移性收入	546	4.1	15.2	818	8.2	22.8	790	11.5	19.4

注:1.表中在本地域劳动得到的比重、外出从业得到的比重分别为其占工资性收入的比重。
2.表中一产收入、二三产业收入比重分别为其占家庭经营纯收入的比重。

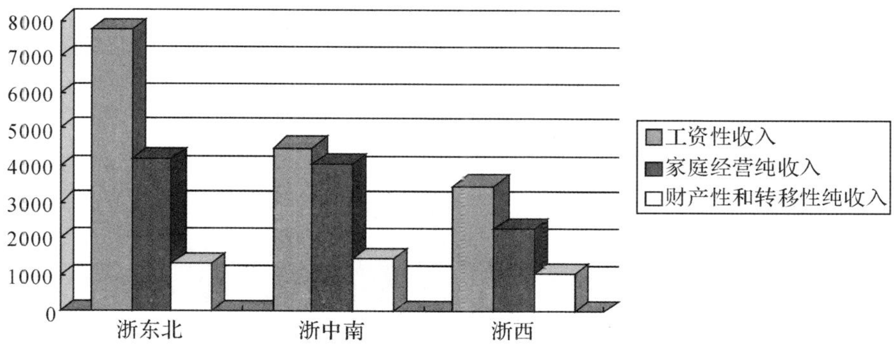

图4 2010年不同区域农村居民收入构成图

1.工资性收入浙东北绝对额占优,浙西增长速度较快。2010年农村居民纯收入中,浙东北、浙中南、浙西工资性收入分别为7782元、4505元和3472元,三地之比(以浙西工资性收入为1)为2.2∶1.3∶1,高出纯收入之比。工资性收入占纯收入的比重,浙东北、浙中南、浙西分别为58.6%、45.1%和50.7%,占到了全部纯收入的一半左右。工资性收入绝对额的巨大差距造成了总体收入水平的差异。浙东北农村居民工资性收入中本地务工收入占78.6%,尤其是在本地企业的收入人均4947元,占整个本地务工收入的81.0%,居绝对主体地位;浙中南工资性收入也以本地务工收入为主,占比73.4%,低于浙东北5.2个百分点,外出收入占比18.7%,高于浙东北6.5个百分点;浙西工资性收入中,58.8%来自于本地务工收入,分别低于浙东北和浙中南19.8和14.6个百分点,但浙西外出打工收入占工资性收入的比重远高于浙东北和浙中南 23.1 和 16.6 个百分点。这明显地反映了这样一个规律，即在不同的区域经济发展水平下，经济发展水平高的地区，对农村剩余劳动力就地消化的能力就越强；反之，就越弱。

从增速来看，"十一五"期间浙东北、浙中南、浙西工资性收入年均增速分别为 12.6%、12.4%和 15.1%，均高于同期人均纯收入的增长速度，其对农村居民收入增长的贡献率分别为 64.3%、48.2%和 64.3%。其中，浙西农村居民收入无论本地就业收入和外出务工收入增长均快于其他两个地区，这表明近年来政府所采取的各项促进劳动力就业的积极政策措施起到了实效，对促进低基数的浙西农村居民增收更有重要的作用。

2. 浙中南家庭经营二三产业收入具有优势但增势减弱，浙西一产收入占比高于其他两个区域。2010 年浙中南农村居民家庭经营收入占农村居民纯收入的比重为 40.5%，高于浙东北和浙西 8.8 和 6.9 个百分点，且其中 61.0%是二三产业收入，这与浙中南地区相对较为发达的民营经济有较大关系。但从近几年来看，浙中南农村居民二三产业收入占家庭经营收入的比重呈下降趋势，已从 2005 年的 64.1%下降至 2010 年的 61.0%，五年间二三产业收入的年均增幅为 7.7%，低于浙东北 9.6%的增速，优势有所减弱。

浙西农村居民家庭经营收入比重为 33.6%，其中家庭经营第一产业优势明显，占家庭经营收入的比重为 78.7%，远远高于其他两个区域，其一产收入的绝对额不仅高于浙中南农村居民，而且与浙东北相比也相差无几。

3. 财产性和转移性收入成为浙西、浙中南农村居民收入新的增长点。目前在农村居民纯收入中，转移性收入和财产性收入两项非生产性收入合在一起占农村居民纯收入的比重，浙东北、浙中南、浙西分别为 9.7%、14.4%和 15.6%，五年来对农村居民收入增长的贡献率分别为 12.1%、18.3%和 20.1%，浙西、浙中南的贡献率明显高于浙东北。财产性和转移性收入已成为这几年农村居民增收的新亮点，而且增长潜力也较大，其中投资渠道的多元化和民间资本的高活跃度，使浙中南农村居民的财产性收入占比高于其他两个区域，扶农政策的持续有效和对农村居民社会保障的进一步关注，使三个区域的转移性收入普遍高速增长，相比于其他两个区域而言，相对低经济发展水平和农业占比较高的浙西获得了更多的转移收入。

综合各个区域农村居民收入结构和来源的变化，可以看出这样的特点："十一五"期间全省各地的农村居民收入均保持了较快增长的态势，收入增长主要是依靠非农产业收入增长实现的，尤其依靠工资性收入的增长实现。各地非农收入对纯收入增长的贡献率差异直接导致了不同区域间的收入差距。

家庭经营第一产业和二三产业作为各地特色在收入增长中起到了一定的作用。此外,转移性收入和财产性收入在农村居民收入中的重要性日益增加,成为浙江农村居民增收的重要补充。

三、浙江不同区域农村居民收入影响因素实证分析

浙江不同区域农村居民收入水平、发展速度、结构差异的形成既有自然环境、社会经济发展水平及农民群体属性等因素的影响,也跟不同的历史发展阶段有关。为了剖析各地当前农民收入增长的模式,我们运用计量模型对同一时期不同区域情况进行实证分析,找出影响农民收入增长的关键因素,期许在政策制定和引导方面给予针对性的帮助。

(一)研究方法及因素确定

考虑到浙江不同区域之间经济、社会状况等存在着显著差异,我们拟对三个地域分别建模,以各地的人均纯收入为因变量进行因素分析,利用现有的面板数据建立个体固定效应模型。同时,在建立个体固定效应模型之前,先利用因子分析进行预处理,因子分析的目的在于以最少信息丢失把众多的原始变量浓缩成少数的几个因子变量,消除共线性,用它们来概括和解释具有错综复杂关系的大量的观测事实。

在影响因素的选择上,主要根据外部相关的文献资料及文章中之前分析中的一些结论,从自然条件、社会保障、经济发展、个体特性等多个方面作出决策。如,自然条件会对产业发展有所限制,同时对就业范围有影响,从而影响农民收入;财政支农会影响当地农业的产业化水平,进而影响收入水平;三次产业的发展水平会影响农民的收入结构;农民个体的素质会影响其工资水平及增长的潜力;财富的多少会影响继续积累的能力和速度;总的经济发展将会全面影响收入增速和结构。综合各种考虑,对于农民收入的影响因素分析引入如下变量:X1 代表农民人均纯收入;X2 代表人均住房面积;X3 代表人均经营耕地面积;X4 代表人均期内固定资产投资完成额;X5 代表人均期末金融资产;X6 代表人均受教育年限;X7 代表人均电话拥有量;X8 代表就业比重;X9 代表参加新型农村合作医疗率;X10 代表人均退休、养老金;X11 代表政府农林水事务财政支出;X12 代表二产比重;X13 代表三产比重;X14 代表每平方公里境内公路里程。其中 X1 为因变量,X2 至 X14 为自变量。

(二)模型分析及初步结果

在进行分析之前,对模型分析所采用的数据作一个说明。文章利用了 2005—2010 年全省农村住户 47 个样本县(市、区)的相关数据,并将这 47 个县(市、区)按所属的设区市分别归入浙东北、浙中南、浙西,三个区域的划分与本

文第二部分一致。同时,模型运用了 47 个县(市、区)的面板数据进行分析,好处在于:(1)由于观测值的增多,可以增加估计量的抽样精度。(2)对于固定效应模型能得到参数的一致估计量,甚至有效估计量。(3)面板数据建模比单截面数据建模可以获得更多的动态信息。2005—2010 年 47 个县(市、区)的数据,固定在某一年份上,它是由 47 个县(市、区)数据组成的截面数据,固定在一个县(市、区)上,它是由 6 年数据组成的一个时间序列,而面板数据由 47 个县(市、区)组成,共有 282 个观测值。

预分析阶段,先对自变量 X2－X14 进行因子分析,根据研究需要,保留 7 个主因子,这 7 个主因子的累积方差贡献率达 82.99%,可以认为基本包括了大部分信息。为了更好地解释因子,对其进行方差最大法正交旋转,旋转后的因子载荷矩阵(见表 3)显示的各载荷(对于载荷＞0.4)来看,X12、X13 反映产业结构,故命名为产业结构因子,由于 X12 有较大负载荷,可以认为二产比重与产业结构因子是负相关;X5、X10、X14 反映交通及财产,故命名为交通财产因子;X6、X7 反映教育及信息,故命名为教育信息因子;X3、X8 反映就业及耕地,故命名为就业土地因子;X2、X9 反映医疗及住房,故命名为医疗住房因子;X11 反映涉农财政支出,故命名为财政支出因子;X4 反映固定资产投资,故命名为投资因子。为了进行下面分地域面板数据模型分析,利用因子得分矩阵,我们可以计算出 2005—2010 年 47 个县(市、区)在这 7 个公共因子上的得分,对各得分进行模型分析。

表 3　Rotated Factor Pattern(旋转因子载荷矩阵)

		F1	F2	F3	F4	F5	F6	F7
X2	人均住房面积	－0.14767	0.18767	0.31678	0.29722	0.51514	－0.24179	0.38887
X3	人均经营耕地面积	－0.07288	0.15473	－0.35865	0.78522	0.06672	0.1069	0.02428
X4	人均期内固定资产投资完成额	－0.1034	0.08844	－0.02933	－0.04239	0.01558	0.09395	0.94894
X5	人均期末金融资产	－0.23195	0.72855	0.39781	0.05840	－0.00360	0.20892	0.19362
X6	人均受教育年限	－0.10457	0.08624	0.85785	0.00972	0.24147	0.03588	－0.00557
X7	人均电话拥有量	－0.21586	0.46511	0.47736	－0.09603	0.16389	0.42143	0.14150
X8	就业比重	0.17647	－0.12261	0.21444	0.83597	0.01217	－0.07699	－0.04578
X9	新型农村合作医疗率	－0.13457	0.12342	0.12107	－0.00032	0.85175	0.19173	－0.02690
X10	人均退休、养老金	0.12780	0.55432	0.53427	－0.15698	－0.2655	0.18444	－0.14435

续表

		F1	F2	F3	F4	F5	F6	F7
X11	政府农林水事务财政支出	0.09027	0.12281	0.06935	0.0239	0.09856	0.90593	0.05923
X12	二产比重	−0.92452	0.21644	0.10956	−0.09684	0.10545	−0.01474	0.09840
X13	三产比重	0.96977	−0.00552	−0.02108	0.01081	−0.1019	0.05732	−0.05829
X14	每平方公里境内公路里程	−0.09535	0.86517	−0.07428	0.0438	0.27903	0.00242	0.05988

之后，需要对浙东北、浙中南、浙西三个区域分别建立个体固定效应模型，47县的数据也被拆分成3个区域的面板数据进行逐一分析。以下模型中X1代表人均纯收入，F1—F7分别代表产业结构因子、交通财产因子、教育信息因子、就业土地因子、医疗住房因子、财政支出因子、投资因子，$\beta_{k,i}$为各区域指标的截距和固定效应之和。由于我们主要想了解各区域内的自变量对因变量的影响，并不关心每个区域各指标的具体截距，所以在此不具体列出其值，具体分析数值浙东北见表4、浙中南见表5、浙西见表6，三张表中若P值小于0.05的，则认为该因素的影响显著。

浙东北：

$X1 = -1155.28F1 + 2329.235F2 + 1593.805F3 + 58.91039F4 + 378.5114F5 + 977.8218F6 + 933.6252F7 + \beta_{k,i}$

R2＝0.9949，拟合得很好；F＝268.69，线性检验显著。

浙中南：

$X1 = -856.969F1 + 2278.054F2 + 1748.753F3 - 20.9254F4 + 279.6623F5 + 1185.442F6 + 801.8623F7 + \beta_{k,i}$

R2＝0.9924，拟合得很好；F＝427.78，线性检验显著。

浙西：

$X1 = -735.002F1 + 2063.792F2 + 2071.757F3 - 1160.58F4 - 2215.3F5 + 213.9907F6 - 23.7841F7 + \beta_{k,i}$

R2＝0.9952，拟合得很好；F＝46.7，线性检验显著。

表4　浙东北参数估计表

Variable（变量）	DF（自由度）	Estimate（参数估计）	Error（标准差）	t Value（t统计量）	Pr >|t|（P值）
F1	1	−1155.28	273.2	−4.23	<.0001
F2	1	2329.235	212.4	10.97	<.0001

续表

Variable（变量）	DF（自由度）	Estimate（参数估计）	Error（标准差）	t Value（t 统计量）	Pr ＞|t|（P 值）
F3	1	1593.805	237.7	6.71	＜.0001
F4	1	58.91039	351.7	0.17	0.8673
F5	1	378.5114	321.5	1.18	0.2415
F6	1	977.8218	198.1	4.94	＜.0001
F7	1	933.6252	138.4	6.75	＜.0001

表 5　浙中南参数估计表

Variable（变量）	DF（自由度）	Estimate（参数估计）	Error（标准差）	t Value（t 统计量）	Pr ＞|t|（P 值）
F1	1	−856.969	877	−0.98	0.3321
F2	1	2278.054	306.5	7.43	＜.0001
F3	1	1748.753	330.3	5.29	＜.0001
F4	1	−20.9254	285.7	−0.07	0.9418
F5	1	279.6623	171.5	1.63	0.1078
F6	1	1185.442	250.3	4.74	＜.0001
F7	1	801.8623	247	3.25	0.0018

表 6　浙西参数估计表

Variable（变量）	DF（自由度）	Estimate（参数估计）	Error（标准差）	t Value（t 统计量）	Pr ＞|t|（P 值）
F1	1	−735.002	507	−1.45	0.1619
F2	1	2063.792	586	3.52	0.002
F3	1	2071.757	606.6	3.42	0.0026
F4	1	−1160.58	799.9	−1.45	0.1616
F5	1	−2215.3	952	−2.33	0.0301
FF6	1	213.9907	292.1	0.73	0.472
F7	1	−23.7841	577.8	−0.04	0.9676

根据上面模型分析的情况，可得出以下结论：

浙东北：

1. 七个公共因子中产业结构因子、交通财产因子、教育信息因子、财政支出因子、投资因子5个因子是显著的，其中，交通财产因子、教育信息因子、财政支出因子、投资因子对于农村人均纯收入都有较显著的正向影响，产业结构因子对于农村人均纯收入有较显著的反向影响。

2. 交通财产、教育信息、财政支出、投资因子每增加1个单位，农村居民纯收入会增加2329.235、1593.805、977.8218、933.6252个单位，产业结构因子每增加1个单位，农村居民纯收入会减少1155.28个单位，产业结构因子是由二产比重和三产比重组成的，其中二产比重与产业结构因子是负相关的，所以二产比重是与农村居民纯收入正相关的，二产比重增加，工业化程度提高，农村居民纯收入也增加。

浙中南：

1. 七个公共因子中交通财产因子、教育信息因子、财政支出因子、投资因子4个因子是显著的，且对于农村人均纯收入都有较显著的正向影响。

2. 交通财产、教育信息、财政支出、投资因子每增加1个单位，农村居民纯收入会增加2278.054、1748.753、1185.442、801.8623个单位。

浙西：

1. 七个公共因子中交通财产因子、教育信息因子、医疗住房因子3个因子是显著的，其中，交通财产因子、教育信息因子对于农村人均纯收入都有较显著的正向影响，医疗住房因子对于农村人均纯收入有较显著的反向影响。

2. 交通财产、教育信息因子每增加1个单位，农村居民纯收入会增加2063.792、2071.757个单位，医疗住房因子每增加1个单位，农村居民纯收入会减少2215.3个单位，这主要是因为家庭用于医疗和住房方面支出越多，用于生产投资方面的支出就越少。

模型拟合程度和线性检验的结果令人满意，但各自变量的系数情况和实际常识不完全一致。究其原因，首先浙西地区涉及的数据过少，对模型的结果产生一定影响；其次个别县市的少部分指标数据统计口径年份之间有变化，对数据分析产生一定影响；最后2008年金融危机的影响，对数据也造成一定的偏差。

（三）主要结论

综合模型的结果及前部分描述性分析，得出如下结论：

1. 交通的发达程度和金融资产的实力已然成为浙江三大区域影响农村居民纯收入的重要因素。从影响的程度来看，交通财产因子对增收的促进作用在三大区域都比较突出，此因子每增加 1 个单位对三个区域农民收入增加的额度均在 2000 元以上。从实际情况来看，交通发达程度和金融资产对三大区域的影响程度应当是不一样的，但由于模型分析的局限性，无法将这两个因素分别来看，因此只能结合之前特征的分析作出如下判断：浙东北、浙中南，特别是温州地区，民间资本高度活跃，财产增值成为近年收入取得的重要方式，对收入正向促进也就越显著。浙西地区，地处山地、丘陵地带，交通越发达越有利于农民收入实现的多样化，从而提升收入，其正向促进效果也就越明显。因此，改善农村交通条件和盘活农民资产对促进农民增收都非常重要。

2. 农民受教育程度和农村的信息化水平是影响农村居民纯收入的共同要素。农民的受教育程度和农村信息化水平的提高，可以促进农民提高个人能力，及时了解社会信息，提高就业的层次和工资收入的水平，从而促进农民增收。同时从模型数据分析看出，农民受教育程度和农村信息化水平的提高，对收入增长的潜在正向促进作用按从高到低排列，分别为浙西、浙中南和浙东北，因此，在继续提高浙东北地区信息化水平和农民受教育程度的基础上，提高相对不发达地区的农民素质和推进农村信息化建设，更有利于促进当地农民增收，要求更为迫切。

3. 政府财政支出和固定资产投资对浙东北和浙中南都有显著的影响，因此，加大政府投入非常重要。政府增加财政支出，可以扶持地区农业发展，活跃地区农民兴办企业，提高农民的参保水平等，从而从多个方面使农村居民受益。其次固定资产投资对浙东北农民纯收入的影响程度略高于浙中南。浙东北综合经济实力较强，经济发展水平较高，农村居民人均纯收入明显高于全省平均水平，农村居民的住宅投资额等明显高于全省其他两个区域，而由投资所带动的收入增长也较为明显。

4. 继续推动产业结构升级和农村劳动力转移仍然是农民增收的重要途径。从模型看出，二产与三产的比重提高以及农民非农就业水平提高对农民纯收入增长的影响也较为明显，特别是二产比重的增加对农民纯收入的正向促进作用更为明显。但浙东北的模型结果出现一定反常，三产比重的增加对浙东北农民纯收入增长产生了负向影响，与我们原有的理解相左，原因可能在于三产从事的效益可能在务工收入中体现，这里的三产（也就是家庭经营中的三产）比重较小，因此数据反映的结果与现实有较大偏差。

5. 参加新型农村合作医疗和住房面积对浙西农民纯收入有显著影响，因此要注重提高农民社会保障水平，减少农民生产性支出向其他支出分流。从模型看出，参加新型农村合作医疗率、住房面积的增加将导致农村居民纯收入的减少，这是因为：住房面积的增大，必然导致支出的增多，使得可用于创造收入的资金减少，从而影响增收的能力；用于合作医疗等保障性支出越多，用于扩大再生产的资金也就减少，特别是在社会保障有后顾之忧的情况下，农民还得被动储蓄以养老和防备不时之需。因此，加快农民社会保障事业发展刻不容缓。

6. 各地收入增长具体影响因素及其影响程度存在明显差异，因此要根据经济社会发展的实际情况因地制宜地制定增收政策，以达到效用的最大化。

四、政策建议

“十一五”时期，浙江省各级党委政府始终坚持以科学发展观统领经济社会发展全局，创新发展理念和发展模式，加快经济结构调整和全面建设小康社会，制定和出台了一系列促进农村发展和农民增收的政策措施，有效释放了全省农民的生产积极性和经济发展活力，促进了全省农民收入平稳较快的增长。“十二五”时期，我国将进入深化改革和加快发展方式转变、完成整体转型的关键阶段，要深入贯彻落实科学发展观，进一步转变发展方式，始终坚持统筹城乡发展，更加突出农民增收核心目标，为此，要根据新形势新任务，在认真总结浙江“十一五”农民增收经验的基础上，根据不同区域实际情况，有针对性地制定浙江“十二五”时期浙江农民收入增长的政策措施。根据前面分析的结论，初步建议如下：

（一）进一步加快现代农业建设，增加农民农业收入

从浙江实际出发，受制于土地面积的局限，浙江农民通过发展传统农业的方式增加收入既不现实，也不可行。浙江的现实是耕地少、农业比重小、农业收入占比少、农业劳动力素质相对低，这“三少一低”意味着浙江农民在农业经营方面取得高效益的难度较大，需要突破原来的发展方式，提高农业的经营效益。现代农业发展可成为首要选择。发展现代农业，首先需要加强土地流转。土地流转意味着土地可配置到最能发挥其效率的经营者手中，提高土地资源配置效率，获得规模效率。二是需要高素质的现代农业经营者。加强农民职业技能培训，提高生产者的技术水平，同时要支持和吸引大中专毕业生从事现代农业，增强现代农业发展的后劲。三是需要加大对现代农业的资金投入。各级政府必须抓住当前经济发展较快、财政增收较多的时机，切实把基础设施建设和社会事业发展的重点转向农村，提高现代农业的设施装备水平，大力抓好农田水利建设，切实提高耕地质量，提高农业可持续发展能力。此外，也可鼓励农民和社会力量投资现代农业。

（二）进一步加快产业升级，增加农民非农收入

近年来，农村工业化、城镇化以及由此推动的农村劳动力转移及农民非农收入增长一直是促进农民收入增长的主要力量，今后这一趋势仍将延续。因此，要顺应这一历史趋势，因势利导，促进非农产业发展和非农收入增加。首先，要按照产业分工和分业的要求，加快结构调整；通过细化产业分工来整合农村生产资源，依托市场与交易来提高发展效益，培育出一大批自主创业的农村企业组织，以特色占市场、出效益。其次，要顺应劳动力成本上升和原材料价格上涨的新情况，加快技术创新和产业升级。从浙江近年来的实际情况看，随着居民收入水平的不断提高，相对应的企业劳动力成本居高不下，土地、能源（水、电）紧缺，发展初期原有的成本优势正在逐步丧失，以出口型、加工型为特征的浙江民营经济，亟待加快企业转型升级，以技术优势及时替代成本优势并占据主导，加快由粗放经营向集约经营、由低成本劳动支撑向科技创新支撑转变。第三，要加快农村劳动力转移步伐。要顺应城镇化的趋势和要求，使更多的农民进城，使留在农村的居民占有更多的资源。

（三）进一步明晰农村产权，拓展农民财产性收入

浙江农村居民财产性收入的来源渠道比较狭窄，主要是租金（包括出租房屋、农业机械）、土地征用补偿收入、股息与红利、集体分配股息和红利等。2010 年浙江农村居民人均财产性收入只有 561 元，是个亟待拓展的收入项目，蕴藏着巨大的潜力。浙江农民的财产性收入增收还处于起步阶段，家庭承包地、住房、宅基地和农村集体产权的增收还没有真正得到释放。为此，我们需要进一步明晰农民的财产，将农村土地、住房、宅基地和农村集体资产的产权量化到户，并对产权的相关权能进行释放，增强财产的增收能力。一是要扩大农民对土地的处分权，明晰农民的房屋、土地等产权，让它们成为可以抵押、转让、入股、出租等的金融资产，让农民原来不能动的死的财富转变成可以再生更多价值的活资本。二是建立起相关法律制度加以保护，规范征地过程中的各级政府的权力范围，防止行政权力在土地交易中的渗透，保护农民利益。三是可以引入基金公司、资产代理、股权交易等财产中介代理主体，拓展资产增收新路径，增加农民财产性收入。四是创新农村金融机制，将农村小额借贷纳入合作经营领域，活跃农村资本市场，增加农民收入。

（四）进一步推动农村公共服务均等化建设，解除农民的后顾之忧

2008 年，浙江在基本公共服务均等化的道路上迈出了第一步，启动了全国首个《基本公共服务均等化行动计划（2008—2012）》，基本公共服务逐步向农村延伸，农村的基础设施状况、社会保障水平、公共服务水平有所提高。下一

阶段，全省范围内需要继续提升基本公共服务均等化水平，使农村居民学有所教、劳有所得、病有所医、老有所养、住有所居，并逐渐缩小城乡差别。结合促进农民增收的要求，推进农村公共服务均等化建设可突出以下两个方面：一是加快农村社会保障体系建设。消除城乡二元经济结构对农村社会保障的各种壁垒和障碍，提高现有农村养老、医疗保障的水平，完善农村最低生活保障制度，加大对农村困难群众的教育、医疗、住房以及受灾群众救助力度，加大扶贫的力度。二是加快城市基础设施向农村延伸，优化城乡道路交通、供电供水、环境治理等设施的合理配置，特别是要加大对尚未完成通村公路建设任务的欠发达地区的支持，缩短农民出行距离，提高农民向外转移的效率。

（五）进一步提升农民素质，提高农民自我发展和就业能力

从数据分析结果来看，教育信息因子在每个区域对人均纯收入都有较显著的正向影响。提高教育水平，提高信息的接收处理水平，成为必然的选择。从教育的不同阶段来看，义务教育、职业教育、成人教育各个阶段都有不少潜力可挖。其一，可从农村义务教育入手，通过增加经费投入、提高农村教师待遇、拓展科目等举措，提高农村孩子义务教育的质量；其二，通过提高农村职业教育的质量，与就业市场有效对接。以就业为导向，坚持培养与企业、社会需求同步，专业和课程设置与就业市场对接的高素质、技能型的适用人才；其三，大力发展成人教育，实施终身教育。成人教育要以更新知识、提高专业水平和职业能力为目的，提高各方面的技能，以更好地体现自身价值。从不同区域来看，教育信息因子对于相对不发达地区的农民增收的促进作用大于发达地区，且由于基础的不同，相对不发达地区农民受教育程度又弱于发达地区，如2010年浙中南和浙西农民6岁以上人口的平均受教育年限为7.8年，低于浙东北8.2年的水平，因此，对于提高相对欠发达地区农民的教育程度和素质，需要更加关注。

（六）进一步发挥各地增收积极性，增强农民收入平衡增长能力

发展特色产业是增强区域比较优势的必然选择，也是促进经济转型升级的有效路径，更不失为增强各地增收能力的举措。只有以特色开拓市场，以特色创造市场，实施差异化发展战略，才能在区域分工中发挥互补作用，实现联动效应，从而赢得有利的竞争地位和发展优势。在区域功能定位上，要确定不同地区的区域功能分类，强化区域功能特点，指明区域经济发展方向。在产业规划布局上，要明确不同区域的产业培育重点，制定区域产业导向政策，引导区域特色产业的培育和发展。引导不同地区走特色发展道路，支持不同地区

培育比较竞争优势，鼓励不同地区实现跨越式发展，促成城乡、区域之间形成互补互动的发展局面。从农民增收的角度考虑，农业是浙西的特色，家庭经营第二产业温州、台州地区占有先机，各地应当扬长避短，鼓励机制创新，做大做强当地的优势产业，增强农民创收的能力，加快收入增长速度，缩小各地收入差距，促进全省各地农民收入平衡增长，实现共同富裕。

课题负责人　洪　玉
课题组成员　张荣轩　胡央娣
金怡飞　周众帏（总队农村住户调查处）
陈孝金　林松青（温州调查队）
张全跃（嘉兴调查队）
邵阿明　傅国良（衢州调查队）

参考文献：

[1] 秦凯，季晓晶，王作东.城镇居民增收因素及潜力实证研究[J].统计研究，2010(7).

[2] 史仕新，余学东.基于区域经济系统内城市居民收入影响因素的实证分析[J].攀枝花学院学报，2006(4).

[3] 李秉强.我国居民收入增长及其影响因素研究[D].武汉：华中科技大学，2007.

[4] 李博，王鹏翮.四川省农村居民经济收入的影响因素分析[J].湖南工业职业技术学院学报，2010(3).

[5] 刘玉静，杨小姣，吉小东.农民人均纯收入影响因素实证分析——以河北省为例[J].安徽农业科学，2011(2).

[6] 李翠芝.农村居民收入影响因素的分析与探讨[J].农业与技术，2010(6).

[7] 刘忠生.中国农民收入增长因素的VAR模型分析——以江苏省为例[J].统计与信息论坛，2009(11).

[8] 李韬，孙勇，韩茜.河北省农村居民人均收入与消费水平影响因素分析——基于协整检验[J].安徽农业科学，2011(9).

浙江农村居民养老保障问题的调查与研究

20世纪90年代以来，浙江农村老年人口[①]快速增加。1990年第四次全国人口普查时，全省农村人口老龄化问题已有所显现。面对快速增加的老年人口，浙江非常重视农村社会养老保障事业，相继出台了很多领先于全国的政策和举措。2010年1月，又先于全国将无社会养老保险的城乡居民全部纳入养老保险体系，全面实施城乡居民社会养老保险（简称"新农保"），从政策层面实现了农村居民社会养老保险全覆盖。全省各地也相继出台并采取了一些社会养老的对策和措施，并制订了具体的目标和规划。但就目前来说，浙江农村居民社会养老保险实际覆盖率不高，社会养老保障水平还较低，养老问题和矛盾也时有出现。随着时间的进一步推移，农村居民潜在的养老需求将不断增加，传统的单一家庭养老模式将面临严峻挑战。针对这些问题，我们抽选了宁海、桐乡、金华和丽水等地的54个村、600户农村居民家庭进行了养老问题的专题调查，在此基础上，对浙江农村社会养老保障问题进行了研究。

一、浙江农村居民养老保障面临的环境

（一）农村人口老龄化趋势日益明显

按照联合国人口年龄构成类型划分标准，老年人口比重、少年儿童人口比重、老少比、年龄中位数等是反映人口年龄构成特点的指标，其中老年人口比重是衡量人口老龄化程度最直接最常用的指标。无论从老年人口比重，还是从少年儿童人口比重、老少比和年龄中位数看，浙江在20世纪90年代初就已基本进入老年型社会。浙江人口老龄化发展现状和特点主要表现为：

1. 老年人口快速增长。随着计划生育政策的实施以及人口平均预期寿命的不断提高，浙江老年人口比重呈快速增长态势。根据历次人口普查资料，1990年全省65岁及以上老年人口283.0万人，比重为6.8%，其中农村老年人口比重为6.9%，城镇为6.6%。2000年全省65岁及以上老年人口409.9万人，比重为8.8%，仅次于上海，其中农村比重为10.6%，城镇为7.2%，两者

---

①本文提及的老年人口除特别注明是65岁及以上的统计口径外，其余均是指60岁及以上人口。

差距扩大到了 3.4 个百分点。2010 年全省 65 岁及以上老年人口 508.7 万人[①]，比重为 9.3%（见图 1）。从 1990 年到 2010 年的 20 年间，全省 65 岁及以上老年人口增加了 225.7 万人，所占人口比重增加了 2.5 个百分点。从 2010 年的公安年报数据看，全省户籍人口中 60 岁以上的人口达 790.8 万人，占总人口的 16.7%。35—60 岁的户籍人口达 2003.2 万人，占全省户籍人口总数的 42.2%，这一年龄区间的 2000 多万人口，将在“十二五”期间开始，先后步入老年人口行列。

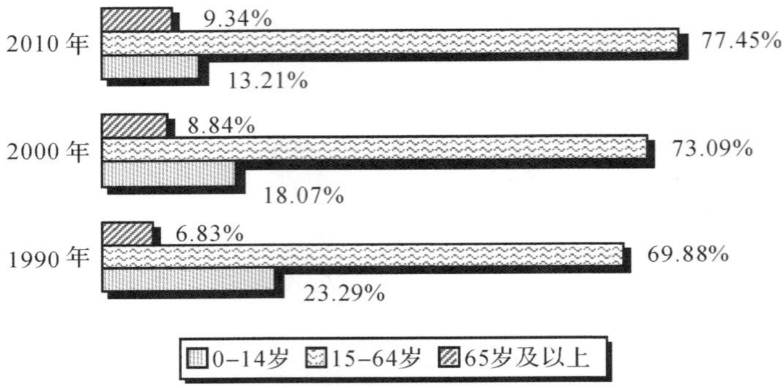

图 1　浙江人口年龄构成情况

2. 农村老年人口呈现高龄化趋势。由于农村居民生活水平的提高，生活质量的改善，以及医疗水平的逐步提高，人均预期寿命不断延长。据有关资料显示，浙江人口的平均预期寿命，在新中国成立初期只有 50 多岁，1995 年上升到 72.5 岁，已达到或接近世界发达国家水平。2010 年则上升到了 79.2 岁。在人口预期寿命延长，老年人口比重扩大的同时，老年人口内部结构发生了变化，人口年龄金字塔出现顶部扩张趋势。从全省来看，1990 年、2000 年和 2010 年的老年人口中，80 岁及以上高龄老年人口分别为 9.2%、10.5%和 14.2%。从“五普”资料看，2000 年，居住在乡村的 80 岁及以上高龄老人有 36.5 万人，占全省高龄老人的 64.5%，农村人口高龄化趋势明显。

3. 农村独居老人为数众多。随着农村居民居住条件的改善以及家庭观念的转变，传统的几代同堂大家庭被小型化家庭所替代，独居老年人越来越多。2000 年，农村 65 岁及以上老人中，单身独居的老人有 39.8 万户，2 个及以上

---

①根据第六次人口普查，2010 年全省常住人口中有省外流入人口 1182.0 万人，占全省常住人口的 21.7%，流入的人口年龄构成相对年轻，在一定程度上拉低了全省老年人口的比重。

老人单独居住的有27.7万户，合计占全省乡村有65岁及以上老年人家庭户的14.1%。据我们对宁海、桐乡、金华和丽水等地的调查，2010年，有60岁及以上老人的家庭中，独居老人家庭户比重高达43.7%。

4.农村居民家庭结构不断小型化。浙江平均每户家庭人口数即家庭结构呈不断小型化趋势，从历次人口普查资料看，1964年家庭户均人数4.31人，1982年为3.96人，1990年为3.46人，2000年为2.99人，2010年为2.62人，家庭小型化的趋势十分明显。城市和乡村，家庭的规模和结构虽然有所差别，但差距不大。家庭的小型化带来子女养老负担的加重，20世纪70年代末出生的第一代独生子女家庭，双方父母已逐步进入老年人口行列，他们面临着赡养四个甚至更多老人的义务。

（二）政府的社会养老保障措施日益强化

针对浙江人口老龄化的发展现状，浙江积极探索多种养老保障措施。自1992年开始了农村社会养老保险(简称"老农保")。但由于"老农保"是一种国家没有补贴的养老保险模式，农民所能享受的养老待遇标准较低，全省参保人数从最高时的614万人减少到2010年的390万左右[①]。2001年，浙江发布了全国第一个保障农民享有低保的政府规章，同年，又将农民工纳入城镇企业职工养老保险体系，解决养老保险向非公有制企业的扩面问题。2003年9月，省政府出台《关于加快建立覆盖城乡的新型社会救助体系的通知》。同年，省委、省政府提出三年内基本实现农村"五保"集中供养计划。2005年底，省政府明文规定：农村低保标准按城镇低保标准的60%执行，进一步规范了各地的低保标准。2008年，浙江颁发并实施了《浙江省实施〈农村五保供养工作条例〉办法》，明确实行集中供养为主、分散供养为辅的农村五保供养制度，并继续大力推行集中供养工作。此外，浙江在全国率先建立被征地农民基本生活保障制度，到2005年4月，全省所有县(市、区)都已出台被征地农民社会保障制度的政策措施。2006年对被征地农民实现了即征即保。至2010年，全省有422万被征地农民纳入了保障范围。

2009年9月1日，国务院出台2009(32)号文件，在全国10%的县(市、区)开展新型农村社会养老保险试点，此后不到一个月，浙江省政府出台了具体实施意见，将国家规定的10%的试点县(市、区)扩大到全省范围，并且将城镇里没有社会养老保险的人也纳入进去，16岁以上无社保的城乡居民都可以参保，

①2010年"老农保"参保人数为有关部门的预计数。

规定对已经超过 60 岁的老人，从 2010 年 1 月 1 日起，只要其子女参保，不用缴费，就直接享受每人每月 60 元基础养老金，直至终身。这是继取消农业税、农业直补、新型农村合作医疗等一系列惠农政策之后的又一项重大的惠农政策，实现了农村居民从“土地保障”向“社会保障”的转变。据有关资料，截至 2010 年底，全省参加城乡居民社会养老保险人员达 1170 万人，其中已领取养老金的达 578 万人。据农村住户抽样调查资料显示，2010 年，全省农村居民人均退休金收入为 238.5 元，比上年增长 70.3 元，增率为 41.8%。在 2010 年 1 月 1 日开始的浙江全面实施城乡居民社会养老保险政策前，全省各地已在积极推出各具特色、保障水平不一的农村社会养老保障举措。就目前情况来看，除失地农民养老保险、职工养老保险外，其他一些养老保险政策正处于逐步向“新农保”的转接中。

二、浙江农村居民养老保障问题实证调查分析

为研究浙江农村人口老龄化以及全面实施城乡居民社会养老保险政策背景下农村居民社会养老保障问题，我们选择了宁海、桐乡、金华和丽水等地开展了“浙江农村居民养老保障需求问卷调查”，对农村居民的养老现状、养老保障水平、养老需求等进行了调研，并对各种相关因素进行了深入的分析和研究。

（一）调查对象基本情况

“浙江农村居民养老保障需求问卷调查”涉及宁海、桐乡、金华和丽水等地 54 个村及其 600 户农村居民家庭，每户调查 1 人。54 个行政村中，47 个村有室内老年活动中心，占 87%；有 44 个村有室外老年活动场所，占 81.5%；有 32 个村曾经组织过老年活动。从调查对象来看，40—60 岁的人数占 56.2%，50—60 岁的占 25.2%，60 岁及以上的人数占 29.7%。从其文化程度来看，具有初中、小学及以下学历人数共计 530 人，所占比例之和为 88.3%，农村居民整体受教育程度偏低(见表 1)。

表 1　调查对象基本情况

年龄	人数(人)	比例(%)	文化程度	人数(人)	比例(%)
＜40 岁	85	12.4	小学	228	38.0
40—60 岁	337	56.2	初中	302	50.3
＞＝60 岁	178	29.7	高中	61	10.2
			大专及以上	9	1.5

600 户被调查的农村居民家庭中，441 户家庭有 60 岁及以上老人(包括不和子女生活在一起的老人)，占所调查家庭的 73.5%。这些老人单独居住的占

43.7%，与子女一起居住的占54.9%。调查对象家庭收入在1万元以下、1万—2万元、2万—3万元和3万元以上的家庭分别占31.5%、28.9%、22.0%和17.6%。从被调查对象职业分类看，农林牧渔业劳动者比重最大，占46.3%，企业职工占18.5%，个体工商业经营者占12.7%，乡镇干部、离退休人员、未就业人员和其他职业人员共占22.5%。

（二）不同层次居民对养老问题的关注度存在差异

问卷调查表明，半数农村居民对自己未来的养老问题不太担心，在被问及“你担心自己的养老问题吗?”时，回答“很担心”和“有点担心”的占36.5%，回答“不太担心”和“不担心”的占48.0%。但不同收入水平和不同年龄层次的农村居民对养老的担心程度有显著的区别。为分析各种因素对农村居民对未来养老担心程度的影响，我们采用Logistic回归方法进行分析。

以农村居民（调查对象）、家庭（调查对象所在家庭）等特征变量为解释变量，以被调查对象对养老担心程度为因变量，建立logistic实证模型，运用SAS统计软件对问卷数据进行了logistic回归处理。数据处理分别采用了有序多分类筛选法和二分类法。在对农村居民未来养老担心程度回归分析中，回归模型整体通过显著性检验（X＝8.2087；P＝0.0042＜0.05），分析结果显示：家庭收入与农村居民对未来养老担心程度具有负相关关系，农村居民对未来养老问题的担心程度的概率随着家庭收入的增长而降低。通过赋值计算，全部调查对象对养老的担心程度得分3.30分。其中家庭收入低于1万元的调查对象对养老的担心程度得分为3.00分，家庭收入3万元以上的调查对象对养老担心程度得分是3.67分。

从分项选择来看，家庭收入低于1万元的调查对象选择对未来养老问题担心或者有点担心的比例为46.5%，家庭收入高于3万元的调查对象中，该比例为23.9%（见表2）。

表2　家庭不同收入层次对养老担心程度

家庭收入	对养老担心程度（%）					平均得分
	很担心（1）	有点担心（2）	没想过（3）	不太担心（4）	不担心（5）	
1万以下	11.6	34.9	12.7	23.3	17.5	3.00
1万—3万	10.3	24.8	17.2	15.2	32.5	3.35
3万以上	2.8	21.1	20.2	18.3	37.6	3.67
平均	9.3	27.3	16.3	18.3	28.7	3.30

我们还就“对未来养老担心程度”进行了不同程度选项赋分，结果显示：年龄与养老担心程度有一定程度的相关性。随着年龄的增长，对自己养老的关注和担心程度越高，年龄 40 岁以下的被调查对象中，有 21.6％的人表示没想过自己将来的养老问题，31.1％的人表示担心将来的养老问题，而年龄 60 岁以上的人中，担心养老问题的占 42.9％，没想过养老问题的只占 9.2％。

（三）农村居民养老保险覆盖面广，保障水平较低

从农村居民目前参加的养老保险险种看，“新农保”、职工养老保险和失地农民养老保险是三种最主要的险种，分别有 59.3％、15.8％和 12.2％的农村居民参加，其中 60 岁及以上老人已享受城乡居民社会养老保险的达到了 95％。除以上三种养老保险外，有 42 位农村居民参加了其他商业保险，参保比例为 7.0％，其中 19 位是这些家庭中的老人。在问及除“新农保”外，没有参加其他养老保险的主要原因时，回答“以后会考虑”、“子女会赡养”和“无能力支付”的相对较多，分别有 32.3％、25.3％和 25.0％。在问及参加养老保险的主要资金来源时，回答“自己支付”的占 57.5％，“单位或集体组织支付”的占 17.2％。

从 60 岁及以上老人享受养老保险的待遇来看，目前每月可以拿到的养老保险收入在 100 元以下的占 37.4％，有 100—500 元的占 56.2％，500 元以上的仅占 6.4％。其中有 500 元以上养老保险收入的老人基本上是参加了其他商业保险的。但就是这样相对较低的养老保险收入，也还是 66.9％的老人目前三项主要的经济来源之一，比例比“自己劳动或积蓄”和“子女供给”还高。所以从总体来看，农村居民养老保障水平较低。

（四）农村居民的养老需求以居家养老为主

从调查结果看，农村居民养老需求以居家养老为主，少部分选择机构养老和“候鸟式养老”等其他养老方式。

1. 居家养老。所谓居家养老是指老年人居住在老人自己（或子女）家里，自己照顾自己，或由子女及家庭其他成员对其提供赡养义务为主的一种养老方式。居家养老对社会养老保障的依存度在不断发生变化，从完全依靠家庭养老到逐步需要社会养老保障来补充，农村居民居家养老的社会依存度逐步提高。从调查的情况来看，有 92.5％的农村居民希望自己以居家养老的方式养老，其中自己会照顾自己的比重为 43.2％，需要子女照顾的有 44.3％，需要家政、保姆或社会养老组织定期服务的有 5.0％。从调查对象家庭中的老人目前的养老方式看，居家养老的比重达 98.9％。从老人日常生活起居来看，有 76.6％的老人是自己照顾自己，有 15.1％的老人是固定跟着一个子女生活，有

7.7%的老人由子女轮流照顾。在问及选择居家养老的三个主要原因时，有87.0%的调查对象认为“居家养老自由方便”，有56.0%和50.0%的调查对象认为老人居家养老是为了“享受亲情”和“省钱”。选择“无合适的养老院”和“去养老院养老没面子”的则为7.0%和11.0%。如当老人生病、子女有事外出时，村里人会帮忙照顾，也有家庭会花钱请家政或者保姆来照顾。无论是农村居民养老方式的意愿，还是目前农村老人的实际养老方式，居家养老均是农村居民的首选。它既体现了农村传统道德标准，又适合农村老人的生活实际。

2.机构养老。机构养老是指将老人集中在专门的养老机构(主要指养老院、敬老院等)中养老的形式。本次调查中会选择将来去机构养老的农村居民有6.3%，其中4.5%是希望能在家里和养老院自由来去的，单一选择养老院养老的仅占1.8%。通过调查，我们了解到农村居民不愿意去机构养老的原因较多，但主要原因是“想生活在亲人身边”以及“养老院收费高”。其次是认为“去养老院没面子”和养老院“离家太远”。在问及“假如将来需要去养老院”的三个主要原因时，选择“不影响子女工作”、“有专门人员照顾”和“不孤单，有人聊天”这三个选项的人数较多，分别为30.3%、29.0%和28.8%。农村居民特别是老年人受传统观念的影响，非常顾及面子，特别是为了子女，认为去机构养老可能会给子女带来闲话和压力。在我们的实地走访和调查中发现，农村居民因为面子而不选择机构养老的比重还要相对高一些。同时，我们的实地走访中还调查到，目前公立养老院收费虽然不高，但入住相当困难。而私立的养老院，服务好的收费高，农村居民负担不起；收费低的，管理往往不好，农村居民不愿去。尽管目前农村居民愿意选择机构养老的不多，但随着时间的推移，这一养老形式的需求会越来越大。

3.其他养老形式。其他养老形式主要指“以房养老”、“候鸟式养老”和“乡村田园养老”等形式的养老。本次调查中选择其他养老形式的有1.2%。

以居家养老为主，其他多种养老方式为补充的多元化养老格局已出现(见图2)，且将随着老龄化社会的发展而发生变化。

(五) 农村养老服务体系不健全，医疗保障水平不高

由于农村家庭小型化加上农村劳动力外流、家庭子女少等，居家养老的老人，尤其是高龄老人面临各种实际困难。这不但是老年人担忧的问题，更是子女不放心的地方。问卷调查表明，有43.7%的人担心家中老人单独居住时“有急事找不到人”，38.7%的人担心老人行动不便后无人照顾。调查中多数被访者表示老人在日常生活中遇到过各种困难，主要表现为：看病不方便(28.2%)、经济困难(28.0%)、感到孤独(12.5%)。老人日常生活中的难题，

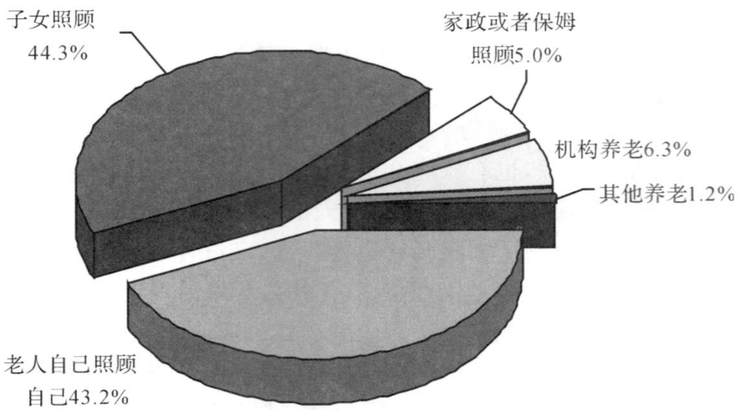

图 2 农村居民养老方式选择

除子女因素外，还与农村社会养老服务体系还不健全、养老服务相对欠缺有关。54 个调查村中有老年服务组织的村只有 28 个，占 51.9%，而且基本上是非专职的，很少能为老人提供服务。在被问及村委会(社区)或有关机构是否会派人来探望老人时，选择“经常”和“一年多次”的占 17.6%，“一年一次”的占 29.7%，选择“没有”的占 37.4%。

医疗保险和社会养老保险一样均是社会养老保障的重要内容之一。2010 年，全省新农合老年人参合率为 90%，其中部分地区达 98%，但医疗保障水平普遍不高，看不起病仍是老人面临的主要问题之一。调查表明，老人的主要经济支出中，看病支出仅次于日常消费支出，居第二位。实地调查中，很多老人希望适当提高门诊报销范围和比例，以减轻他们的经济负担。

三、农村居民养老保障问题的思考

在农村人口老龄化不断发展的同时，浙江积极应对，出台了不少农村社会养老保障举措和政策，但就目前来说，农村社会养老保障水平还相对较低，农村社会养老服务体系建设还相对滞后。随着人口老龄化的加快发展，各种社会养老需求将急剧增长，只有全社会重视，全民参与，才能促进农村养老保障事业的顺利发展。

(一) 健全机制，确保社会养老保障事业有序开展

农村社会养老保障事业是政府为民办实事的民生工程，与农村经济社会协调发展、社会和谐高度关联。各级政府要有时间的紧迫感，明确各部门的相关职责和目标任务。农村社会养老保障事业又是一项任务艰巨、相对年轻的事业，需要一定的组织机构保证和大量的专业人才。因此，根据实际需要，要

增设必要的组织机构，要有稳定并热爱农村社会养老保障事业的人才队伍。此外，除要进一步健全完善社会养老保险制度本身外，还要建立健全与社会养老保障工作有关的资格评估机制、监督管理制度等，使各项社会养老保障工作有章可循，有据可依，促进社会养老事业有序开展。

（二）提升发展，提高农民社会养老保障水平

尽管农村居民比较满意城乡居民社会养老保险政策，但保障水平还相对较低。2010 年农村居民人均退休金收入只占城镇居民人均养老金或离退休金的 4.4%。从问卷调查结果看，只有 6.4%的农村老人的养老保险月收入高于 500 元，37.4%的农村老人月养老保险收入在 100 元以下。而由于农村家庭规模的小型化，越来越多的老人没有了传统大家庭中一家之主的财产支配地位，劳作到丧失劳动能力后的农村老人将逐渐变为被动接受子女供养的被供养者。较多的农村老人晚年的生活质量很大程度上取决于子女的孝顺程度。在道德的软性支持的同时，还需要制度的刚性保障。因此，在经济社会发展的同时，在财政可承受能力下，适时适当调整基础养老金，提升社会养老保障水平，是提高农村老人生活地位和尊严，促进社会和谐，促进农村消费，从而进一步促进经济社会发展步伐的需要。

（三）加大投入，适时发展社会养老机构

“十二五”，中国将出现第一个老年人口增长高峰。2020 年起，老龄人口将以较大的速度增长，直到 2050 年左右。子女无法照顾老人，老人不愿因为自己让儿女操劳等各种各样的原因，选择去社会养老机构的老人会逐渐增多。目前，公办养老机构已出现无法满足老人养老需求的状况；而民办养老机构又良莠不齐，或老人难以承受经济负担，或因管理、条件较差，老人难以入住。民办养老机构出现经营困难的也较多，据问卷调查，有 32.7%的调查对象希望多建价格优惠的公办社会养老机构，有 31.7%的调查对象希望多给优惠政策，鼓励社会力量参与建设民办社会养老机构。因此，政府一方面要加大投入，提高投入的有效性，多办一些农村老人迫切需要的经济舒适的养老机构。另一方面应出台一些扶持政策，积极引进吸引民间资金，支持社会办养老机构的建设和发展。

（四）积极引导，建立健全社会化养老服务组织

由于农村独居老人众多，以及农村老人的居住地没有城镇集中等特点，随着农村人口老龄化的发展，农村老人，尤其是农村高龄老人，对社会养老服务的应急、定期服务需要将越来越多。目前在部分地方实行的“积分养老”、“爱心银行”、“银龄互助”、“老年爱心餐厅”、“夕阳红餐厅”以及“一键通”等均是较

好的服务组织和服务方式，也是农村居民乐意参与和接受的。但农村往往缺少这些以自愿性互助式为主的社会养老服务组织的组织者和领头人，也缺少相应的资金支持。因此，各级政府和有关部门，尤其是基层政府，要乐于并勇于积极组织，不断拓展农村社会养老服务的内容，创新服务的手段，丰富服务的形式，并能在人财物方面给予一定的支持。同时，要全民动员，多渠道筹集资金，多领域汇集资源，积极发展社会养老服务组织。

（五）树立责任，关心农村老人的身心健康

农村老人，尤其是高龄老人由于其生活自理能力较弱，及各种社会活动相对较少等原因，是十分需要关心和安慰的人群。尽管以血缘关系为纽带的生活照料和精神慰藉是难以替代的，但由于家庭人口小型化以及子女少等现实，农村老人居家养老将变得越来越弱势，越来越多的子女无暇也无力照顾老人的事实，迫切需要社会的关心和照顾。因此，各级政府，尤其是基层组织，要树立责任意识，切实采取办法，努力关心农村老人的身心健康。要通过开展“敬老月”、“爱老模范评比”等活动，鼓励、动员、组织青少年参加一些援助困难老人的活动，积极弘扬敬老、爱老、助老和尊老的社会风尚。各类医疗服务机构要创造条件为老年人提供医疗卫生保健服务，多为老年人提供健康教育、心理卫生、疾病防治、上门诊疗、康复护理等服务。同时，要为老年人提供体育健身活动场所和活动设施，指导老年人开展体育健身活动；为老年人提供文化娱乐、教育学习的场所及设施，开展健康知识讲座、生活常识讲座等。用科学积极的方式帮助老年人主动地进入健康管理，提高老人的生活质量，让老人安享晚年。

课题负责人　梁普明
课题组成员　张祖民　葛小娥　王　寒（浙江调查总队）
　　　　　　顾中康　赵祥涛（宁海调查队）
　　　　　　蒋伟杰（桐乡调查队）
　　　　　　崔晓云（金华调查队）
　　　　　　胡林东（丽水调查队）
执　　　笔　葛小娥　王　寒

浙江人口年龄结构变迁及其对居民消费的影响

国内外学者对我国居民消费不足提出了诸多解释，主要包括：居民对未来收入和支出的不确定性、行为习惯、流动性约束和收入分配不公等等。这些因素固然十分重要，但是我国近30年来人口年龄结构的巨大变化可能对消费产生的影响也应引起足够的重视。随着出生率的下降和预期寿命的提高，浙江人口年龄结构自20世纪80年代后期就领先其他省进入了人口老龄化阶段。近年来，这一变化过程在逐步加快，甚至出现了老年人口高龄化趋势。浙江年龄结构的这种变化是否导致了消费的不足？老龄化或抚养比与消费率是正向还是反向关系？如何将人口年龄结构因素纳入消费函数？查阅相关文献，相关的实证分析并不多。因此，本文借助历年的统计数据和第六次人口普查数据，分析浙江人口年龄结构的变动特征，并将年龄结构纳入消费函数，探讨和验证年龄结构与消费的关系，以期寻找扩大内需、促进消费的有效途径。

一、浙江人口年龄结构的变动特征

利用浙江省历次普查的人口年龄结构资料，可看出浙江人口年龄结构的变动态势和特征。

（一）人口老龄化呈“超前、高龄、失衡、倒置”的态势

人口老龄化是人口发展的必然过程，指老年人口在总人口中所占比重不断增大的人口年龄结构的变动趋势。根据联合国统计标准，从反映年龄构成类型四项指标（即少儿系数、老年人口系数、老化指数或老少比、年龄中位数）看，浙江省人口在1953年接近成年型，1964年则接近于年轻型，年龄结构呈年轻化的态势。此后，年龄结构趋于老化，1982年为典型的成年型，1990年则接近老年型，1994年全面进入老年型。2010年第六次人口普查时，浙江老年人口系数进一步提高到9.34%，比2000年增加0.5个百分点，老化指数达70.70，比2000年增加21.31个点，年龄中位数为36.59岁，比2000年增加3.29岁（见表1）。

表 1　人口年龄结构判定指标及浙江历次普查浙江人口年龄类型变化　单位:%,岁

指标		少儿系数	老年人口系数		老化指数	年龄中位数	年龄结构类型
			60 岁及以上	65 岁及以上			
划分标准	年轻型	40%以上	5%以下	4%以下	15%以下	20 岁以下	—
	成年型	30%—40%	5%—10%	4%—7%	15—30%	20—30 岁	—
	年老型	30%以下	10%以上	7%以上	30%以上	30 岁以上	—
年份	1953 年	35.24	6.90	4.08	11.58	23.10	年轻型
	1964 年	41.23	7.04	4.19	10.16	19.82	年轻型
	1982 年	29.30	8.69	5.76	19.65	24.70	成年型
	1990 年	23.29	10.38	6.83	29.33	27.74	单指标进入老年型
	1994 年	22.27	11.47	7.23	32.47	30.43	全面进入老年型
	2000 年	18.07	12.34	8.84	49.39	33.30	
	2010 年	13.21	13.89	9.34	70.70	36.59	

总体看来,浙江人口老龄化呈现五大特点:

1. 发展快速,超前全国及发达国家。尽管省外年轻人口的大量涌入,一定程度上延缓了浙江省人口老龄化的速度,但在稳定的低生育水平和人口寿命的不断延长的推动下,浙江老龄人口比重进一步上升。从"五普"到"六普"的10 年间,浙江省常住人口增长 16.37%,而同期,60 岁及以上的老年人口增长30.96%,65 岁及以上的老年人口增长 22.91%,老年人口增长幅度大大高于总人口增长幅度。

浙江人口老龄化超前于全国平均水平。1953 年,65 岁及以上老年人口比重浙江低于全国 0.3 个百分点,但到 1964 年,浙江已高于全国 0.46 个百分点。到 1994 年,浙江全面进入老年型社会,比全国提前好几年。近几年,由于年轻外来人口对浙江的青睐,浙江老龄化速度有所延缓,但第六次人口普查资料显示,2010 年浙江人口老化系数仍比全国高出 0.47 个百分点。

浙江人口老龄化也快于世界上一些经济发达国家。据预测(参见:浙江省发展和改革委员会课题组,积极应对人口老龄化推进社会和谐,2006),浙江 65岁及以上老年人口比重从 7%增加到 14%仅需要 28 年时间(浙江于 1991 年为 7.01%,预计 2019 年将上升为 14.14%),而同样的增幅发达国家所要的时间为:英国 45 年,德国 60 年,美国 70 年,澳大利亚 79 年,瑞典 85 年,法国 115 年(参见:全国老龄工作委员会办公室,中国人口老龄化发展趋势预测研究报告,2006)。由此可见,浙江人口老龄化势头发展迅速,并且在今后很长的一个时期内都保持着较高的递增速度。

2. 偏离经济发展。与发达国家相比,浙江人口老龄化与经济发展速度有较大偏离和超前性。发达国家的人口老龄化是伴随着工业化、城市化、现代化而自然到来的,人口老龄化与经济同步发展。一般发达国家 65 岁及以上老年人口比重达 7%时,人均 GDP 已达 1 万美元以上。而浙江人口老龄化是长期推行计划生育,出生率快速下降的结果,属于"未富先老"型,1991 年浙江省 65 岁以上老年人口比重超过 7%时,人均 GDP 仅大约 434 美元,只有发达国家的 1/23。显然浙江应对老龄化的难度比发达国家大得多。

3. 高龄老人迅速增加。人口学认为,60—69 岁为低龄老年人口,70—79 岁为中龄老年人口,80 岁以上为高龄人口。浙江 80 岁以上的高龄老人上升趋势明显。从历次普查资料看,80 岁及以上高龄人口占 60 岁及以上的老年人口的比重逐渐递增,近年来递增加速,由 1953 年的 4.52%,1964 年的 4.53%,递增到 1982 年的 9.04%,1990 年的 9.18%,2000 年的 10.45%,2010 年则达到 14.18%。1953 年全省 80 岁及以上高龄人口仅 6.99 万人,1982 年增至 30.53 万人,1990 年、2000 年分别为 39.53 万人和 59.26 万人,2010 年则达到 107.22 万人。百岁以上老人 1953 年仅有 5 人,1964 年 2 人,1982 年 54 人,1990 年 171 人,2000 年 459 人,2010 年增至 1191 人,增速惊人。

4. 区域不同步性。由于自然条件、社会经济发展状况的差异,各地区老龄化程度不一。第六次人口普查资料显示,从 11 个地级市看,经济欠发达的衢州、丽水人口老龄化程度居全省前列,老年人口系数(65 岁及以上所占比重)分别为 11.97%和 11.69%。经济较发达的温州、宁波、杭州等地的老年人口系数却分别居全省的倒数一、二、三。从县(市、区)层面看,差异则更明显,最高的文成县,老年人口系数高达 16.76%,而最低的龙湾区和瓯海区,老年人口系数仅为 3.96%和 4.29%,年龄结构非常年轻,这种现象主要与工业化和城镇化发展带来的人口迁移流动有关,经济欠发达区是净迁出地,经济发达地区是净迁入地,而迁移流动人口以中青年为主。

5. 城乡倒置。发达国家人口老龄化的历程表明,城市人口老龄化水平一般高于农村,浙江的情况则不同。目前浙江老年人口大部分居住在农村地区。"六普"资料显示,2010 年,全省 5442.69 万常住人口中,不到四成(39.4%)居住在农村。而全省 756 万 60 岁及以上的老年人口中,则有五成以上(52.2%)

居住在农村。从 65 岁及以上老年人口看，有 53.3%居住在农村。从 70 岁及以上和 80 岁及以上老年人口看，则分别有 54.3%和 54.8%居住在农村。显然乡村是老龄化相对严重的地方。乡村人口结构迅速老化与乡村劳动年龄人口往城镇地区大量迁移和流动密切相关。有关研究指出，这种城乡倒置的状况将一直持续到 21 世纪中叶。到 21 世纪后半叶，城镇的老龄化水平才将超过农村，并逐渐拉开差距。这是浙江和中国人口老龄化不同于发达国家的重要特征之一。

（二）劳动力供给持续增加，社会抚养比不断减小，仍处于人口红利期

20 世纪八九十年代以来，成功的生育控制使得浙江少年儿童的比重逐年减少，从而使得总抚养比下降，劳动力年龄人口比重显著增长，劳动力供给丰富，浙江发展的人口机会之窗开启。图 1 展示了历次普查年浙江人口年龄结构状况。1953—1964 年，15—64 岁人口比重下降。1964 年以后，15—64 岁年龄人口比重持续上升，2010 年为 77.45%，比 1964 年的 54.48%增加 22.97 个百分点。浙江人口年龄结构呈明显的“中间大，两头小”的橄榄型结构，且橄榄肚越来越大。可见，目前浙江仍处于经济社会发展十分有利的人口红利期，这与社会发展的普遍规律相吻合。一般认为，在人口尚未进入高龄社会之前，少年儿童人口和老年人口在总人口的比例都较低，这种人口红利期将会持续一段时间。

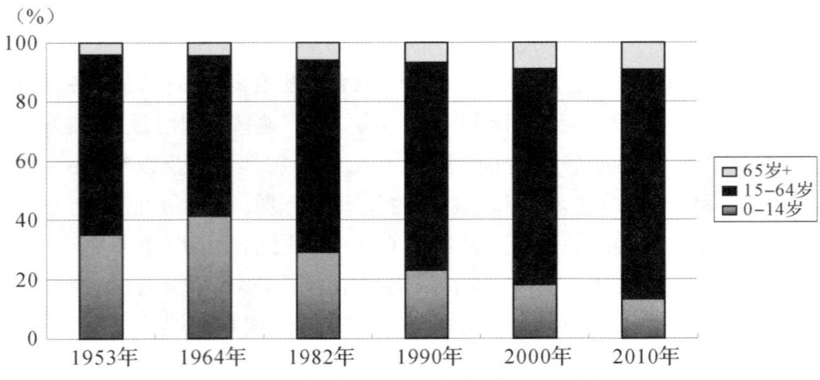

图 1　历次普查年人口年龄结构变化情况

图 2 展示了历次普查年人口抚养比的变动态势。由图 2 可知，老年抚养比自 20 世纪 50 年代以来呈上升态势，从 1953 年的 6.77%提高到 2010 年的 12.05%。少年儿童抚养比自 1964 年后持续下降，从 1964 年的 75.57%下降至 17.05%，下降幅度很大。由于少儿抚养比的大幅下降，社会总抚养比从

1964 年的 83.32%下降至 2010 年的 29.11%。今后浙江少儿抚养比还会进一步下降,但下降幅度应该有所减弱,老年抚养比会继续上升。

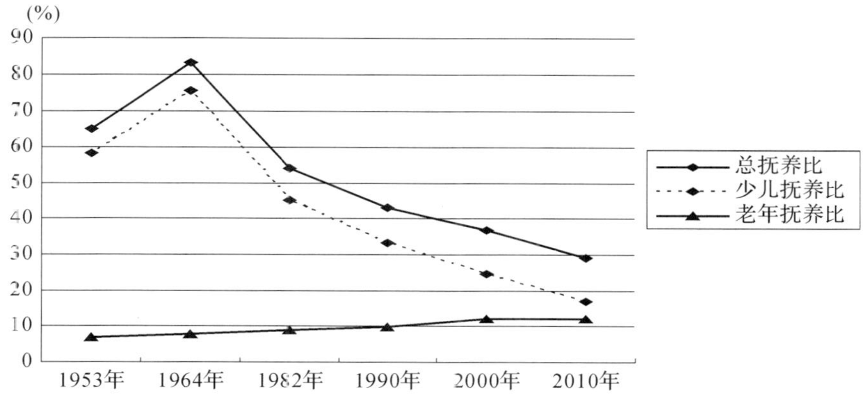

图 2 历次普查年人口抚养比变动态势

需要指出的是,尽管浙江劳动力供给丰富,人口负担系数小,但随着年龄结构的演变,人口红利必将逐步枯竭,而向人口负债转变。一些研究已指出,随着人口老龄化的加剧,中国的人口红利不久将进入"关窗期",同时全国农村剩余劳动力不断减少,年轻人教育时间变长,劳动参与率下降,劳动用工成本不断增加等,都会对浙江劳动力市场供求关系产生深远的影响。浙江"人口红利"何时关闭?浙江经济的"刘易斯拐点"何时来临?这都尚需另文作进一步研究。为抵消人口红利的减少带来的不利影响,当前须促进劳动力充分就业,利用丰裕的劳动力,积极发展经济,为以后积累财富,同时还需积极转变经济发展方式,使经济发展从依赖人口数量向依赖人口质量转变。

二、浙江人口年龄结构对消费影响的计量分析

人口年龄结构的变化必然对社会经济产生深远的影响。不同的年龄阶段必然有不同的消费行为特征,那么当前我省消费水平偏低能否从年龄结构视角得到解释?

由于很难找到一个综合变量来表征人口年龄结构,同时人口年龄结构与收入水平的时间序列数据存在相关性,直接引入年龄结构变量的消费函数存在多重共线性,计量模型不能通过显著性检验,因此以往的研究很难将人口年龄结构纳入消费函数。现在,人口学界有专家引入标准消费人概念和变量,有效解决了消费函数中人口年龄结构影响分析的困难(王金营,2006;刘金玲,2008),因此本文试图借助此方法进行分析。

（一）基本假设和模型

假设收入水平一定，作为影响总消费需求的一个因素，年龄构成会部分决定总消费需求。根据现实生活的表现和有关研究，假设人口年龄结构的变化对消费水平产生影响。

为便于比较，本文分两种模型进行研究：一是将少年儿童比重、老年人口比重直接作为变量引入消费函数；二是寻找一个综合指标来表征人口年龄结构，引入消费函数。

1. 直接引入人口年龄结构变量的绝对收入假说的消费函数模型。在给定消费水平的条件下，则最终消费函数为

$$C_t = c_t P_t \tag{1}$$

式中 C_t 为消费总额，c_t 为人均消费水平，P_t 为总人口。该消费函数表明，在消费水平给定的条件下，人口规模是最终消费规模的决定因素。然而，人均消费水平并非固定不变，人均收入水平或人均 GDP 水平、人口年龄结构等都是影响人均消费水平变动的因素。于是，人均消费、人均 GDP、人口年龄结构之间的关系，有如下算式：

$$c_t = \alpha_1 + \alpha_2 y_t + \alpha_3 aged(t) + \alpha_4 ch(t) + \varepsilon \tag{2}$$

其中 c_t 表示人均消费，y_t 表示人均 GDP，$aged$，ch 分别表示老年人口的比重、少儿人口的比重。该等式两端同乘以总人口 P_t，则最终消费函数模型为：

$$C_t = \alpha_1 P_t + \alpha_2 Y_t + \alpha_3 P_t aged(t) + \alpha_4 P_t ch(t) \tag{3}$$

该式表明，最终消费是总人口、老年人口、少年人口和国内生产总值的线性函数。

2. 采用标准消费人的消费函数模型的构建。设少年儿童人口的平均消费水平是成年人口的 α 倍，老年人口的平均消费水平是成年人口的 β 倍，总人口 P 中有老年人口 Aged，少年人口 Ch，劳动人口 L，则标准消费人口 $SCP = \alpha \cdot Ch + \beta \cdot Aged + L$。令 C 代表总消费额，则标准消费人的消费水平表示为：

$$SC = \frac{C}{SCP}$$

令 P 代表总人口，每 100 人中相当的标准消费人数表示为：

$$\frac{SCP}{P} \times 100 = (\alpha \cdot ch + \beta \cdot aged + l) \times 100$$

其中，ch、$aged$、l 分别代表少年儿童、老年人口、成年人口在总人口中的比重。

根据此标准消费人的计算过程，标准消费人的消费水平是一个已经排除了人口年龄结构影响的指标，因而决定消费水平的因素只有人均收入水平（人均 GDP）和消费习惯，我们得到如下模型：

不考虑消费习惯的标准消费人消费函数为：

$$SC_t = \alpha_1 + \alpha_2 y_t + \mu_t \tag{4}$$

考虑消费习惯 $C(t-1)$ 的标准消费人消费函数为：

$$SC_t = \alpha_1 + \alpha_2 y_t + \alpha_3 sc_{t-1} + \mu_t \tag{5}$$

其中，SC_t 为 t 年标准消费人消费水平，与 t 年的人均消费水平 c_t 相区别，y_t 为人均 GDP。这三个模型反映了当排除人口年龄差异的影响后，消费函数中影响消费水平的因素将大大简化，年龄结构不再是标准消费人消费水平的主要影响因素。一旦估计得到模型的参数，我们就可以利用预测得到分年龄组人口和人均 GDP 水平，预测未来的标准消费人消费水平和总消费规模。

即，首先，式(4)两边同乘以标准消费人规模 SCP_t 得到总消费函数：

$$C_t = \alpha_1 p_t \frac{SCP_t}{p_t} + \alpha_2 y_t SCP_t = \alpha_1 p_t \frac{SCP_t}{p_t} + \alpha_2 \frac{Y_t}{P_t} SCP_t \tag{6}$$

然后，变形采用人口年龄结构表示标准消费人，得到：

$$C_t = \alpha_1 P_t(\alpha \cdot ch_t + \beta \cdot aged_t + l_t) + \alpha_2 Y_t(\alpha \cdot ch_t + \beta \cdot aged_t + l_t)$$

将 $l = 1 - ch_t - aged_t$ 代入上式，得

$$C_t = \alpha_1 P_t + \alpha_2 Y_t - (1-\beta)(\alpha_1 P_t + \alpha_2 Y_t) \cdot aged_t - (1-\alpha)(\alpha_1 P_t + \alpha_2 Y_t) \cdot ch_t \tag{7}$$

或 $c_t = \alpha_1 + \alpha_2 y_t - (1-\beta)(\alpha_1 + \alpha_2 y_t) \cdot aged_t - (1-\alpha)(\alpha_1 + \alpha_2 y_t) \cdot ch_t$ (8)

由式(7)式(8)可见，当老年人口和少年儿童的消费水平与成年消费水平越是接近(即 α 和 β 接近 1)，人口年龄结构对消费的影响就越小。反之，当老年人口和少年儿童的消费水平与成年消费水平的差异越大(即 α 和 β 比 1 小得多)，人口年龄结构对消费的影响就越大。

因此，只要对式(5)略作变化，就可以将人口的年龄结构间接地引入消费函数。由式(8)可知，当人口规模一定时，老年人口和少年人口的边际消费倾向是一个与人均 GDP 有关的量；同时，也与老年人口和少年人口的消费系数有关。为此，下文将对这两个函数利用浙江的实际时间序列数据进行检验。

（二）数据的整理和计算

1. 人口年龄结构和人均居民消费水平数据。根据实际收集情况，本文数据选取的时间跨度为 1994—2010 年，为增加和确保实证检验的可信度，所有数据均经过价格指数(1978＝100)缩减。其中人均消费水平、人均 GDP 数据来自浙江历年统计年鉴，人口年龄结构数据来自中国历年统计年鉴。本文实

证部分是利用 Eviews5.0 软件进行的，同时用 SPSS 软件辅助验证。

2. 标准消费人及标准消费水平数据。

第一步，假设 15—64 岁的成年人为一个标准消费人，将 15—64 岁的成年人的消费水平看做标准消费人的消费水平。

第二步，按一定比例把儿童和老年人折算成标准消费人。在我国由于文化传统的影响，老年人口的消费水平一般要低于劳动年龄人口的消费水平。已往研究一般认为老年人消费水平相当于劳动年龄人口消费水平的 70%左右（于学军，1995；李建民，2001）。因此我们以 0.7 为系数将老年人折算为标准消费人，同时将少年儿童的标准消费系数也定为 0.7，据此，将 1994—2010 年期间浙江人口折算成标准消费人（见表 2）。

表 2 1978 年不变价的居民消费水平和标准消费人消费水平

年份	居民消费水平(元)	居民消费量(万元)	人口(万人)	0—14岁(%)	65 岁及以上(%)	标准人(每百人)	标准消费人口总量(万人)
1994	652	2844818	4363.7	22.27	7.23	91.15	3977.51
1995	760	3336345	4389	21.74	8.65	90.89	3988.85
1996	825	3640376	4413	20.6	9	91.13	4021.57
1997	852	3778685	4434.8	19.32	9.26	91.43	4054.56
1998	854	3803904	4456.2	18.94	9.02	91.61	4082.41
1999	849	3799110	4475.4	18.98	9.54	91.45	4092.93
2000	868	4061764	4679.91	18.07	8.85	91.93	4302.43
2001	866	4093819	4728.8	17.3	10.25	91.74	4337.96
2002	857	4093098	4776.4	16.43	11.15	91.73	4381.20
2003	868	4213900	4856.8	16.11	11.49	91.72	4454.66
2004	895	4412867	4925.2	15.61	9.78	92.38	4550.05
2005	896	4472857	4990.9	15.9	10.58	92.06	4594.42
2006	917	4659023	5071.8	14.99	10.04	92.49	4690.96
2007	944	4865530	5154.9	14.66	10.63	92.41	4763.80
2008	970	5054223	5212.4	14.02	10.65	92.60	4826.63
2009	959	5060762	5275.5	13.85	11.07	92.52	4881.10
2010	1018	5544551	5446.51	13.21	9.34	93.24	5078.05

续表

年份	标准消费人消费水平(元)	老年人消费规模(万元)	老年人消费占总消费的比重(%)	少年儿童消费规模(万元)	少儿消费占总消费的比重(%)
1994	715	156983.35	5.55	483543.47	17.10
1995	836	221097.38	6.66	555682.89	16.74
1996	905	250068.36	6.91	572378.70	15.82
1997	932	266459.01	7.09	555938.23	14.79
1998	932	261924.53	6.89	549983.43	14.47
1999	928	276278.78	7.30	549661.55	14.53
2000	944	267707.45	6.74	546607.20	13.76
2001	944	318534.66	7.82	537624.36	13.20
2002	934	346539.89	8.51	510641.29	12.54
2003	946	366463.71	8.77	513814.66	12.30
2004	970	324737.32	7.41	518317.94	11.83
2005	974	357482.93	8.05	537238.06	12.09
2006	993	351196.63	7.60	524346.37	11.34
2007	1021	388609.90	8.05	535938.02	11.10
2008	1047	404659.15	8.05	532706.22	10.60
2009	1037	421307.11	8.38	527109.61	10.48
2010	1092	382701.83	7.01	541273.14	9.92

注:1994 年年龄结构数据根据 1990—2000 年的年均增长率推算得出。

从表 2 可看出,1994—2010 年间,随着老年人口比重的上升,每 100 的标准消费人由 91.15 提高到 93.24。那么,如果产出或收入水平不变,总消费额不变,则消费水平将因老龄化的发展而降低。根据计算得到的标准消费人总量和 1978 年不变价的消费总额,可计算得到标准消费人消费水平,由此可得老年人口和少儿人口的消费规模和消费比重。如果将老年和少儿人口都看做 0.7 个标准消费人的话,我国老年人口消费总额由 1994 年的 15.7 万亿元增加到 38.3 万亿元,年均增长速度为 5.72%,远大于消费总额的年均增长速度 4.19%,而少年儿童人口消费总额由 1994 年的 48.4 万亿元增加到 54.1 万亿元,年均增长 0.7%,远低于消费总额的年均增长速度。

（三）模型的检验与估计

1. 对直接引入年龄结构变量的消费函数模型的检验。时间序列分析都假定序列是平稳的，如果时间序列数据不平稳，可能会出现伪回归现象。因此，在用时间序列数据进行计量分析时，先对各变量进行平稳性检验。单位根检验结果显示，消费水平、人均 GDP、少儿人口比重、老年人口比重在 5% 水平下非平稳，但一阶差分后 t 统计量均在 5% 水平下显著，即拒绝单位根零假设，序列平稳，一阶单整 I(1)。单位根检验结果见附表 1。

虽然经济变量本身是非平稳的，但它们的线性组合却有可能是平稳序列。因此，我们对这些变量进行协整分析（协整分析结果见附表 2），以考察变量之间是否存在长期稳定的均衡关系。协整分析发现，在 5% 的显著性水平上，上述四个变量均存在协整关系，可以对上述几个变量建立线性模型。

利用表 2 数据对模型式(2)进行估计检验，得到下列模型：

$$c_t = 862.394 + 0.220y_t - 15.613ch(t) + 1.741aged(t) \quad (9)$$

$$\begin{pmatrix}2.100\\0.056\end{pmatrix} \quad \begin{pmatrix}1.553\\0.1445\end{pmatrix} \quad \begin{pmatrix}-1.569\\0.141\end{pmatrix} \quad \begin{pmatrix}0.141\\0.890\end{pmatrix}$$

$R^2=0.875$；$R^2 adju=0.846$；D. W. $=0.631$；$F=30.297$，$Sig=0.000$

由式(9)知，模型中所有变量与人均消费水平的关系都不显著，人均 GDP 与人均消费水平呈非常弱的正相关，少年儿童比重与人均消费水平呈非常弱的负相关，而老年人口比重基本与人均消费水平不相关。由于参数估计未获得显著性检验，该模型不能作为反映人口年龄结构与人均消费水平的关系。事实上，随着老龄化程度的加重，年龄结构对消费水平的影响也会日益明显。这一点我们可以通过分析人均消费水平与年龄结构的直接相关模型（即剔除人均 GDP 的模型）的估计检验可以得到证明。

2. 采用标准消费人消费水平的消费函数的检验。在回归分析前，仍然对标准消费水平和人均 GDP 两项指标进行了平稳性检验。结果见附表 1 和附表 3。协整分析发现，在 5% 的显著性水平上，上述两变量存在协整关系，可以建立线性模型。

(1)不考虑消费习惯的影响

利用表 2 数据，对式(4)进行回归检验估计。

$$sc_t = 460.939 + 0.423y_t \quad (10)$$

$$\begin{pmatrix}7.586\\0.000\end{pmatrix} \quad \begin{pmatrix}9.304\\0.000\end{pmatrix}$$

$R^2 = 0.885$；$R^2 adju = 0.859$；$D.W = 1.327$；$F = 86.567$，$Sig = 0.000$

从式(10)得知,该模型较好地拟合我省1994—2010年间的消费水平与人均GDP水平的关系,模型总显著性检验通过,已不存在序列相关的影响(为排除序列自相关的影响,采取两次迭代回归而通过检验,第一次误差序列回归系数为0.574,第二次误差序列回归系数为0.606),各参数显著性检验也通过。可以用于未来的预测和分析。

(2)考虑消费习惯的影响

$$sc_t = 317.526 + 0.233y_t + 0.388sc_{t-1} \qquad (11)$$

$$\begin{pmatrix}9.152\\0.000\end{pmatrix} \quad \begin{pmatrix}7.853\\0.000\end{pmatrix} \quad \begin{pmatrix}7.011\\0.000\end{pmatrix}$$

$$R^2 = 0.971; R^2 adju = 0.967; D.W = 1.453; F = 220.844; Sig = 0.000$$

模型高度拟合我省1994—2010年间的消费水平与人均GDP水平的关系,模型总显著性检验通过,各参数也均显著通过检验。而且此模型的拟合优度明显高于前面的模型,优点还在于可直接排除序列相关的干扰,用于未来的预测的精度更高。只是作为反映人口年龄结构对消费的影响存在一定的麻烦。

以模型(10)为例,将估计得到的参数代入式(8),可以得到含人口年龄结构的消费函数:

$$c_t = 460.939 + 0.423y_t - 0.3(460.939 + 0.423y_t) \cdot aged_t - 0.3(460.939 + 0.423y_t)ch_t$$

上式表明:

其一,人口年龄结构与消费水平存在着稳定的均衡关系。

其二,随着人均GDP的提高,年龄结构对消费需求影响越大。

其三,由于年龄结构变动,人口抚养比aged+ch的提高,人均GDP提高带来的消费水平提高的速度将减小为:

$$c_t'(y_t) = 0.423 - 0.1246(aged_t + ch_t)$$ 。

三、结论和建议

(一) 主要结论

1.浙江省人口年龄结构的变化具有“持续老化、持续低供养”的特征。主要表现为快速的老龄化、高龄化,超前全国和世界发达国家,且分布不平衡。虽然外来人口的进入具有一定程度的延缓作用,但无法改变老龄化日益严重的趋势。虽然当前浙江省劳动力供给充足,人口总抚养比处于下降阶段,仍处于“人口红利”期,但“人口红利”向“人口负债”转变也是必然。因此,在人口老龄化严重阶段到来之前，应该充分利用人口机会，促进经济可持续发展。

2. 年龄结构的老化趋势对老年群体的消费品和消费服务提出较强的需求。前面的计算显示，老龄化的趋势使得老年人口消费总量的增长速度快于少年儿童消费总量增长，这预示着未来老年消费市场的潜力巨大，特别是医疗保健、文化娱乐、社会服务等消费需求会增加。

3. 当期收入和消费习惯是影响居民消费的重要因素。参数估计结果显示，无论在哪个模型中，人均 GDP 对消费水平的影响都非常显著($P<0.01$)。若将前期消费纳入模型，模型的解释力更强，效度和精度也更高。显然提高国民收入，同时引导消费意识是扩大内需的关键。

4. 老龄化程度的提高，使得人均 GDP 提高所带来的消费水平提高的速度将会减小。这意味着，人口老龄化会降低未来的消费水平和消费比率。此结论似乎与生命周期假说相反。而我们认为，生命周期假说符合国外情况。我们的结论是基本符合中国的实际。理由之一，从长期来看，老年抚养比越高，社会用于积累和投资的产出越少，这会导致人均资本存量下降，进而抑制长期居民消费。二是中国老年人普遍重视子女的效用，大多会考虑为子女储蓄。同时，在社会保障体系尚不健全的情况下，面对未来的不确定性以及疾病的可能性，老年人还会保留部分储蓄以应付不时之需，遗赠动机和谨慎动机会大大抵消老年人口上升引起的消费水平的上升。三是我们的养老模式以家庭养老为主，下一代预期到未来的养老压力，也会主动减少消费，增加储蓄。可见，老龄化不仅会通过老年人自身行为影响消费，还会对下一代的储蓄和消费行为产生重大影响，进而影响整体居民消费。

5. 老年人口和少年人口的边际消费倾向不仅是与人均收入有关的量，而且与老年人口和少年人口的消费系数有关。从前面的模型可知，当老年人口和少年儿童的消费水平与成年人口消费水平越是接近(即 α 和 β 接近 1)，人口年龄结构对消费的负面影响就越小；反之，越大。这提示我们，需要充分挖掘不同年龄层次的消费市场，刺激和满足不同层次的消费需求，促进消费多元化，使被抚养人的消费水平得到有效提高。

（二）建议

针对上述结论，本文提出以下建议：

1. 加大收入分配调整力度，使更多居民特别是低收入者有能力消费。收入水平不高必然会抑制消费增长。同时城乡、地区、不同阶层居民收入差距较大，也会导致消费的两极分化。从表 3 的数据可以看出：其一，收入水平的差异对居民消费倾向有直接的影响，平均消费倾向随着居民收入水平的提高而递减。其次，收入水平的差异决定居民消费结构的不同。食品支出占总消费支出的比重随着收入水平的提高而下降；设备用品、交通及通讯、娱乐教育文化、其他商品和服务支出占总消费支出的比重随着收入水平的提高而上升。因此，无论是考虑消费倾向还是消费结构，提高中低收入阶层的收入水平无疑都会增加市场的有效需求。因此，当前必须加大国民收入分配调整力度，通过工资稳步增长机制或补贴，提高低收入者收入，缩小收入差距。同时，综合利用税收等经济杠杆，使国民收入分配格局向个人和劳动者倾斜，让老百姓更充分享受到经济发展的成果，更有能力去消费。

表 3　2010 年浙江省城镇居民消费支出、平均消费倾向及消费结构

	最低收入	较低收入	中下收入	中等收入	中上收入	高收入	最高收入
消费性支出(元/人)	7866	10913	12805	16116	20346	24897	37182
平均消费倾向(元/人)	0.90	0.84	0.74	0.70	0.66	0.59	0.54
食品占比(%)	46.68	40.24	39.48	38.87	33.97	30.41	25.08
衣着占比(%)	7.49	8.52	9.58	9.31	10.34	11.85	10.73
居住占比(%)	8.99	8.38	8.48	7.63	8.23	7.81	7.22
设备用品占比(%)	3.34	3.50	4.56	4.67	5.08	5.75	6.46
医疗保健占比(%)	8.52	5.54	6.61	6.50	5.73	6.15	3.98
交通和通讯占比(%)	10.04	19.85	15.53	17.09	19.60	18.17	25.66
娱乐教育文化占比(%)	13.13	11.91	13.62	13.40	14.24	16.03	16.33
其他商品和服务占比(%)	1.55	2.04	2.14	2.53	2.83	3.83	4.53

2. 加快完善社会保障体系建设，重点解决农村地区对养老、疾病等后顾之忧，改善居民消费预期。在老龄化社会，如果社会保障不完善，人们对未来预期必然悲观，即使目前手头宽裕，也不敢放心消费。目前我国基本养老保险在城市已基本实现了全覆盖，但是农村地区的新农保制度与城市的基本养老保险制度并未接轨。农村老年人口大于城镇老年人口，而农村的养老保障水平却远远低于城市，基于养老和风险控制的考虑，他们的消费欲望和能力被极度压抑。只有建立和经济发展水平相适应的社保和医保体系，潜力巨大的农村消费力才会被释放。因此，应积极创新农村社保制度，使农村老人与城市老人一样，享受高标准的养老保险和医疗保险。

3. 倡导积极的消费理念，引导居民尤其要转变传统消费行为和习惯。我国传统文化崇尚节俭，提倡"量入为出"的谨慎消费，强调储蓄。这在农村、老年群体中表现尤为突出：消费意识不强，消费结构和内容单一。传统消费行为和观念对人们的后期消费行为会产生惯性的消极作用。因此，首先要强化教育和舆论导向，促进人们更新理念，树立科学、合理、健康的消费观，坚持效用最大化原则，恰当地安排常规和非常规消费，从根本上提高消费质量和生活水平。其次是政策导向，调整消费政策，使其面向普通百姓，创造新的消费需求。

4. 营造良好消费环境，充分挖掘和细分不同年龄层消费市场。有了收入和保障，观念又到位，再配以良好的消费市场和环境，才能有效启动居民最终消费。首先，要完善相关消费制度和法规，保证公平消费和安全消费。其次要根据不同年龄消费者的购买习惯、动机、方式和水平的差异，细分消费市场，如儿童市场、青年市场、成年市场、老年市场等，刺激多元化消费。第三，适应老龄化的要求，积极发展老龄产业，从老年群体的即期和潜在需求着眼，结合消费层次与消费特征，推出符合老年价值观的产品。

课题负责人　姚剑平
课题组成员　尹向阳　黄洪琳　楼　航
执　　　笔　黄洪琳

参考文献：

[1]王金营，付秀彬．考虑人口年龄结构变动的中国消费函数计量分析——兼论中国人口老龄化对消费的影响[J]．人口研究，2006(1)．

[2]刘金玲．湖南省人口老龄化对消费、劳动力供给及储蓄的实证研究[D]．长沙：湖南大学，2008．

[3]于学军．中国人口老化的经济学研究[M]．北京：中国人口出版社，1995．

[4]李建民．老年人消费需求影响因素分析及我国老年人消费需求增长预测[J]．人口与经济，2001(5)．

[5]浙江省发展和改革委员会课题组．积极应对人口老龄化 大力推进社会和谐[EB/OL]．(2008－05－28)[2012－02－08] http://mzt.zjol.com.cn/newsxp/html2008/05/8143924.htm．

[6]全国老龄工作委员会办公室．中国人口老龄化发展趋势预测研究报告[EB/OL]．(2006－02－24)[2012－02－08]http://finance.sina.com.cn．

附录

附表 1 各变量序列及差分序列单位根检验结果

检验变量		检验类型	ADF 检验值	5%临界值	平稳性
人均消费水平	c	(c t 0)	0.118675	−3.081002	非平稳
	Δy	(c t 0)	−3.827763	−3.081002	平稳
人均 GDP	y	(c t 0)	−0.053928	−3.065585	非平稳
	Δy	(c t 0)	−3.471584	−3.081002	平稳
少年儿童比重	ch	(c t 0)	−2.085875	−3.119910	非平稳
	Δch	(c 0 0)	−3.830058	−3.081002	平稳
老年人口比重	aged	(c t 0)	−3.027750	−3.065586	非平稳
	Δaged	(c 0 0)	−4.510732	−3.081002	平稳
标准消费水平	sc	(c t 0)	−0.280929	−3.081002	非平稳
	Δsc	(c t 0)	−4.193319	−3.081002	平稳

注:检验类型(C,T,K)分别表示单位根检验的模型中是否有常数项,时间趋势和滞后阶数,采用 AIC 和 SC 值最小准则;Δ 表示一阶差分。

附表 2 年龄结构、人均 GDP、消费水平等四项指标协整关系的检验

假设协整方程的个数	特征值	最大特征值统计量	0.05 临界值	P 值
None *	0.939014	74.64366	47.85613	0.0000
At most 1 *	0.796165	32.68700	29.79707	0.0226
At most 2	0.444823	8.830353	15.49471	0.3813
At most 3	0.000221	0.003316	3.841466	0.9523

依据 AIC 和 SBC 信息准则,自回归阶数确定为 1。

附表 3 标准消费水平与人均 GDP 两项指标协整关系的检验

假设协整方程的个数	特征值	最大特征值统计量	0.05 临界值	P 值
None *	0.699285	18.03995	15.49471	0.0202
At most 1	0.001070	0.016059	3.841466	0.8990

依据 AIC 和 SBC 信息准则,自回归阶数确定为 1。

浙江省外来人口的研究与分析

21 世纪以来，随着工业化、城市化、市场化、国际化的快速发展，我国进入了人口流动最为活跃的时期。而浙江作为市场化改革的先行省份，更是吸引了大量的外来务工人员到浙江就业，外来人口已经成为影响浙江经济社会发展的举足轻重的力量。外来人口的快速流入，既为浙江经济的发展作出不小的贡献，也对我省人口、资源和环境的可持续发展带来很大的压力。

一、浙江外来人口的现状及特点

（一）总量：省外人口快速流入，成为全省人口大幅增加的主要原因

2010 年，全省的省外流入人口为 1182.4 万人，占全部常住人口的 21.7%，即每 5 个常住人口中就有 1 人以上来自省外。与 2000 年相比，增加 813.5 万人，约相当于新流入了一个海南省（867.1 万）的人口，增幅高达 220.5%，年均增长 12.4%。与此同时，十年之间全省户籍人口仅增加 246.7 万人，只有省外流入人口的 20.9%。省外人口的快速流入，已成为 21 世纪以来全省常住人口大幅增加的主要原因。

（二）年龄结构：仍以劳动年龄人口为主，但少儿人口和中高年龄组劳动力同时大幅增加

2010 年，15—59 岁的省外流入人口为 1057.2 万人，占 89.4%，尤其是 20—44 岁的青壮年人口为 843.7 万人，比重达到 71.4%，省外流入人口仍以青壮年劳动年龄人口为主。但是，与 2000 年相比，省外流入人口的年龄结构出现了两个方面的显著变化：一是少年儿童人口逐步增多，2010 年全省 0—14 岁的省外人口为 112.8 万人，是 2000 年 19.6 万人的 5.8 倍，比全部省外人口的增幅高 250.2 个百分点，占全部省外人口的比重达到 9.5%，比 2000 年的 5.3% 提高 4.2 个百分点；二是中高年龄组劳动力快速增加，人口年龄结构逐步老化，2010 年 35—59 岁的省外流入人口为 421.8 万人，占 35.7%，比 2000 年提高 20.7 个百分点，进而推动省外流入人口的年龄中位数提高到 28.9 岁，比 2000 年提高 3.3 岁。

（三）性别结构：男性人口仍占多数，但性别差异已逐步趋于平衡

2010 年，全部省外流入人口中，男性人口为 656.4 万人，占 55.5%，女性

人口为525.9万人，占44.5%，性别比（以女性为100，男性对女性的比例）由2000年的125.9下降为124.8。从分年龄段的性别比看，与2000年相比，性别比差异总体上趋于平衡，虽然两次普查的性别差异最大的仍属于同一群体，即从2000年的40—44岁转移到2010年的50—54岁，但经过10年时间的变化，其峰值已从237.2下降到179.8。这一现象表明，10年来中年省外人口逐步从原来的丈夫一人独自流入为主的模式，逐步转变为以举家流入，尤其是夫妻两人同时流入的模式。仍以上述年龄段为例，2010年的50—54岁省外流入人口与2000年的40—44岁人口相比增加1.2倍，其中男性人口和女性人口分别增加1.0和1.7倍，中年女性流入人口增速明显快于男性。另从育龄妇女的情况看，省外流入的女性人口中，属于15—49岁育龄妇女人口的有457.2万人，占86.9%，省外流入育龄妇女占全省育龄妇女总数的28.6%，流入人口的计生服务任务较重。

同时，从图1也可以看出，与2000年相比，当前省外流入人口各年龄段之间的性别比也呈现较为均衡的水平。但是值得注意的是，省外流入人口中少年儿童的性别比有提高的趋势，0—14岁流入人口的性别比为132.8，比全部省外流入人口高8.0个百分点，与2000年相比提高9.8个百分点。

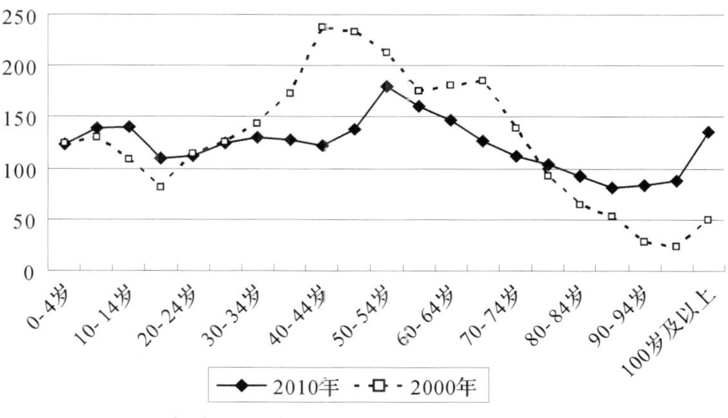

图1　省外流入人口分年龄的性别比情况

（四）文化结构：受教育程度逐步提高，但低于流出省外人口的水平，并且高中及以上人口仍低于全国平均水平

全省6岁及以上省外流入人口的平均受教育年限，从2000年的8.1年提高到2010年的8.6年，呈逐步提高的趋势。其中，初中、小学和未上过学的人口分别占57.1%、26.4%和2.1%，初中及以下人口比重合计为85.6%，仍占

绝对多数，但比 2000 年下降 6.1 个百分点，尤其是小学文化程度人口比重下降 6.6 个百分点。与此同时，大学、高中等较高学历人口逐步增加，2010 年，具有大专及以上和高中学历的省外流入人口为 45.3 万人和 117.7 万人，占 4.0%和 10.4%，分别比 2000 年提高 2.7 和 3.3 个百分点。但与全国平均水平相比，每十万人中具有大专及以上和高中学历的人口分别比全国的 8930 人和 14032 人低 5101 人和 4080 人。同时，与流出省外人口相比，省外流入人口的平均受教育年限低了 1.0 年，其中，高中及以上文化程度比重低了 15.6 个百分点，流入人口的受教育程度明显低于流出省外人口。

（五）流动原因：仍以务工经商为主，但随迁家属逐步增多

以务工经商或工作调动为目的来浙江的人口，占 2010 年全部省外人口的 84.7%，仍是省外流入人口的主导因素，但比 2000 年的 85.4%降低 0.7 个百分点。与此同时，以随迁家属或投亲靠友的原因来浙江的人口在逐步增多，占 12.4%，比 2000 年的 8.8%提高 3.6 个百分点。随迁家属的逐步增加，与上述分析的中年女性人口大量流入是一致的。

另外，随迁家属中也有不少的少年儿童人口。抽样调查数据显示，全省在校小学生和初中生中，来自省外的学生分别占 17.2%和 9.3%，其中，宁波市、嘉兴市在校小学生中省外生源的学生分别达到 28.1%和 26.5%，即每 4 个小学生中就有超过 1 人来自省外。

（六）行业结构：第二产业仍是主要就业领域，但就业的产业高度化趋势明显

表 1 显示，2010 年，省外流入人口三次产业的就业人口比重分别为 1.2%、75.7%和 23.1%，第二产业仍然是吸纳省外人口就业的主渠道，就业结构继续延续“二三一”结构。但与 2000 年相比，第一、第二产业分别下降 1.4 和 4.3 个百分点，第三产业提升 5.7 个百分点，省外流入人口就业的产业高度化趋势明显。

表 1　省外流入人口就业结构

产　业	2010 年	2000 年
第一产业（%）	1.2	2.6
第二产业（%）	75.7	81.0
其中：制造业（%）	67.3	70.4
建筑业（%）	8.1	9.5
第三产业（%）	23.1	16.4

从分年龄组来看,省外人口中从事第三产业的比重高于平均值(23.1%),主要集中在两个年龄段:一是22—32岁的青年阶段,第三产业的就业比重为24.3%,这个年龄段中的许多人在大学、高中毕业后进入浙江,有了知识的支撑,更愿意选择在第三产业就业;二是47岁及以上的中老年省外流入人口,其第三产业的就业比重为30.1%,他们长期在浙江生活、工作,并在城镇区域以从事非农产业为主,已经逐步融入当地的环境,工作内容也逐步本地化。

(七) 来源地分布:安徽、江西两个邻居省份仍居前列,但中部和西南地区增速更为明显

改革开放以来,浙江省优越的人口条件、地理位置、体制等因素使其率先走上了工业化、市场化、城市化道路,成为中国经济发达的省份,吸引了大批来自全国各地的劳动力前来浙江务工就业。2010年,同处华东地区的安徽省和江西省人口继续大量流入,达到228.5万人和153.0万人,分别占全部省外流入人口的19.3%和12.9%,继续位居前2位.其中,安徽省取代江西省,成为流入浙江人口最多的省份。与此同时,10年来全国其他地区流入浙江人口的增速也在加快,全省常住人口中来自华北、华中、华南、西北、东北和西南地区的人口比重均有不同程度的增加,尤其是贵州、四川、河南、湖北、湖南、重庆、云南这中西部7个省(直辖市)的人口增速更为明显,流入人口高达661.6万人,是2000年的4.8倍,占全部省外人口的56.0%,比2000年提高11.0个百分点。

表2 省外流入人口的来源地分布

省份	2010年			2000年		
	人口(万人)	比重(%)	位次	人口(万人)	比重(%)	位次
安徽	228.5	19.3	1	78.2	21.2	2
江西	153.0	12.9	2	84.1	22.8	1
贵州	149.9	12.7	3	30.1	8.2	4
四川	124.1	10.5	4	56.9	15.4	3
河南	122.4	10.4	5	19.9	5.4	6
湖北	89.9	7.6	6	24.5	6.7	5
湖南	75.0	6.3	7	19.8	5.4	7
重庆	59.3	5.0	8	9.7	2.6	9
云南	41.1	3.5	9	4.9	1.3	11

续表

省份	2010年			2000年		
	人口(万人)	比重(%)	位次	人口(万人)	比重(%)	位次
江苏	34.2	2.9	10	13.8	3.7	8
山东	18.5	1.6	11	3.9	1.1	12
陕西	16.8	1.4	12	3.0	0.8	14
福建	16.4	1.4	13	6.9	1.9	10
广西	13.9	1.2	14	3.1	0.8	13
甘肃	6.2	0.5	15	1.0	0.3	19
黑龙江	5.5	0.5	16	1.3	0.4	16
广东	4.7	0.4	17	1.2	0.3	17
河北	4.2	0.4	18	1.0	0.3	18
上海	3.9	0.3	19	2.1	0.6	15
吉林	3.2	0.3	20	0.7	0.2	20
辽宁	2.8	0.2	21	0.6	0.2	21
山西	2.5	0.2	22	0.5	0.1	22
新疆	1.5	0.1	23	0.5	0.1	23
内蒙古	1.4	0.1	24	0.4	0.1	24
青海	0.8	0.1	25	0.2	0.1	26
北京	0.8	0.1	26	0.2	0.0	27
宁夏	0.6	0.0	27	0.2	0.1	25
海南	0.6	0.0	28	0.1	0.0	28
天津	0.6	0.0	29	0.1	0.0	29
西藏	0.1	0.0	30	0.0	0.0	30

（八）流向地分布：温州、宁波、杭州仍占五成以上，但嘉兴、绍兴等市的增速更快

温州、宁波、杭州仍是省外流入人口在浙江省中最多的三个市，占2010年外省来浙江人口的54.6%。这一方面是因为三个市的区域经济发达，劳动力市场就业吸纳能力也相应较强；另一方面也是受就业信息不畅通所限制，初次

来浙江的外省务工人员一般都首先选择在经济比较发达的大中城市落脚。与2000年相比，嘉兴、绍兴等市的省外流入人口不但数量较大，增速也更加快，占全省的比重分别增加2.5和1.5个百分点；而温州、台州的省外流入人口占全省的比重则下降4.6和1.8个百分点。

表3　省外流入人口的流向地分布

	2010年		2000年	
	人口(万人)	比重(%)	人口(万人)	比重(%)
全省	1182.4	100.0	368.9	100.0
杭州市	174.3	14.7	50.3	13.6
宁波市	198.3	16.8	61.2	16.6
温州市	272.5	23.0	102.1	27.7
嘉兴市	112.3	9.5	25.7	7.0
湖州市	45.4	3.8	14.5	3.9
绍兴市	90.7	7.7	22.7	6.1
金华市	122.4	10.4	38.6	10.5
衢州市	8.0	0.7	1.9	0.5
舟山市	21.4	1.8	4.6	1.2
台州市	122.1	10.3	44.6	12.1
丽水市	15.0	1.3	2.5	0.7

二、浙江经济发展方式对外来人口的影响

随着各种劳动力流动的歧视性制度和地方保护性政策的逐步取消，打破了劳动力市场的行政分割，逐步建立了全国统一的劳动力市场，人口流动越来越频繁。在当前人口流动仍然以就业为主要原因的情况下，地区经济发展模式决定了当地的企业用工需求结构，进而影响了外来人口的总量和结构。而包括外来人口在内的全省人口结构，尤其是人口素质水平，又反过来制约着我省经济发展方式的转变。

（一）粗放型经济发展模式形成了对低成本劳动力的依赖性需求，进而吸引了外来人口的大量流入

从发展农村工业和农民创业起步的浙江工业，基础薄弱，人才、技术和装备十分缺乏，加上短缺经济尤其日用消费品短缺的推动，形成了典型的粗放型

经济发展模式。而多年的经济高速增长，使企业对调整转型的紧迫感和危机感不强。面对市场竞争，仍习惯于在原有技术水平上扩大产能、薄利多销的策略。浙江发展仍处在发展方式转变的"爬陡坡"阶段，产业层次低、布局散、竞争力弱，企业主要依靠低成本、低价格竞争，经济发展形成了对低成本劳动力的依赖性需求。2010 年，浙江省第二产业的单位 GDP 所需要的劳动力为 0.13 人/万元，位列全国各省（市、区）的第 28 位，比全国平均水平也高 0.01 人/万元，仅少于广西、贵州和安徽三个省份①。这说明，生产同样的 GDP，浙江需要更多的劳动力投入。粗放型经济发展方式形成的对外来劳动力的旺盛需求，加上浙江省各级政府、社会、企业普遍积极营造良好的就业和生活环境，合理解决子女入学难、住房难等问题，善待外来人口，使其逐步融入当地的城市生活，从而吸引了越来越多的外来人口流入浙江。

（二）低层次的产业结构所需求的劳动力主要是年轻、熟练的普通操作工人和服务人员，而对技能和学历的要求却较低，从而使得流入我省的外来人口文化素质提高缓慢

长期以来，由于认为中国廉价劳动力供给充裕，浙江的许多劳动密集型企业为了降低成本，提高利润率，普遍采用"流水线"作业，将一个任务细化为多个简单的工序，使用身体健康、反应灵敏的年轻劳动力代替技术投入，将工人固定为在流水线旁进行重复劳动的纯体力劳动者。浙江传统产业的优势取得，主要不是依靠技术创新，而是通过区域产业集群，推动产业链中间产品的垂直分工，从而降低产品成本，形成专业化生产的优势。从岗位需求的角度来看，主要以年轻、熟练的普通劳动力为主，而对技能和学历的要求较低甚至不提要求。据浙江省人力资源和社会保障厅发布的《浙江省部分市县人力资源市场供求状况分析》显示，2008 年、2009 年和 2010 年三季度的企业用工需求中，低技能要求（包括无技能要求、初级技能和初级专业技术职称）的需求比重分别为 89.6％、93.2％和 89.0％，对求职人员的低学历要求（包括无学历要求和初中及以下人员）分别占 68.0％、72.1％和 72.7％。甚至随着"招工难"现象的日趋严重，用人单位对劳动者的文化程度、技能要求更为放宽，2008 年至 2010 年三季度对求职者的学历无要求的用工需求比重分别达到 18.2％、19.8％和 22.0％，无技能要求的岗位比重更是均在 65％以上。用工岗位对求职者的文化素质和职业技能的普遍较低需求，意味着低文化和技能素养的外

①数据来源：根据《2011 年全国统计年鉴》计算。

来普通劳动力都能顺利地在浙江找到工作，这也是外来人口的文化水平提高缓慢的主要原因。

（三）低层次岗位需求和自身低文化素质的双重制约，使得外来人口被锁定在低端职业，难以形成良性的向上流动机制

流入我省的外来人口的文化素质和职业技能普遍相对较低，而我省传统产业中许多就业岗位对劳动者的职业技能和学历需求也不高，外来人口很容易在类似的低技能行业中找到工作，使得外来人口既缺乏学习提高技能的环境，也缺乏努力学习的动力，从而被锁定在低端职业，具有明显的从业惯性，难以形成良性的向上流动机制。2010 年，92.3%的外来人口从事需要“动手”、“跑腿”的低端职业，其中 73.3%为生产运输设备操作人员及有关人员、19.0%为商业服务业人员。并且从年龄上看，第一代和新生代外来人口从事的职业差别很小，都是以低端的职业为主，20—24 岁、30—34 岁和 40—44 岁的外来人口中的生产运输设备操作人员及有关人员分别占 73.1%、73.0%和 75.2%，商业服务业人员分别占 19.5%、18.3%和 18.3%；而专业技术人员比重分别只有 3.4%、2.7%和 1.3%，虽然比重增幅不小，但其在全部外来就业人员中仍然只占很小的比例。

三、政策建议

外来人口的快速流入，既为浙江经济的发展作出不小的贡献，也对我省人口、资源和环境的可持续发展带来很大的压力。我们不但要营造良好的创业就业环境，吸引并留住优质外来劳动力资源，更要认真研究对待外来人口的快速增长的对策，积极推进浙江人口与经济社会的协调持续发展。

（一）正确认识和把握我省外来人口发展趋势，推动外来人口有序流动

目前我省正处于城市化不断推进的过程，城镇人口快速膨胀，全省人口增长还将持续一段时期，并且今后一段时期我省常住人口的增长仍然以外来人口为主。但是受资源、环境、基础设施等条件的限制，外来人口规模不能无限扩大，不能盲目扩张，外来人口规模需要调控。因此，政府部门要加强对外来人口的宏观规划，将外来人口的管理与服务纳入整个社会发展规划之中，建立起有进有出的人口流动机制，推动外来人口有序流动。

（二）加快调整产业结构布局，逐步调控外来人口规模

外来人口的规模和素质结构，直接取决于我省产业发展对劳动力的需求，而劳动力的需求又受我省三次产业的发展水平及其劳动生产率的影响。因此，要以发展生产性服务业为突破口来促进现代服务业的加快发展，进而推进浙江二、三产业的融合联动发展，提高三次产业的科技含量和对劳动力的需求

层次，减少对低层次劳动力的需求，建立起利用产业引导和就业调控并行的全省人口规模调控机制。

（三）加强以高新技术改造传统优势产业，降低对普通劳动力的过分依赖

当前，传统产业不但是我省经济的优势所在，而且在“十二五”期间乃至更长一个时期，仍将是支撑我省经济增长的主体。但是，我省传统产业还较普遍地存在着工艺装备落后、技术创新能力不足、产品技术含量低等问题，整体上尚处于全球性垂直分工的下游，产品附加值不高，劳动力需求层次不高的状况。要按照做精产品、做响品牌、做强企业、集群发展的要求，增强自主创新能力，加强信息技术对生产设备、生产工艺的改造，提升浙江制造业部门的竞争力，促进浙江从制造业大省向制造业强省发展，进而降低浙江经济发展对普通劳动力的过分依赖。

（四）加强外来人口的职业技能培训，建立蓝领工人“蓄水池”

随着浙江产业结构的调整，许多劳动密集型企业将逐步发展为劳动技术密集型企业，这导致对掌握一定技能的劳动力的需求大大增加，技能型劳动力的供求矛盾将更为突出。但由于外来劳动力的高流动性，使得对外来人口的职业技能培训具有较强的“正外部性”，培训后的技术工人成为具有“非排他性”特点的准公共产品。而这种“非排他性”使许多企业产生了“免费搭车”的心理，导致他们不愿在工人的技能培训上过多投入。因此，各级政府要采取积极措施，引导和鼓励外来人口自主参加职业教育和培训，鼓励用人单位、各类教育培训机构和社会力量开展包括外来劳动力在内的职业技能培训。

人口就业处　章剑卫

市县观察

杭州市高新技术产业发展情况分析与建议

一、杭州市高新技术产业发展分析

（一）近年来我市高新技术产业发展的周期分析

综观近年来我市高新技术产业的运行态势，可分为三个阶段：

第一阶段（2003—2006 年），高速发展期。通过积极承接产业分工和转移，加强外资、内资两轮联动，我市高新技术产业规模迅速扩张，高新技术产业工业总产值年均增长高达 32.5%，高出规模以上二业年均增幅 3.7 个百分点，成为带动我市工业经济快速增长的强劲“引擎”。2006 年，我市高新技术产业工业总产值达到 1982.43 亿元，占规模以上工业的 29%，达到阶段高点。这一阶段，高技术产业工业总产值年均增长 35.1%，2C06 年产值达到 1165.32 亿元，占规模以上工业的 17%。这一阶段也是大企业拉动作用明显时期，摩托罗拉、东信移动、东芝信息、UT 斯达康 4 家企业工业总产值 2006 年达到 695.35 亿元，占当年全市高新技术产业的比重达到 35.08%。

第二阶段（2007—2009 年），调整期。面对国际和市场环境的迅速变化，在经历多年高速增长之后，我市高新技术产业积累的结构性、素质性问题凸现，发展遭遇“瓶颈”，高新技术产业工业总产值年均增长 5.1%，低于第一阶段 27.4 个百分点，低于规模以上工业年均增幅 6 个百分点。高新技术产业持续走弱主要受累于高技术产业的急剧下滑。这一阶段，高技术产业增势快速走低，于 2007 年下半年跌入并深陷负增长区间，产值不断萎缩；工业总产值年均下降 8.6%，对高新技术产业工业总产值增长的拉动从第一阶段年均拉高 19.9 个百分点下滑至第二阶段年均拖累 4.4 个百分点。2009 年，高新技术产业、高技术产业工业总产值分别为 2301.42 亿元和 890.48 亿元，分别占规模以上工业的 24.6% 和 9.5%，占比分别较第一阶段下降 4.4 和 7.5 个百分点。

第三阶段（2010 年以来），复苏回升期。随着产业政策推进和市场环境的趋暖，我市高新技术产业逐渐走出低迷状态，复苏回升、增势走强。2010 年，我市高新技术产业工业总产值为 2846.67 亿元，同比增长 24.1%，与规模以上工业增幅持平，重新发挥对我市工业的带动效用。其中，高技术产业工业总产值

1108 亿元，同比增长 24.4%，拉动高新技术产业生产增长 9.5 个百分点，拉动力较第二阶段提升 13.9 个百分点。2010 年，高新技术产业、高技术产业工业总产值占规模以上工业的 25.3%和 9.8%，占比分别较 2009 年提高 0.7 和 0.3 个百分点。

表 1　2003—2010 年杭州市高新技术产业工业总产值及占比一览表

年份	高新技术产业		其中：高技术产业	
	工业总产值（亿元）	占规模以上工业比重（%）	工业总产值（亿元）	占规模以上工业比重（%）
2003 年	852.67	26.7	472.63	14.8
2004 年	1157.55	27.9	655.26	15.8
2005 年	1477.45	27.2	800.47	14.7
2006 年	1982.43	29.0	1165.32	17.0
2007 年	2180.22	26.1	1093.34	13.1
2008 年	2269.73	24.3	988.30	10.6
2009 年	2301.42	24.6	890.48	9.5
2010 年	2846.67	25.3	1108.00	9.8

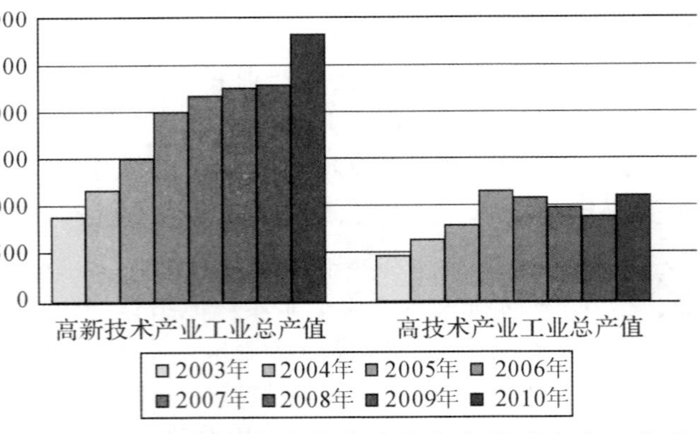

图 1　2003—2010 年杭州高新技术产业和高技术产业工业总产值

（二）2010 年我市高新技术产业发展分析

2010 年，我市规模以上高新技术产业工业基本上摆脱了金融危机的影响，快速复苏，工业总产值增长速度与规模以上工业持平，销售产值增长速度比规模以上工业企业高 4 个百分点，呈回升趋势。

1. 总量继续加大，同比增长较快。2010年，我市高新技术产业销售产值2801.40亿元，同比增长24.6%，占规模以上工业销售产值的25.2%；主营业务收入2858.48亿元，占规模以上工业主营业务收入的25.98%；利税335.99亿元，同比增长43.40%，占规模以上工业利税的27.62%；高新技术产业增加值582.67亿元，同比增长23.83%，占规模以上工业增加值的比重为27.05%。

2010年，我市高新技术产业销售产值、利税、增加值同比增长均比2009年高出20—30个百分点。

表2　2008—2010年高新技术产业销售产值与规模以上工业比较

年　份	2008年（亿元）	2009年（亿元）	2009/2008（%）	2010年（亿元）	2010/2009（%）
高新技术产业销售产值	2231.77	2260.39	1.01	2801.40	1.24
规模以上工业销售产值	9165.97	9245.99	1.01	11114.53	1.20
高新技术产业利税	216.00	234.34	1.08	335.99	1.43
规模以上工业利税	738.84	859.3	1.16	1216.34	1.42
高新技术产业增加值	447.91	470.53	1.05	582.67	1.24

2. 出口交货增长，回暖趋势明显。2010年，我市高新技术出口交货值达530.86亿元，同比增长28.05%，超过销售产值的同比增长。2010年我市高新技术出口交货值实现回升，总量虽仍未达到2008年水平，但同比增长已比销售产值同比增长高4个多百分点，显示了高新技术产品出口正在回暖。

3. 研发投入加大，创新能力增强。2010年，我市高新技术产业统计的企业中有各级科研机构619个，同比增长14.6%；R&D人员27603人，同比增长27.03%；R&D经费支出61.88亿元，同比增长18.56%；全市工业企业R&D经费支出为105.18亿元，2008—2010年R&D人员和R&D经费支出的年均增速分别为16.36%和14.30%；2008年、2009年、2010年新产品开发经费支出显示小幅增长，年均增速为8.09%。高新技术产业统计范围内的企业研发投入持续加强。科技项目增长较快，反映出政府对高新技术研发支持力度较大。

表 3　2010 年高新技术企业研发投入相关指标

指标名称	2008 年	2009 年	2009/2008	2010 年	2010/2009	2008—2010 年均增速(%)
科研机构数	508	540	1.063	619	1.146	10.39
R&D 人员(人)	20388	21729	1.066	27603	1.270	16.36
R&D 经费支出(万元)	473629.7	521891.1	1.102	618759.1	1.186	14.30
科技项目数(项)	1607	2543	1.582	3034	1.193	37.40
新产品开发经费支出(万元)	604624.5	606178.8	1.003	706395.8	1.165	8.09

（三）我市高新技术产业与相关城市的比较

1. 省内城市比较。2010 年，我市高新技术产业总量居全省第 1 位，但高新技术产业总产值占规模以上工业产值比重仅居全省第 3 位，不及衢州和温州，且与排名第 4 位的宁波差距不断缩小。2010 年，杭州、宁波、温州三地纳入高新技术产业统计的企业数分别为 2134 家、2308 家和 1978 家，宁波的数量已超过杭州。

表 4　2010 年全省及各地市高新产业发展

地区	高新技术产业总产值(亿元)	高新技术产业总产值占规模以上工业产值比重(%)
全省	11673.28	22.6
杭州	2846.67	25.3
宁波	2702.45	24.9
温州	1288.96	28.8
嘉兴	884.15	17.2
湖州	651.74	24.3
绍兴	116.11	17.0
金华	719.83	21.2
衢州	331.72	29.2
舟山	143.11	14.5
台州	856.25	22.6
丽水	87.31	7.7

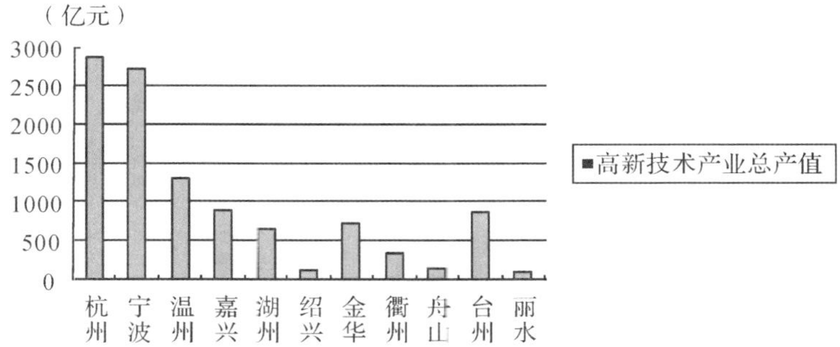

图 2　全省各地市高新技术产业总产值

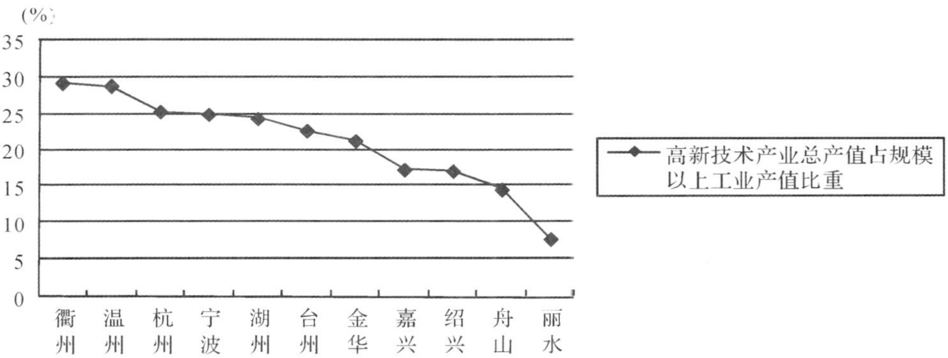

图 3　高新技术产业总产值占规模以上工业产值比重

总体而言，我市高新技术产业在全省的发展优势地位在不断的弱化。2006 年，我市高新技术产业工业总产值占规模以上工业的比重为 29%，相对全省高新技术产业占工业总产值 21.4%的比重，高出 7.6 个百分点。2010 年，我市高新技术产业占规模以上工业销售产值的比重 25.3%，虽较全省 22.6%的平均水平仍高 2.7 个百分点，优势较 2006 年减少 4.9 个百分点。

浅析其中的因素：2006 年之后，我市高新技术产业发展处于平台调整期，全省高新技术产业发展步伐却稳中走强，我市的领先优势明显削弱。2010 年，全省各地在高新技术产业发展上纷纷加大力度，将其作为经济转型升级的重要抓手，全省产业增势依然强于我市，差距继续缩小。2010 年，我市高新技术产业工业总产值虽回升增长 24.7%，但较全省高新技术产业工业销售产值 33.5%的增幅，仍低 8.8 个百分点。从相关行业看，除交通运输设备制造业（主要包含汽车整车制造，我市基数较低）增幅高于全省外，其他行业增幅均低于全省；其中，医药制造业、通信设备计算机及其他电子设备制造业、仪器仪表及文化办公用机械制造业三大行业分别较全省低4.1、8.6和7.2个百分点。

2.省际城市比较。杭州与深圳、广州、青岛、武汉、南京、无锡、宁波、成都8个城市(按各城市所在省的高新技术产业统计口径)相比,高新技术产业产值总量处于中游水平,与深圳、广州等城市相比差距较大,也落后于青岛、无锡等城市,总量居杭州之后的宁波、武汉等城市与杭州的差距在不断缩小。

2010年,我市高新技术产业产值的同比增长率在这9个城市中居第6位,宁波、无锡增速较快,南京、成都则出现负增长。青岛、武汉、广州、杭州、深圳的增长速度相差不多。以杭州现在的高新技术产业产值和增长速度来看,与青岛、广州、无锡的差距可能会进一步拉大。同时,我省的宁波2010年的增速是45.18%,一下子拉近了与杭州的距离。

表5　相关城市高新技术产业产值及同比

	2009产值(亿元)	2010产值(亿元)	同比增长率(%)
深圳	8507.81	10176.19	19.61
青岛	4427.53	5573.00	25.87
广州	4423.04	5474.23	23.77
无锡	3288.65	4429.90	34.70
南京	3548.80	3383.42	−4.66
杭州	2301.42	2842.86	23.53
宁波	1861.45	2702.45	45.18
武汉	2055.00	2564.63	24.80
成都	2325.63	2070.40	−10.97

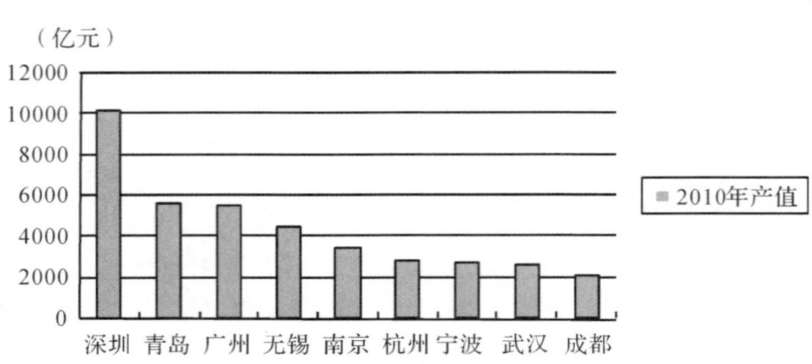

图4　2010年相关城市高新技术产业产值

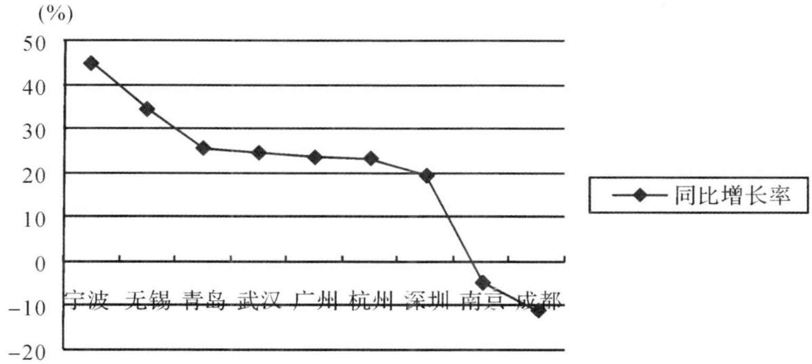

图 5　2010 年相关城市高新技术产业产值同比增长率

2010 年，深圳、青岛的高新技术产业产值占规模以上工业总产值的比重显著领先，超过 50%，杭州、宁波则较低，均不足 30%。从比较来看，高新技术产业产值占规模以上工业总产值的比重与所在省采用的统计目录有一定关系，同处浙江的杭州、宁波都偏低。（浙江省 2010 年高新技术产值为 11668 亿元，增加值占规模以上工业增加值的比重为 23%）

表 6　相关城市高新技术产业产值占规模以上工业总产值的比重

城市	2009 年(%)	2010 年(%)	2010 年与 2009 年数值差(%)
深圳	55.19	55.88	0.69
青岛	47.21	52.27	5.06
武汉	40.84	39.92	−0.92
南京	52.53	39.79	−12.74
成都	47.81	37.56	−10.25
广州	35.38	37.19	1.81
无锡	30.33	35.16	4.83
杭州	24.79	25.25	0.46
宁波	22.83	24.87	2.04

二、我市高新技术产业占比低的原因分析

1. 大企业大项目支撑不足，拉低高新技术产业总量增长。近年来，我市大企业、大项目支持作用弱化。一是部分龙头企业产能大幅萎缩。摩托罗拉、东信移动、东芝信息、UT 斯达康 4 家企业工业总产值从 2006 年的 695.35 亿元缩减至 2010 年的 111.69 亿元，占当年全市工业总产值的比重从 10.17%降

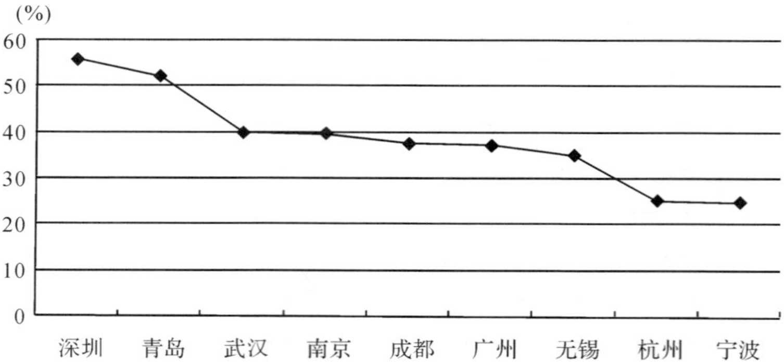

图6 相关城市2010年高新技术产业产值占工业总产值的比重

到0.99%，占当年全市高新技术产业的比重分别从35.08%降到3.99%，拉低全市高新技术产业产值占比约9个百分点。二是新的百亿元级大企业没有出现。目前，在我市高新技术产业统计中，没有1家企业年销售产值达到百亿元以上，而2006年有3家(摩托罗拉、东信移动、东芝信息)，年销售产值50亿—100亿元的企业6家，较2006年仅增加2家。而数量多达79.8%的企业年销售产值在亿元以下。大企业数量不足，减弱了全市高新技术产业的运行稳定性和引领作用。三是大项目招引不够。近年来，我市制造业领域的大项目招引没有新的突破，没有新的国际上行业领先企业、著名企业落户。而近年来高新技术产业发展突出的省市，很大程度得益于大企业、大项目的强力推进。比如成都、重庆等地引进了一批制造业的大企业，为当地高新技术产业增长补充了新生力量。

2.我市传统工业总量大，并保持良好的发展势头。我市是传统工业强市，2010年规模以上工业实现销售产值11114.53亿元。我市支柱产业以纺织化纤、丝绸女装、食品饮料、家用电器等传统产业为主，经历金融危机洗礼之后呈现良好的发展势头，杭产家电产业逆势而上，娃哈哈保持快速增长，进一步巩固中国饮料业的龙头企业，纺织企业加大"走出去"步伐，总体发展势头良好。同时，支撑我市县区工业发展的块状经济以传统产业为主，比如萧山的化纤纺织、余杭的家纺，传统产业支撑县域经济发展，高新技术产业发展相对不突出。如萧山区高新技术产业工业销售产值为553.52亿元，占该区规模以上工业销售产值的比重为13.52%，但其规模以上工业销售产值占全市规模以上工业销售产值的比重为36.84%，拉低我市高新技术产业占比约4个百分点。

3.以民营企业为主的企业结构，发展存在更多的要素制约。我市高新技术产业发展主要是依靠自有科技力量以及自身创业型资本积累的内生型发展模式，虽然市场竞争能力很强，但也存在国家支持不足，自身资金、人才积累难适应高新技术产业快速发展的要求，容易受宏观经济波动等问题影响。与苏州等周边城市相比，我市高新技术产业外资份额相对较低，2010 年外商及港澳台投资企业工业总产值占高新技术产业比重为 34.9%，而民营成分相对较高，其中私营企业工业总产值占高新技术产业比重 30.1%。两区、五县(市)私营企业工业总产值占高新技术产业比重高达 43.8%。高新技术产业具有的高科技、高风险的特征，使得私营企业在扩大再生产上相对更加谨慎，做强做大的要素制约也更为明显。相比之下，苏南地区以引进和承接国外资本和技术转移的外向型发展模式，由于接受境外大企业生产转移和辐射，要素集聚较快，总量扩张迅速。

4. 整体成套和集成化能力弱，产业特点没有充分体现。我市高新技术产业的产品成套化和集成化能力偏弱。我市高新技术产业虽然有一些掌握核心技术的骨干企业，如海康威视、杭氧、杭叉、杭汽轮等。但从总体上看，我市高新技术产业内部产品成套能力比较薄弱。以装备制造业为例，目前我市单机或成套设备制造总量约占 26%；零部件制造和机电基础件制造总量约占 74%，其中汽车产业最为典型。我市汽车零部件业基础坚实，生产几乎涵盖了汽车部件的各个方面，2010 年工业总产值达 810.23 亿元，占全省的 42.8%；但整车制造业起步较晚，整体发展尚处初期。2010 年我市拥有整车制造企业 11 家，工业总产值 28.79 亿元，虽同比增长 2.9 倍，但仅占全省的 8.5%。

5. 国家级园区空间日趋饱和，新的发展大平台有待进一步拓展。从国内外经验看，园区是支撑高新技术产业发展壮大的主平台。比如高新技术产业占比高达 40%以上的江苏，主要得益于各类颇具特色的开发区和园区的强有力支撑。江苏省的开发区和园区建设注重产业链整合，标准高、层次细、配置强，相互联系和支持，围绕产业链各个环节的上中下游企业密集，成为高新技术产业和企业的"吸铁石"，吸引了包括明基、罗技、华硕、飞利浦、摩托罗拉等世界著名 500 强信息技术企业落户，促进了高新技术产业比重的较快提升。而且跨国企业，也存在地区与城市之间的推动作用，导致了发展的此消彼长。

我市高新技术产业园区建设起步较早，在全省具有一定优势地位。但近年来，园区建设推进步伐相对周边趋缓，对高新技术产业的资源吸引和配置能力有所减弱，使得高新技术产业运行活力和扩张动力欠强。目前，我市仅高新、下沙两个区块形成较强的高新技术产业集群竞争优势，但是空间趋于饱和，发展空间有限。其他区、县(市)高新技术产业结构虽各有特色，但多由市场环境自发形成，具有典型的"块状经济"特征，尚缺乏有效的规划和引导，使得各区县高新技术产业发展仍较为薄弱，产业链不同程度地存在缺位现象，集聚和辐射能力相对羸弱。大江东新城和城西科创产业集聚区等平台尚处于起步阶段。

6. 我省统计范围较窄，部分高新技术企业不属于统计范畴。当前，我省高新技术产业统计的范围限于工业，统计范围是规模以上工业企业，因此我市十大重点扶持产业中的很大一部分企业未在统计之列。杭州的“软件业、汽车零部件”产业是非常有优势的产业，但是均不在目前的高新技术产业统计目录之中，也就没有纳入目前的高新技术产业统计。

我市有国家重点扶持领域的高企 1361 家，纳入高新技术产业统计范围的企业仅为 464 家(2010 年销售产值总计为 1271.02 亿元)，尚有 927 家(2010 年销售产值为 1375.14 亿元)未在高新技术产业统计范围之内。这就是说，我市 1361 家认定的国家重点扶持领域高企，超过三分之二的企业和 50%以上的工业销售产值是没有统计在我市高新技术产业产值中。总的原因是这部分高企对应的行业代码未在浙江省的高新技术产业统计目录范围内。例如，国家重点扶持领域的高企中工业销售产值排名第 1 位、第 2 位的杭州中策橡胶有限公司(198 亿元)、荣盛石化股份有限公司(154 亿元)均没有列入我市高新技术产业统计范围。中国重汽集团杭州发动机有限公司、浙江亚太机电股份有限公司等因为属于汽配行业，也未列入高新技术产业统计范围内。浙大网新、中控科技集团等属于服务业企业也未列入我市高新技术产业统计范围。据统计，2010 年我市国家重点扶持领域的高企中工业销售产值 20 亿元以上的企业有 21 家，有 8 家未列入我市高新技术产业统计范围。

三、我市高新技术产业发展环境与潜力

1. 产业发展环境优化，空间拓展潜力大。我市自然要素禀赋不足，自然资源比较缺乏，为我市发展高新技术产业带来倒逼动力。在全市上下大力推动下，高新技术产业发展环境明显优化，空间不断拓展。一是产业发展的导向明确，政策环境继续优化。“十二五”期间，市委、市政府结合我市实际，将发展十大产业列为经济工作的重心，逐步出台了一系列强有力的扶持政策，对于推进高新技术产业发展非常有利。我市高新技术产业约 78%的产值包含在十大产业中，推动十大产业的发展，也就推动了高新技术产业的发展。二是产业发展空间潜力大。近年来，随着主城区一批骨干企业搬迁以及高新技术产业以“点”带“面”的发展，带动了两区、五县(市)高新技术产业发展动力增强。2010 年，两区、五县(市)实现高新技术产业总产值 1541.39 亿元，增长 27.7%，高于全市高新技术产业增幅 3.6 个百分点。随着江东开发区和各类高新技术园区

建设的完善和效应的显现，两区、五县（市）高新技术产业发展后劲将继续增强。三是科技资源的优势。我市集聚了全省40%以上的高等教育资源，在杭全日制大学生、研究生人数已达40余万；同时，集中了大部分省内高端创新资源，建立了一批具有较大影响力的科研院所，具备了相当的科研实力。

2. 产业发展更加协调，运行质量不断提升。近年来，我市高新技术产业多行业齐头并进发展，改变了通信设备计算机及其他电子设备制造业“一枝独秀”的状况。2010年，在高新技术产业中，通信设备计算机及其他电子设备制造业比重较2006年下降24.7个百分点；而化学原料及化学制品制造业、设备制造业、电子机械及器材制造业比重分别较2006年提高8.5、5.4、4.7个百分点。

经过国际金融危机洗礼，我市一批诸如华三、和利时、聚光、民生药业、华东医药、青春宝等自主创新企业得到磨炼和成长，持续发展能力不断增强。经测算，2010年，自主创新能力较强的企业工业销售产值占高新技术产业的比重达69.1%，较2006年提高27.7个百分点。在其推动下，全市高新技术产业成本费用利润率达9.4%，较2006年提高4.1个百分点。高新技术产业的运行质量提升，内生动力增强。

3. 产业发展环境日趋优化，大平台建设有重大突破。“十二五”期间，我市高新技术产业发展的大平台建设将有重大突破。围绕十大产业，大力推进城西、大江东两个省级产业集聚区建设，为推进高新技术产业发展提供平台。位于城西科创产业集聚区的青山湖科技城和未来科技城，是未来我市高新技术产业发展的重要基地。大江东产业集聚区已充分体现了走向高端化的趋势，初步形成了以青年汽车、吉利汽车、东风裕隆为代表的汽车产业，和以东方电气、联源重工等为代表的新能源产业。青山湖科技城已有香港大学、中科院长春应化所、西安交大研究院等国内外著名大学和研究机构签约入驻。未来科技城是被中组部列为中央企业集中建设的四大未来科技城之一，已吸引了阿里巴巴淘宝城、恒生电子等一批国内外知名的高新技术企业，已引进海外高层次人才67名，落户项目30多个，涉及太阳能开发、功率半导体模块、生物技术等。

4. 高新技术企业梯队培育稳步推进，创新载体建设进展快。近年来，我市非常重视高新技术企业梯队的培育，开展了杭州市级高新技术企业培育认定工作，实施了“雏鹰计划”和“青蓝计划”。2011年，新推荐认定国家重点扶持领域的高新技术企业200家，目前已认定国家重点扶持领域高企达到1361家；新征集“雏鹰计划”企业254家，累计达到678家；启动了“青蓝计划”。“雏鹰计划”和“青蓝计划”的实施，将造就一批具有开拓创新精神和竞争能力的科技型企业和创业企业家，为我市高新技术产业发展培育后备梯队。

同时，科技创新平台和载体建设取得进展，为高新技术产业发展提供支撑。一是科技企业孵化器建设。目前，我市有国家级科技企业孵化器 10 家，国家级大学科技园 3 家，浙江省级科技企业孵化器 22 家，杭州市级科技企业孵化器 57 家，孵化总面积达到 162.37 万平方米。全市科技企业孵化器已经累计培育纳斯达克、创业板和泛欧交易所上市企业 5 家。二是科技创新服务平台建设。我市已经建立了科技创新服务平台 17 家，包括大型科学仪器设备协作共用平台等公共科技基础平台和软件产业、集成电路设计产业化、机械装备制造技术、服装、动漫游戏产业等科技研发平台。三是产业技术创新战略联盟建设。研究制定《杭州市产业技术创新战略联盟建设与管理办法（试行）》，建立了电动汽车、化学药制剂、中药现代化、风电产业 4 家省级产业技术创新联盟，以及 LED、高端机床、信息安全、太阳能光热等 6 个市级产业技术创新联盟建设，为高新技术产业共性关键技术攻关、产业集群发展提供了较好的技术支撑。四是企业研发机构建设。目前，杭州有国家级重点实验室和教育部重点实验室 18 个，浙江省级重点实验室和中试基地 110 个，浙江省级高新技术企业研发中心 228 家，浙江省级企业研究院 11 家，这些研发机构、服务平台的建立，有助于延伸科技服务，促进高端要素加快集聚，推进我市高新技术产业发展。

四、加快我市高新技术产业发展速度的建议

1. 加大对现有高新技术产业发展的政策支持。在贯彻落实好我市自主创新“1＋10”政策体系基础上，结合创新型城市建设和“十大产业”发展的新要求，贯彻落实《杭州市十大重点扶持产业规划》、《关于推进我市重点扶持产业科技创新的实施意见》、《杭州市引进大院名校研发机构专项资金管理试行办法》等政策，对产业共性技术研究、产业集群发展、科技成果引进转化、高新产品应用示范和研发平台建设予以大力支持，为高新产业发展提供政策保障。同时，进一步发挥创投、产投基金和市创投服务中心的作用，整合科技银行、担保公司、区县市政府资源，推广风险池基金模式，加大订单保、基金保、知识产权质押担保等力度，有效解决高新企业的融资难。切实落实高企所得税优惠政策和技术开发费加计扣除政策。

2. 加快高新技术企业的培育发展。积极发挥各区、县（市）的积极性，统一思想认识，把培育市级高新技术企业作为壮大当地高新技术产业的重要途径，深入挖掘，扩大增量。鼓励各区、县（市）积极培育、扶持、认定区、县（市）级高新技术企业，按照梯次培育的原则，从区县级高企、市级高企向国家重点支持领域高企、国家火炬重点高企逐级培育，形成一个金字塔形的高企群体。同时大力实施“青蓝计划”、“雏鹰计划”、“521 计划”，重点引进一批领军型的创新创业人才及团队，选拔一批科技型初创企业，扶持一批团队式创业项目，采取政策扶持、资金支持、创业指导、中介服务等方式，降低其创业门槛，加速成长，力争在五年内从中培育 20 家左右创业板上市后备企业，150 家国家重点扶持的高新技术企业，为高新技术产业发展培育后备梯队。同时，推进科技企业孵化器和加速器建设，形成“孵化器＋加速器＋产业园”的链式培育体系，探索形成科技成果转化的新途径。

3. 加大对高新技术企业的招商引资力度。一是突出重点，加强对世界 500 强，央企以及具有创新项目的海外领军人才的引进力度。加大资源投入力度，加强对投资规模大、工业产出大、发展潜力大的制造业项目招引力度，集中力量招引一批具有引领性和带动性的大项目。设立政府背景的产业投资基金，以资金、土地、人才等资源性要素投入为纽带，带动大项目、大企业，向杭州集聚。二是优化结构，对各高新区、经济技术开发区和各区、县(市)产业优化，特别是高新技术产业的发展提出更加明确的要求，并与招商引资考核、工业经济考核及综合考评挂钩。三是细化高新园区的准入标准，进一步明确园区的产业定位，优化产业布局，推动产业集聚，对符合产业导向和准入要求的高新项目予以倾斜。

4. 建议省有关部门进一步完善高新技术产业统计工作。建议和推动浙江省统计局和浙江省科技厅，参考江苏、山东等省的做法，及时对我省高新技术产业统计目录进行修订，以便更好地体现我省、我市高新技术产业发展的实际情况。

杭州市统计局

扬长避短补缺　力争再上台阶

——杭州经济与相关城市比较分析

从20世纪90年代开始，杭州经济总量连续20年列省会城市第2、副省级城市第3、全国大中城市第8。随着科学发展观的深入贯彻，区域经济竞争日趋激烈，城市与城市之间的格局在不断发生变化，有的差距在扩大，有的在缩小。如何创新思路、进一步推进杭州市科学发展、保持在全国城市中领先发展的地位呢？我们对相关城市经济发展进行了定性定量比较，分析先进经验和杭州市优劣势，提出杭州经济率先跨越发展的一些建议。

一、杭州与14个城市主要经济指标比较

2010年，全国有17个城市地区生产总值超过5000亿元，杭州居第8位。结合综合实力排名和经验可借鉴性，我们把列于杭州之前的7个城市作为“标兵”城市，把列于杭州之后的城市中选取7个城市作为“追兵”城市，就经济总量规模、经济增长动力、经济质量结构、创新能力水平等指标进行综合比较。

表1　2010年生产总值5000亿元以上城市对比一览表

排名	城市	城市性质	地区生产总值(亿元)	与上年相比±%
1	上海	直辖市	16872.42	9.9
2	北京	直辖市	13777.94	10.2
3	广州	省会/副省级	10604.48	13.0
4	深圳	副省级	9510.91	12.0
5	苏州	地级市	9168.91	13.2
6	天津	直辖市	9108.83	17.4
7	重庆	直辖市	7894.24	17.1
8	**杭州**	**省会/副省级**	**5945.82**	**12.0**
9	无锡	地级市	5758.00	13.1
10	青岛	副省级	5666.19	12.9

续表

排名	城市	城市性质	地区生产总值(亿元)	与上年相比±%
11	佛山	地级市	5651.52	14.3
12	成都	省会/副省级	5551.30	14.7
13	武汉	省会/副省级	5515.76	15.0
14	大连	副省级	5158.10	15.2
15	宁波	副省级	5125.82	12.4
16	沈阳	省会/副省级	5017.00	14.1
17	南京	省会/副省级	5010.36	13.1

（一）经济总量和速度指标比较

“十一五”以来，杭州市和14个城市均保持两位数增长，但杭州增幅明显偏后，居下游位次，使得与“标兵”城市差距扩大，与“追兵”城市优势缩小。其中成都、无锡、武汉、佛山等城市改变了近十多年来排位居后的态势，从2011年上半年起反超杭州；南京和宁波两个城市目前虽暂居杭州之后，但差距在缩小。

表2　杭州与14个城市生产总值对比一览表

城市	2005年生产总值(亿元)	2010年生产总值(亿元)	“十一五”年均±%	2011年上半年生产总值(亿元)	比上年同期±%
上海	9143.95	16872.42	11.1	9164.1	8.4
北京	6814.50	13777.90	11.4	6372.62	8.0
广州	5154.23	10604.48	13.0	5730.00	14.3
深圳	4951.00	9510.91	13.2	5015.22	10.6
苏州	4138.20	9228.91	14.0	5309.96	11.6
天津	3663.86	9108.83	16.0	5098.65	16.6
重庆	3069.10	7894.24	14.9	4450.37	16.5
杭州	**2943.84**	**5945.82**	**12.4**	**2990.50**	**10.6**
无锡	2808.80	5758.00	13.5	3250.00	11.8
青岛	2695.50	5666.19	13.8	3016.75	10.9
佛山	2379.80	5651.52	13.3	3141.92	13.0

续表

城市	2005年生产总值(亿元)	2010年生产总值(亿元)	"十一五"年均±%	2011年上半年生产总值(亿元)	比上年同期±%
成都	2371.00	5551.33	14.4	3107.60	15.1
武汉	2238.00	5515.76	14.8	3221.60	12.4
宁波	2447.30	5125.82	11.8	2713.60	10.3
南京	2411.11	5010.36	13.5	2967.50	11.9
位次	8	8	12	13	11

（二）经济增长动力指标结构比较

投资、出口、消费是拉动经济增长的"三驾马车"，特别是投资对一个时期经济的持续增长具有乘数效应。

1.投资。杭州"十一五"期间全社会固定资产投资相对偏低，总量从第10位后移至第12位。其中工业投资，年均增长8.5%，低于全省平均水平3.5个百分点、全国平均水平16.5个百分点，2010年占全社会固定资产投资比重仅为四分之一，总量降至第10位；服务业投资占比虽比2005年提高了11.3个百分点，但总量位次有所下降。同时，杭州房地产投资占比较2005年提高了5.1个百分点，房地产投资依赖明显。2011年上半年，杭州固定资产投资为1226亿元，位次再度下滑，居次末位，仅居佛山之前；与成都、青岛的差距更趋扩大，而无锡、武汉、南京这三个城市占杭州的比例却从落后转为领先。

表3　杭州与14个城市投资对比一览表

城市	全社会固定资产(亿元)		工业投资(亿元)		房地产投资(亿元)		服务业投资(亿元)	
	2005年	2010年	2005年	2010年	2005年	2010年	2005年	2010年
上海	3542.55	5317.67	1074.76	1132.75	1246.86	1980.68	2454.87	3865.90
北京	2827.20	5493.50	383.40	522.30	1525.00	2901.10	—	4922.30
广州	1519.16	3263.57	372.57	601.15	536.59	983.66	1080.24	2634.27
深圳	1181.05	1944.7	365.70	480.86	418.76	458.47	803.41	1463.21
苏州	1870.00	3617.82	1056.13	1554.81	420.00	935.80	807.34	2044.64
天津	1516.84	6511.42	532.35	2679.61	327.54	866.64	873.58	3364.56
重庆	2006.00	6935.00	565.00	2234.00	518.00	1620.00	1376.00	4247.00

续表

城市	全社会固定资产（亿元）		工业投资（亿元）		房地产投资（亿元）		服务业投资（亿元）	
	2005 年	2010 年	2005 年	2010 年	2005 年	2010 年	2005 年	2010 年
杭州	**1386.70**	**2753.13**	**444.00**	**685.56**	**410.60**	**956.20**	**831.21**	**1960.10**
无锡	1335.09	2985.65	788.40	1210.05	226.79	612.67	541.62	1651.37
青岛	1456.60	3022.5	755.60	1214.80	223.80	602.40	585.10	1710.00
佛山	757.13	1719.63	303.80	605.38	141.99	568.39	415.39	1108.18
成都	1457.40	4255.40	391.90	1301.3	450.60	1278.30	1046.50	2887.80
武汉	1055.20	3753.17	280.98	843.47	298.00	1017.40	734.93	2760.90
宁波	1370.40	2193.28	752.50	685.30	258.20	557.30	612.60	1484.35
南京	1402.72	3306.05	582.04	1601.31	296.14	754.76	811.52	1666.43
位次	10	12	9	10	8	7	6	9

2.出口和利用外资。“十一五”期间，杭州外贸出口总量被广州、无锡超过，从第 7 位下降到第 9 位；利用外资规模赶超广州、深圳、无锡、青岛等城市，从第 11 位上升到第 7 位。2011 年上半年，杭州出口和利用外资仍保持原有位次。

表 4　杭州与 14 个城市出口和利用外资对比一览表

城市	外贸出口总额（亿美元）			实际利用外资（亿美元）		
	2005 年	2010 年	2011 年上半年	2005 年	2010 年	2011 年上半年
上海	907.42	1807.84	981.96	68.50	111.21	60.13
北京	308.70	554.70	270.20	35.30	63.60	38.30
广州	167.65	483.80	269.45	28.41	39.79	23.71
深圳	1015.18	2041.84	1170.74	29.69	42.97	20.77
苏州	699.69	1531.10	781.25	60.05	85.35	50.23
天津	274.15	446.84	204.34	33.29	108.49	72.34
重庆	25.21	74.89	52.60	5.16	63.44	29.30
杭州	**198.04**	**353.37**	**194.30**	**17.13**	**43.56**	**26.35**
无锡	155.46	362.72	208.51	25.17	33.00	19.18

续表

城市	外贸出口总额(亿美元)			实际利用外资(亿美元)		
	2005 年	2010 年	2011 年上半年	2005 年	2010 年	2011 年上半年
青岛	175.88	333.51	188.23	36.56	28.43	21.95
佛山	170.80	330.39	153.24	9.29	19.67	—
成都	26.80	107.90	84.10	5.5	48.60	39.20
武汉	25.40	87.54	52.10	17.40	32.93	19.60
宁波	222.30	519.70	286.10	23.10	23.20	14.30
南京	142.45	248.85	141.45	14.18	26.76	16.44
位次	7	9	9	11	7	7

3. 消费。“十一五”期间，杭州社会消费品零售总额增长较为稳定，但增幅低于同为省会城市的广州、成都、武汉、南京。2011 年上半年杭州社会消费品零售总额仍处原有位次，居中下游水平。

表 5　杭州与 14 个城市社会消费品零售总额对比一览表

城市	2005 年	2010 年	2011 年上半年
上海	2972.97	6036.86	3256.14
北京	2902.80	6229.30	3230.80
广州	1898.74	4476.38	2142.42
深圳	1437.67	3000.76	1665.34
苏州	821.36	2402.02	1372.60
天津	1190.06	2902.55	1632.03
重庆	1215.76	2878.04	1664.79
杭州	**975.43**	**2146.08**	**1188.00**
无锡	816.40	1809.08	1042.29
青岛	865.90	1902.74	1048.60
佛山	634.47	1687.13	952.10
成都	999.20	2417.60	1392.50
武汉	1128.64	2523.20	1407.00

续表

城市	2005 年	2010 年	2011 年上半年
宁波	759.80	1704.50	924.00
南京	1005.00	2267.77	1294.86
位次	10	11	11

（三）经济结构和质量指标比较

产业发展反映了一个地区经济发展的结构和质量。"十一五"期间，14 个城市第三产业增加值占比都有所上升，杭州与成都、武汉、南京等"追兵"城市初步实现了"三二一"产业结构。

1. 工业。2010 年，杭州规模以上工业销售产值、主营业务收入、企业利税额等指标分别列第 10、第 10、第 7，处于中游水平；规模以上企业数量较多，列第 2 位；但规模以上工业增加值、企业户均产值指标排名较为靠后，分别列第 11、第 14。从比较中可以看出，虽然杭州规模以上工业销售产值达到 11114 亿元，但工业增加值率仅为 19.1%，低于南京的 23.1%、无锡的 22.8%、深圳的 22.4%。此外，尽管杭州规模以上企业家数较多，但企业户均产值和人均增加值偏低，表明杭州工业企业规模较小，全员劳动生产率较低。

表 6　杭州与 14 个城市工业主要经济指标比较

城市	规模以上工业增加值(亿元)	规模以上工业销售产值(亿元)	主营业务收入(亿元)	利税(亿元)	规模以上企业家数	企业户均产值(万元)	人均增加值(元)
上海	6225.98	30003.57	31915	2216.55	16684	17983	21232
北京	2751.70	13526.57	14807.11	1648.95	6885	19646	22164
广州	3573.32	14426.50	12515.79	1478.77	7131	20231	21858
深圳	4092.63	18027.70	18336.94	1603.11	8420	21411	11827
苏州	5434.38	24490.65	24577.51	1988.28	13538	18091	15743
天津	4410.70	16387.80	17130.98	1683.24	7551	21703	31985
重庆	2682.50	8905.80	8878.19	826.23	7130	12491	18991
杭州	**2153.83**	**11114.50**	**11002.13**	**1216.34**	**10512**	**10573**	**15630**
无锡	2951.35	12958.50	12783.13	1163.53	7213	17966	21958
青岛	2800.00	11285.10	11264.04	1122.55	6037	18693	24165
佛山	3291.92	13992.26	13733.60	—	7684	18210	18155

续表

城市	规模以上工业增加值(亿元)	规模以上工业销售产值(亿元)	主营业务收入(亿元)	利税(亿元)	规模以上企业家数	企业户均产值(万元)	人均增加值(元)
成都	1640.10	5608.00	5512.61	666.81	3774	14860	22016
武汉	1941.33	6297.30	7639.32	885.41	2821	22323	26751
宁波	2142.00	10565.40	10405.99	1147.86	12404	8518	11843
南京	1940.62	8378.40	8536.8	922.97	3455	24250	26052
位次	11	10	10	7	4	14	13

2.服务业。“十一五”期间杭州服务业增加值年均增长14.7%,增速位列第5,从2006年起增速放缓,由16.7%降至2010年的11.4%,位居第7;2011年上半年,杭州服务业增速继续走缓,总量被重庆、成都、武汉超过,排名降至第10位。

表7　杭州与14个城市服务业增加值对比一览表

城市	增加值(亿元)	占GDP比重(%)	“十一五”年均±(%)	2011年上半年增加值(亿元)	比上年同期±(%)
上海	9618.31	57.0	12.2	5298.55	8.8
北京	10330.5	75.0	12.3	5703.60	8.2
广州	6464.79	61.0	13.8	3510.86	11.9
深圳	4981.55	52.4	13.5	2646.21	8.4
苏州	3819.31	41.4	15.6	2180.20	12.5
天津	4236.65	45.3	15.3	2593.09	14.6
重庆	2852.00	36.1	12.7	1557.43	11.5
杭州	**2893.39**	**48.7**	**14.7**	**1446.92**	**11.9**
无锡	2444.27	42.5	15.0	1410.01	11.5
青岛	2630.60	46.4	15.6	1396.47	12.2
佛山	1893.71	33.5	13.4	1050.13	11.2
成都	2785.30	50.2	11.8	1518.10	12.2
武汉	2812.90	51.0	13.1	1610.78	10.5
宁波	2059.16	40.2	13.6	1130.70	9.8
南京	2540.57	50.7	14.4	1445.00	11.5
位次	7	8	5	10	6

3. 特色产业。杭州的文创、金融、旅游等产业经过多年培育扶持，比较优势明显。2010年，杭州文创企业数、就业人数、资产总额和营业收入等指标分别列第5、第5、第6、第6；金融业的增加值及其占比、期货代理交易量、存款余额、上市融资规模、证券基金交易量等指标均居前列；旅游总收入、旅游外汇收入和接待入境过夜旅游者等指标分别列全国第5、第5、第6。南京、成都、武汉等市相关产业发展也较快，追赶之势强劲。

表8　杭州与14个城市文创产业发展比较

城市	营业收入(亿元)	资产总额(亿元)	企业个数	就业人数(人)
上海	5466.42	26954.88	81827	1282744
北京	8865.88	54670.14	127339	1841230
广州	2803.69	9481.26	31872	640644
深圳	2402.57	16490.69	27194	638910
苏州	936.90	3560.40	14733	253211
天津	582.62	6142.37	19047	301761
重庆	747.88	3279.57	20532	332099
杭州	**1275.06**	**6788.79**	**23581**	**380286**
无锡	470.49	1722.24	7729	146441
青岛	611.91	1913.33	15993	251186
佛山	422.03	1027.99	6790	122321
成都	1311.64	3946.95	14352	375585
武汉	836.15	7393.75	18681	343190
宁波	395.52	2987.15	11417	156159
南京	909.02	4629.91	12356	248246
位次	6	6	5	5

表9　杭州与14个城市金融业对比一览表(1)

城市	金融增加值(亿元)	占GDP比重(%)	本外币存款余额(亿元)	本外币贷款余额(亿元)
上海	1950.96	11.4	52190.04	34154.17
北京	1863.60	13.2	66584.60	36479.60

续表

城市	金融增加值（亿元）	占GDP比重（%）	本外币存款余额（亿元）	本外币贷款余额（亿元）
广州	615.54	5.8	23953.96	16284.31
深圳	1279.27	13.5	21937.89	16808.12
苏州	490.00	5.3	14225.49	10831.62
天津	560.73	6.2	16499.30	13774.10
重庆	481.22	6.1	13613.97	10999.87
杭州	**606.03**	**10.2**	**17084.35**	**15078.73**
无锡	242.00	4.2	8827.00	6487.13
青岛	237.00	4.2	7895.50	6365.20
佛山	177.27	3.1	8462.33	4868.99
成都	437.28	7.9	15444.00	12417.00
武汉	347.12	6.2	10930.77	9093.71
宁波	378.40	7.4	9755.52	9414.20
南京	417.31	8.2	12887.43	10915.34
位次	5	4	5	5

表10　杭州与14个城市金融业对比一览表(2)

城市	上市公司（家）	上市公司融资（亿元）	证券基金交易量（亿元）	期货代理交易量（亿元）	保费收入（亿元）
上海	—	—	—	—	883.86
北京	—	—	87575.4	—	966.46
广州	70	316.40	46746.0	249500.0	420.40
深圳	149	704.92	215451.9	228573.6	361.49
苏州	52	358.00	1.8万亿	—	193.00
天津	36	60.90	15754.5	25358.6	214.01
重庆	34	194.40	13570.4	74806.3	321.10
杭州	**83**	**228.50**	**46212.8**	**240500.0**	**202.94**
无锡	66	227.00	1.1万亿	1.5万亿	131.00

续表

城市	上市公司（家）	上市公司融资（亿元）	证券基金交易量（亿元）	期货代理交易量（亿元）	保费收入（亿元）
青岛	17	52.30	12364.3	40210.6	153.90
佛山	27	40.00	16377.0	6900.0	143.22
成都	47	76.60	—	—	299.40
武汉	53	172.26	约2万亿	约7万亿	166.23
宁波	43	178.03	18417.3	39372.2	140.03
南京	53	161.00	—	67000.0	191.30
位次	4	6	5	4	8

4.大企业培育发展比较。大企业是衡量产业核心竞争力的重要指标之一。2010年，杭州入选中国企业500强、制造业500强、民营企业500强的企业数分别列第3、第3、第1。但从入选企业排名看，列中国企业500强前100名的企业仅有1家，70%的企业在200名之后；列中国制造业500强和民营企业500强前100名的企业也仅有2家和5家。可见，杭州入选数量虽多，但缺乏如深圳华为、苏州沙钢、青岛海尔这样的重量级企业。

表11　2010年杭州与14个城市入选全国“500强”比较

城市	企业500强	制造业500强	民营500强
上海	26	—	23
北京	100	—	6
广州	15	4	4
深圳	13	6	5
苏州	7	—	28
天津	22	23	9
重庆	10	11	9
杭州	**23**	**29**	**74**
无锡	16	23	27
青岛	9	12	6
佛山	1	2	3

续表

城市	企业 500 强	制造业 500 强	民营 500 强
成都	7	5	7
武汉	6	5	13
宁波	9	13	23
南京	7	6	14
位次	3	3	1

（四）创新能力水平指标比较

科技创新是体现经济发展方式转变状况和城市核心竞争力的重要指标。2010 年，杭州研发经费投入、地方财政的科技拨款占比、专利授权量等指标分别居第 5、第 2、第 5 位。据中国社会科学院有关研究报告测算，杭州科技实力指数、科技创新指数、科技转化能力指数均列第 7 位。但相比之下，杭州科技投入产出绩效和转化能力相对不高。

表 12　杭州与 14 个城市科技创新实力比较

城市	R&D 经费占 GDP 比重	科技拨款占财政支出比重	专利申请量	专利授权量	科技实力指数	科技创新能力指数	科技转化能力指数
上海	2.83	—	71196	46215	0.589	0.955	0.876
北京	5.82	4.40	57296	33511	1.000	1.000	1.000
广州	1.87	4.09	20801	15079	0.108	0.260	0.642
深圳	3.41	7.91	49430	34951	0.282	0.391	0.793
苏州	2.34	4.32	77194	46109	0.230	0.561	0.637
天津	2.5 *	2.31	25142	10998	0.166	0.368	0.751
重庆	1.21	0.86	22825	12080	0.156	0.163	0.546
杭州	**2.80**	**7.03**	**29745**	**26484**	**0.217**	**0.294**	**0.711**
无锡	2.50	1.72	32690	26448	0.209	0.186	0.702
青岛	2.00	2.46	10735	6796	0.202	0.151	0.675
佛山	1.80	—	2178	681	0.052	0.189	0.607
成都	2.41	1.54	31282	25981	0.222	0.322	0.756
武汉	2.56	1.43	15059	10165	0.210	0.236	0.747

续表

城市	R&D经费占GDP比重	科技拨款占财政支出比重	专利申请量	专利授权量	科技实力指数	科技创新能力指数	科技转化能力指数
宁波	1.52	3.57	26407	25971	0.162	0.263	0.633
南京	2.84	2.89	19275	9150	0.278	0.193	0.685
位次	5	2	7	5	7	7	7

（五）“十二五”发展态势比较

从“十二五”规划目标和发展趋势看，天津、重庆等“标兵”城市将继续保持快速增长势头；青岛、无锡、佛山、成都、武汉、南京等“追兵”城市生产总值目标与杭州一样，均是达到或超过1万亿元，目前基本仍处于同一起跑线，谁发展得快，谁就会在城市竞争中赢得主动。

二、杭州与14个城市的主要差距及其原因分析

从“十一五”时期和2011年发展主要经济指标比较看，杭州的主要差距在于经济增速回落趋势明显、增长动力和后劲减弱。这其中，投资总量不足、结构偏差是一个主要因素。特别是杭州工业、服务业等产业类投资总量偏低，工业增加值在“十一五”期间被无锡、佛山超过，服务业增加值在2011年上半年被重庆、成都、武汉等赶超。同时，杭州固定资产投资中房地产投资占比偏大，国家宏观政策调整对杭州投资波动的影响较大，对经济持续快速发展缺乏有力支撑。但是，经济发展的速度、结构与质量，既与资源禀赋差异、发展阶段不同等客观因素有关，更与发展理念、政策举措等主观因素有关。

（一）产业导向和转型升级力度问题

城市经济实力，很大程度上取决于产业实力，尤其是产业链位置和产业规模效益。各地将产业高端化、高新化作为推进产业升级的战略方向，积极打造现代产业集群。武汉市重点发展光纤光缆、光电器件、光通讯系统等光电子产业，全力打造光电子信息产业集群，2010年全市光电子信息产业总收入达1144亿元，打响了“中国光谷”品牌；深圳市瞄准半导体照明领域，在背光源、显示屏、照明等应用市场率先整体突破，形成了完整的半导体照明产业链，2010年半导体照明产业规模达400亿元，位居全国首位；无锡市率先提出“感知中国”概念，培育发展物联网和光伏产业，2010年物联网产业销售收入365亿元，光伏产业产量和产值均位居全国首位，以尚德公司为龙头的光伏产业集群也赢得了“全国光伏看江苏、江苏光伏看无锡”的美誉；广州市以广州本田、广州风神、东风日产、广州丰田等整车项目为基础，积极培育和引进零部件企业，

2010 年汽车工业总产值达 2500 亿元，零部件产业产值达 720 亿元，成为国内最大的轿车制造基地。

相比之下，杭州经济总量与产业结构、经济质量存在偏差，尤其是工业增加值率、高新技术产业和战略性新兴产业产值比重都比较低。2010 年杭州 35 个工业行业大类中，总产值超千亿元的行业只有纺织化纤行业，其他排在前几位的也大多处于产业链低端、产品附加值不高的状态；全市高新技术产业产值占工业比重仅为 25.1%，远低于南京、成都、青岛、武汉等市 40%以上的比重；全市新能源、物联网、生物医药等新兴产业产值占全市工业比重合计不到 7%。同时，由于受区域条件和自然资源影响，杭州对劳动密集型产业和投资驱动型的发展模式在政策导向上仍持支持鼓励态度，产业结构层次和集聚度不高，低小散情况比较突出。尽管进入新的发展阶段，但现有产业积累了大量的原有发展路径的资源，对研发投入、技术创新和品牌打造重视不足，缺乏转型升级的主动性和积极性，产业结构还未进入实质性调整阶段。

（二）产业集聚平台和大项目建设问题

各城市都高度重视谋划发展空间和项目建设，坚持以大平台大项目为重点拉动经济增长。天津市在 2270 平方公里的滨海新区规划建设 9 个产业功能区，引进新一代运载火箭、空客飞机、百万吨乙烯和千万吨炼油等特大型项目，2010 年滨海新区生产总值突破 5000 亿元，占全市生产总值一半多；武汉市采用托管方式，将东湖新区规划开发面积由 221 平方公里扩大到 518 平方公里，引进了富士康台式电脑生产基地、中芯国际、光谷软件园等重大产业项目，2010 年全区企业总收入近 3000 亿元，2015 年将超过 1 万亿元；重庆市以规划面积 1000 平方公里的两江新区为平台，以布局万亿元产业为目标，引进以惠普、宏基、华硕和富士康、英业达、广达为龙头的笔记本电脑产业基地项目，年产销量笔记本电脑已达 3000 万台，到 2012 年将形成年产 1 亿台笔记本电脑、超 7000 亿元的庞大产业链集群。

从平台面积看，天津滨海新区相当于杭州 4 个大江东产业集聚区；重庆两江新区相当于 2.4 个大江东产业集聚区；武汉东湖新区原先面积与城西科创产业集聚区差不多，但扩充后甚至超过了大江东产业集聚区；南京雨花软件产业园规划面积 10 平方公里，比杭州所有软件园区总面积还要大。从单体项目看，南京引进中航工业集团小型航空发动机项目计划投资 300 亿元，成都市引进富士康产业基地、一汽大众发动机等单项目计划投资均超过 100 亿元，都是产出和带动能力强的大项目。

（三）科技创新能力和创新驱动问题

集聚科技创新要素、提高自主创新能力、走创新驱动之路是各地发展的强烈共识。深圳市是要素驱动向创新驱动转变的典型，"十一五"期间深圳市固定资产投资年均增长10.5%，低于杭州4.2个百分点，但同期深圳市生产总值年均增速高达13.2%，要高出杭州0.8个百分点。这得益于深圳坚持以市场为导向，推动创新资源向企业集聚，致力于形成以企业为主体的创新体系。深圳连续7年名列副省级城市发明专利授权量榜首，占据了发明专利授权十强企业的一半，华为和中兴两家企业专利授权量就超过了杭州全部；无锡市实施"530"高层次人才招引计划五年，已落户项目1480个，注册资本总额46亿元。2011年上半年又有443个项目申报，呈现快速增长态势；重庆市编制实施《重庆市自主创新基础能力建设五年规划》，计划建设和完善5个重大科技基础设施，组建提升50个重点实验室，创建8个国家重点实验室、2个国家工程实验室、7个国家工程(技术研究)中心和3个国家认定企业技术中心等。

相比之下，杭州民营企业数量多、经济总量大是一大优势，但也存在着企业创新主体意识不强、研发和技改投入不足、核心技术和自主知识产权缺乏、科技进步和人力资源对经济增长的贡献率不高等问题。如深圳市90%以上的研发机构设立在企业，90%以上的研发人员集中在企业，90%以上的研发资金来源于企业。而杭州2010年规模以上企业研发经费投入的105.2亿元中，57.5%集中来自于126家企业，过度依赖部分重点或龙头企业，众多中小微企业的创新只停留在技术转让或委托开发层面。此外，杭州龙头企业、高端科技人才、技术研发和成果转化平台不足等因素，也制约了创新要素的集聚和科技成果的吸收转化。

（四）政策运用和制度创新问题

各地高度重视制度、创新、市场、融资等在推动经济特别是产业发展中的重要作用，着力增强动力活力。天津市开展多项金融创新和试点，相继建立了渤海商品交易所、天津股权交易所、排放权交易所等创新型交易平台，争取了保险资金投资基础设施等先行试点。2010年末，全市注册基金管理机构和基金公司达917户，融资租赁企业发展到26家，租赁业务合同余额1453亿元，占全国20%以上；南京市出台了加快扶持软件业发展的一系列政策，并建立了国家工信部、江苏省、南京市三方联席会制度，合力共建中国软件名城。近年来，南京市软件产业年均增幅达60%，2010年业务收入达1012亿元，居全国第3位；成都市为解决中小文化创意企业融资难问题，与国家开发银行、担保公司、商业银行等签署合作协议，成立了全国第三家以文化物权、债权、股权和知识产权等为交易对象的文化产权交易所。

相比之下，目前杭州在制度改革和创新上大多停留在“扶企业、给资金”阶段，政策内容、扶持方式比较单一，既过于依赖政府资源，没有充分调动社会力量，又忽视了产业发展的差异性，难以体现不同产业的特点，更没有充分发挥产业发展过程中创新基础、市场环境、融资渠道等方面的重要作用。另外，产业政策、专项资金等过多过散，且忽视后期绩效管理，使得扶持政策的实际效果也大打折扣。

三、推进杭州经济跨越发展几点建议

目前，杭州已进入了一个新的发展阶段，转型势在必行。如何立足比较优势、转变发展理念、突出发展重点，推动经济发展实现新的跨越，是摆在我们面前的一个重大现实课题。结合上述分析，对杭州今后一个时期发展提出如下建议：

（一）充分认识杭州经济发展的特色和优势

要充分认识到杭州经济发展的劣势和不足，同时也要认清杭州经济发展的特色和优势。一是民营经济较为发达。2010 年末，杭州私营企业和个体工商户占全市市场主体 92%以上，非公经济占生产总值比重达 66%，民营经济财政贡献和固定资产投资占比分别达到 37.6%和 53.3%，全市 90%以上的科技型企业是民营企业，入选“民营企业 500 强”企业数量连续 9 年居全国城市首位。这些民营企业不少都集中在区县（市）和乡镇基层，也大多处于实体经济领域，既具有旺盛的生命力和成本低、吸纳就业能力强等特点，又符合今后一个时期发展实体经济的大势，是杭州经济发展的优势和潜力所在。二是特色产业先人一拍。杭州文化创意、金融服务、旅游休闲、电子商务等特色产业优势明显。2010 年，杭州文创产业增加值突破 700 亿元，仅次于北京、上海；金融业增加值突破 600 亿元，仅次于上海、北京、深圳、广州；旅游业总收入突破 1000 亿元，仅次于上海、北京、广州、天津。这些特色产业的先发优势，为抢占产业链制高点打下了坚实基础。三是综合环境品质优良。近年来，杭州坚持经济发展与环境和谐并重，不断提升人居、生态、政务、文化、治安环境，创造公开、公平、公正的市场竞争环境，在国内外赢得了一定的知名度和美誉度。省会城市加上良好的生态、生产、生活环境等综合优势，有助于杭州吸引集聚海内外优秀人才、先进技术和重大项目。

（二）正确把握杭州经济发展的理念和要求

东部地区经济增速放缓、中西部地区明显加速的趋势表明，占据先发优势的发达地区进入了转型期。面对兄弟城市高增长、强后劲的发展态势，杭州要率先脱颖而出，必须把握和处理好经济发展“好”与“快”的关系，不以 GDP 唯高是从、唯快是从；又要善谋发展之大计，坚持稳中求进、好中求快的发展理念，明确率先领先的发展要求。稳中求进、好中求快，就是要在“稳”和“好”的基础上围绕“进”和“快”做文章，在坚持科学发展的同时，善于在复杂多变的形势中运用积极因素，抓住和用好发展机遇，努力把优势和机遇转化为现实生产力，推动杭州经济加快发展，特别是加快转型升级的速度。率先领先，就是在压力下要有“敢为人先、敢争一流”的竞争意识和“抢抓机遇、勇于跨越”的赶超意识，拉高发展坐标系，以走在前列、干在实处的工作作风，在挑战中求得新发展，确保杭州走在全省和全国城市的前列。

（三）推动杭州经济跨越发展的举措。

1. 围绕国家战略破题，着力建设“一基地四中心”。紧紧抓住《长江三角洲地区区域规划》、《浙江海洋经济发展示范区规划》获批国家战略的重要机遇，加快建设“高技术基地和国际重要的旅游休闲中心、全国文化创意中心、电子商务中心、区域性金融服务中心”，力争在特色产业发展上取得更大优势。特别是充分发挥省会城市优势，积极运用国家服务业综合改革试点城市、国家现代服务业创新发展示范城市等机遇，加快发展现代服务业。同时，瞄准海洋科技研发、涉海企业总部等优势领域，谋求蓝色经济新增长点。

2. 围绕扩大投资破题，切实加强载体和项目建设。紧紧抓住杭州大江东和城西科创 2 个省级产业集聚区、4 个国家级开发区、9 个省级开发区、57 个城镇特色工业功能区，以及一大批服务业集聚区、文创产业集聚区，作为扩大投资和重大项目建设的主阵地、主战场，重点扩大产业类投资。同时，要针对经济发展重点领域和产业转型升级重点方向，发挥省会城市优势，加强招商引资力度，着力引进支撑力强、科技含量和品牌附加值高的重大项目和行业领军企业、掌握核心技术的优势企业、央企国企、全国 500 强企业。

3. 围绕发展空间破题，统筹协调城乡区域发展。以新型城市化、城乡一体化为主导，以下沙、江南、临平“三副城”和青山湖科技城、未来科技城、大江东新城“三新城”为重点，分层次、有步骤地推进副城、组团、新城建设，同步推进县（市）城、中心镇建设；积极打造杭嘉湖绍四市组团式城市群，以国家级、省级开发区为主体，以产业对接、合作、转移为重点，构筑跨区域产业链，形成专业化分工协作的区域产业综合体系，提升杭州都市圈群体竞争优势。

4. 围绕创新驱动破题，加快促进产业转型升级。坚持培育发展新兴产业和改造提升传统产业并重、平台建设和能力提升并重、政府搭台和企业唱戏并重，以提高自主创新能力为主线，以“十大产业”为突破口，以产业高新化、高端化、高质化为目标，注重科技创新和产业创新、管理创新、创新型人才队伍建设有机结合，加快转型升级步伐。扎实推进国家创新型城市试点工作，重点推进高新开发区、青山湖科技城、未来科技城等"硬平台"建设和海内外高层次人才引进政策、人才专项住房政策等"软平台"服务。

5. 围绕实体经济破题，充分发挥民营经济优势。研究落实"新 36 条"具体政策意见，鼓励民间资金更多地投向实体经济和市政基础、社会事业、能源交通等领域，支持民营企业兼并重组、改造上市、以民引外，吸引和集聚民营企业总部、海外省外浙商杭商回杭投资，关心并帮助企业解决面临的突出困难和问题，推动民营经济"二次创业"。同时，坚持大小并重，以做大规模、做强实力为目标，着力培育发展一批坚守实业、突出主业、拥有自主知识产权和知名品牌、具有国际竞争力的大企业、大集团。

6. 围绕要素约束破题，有效提升集约节约水平。针对杭州资源禀赋有限、要素(特别是土地要素)制约突出的状况，一方面善做"加法"，科学开发空间，积极"向山要地、向丘陵要地"，加快"批而未供"土地盘活利用，通过腾、节、换、收等多种方式，提高供地率；另一方面 巧做"减法"集约利用资源，按照"产业集聚、企业集群、资源集约"思路，引导产业链关联企业集聚，加大新增建设用地计划向亩均投资强度大、单位土地产出率、单位能耗产出率和平均劳动生产率高项目的倾斜力度。同时，严控并逐步淘汰高污染、高能耗、高排放、低层次的产业、产品和落后产能。

7. 围绕政策效用破题，强化针对性和基础性。加快政策扶持重心从"输血"向"造血"转变，扶持对象从"扶企业"向"扶企业、扶平台、扶环节"并重转变、扶持方式从"贴资金"向综合运用财政贴息、信用担保、风险补偿等多种工具转变，加大对技术创新平台、公共服务平台、产品销售平台的扶持力度，有效吸纳和黏合多方面资本，鼓励和带动民间资本和社会力量参与投资。积极运用国家科技金融结合试点城市机遇，加快推进要素市场建设，探索新型中小微企业融资平台，促进金融资本、科技创新和产业发展融合，形成具有国内外影响力的"杭州资本"和"杭州板块"。

综合处

宁波海洋经济发展问题研究

海洋经济是国民经济的重要组成部分。改革开放以来，我国海洋经济发展迅速，规模不断扩大，发展条件日趋完善，对我国宏观经济的影响也越来越大。党和国家非常重视海洋经济发展，十六大报告作出了"实施海洋开发"的战略部署，沿海地方都提出了开发利用海洋的战略目标。宁波地处我国海岸线中段，长江三角洲南翼，全市陆域面积9816平方公里，海域总面积9758平方公里。宁波发展海洋经济具有得天独厚的资源组合优势与经济区位优势，加快发展海洋产业，促进海洋经济发展，对形成国民经济新的增长点，实现全面建设小康社会目标具有重大意义。本文根据宁波市的海洋资源特色与经济发展现状，分析海洋经济发展过程中存在的问题，提出相应的对策和建议。

一、宁波海洋经济发展基础

宁波海洋资源丰富，区位优势突出，工作基础扎实，具备发展成为浙江海洋经济发展示范区核心区的现实基础和条件。

（一）港口优势得天独厚

宁波港口岸线总长为1562公里，占全省的30%以上，其中可用岸线872公里，深水岸线170公里。现有生产性泊位300多座，其中万吨级以上深水泊位60多座，已与世界100多个国家和地区600多个港口通航。2010年完成货物吞吐量4.12亿吨，居大陆第2位、全球第4位；完成集装箱吞吐量1300.4万标箱，居大陆第3位、全球第6位。港口岸线资源既是宁波经济社会发展的战略性、龙头性资源，也是浙江省发展海洋经济、打造"海上浙江"最为独特的优势和载体。

（二）海洋资源十分丰富

拥有丰富的"岛、涂、渔、景、油"等海洋资源，组合优势明显，适宜较大规模开发。岛屿资源良好，共有500平方米以上海岛516个，约占全省的1/5，岛屿面积524平方公里，岛屿岸线长758公里。滩涂资源充裕，拥有可围滩涂资源约140万亩，占全省滩涂总面积的34%，主要分布在杭州湾、大目洋和三门湾北岸等，围垦开发条件良好。渔业资源优良，紧邻中国四大渔场之一的舟山渔场，象山港是具有国家级意义的大"鱼池"。海洋旅游资源优越，滨海地区具有

“滩、岩、岛”三大特色，主要集中在象山港内和象山县沿岸。油气储量丰富，春晓油气田探明天然气储量达 700 多亿立方公尺，开发利用潜力巨大。

（三）战略区位十分突出

宁波位于我国长江发展轴和沿海发展轴“T”字形交会处和长三角城市群核心区，海域位于长江黄金水道入海口，紧邻亚太国际主航道要冲，是长三角地区与海峡西岸经济区的连接纽带。宁波一舟山港口一体化的顺利推进，使沿海港口物流、战略物资储运优势得到了进一步发挥。随着杭州湾跨海大桥、甬台温铁路的建成和杭甬运河通航设施不断完善，宁波由交通末端发展成为连接上海、江苏和海峡西岸地区的枢纽城市，成为浙江温台地区和浙西地区接轨大上海的桥头堡。

（四）特色优势比较突出

2010 年全市实现海洋生产总值 806 亿元，海洋产业体系比较完备。在临港工业方面，初步形成以石化、钢铁、能源、汽车、造船等行业为支柱，绵延 20 多公里的沿海临港产业带，2010 年实现总产值 7000 多亿元，基本建成华东地区重要的能源原材料基地和先进制造业基地。在港航物流方面，14 个大宗商品交易平台加快建设，2010 年实现交易总额近 2000 亿元。现代物流业实现增加值 507 亿元，现有各类物流相关企业 4000 多家。在海洋新兴产业方面，培育了浙江造船、新乐船厂等一批高端装备生产企业，2010 年实现产值 200 多亿元。

（五）海洋科教实力较强

拥有宁波大学海洋学院、生命科学与生物工程学院、宁波市海洋与渔业研究院等一批科研院校，拥有海洋与渔业领域重点实验室 9 家，海洋科技工作人员达 2000 余人，在航海航运、海洋养殖、海洋生物等领域取得一批关键技术成果。海洋科技教育实力较强，有利于提升海洋经济发展核心竞争力。

（六）体制机制比较灵活

宁波是我国民营经济发达地区，县域经济发达，在全国较早地开展了要素配置市场化、资源环境有偿使用等改革，资源要素市场化配置水平较高。近年来海洋资源开发领域的改革顺利推进，市场信用建设不断加强，民营企业积极进入海洋开发领域，成为海洋经济发展的重要力量。

二、宁波海洋经济发展情况分析

根据海洋产业行业划分标准及测算方法，我们对宁波海洋产业进行了初步的核算和分析。

（一）海洋经济发展概况

2010年，宁波海洋业总产值达2528.6亿元，比2005年增长64.5%；实现增加值806亿元，比2005年增长1.4倍，年均增长19%（现价速度），占全市地区生产总值的15.6%，三次产业结构为6.8∶64.4∶28.8。2005年以来，宁波海洋业增加值占全市地区生产总值的比重保持在10%以上，其中2010年15.7%为最高值，其次是2007年为14.6%，最低的2008年为10.2%。2005年以来，宁波海洋业增加值率有四年在20%以上，2008年为最低值16.3%，2010年达到32%为最高值。与同期规模以上工业增加值率相比，除2008年外，宁波海洋业增加值率均高于规模以上工业增加值率。海洋业从业人员逐年增加。2010年末，宁波海洋业从业人员为52.1万人，比2005年末净增14.8万人，年均增长6.9%。

（二）第一产业稳定增长

宁波临近海域内渔业资源种类多，数量大，种群恢复能力强，尤其是象山港是我国不可多得的鱼虾贝藻等海洋生物栖息、生长、繁殖的优良场所。2010年全市海洋经济第一产业完成产值91.6亿元，比2005年增长21.6%，实现增加值55.1亿元，比2005年增长29.0%。2010年全市水产品总产量达到85万吨，实现渔业经济总产出134.5亿元。

（三）第二产业发展壮大

宁波港紧靠国际航运干线和长江黄金水道，岸线资源丰富，海域水深浪静，陆域腹地广阔，是具有全球意义的深水大港。依托深水良港，宁波主动承接国际产业转移，建设国家级能源、原材料基地，临港工业从无到有，规模不断扩大，实力不断增强，如今在北仑港区后方绵延20多公里的临港大工业带已经崛起，密集着数百个重量级大项目，形成了石化、能源、钢铁、造纸、修造船五大临港工业支柱产业。2010年，宁波海洋经济中第二产业总产值达到1864.9亿元，占全市海洋经济总产值的比重高达73.8%。第二产业实现增加值519.0亿元，占全市海洋经济增加值比重为64.4%。比2005年分别增长46.3%和1.9倍。其中，涉海工业产值和增加值分别为1652.8亿元和468.5亿元，比2005年分别增长62.7%和2.7倍。

1. 石化行业高速发展。2010年海洋油气开采及加工业完成产值1042亿元，比2005年增长94.4%，实现增加值302亿元，比2005年增长13倍。其总产值和增加值在全市海洋经济第二产业中的比重分别高达41.2%和37.5%，是名副其实的第一大行业。2010年海洋化工业完成总产值102亿元，实现增加值24.5亿元，分别比2005年增长1.8倍和2.8倍。

2. 能源行业规模庞大。2010 年海洋电力业完成产值 324 亿元，比 2005 年增长 45%。实现增加值 112 亿元，比 2005 年增长 1 倍。2010 年海洋电力业产值和增加值占全市海洋经济第二产业的比重分别为 12.8%和 13.9%，是第二产业中的第二大行业。

3. 船舶修造业异军突起。2010 年海洋船舶修造业完成产值 118 亿元，比 2005 年增长 3.3 倍。实现增加值 21.3 亿元，比 2005 年增长 2.2 倍。全年造船完工艘数近 100 艘，造船完成综合吨数超 100 万吨。

（四）第三产业方兴未艾

2010 年海洋经济第三产业完成产值 572.1 亿元，比 2005 增长 2.1 倍；实现增加值 231.9 亿元，比 2005 年增长 1 倍，产值为三次产业中增长最快。

1. 海洋运输、港口业是海洋经济第三产业的主导。宁波港是一个集内河港、河口港和海港于一体的多功能、综合性的现代化深水大港。主要经营进口铁矿砂、内外贸集装箱、原油成品油、液体化工产品、煤炭以及其他散杂货装卸、储存、中转业务。宁波港已基本形成高速公路、铁路、航空和江海联运、水水中转等全方位立体型的集疏运网络。2010 年新辟集装箱航线 12 条，累计 228 条，其中远洋干线 122 条，近洋支线 54 条，内支线 20 条，内贸线 32 条。月均航班 1153 班，最高月航班达 1338 班。2010 年宁波港完成港口货物吞吐量 4.1 亿吨，继续居中国大陆港口第二位，全球第四位。集装箱吞吐量完成 1300.4 万标准箱，排名突破了连续 6 年位居大陆港口第 4 的格局，首次跃居第 3 位，并进入世界港口 6 强。2010 年海洋运输、港口业完成产值 210.6 亿元，比 2005 年增长 1.1 倍；实现增加值 130.1 亿元，比 2005 年增长 89.9%。

2. 海洋金融保险业发展水平国内领先。宁波是国家金融体制改革试点城市、金融电子化试点城市和金融对外开放城市、私募股权投资试点城市，金融业规模、金融市场发育程度、金融基础设施建设水平等均位居长三角城市中的前列，已成为名副其实的金融大市。目前，全市共有各类金融机构 154 家，从业人员超过 5 万人，存、贷款规模双双超过 1 万亿元。近三年，宁波金融业增加值年均增速达 16.4%，高于 GDP 增速近 5 个百分点。在中国社科院金融所发布的《中国城市金融生态环境评价》中，宁波市一直位列三甲，同时进入全国信贷资产质量 8 个 AAA 级城市行列，企业诚信排名全国第一。宁波还是长三角地区唯一享有省级经济金融管理权限的城市。在建设上海国际金融中心副中心的过程中，宁波市将加快发展航运金融业。2010 年海洋金融保险业完成产值 299 亿元，比 2005 年增长 7 倍，实现增加值 69 亿元，比 2005 年增长 1.8 倍。

3.海洋旅游业发展潜力巨大,前景良好。宁波具有独特的海洋文化人文景观与别具一格的滨海自然景观优势,拥有河姆渡、招宝山、东钱湖等著名的旅游景观,以及松兰山、石浦渔港等具有浓郁海洋特色的休闲场所;拥有象山东门岛、渔山岛、宁海横山岛、北仑大榭岛群等面积在500平方米以上的海岛共531个,开发旅游潜力巨大。随着宁波杭州湾跨海大桥、长三角地区高速铁路网络、宁波国际机场建设以及"长三角"经济区和都市群的形成,宁波将迈入休闲旅游时代。2010年全市实现旅游总收入650.8亿元,接待入境旅游者95.2万人次,入境旅游外汇收入5.9亿美元,接待国内游客4624万人次,增长16.7%;国内旅游收入610.7亿元,增长22.8%。2010年海洋旅游业接待游客4000多万人,完成产值7.6亿元,比2005年增长1.6倍;实现增加值2.4亿元,比2005年增长1.4倍。2010年末,全市共有星级饭店198家,其中五星级14家,4A以上旅游景区21处,其中5A级1处。

(五) 宁波市与浙江省及全国海洋产业发展情况比较

"十一五"以来,宁波海洋经济持续发展,总量规模不断扩大,产出效率进一步提高,但从收集的相关资料看,宁波海洋经济在整个国民经济中的作用,虽好于全国、全省,但与拥有的地理位置相比,应有更大发展空间。

海洋业增加值占比高于全省、全国水平。2010年宁波市海洋生产总值806亿元,占地区生产总值的比重为15.6,高于全省13.6%和全国9.7%的水平。

表1 2010年海洋生产总值占GDP的比重

项目	宁波	浙江	全国	宁波占全国比重(%)
海洋生产总值(亿元)	806	3775	38439	2.1
GDP(亿元)	5163	27722	397983	1.3
海洋生产总值占GDP的比重(%)	15.6	13.6	9.7	—
涉海就业人员(万人)	52.1	—	3350	1.6

资料来源:中国海洋经济统计公报及浙江省统计局,下同。

传统海洋产业依然是宁波海洋经济发展的主力。2010年,宁波海洋交通运输业、海洋渔业、海洋电力、涉海建筑业和船舶制造业等传统海洋产业增加值占全市海洋产业增加值的比重超过60%。

表 2　2010 年主要海洋产业增加值构成

主要海洋产业	宁波		全国	
	增加值(亿元)	比重(%)	增加值(亿元)	比重(%)
合计	806.0	100.0	38439	100.0
海洋渔业	55.1	6.8	2813	7.3
海洋石油和天然气业	302.1	37.5	1302	3.4
海洋矿业	0	0.0	49	0.1
海洋盐业	0	0.0	53	0.1
海洋化工业	24.5	3.0	565	1.5
海洋生物医药业	2.1	0.3	67	0.2
海洋电力业	0.5	0.1	28	0.1
海水利用业	0.9	0.1	10	0.0
海洋船舶业	21.3	2.5	1182	3.1
海洋工程建筑业	50.5	6.3	808	2.1
海洋交通运输业	130.1	16.1	3816	9.9
滨海旅游业	2.4	0.3	4838	12.6
其他海洋产业	216.5	33.8	22908	59.6

海洋三次产业结构在"十一五"期间变化明显。从下表可知，宁波海洋经济三次产业占海洋 GDP 的比重，除第一产业外，二、三产业所占比重在各年度间变化较为明显，占比最高的年份与最低年份差距分别达到了 22.5 个和 16.9 个百分点，说明产业结构波动大，稳定性差。而同期全国海洋产业结构基本没有变化，第一、二、三产业维持在 5%、47%和 48%。全省海洋二、三产业占整个海洋经济比重变化区间也都保持在 5 个百分点以内。宁波海洋二、三产业发展的稳定性低于全国、全省水平。

表 3　2005—2010 年宁波与全国海洋增加值三次产业比重变化(%)

年份	宁　波				全　国			
	合计	一产	二产	三产	合计	一产	二产	三产
2005 年	100	12.7	52.8	34.5	100	5.7	45.6	48.7
2006 年	100	11.6	52.5	35.9	100	5.8	45.6	48.6

续表

年份	宁波				全国			
	合计	一产	二产	三产	合计	一产	二产	三产
2007 年	100	8.9	59.3	31.8	100	5.5	45.3	49.2
2008 年	100	12.4	41.9	45.7	100	5.4	47.3	47.3
2009 年	100	10.1	54.1	35.8	100	5.9	47.1	47.0
2010 年	100	6.8	64.4	28.8	100	5.4	47.1	47.5

三、宁波海洋经济发展过程中存在的问题

（一）海洋经济发展水平还不高

目前宁波海洋经济还处于快速发展的初级阶段，海洋科技水平还比较落后，特别是运用高新技术促进海洋经济发展的投入不足。在海洋经济发展速度、产业结构、政策力度等方面，宁波与先进地区相比差距还较大。青岛市2008 年海洋业增加值在地区生产总值中的比重已达 22.9%，远高于宁波的发展水平。

（二）海洋开发还缺乏宏观协调

按海洋经济的现行管理体制，海洋产业大多属于行业部门管理，就某一产业而言也许发展较快，但缺乏整体性的内部协调和外部协调。从海洋经济整体来看，这种体制则明显暴露出综合管理功能弱，宏观协调乏力，没有形成有效的协调机制，已不适应海洋经济快速发展的需要。有些地方还存在海洋资源综合开发与合理规划保护相脱节的现象，区域开发功能定位不够明确，产业布局也不太合理。

（三）海洋经济结构还有待优化调整

随着海洋生物资源的衰竭和海洋环境质量的下降，宁波传统海洋渔业发展受到限制。而目前宁波海洋科技水平还比较落后，运用高新技术促进海洋经济发展的投入不足，海洋产业结构性矛盾突出，产业链较短，产品附加值不高且深加工产品不多。

（四）海洋基础设施建设还比较薄弱

海洋基础设施建设还比较薄弱，主要表现在现代化集疏运网络不够健全，制约着港口货源腹地的大拓展；海岛及沿海滩涂养殖基地水、电、路不通，制约着旅游业、养殖业的大发展；渔港建设落后，远洋捕捞能力不足，制约着渔区经济的振兴；海上信息服务跟不上，海洋灾害预警预报系统建设滞后，无居民海

岛缺乏有效的保护与管理服务。

（五）海洋资源保护和环境污染状况不容乐观

2009 年宁波海域清洁和较清洁海域面积为 4516.2 平方公里，轻度污染海域面积为 2907.7 平方公里，中度污染海域面积为 765.5 平方公里，严重污染海域面积为 1568.6 平方公里。水体中的主要污染因子仍为无机氮和活性磷酸盐，主要受长江、钱塘江入海污染物影响。严重污染面积虽然呈逐年下降趋势，主要分布在杭州湾、甬江口及象山港等海域，减少区域主要在象山港港口，但轻度污染海域面积逐年增加，主要集中在韭山列岛附近海域。整体来看，严重污染海域在向轻度污染海域过渡，污染海域面积在扩大。宁波主要渔业水域生态环境状况总体保持稳定，局部渔业水域污染仍比较严重，水质中主要受到无机氮、活性磷酸盐、石油类和化学需氧量和铜的污染，沉积物主要受到铜的污染。无机氮污染以三门湾和杭州湾渔业水域相对较严重；活性磷酸盐和石油类污染以杭州湾相对较严重。各渔业水域中富营养化程度仍较高，部分水域重金属含量有所增加，渔业环境受到一定的影响。全年共发生较大渔业污染事故 22 起，污染总面积为 179.2 公顷，造成渔业污染主要原因是工业、畜禽养殖场等废水违法超标排放和农药污染等。

（六）海洋开发的深度和广度还很低

从海洋开发的深度看，目前仍集中在海洋渔业、涉海工业、海洋运输、港口、旅游等传统产业，能源、生物等海洋新兴产业的开发还很落后，海上油气勘探、开发等高新技术产业在宁波还是空白；从海洋开发的广度看，仅限于海岸带和近海，远洋开发还只是处于尝试阶段；由于大量的生产能力集中于海岸带和近海，开发密度过大，造成一些破坏性开发和环境污染，影响海洋资源的可持续利用，此外因土地紧张，对滩涂的进行大规模围海造地，也危及海洋养殖业的生存和发展。

四、宁波发展海洋经济对策建议

20 世纪 80 年代以来，不少沿海国家把开发海洋提到国家发展战略的高度，制定海洋科技发展和海洋开发计划，并采取具体措施加快向海洋进军的步伐。开发海洋已成为全球产业进步的重要标志，海洋经济也成为国民经济的新增长点。发展海洋经济同样是增强宁波发展后劲的战略性举措。

从海洋本身看，它是经济社会发展不可或缺的战略性资源；从世界范围看，发展海洋经济已成为重要趋势和共识；从国家范围看，发展海洋经济已成为“十二五”及更远的重要战略选择；从宁波自身看，发展海洋经济是因地制宜的现实发展路径。

（一）大力实施“科技兴海”战略，推动海洋科技水平上新台阶

实施“人才强海”战略，打造国内一流的海洋科技创新团队。强化海洋科技创新平台建设，尽快开发一批海洋科技攻关项目，支持海洋企业走科技型发展的道路。推进海洋科技产业化，制定明确有效的政策措施，促进各类海洋企业与科研单位联合，充分发挥企业作为技术开发主体的作用。建立国内海洋科技联席会机制，加强协作，促进资源整合，积极组织国际海洋科技高层论坛等国际性学术交流组织，加强国内外海洋科技的交流合作。

（二）坚持政府引导与市场调节相结合，形成多元化投资新环境

周密筛选、精心设计海洋开发项目，积极开展招商引资，引导国际金融组织、外国政府贷款和境外大企业、大财团投入海洋开发、基础设施建设、滨海旅游和海洋高新技术产业等重点领域。引进国外海洋高科技人才、项目、工艺和设备，改造传统海洋产业，提高技术、管理水平和国际竞争力。按照互利、互补、共同发展的原则，加强与内地及周边省市的合作，延长海洋产业链，扩大经济辐射面。

（三）加快海洋经济结构调整步伐，实现产业升级

加快调整海洋经济结构，要以产业结构调整为主线，以大项目、大企业为依托，发展重点产业，加强基础设施建设。产业结构调整的主线是，要形成以海洋和港口运输业为龙头，临港工业为主导，现代渔业和滨海旅游业为特色，加快海洋高新技术产业以及海洋化工、海洋制药业等新兴和未来海洋产业，形成各类海洋产业全面协调发展的新格局。大项目、大企业的依托是，实施“百项千亿”工程，即要在今后几年，围绕海洋产业、基础设施建设、区域开发等方面，坚持科学规划、分期实施、层级管理、多元投入、滚动发展的方针，大力推进投资总额超千亿元的近百个重点项目建设，尤其要建成十多个单项投资上百亿元的临港工业及港口、交通等基础设施建设大项目，增强海洋经济的发展实力和后劲。发展重点产业，主要包括港口海运业、临港工业、现代海洋渔业、滨海旅游业、海洋高科技产业五大类海洋产业。

（四）强化海洋管理和环境保护，促进可持续发展

依法加强环境监督管理，促进海洋经济与环境保护协调发展，加强陆源污染的综合整治，推行排放许可证、总量控制、限期治理和排污收费等制度，严格控制污染物直接入海排放。建立海洋灾害预警和应急制度将台风、地震、海啸、绿赤潮等灾害预报信息整合起来，各职能部门在统一指挥下，向社会发布相关海洋灾害预警，启动应急救援预案。与国际组织和沿海兄弟省区市联合建立海洋环境保护的合作机制、海洋生态环境分类保护制度及海洋环境准入

制度。

（五）坚持以开放促发展，推动区域海洋经济一体化

国际经验表明，对外开放是发展海洋经济的重要动力和主要突破口。宁波应进一步创新招商方式，以海洋资源和产业为依托，大力引进外资投入海洋开发。应继续实施走出去战略，发展外向型海洋产业，把更多海洋产业产品推向国际市场，特别是要大力发展外向型渔业。应积极推进"自由港区"，整合北仑港、保税区、出口加工区以及集装箱码头，在该区域促成国际贸易、物流和出口加工等与国际接轨。应围绕建设浙江省和长江三角洲南翼海洋中心的目标，主动接轨大上海，推动区域海洋经济一体化，推进长江口—杭州湾海域综合发展，并以大上海为平台，主动接受国际海洋产业转移，加快海洋经济的国际化进程。

（六）创新管理体制，强化政策措施保障

创新海洋经济管理体制，首先是创新领导体制，建立综合管理协调组织体系，加强组织、管理、协调和服务工作。其次是完善海洋功能区划管理制度，对海洋区域进行必要的功能划分，严肃项目审批制度，通过法制化手段来确保功能区建设。最后是建立海域资源利用的登记、许可制度，海洋倾废、油污管理制度，生物资源增殖养护制度等。强化海洋经济政策措施保障，是对重点区域和重点项目在资金、土地、科技、人才和基础设施建设等方面加大支持力度。

宁波市统计局　滕剑波

发挥优势　内外互动　全面推进“三生融合·幸福温州”建设

——2011年在外温州人调查报告

在外温州人是温州发展宝贵的资源优势、重要的依靠力量。为全面把握温州经济，充分发挥在外温州人的优势，吸引更多在外温商回乡创业发展，提升温州经济的综合竞争力，温州市统计局近期组织开展了在外温州人调查，重点调查在外温州人（包括境外和境内市外）总量情况、分布情况以及境内市外温州人主要经济活动的运作模式、营销方式、投资规模、资金来源和近几年发展的新情况、新动向。

本报告的基本结论是：在经历“十五”时期的大规模外流或外迁之后，“十一五”以来，温州大规模人口外出的现象相对减缓，企业井喷式外迁趋势也有所缓和，但外流和外迁数量依然较为庞大。据调查推算，2011年全市在外温州人为233.54万人（含港澳同胞，未含台湾同胞），占全市户籍人口的30%，其中境外（含港澳同胞，未含台湾同胞）37.91万人，境内195.63万人。据不完全调查统计，近十年温州本地现有工业企业和整体外迁企业对外累计投资额达1025.6亿元，相当于温州本地限额以上工业性投资的52%左右。温州企业向外流动，在为全国发展作出贡献，为企业壮大积累新能量的同时，对温州区域经济的发展的影响也不容忽视，尤其是温州民间资本、企业家资源等优势要素流失，对本地经济发展后劲和区域经济稳定带来冲击。政府应充分利用“十二五”的发展机遇，充分发挥温商情系故里的传统特点，着力加大基础设施建设，改善投资环境，提升服务质量，加快产业平台建设和总部经济的发展，促进温州经济和温州人经济互动良性发展，全面推进“三生融合·幸福温州”建设。

一、在外温州人总量和分布

为了较全面掌握在外温州人总量和分布情况，我们充分利用第六次全国人口普查的基础资料和数据，通过对重点地区开展抽样调查，并收集公安、侨联等相关部门的行政管理资料进行推算和评估，以进一步摸清在外温州人的基本情况。调查结果显示，目前全市在外温州人为233.54万人（含港澳同胞，未含台湾同胞),占全市户籍人口的30%。其中境外(含港澳同胞,未含台湾同胞)37.91万人,境内195.63万人。

(一) 境外温州人基本情况与特征

通过对鹿城、瓯海、瑞安和文成等地境外温州人口比较集中的8个乡镇(街道)、31个村、1036户、5839人的重点抽样调查,以及公安和侨办等部门的相关统计资料的推算,其结果显示:2011年境外温州人(含港澳同胞,未含台湾同胞)总数为38.79万人,主要分布在意大利、法国、美国、西班牙和荷兰等国家和地区。通过调查资料分析,温州外出境外人口呈现三大特征:

1. 境外温州人以近15年出去的为主,超过境外温州人总量的一半。抽样调查数据显示,在被调查的5839人中,近15年内出境的人数占调查总人数的56.5%;而出国年限16年以上的占调查总人数28.8%;同时在境外出生的境外温州人也有一定比例,占到14.7%。从国籍情况看,有7.5%的境外温州人已入了外国籍,其中在国外出生的境外温州人入外国籍比重占到37.3%。

2. 境外温州人集聚性特征明显,以前往西欧地区为主向其他地区扩展。从流向看,温州人出国"拖亲带戚"的特点明显,在外集聚度高,在本次被调查的四个县(市、区)中,这一特征十分明显。如文成人前往意大利有1096人,占该县调查总数的78.6%,其中玉壶镇的东头村和赵基村比例高达89.2%和87.5%;瓯海人前往意大利、法国分别占50.9%和32.9%,两者合计占83.8%;瑞安人前往意大利和法国各59.7%和21.2%,两者合计占80.9%;鹿城区以美国为主,如鹿城区七都街道,在美国620人,占该街道调查总数的42.8%。从流动趋势看,除以上几个集聚度较高的国家和地区外,近几年温州人出国流向逐步扩展到东欧、独联体国家以及南美、中非等地区,本次调查的5839人分布遍及27个国家和地区。

3. 以从事传统商贸服务业为主,逐步向各行各业拓展。调查结果显示,72.8%的境外温州人从事批发零售、餐饮等传统商业服务业,20.3%从事服装、皮件等加工行业,3.0%的为企业负责人。随着一些优秀温州青年留学后在国外就业,从事各行各业的专业技术人员占0.8%,有的还取得了非凡成就。

(二) 境内市外温州人基本情况与变动趋势

近十年,在外温州人规模继续呈扩大趋势,据调查推算结果显示,目前在境内市外温州人达195.63万人,比2001年(第一次在外温州人调查)增加40万人左右。分户籍情况看,外出人口中,户籍还在温州的人口134.88万人;户籍已迁出温州的人口约为60.75万人。外出境内市外人口主要呈现以下特征(由于户籍在外的人口情况比较难掌握,以下主要分析户籍还在温州的在境内市外温州人流动特点）：

1.乐清、永嘉、苍南、瑞安四地人口外出最多。从第六次全国人口普查户籍还在温州的人口（常住口径）情况来看，温州外出境内市外人口为134.88万人。外出境内市外人口超过15万人的有乐清、永嘉、苍南和瑞安，这四地共有外出人口91.87万人，占68.1%；超过10万人的还有平阳和泰顺。其中外出境为省外人口101.03万人，比2000年"五普"增加22.95万人，增长30.4%。特别是苍南外出境内省外增加7.60万人，增量超过3万人的还有乐清、平阳。

表1 "六普"分地区外出境内市外人口（户籍在温州）

地区	外出境为市外人口（万人）	
		省外
温州市	134.88	101.03
鹿城区	3.24	2.24
龙湾区	3.06	2.38
瓯海区	1.78	1.29
洞头县	2.63	2.09
永嘉县	24.41	19.39
平阳县	14.09	11.06
苍南县	20.10	13.47
文成县	7.17	4.03
泰顺县	11.04	7.98
瑞安市	15.85	12.84
乐清市	31.52	24.26

2.外出人口流向省外比例占到75.5%，主要向发达省份集聚。东部沿海地区大城市具有信息、人才和市场等优势，陆续吸引了温州一些企业外迁或把研发中心和销售总部外设，还有大批的温州商人涌向发达省市，赢得市场先机和竞争优势。人口普查数据显示，温州市外出境内市外人口在上海最多，达12.15万人；江苏和广东次之，分别为11.82万人、11.73万人。从外出省内市外人口来看，杭州最多，有11.51万人。十年间，温州外出上海、江苏和广东等三省市的人员增加16万人，占增量的66.5%；而其余温州外出人口较多的北京、山东、云南等7个省市，合计增加2.56万人。

表 2　温州"六普"外出各省(市)人口及变化

外出地	人数(万人)	比重(%)	比"五普"增加(万人)
外出省外人口总计	101.03	100.00	22.95
前十位小计	71.31	70.58	18.28
上海市	12.15	12.03	5.71
江苏省	11.82	11.70	4.46
广东省	11.73	11.61	6.09
北京市	8.82	8.73	1.01
福建省	5.56	5.50	－0.11
山东省	4.54	4.50	－0.06
云南省	3.78	3.75	0.69
山西省	3.50	3.47	－0.09
湖北省	3.24	3.20	0.16
四川省	3.10	3.07	－0.08

3.外出人员中青年居多,文化程度高于本地人口,经商创业是外出的主要动因。从年龄看,人口普查数据显示,温州外出境内市外人口年龄中位数为30.3岁,比全市常住人口低3.8岁,其中20—44岁人口78.5万人,比例高达58.2%,说明温州外出境内市外人口以年富力强的中青年为主。从文化程度看,具有大专以上文化程度和高中文化程度的外出人口分别占9.5%、15.0%,比全市常住人口平均文化程度分别高出1.9个和1.5个百分点。从外出动因看,温州外出境内市外人口的外出原因以经商创业为主,多达85.78万人,占63.6%。众多的在外经商创业人员也带动了21.99人的随迁家属,占16.3%。同时随着高校的扩招等原因,温州外出境内市外学习培训的人员达到11.6万人,占8.6%。

二、温州工业企业对外经济活动的新动向、新特点

温州外出人口和企业经过多年的拼搏和奋斗,形成了相当可观的在外温州经济规模,尤其是近十来年资本集聚加速,对外投资规模不断扩大,温州在外经济实力继续提升。为较全面掌握温州工业企业对外投资、外迁及营销网络情况,温州市统计局对全市5750家年销售收入在500万元以上的工业企业和整体外迁企业进行全面调查。调查结果汇总显示:被调查本地现有工业企

业约有 820 家有对外投资行为，占被调查企业数的 14.3%，在外创业企业 1700 家左右；整体外迁企业 450 多家。近十年现有本地企业和整体外迁企业合计对外累计投资总额 1025.6 亿元，相当于温州近十年工业性投资总额的 52%。被调查企业有建立营销网络的工业企业有 1300 家，预计 2011 年通过营销网络在外销售额达 1914 亿元，是被调查工业企业销售总额的 40%左右。

（一）工业企业对外投资新动向新变化

1. 经历"十五"期间的井喷性对外投资之后，对外投资呈平稳扩张态势。2011 年，温州本地工业企业在外创办企业 1700 多家，其中近六年为 842 家。本地工业企业近十年累计对外投资总额 910.3 亿元，相当于温州限额以上工业性投资总额的 46.1%。

2. 规模化投资趋势十分明显，民间资金和自有资金是对外投资的主要资金来源。计划投资额超 5000 万元在外工业企业有 385 家，累计投资额 595 亿元，占工业企业在外投资总额的 65.4%；其中计划投资额超亿元的企业有 203 个，累计投资 475 亿元，占工业企业在外投资总额的 52.2%。正泰、均瑶、奥康、圣雄、青山等一批大企业的在外累计投资均超过 5 亿元。从资金来源看，被调查企业主要资金来源选择"民间资金和自有资金"的占 88.6%，主要来源于"银行及其他渠道"的仅占 11.4%。

3. 对外投资行业由以本地主导制造业为主向其他行业拓展。从对外投资行业看，对外投资最密集的是电气、服装、通用设备、交通运输设备等行业，逐步向各大制造业以及服务业延伸，其中商务服务业、房地产业、采矿业成为近几年工业企业对外投资的新方向，三大行业累计投资额达 234.8 亿元，占对外投资总额的 25.8%。

4. 对外投资地区由以沿海地区为主，逐步向中西部扩展。从投资流向看，上海、江苏、山东、福建、广东以及省内杭州、嘉兴是温州企业对外投资较集中的城市，其中到上海投资最多，本次调查，在上海投资的企业数达 506 家，累计投资额 208.4 亿元，占全部对外投资额的 22.9%。近几年随着中部、西部发展不断得到重视，加上其资源、环境、政策的优势，中西部也逐渐成为温州产业梯度转移和多元化投资的重要承接地，温州在安徽、重庆、河南、江西、新疆、湖北等地的投资额均已超过 10 亿元。

（二）工业企业整体外迁趋势

与工业企业对外投资趋势基本一致，在经历"十五"大规模外迁之后，近几年温州企业整体外迁趋势趋向缓和。主要呈现以下特点：

1. 整体外迁企业数量呈减少态势。据不完全统计，2001 年以来，温州整体外迁工业企业达 450 家，主要集中在前五年，近几年整体外迁趋势有所缓和。2001—2005 年外迁数达 310 家，年均外迁企业 60 家；2006—2011 年外迁数为 140 多家，年均为 20 家左右。分县（市、区）看，近十年间，外迁企业数较多的主要集中在瑞安、龙湾、鹿城、永嘉、苍南、瓯海等县（市、区）。

2. 外迁模式趋向分散型，行业群体性外迁现象减少。从外迁模式看，2001—2005 年温州工业企业外迁蜂拥式群体外迁现象比较突出，如苍南的食品加工行业 2003 年外迁数达 36 家，其中 32 家集体迁往石家庄；其他像乐清的电气行业、瑞安的塑料行业、平阳的塑编行业等等在 2001—2005 年也都呈现明显的行业性群体外迁特点。而 2006 年以后，外迁形式较为分散，同一时间段、同一行业、迁往同一城市的现象减少，但仍存在，主要有瑞安的汽摩配，龙湾的合成革、不锈钢，鹿城的制鞋等。

3. 企业升级与产业转移并存。从对整体外迁企业分析，主要集中在两种类型的企业，一类企业升级发展需求型，主要受本地人才、科研、管理、服务等软环境制约而寻求到外发展，这类企业主要迁往发达程度高于温州的上海、北京、广州、杭州等发达地区，从而实现质的提升。另一类企业是属于产业转移型，主要受土地、电力、劳动力、环评等资源、成本因素制约而向外发展，这类企业主要迁往土地资源较丰富、发展程度低于温州的中西部地区或欠发达地区，如江西、安徽、湖北、浙江丽水、福建福鼎等地。

（三）工业企业营销网络建设的新动向

调查显示，建立营销网络，利用强大的营销网络占领市场已成为温州多数企业的发展共识。调查显示，5750 家被调查企业有 22.6%的企业在市外建立了营销网络，预计 2011 年通过营销网络的销售额达 1914 亿元，是本地规模以上工业企业销售总额的 40%左右。其中销往市外 1604 亿元，销往市内 310 亿元。近几年温州工业企业营销网络建设主要呈现以下几个特点：

1. 营销模式趋向成熟，加盟代理和直营是两大营销主流方式，营销阵地向全方位铺开。据有在外建立营销网络的 1300 多家企业统计，在外共建立直营、加盟、代理、经销商、办事处等形式设立的营销渠道 13 万多个，其中加盟代理占 75.7%，直营方式占 15.7%，其他方式占 8.6%。目前温州电气、服装、鞋、笔、泵阀、汽摩配等主导行业中的大企业基本采用建立强大的国内外营销网络体系的方式占领市场，如森马、天正、兴乐、康奈、人民电器、德力西等大企业在全国各地的营销网络个数均在 1000 个以上。分地区级别看，地市级以上城市（包括直辖市、省会城市、地市级城市）的营销渠道个数占到 79.2%，地市级以下的地区占 20.8%。

2. 在外营销网络建立由依托在外温州人为主向多元化趋势发展。据上次的温州人营销网络调查显示，2006 年温州企业在外营销网络有 77%的网点是由在外温州人参与经营和管理的，而本次调查显示，2011 年在外营销网络温州人的参与比例呈下降趋势。以温州人参与比重最高的直营方式为例，被调查企业建立的 1.9 万个直营营销网点，由温州人参与管理或经营的直营网点为 4734 个，占 49.8%；从业人员 8.04 万人，其中温州人占 46.5%。

3. 虚拟经营，产销两头在外成传统劳动密集型产业做大做强的首选途径。虚拟经营模式突破传统生产经营模式，企业总部主要掌握品牌建设、产品设计、质量控制、物流管理等核心环节、把生产环节外包给其他企业，较好地摆脱资源要素制约，成为传统劳动密集型产业转型升级的重要途径。据调查，温州有做虚拟经营的企业中，64%集中在服装、鞋等传统劳动密集型企业，如森马、拜丽德、康奈、报喜鸟、红蜻蜓、杰豪、夏梦·意杰等知名企业均通过虚拟经营模式做大做强。2011 年森马集团在全国建立营销网点 7530 个，预计 2011 年在外营销网络销售额达 80 亿元，比 2006 年增加 2.2 倍，其中虚拟经营产值达到 85%，成为温州虚拟经营的典范。

4. 海外营销网络逐步得到发展。据调查，在有组建营销网络的企业中，有 40%的企业有在海外组建营销网点，在海外销售额为 190 亿元，占到营销网络销售额的 10%。如巨一集团、大趾王鞋业、珠联实业、泰庆皮革、正泰电器、禾佳皮业等企业在国外销售额均超过 4 亿元。

三、温州企业向外流动的原因及对温州发展的影响分析

（一）近几年温州企业向外流动的新动因

1. 温州土地资源制约被摆在首位。通过对工业企业整体外迁的主要原因调查显示，有 80%左右的企业集中反映外迁是受土地资源和土地政策的影响所致。温州土地资源短缺由来已久，近几年受控制土地政策和土地价格的影响，中小型企业拿地难度难上加难。而外地，尤其是近几年中西部大开发之后，原本土地资源就丰富的地区，再加上优惠的土地政策，自然吸引了一大批企业过去。

2. 投资环境影响。温州投资环境不好也是导致企业外迁的重要因素，据调查有 10%的整体外迁企业反映是投资环境不好导致本企业外迁。反映较集中的主要有政府权力部门服务意识和服务态势较差、操作不规范；基础设施建设不完善，交通、供电、供水的瓶颈制约仍没有较好解决；对民营企业管理的政策不健全、不完善；等等。

3. 产业转型升级、落后产能淘汰的结果。并不是所有企业外迁都是坏事，近几年温州不断加大落后产能淘汰力度，对污染严重的企业实行严格的环评审查制度，因此，在企业外迁中，也存在一些企业因污染严重、环评不过关或审批不下来，而淘汰出去的。如凯华涂料、坤彩珠光颜料、龙湾永固铝材等企业均因环境污染问题而选择外迁。

4.受房地产业、煤矿等暴利行业利益驱动影响。受这一因素影响的企业主要表现为对外投资房地产业，把原本投向实体经济的资金部分转向这些行业，而整体转行外迁做房地产的还是少数。据有对外投资的企业调查显示，在外投向房地产投资或矿业开采投资的企业占三成左右。

5.因市场、产业链、招工、物流等各方面因素的影响。直接因为这几方面影响而外迁的企业数量近几年相对较少，但也确实存在。如永嘉展拓机械有限公司，因产业链配套需要而迁往上海；温州豪俊光学有限公司因工人招工难问题而外迁；永嘉鸿邦照明电器有限公司因交通问题而外迁；等等。

（二）对温州发展的影响

区域间的经济流动，本质上是一种互相合作、互相促进的关系，其利弊是互相依存的。从有利影响分析，企业到外地投资或到外地发展，能为企业实现快速发展提供广阔的舞台，带来巨大的市场空间、先进的技术、现代的管理理念和丰厚的投资回报，有利于增强企业活力，提升城市的知名度。从不利影响分析，企业在短期内大规模流动，或大量的实体经济资金流向外地或游离实体经济，对流出地经济的不利影响也是显而易见的。主要表现为：

1.对本地产业竞争力产生影响。现代产业经济的集聚效应很明显，产业链的巩固对行业的稳定作用十分巨大。温州最早出现群体性迁移的是灯具业，由于电镀工艺跟不上，造成行业整体迁往广东等省。随后如桥头的纽扣、苍南的印刷、瑞安的塑料、龙湾的合成革等行业均出现群体外迁的现象。而目前眼镜、泵阀、化学、制笔、模具等行业的景气度也不容乐观，如果没有有力的对策措施，下一轮群体性迁移可能就存在这些行业中。大批流出的企业，不仅利用外地的成本优势，加剧与本地企业的竞争，造成本地产业竞争力下降。

2.部分企业盲目对外投资，给本地经济带来巨大金融风险和社会风险。最为典型的要数2011年温州金融风波问题。从企业调研发现，企业出现资金链断裂的内因就是不少企业存在实施盲目的多元化战略，特别是忽略自己熟悉的实业而跻身不熟悉的一些行业或是进入房地产、矿产等风险较高的行业，一旦风险控制不住或经营不善便陷入资金周转困境，当前温州不少倒闭企业就存在这种现象。

3.导致本地人才、税收的流失，影响经济发展后劲。尽管温州企业在全国各地攻城略地，充满活力，但温州本地经济的发展优势却在弱化，近几年主要经济指标的增长速度明显慢于先进城市，甚至出现被边缘化的威胁。其中的原因虽然是多方面，但与大批企业外迁和对外投资不无关系。如本次调查显示，2011年工业企业流失税金达58亿元，相当于本地财政总收入的12%。企业大量外流，除直接影响本地经济利益外，还导致优秀企业家资源和优秀人才的外流，影响经济社会长远发展。

四、推动内外温州人经济互动发展的对策建议

在外温州人是温州发展宝贵的资源财富，是重要的依靠力量。如何把在外温州人的优势、潜能充分发挥出来和挖掘出来，转化为温州经济发展的巨大动力，转化为温州现代化建设的现实生产力，依然是温州今后发展需重点关注的话题。

1.以深入推进大投入战略为契机，优化硬件设施，增强城市承载能力，改善投资环境。以大投入战略为契机，加大存量土地的置换、盘活力度，加快推进瓯飞工程等重大海涂围垦项目建设，拓展城市发展空间。以都市型功能建设为切入点，加快交通、能源、信息、环保、供水、供电等重大基础设施和文教卫体等公共配套设施建设，全面提升城市能级。以开展"六城联创"活动为抓手，扎实推进洁化、绿化、亮化和美化各项工作，切实提高城市环境品质。

2.以世界温商联谊会为纽带，整合温州人经济资源，构筑总部经济体系。"总部经济"必须拥有独特的资源优势吸引企业将总部在该区域集群布局，使企业价值链与区域资源实现最优空间耦合。总部经济的效益是单纯的企业无法匹敌的，北京30%的经济总量是总部经济所创造的。"温商经济"是独特的资源，这是以温州为核心，辐射到全国、乃至全世界经济体系。温州有条件利用这个独特的资源，构建温州的"总部经济"。如在服装、鞋革等传统产业可以大力发展森马式的虚拟经营模式，把总部、设计、研发、管理等关键环节设在温州，把人才和税收留在温州。构建总部经济体系，关键需要政府建立支持总部经济发展的各类服务平台和服务体系，为企业提供政策支持和服务支撑。

3.以产业集聚平台建设为动力，加快产业转型升级，提升产业竞争力。受2008年国际金融危机和2011年温州金融风波的影响，充分暴露出温州模式及温州中小企业面临的问题和挑战。今后应着眼全球竞争，立足本地传统优势产业优势，抢抓浙江省"大产业大项目大企业"四大建设战略和浙江省海洋经济发展上升为国家战略的有利时机，积极整合、培育、提升相关产业，推动三次产业融合发展。在土地保障方面，强化土地挖潜工作，千方百计提高土地利用效率，加快建设用地供地速度，增强区域空间支撑能力；在融资方面，以推进全国金融综合改革试验区建设为契机，着力抓好金融改革，推动金融集聚区建设；在配套支撑方面，加快公共创新服务平台建设，强化科技人才要素保障。

4.规范引导企业“走出去”和“引进来”行为，推动区域经济有序流动，健康发展。在“走出去”方面，针对部分企业对外盲目投资行为，逐步建立支持企业“走出去”的信息服务平台，及时为企业提供可靠投资信息，及时了解企业走出去后的经营发展态势，在正确引导企业走出去扩大再生产的同时，着重引进先进的技术、管理和人才，积极为本地产业提供动力和支撑。在“引进来”方面，温州民营经济的“低、小、散”局面一直困扰着产业升级，2011 年全市 3 万家工业企业和 12 万多家个体工业户中，规模以上的企业只有 3998 家。经济转型是“十二五”温州发展三大转型的重要组成部分，集聚高端要素，加快产业结构调整，是经济转型的关键，依靠温州本土的力量实现产业升级估计还要走一段较长的艰难路程。通过产业“对流”，走出去一批落后产能，引进来一批先进产能，是优化产业结构的重要途径，也是捷径。因此在引进外地项目上，务必要定好位，加强引导，有所取舍，尤其要注重具有投资实力的高新技术产业与温州产业有关联的上下游产业链的引进。

课题负责人　蔡晓真
课题组成员　柯向伟　何光秋　朱建芳
　　　　　　邹向阳　朱承志　程宗迪
执　　　笔　朱建芳

“十一五”时期嘉兴省级及以上开发区(园区)发展研究

一、“十一五”期间嘉兴省级开发区发展回顾

“十一五”时期嘉兴省级开发区(园区)作为我国改革开放的前沿阵地和重要窗口,致力于高新科技的应用和大力发展外向型经济,为嘉兴经济的发展作出突出贡献。“十二五”时期是加快工业化和现代化建设的关键时期,更是推动工业转型升级,新型工业化道路的攻坚时期,开发区如何率先转变发展方式、提升发展质量、拓宽发展空间、加快转型升级,开创工业化和城市化良性互动新局面,成为一道亟待破解的难题。

(一)“十一五”期间嘉兴省级及以上开发区(园区)发展现状

嘉兴共有省级及以上开发区(园区)14 家,其中国家级开发区两家,旅游度假区两家(本文仅对除旅游度假区以外的 12 家省级开发区开展分析,下同)。“十一五”时期,累计已开发面积 90.79 平方公里,占历年累计已开发面积的 47.5%,其中累计已建成投产面积 71.63 平方公里,占已开发面积的 78.9%,占历年累计已建成投产面积的 58.7%。嘉兴省级开发区在“十一五”时期得到了跨越式的发展。

1. 省级开发区综合实力不断增强。2010 年,在全市省级开发区 190 平方公里已开发面积上,入园企业已达 1.5 万家,是 2005 年的 3.2 倍,年均增长 26.5%。其中,工业企业 1.05 万家(不含个体户,下同),年均增长 33.1%;其中,已投产企业 1.23 万家,年均增长 26.9%;外资企业 0.22 万家,年均增长 17.7%;高新技术企业 253 家,年均增长 24.7%。实现工业总产值 3044.92 亿元,是 2005 年的 4.4 倍,年均增长 34.4%,新创造工业价值 601.46 亿元,是 2005 年的 4.0 倍,年均增长 31.7%(见表 1)。

表 1 “十一五”时期省级及以上开发区(园区)主要经济指标

	2010 年	2009 年	2008 年	2007 年	2006 年
工业总产值(亿元)	3044.92	2047.25	1785.36	1342.33	1019.85
工业增加值(亿元)	601.46	448.99	399.82	301.23	219.71

续表

	2010 年	2009 年	2008 年	2007 年	2006 年
工业企业上交税金(亿元)	86.47	72.65	47.94	40.35	28.63
工业企业上交税金占嘉兴市财政总收入比重(%)	25.9	26.0	19.0	19.3	17.3
工业企业上交税金占地方财政收入比重(%)	48.9	51.3	37.8	38.3	35.1

2. 开发区调结构促转型取得新实效。2010 年 3 月晋升为国家级经济技术开发区的嘉兴经济技术开发区,2011 年 8 月晋升为国家级开发区,有着“接轨浦东第一站”之称的嘉善经济开发区,以及秀洲工业园区三家开发区先后于 2010 年在嘉兴市范围内率先开始绘制包括产业发展定位与重点方向、发展空间布局、主导产业资源环境支撑条件、基础设施、运行体制等内容在内的“十二五”蓝图。开发区对嘉兴的社会经济发展起到引领、示范和推动的巨大作用。

2010 年包括嘉兴出口加工在内的 3 家国家级开发区(将 2011 年晋升的嘉善开发区包括在内)、1 家省级开发区(秀洲工业园区)实现工业总产值 1331.48 亿元,实现工业增加值 244.75 亿元,工业企业利税总额 93.62 亿元,进出口总额 58.78 亿美元,实际到位外资 5.24 亿美元,分别占全部开发区(园区)的 43.7%、40.7%、37.4%、43.1%和 46.4%。国家级开发区(园区)企业对质量管理认识的高度一致性,对生态环保护建设更加关注,通过 ISO9000 质量管理体系认证的企业占全部省级开发区通过该认证体系企业的 79.3%,通过 ISO14000 环境管理体系认证的企业占 37.9%。

作为建区最早的嘉兴经济技术开发区,2010 年是嘉兴经济技术开发区从“建区”到“造城”转型的一年,开发区正从功能单一的工业功能区向功能多样化、综合性的城市新城转变。在改善环境、提高区域竞争能力、推进现代化城市新区建设中,嘉兴经济技术开发区还始终坚持生态立区,把“生态区”建设放在与“经济区”建设同等高度。2010 年,嘉兴经济技术开发区推进了“八个十”绿化工程、生态绿道工程等重点绿化建设,完成城市绿地建设 53.2 公顷,建成区绿化覆盖率达 40.2%,在生态工业示范园区方面走在了嘉兴市前列;嘉善经济开发区正大力建设以电力电子、轨道交通、生物医药、多维谷和现代服务业为代表的“4+1”新兴产业基地,力争打造成以高新技术产业为主导的经济高地和经济社会协调发展的现代工业新城;开发区已经成为推动嘉兴社会经济科学发展的引领示范区。

表 2　3 家国家级、1 家省级开发区(园区)主要指标及占比情况

指标	绝对值	占比重(%)
工业总产值(亿元)	1331.48	43.7
工业增加值(亿元)	244.75	40.7
产品销售收入(亿元)	1208.76	41.4
新产品销售收入(亿元)	340.43	44.6
利税总额(亿元)	93.62	37.4
开发区财政总收入(亿元)	53.03	44.9
ISO9000(家)	2406	79.3
ISO14000(家)	97	37.9

3. 工业企业盈利能力提高，对外贸易再上新水平。“十一五”时期，嘉兴省级及以上开发区(园区)一方面积极鼓励企业开拓国内、国际两个市场，不断扩大企业产品市场占有率，另一方面整合力量开拓国际市场，通过统筹协调，形成开发区以组团的方式共同开发国际市场。同时，积极开展国内合作，嘉兴市政府多次组团赴中西部地区进行人才引进，商业洽谈，成效显著。一是创利能力不断增强，利润年均增长幅度快于工业产值年均增幅。2010 年，嘉兴省级及以上开发区(园区)工业企业产品销售收入 2922.44 亿元，年均增长 33.4%；工业企业实现利税总额 2250.12 亿元，是 2005 年的 4.7 倍，年均增长 36.4%；其中利润总额 250.12 亿元，年均增长 39.6%，快于工业产出增幅；税收 86.47 亿元，年均增长 31.3%，占嘉兴财政总收入的 25.9%。二是企业经济效益进一步提高。工业企业每百元销售收入实现利润为 5.60 元，年均增长 4.6%。三是外贸水平创历史新高。2010 年，嘉兴省级及以上开发区(园区)实现进出口总额占嘉兴的进出口总额的 59.8%，五年提高 14.9 个百分点(见表 3)。

表 3　“十一五”时期嘉兴省级及以上开发区(园区)产品销售情况

	产品销售收入(亿元)	#新产品销售收入(亿元)	#高新技术产品(亿元)	#外资港澳台企业(亿元)	每百元销售收入实现利润(元)
2010 年	2922.44	763.54	756.49	1495.92	5.60
2009 年	2056.47	520.34	522.85	1032.82	4.96
2008 年	1739.84	384.74	383.49	824.79	3.26

续表

	产品销售收入(亿元)	#新产品销售收入(亿元)	#高新技术产品(亿元)	#外资港澳台企业(亿元)	每百元销售收入实现利润(元)
2007 年	1327.58	343.60	300.57	682.68	4.99
2006 年	988.42	174.87	171.40	—	4.49

4.总部经济发展加快,服务业集聚步伐加快。制造业与服务业是一种不断加强的唇齿相依的双向互动关系。制造业整体水平和产业品质的提升,依赖于服务的附加和服务业的整合。“十一五”时期,嘉兴省级及以上开发区(园区)以发展现代服务业为抓手,全力推进转型升级,服务业发展呈加速态势。2010 年嘉兴省级及以上开发区(园区)新引进项目中,呈现服务业项目多于制造业的格局,新引进服务业企业 1923 家,占新引进企业数的 64.7%,比 2009 年提高 11.2 个百分点,服务业企业累计达 4558 家,占全部入园企业的 30.3%。虽然服务业引进项目增速明显加快,但规模普遍较小,2010 年服务业企业平均投资 247.54 万元,比全部企业平均投资额少 60.63 万元;服务业引进项目中外资比重小,服务业引进内资 72 亿元,占全部企业引进内资的 40.7%,平均每家 157.96 万元,比全部企业平均水平多 40.2 万元;服务业实际到位外资为 7070.58 万美元,占全部实际到位外资的 6.3%,平均每家企业 1.55 万美元,仅为全部平均水平的 20.7%(见表 4)。

总部经济发展迅速。随着长三角区域一体化不断加速,开发区(园区)功能发展转型及服务能力的不断提升,嘉兴省级开发区总部经济建设发展加快。2010 年共引进总部经济项目 35 个,比 2009 年多 22 个,占全省比重 54.7%。如浙江海宁经编产业园区的总部商城,总建筑面积 5.6 万平方米,目前已有 139 家企业入驻,打造世界经编产业的总部经济。嘉兴工业园区的中国长三角·嘉兴总部商务花园,主要引进企业的研发中心、营运中心和销售中心等,目前已有 40 多家国内外知名企业集团加盟入驻。

表 4　2009 年、2010 年省级及以上开发区(园区)服务业发展情况

指标名称	指标值
入园企业平均投资额(万元)	308.17
服务业企业平均投资额(万元)	247.54
服务业企业数占全部企业数比重(%)	30.3
服务业企业投资额占全部企业投资额比重(%)	24.4

续表

<table>
<tr><th colspan="2">指标名称</th><th>指标值</th></tr>
<tr><td colspan="2">当年服务业引进内资占全部引进内资比重(%)</td><td>40.7</td></tr>
<tr><td colspan="2">当年服务业实际到位外资占全部到位外资比重(%)</td><td>6.3</td></tr>
<tr><td colspan="2">当年服务业进出口总额占全部进出口总额比重(%)</td><td>9.3</td></tr>
<tr><td colspan="2">当年服务业出口额占全部出口额比重(%)</td><td>11.6</td></tr>
<tr><td rowspan="2">新入园服务业企业占全部新入园企业比重(%)</td><td>2010 年</td><td>64.7</td></tr>
<tr><td>2009 年</td><td>53.5</td></tr>
</table>

5. 注重大项目引进，骨干企业引领作用明显。省级及以上开发区(园区)以其在产业配套能力、政府办事效率、社会治安、生产生活等综合生态环境的优势，按照“设施比较先进，税费相对较低，服务成龙配套，办事廉洁高效”的要求，着力营造优良的投资环境，吸引着国内外的大企业落户开发区。

表 5 “十一五”时期省级及以上开发区(园区)新入园大项目情况

	合计(个)	1 亿以上内资(个)	世界 500 强(个)	1000 万美元以上外资(个)	大项目占新入园企业比重(%)
合计	456	95	15	346	8.1
2010 年	105	27	0	78	3.8
2009 年	82	17	0	65	8.2
2008 年	69	14	4	51	10.4
2007 年	104	16	4	84	18.2
2006 年	96	21	7	68	15.1

一是大项目引进平稳增长。“十一五”时期嘉兴省级开发区新入园企业中大企业、大项目累计引进 456 家，除受金融危机影响的 2008 年和 2009 年引进数量减少外，其他三年均在 100 家左右。其中单项投资 1 亿元以上的内资项目 95 个，引进世界 500 强企业 15 个，引进注册资本在 1000 万美元以上的项目 364 个。

二是优良的投资环境，推动着企业快速成长。五年间销售收入超亿元的工业企业有 409 家，是 2006 年的 2.4 倍，年均增长 24.2%；5000 万—1 亿元的有 473 家，是 2006 年的 2.9 倍，年均增长 30.7%；1000 万—5000 万元的 1508 家，是 2006 年的 2.2 倍，年均增长 21.1%；500 万—1000 万的企业有 727 家，是 2006 年的 1.7 倍，年均增长 14.0%。

表 6 "十一五"时期省级及以上开发区(园区)工业企业按产品销售收入划分的规模分布

	1 亿以上(个)	5000 万—1 亿(个)	1000 万—5000 万(个)	500 万—1000 万(个)	500 万以下(个)
2010 年	409	473	1508	727	6214
2009 年	288	308	1216	868	3985
2008 年	251	306	904	527	2556
2007 年	215	172	915	399	1659
2006 年	172	162	701	430	1507

三是省级及以上开发区(园区)规模以上工业企业(工业总产值达到 500 万元及以上)占嘉兴规模以上工业的一半。2010 年全省开发区(园区)规模以上工业企业 3117 家,是 2006 年的 2.1 倍,占全部投产工业企业的 33.4%,2010 年实现规模以上工业总产值 2560.97 亿元,占全部开发区工业总产值的 84.1%,占嘉兴规模以上工业的 49.8%。

6.外向型经济加快发展,外资企业增资扩股渐呈趋势。"十一五"时期,嘉兴省级及以上开发区(园区)新引进外资企业 1228 家,占历年引进外资企业数的 55.7%,2006 年至 2010 年实际到位外资累计 44.79 亿美元,占历年累计到位外资的 58.9%,年均增长 12.6%;2007 年至 2010 年,实际到位内资累计为 411.63 亿元,年均增长 40.6%,其中,来自省外的资金四年累计达到 116.19 亿元,占 28.2%;2010 年实现进出口总额 136.46 亿美元,年均增长 25.1%,其中出口 90.54 亿美元,占进出口总额的 66.3%(见表 7)。

表 7 "十一五"时期省级及以上开发区(园区)引进外资情况

	2010 年	2009 年	2008 年	2007 年	2006 年
开发区实际到位外资(亿美元)	11.28	8.47	8.58	9.33	7.13
开发区实际利用外资占嘉兴市实际利用外资比重(%)	70.1	63.4	63.1	56.2	58.4
开发区进出口总额(亿美元)	136.46	100.81	99.98	84.21	62.36
开发区出口额(亿美元)	90.54	67.34	67.09	57.82	43.70
开发区进出口总额占嘉兴市进出口总额比重(%)	59.8	58.6	50.4	52.4	49.3
开发区出口额占嘉兴市出口额比重(%)	56.4	54.6	47.6	49.5	47.6

良好的投资环境，吸引着外商在不增加用地的情况下，纷纷增资扩股。2010年，嘉兴市省级及以上开发区（园区）外商增资项目达到118个，占全省省级及以上开发区（园区）的24.1%，其中二次及以上增资的项目有35个，共增加投资4.79亿美元，分别占全省省级及以上开发区（园区）的24.1%和17.4%。

7.基础设施环境完善，服务环境高效优质。“十一五”时期，嘉兴市省级及以上开发区（园区）着力加强“软环境”与“硬环境”建设，以高效优质的服务环境，配套先进的基础设施环境，展现省级及以上开发区（园区）的品质魅力。嘉兴市12家省级及以上开发区（园区）已通过ISO14000环境管理体系认证有11家，通过了ISO9001质量体系认证有10家，有10家通过了ISO9001质量体系和ISO14000环境管理体系“双优”认证；省级开发区在制定环境报告及信息公开制度、循环经济规划、建立开发区互联网站等方面都有不俗的展现（见表8）。

表8 省级及以上开发区（园区）环境建设情况

指标名称	园区个数
1.是否通过ISO14000环境管理体系认证	11
2.是否通过ISO9001质量体系认证	10
3.是否制定环境报告及信息公开制度	11
4.是否制定园区研发企业优惠办法	11
5.是否制定了循环经济规划并通过	—
①□已制定并通过专家论证	8
②□已制定尚未组织专家论证	2
③□未制定	2
6.是否建立开发区（园区）互联网站	9
7.与入园企业是否实现电子政务	9
8.是否已开展信息化建设	11

（二）省级及以上开发区（园区）产业结构调整主要特征

1.产业特色明晰、产业集聚初见成效。至2010年底，嘉兴市省级及以上开发区（园区）第一主导产业集聚度平均39.9%，第二主导产业集聚度平均19.3%，前八位工业企业销售收入占全部销售收入的41.6%。从分组情况看，产业集群化水平都有不同程度的提高，第一主导产业平均集聚度在50%以上省级及以上开发区(园区)有 5 个,第一主导产业平均集聚度在 30%—50%之间的省级及以上开发区(园区)有 3 个。产业集聚度的提高,使得开发区集群优势进一步显现,如 2010 年海宁精编园区被工业和信息化部授予新型工业化示范基地。产业特色明晰、产业集聚效果初显、产业配套较为完善已经成为省级开发区显著特征,如嘉兴出口加工区的汽车零部件制造业,平湖经济开发区的光机电制造业,桐乡经济开发区的化纤、玻纤、新材料制造业等。一批技术领先的优质企业正引领着开发区产业集群的发展,推动着产业结构的调整和优化升级。

2. 土地资源集约化水平不断提高。嘉兴市省级及以上开发区(园区)通过优化产业结构,提高“准入门槛”,使土地资源向具有技术优势、品牌优势的企业倾斜;推进开发区整合提升后土地资源的规划和土地监管力度,逐步形成内涵式发展模式。“十一五”时期,基础设施投入累计 267.23 亿元,占历年累计基础设施投入的 52.9%;年均增长 31.0%;入园企业累计投资 1508.09 亿元,占历年入园企业累计投资的 67.0%,年均增长 23.8%。2006 年至 2010 年先后投资兴建了 109.88 万平方米标准化厂房,占历年累计兴建标准化厂房 49.9%。土地资源集约化水平不断提高,五年间每平方公里基础设施累计投入 2.94 亿元,扣除价格因素,是 2005 年前每平方公里基础设施累计投入的 1.36 倍。

3. 土地产出水平与劳动生产率不断提高。“十一五”期间,省级及以上开发区(园区)采取多项措施,不断推进整合提升,使土地产出水平、劳动生产率不断得到提高。2010 年,嘉兴市省级及以上开发区(园区)平均工业经济密度(已开发土地单位面积实现工业企业销售收入)15.29 亿元/平方公里,是 2005 年的 2.2 倍,年均增长 17.3%。2010 年劳动生产率达到 9.5 万元,是 2005 年的 1.7 倍,年均增长 10.8%(见表 9)。

表 9 “十一五”时期省级及以上开发区(园区)土地密度与劳动生产率情况

	土地产出密度(亿元/平方公里)	劳动生产率(%)
2010 年	15.29	9.50
2009 年	11.51	8.85
2008 年	10.85	9.57
2007 年	9.41	7.96
2006 年	8.77	6.82

（三）开发区（园区）自主创新取得积极成效

嘉兴市省级及以上开发区（园区）以其优良的创业、投资、创新环境，使其在营造区域创新体系，构建开放性创新服务平台，集聚研发机构与高端人才，推进产学研和技术转移具有卓越条件与独特的优势。

1. 企业科技创新人才队伍不断壮大。“十一五”时期，企业研发机构迅速增加，创新队伍不断扩大，省级及以上开发区（园区）内形成了以企业为主体、企业研发技术中心为支撑的科技创新机制，推动着开发区的产业能级从低端段向高端转型。截至 2010 年底，累计落户开发区的企业研发中心已由 2006 年的 9 家，增加到 174 家，其中国家级 4 家，省级 80 家；企业研发人员达到 2.13 万人，年均增长 36.0%；拥有大专及以上学历或高中级技术职称人员已达 10.85 万人，年均增长 35.1%；专业技术人员 9.52 万人，年均增长 56.1%，分别占全部从业人员的 16.2%和 14.2%。

2. 企业大力推进品牌创新有进展。省级及以上开发区（园区）为企业走向世界建立了通道。入园企业即是国际标准的执行者，同时在国际标准的制订方面更加积极主动。2010 年，通过 ISO9000 质量管理体系的企业有 3034 家，占已入园企业的 20.2%，通过 ISO14000 的企业有 256 家，比 2006 年增加 186 家，占已入园企业的 1.7%；同时，大力推进品牌创新，创建了系列著名的区域名牌，并通过区域名牌有效带动企业品牌建设。如海宁经编产业园区成功创建了“马桥经编”区域名牌，园区内获得“中国名牌”和“中国驰名商标”及“国家免检产品”8 个。

3. 创新服务体系不断完善。2010 年，嘉兴市省级及以上开发区（园区）工业企业研究开发费用投入 36.3 亿元，是 2005 年的 5.06 倍，年均增长 38.3%，其中高新技术企业研发费用投入 20.72 亿元，占工业企业研究开发费用投入 57.1%。技术成果引进费用 4.37 亿元，是 2005 年的 3.40 倍，年均 27.6%。同时，开发区技术开发研究中心五年间累计投入资金 1.63 亿元，占历年累计投入的 76.4%，用于园区技术创新服务平台的建设技术创新等研究开发，形成企业与开发区联动创新的格局。2010 年，省级及以上开发区（园区）工业企业新产品销售收入 76.35 亿元，是 2005 年的 6.9 倍，年均增长 47.3%；高新技术产品销售收入 75.65 亿元，年均增长 44.1%，增幅分别高出开发区产品销售收入 13.9 和 10.7 个百分点。

4. 科技创新中心建设不断加快。省级及以上开发区（园区）在完善创业服务体系的基础上，不断拓展服务空间，深化服务内涵，引进科技、法律、知识产权、项目、咨询等领域的中介机构，营造了良好的科技创业氛围。“十一五”时期，省级开发区质量检测机构累计投入 0.78 亿元，占历年累计投入的 68.1%；人才教育培训中心累计培训 14.79 万人次，占历年累计培训人次的 74.9%。截至 2010 年底，省级及以上开发区（园区）中有 6 家开发区建有创新投资服务中心（孵化器），建筑面积达到 55.14 万平方米，累计孵化项目 3453 个。

二、嘉兴省级及以上开发区（园区）发展的横向比较

2010 年，嘉兴 12 家省级及以上开发区（园区），占全省省级及以上开发区（园区）总数的 10.3%，已开发面积占全省的 6.6%，入园企业数占全省的 16.4%，年末从业人员占全省的 15.8%，实现工业总产值占全省的 11.6%，工业企业实现利税总额占全省的 9.5%；实际到位外资占全省的 16.8%，实际到位内资占全省的 10.6%；进出口总额占全省的 12.2%，其中出口占全省的 12.4%，进口占全省的 11.8%。

（一）工业经济产出总量列全省第四位

"十一五"时期，嘉兴省级及以上开发区（园区）工业经济增长迅速，年均增长速度达到 34.4%，高于全省平均水平 8.6 个百分点，增速与丽水同处全省第二位；工业经济总量占全省比重为 11.6%，五年间提高了 3.3 个百分点（见表 10）。

表 10 "十一五"时期全省省级及以上开发区（园区）工业总产值情况

	2010 年工业总产值（亿元）	2010 年工业总产值占全省开发区比重（%）	"十一五"时期工业总产值年均发展速度（%）	工业总产值占全省比重提高百分点
全省	26285.9	100	125.8	0
杭州	4097.0	15.6	116.6	−7.2
宁波	6038.4	23.0	124.2	−1.5
温州	1363.1	5.2	121.2	−1
嘉兴	3044.9	11.6	134.4	3.3
湖州	2877.3	10.9	133.9	2.9
绍兴	3997.9	15.2	126.9	0.6
金华	2032.2	7.7	131.8	1.6
衢州	569.7	2.2	129.8	0.3
舟山	255.2	0.97	140.4	0.27
台州	1286.4	4.9	125.8	0
丽水	723.9	2.8	134.4	0.8

注：由于慈溪出口加工区数据合在慈溪经济开发区中，故用慈溪经济开发区数据代替。

（二）服务业企业数量提升较快

2010年嘉兴省级及以上开发区(园区)新入园服务业企业占全部新入园企业的64.7%,高于全省平均水平6.8个百分点;新入园服务业企业个数占全省比重达到25%,比全部新入园企业占全省比重高2.7个百分点(见表11)。

表11 2010年全省省级及以上开发区(园区)新入园企业情况

	新入园企业(个)	其中:服务业(个)	服务业占比重(%)
全省	13298	7704	57.9
杭州	2015	1682	83.5
宁波	2964	2268	76.5
温州	472	216	45.8
嘉兴	2970	1923	64.7
湖州	874	481	55.0
绍兴	1962	857	43.7
金华	1127	109	9.7
衢州	426	136	31.9
舟山	109	2	1.8
台州	240	15	6.3
丽水	139	15	10.8

（三）引进大企业大项目数量列全省第五位

2010年嘉兴省级及以上开发区(园区)引进大企业、大项目总数105个,占全省比重为11.5%;其中引进单项资金在1亿元以上内资企业27个,占比重5.3%,列第七位;引进注册资金1000万美元以上外资项目个数78个,占比重为20.0%,列第三位(见表12)。

表12 2010年全省省级及以上开发区(园区)新入园大项目情况

	单项资金1亿元以上内资项目(个)	注册资本1000万美元以上外资项目(个)	引进世界500强企业(个)	三项合计占全省比重(%)
全省	508	390	13	100
杭州	63	99	9	18.8
宁波	55	79	2	14.9
温州	7	2	0	1.0

续表

	单项资金 1 亿元以上内资项目(个)	注册资本 1000 万美元以上外资项目(个)	引进世界 500 强企业(个)	三项合计占全省比重(%)
嘉兴	27	78	0	11.5
湖州	77	50	1	14.1
绍兴	49	59	1	12.0
金华	86	21	0	11.7
衢州	81	10	0	10.0
舟山	12	0	0	1.3
台州	25	0	0	2.7
丽水	26	1	0	3.0

（四）经济密度水平提升较快

2010 年嘉兴省级及以上开发区(园区)已开发土地单位面积销售收入为每亩 181.9 万元，比全省平均水平每亩低 77.5 万元，列第八位。从增长速度看，与 2009 年相比，经济密度提高 21.7%，比全省平均水平高 7.6 个百分点，列第二位(见表 13)。

表 13　11 地市省级及以上开发区(园区)经济密度

地区	经济密度(万元/亩)	比上年提高(%)
全省平均	259.4	14.1
杭州	404.6	22.2
宁波	368.3	19.4
温州	249.1	7.6
嘉兴	181.9	21.7
湖州	310.2	2.9
绍兴	258.0	4.9
金华	206.4	20.0
衢州	131.3	28.6
舟山	65.1	32.1
台州	180.7	−7.0
丽水	226.3	33.0

注：经济密度为已开发土地单位面积实现工业企业销售收入。

三、嘉兴省级及以上开发区(园区)发展面临的问题

(一) 政策和体制优势日益削弱

嘉兴省级及以上开发区(园区)的发展以传统工业为主、以利用外资为主的发展模式并未发生根本改变,随着入世后各项优惠政策的取消,开发区外向型地位已逐步削弱。

在改革开放初期,对外商投资企业和外国企业实行的“二免三减半”和再投资退税等优惠政策,吸引了大量境外资金,在一定时期、一定程度上推动了我国经济的发展进程。随着改革开放的推进、我国经济的市场化和经济全球化的发展,以及我国加入 WTO 后,WTO 规则要求其成员国国内贸易政策大体统一,开发区已不能再要求国家给予更多的优惠政策,特别是新的《企业所得税法》的实施,内外资企业所得税调整为统一税制,实行“两税合一”,对外商取消了优惠政策。

省级及以上开发区(园区)不仅在招商引资中,对内资、外资的优惠政策趋于一致,而且与嘉兴五县两区政府在优惠政策方面也趋于一致,依靠政策优惠,吸引外资投资来获得经济增长的方式优势不再。同时,省级及以上开发区(园区)普遍存在镇或街道成建制托管,开发区要承担区一级政府的职能,而条线职能却不能到位,有的职能如工商管理、税务征收等却被逐步上收,开发区增加了与这些市属、省属部门的协调环节,原试行“封闭管理”的模式由于体制的回归,最终也只能放弃。“小政府、大社会、大服务”的模式在传统行政体制的压力下,机构不断膨胀,人员越来越多,职能越分越细。从经济发展的角度看开发区已与县市区无异,而从社会发展角度看,已落后于县市区。

(三) 省级及以上开发区(园区)可持续发展能力不足

1. 财力制约。省级及以上开发区(园区)与其他以外向型工业为主的开发区一样,都存在可持续发展能力不足的问题。由于以外向型工业为主,开发区建立初期以工业为主、不考虑商业及房产的开发,税收、土地的优惠政策已用到极致,越是外商工业性投资项目越大,优惠的程度越高,开发区的税收收入越滞后,而基础设施的投入需要在几年内兑现,特别是开发区的新城建设,路、桥、管网建设投入,拆迁、安置房建设投入等,开发区的财政收入不足以平衡基础设施建设等投入;在土地增值收入方面,由于以外向型工业为主,经营性用地偏少,服务业等三产严重滞后。商业住宅等经营性用地出让极少,与工业用地出让极不协调。相应的出让收入和服务业等三产税收也很少,而其他税收如所得税及增值税优惠、工业用地的优惠政策已用到极致,因此开发区要发展,只有通过银行借贷,使开发区资产负债率相对较高,资金自身供求失衡,可

持续发展能力受到限制。

2. 土地制约。开发区开发的实质就是土地的综合开发利用，是靠出让土地吸引外商投资来获取新的区域经济增长，2003 年以前，开发区在招商引资中，只要有项目，土地供应相对比较宽松，对企业的发展用地也预留的比较充分，2004 年国家宏观调控出台了《国务院关于深化改革严格土地管理的决定》，在严格土地执法、加强规划管理、保护农民利益、促进集约用地、健全责任制度等方面作出了全面系统的规定。2004 年停批土地，2005 年开始实行土地使用指标制度，土地供应从紧，将是开发区面对的难以解决的问题。因此开发区以依靠土地的粗放式扩张，来获得经济规模粗放式增长方式，通过压低土地价格、预留大量土地来争夺投资项目的做法已不可能实现。

3. 产业集聚弱。省级及以上开发区（园区）在招商引资时，都制订了产业发展规划，以期达到产业集聚、降低企业生产成本、提高经济效益、增强产业和企业的竞争力，但是，在开发建设过程中，这些规划基本停留在纸上。如嘉兴经济技术开发区早在 1998 年规划有食品工业园、轻工工业园，2002 年规划有机械工业园，但迫于招商引资的需要，这些规划的园区已名存实亡，由于只要是外资都招，进区企业关联度并不高，有些企业对优惠政策的依赖性较强，企业的根植性较弱；企业之间的相互支援、相互依托的专业化分工协作的产业链尚未形成，企业间只是地理上的集中而没有形成具有高度关联性的新产业区。虽然嘉兴不乏大学或者研究机构，但由于缺乏良好的合作机制，“产学研”合作机制不完善，缺乏创新网络与创新辐射力，这些大学或者研究机构未能成为开发区创新的重要外部来源。

4. 社会综合管理压力大。从现代化城市的一个新城区的发展角度重新审视和规划开发区是我们面临的一个新课题。以往我们对于开发区的战略研究与规划主要着眼于产业发展，虽然也涉及城建基础设施、社会文化事业等方面，但只是将其作为工业发展的配套措施来看待，当确立建设新城区的发展目标后再用这种单纯产业发展或单纯工业发展的思路来看待规划开发区显然已不合时宜，而必须真正把开发区当做一个新城区或城市组团去规划和建设。从这样一个宏观的视角来定位开发区的发展建设，以目前开发区管理体制现状，担任一般行政区所承担的大社会管理职能，则勉为其难、力不从心。

四、促进嘉兴省级开发区发展的对策建议

今后一个时期，是开发区发展的重要转型时期，也是开发区转变增长方式的关键时期。开发区发展的外部环境已经发生重大变化。加入 WTO 后过渡期结束，内外资企业所得税统一，进一步推进增值税转型，深化金融体制改革，国家加强土地管理等，优惠政策的空间越来越有限，开发区发展模式转型已经势在必行。

1.增长方式由主要依靠要素驱动向主要依靠创新驱动转变。以往开发区发展主要得益于优惠政策和要素驱动，随着体制的完善和要素成本的增加，不可能再走要素驱动的路子，必须依靠知识创新、技术创新、体制创新和机制创新。进入发展新阶段，要以提高技术创新能力为重点，培育以自主创新和提升人力资本为基础的新竞争优势。加大技术创新的鼓励扶持力度，完善支持企业自主创新的政策体系，重点支持研发机构建设、孵化器发展、产学研合作、自主知识产权创造等。鼓励技术要素参与分配，通过技术股权等手段调动技术创新者的积极性，使开发区成为技术创新者的摇篮。

2.资源配置由要素集聚为主向培育产业集群方向转变。以往开发区发展主要依靠吸纳生产要素，通过要素集聚实现产业发展。进入发展新阶段，要实施产业集群化战略，着力培育产业集群，提高要素的配置效率。虽然产业集群大都是在市场无形之手驱动下自发形成的，但是，在创造有利于产业集群成长的外部环境方面，政府有形之手依然发挥着十分重要的作用。要协调解决普遍存在的企业间产业关联度低的问题，促进外来企业与本地企业合作，扶植本地企业为区内跨国企业配套，促进企业与研发机构之间的交流与互动。

3.产业结构由制造业为主向制造业和专业服务业相结合的方向转变。以往开发区发展主要依托制造业和加工贸易，专业服务业成为瓶颈制约。进入发展新阶段，要加快发展专业服务业，重点发展物流、研发、中介、教育、培训和分销等现代服务业，特别要抓住当前世界产业结构调整机遇，积极承接国外服务业外包和转移，吸纳跨国公司设立研发中心、技术服务中心、培训中心、采购中心、财务中心。

4.环境建设由相对注重硬环境向更加注重软环境建设转变。以往开发区建设重点是投资硬环境，特别重视水电路讯等基础设施和园区配套设施建设。进入发展新阶段，要更加注重创新创业的软环境建设，进一步提高管理机构的办事效率和服务水平，提高政策透明度，降低交易成本，保障投资者的利益。营造良好的创新创业环境，大力发展风险投资，建立多元化的投资机制。

5.开发建设由形态开发为主向更加注重功能开发转变。以往开发区发展比较偏重空间拓展和形态建设，但是服务功能和人才集聚功能比较薄弱。进入发展新阶段，要把重点转向社会服务功能建设，营造良好的工作、生活、学习和文化环境，吸引各类人才到开发区创业。探索提高开发区经济密度的有效途径，提高土地的容积率和集约化程度。

6.发展动力从招商引资为主向更加注重培育自我发展能力转变。以往开发区发展主要依靠招商引资和吸引外部生产要素上，自我发展能力不强。进入发展新阶段，要把招商引资与培育内生发展动力结合起来，从单纯引进资金向引进人才、技术、知识和管理相结合的方向发展。要实施以企业家为核心的人才战略，加强工程人才、管理人才和科研人才的培养，以人才队伍建设为核心，不断增强自我发展能力。

7.对外开放从注重"引进来"为主向注重"引进来"与"走出去"相结合方向转变。以往开发区发展主要是单向吸引外部生产要素，还没有将"引进来"和"走出去"有机结合起来。进入发展新阶段，要鼓励有条件的企业"走出去"，到境外设立生产基地、销售网络和研发机构，充分利用国际市场和资源，拓展发展空间。同时，要加快培养和造就熟悉国际市场的各类专业人才队伍。

8.管理体制由淡化行政职能向提升服务功能转变。开发区一般实行的是一种管委会主导的经济发展体制。在一定程度上行使政府职能，被称为"准政府"。在这种体制下，各种要素的配置在很大程度上受到政府经济计划和产业布局发展政策的影响，生产要素流动受限，制约着开发区经济的发展。因此，深化管理体制改革，淡化自身的行政职能，将工作重心放在为开发区经济发展服务上；变直接管理为间接管理和服务，增强园区发展的独立性，由开发区根据国内外市场需求来确定自己的发展方向和配置资源。

9.发展规划从局部的封闭式规划向全局的开放式规划转变。

嘉兴省级开发区多数经过了整合提升，但在产业定位、空间布局、资源利用等方面缺少统一规划，部分开发区在项目引进上仍带有较大的盲目性，科技、检测、信息等功能服务水平不高，服务平台建设相对缓慢，需要通过规划引导，以提升开发区综合发展质量。为促进开发区转变经济发展方式，推进产业结构调整升级，提高要素集约利用水平，实现可持续发展，省发改委会同省商务厅、省经信委、省科技厅联合开展了全省开发区(园区)"十二五"发展规划编制工作，嘉兴省级及以上开发区(园区)中有 3 家开发区先行规划编制"十二五"规划，但更需要编制具有统领全局的纲领性的嘉兴市开发区"十二五"规划，以指导嘉兴各级开发区的发展。

嘉兴市统计局

湖州市战略新兴产业发展特点及对策研究

战略新兴产业是引导未来经济社会发展的重要力量。发展战略新兴产业已成为世界主要国家抢占新一轮经济和科技发展制高点的重大战略。本文从战略新兴产业的界定入手，分析了湖州战略新兴产业的发展状况与特点，剖析发展中面临的主要困难，总结今后发展的有利条件，并提出相应的对策建议。

一、战略新兴产业的界定

1. 战略新兴产业的发展背景。为摆脱国际金融危机，寻找支撑下一轮经济的新的增长点，抢占下一轮产业发展的制高点，目前世界各国纷纷提出要把发展新兴产业、推行低碳经济等作为应对经济危机、调整经济发展战略的重要手段。中国也不甘落后，提出要大力发展战略新兴产业。2009 年 9 月 21 日至 22 日，温家宝总理主持召开了三次新兴战略性产业发展座谈会，约请 47 名中科院院士和工程院院士，大学和科研院所教授、专家，企业和行业协会负责人，就新能源、节能环保、电动汽车、新材料、新医药、生物育种和信息产业的发展提出意见和建议。在随后公布的会议公告中，该七大产业被表述为“战略新兴产业”。2010 年 9 月 8 日国务院总理温家宝主持召开国务院常务会议，审议并原则通过《国务院关于加快培育和发展战略新兴产业的决定》。温总理强调：“发展战略新兴产业，是中国立足当前难关、着眼引领中国未来经济社会可持续发展的战略方向。”根据《决定》，到 2015 年，战略新兴产业要占 GDP 的 8%；到 2020 年，要占 GDP 的 15%。可以说，战略新兴产业是中国经济发展由低成本要素驱动阶段，迈入生产率和创新驱动阶段的重要推进器。

2. 概念及内涵。当前，国内理论界、产业界和地方政府对战略新兴产业的理解还有较大差异甚至存在某些误区。因此，理清战略新兴产业概念，深刻把握其科学内涵，不仅是深入贯彻中央精神的认知前提，也是保证战略新兴产业持续健康发展的理论基础。

战略新兴产业是一种新兴产业，但并非所有新兴产业都会在未来成为战略新兴产业，它是新兴产业中能够成长为先导产业或支柱产业的那一部分。战略新兴产业必须同时满足若干构成条件：首先，它的产生来源是重大技术突破；其次，成长背景是重大发展需求；再次，特殊地位是对经济社会全局和长远发展具有重大引领带动作用；最后，它的基本特征是知识技术密集、物质资源消耗少、成长潜力大、综合效益高。只有完全具备这些构成条件的产业，才可称之为战略新兴产业。

3. 行业标准。2010 年 10 月 18 日，国务院发布了《国务院关于加快培育和发展战略性新兴产业的决定》，在决定中确定了节能环保、新一代信息技术、生物、高端装备制造、新能源、新材料、新能源汽车产业为七大战略性新兴产业，其中节能环保、新一代信息技术、生物、高端装备制造产业成为国民经济的支柱产业，新能源、新材料、新能源汽车产业成为国民经济的先导产业。

2011 年 8 月 1 日，《中共浙江省委浙江省人民政府关于加快培育发展战略性新兴产业的实施意见》出台。《实施意见》中确定了生物、新能源、物联网、高端装备制造、节能环保、新材料、新能源汽车、海洋新兴产业及核电关联产业九个战略新兴产业。

根据国家战略新兴产业分类的决定，结合我市实际以及抓好重点领域产业发展的要求，本文研究确定的战略新兴产业分类分别是先进装备、新能源、生物医药和新材料四大产业，共涉及国民经济行业标准分类中 180 个行业小类。其中，先进装备、新能源和生物医药为湖州市六大特色产业中的装备制造、新能源和生物与医药产业，新材料为湖州市高新技术产业中的新材料产业(具体行业分类标准详见 2010 年制定的六大特色产业分类目录和 2008 年制定的高新技术产业分类目录)。

二、湖州战略新兴产业的发展状况及主要特点

1. 总体来看，战略新兴产业粗具规模，效益较好，发展速度较快。一是企业数量增多。“十一五”期间，全市规模以上工业中的战略新兴产业企业数量从 2005 年的 341 家，增加到 2010 年的 830 家，增幅达到 1.4 倍。二是企业规模不断扩大。营业收入从 2005 年的 235.47 亿元增加到 2010 年的 774.21 亿元，增长 2.3 倍；总资产规模从 177.1 亿元增加到 609.31 亿元，增长 2.4 倍；年平均从业人员数从 2005 年的 4.4 万人，增加到 2010 年的 9.1 万人，增长 1.1 倍。三是企业效益逐年提高。营业利润总额从 13.77 亿元，增加到 45.91 亿元，增长 2.3 倍(具体见图 1)。四是整体发展速度快于全部规模以上工业，占比不断提高。从资产总额、营业收入和营业利润三个指标看，“十一五”期间全市战略新兴产业年均增速分别为 28%、26.9%和 27%，分别超过全部规模以上工业 9.4、6.1 和 4.7 个百分点；2010 年战略新兴产业占全部规模以上工业比重分别为 29.6%、28.7%和 31.6%，分别比 2005 年提高了 9.4、6.2 和 4.4 个百分点。

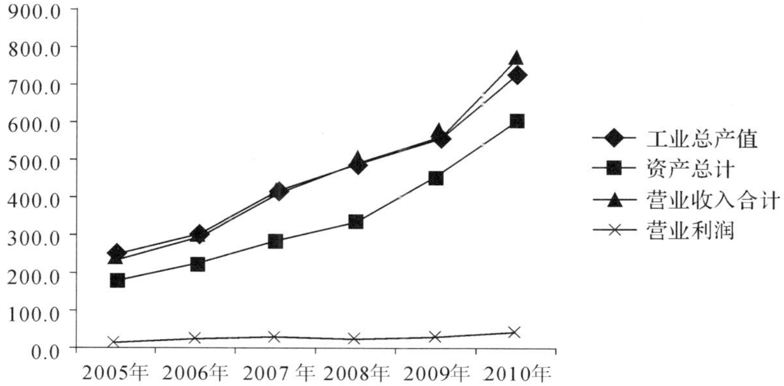

图 1　2005—2010 年全市战略新兴产业总体情况

2. 分行业看，四大行业呈现齐头并进态势。一是各行业发展均较快。从 2005 年到 2010 年，除生物医药外，其他三个行业的主要指标，2010 年比 2005 年均是成倍增长，其中又以先进装备和新能源的发展最为迅猛，营业收入分别增长 3.7 倍和 7.8 倍，营业利润分别增长 3.6 倍和 6 倍，具体如表 1 所示。二是四大产业四足鼎立。2010 年，四大行业营业收入分别占全部战略新兴产业的 26.6%、28.4%、18.3%和 26.7%，营业利润分别占 29.2%、25.1%、21.6%和 24.1%。

表 1　全市战略新兴产业发展主要指标对比情况

	企业单位数（个）	工业总产值（亿元）	资产总计（亿元）	营业收入（亿元）	营业利润（亿元）
先进装备					
2005 年	110	44.96	37.76	44.11	2.92
2010 年	327	214.20	204.40	205.87	13.41
累计增速（%）	197.3	376.4	441.3	366.8	359.3
年均增速（%）	24.3	36.6	40.2	36.1	35.7
新能源					
2005 年	40	25.34	18.87	24.92	1.65
2010 年	90	160.13	127.20	219.61	11.54
累计增速（%）	125	531.9	574.3	781.3	600.7
年均增速（%）	17.6	44.6	46.5	54.5	47.6
生物医药					

续表

	企业单位数(个)	工业总产值(亿元)	资产总计(亿元)	营业收入(亿元)	营业利润(亿元)
2005 年	90	90.20	77.35	91.11	5.94
2010 年	177	146.96	136.68	141.86	9.89
累计增速(%)	96.7	62.9	76.7	55.7	66.4
年均增速(%)	14.5	10.3	12.1	9.3	10.7
新材料					
2005 年	101	75.21	43.12	75.33	3.26
2010 年	236	211.03	141.03	206.87	11.06
累计增速(%)	133.7	180.6	227	174.6	239.7
年均增速(%)	18.5	22.9	26.7	22.4	27.7

3. 分县区看，产业集聚效应开始显现，以两县一区为龙头，各县区均发展较快。一是各县区战略新兴产业均发展较快。"十一五"期间吴兴区、南浔区、开发区、德清县、长兴县和安吉县战略新兴产业营业收入年均增速分别是42.4%、18.1%、26.0%、19.8%、40.6%和33.5%。与全市全部规模以上工业增速相比，除南浔区和德清县略低外，其他县区的战略新兴产业均要高于规模以上工业(如表2所示)。二是两县一区唱主角。从营业收入看，长兴占比居各县区首位，占比为33.0%；德清县和南浔区分列二、三位，占比为23.6%和23.4%；吴兴区、开发区和安吉县占比较小，仅为8.6%、6.6%和4.7%(如图2所示)。从营业利润看，长兴县仍然排名首位，占比为30.7%；德清县、南浔区分别为29.0%和20.1%，列二、三位；吴兴区、开发区和安吉县仅占9.1%、7.5%和3.6%。三是形成了一定的产业集聚。分行业看，我市先进装备以南浔区、德清县和长兴县为主，营业收入分别占全市先进装备制造营业收入的28.6%、19.5%和18.7%，合计达到66.8%；生物医药以德清县、吴兴区为主，分别占全市的53.2%和13.2%，合计达到66.4%；新能源以长兴县为主，占全市的80.9%；新材料以南浔区和德清县为主，分别占全市的44.4%和28.0%，合计达到72.4%(具体如表3所示)。

表 2 “十一五”分县区战略新兴产业营业收入情况

	年份	总计	装备制造（亿元）	新能源（亿元）	生物医药（亿元）	新材料（亿元）
全市	2005 年	235.47	44.11	24.92	91.11	75.33
	2010 年	774.21	205.87	219.61	141.86	206.87
	年均增速(%)	26.9	36.1	54.5	9.3	22.4
吴兴区	2005 年	11.42	5.29	0.90	1.68	3.55
	2010 年	66.90	29.48	8.31	18.66	10.45
	年均增速(%)	42.4	41.0	55.8	61.9	24.1
南浔区	2005 年	78.88	14.99	2.00	14.74	47.14
	2010 年	180.92	58.96	14.55	15.61	91.79
	年均增速(%)	18.1	31.5	48.7	1.2	14.3
开发区	2005 年	16.12	5.35	0.44	4.90	5.43
	2010 年	51.15	24.71	2.27	9.30	14.87
	年均增速(%)	26.0	35.8	39.2	13.6	22.3
德清县	2005 年	73.88	6.26	0.87	59.34	7.41
	2010 年	182.43	40.12	8.92	75.50	57.89
	年均增速(%)	19.8	45.0	59.1	4.9	50.9
长兴县	2005 年	46.50	7.43	19.91	7.90	11.27
	2010 年	255.39	33.48	177.61	9.69	29.61
	年均增速(%)	40.6	39.0	54.9	4.2	21.3
安吉县	2005 年	8.67	4.79	0.80	2.55	0.52
	2010 年	36.70	14.11	7.94	12.66	2.00
	年均增速(%)	33.5	24.1	58.3	37.7	30.7

表 3 2010 年分行业分县区营业收入占比情况

	装备制造(%)	新能源(%)	生物医药(%)	新材料(%)
全　市	100	100	100	100
吴兴区	14.3	3.8	13.2	5.1

续表

	装备制造(%)	新能源(%)	生物医药(%)	新材料(%)
南浔区	28.6	6.6	11.0	44.4
开发区	12.0	1.0	6.6	7.2
德清县	19.5	4.1	53.2	28.0
长兴县	18.7	80.9	6.8	14.3
安吉县	6.9	3.6	8.9	1.0

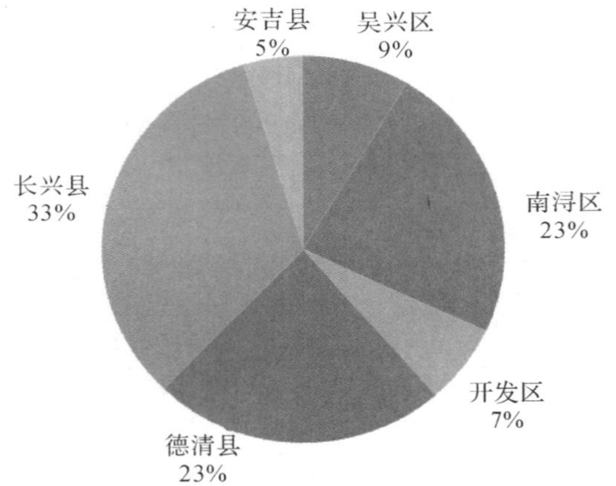

图2　2010 年各县区战略新兴产业营业收入占比情况

4.分企业注册类型看,以私营企业为主的内资企业为战略新兴产业主导力量,港澳台投资企业和外资企业发展较快。一是各种企业注册类型数量均增长较快。内资企业数量从 2005 年的 309 家增加到 2010 年的 677 家,港澳台投资企业从 16 家增加到 66 家,外资企业从 16 家增加到 87 家。二是内资企业占据主导地位。2010 年,内资企业营业收入占比为 70.3%,比 2005 年下降 22.3 个百分点,营业利润占比为 61.1%,下降 20.1 个百分点;而港澳台投资和外资企业营业收入占比分别提高 9 和 13.3 个百分点,营业利润占比分别提高 15.1 和 5.8 个百分点。其中,又以私营企业占绝大多数。2010 年,先进装备业中私营企业共有 199 家,占全部企业数的 60.9%;新能源中私营企业共有 52 家,占比为 57.8%;生物医药中私营企业 104 家,占比 58.8%;新材料中私营企业 154 家,占比为 65.3%。三是港澳台投资企业和外资企业发展迅猛。"十一五"期间,内资企业营业收入、营业利润年均增速为 20.1%和 20%;港澳台投资企业年均为 69.1%和 87%,快于内资企业 49 和 67 个百分点;外资企业年均增速为67%和35.5%，快于内资企业46.9和15.6个百分点。

5.涌现了一批重点骨干企业，各行业龙头企业代表性较强。一是大企业效益较好。2010年，全市战略新兴产业营业利润排名20强企业，共创造营业收入和营业利润437.0亿元和32.86亿元，占比分别为56.4%和71.6%，其中营业利润超亿元的有7家，分别是天能电池集团公司、巨人通力电梯有限公司、超威电源有限公司、长兴昌盛电气有限公司、浙江升华拜克生物股份有限公司、浙江五龙化工股份有限公司、浙江洪波线缆股份有限公司。二是分行业看，龙头企业发挥着较大作用。从营业收入和营业利润来看，先进装备营业利润20强企业占本产业比重分别为37%和59%，其中排名第1位的巨人通力电梯有限公司两个指标占比分别为8.2%和19.8%；新能源20强企业两个指标占比分别为86.2%和93.7%，排名第1位的天能电池集团有限公司两个指标占比为7.1%和24.5%；生物医药20强企业两个指标占比分别为45.8%和75.2%，排名第1位的浙江升华拜克生物有限公司两个指标占比为7.4%和13.4%；新材料20强企业两个指标分别占比为51.5%和60.5%，排名第1位的浙江洪波线缆股份有限公司两个指标占比为11.2%和9.5%。三是四个行业效益情况良好。在营业利润排名20强的企业中，先进装备制造、新能源、生物医药和新材料行业各占4、5、5和6家，其中营业利润超过亿元的企业共有7家，新能源拥有3家、生物医药拥有2家，剩下的两个行业各1家。

三、存在的主要问题与挑战

1.目前我市的战略新兴产业在质的方面还有待提升，与全部规模以上工业企业相比优势并不明显。从前面的分析中可以看出，我市战略性新兴产业的营业收入及营业利润的增长速度都比较快，远高于全部规模以上工业的速度。但这些指标只能反映战略新兴产业的产出情况，而不能反映投入的情况，我们应该把投入与产出结合起来，反映单位投入下产生的效益。因此本文选取了总资产贡献率=(利税+利息费用)/年平均总资产*100%、成本费用利润率=营业利润/(主营业务成本+三项费用)*100%、人均产出率=总产值/年平均人数*100%，三项指标来反映单位资产投入、单位成本费用、单位劳动人工下产生的效益。2010年我市的战略新兴产业的总资产贡献率、成本费用利润率、人均产出率分别为9.5%、6.8%、80.9万元/人，高于全部规模以上工业1.0、0.8个百分点及8.9万元/人。但从2010年比2005年提高幅度来看，我市的战略新兴产业的这三项指标的增幅比全部规模以上工业的增幅低了1.9、0.4个百分点和1.8万元/人。这些都说明我市的战略新兴产业的总体情况比较好，但在质的方面还有待提升，与全部规模以上工业企业相比优势并不明显。如表 4 所示。

表 4　战略性新兴产业与全部规模以上工业的三项指标变化

	总资产贡献率(%)		成本费用利润率(%)		人均产出率(万元/人)	
	战略新兴产业	全部规模以上工业	战略新兴产业	全部规模以上工业	战略新兴产业	全部规模以上工业
2005	10.6	7.7	6.3	5.2	53.4	42.7
2006	10.5	8.1	7.4	5.8	58.7	50.4
2007	10.5	8.4	6.2	5.0	68.4	57.7
2008	8.6	7.2	4.9	4.1	75.1	61.0
2009	8.9	7.7	6.2	5.3	75.0	65.5
2010	9.5	8.5	6.8	6.0	80.9	72.0
2010 年相比 2005 年提高幅度	−1.1	0.8	0.5	0.9	27.5	29.3

2. 各县区产业相似度接近，产业集中度不够。从各县区分行业企业单位数、营业收入和营业利润占比来看，新能源行业是四大战略新兴产业中集聚效果最好的，光长兴县的企业单位数、营业收入和营业利润占比就高达 57.8%、80.9% 和 79.9%，剩下的县区占比都较小，营业收入占比最高和最低相差 77.3 个百分点。而其他三个行业集聚效果不明显，其中，先进装备制造三县三区的营业收入占比情况最为均衡，占比最高的南浔区和占比最低的安吉县相差 21.7 个百分点；生物医药、新材料两个行业集聚效应较先进装备制造稍好，但是与新能源行业相比，集聚效应依然不高。从各县区内部来看，吴兴区、开发区和安吉县没有优势产业，四个行业营业收入和营业利润占比都较为接近，如表 5 所示。

表 5　2010 年各县区分行业主要指标占比情况比较

		装备制造	新能源	生物医药	新材料
吴兴区	单位数(%)	17.1	5.6	10.2	8.1
	营业收入(%)	14.3	3.8	13.2	5.1
	营业利润(%)	14.2	5.4	12.6	3.8

续表

		装备制造	新能源	生物医药	新材料
南浔区	单位数(%)	22.3	5.6	18.6	19.9
	营业收入(%)	28.6	6.6	11.0	44.4
	营业利润(%)	33.7	7.7	4.5	30.4
开发区	单位数(%)	9.8	7.8	8.5	4.7
	营业收入(%)	12.0	1.0	6.6	7.2
	营业利润(%)	12.0	0.3	12.0	5.5
德清县	单位数(%)	20.2	10.0	33.3	29.7
	营业收入(%)	19.5	4.1	53.2	28.0
	营业利润(%)	21.3	3.6	57.6	39.2
长兴县	单位数(%)	20.5	57.8	12.4	33.5
	营业收入(%)	18.7	80.9	6.8	14.3
	营业利润(%)	15.7	79.9	5.0	20.4
安吉县	单位数(%)	10.1	13.3	16.9	4.2
	营业收入(%)	6.9	3.6	8.9	1.0
	营业利润(%)	3.1	3.1	8.1	0.8

3.目前我市的战略新兴产业龙头骨干企业少,大多数企业的效益还有待提高。一是龙头骨干企业少。我市战略新兴产业中具有引领作用的龙头骨干企业比较缺乏,在国际国内具有影响力、竞争力和话语权的龙头企业少,大企业带动明显且形成较为完整的产业链的产业较少。2010年,我市四大战略新兴产业830家企业中营业收入过10亿元、营业利润过亿元的龙头骨干企业仅有7家,其中新能源有3家,生物医药有2家,先进装备和新材料均仅有1家。从县区来看,长兴县有3家,德清县和南浔区各2家,而吴兴区、安吉县和开发区没有。二是大多数企业的效益不高。我市大多数企业由于技术水平不高,产品附加值比较低,效益普遍不高。2010年,我市830家战略新兴企业的户均营业利润为553万元,其中低于这一标准的企业为664家,占比为80.0%。分产业来看,先进装备、新能源、生物医药、新材料低于产业平均营业利润的企业家数分别为171家、73家、138家、192家,占比分别为79.8%、81.1%、78.0%、81.4%。

四、当前我市发展战略新兴产业的有利条件

1. 国家战略为我市发展战略新兴产业提供了良好的政策支持。发展战略新兴产业是国家推进经济发展方式转变的重大战略决策，瞄准的是科技发展最前沿、国际竞争新领域、国家安全制高点。从这个意义上讲，战略新兴产业不是一个产业概念，也不是一个技术概念，而是一个国家层面的政策概念、战略概念。国家准备在"十二五"期间投资 10 万亿元用于支持战略新兴产业的发展。《国务院关于加快培育和发展战略新兴产业的决定》明确将在财政、税收、金融等方面支持战略新兴产业的发展。其中，国务院将在整合现有政策资源和资金渠道的基础上，设立战略新兴产业发展专项资金，建立稳定的财政投入增长机制，增加中央财政投入。国家层面的全面推进必将对我市发展战略新兴产业提供强大的政策支持。

2. 我市已经初步具备加快战略性新兴产业培育发展的基础。一是具有一定的经济基础。"十一五"期间我市经济规模不断扩大，财政收入状况良好，2010 年我市地方财政收入将近 100 亿元，GDP 已经突破 1300 亿元，人均 GDP 已经超过 7000 美元，进入了工业化中后期发展阶段，急需进行工业转型升级，加快发展战略新兴产业势在必行。二是具有较好的产业基础。经过"十一五"期间的产业结构调整，四大战略性新兴产业营业收入均已成长为我市的百亿产业，其中先进装备、新材料、新能源在 2010 年已经突破了 200 亿元，产业发展迅猛，产业总量粗具规模，为"十二五"期间加快发展奠定了良好的基础。三是我市具有一定的科技创新能力。全市战略性新兴产业省级以上企业技术中心(研发中心)达到 70 家，其中国家级企业技术中心 1 家。以南太湖科创中心为龙头，先后引进建设中科院湖州工业生物技术产业化中心、西工大湖州高速计算中心等 18 个产业创新中心。

3. 区位优势为我市发展战略新兴产业提供了良好的战略空间。随着长三角一体化不断深入，长三角经济总量占全国的 20%以上，日益成为中国经济发展的火车头。从国家确定战略新兴产业以来，长三角各省市在战略新兴产业的发展上雄心勃勃，纷纷出台了相应的战略规划，把加快发展战略新兴产业作为促进经济结构调整，转变经济发展方式的主攻方向。随着湖州作为"一核九带"、长三角区域南北发展轴的重要节点城市和邻沪的长三角次中心城市，战略区位条件将进一步提升，将为湖州工业加快转型升级、培育战略性新兴产业带来新的机遇。在长三角区域一体化的推动下，战略性新兴产业的项目引进、技术合作、园区共建、产业联盟等领域存在着更多的合作发展契机。

五、加快发展我市战略新兴产业的对策建议

1. 发展导向上，要努力营造良好的产业发展环境。战略新兴产业的培育和发展离不开政府部门的支持和推动。在如何实现战略新兴产业科学发展上，政府部门应主动介入，注重产业发展的软硬件环境建设，着力强化引导服务工作，为产业持续发展提供强大的组织保障。一是注重产业发展的软硬件环境建设。要加大财政扶持、税收倾斜、信贷支持力度，加强政府服务力度，要努力营造好开明、开放、诚信、守信的产业发展软环境；同时完善现有的产业园区的配套建设，利用好新成立的南太湖产业集聚园区这个发展平台，增强产业园区要素资源集聚力和承载能力，为战略性新兴产业发展提供一个良好产业发展硬环境。二是做好要素保障工作。采取政策引导、建立法规等措施，优化、整合各类政策资源和要素资源，向战略新兴产业汇聚和倾斜，在土地供给、园区规划等方面，为新兴产业发展做好政策保障和服务工作。三是强化组织推进力度。围绕战略新兴产业发展规划，将目标任务进行分解和量化，建立有效地监督、考评和激励机制，充分调动各县区发展战略新兴产业的积极性，不断强化组织推进力度，营造战略新兴产业发展的良好氛围。

2. 发展取向上，要有所为、有所不为，避免产业过度同构。虽然战略新兴产业发展前景好，但其技术门槛高，政策机遇和市场风险并存。因此发展战略新兴产业必须坚持"有所为有所不为"，聚焦产业发展重点，避免产业过度同构。一是必须准确选好战略新兴产业。正如前文所言，经过多年的努力，我市在先进装备、生物医药、新能源、新材料这几个行业取得了一定的先发优势，打下了一定的产业基础，所以应该在这些条件最好、基础最实的领域继续突破，做大做强。二是必须因地制宜、合理布局。战略新兴产业属于高科技产业，不是任何企业想进入就能进入的，如果一拱而上，缺乏总体协调和科学规划，容易造成重复建设、产能过剩、资源浪费。各县区应对战略性新兴产业进一步细分，选择符合本地区特色的产业，充分发挥区域资源优势，根据现行条件主攻某些领域，形成差异化发展，持之以恒，锲而不舍，切忌盲目上马，遍地开花，避免因产业同构严重造成挤出效应。

3. 发展模式上，要注重内涵型增长，走新型工业化道路。产业的发展模式可以理解为某个产业在一个地区特定的发展阶段具有的特色的发展道路。一个地区的产业发展是在一定的约束条件下进行的，这些约束条件包括技术约束、生产要素约束、市场约束等。从我市的战略新兴产业的发展来看，技术约束、要素约束是我们面临的主要内部约束。因此我市战略新兴产业的发展模式的选择上，要注重内涵型增长，走科技含量高、经济效益好、资源消耗低、环

境污染少的新型工业化道路。一是必须着力突破关键核心技术。战略性新兴产业的培育和发展绝非一朝一夕之功，而是“十年磨一剑”的过程。当前，战略性新兴产业总体上仍处于起步阶段，谁掌握了核心关键技术，谁就会在竞争中赢得先机。发展战略性新兴产业不能贪大求快，不能一味模仿，坐等技术转移，必须坚持自主创新，掌握关键核心技术，拥有自主知识产权，培育自主品牌，推出原创性成果，防止形成对技术引进依赖的局面，避免受制于人。二是发展战略新兴产业要考虑要素制约的影响。各县区在确定战略新兴产业时要充分考虑用地、用水、用电等方面的要素制约情况，以及国家宏观调控因素的影响。比如说，南浔区的新材料产业主要是以电线电缆的制造为主，它是南浔区工业产业中的第一大产业，企业多，产值大，但这个产业能耗比较大，效益较低，在节能压力日趋严峻的形势下，所以在以后的发展中控制该产业企业数量，择优培育产业内重点骨干企业，提升产品附加值。而以电梯制造、农业机械、电机为主的先进装备，技术水平高，效益好，应该大力扶持。

4. 发展布局上，要提高产业集聚度，统筹规划区域布局。以集约发展提升竞争力，着力推进产业集聚、企业集群、资源集约利用，进一步提高投入产出率、劳动生产率、资源能源利用率，这是培育发展战略新兴产业的现实路径。一是引导战略新兴产业集聚发展。要根据现有战略新兴产业的块状集群，技术水平，以及资源和环境承载能力，科学规划，做优战略新兴产业的空间布局，做到起点高、眼光长远，走集中、集约、集聚的园区化、基地化发展之路，打造一批百亿级特色产业集群和基地，努力实现产业核心竞争力和市场占有率的大幅提升。要抓住加快建设南太湖集聚区的机遇，把南太湖集聚区作为加快战略新兴产业发展的主战场。二是龙头企业与中小企业的协调发展，整合好产业链。战略新兴产业是科技密集型、资金密集型产业，必须要培育一批龙头企业来充分发挥其引领示范作用，加强重点核心技术的研发能力，促进战略性新兴产业做强做大做优。每个战略新兴产业选择一批规模优势大、科技水平高、辐射带动强、拥有自主知识产权的龙头骨干企业来进行重点培育。同时坚持大企业和中小企业协同发展，大力培育一批成长型企业和初创型企业，积极引导传统产业企业积极向战略性新兴产业转型升级，不断优化产业组织结构，完善产业链分工协作体系。

湖州市统计局
课题负责人　闵新华
课题组成员　钱中勇　凌　敏　吕　晶
执　　　笔　吕　晶　凌　敏

参考文献：

[1] 国务院. 国务院关于加快培育和发展战略性新兴产业的决定[EB/OL]. (2010—10—18)[2012—02—10] http://www. gov. cn/zwgk/2010—10/18/content_1724848. htm.

[2] 湖州市人民政府办公室. 湖州市战略性新兴产业双倍增计划(2011—2015 年)[EB/OL]. (2011—11—26)[2012—02—10]http://www. huzhou. gov. cn/xxgk/jcms_files/jcms1/web2/site/art/2011/11/2/art_2483_30715. html.

[3] 江苏省统计局工业统计处. 江苏新兴产业发展状况及路径选择研究 [EB/OL]. (2012—01—06)[2012—02—10]http://www. jssb. gov. cn/tjxxgk/tjfx/sjfx/201201/t20120106_24177. html.

[4] 王利政. 我国战略性新兴产业发展模式分析[J]. 中国科技论坛，2011(1).

内升外引　创新突破

——绍兴市工业经济转型升级路径选择

进入21世纪以来，以民营资本为主要推动力的绍兴工业化进程中遇到了许多新的挑战，低成本比较优势正逐步弱化，粗放型快速扩张已难以为继，而新的产业比较优势演化面临“断档”的威胁，国际金融危机更是将产业结构矛盾提前释放，绍兴工业经济急需寻求产业蜕变。可以说，目前绍兴发展已到了一个新的历史门槛。因此，处理好产业内升级和产业间升级之间的关系至关重要，正确遴选主导产业是绍兴能否成功实现转型升级的关键，逐步从依赖内源发展转向更加开放的道路，增强经济持续发展动力，是绍兴的必然选择。

一、转型升级的理论基础

产业升级一般是指一个区域或企业由低层次产业向高层次产业的演进过程。转型升级有三个任务，一是提高现有产业的附加值水平，二是发展高附加值的新产业，三是实现节能减排。一个地区的产业升级路径选择需解决三大问题，即产业升级的方向、产业升级的幅度和产业升级中断风险的规避。

（一）比较优势演化模型

一个地区的产业升级路径由其比较优势演化路径所决定。比较优势理论的含义并不深奥，俗话来说即“因势利导”，无可厚非这是一种很明智的方法，用比较优势理论来指导企业发展和区域发展具有较好的指导意义。

比较优势理论经历了近200年的演化。根据标准的比较优势理论，一个地区要改变其在国际、国内分工体系中的位置，就是要改变其要素禀赋结构。经济学家林毅夫教授构建了一个新的发展理论构架，对国家经济如何实现持续动态发展和产业结构如何进行有效转型升级作出了新的科学解释，并提出具有现实性很强的建议。该理论架构指出，一个国家的产业结构内生决定于其要素禀赋结构（即一个经济体中自然资源、劳动力和资本的相对份额，可简单理解为资本与劳动的比率或者人均收入水平），实现产业转型升级必须按照比较优势原理，提升要素禀赋结构，这样形成产业和企业就具有自生能力；否则，形成的产业和企业就不具有自生能力，需要靠政府补贴等扶持，导致人力、土地、资金等资源配置扭曲，使整个经济效率低下，最后危机重重，而不得不进行改革。

（二）转型升级方式

从区域层面看，转型升级可以通过两种途径，即本土企业升级与引进域外企业。域外企业的引入搭载了高层次的资本、技术和人力等生产要素，一定程度上改变了区域的要素禀赋结构，加快了产业间升级步伐，产业间升级也能够促进区域的产业内升级，整体上可以带动区域产业升级进入新的阶段，这也是我国鼓励外商投资的一个主要动因。

从企业层面看，美国学者汉弗里和施迈斯提出了产业升级的四种路径，即工艺升级、产品升级、功能升级和链条升级，即从委托组装（OEA）、委托加工（OEM）到自主设计和加工（ODM），再到自主品牌生产（OBM），再到跨产业升级（见图1）。我国学者张其仔认为这四种路径均为产业线性升级，其中前三种为产业内升级，后一种为产业间升级。但产业升级也可能是非线性的，可能会产生分岔，即表现为产业内升级和产业间升级的交叉进行。由此，非线性产业升级路径可以分为产业内优先升级和产业间优先升级，关键区分孰先孰后的问题。

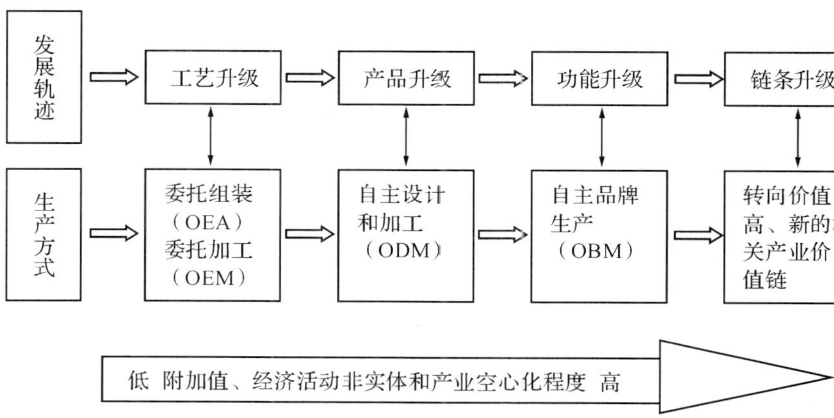

图1 制造业升级的一般轨迹

（三）经济发展内生动力论

现代经济增长模型中，将资源环境内生化，科学技术、人力资本与环境资源并列成为产业转型升级的三大内生变量。世界发达国家产业转型升级进程也向我们印证了这一制衡关系。技术进步是现代经济发展的动力，人力资本是现代经济发展的源泉，环境资源是可持续发展的核心问题。只有通过这三方面的合力，才能够有效提升产业发展的层次，优化发展的方向，从而推进产业转型升级进程(见图 2)。

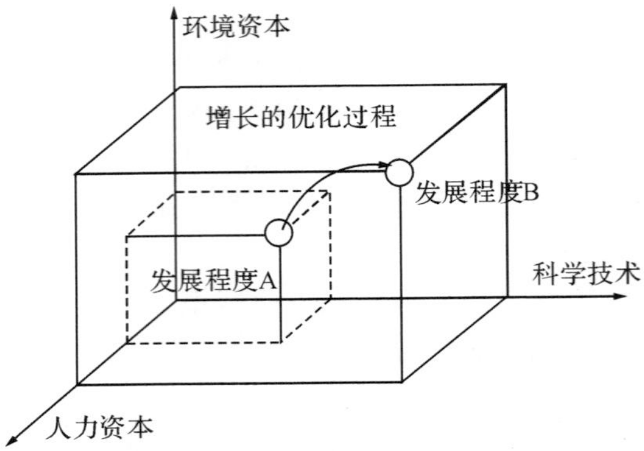

图 2　转型升级的内生增长优化进程

二、绍兴工业经济比较优势的演化

改革开放三十多年来，绍兴工业在短缺经济中快速崛起，在中国加入 WTO 为标志的经济全球化中飞速扩张，不断自我突破，不断谋求发展，抓住了许多关键环节，创出了许多特色之路，从资源小市一跃成为经济大市，演绎了快速造富的“神话”。产业集群、体制改革、技术革新、外贸拓展、产业链延伸等等，是绍兴制造业经济引以为豪的“绍兴现象”，但也暗藏隐忧，比较优势面临“断档”之困，经济气候剧烈变迁，形成产业“进化”环境，转型升级被迫进入“倒逼”通道。

(一) 内在变化：辩证看待绍兴工业经济先发优势

1. 产业集群：规模效应但伴随竞争恶性化。绍兴的块状经济闻名天下，以区域比较优势为基础、以轻工化生产为中心、以专业市场为依托而形成的，体现了市场经济的专业分工、资源配置、降低成本、提高效率的基本规律。但是，绍兴块状经济仍是以“轻、小、集、加、贸”为特征，内部企业间的竞争更多是在成本与价格，创新能力很难增强。这样在集群内同类企业的恶性竞争难以避免，相互压价、低价竞争必然愈演愈烈。最后的结果是，低价优势成了产业集群在与国内外市场竞争中唯一的核心竞争力。

2. 外向发展：市场外拓但伴随产业低端化。扩大出口，推动产能扩张，是绍兴工业早期发展的重要路径选择。特别是 20 世纪 90 年代末以来，出口拉动成就了绍兴工业经济近十年的辉煌，绍兴经济外贸依存度由 2000 年的

19.2%提高到2010年的65.7%。“外方诚信体系+中方成本优势”的互利合作，使得绍兴工业企业潜心制造，并由此迅速完成了原始扩张积累，但也将自己牢牢地定位在了产业链的最低端，逐渐养成管理、研发、营销等方面的惰性，出口产品科技含量低、效益不高、结构欠优，创牌意识不强，形成了“技术在外、资本在外、市场在外，生产在内”的定势。即便是高新技术产品也存在加工过程短、关键环节在国外或者为外商掌握等问题。出口贸易相对简单且风险性小，但过度依赖外贸市场，就会受制于人，当国外市场低迷时，很难依靠自身力量摆脱危机。

3.投资扩张：提质明显但伴随产能过剩化。绍兴的民间资本较为充裕，近些年在较积极的国内外市场导向作用下，企业家生产投入力度较大。但是，民间投资的短期性、投机性、随意性影响着其投资质量，依靠“高投入、高消耗、高排放”换取产能扩大，通过“低成本、低价格、低利润”实现市场空间拓展的模式并未改变。投资模式以“横向扩张”为主，而资本向“纵向渗透”和促进“产业升级”动力不足，最终导致局部领域产能过剩。而从长期来看，绍兴具有能真正去搏击市场、兼并整改、提升技术的企业不多。

4.家族管理：经营灵活但伴随管理粗线化。家族企业作为一种久远的企业组织形式，由于具有家企合一特征，在企业创业阶段具有较强的亲和力、极低的监督成本和明显的竞争优势。但当企业成长到一定规模，家族企业的管理滞后，将不能适应企业进一步发展的要求。特别是在人力资源管理上，规范性不足，配置效率低，企业文化缺失等软肋开始暴露出来，从而影响企业自主创新能力，形成“木桶效应”和“天花板效应”。

（二）外在变化：客观认识绍兴工业发展环境利害

1.内外需求结构变化：量化扩张难以为继。国际金融危机的阴霾未退，外围市场需求不振，大额度贸易顺差使中国外贸政策逐步发生变化，一系列经济指标和预期走势表明，绍兴工业经济发展的需求动力端当前正在发生重大变化，原材料大幅波动、人民币加速升值令出口型企业“喘息”困难，出口型企业增势较弱、效益低迷。今年1—3季度，绍兴出口工业企业(出口交货值占销售产值的比重超50%)主营业务收入增长18.6%，利税增长10.1%，与规模以上工业平均水平相比，增幅分别落后7.1个、15.2个百分点。而内销化道路将对绍兴工业企业的营销能力、资金流转、诚信体系等提出许多挑战。由于外部需求的巨大变化，将引导绍兴工业经济增长模式发生转换。

2.要素矛盾错综复杂：价值链条地区重构。随着“改革红利”和“人口红利”弱化，企业发展饱受“三高四紧”因素的束缚挤压，即原材料价格高、企业运营成本高、承担社会成本高、运转资金紧张、人力资源紧张、土地供应紧张、能源保障紧张，绍兴制造的成本优势已经被削弱。近几年许多跨国企业纷纷把工厂往东南亚、印度等成本更低的区域转移，绍兴企业外拓劲头也逐年升温。特别是用工荒将成为常态，使国内传统产业梯度转移成为必然。这种情形与 20 世纪 70 年代末 80 年代初中国台湾、韩国、新加坡的转型升级的背景和过程相类似。所不同的是，现在没有了当年所处的较好的国际环境，经济转型面临的问题更加复杂，陷入"中等收入陷阱①"的风险增大。

3. 产业重组升级机遇：微观整合改造加速。依据国际贸易比较优势和生产分工原理，发达经济体经济收缩和衰退，将加速部分行业部分中高端产品、技术、人才的转移，给绍兴产业重组和产品升级创造了较大机遇，尤其是一些原先具有比较优势的劳动资本密集型行业。历史经验表明，危机期将为具有比较优势和充足现金流的行业企业进行横向整合、产业重组兼并收购创造绝佳机遇。对于绍兴而言，既有投资灵活的民间资本，又有饱经市场考验的企业家队伍，当前已具备并购承接全球中高级纺织、服装及其相关设备制造，以及一些专业设备、化学医药等行业的制造中心、技术研发中心的较强能力，人民币持续升值更是助推这一产业承接过程。事实表明，自金融危机以来，浙江一些行业内部优化重组正在如火如荼进行。

三、绍兴工业转型升级的制约因素

绍兴工业经济转型升级唱响多年。但是，由于 21 世纪以来外部贸易需求大增、产业发展"路径依赖"等原因，使绍兴工业经济结构调整和增长模式转换相对较慢，这也是绍兴经济逐步丧失领先发展优势的主要原因，2006 年以来绍兴 GDP 增速始终处于全省偏后位置。那么，绍兴工业经济转型之难，究竟难在何处？

1. 企业路径依赖与转型升级大势的矛盾。绍兴近十年的发展处于顺境，尤其是入世后的前五年，反而使传统行业顺风顺水，部分企业转型意识有所淡化。2008 年金融危机虽为倒逼环境，但适逢北京奥运会举办与太湖蓝藻爆发，绍兴成为污染性行业地区间转移的接纳地，表面上救了绍兴一把，却将绍兴路径依赖的种子埋得更深。现在，严峻的倒逼环境使企业转型

---

①世界银行《东亚经济发展报告(2006)》认为"中等收入陷阱"(MiddleIncomeTrap)的基本含义是：鲜有中等收入的经济体成功地跻身为高收入国家，这些国家往往陷入了经济增长的停滞期，既无法在工资方面与低收入国家竞争，又无法在尖端技术研制方面与富裕国家竞争。

升级意识逐渐自然化，但一些企业刚刚从金融危机中缓过劲来，还无力或无意于另辟江山，存在低层次产业的路径依赖，也决定了绍兴的转型之路只能走稳健之路。

2. 人才短缺与人才资源低度使用之间的矛盾。人才特别是技术人才、高级技工总体紧缺，是制约绍兴工业的重要因素，这是不争的事实。据第六次全国人口普查显示，2010 年绍兴每 10 万人中具有大学程度 6997 人，仅为全省平均的 3/4，居全省第六位，与绍兴第四位的经济规模不够相称。但与此同时，企业对人才高消费趋向也非常明显，用人单位对人才的要求普遍提高，而招来的人才闲置性浪费也相当普遍，造成现有人才的浪费。根据相关理论，人才资源发挥的最大限度是其自身能力的 90%，另外的 10%是其在管理与开发过程中必要的损耗。而在我国，人才资源总体能力发挥程度仅为 61.9%。造成人才浪费的原因，人才教育模式与市场需求脱节是一方面，但更多的原因在于企业缺乏人才观，管理手段落后，对员工后期培训、挖潜的重视不够。

3. 传统产业遇阻与新兴产业断档之间的矛盾。绍兴工业前期的发展部分得益于全球制造业转移和国内需求高涨，这样的外部环境和内生动力催生并强化了绍兴资本横向扩张的发展路径，纷纷选择进入门槛低、收益快的产业。当前，制造成本优势弱化和环境制约趋严已成大势，且不会逆转。在劳动密集型产业，绍兴不得不面对来自于低收入地区的严峻挑战。绍兴必须创新比较优势，实现比较优势的突变，发展技术密集型、资本密集型产业，但这一过程中，又将不得不面对发达国家、发达地区发起的挑战。在实践中遇到的问题是，笼子腾出来了，新鸟却没有进来。所以，绍兴区域内要严防"集群萎缩"和"产业空洞"。

4. 雄厚的民间资本与不健全的资本市场之间的矛盾。一方面，绍兴不少工业企业，通过主业融资，开展房地产、股市、资源矿藏等多元投资，已积累不小的泡沫风险，威胁着资本安全；另一方面资金紧张、融资困难制约着本地一部分民营企业特别是中小企业发展转型。由于资本来源单一，投资渠道狭窄，导致许多企业不务正业，发展迷茫，区域资本"收支"不平衡，呈现"出多进少"的资本流动模式，不利于实体经济升级换代。

5. 生产规模化与产品差异化需求之间的矛盾。规模化效应在于降低产品的边际成本，提高单位资本的产出效率，提高商品的竞争力。但对于多元化的市场主体和消费群体，需要多元化的商品载体。规模化和差异化二者不可替代。因此，最为高效的区域市场是既能体现规模化，又能展现差异化，既竞争又合作的不同主体组成的市场。但传统产业集群过度依赖共生环境，催生了不同块状经济中企业产品的同质性。单纯依靠价格竞争消费市场使得绍兴民营经济进入了产品销售模式单一、竞争性弱、获得的附加值低、研发投入积极性差这一恶性循环中，这势必将影响绍兴的发展方式转变。

6.产业结构失衡与产业发展方向之间的矛盾。产业结构能侧面体现区域产业健康状况和抗击风险能力。目前，绍兴三次产业中第二产业仍旧“一股独大”，第三产业所占比重仅 37.8%，且主动提升能力不足。三产内部结构也以传统商贸流通占据主导地位，现代服务业尤其是生产性服务业相对滞后。如近些年，国外市场对我国产品出口的技术壁垒层出不穷，而绍兴缺少相应的检测机构，出口产品均需委托上海、杭州、苏州等外地机构，不仅费时费财费力，而且存在重复检测、误测现象。可以说，三次产业结构的失衡、生产性服务业低端化是区域内发展模式欠佳的根源。

7.投资量化扩张与创新投入不足的矛盾。长期以来，绍兴工业企业投入重“硬”轻“软”，产业升级主要依赖于设备更新。2010 年绍兴固定资产投资中，设备投入占比达到 44%，是全省平均的 2 倍。而企业技术开发经费占销售收入的比例为 1.43%，与 5%的国际通行标准相去甚远。科技投入总量和强度偏弱，难以为产业转型提供强力支撑。绍兴的块状经济基本上都处于国际垂直分工的底端，虽然具有较强的国际竞争力，但主要以跑量为主，过多依靠低价竞争。譬如，新昌、嵊州是我国优质长毛兔生产区，但至今未解决兔毛织品的起球、掉色等问题，只是靠出卖原料赚取利润。又如纺织机械生产，主要集中于利润率较低、技术上较为成熟的中小型织造机械、前纺设备上，对高利润的大型纺织机械如纺丝、印染机械及棉纺设备基本没有涉足，产品开发也主要通过对国外及国内大型企业样机的仿制来实现。企业一般都依赖技术模仿和价格竞争策略，产品仿制现象普遍、侵害知识产权问题较大。绍兴产业技术创新能力薄弱的主要原因是区域内中小企业的过度竞争及知识产权未能得到有效保护。

四、绍兴工业转型升级实证分析与模式选择

在全球化背景下，我国转变经济增长方式的实质就是要改变比较优势，从而改变在国际分工体系中的位置，实现产业升级。根据比较优势演化理论，产业升级有产业内升级和产业间升级两种方式。本文将通过构造两种产业升级路径的度量指标，对绍兴两种产业升级路径进行实证考察。

（一）产业升级路径度量指标的构建

根据产业升级的劳动力转移理论，产业升级的过程就是劳动力素质不断提高，从价值链低端不断向高端转移的过程。因此，我们以产业劳动力份额变

化为基本思路，构造两种产业升级路径度量指标，计算公式如下：

m

产业内升级程度指数：$\sum_{j=1}^{m}\frac{L_{kt}}{L_{jt}}$

产业间升级潜力指数：$\sum_{h=1}^{n}(\frac{L_{ht}}{L_{kt}})^2$

t＝年份；j＝中类行业；k＝j 所属的大类行业；h＝不同于 k 的大类行业。

产业内升级程度指数，用中类行业劳动力占所属大类行业劳动力的倒数之和来度量。当所有中类行业在所属大类行业中均匀分布时，指标值达到最小。如果产业内升级表现为劳动力从产业链低端向高端不断转移的过程，那么这个指标值也体现为先减小后增大的过程。产业内升级指标增幅大小也可以度量比较优势断档风险的大小。

产业间升级潜力指数，用 k 产业之外其他大类行业的劳动力与该地区全部工业的劳动力之比的平方和来衡量。即行业间劳动力分布越均衡，这个平方和越小，说明 k 产业面临的产业多样性越强，产业间升级的潜力就越大。这是一个负指标。

（二）产业升级路径选择实例分析

以 2003 年至 2010 年作为观察周期①，计算出绍兴的产业内升级程度指数和产业间升级潜力指数。

从产业内升级程度指标看（见表 1），绍兴产业内升级幅度比较大的产业大多集中在新兴行业，这些行业均有前向、后向关联产业延伸的趋势，如交通运输设备制造业，在原先汽车、摩托车类产品制造为主，向铁路、船舶等延伸；传统产业——纺织的前后道（化学纤维制造业，纺织服装、鞋、帽制造业）也有较明显的内部结构升级趋势。产业内升级幅度最小的产业相对集中于劳动—资源密集型产业，如金属制品业，皮革、毛皮、羽绒及其制品业，纺织业等。在升幅最小的前十名产业中，劳动—资源密集型产业占了 8 个，除表中所列外，还包括塑料制品业、农副食品加工业、造纸及纸制品业等，这说明这些产业存在较大的比较优势断档风险。

① 工业统计报表从 2003 年开始应用《国民经济行业代码（2002 年版）》，为保证行业分类可比性，本文选用 2003 年至 2010 年作为分析周期。

表 1　产业内升级幅度排行(根据绝对值)

	行业	2003 年	2010 年	增减百分比(%)
升级幅度最大的行业	交通运输设备制造业	14.04	624.23	4347.43
	工艺品及其他制造业	4.81	171.75	3471.01
	化学纤维制造业	40.58	1246.21	2970.86
	纺织服装、鞋、帽制造业	38.85	1053.53	2611.66
	木材加工及木、竹、藤、棕、草制造	11.12	198.06	1680.44
升级幅度最小的行业	金属制品业	183.68	220.94	20.29
	皮革、毛皮、羽毛(绒)及其制品业	21.88	26.07	19.16
	纺织业	1617.71	1848.74	14.28
	专用设备制造业	411.38	464.76	12.97
	通信设备、计算机及其他电子设备	178.41	193.73	8.59

注:由于采掘、电力热力行业的变异较小,本排序只针对制造业。

从产业间升级潜力指标看(见表 2),绍兴 35 个行业大类中,有 21 个行业产业间升级潜力增大(负向指数,指标下降率为负值),其余 14 个大类行业的产业间升级潜力都有不同程度的下降,潜力最小的当属纺织业(指标同比升幅达 15.58%),潜力最大的产业主要集中在技术密集型的产业。但应该看到,除纺织业外,绍兴其他行业大类的产业间潜力指数升降幅度均比较小,说明绍兴近年来产业间升级环境优化不够明显。

表 2　产业间升级潜力排行

	行业	2003 年	2010 年	增减百分比(%)
升级潜力最大的行业	电气机械及器材制造业	0.9130	0.8782	−3.81
	通用设备制造业	0.8464	0.8157	−3.62
	金属制品业	0.9607	0.9360	−2.57
	工艺品及其他制造业	0.9803	0.9574	−2.33
	塑料制品业	0.9590	0.9393	−2.05
升级潜力最小的行业	纺织业	0.3519	0.4068	15.58
	纺织服装、鞋、帽制造业	0.7841	0.8382	6.90
	皮革、毛皮、羽毛(绒)及其制品业	0.9686	0.9909	2.29
	非金属矿物制品业	0.9426	0.9568	1.50
	文教体育用品制造业	0.9843	0.9910	0.68

注:由于采掘、电力热力行业的变异较小,本排序只针对制造业。

由上可知，沿着产业链的产业内升级仍是近阶段绍兴产业升级的主要路径，应在产业内分工甚至产品内分工上做深文章，要通过合理政策组合，延长比较优势的生命周期，减少比较优势突变的幅度，防止比较优势断档风险的扩大化。对绍兴来说，传统产业比重过大，大多数处在价值链低端环节，在这三方面提升空间比较大。但是，国内外大量研究表明，产业内实现从OEA到ODM，特别是OBM升级，其难度并不低于实现跨产业升级，后阶段的实现过程相当漫长。

从长远看，新产业的引入可以为企业提供更多的选择，而且有利于形成新的成长性较高的产业内升级。产业间升级作为梯队过渡的途径，也无可厚非，但要注重对产业核心技术的研发和掌控，否则，也会重蹈传统产业的覆辙，再一次低端嵌入国际、国内分工体系中，有量无质。要实行有挤有压政策，在对一些产业采取限制型发展措施的同时，对一些代表未来发展方向的产业，要出台扶持政策，支持其发展，以充分抵消各类限制政策对经济增长带来的负面影响。以产业间升级潜力较大的机电类产业为突破口，积极促成关联产业间的升级。

五、绍兴工业转型升级的路径选择

全球性金融危机必然使得当前的共生环境恶化，但不失为整合绍兴产业的一大外部力量。经受风浪考验的绍兴工业经济已形成一个复杂、健全的“生态系统”，有着极强的自我修护功能。顺势而为，加强引导，绍兴工业经济有望再造黄金发展期。

（一）升级——着力推进传统产业的优势嫁接，遏制产业层次低端化。

1.强化特色产业的专业分工，引导产业链由“聚合型”向“融合型”转变。现代的竞争模式，在大范围的区域上看，已经不再是一个企业与一个企业的竞争，而是一个产业链与另一个产业链的竞争，一群企业与另一群企业的竞争。完善特色产业链，一是政府通过制定产业发展战略加强引导。如纺织业由上游的PTA、聚酯、化纤到中游的织造、染整，再到下游的服装、服饰、配套的纺织机械等产业，向产业链中高端延伸，积极发展研发、品牌、供应链、营销渠道等高技术、高附加值的环节。二是完善由中介服务机构、科技服务机构、教育培训机构组成的社会化服务体系，以克服中小企业技术创新能力不足、自主知识产权缺乏等不足，促进市场的规范运行。三是构建多层合作局面。在目前以交易关系、产业合作关系为主的浅层次合作基础上，逐步构建技术联盟、标准联盟、股权联盟、法律联盟、同业联盟等以共赢为目的的多层次合作机制。

2.依靠政府的有形之手，引导民营企业从“模仿型”向“创新型”模式转变。

民营经济是绍兴经济的主体，引导民营企业从模仿型向创新型模式转变，是一项十分紧迫的战略任务。它对提高区域经济竞争力，具有极重要的意义。联系当前的实际，着力抓好以下五项工作：一是抓观念转变。不少企业在实际工作中觉得模仿型的路子还可以走相当长的一段时间，或者认为实施这种转变的条件还不具备。认识上的滞后，无疑会影响实现转变的行动步伐，建议采用一定的"倒逼机制"，通过严格的环评、质评，树立"弃量重质"的氛围，促使企业加快观念的转变。二是抓政策导向。技术创新有三种类型：模仿创新、合作创新、自主创新。政策支持的重点除了少数层次较高的模仿创新外，应放在合作创新和自主创新上。合作创新是一种很有生命力的创新模式，但比较利民；自主创新则难度大、投入高，而且具有较高的风险，所以政府的支持和帮助是不可或缺的。三是抓典型示范。典型引路，特别是当地的典型具有亲切感因而更具有说服力。实际上，在绍兴已经出现相当一批从模仿开始，在积累了一定经验以后开始转向自主创新的企业。四是抓技术支撑。政府对技术的支撑，共性技术和基础技术是政府支持的一个重点。政府要调整公共财政支出的内容，加大支持共性技术和基础技术开发的力度，增加共性技术和基础技术的供给。五是抓环境营造。创新是极有风险的活动，政府要从政策、金融、法律和市场等多方面对企业的技术创新活动加以引导、扶持和保障。

3. 提高企业家素质，引导管理方式从"家族化"向"现代化"转型。对上规模的民营企业要加快其自身建设，以实现可持续快速发展。一是必须突破家族制，转向股份制，实行现代化的企业组织制度。二是研究制定生产经营战略，科学化决策，理性化投资，克服过去那种只要有钱赚什么都搞的短期化、盲目化行为。三是引进和培养高层次管理人才和专业技术人员，加强在职员工的科学文化知识修养和职业技能培训，提高企业全员素质。四是制定和完善各种管理制度，在规范化管理的基础上，努力实现创新管理。

（二）转型——着力培育新兴产业的新型集群，防止产业升级断层。

1. 发挥产业政策作用，推进产业结构调整与升级。从产业政策层面，通过财政、金融、税收等手段诱导、支持和帮助新兴产业的培育和发展。对那些环境污染严重、资源浪费突出等方面设备与产品作出限制和淘汰的明确规定，为新设备、新产品、新技术腾出发展空间，符合产业升级和技术进步的要求。鼓励和扶持新材料、新能源、节能环保、生物医药、电子信息等战略性新兴产业，并加快培育成为绍兴经济的增长极。目前各地对发展新兴产业积极性高涨，产业规划重复性较高，为此，要高度关注行业动态，及时更新战略性新兴产业发展目录，日常界定中，遵循从严原则，防止过多过滥。可以说，绍兴目前的战略性新兴产业规划既源于现在基础，又体现一定的超前性，还需接受时间的检验，因此，待培育初形后，应对战略性新兴产业作客观评估，遴选具有发展前景的行业加以重点突破。

2.推进集群式创新，提升新兴产业核心竞争力。当前绍兴新兴产业发展正孕育着新突破，但在关键环节，仍普遍受制于人。当务之急，应完善和拓展新兴产业链，构建产业技术创新协同攻关的组织管理模式，提高技术创新效率。开展产业关键共性技术攻关，集中优势资源在新兴产业集群中开展重大科技攻关，解决制约产业发展的关键共性技术问题，推进新兴产业集群式创新。构建以企业为主体、产学研结合的创新平台体系。

（三）支点：着力优化环境建设，增强区域经济竞争力

1.提升人力资源，构建产业转型升级"智囊团"。推动工业转型升级，关键是提升人力资本。政府可以协同企业构建人才招聘平台，通过报纸、电视、网络和组团招聘等多种方式，前往杭州、上海等外地城市猎取高层次人才，以满足企业发展所需。此外，企业要尽快建立人才评价和激励机制，要让高层次人才"引得进、留得住、用得上"。同时，企业也要尽快建立和完善人才培养体制，以培养一线技术科学研发队伍为目标，大力开展职业技术培训、技术创新办法培训等，从企业内部挖掘培训人才。最后，政府部门应以企业家素质提升为切入口，实施新型企业家培养培训计划，构建企业家相互交流和学习的平台，促进企业家整体素质的提升。

2.搭建公共平台，提供技术、信息、信用等有力支撑。一是建立基于区域特色产业的共性技术创新体系。要抓对全市社会经济发展有重大影响的支柱性产业，针对不同层次的共性技术，搭建不同模式的共性技术研发平台，同时配套制定有利于共性技术成果扩散的知识产权政策。二是引领电子商务规范，助力无形市场成长。逐步建立适应电子商务市场特点的市场准入制度，大力培育电子商务市场主体。引导上规模行业网站转型为网络交易平台，着力推进网上交易市场登记，促进有形与无形市场的有机结合。

3.完善资本市场，促进资本由"自有化"向"运作化"转型。民营企业依靠自有资本投资，不能发挥自有资本的杠杆作用、以较小的自有资本博得较大的社会资本。民营企业资本投资应该跳出既定固有的模式，实现资本社会化运作。一是通过股份制改造、收购、兼并、联合、合作、租赁、承包经营等企业化运作方式实现资本扩张；二是通过贷款、入参股金融业等货币市场运作方式实现资本扩张；三是通过上市、购买债券、投资基金、风险投资、入参股基础产业等资本市场运作方式实现资本扩张；四是利用外资、国际金融市场实现资本扩张

等。民营企业资本的社会化运作，可以实现资本的几何倍数扩张，也有利于盘活民间闲置资金。

4.规范市场秩序，形成产业转型升级"新环境"。政府应联系有关职能部门和各个行业协会，加大对无序竞争的监管力度，加快诚信保障机制建设，构建和谐市场交易体系，尽力消除企业对国内贸易的排斥感，为市场竞争创造一个公开、公平、公正的环境。另外，企业需要用正式的、规范的方式参与竞争。这不仅仅包括遵守法律，而且还要学会利用法律手段维护自己的权利。

5.优化政府服务，构筑产业转型升级"新沃土"。一要强化服务。政府要着眼于职能的转变，推进行政管理体制改革，提供"优质、高效、便捷"的政策服务、技术服务和金融服务。二要敢于担当。企业创新之路坎坷充满变数，在不同阶段，政府应给予不同的帮助，如初创阶段给予企业无偿投入，成长期时帮助引进风险投资，建立企业信用实现债权融资，成熟时期帮助企业改制上市。财政补助的重心应从事后奖励向事前扶持转移，还可以调动国有企业力量参股共营，多关注具有创新活力的小型企业，在企业最需要资金的时刻大胆投入，多行"雪中送炭"之善。这方面，有的地方政府运用"成立之初当保姆，发展之中当导师，成功之后当保安"的服务理念，成功孕育出了一大批产业领军企业，是绍兴政府最值得学习的榜样。三要优化需求环境。政府为媒，加强企业间信息交流，减少企业先进技术推广可能面临的信息失灵问题，促成本地企业间的技术对接应用。新兴产业补贴政策应逐步从"生产补贴"向"需求补贴"转移，因为"补产不补需"的政策也可能导致新兴产业出现过剩，如绍兴的光伏产业，正面临着国外需求萎缩和国内需求不足的困境，这方面，地方政府可实施本地产品本地应用的需求补贴，以缓解企业需求瓶颈。

课题负责人　赵泽良
课题组成员　陈烈虎　何晓红　祝　淮
　　　　　　庄　辉　俞　麟
执　　　笔　何晓红

金华农村居民养老保险现状及发展简析

从20世纪90年代开始，金华人口老龄化已有所显现，特别是进入21世纪，金华老龄人口快速增加。1990年第四次人口普查金华市60岁以上人口为28.6万人，2000年第五次人口普查60岁以上人口为56.23万人，到2010年第六次人口普查时金华市60岁以上人口已达到72.42万人。同样农村老龄人口也在增加，由2000年的37万人增加到2010年的42.9万人，增加了16%。到2020年，由于20世纪五六十年代生育高峰出生的人口步入老年行列，金华将和全国一样进入老年人口数量迅速增长时代。

面对不断增加的老年人口，金华市委、市政府非常重视农村社会养老保障事业，相继出台了很多领先于全国的政策和举措。2010年，又将无社会养老保险的城乡居民全部纳入养老保险体系，全面实施城乡居民社会养老保险（简称"新农保"），从政策层面实现了农村居民社会养老保险全覆盖。但就目前实际情况来看，金华农村居民社会养老保障水平还较低，养老问题的各类矛盾也时有出现。随着时间的进一步推移，农村居民潜在的养老需求将不断增加，传统的单一家庭养老模式将面临严峻挑战。针对这些问题，金华调查队参加了国家统计局浙江调查总队进行的"农村居民养老保障问题"专题调查组，抽取了150户农村居民家庭进行问卷调查，在此基础上结合相关资料，对金华农村居民养老保障问题进行分析。

一、调查基本情况

（一）调查对象基本情况

被调查的农村居民中，职业分布：农林牧渔业劳动者比重最大，占56%，个体工商业经营者占11.3%，企业职工占10.7%，乡镇干部、离退休人员、未就业人员和其他职业人员占22%；文化程度：初中占50%，小学及以下占39.3%，高中占8.7%，大专占2%；有94%的人参加过城乡居民养老保险和失地农民养老保险，其中有14%的人还同时参加了职工养老保险。

在被调查的农村居民家庭中，76户家庭有60岁及以上老人（包括不和子女生活在一起的老人），占所调查家庭的50.1%。这些老人单独居住的占64.5%，与子女一起居住的占35.5%。调查对象家庭收入在1万元以下、1

万—2 万元、2 万—3 万元和 3 万元以上的家庭分别占 4.5%、35.7%、40.6%和 19.2%。

（二）不同层次农村居民对养老问题的关注度不同

调查结果表明：有近半数农村居民对自己未来的养老问题不太担心，当被问及“你担心自己的养老问题吗?”时，回答“很担心”和“有点担心”的占 30.7%，回答“不太担心”和“不担心”的占 45.3%，还有 24%的居民从“没想过”养老问题。

从家庭收入水平来看，家庭收入低于 1 万元的调查对象选择对未来养老问题担心或者有点担心的比例为 52.6%，家庭收入高于 3 万元的调查对象中，该比例为 20.3%。

从年龄层面来看，就“对未来养老担心程度”进行不同程度选项调查结果显示，年龄与养老担心程度存在着一定的关联性。随着年龄的增长，对自己养老的关注和担心程度越高，年龄 40 岁以下的被调查对象中，有 23.9%的人表示没想过自己将来的养老问题，35.6%的人表示担心将来的养老问题，而年龄 60 岁以上的人中，担心养老问题的占 49.8%，没想过养老问题的只占 7.2%。

（三）农村居民养老保险覆盖面广，保障水平较低

从农村居民目前参加的养老保险险种看，“新农保”、职工养老保险和失地农民养老保险是三种最主要的险种，分别有 61.8%、14%和 21%的农村居民参加，其中 60 岁及以上老人已享受城乡居民社会养老保险的达到了 98%。除以上三种养老保险，在问及除“新农保”外，没有参加其他养老保险的主要原因时，回答“子女会赡养”“以后会考虑”和“无能力支付”的相对较多，分别有 29.3%、24.7%和 23.3%。在问及参加养老保险的主要资金来源时，回答“自己支付”的占 73.3%，“单位或集体组织支付”的占 6.7%。

从 60 岁及以上老人享受养老保险的待遇来看，目前每月可以拿到的养老保险收入在 100 元以下的占 44.7%，有 100—500 元的占 46.1%，500 元以上的仅占 9.2%。其中有 500 元以上养老保险收入的老人基本上还参加了其他商业保险。即使这样相对较低的养老保险收入，还是 63.2%的老人目前三项主要的经济来源之一，所占比例和“子女供给”相同，比“自己劳动或积蓄”还高。所以从总体来看，农村居民养老保障水平较低。

（四）农村居民的养老需求以居家养老为主

调查结果看，有 97.3%的农村居民希望自己以居家养老的方式养老，其中自己会照顾自己的比重为 62.7%，需要子女照顾的有 24.7%，需要家政、保姆或社会养老组织定期服务的有 3%。

从调查对象家庭中的老人目前的养老方式看，100％的老人都是居家养老。从老人日常生活起居来看，有 80.3％的老人是自己照顾自己，有 13.2％的老人是固定跟从一个子女生活，有 6.5％的老人由子女轮流照顾。在问及选择居家养老的三个主要原因时，有 82％的调查对象认为“居家养老自由方便”，有 44.7％和 56.6％的调查对象认为老人居家养老是为了“享受亲情”和“省钱”；选择“无合适的养老院”和“去养老院养老没面子”的则为 5.3％和 10.5％。而当老人生病、子女有事外出时，村里人会帮忙照顾，也有家庭会花钱请家政或者保姆来照顾。无论是农村居民养老方式的意愿，还是目前农村老人的实际养老方式，居家养老均是农村居民的首选。它既体现了农村传统道德标准，又适合农村老人的生活实际。

本次调查中，将来会选择去机构养老的农村居民只有 10％，其中 7.3％是希望能在家里和养老院自由来去的，单一选择会去养老院养老的仅占 2.7％。通过调查，我们了解到农村居民不愿意去机构养老的原因较多，但主要原因是“想生活在亲人身边”以及因为“养老院收费高”。其次是认为“去养老院没面子”和因为养老院“离家太远”。在问及“假如将来需要去养老院”养老的三个主要原因时，选择“不孤单，有人聊天”、“不影响子女工作”、“有专门人员照顾”这三个选项的人数较多，分别为 40.7％、32.7％和 31.3％。农村居民特别是老年人受传统观念的影响，非常顾及面子，特别是为了照顾子女的面子，认为去机构养老可能会给子女带来闲话和压力。在我们的实地走访和调查中发现，农村居民因为面子而不选择机构养老的比重还要相对高一些。同时，我们的实地走访中还调查到，目前公立养老院收费虽然不高，但入住相当困难。而私立的养老院，服务好的收费就很高，农村居民负担不起；收费低的，服务和管理水平往往不高，农村居民不情愿去。尽管目前农村居民愿意选择机构养老的不多，但随着时间的推移，这一养老形式的需求会越来越大。

（五）农村养老服务体系不健全，医疗保障水平不高

由于农村家庭小型化加上农村劳动力外流、家庭子女少等，居家养老的老人，尤其是高龄老人面临各种实际困难。这不但是老年人担忧的问题，更是子女不放心的地方。问卷调查表明，有 47.3％的人担心家中老人单独居住时“有急事找不到人”，30％的人担心老人行动不便后无人照顾。调查中多数被访者表示老人在日常生活中遇到过各种困难，主要表现为：经济困难（33.6％）、看病不方便（20％）、行动不方便和感到孤独（19％）、没人照顾（14.7％）。老人日常生活中的难题，除子女因素外，还与农村社会养老服务体系还不健全、养老服务相对欠缺有关。

医疗保险和社会养老保险一样，均是社会养老保障的重要内容之一。2010 年，金华新农合老年人参合率为 90%以上，但医疗保障水平普遍不高，看不起病仍是老人面临的主要问题之一。调查表明，老人的主要经济支出中，看病支出仅次于日常消费支出，居第二位。实地调查中，很多老人希望适当提高门诊报销范围和比例，以减轻他们的经济负担。

二、20 世纪 90 年代以来人口变化趋势、特征

（一）低年龄段人口比重迅速下降，高年龄段人口比重快速增加

随着计划生育政策的实施以及人口平均预期寿命的不断提高，老年人口比重呈快速增长态势。

20 世纪 90 年代以来人普资料显示，金华 1990 年第四次人普，14 岁以下人口占总人口 24.5%，65 岁以上人口占总人口比重是 6.95%。2000 年第五次人普，金华 14 岁以下人口占总人口 18.3%，65 岁以上人口占比是 8.68%。2010 年第六次人普，14 岁以下人口占总人口 14.2%，65 岁以上人口占比是 9.1%。1990 年—2010 年，金华 14 岁以下人口占总人口比重下降了 10.3 个百分点，而 65 岁以上老年人口增加了 20.17 万人，所占比重增加了 2.15 个百分点。

（二）农村人口不断减少，老年人口比重快速增长

进入新世纪后，随着城市化进程的加快，农村外出务工人员不断增加，农村人口逐渐减少。2010 年金华总人口 536 万，其中农村人口 219.7 万人，占 41%（2000 年为 54.6%），较 2000 年减少 30.1 万人，下降了 12%。与此同时，农村老年人口却在快速增加，2010 年农村 60 岁以上人口 42.9 万人，比 2000 年的 37.1 万人增加了 15.6%，占农村人口比重由 2000 年的 14.9%上升到 19.5%，增加了 4.6 个百分点。

（三）农村居民家庭结构不断小型化

平均每户家庭人口数即家庭结构呈不断小型化趋势。从历次人口普查资料看，平均每户家庭人口数在不断下降：1990 年 3.24 人，2000 年 2.76 人，2010 年 2.45 人，家庭小型化的趋势十分明显。城市和乡村，家庭的规模和结构虽然有所差别，但差距不大。家庭的小型化带来子女养老负担的加重，20 世纪 70 年代末出生的第一代独生子女家庭，双方父母逐步进入老年人口行列，他们面临着赡养四个甚至更多老人的义务和责任。

三、关于农村居民养老保障问题的几点建议

20 世纪 90 年代以来，金华老年人口不断增加，特别是“十一五”期间，老年人口比重快速增长，2010 年人口普查时已突破 72 万人，所占比重达 13.5%。进入“十二五”时期，我们将迎来第一个老年人口增长高峰，金华 60 岁以上老

人可能达到100万人，老年人口比重将向20%快速靠近，农村老年人口占比会更高。随着人口老龄化进程的加快，社会养老保障和养老服务需求将大量增加。就目前来说，农村社会养老保障水平还相对较低，农村社会养老服务体系建设也相对滞后。只有全社会重视，全民参与，才能促进农村养老保障事业的顺利发展。

（一）进一步加快社会养老保障制度建设进程

1.加快推进养老保险制度的建设。实现新农村社会养老保障和城镇居民养老保险制度全覆盖，建立随城乡居民收入增长、物价上涨等因素调整老年人员基本养老金待遇的正常机制；建立健全与社会养老保障工作有关的资格评估机制、监督管理制度等，使各项社会养老保障工作有章可循，有据可依，促进社会养老事业有序开展。

2.完善基本医疗保险制度。逐步提高城乡居民医保和新农合人均筹资标准及保障水平；提高职工医保、城镇医保、新农合基金支付限额和政策范围内住院费用支付比例；加快实现医保关系转移接续和医疗费用异地就医结算，全面推进基本医疗费用即时结算。

3.加大老年社会救助力度，将符合条件的老年人全部纳入最低生活保障范围。

4.完善老年社会福利制度。研究制定政府为特殊困难老年人群服务的相关政策，如条件成熟可以考虑发放高龄老年人生活补贴和家庭经济困难的老年人养老服务补贴。目前，宁波全市239个城市社区和780个建制村建立了居家养老服务中心，中心对行动不便的老人提供上门服务，为一些生活不能自理家庭困难的空巢老人提供政府购买的家政服务。

（二）加快基本养老服务体系建设

政府和相关部门，要尽快完善基本养老服务体系，积极组织、不断拓展城乡社会养老服务内容，创新服务手段，丰富服务形式，并在人财物方面给予一定的支持。同时，要全民动员，多渠道筹集资金，多领域汇集资源，积极推进社会养老服务组织、机构建设。

（三）进一步注重老年医疗卫生保健体系建设

1.推进老年医疗卫生服务网点和队伍建设。将老年医疗卫生服务纳入卫生事业发展规划，加强老年病医院、护理院、老年康复医院和综合医院老年病科室建设，有条件的三级综合医院应当设立老年病科。

2.开展老年疾病预防工作。城乡基层医疗卫生机构要为辖区内老人积极开展健康管理服务，建立健康档案；组织老年人定期体检，及时发现健康风险因素，促进老年疾病找发现、早诊断、早治疗。

3. 积极开展老年保健事业。注重老年精神关怀和心理慰藉，提供疾病预防、心理健康、自我保健等健康指导服务。对高龄、空巢、患病老年人的心理健康状况须重点关注。

（四）注重优化老年宜居环境和家庭发展

1. 改善老年人居住条件。引导开发老年宜居住宅和亲情住宅，提倡和鼓励家庭成员与老年人共同生活或就近居住。

2. 完善家庭养老支持政策。完善老年人口户籍迁移管理制度，为老年人随赡养人迁移提供条件。

3. 重点发展居家养老，大力发展城乡社区照料服务。当前城乡老年人主要养老方式还是以居家养老为主。在 150 户调查中，95％以上的乡村居民希望能居家养老。所以应要求一定比例的城乡社区建立居家养老服务网络、老年活动场所、综合服务设施、站点，着力改善老年人的生活环境。目前，宁波全市 94％的城市社区、30％的建制村开展了居家养老服务。

（五）注重老年人精神文化生活和老年社会管理工作

1. 加强老年教育、文化、体育健身工作。加大对老年大学建设，积极支持社会力量参与发展教育事业（有条件的乡镇也可引导鼓励和利用社会资源）。

2. 加强基层老年工作机构和老年群众组织建设。“十二五”期间，要求一定比例的城乡社区成立老年协会，切实把为老年人服务工作纳入社区服务范围，并加以监管；积极开发符合老年人需求、适合老年人年龄特点的工业产品、旅游产品，拓宽老年服务渠道。

3. 扩大老年人社会参与。支持老年人以适当方式参与经济发展和社会公益活动，重视发挥老年人在社区服务、关心教育下一代、调解邻里纠纷和家庭矛盾、维护社会治安等方面的积极作用。

4. 加强老龄法制建设，健全老年维权机制。根据《中华人民共和国老年人权益保障法》开展执法检查和普法教育，进一步提高老年人权益保障法制化水平；做好老年人法律服务工作，为老年人提供及时、便利、高效、优质的法律服务，切实保障老年人的合法权利。

课题组长　金　辉
成　　员　崔晓云　金红宙
　　　　　张雪红　郑丹丹
执　　笔　崔晓云

衢州如何实现发展方式的转与变

进入“十二五”，在这个机遇与挑战并存、机遇大于挑战的重要战略机遇期，“加快转变发展方式”的号角吹响了中国又好又快发展的主旋律，指引着今后一个时期的发展方向：把经济结构战略性调整作为主攻方向，把保障和改善民生作为根本出发点和落脚点，把建设资源节约型、环境友好型社会作为重要着力点。可以说这是一场涉及经济、社会、政治、文化、生态领域的深刻变革。

“十一五”时期，衢州结合自身实际，进行了一系列积极的探索和实践，应该说交出了一份非常不错的答卷：“四个翻番”全面实现，“五城联创”成效明显，“六大百亿”超额完成；用于常规横向比较的十项主要指标，有7项指标年均增幅超过全省平均水平，其中有4项指标年均增幅位居全省前三位；民生满意度高于全省平均水平，群众安全感满意度名列全省前茅，生态质量持续保持全省领先。自我评价：这五年，是衢州发展最快最好、人民群众得实惠最多的时期之一。

然而，最近浙江省统计局公布的《2006—2010年浙江省发展方式转变评价报告(试算)》(以下简称《报告》)，对衢州给出的评价却出人预料，2010年衢州发展方式转变综合指数为120.5，低于全省11.5点，在全省排名第10位；尤其是四年累计发展速度为130.9，低于全省1.1点，仅列全省第8位。

一、自评与考评：反差为什么这样大？

带着这样的疑问，对浙江省发展方式转变评价体系进行了综合研究和分析，可以发现，由于“发展方式转变”这一重大命题的正式提出始于2007年党的“十七大”，一方面时间比较短，另一方面内涵比较宽泛，指向并不非常的明确和具体，因此，衢州和其他许多地方一样，也是摸着石头过河，结合本地实际开展了大胆的实践。如今，浙江省有了一套统一的发展方式转变评价体系，尽管还是“试算”，在“试算”过程中评价指标收集得并不完整、结论有可能会有所偏差，也尽管这套评价体系是基于浙江经济社会发展水平比较领先而制订的，与衢州目前的发展阶段存在一定的“错位”，但它依然给我们释放出了一个强烈的信号——衢州的发展方式转变还是有“错”要纠，有“位”要正，任重而道远！

浙江省发展方式转变评价的角度有两个，一个是发展水平，一个是发展速度，分别考察各地发展方式转变程度和转变快慢。鉴于 2010 年的发展水平既是“十一五”的成效，也是“十二五”的起点，因此，我们重点从 2010 年的发展水平这个角度切入，从评价体系划分的“结构优化、创新发展、资源环境、社会公平和管理质量”五大领域、十三个方面、六十八项指标，逐一与全省平均水平进行对比分析，以期找出其中的反差和问题所在，并梳理出今后一个时期发展方式转变的目标指向。

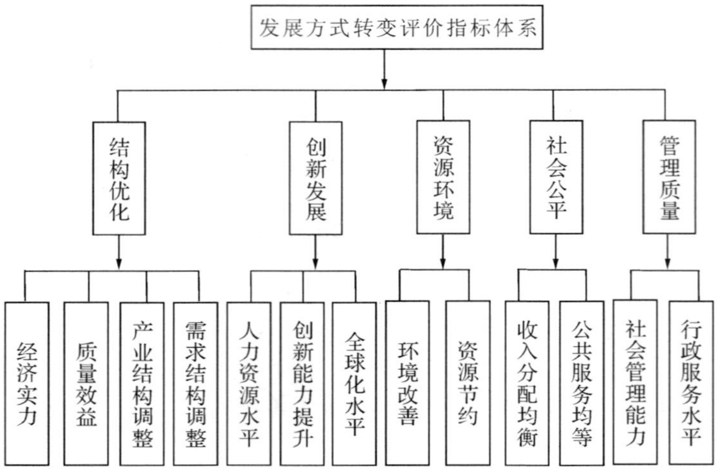

图 1　发展方式转变评价指标体系图

（一）结构优化领域

反差系数：★★★★☆

“十一五”时期，衢州结构调整的力度相当大，始终坚持高起点、跨越式、可持续发展的理念，走出了一条欠发达地区科学发展的路子，成效也非常显著，实现了发展速度、质量和效益的同步提升，经济的内生动力与抗风险能力大为增强，在近几年的国家宏观调控和国际金融危机中表现出色，从以前的“先倒下、后起来”改变为“后回落、先起来”。2010 年，衢州的经济增速跃居全省第一，今年前三季度，在外忧内控的形势下，衢州的经济增速仍然保持全省第一。

但《报告》结果显示，2010 年衢州的结构优化领域水平指数 99.7，低于全省 27 点。该领域评价指标共有 15 个，采集到有效数据的指标 14 个，衢州高于全省的指标有 3 个，低于的有 11 个。从评价的四个方面情况看，反差明显。

1. 跨越式发展 vs 经济实力。进入新世纪以来，衢州从寻梦到追梦，开始大胆实施跨越式发展，努力成为浙江省新的经济增长点，并在“十一五”期间，一举扭转了在全省经济份额不断下降的其不利局面：衢州 GDP 占全省比重从 2006 年的 2.46％提高到 2.77％。尽管其间衢州的发展速度持续高于全省，但衢州经济的总量小、基数低，与发达地区的绝对差距仍在扩大，综合实力依然排位靠后，与 2006 年相比，2010 年衢州人均 GDP 与全省平均水平的差距从 16099 元扩大到 21558 元，人均地方财政收入从 1484 元扩大到 2658 元。从这点上看，衢州经济实力的积累还没有达到质的飞跃，追赶的路程还很长，追赶的步伐还需要再加快。

2. 产业高端化 vs 产业结构调整。"十一五"时期，衢州确立了"主导产业高端化、新兴产业规模化、传统产业高新化"的要求，积极对接国家和省产业振兴规划，实施产业集聚平台、产业龙头带动、产业创新能力、产业集约发展和产业服务环境五大提升工程，迅速推进了衢州新型工业化的发展进程，工业经济的支撑力度日益增强，到 2010 年，工业对全市经济的贡献率达到了 53％，工业经济效益也高居全省首位。但处于工业化后期的浙江，产业结构调整的导向并不局限于工业经济，它倡导的是三次产业内部的结构调整，以及三次产业之间的协调发展。与之对照，衢州农业产业的结构调整相对较好，农业标准化、组织化工作开展较早，推广较为扎实，农业标准化组织化程度较高。而我们引以为豪的工业产业中，由于高耗能的化工、建材、钢铁、造纸等原材料工业的快速发展，导致了高新技术产业所占比重降低，2010 年装备制造业所占比重 25.3％，比全省低了 10.3 个百分点，高新技术产品和机电产品占出口的比重为 30.1％，比全省平均低 15.4 个百分点。差距最大的还是服务业发展滞后，2010 年衢州服务业增加值比重只有 36.6％，比全省低 6.9 个百分点，位居全省第 10 位；比 2006 年的 38.3％回落了 1.7 个百分点，而且还有继续走低的趋势，近年衢州服务发展综合评价也连续处于全省最后。从发展方式转变评价体系可以看出，浙江产业结构调整的导向是发展服务业和高新技术产业，而衢州高耗能、高排放的重化工业结构和服务业发展滞后的现状，与之有着明显的"冲突"，今后在省内将会受到比其他区域更多的约束。

3. 经济效益 vs 质量效益。得益于工业经济的快速发展，衢州的经济效益明显改善，政府、企业和居民的收入也得到较快增长，"十一五"时期工业企业的利润和城乡居民的收入增幅都超过了全省的平均水平。但是毋庸讳言，衢州与全国很多地方一样，政府、企业和居民间的收入分配是很不均衡的，从一个较长的时期来考量（1995—2010 年），衢州政府部门收入占 GDP 的比重基本持平，企业部门收入占比从 12.8％上升到 31.8％，而同期住户部门收入占比则从 67.2％下降到 45％，可见是政府部门尤其是企业部门更多地分享了经济发展的收益,企业原始积累的进程加快,而发展方式转变评价的重点——住户部门则分享较少。与全省水平对比,2010 年,衢州城乡居民收入水平分别比全省低 5548 元和 3033 元,差距分别比 2006 年扩大了 1824 元和 1057 元。可见,今后浙江省倡导的增长质量,并非单纯地在总量上比速度、比效益,还要考虑内部分配格局的调整,能让百姓享受更多实惠的增长才是有质量的增长。

4. 投资拉动 vs 需求结构调整。衢州在省内经济规模很小,属少数几个欠发达地区之一,要实现跨越式发展,除了因地制宜、盘活存量外,更现实的途径是外部植入、规模扩张,用高端产业的增量来稀释传统低端产业的存量,以达到产业结构的快速调整和提升,因此,投资拉动一直是衢州经济发展的一个重要支点。而发展方式转变评价的导向却发生了重大转变,将今后一个时期发展的内在动力定格在了消费拉动上,投资拉动被"屏蔽",在评价体系中没有直接纳入一项投资指标。从衢州情况看,近年来居民消费对经济增长的贡献在弱化,2010 年居民消费率 26.7%,比 2006 年低 8.1 个百分点,也比全省低 0.5 个百分点。同时,作为消费拉动的重要载体,城市化水平的提高被推到了前台,因为城市是人口的集聚中心、消费的"集散中心",在同样的城市规模、经济环境下,消费的提高显然是人多力量大,然而这却非常精准地击中了衢州的"命门","六普"显示:2010 年衢州的城市化率全省最低,只有 44.1%,比全省整整低了 17.5 个百分点,比全国还低了 5.6 个百分点;衢州人口集聚能力偏弱,衢州常住人口比十年前还减少了 0.66 万人,进出相抵净流出 28 万人,外来人口占总人口的比重全省平均为 21.72%,衢州仅为 5.55%。今后,衢州需求结构的调整将面临的处境会是:既要捧牢原来的"饭碗"(投资需求),又要打工兼职(消费需求),要两副担子一肩挑。

（二） 创新发展领域

反差系数:★★☆☆☆

应该肯定,衢州市委、市政府对创新发展是高度重视的,在创新发展机制的构建上,在创新发展平台的搭建上,在创新发展氛围的营造上,在创新人才的培养和引进上,都作出了很多的努力和尝试,也取得了一定的成效。但受制于衢州财力的相对薄弱,政府对创新发展的投入也相对较弱。同时,也囿于衢州人文传统因素的影响,长期以来衢州人有一种弱势心态,总认为"我难、我穷、我不行",缺乏那种"我能、我行、我成功"的强势心理,以至于小富即安、裹足不前,创新动力不足。

《报告》结果显示:2010 年衢州的创新发展领域水平指数 90.1,是五大领域中指数最低的领域,也是与全省差距最大的领域,比全省低了 68.7 点。该领域评价指标共有13个,采集到有效数据的指标11个,衢州高于全省的指标有2个,低于全省的有9个。

1.人才引进vs人力资源水平。2008年8月,衢州市委、市政府开始实施一项壮举:对外发布了《关于引进海内外领军型创业人才的意见》,决定大力引进海内外领军型创业人才,这标志着衢州从“找老板”时代向“找人才”时代的战略转折,也昭示着衢州借助科技创新转型升级的重大决心。当然,光有领军型创业人才还远远不够,因为经济社会发展需要不同的人才功能和不同的人才群体,有人形象地称之为“人才金字塔”:高端人才引领,中层人才带动,众多一般性人才组成基座,支撑起整个金字塔。因此,发展方式转变评价也是更加倾向于对“人才金字塔”的考量,在这方面,衢州还有不小的差距:2010年衢州每万人人才资源数579人,远远低于全省每万人人才资源数896人的水平,另外,衢州还存在着人才内部结构的失衡,据统计测算,2009年,在衢州19.1万人才资源总量中,主要劳动人口受过高等教育的比例不到6%,高技能人才占技能劳动者比例为16.2%,衢州每十万人中的大学生数为6491人,相当于全省平均水平的三分之二、杭州的三分之一,人才素质明显偏低,高端和中层人才比例太小。

2.创业创新vs创新能力提升。早在2007年11月,衢州市委、市政府就提出全面推进“创业创新、富民强市”,旨在充分激活创业主体,充分激活创造活力,着力推进发展方式创新,努力突破创业创新的体制机制障碍,推动区域科技创新,努力增强区域核心竞争力。几年来,“创业创新”活动得到了许多经济主体的积极响应,取得了不错的战绩:到2010年,衢州的商号创建水平达到16.8%,高于全省3.8个百分点,企业名牌创建水平3.6%,高于全省0.8个百分点。但有所欠缺的是,政府限于财力在创新能力提升方面显得心有余而力不足,成为了一块短板:2010年,衢州R&D经费支出相当于GDP比例为0.83%,比全省低0.99个百分点;人均教育经费投入1511元,比全省少462元。此外,衢州信息化应用水平也相对较低,互联网用户比例为11%,比全省水平低4.9个百分点。

3.招商引资vs全球化水平。由于衢州的经济总量偏小,经济基础比较薄弱,因此,“十一五”以来衢州加大力度实施借力发展战略,坚持把招商引资作为跨越式发展的主路径来抓。但在省内,一些发达地区如杭州宁波温州等地早已完成原始积累、中气十足地唱起了“国际歌”,引进来和走出去都同样活跃、别样精彩。与它们相比,衢州的底气要小得多,对外开放的旋律主要集中在唱“民歌”上,省域内的项目引进得最多;偶尔也唱唱“国歌”,部分建材企业实现了与央企的成功对接；而国际参与度明显不高，全球化水平远远低于全省：一方面引进来的少，2010 年全市外资引进相当于 GDP 的比例只有 0.54%，比全省低 2.15 个百分点；另一方面，走出去的更少，全市对外投资相当于 GDP 比例为 0.62%，比全省低了 7.58 个百分点。这与浙江省提出的“十二五”时期要大力对接央企、对接世界 500 强，不断扩大总部经济规模的经济工作新目标，有着相当大的距离。

（三）资源环境领域

反差系数：★★★☆☆

生态资源环境优势是衢州主打的一张金名片，衢州的生态建设一直都走在全省的前列，并成为浙江省首个实现国家级生态示范区市域“一片绿”的地区。这张金名片来之不易——因为衢州地处钱塘江源头，是全省重要生态功能区，又是欠发达地区，但省委省政府要求衢州成为全省新的经济增长点，与全省同步提前基本实现现代化，可见，衢州的这“一片绿”是在既要保护生态、又迫切需要加快发展的夹缝中完成的胜利大突围。但在新的历史时期、新的目标要求下，衢州的生态资源环境将如何面对考验？

《报告》结果显示：2010 年衢州的资源环境领域水平指数 114.1，比全省低 23.6 点。该领域评价指标共有 15 个，采集到有效数据的指标 13 个，衢州高于全省的指标有 6 个，低于全省的有 7 个，情况并不如我们想象的那么乐观。

1. 生态质量 vs 环境改善。衢州的生态环境保护良好是不争的事实，2010 年环境质量综合评分较高，得分 98.85 分，高出全省 12.77 分。但衢州要在加快发展与严格保护的矛盾中，持续保持“天然氧吧”不受污染、一江清水送出衢州却并非易事，需要更多的付出与努力。从环境改善这个考项来看，由于衢州的起点较高，因而所面临的压力一点也不小：“十一五”期间，衢州的主要污染物排放削减完成任务的比率低于全省，化学需氧量、二氧化硫排放量累计完成削减任务的比率分别为 106.4% 和 122.9%，虽然超额完成了省下达的任务，但完成率分别比全省低 13.8 和 18.2 个百分点；衢州生活污水处理率为 50.71%，比全省平均水平低 14.17 个百分点，环境改善的脚步未能走到全省的前列。另外，“十二五”时期还要新增两个考项：氮氧化物排放削减率和氨氮排放削减率，到时候衢州有多少胜算现在还只是个未知数。

2. 节能降耗 vs 资源节约。“十一五”期间，衢州的节能降耗工作取得明显成效，圆满完成了省下达的目标任务。但发展方式转变评价的重心却远远超出了节能降耗的范围，重点强调的是“效率”——资源利用水平、投入产出效率，这面“效率”的镜子一下子就照出了衢州粗放式发展方式的“原形”，不但资源节约方面的评价结果低于全省的平均水平，而且所有评价指标“全军覆没”：2010 年，衢州每亩耕地农业产出率 3123 元，还不到全省 2006 年的水平（3192 元）；建设用地节约利用水平 82.4，比全省低 2.2 点；单位资源消耗水平远高于全省，万元 GDP 能耗 1.66 吨标煤，万元 GDP 用水量 213.88 立方米，两项指标均是全省的 2.3 倍！在新的历史时期和发展框架下，衢州偏粗放的发展方式将注定难以持续，试想，衢州仍然按照目前远高于全省平均水平的消耗强度，当衢州达到发达地区一样的经济规模时，衢州的资源环境会是怎样的一种状况？衢州拥有了明天的“金山银山”，还能留住今天的“蓝天绿水和青山”吗？

（四）社会公平领域

反差系数：★★☆☆☆

近年来，衢州市委、市政府坚持“穷财政、富民生”，按照民生优先原则，推行民生工程预算制度，将新增财力优先投向民生。据衢州市财政局统计，2010 年全市有超过三分之二新增财力用于民生支出，比例达到 69.8%。民生大投入换来城乡居民满意指数的攀升：2009 年，衢州居民生活质量提高速度全省第一，民生满意度比全省平均水平高出 1.4 个百分点。

《报告》结果显示：2010 年衢州的社会公平领域水平指数 122.7，低于全省 4.9。尽管评价结果与全省水平较为接近，但该领域评价指标共有 14 个，采集到有效数据的指标 13 个，衢州高于全省的指标只有 3 个，低于全省的却有 10 个。

1. 农民增收 vs 收入分配均衡。衢州在提高居民收入方面有许多的创新和亮点，特别是在农民增收方面采取了大量有效的措施。例如：创造了素质扶贫的衢州模式——万名农民素质工程，成功走出了一条“培训农民、提高农民、转移农民、富裕农民”的新时期“三农”工作路子；打响了“衢州三宝”（保姆、保安、保绿工）劳务品牌，2009 年 4 月揭晓的《2008 年中国农民工（蓝领）报告》中，“衢州三保”之一的衢州保姆被评为“全国十佳劳务品牌”。可以说，衢州市委、市政府为衢州城乡居民增收创造了前所未有的良好条件。但社会公平评价的重点不在城乡居民收入的多少（这被划分到“质量效益”方面），而在于收入分配的均衡程度，与全省相比，衢州多处于弱势：2010 年，衢州的城乡居民收入之比（逆指标）为 2.64，高于（差于）全省 0.22；城镇居民可支配收入基尼系数（逆指标）0.34，高于（差于）全省 0.01；城镇低保标准与农村低保标准比（逆指标）1.66，高于（差于）全省 0.12；只有农村居民收入基尼系数（逆指标）0.31，低于（好于）全省 0.06。虽然衢州居民收入水平不高，但收入差距却高于全省，这出乎我们的预料，也是今后发展需要关注和重视的新问题。

2. 城乡统筹发展 vs 公共服务均等。衢州农业经济基础比较薄弱，农民生活还亟待改善，而农村人口所占的比重又很大，到 2010 年底仍然高达 78.8%（户籍数），因此，衢州推进公共服务均等化的难点与重点在农村。尽管压力很大，但衢州仍然不断加大财政投入，充分借助新农村建设的巨大政策优势，竭力推进城乡统筹发展、协调发展，并取得良好成效，亮点频出：农村合作医疗的成功做法和经验在全国进行推广，“名师共享＋名校托管”推进教育均衡发展的模式受到国家肯定，衢州被授予了中国城市管理进步奖。近年来，衢州在公共服务均等化方面取得了明显的成效，与全省的差距大幅缩小，衢州人均财政收入不到全省平均水平的一半，人均民生支出却达 3440 元，已相当于全省平均水平的 86.2%，医疗保障方面与全省水平相当，养老服务水平高于全省。但在住房和就业保障方面仍有一定差距，城镇住房保障实施比率为 11.3%，比全省平均水平低 7 个百分点，劳动参与率 78.7%，比全省低 7.1 个百分点。

（五）管理质量领域

反差系数：★☆☆☆☆

在“十一五”期间，衢州在社会管理方面有很多成功的做法和创新：“平安建设”走在全省前列，“三民工程”经验走向全国。2010 年，衢州与全国同步，人均 GDP 超过 4000 美元，真正进入了国际公认的“中等收入”发展阶段，这也是经济社会风险高发的一个非常重要的转折时期。与之相适应，政府转型的压力将会越来越大，社会管理的难度也将会与日俱增。

《报告》结果显示：2010 年衢州的管理质量领域水平指数为 134.7，高于全省 24.6 点，这是唯一高于全省的领域。该领域评价指标共有 11 个，采集到有效数据的指标 7 个，衢州高于全省的指标有 4 个，低于全省的有 3 个。

1. “平安衢州”建设 vs 社会管理能力。“十一五”时期衢州平安建设取得的显著成效，也在实践中积累了许多宝贵经验，尤其是在社会治安方面优势突出，2010 年衢州每万人严重刑事案件立案数（逆指标）3.05 人，低于（好于）全省 0.65 人。但发展方式转变评价除了需要关注社会治安外，同时也关注公共安全：食品安全、医疗安全与生产安全，与其对照，衢州公共安全方面仍有许多薄弱环节：2010 年，衢州生产及餐饮服务环节食品抽样检测合格率 91.2%，低于全省 0.8 个百分点；药品抽样检测合格率 93.1%，低于全省 5.2 个百分点。需要指出的是，虽然这两个指标受抽样样品影响，这些年一直在高位波动，变化不大，也无法像经济指标一样稳定增长，但衢州的总体抽样合格比例却一直低于全省。另外，衢州每十万人生产安全事故死亡人数（逆指标）13.71 人，高于（差于）全省 2.29 人。

2."三民工程"vs 行政服务水平。"民情早知道,决策不跑调;沟通有渠道,实事好办了;百姓有困难,干部服务到。"通过多年的试点与实践,2009 年 8 月衢州开始全面推行"三民工程",即建立民情档案、定期沟通民情和为民办事全程服务。虽然"三民工程"服务的重心在农村,但它却是一个缩影,从一个侧面反映出了衢州各级政府主动为民服务的良好形象:行政服务意识增强,服务水平效率提高。反映到考评上来,也同样是衢州山河一片红:行政诉讼案件败诉率(逆指标)4.48%,比全省低 5.94 个百分点;公民权益保障满意度 73.56%,比全省高 0.66 个百分点;民生改善满意度 66.84%,比全省高 0.33 个百分点。

综上所述,浙江省发展方式转变评价的指向非常鲜明,目标是转变发展方式,路径和载体是结构调整,其结构调整的重点主要有两个:一个是经济格局的调整,包括产业结构调整、需求结构调整、创新能力提升、集约节约利用水平提升等等;一个是社会利益分配格局的调整,包括初次收入分配结构的调整、城乡格局的调整、群众生存权与发展权的调整、政府服务与群众诉求满足的调整等等。从《报告》结果和以上分析情况看,虽然衢州目前的发展阶段与浙江省这套崭新的评价体系在许多方面契合度不是很高,一些工作成效在评价中得不到充分的反映,难免有些"吃亏",但我们应该看到今后发展方式转变是一项硬任务,无论经济是否发达,省委省政府对各市的要求和标准是一样的,我们也不可能强调衢州的客观因素,要求省委省政府对衢州网开一面。我们应该从这次评价提供的新视角和新标准出发,更加全面、深刻地理解发展方式的内涵,找到衢州发展方式转变中存在的不足与问题,立足衢州实际,积极主动地进行调整和磨合。不过时间不等人,"十二五"很快就要走过一年了,所以,我们现在不能寄希望于慢慢调、慢慢磨。

二、思考与决断:今后的路怎么走?

今后衢州必须以一种新的发展方式,来实现跨越式发展,需要做的事情千头万绪,那么,衢州发展方式转变的路该怎么走?我们通过对照浙江省发展方式转变评价体系,并结合衢州"十二五"发展规划,对其中关键性的问题进行了分析和思考,我们的思路是:首先,要解放思想,深入思考,掀起"头脑风暴",要跳出原有的思维定式和传统模式,清除头脑中似是而非、有碍发展方式转变的"矛盾论";其次,要迅速付诸行动,要有"不上长城非好汉"的勇气和胆魄,因为发展方式转变是一项周期很长的系统工程,不可能一蹴而就,我们要做好打"持久战"的准备。当前,我们需要重点关注和处理好的,是以下四大关系:

(一) 工业化和服务业化

当前衢州尚处于工业化中期,正是大力推进工业化进程的时期,而省内多数地区已经进入工业化后期，转而进入服务业加快发展的新阶段，因此，省委、省政府的一些重大战略部署和导向倾向于优先发展服务业，今年省委、省政府还专门隆重召开了服务业发展大会，并出台了多个专项措施——将服务业发展成效逐步与财政转移支付挂钩，实施节能目标双控制等，把服务业作为转型升级、发展方式转变的重头戏来抓。浙江省发展方式转变评价体系也同样透露出其中的端倪：加快发展服务业→提高三产比重、提升城市化水平→拉动就业和内需→改善居民生存和发展条件→平衡能源资源消耗水平，已然形成了一条长长的服务业"考评线"。如此一来，又重新勾起了一个许多人心中的疑问：衢州是延续自己的发展轨迹，以加快推进工业化进程为主导呢，还是合上全省的节拍，优先发展服务业？

其实，这是一个认识上的误区，因为工业化本身是一个深刻的社会经济变革过程，并不简单等同于单纯发展工业，特别是新型工业化，它不仅包括工业自身发展方式的变革，也对服务业发展提出了更高的要求，推进新型工业化与加快发展服务业是并行不悖的，走新型工业化道路并不意味着要牺牲发展服务业，或者消极地听之任之，恰恰相反，它需要服务业尤其是现代服务业的配合与支持。我们认为，当前衢州的服务业发展滞后、比重偏低，并不是工业化中期应有的正常现象，其中有客观的"发展阶段性"问题，也有主观的"体制性政策性"的制约因素。从"发展阶段性"问题看，近年来衢州工业发展速度快、效益好，固然可喜，但同时也带来了"服务业发展慢"和"产城脱节"这两个"副产品"。一方面是传统服务业未能融入产业基地，不能实现与城市功能的有效对接，产业园区是"填鸭"式地铺开了，产业的集聚却是见物不见人，以至于上下班"潮汐运动"不断：清晨到园区上班，城市成了"堵城"，夜晚回城市睡觉，园区反倒成了货真价实的"睡城"，不但园区人长期怨声载道，而且还影响到了园区招商引资、企业招工留人。虽然每年全市"两会"都有许多这方面的建议和提案，但基本上改变不大，"涛声依旧"。城市没有产业支撑，即便再漂亮，也只是"空城"，产业没有城市依托，即便再高端，也只能"空转"。城市化与产业化要有对应的匹配度，不能一快一慢，脱节分离。另一方面是现代服务业步履蹒跚，与衢州工业转型升级相适应的现代服务业未能同步跟上。例如园区内金融服务仍然缺位严重，物流业培育多年仍然小打小闹、未成气候。从"体制性政策性"因素看，衢州此前对推进服务发展的重视程度和推进力度还不够大，实际工作中"重工轻商"的思想和做法仍然存在，就连一些基本谈妥的大型现代服务业项目也推进缓慢，有的因为土地、空间规划等难题而搁置。

国务院发展研究中心对外经济研究部最新调查发现，新一轮全球产业转移有个新动向，那就是高端制造业和现代服务业加速向中国转移，这也提醒我们，机会又来了，就看我们能不能早作研究，密切关注，积极跟踪，借好这轮东风，创造后发优势，以加快衢州产业结构调整的步伐。对衢州而言，工业化主导还是服务业化优先？这是衢州与全省所处发展阶段的"错位"所带来的阶段性的"矛盾"，我们要跳出按部就班、本本主义的发展模式，大胆借助先发地区的资源、经验、技术等优势，加速补长服务业短板，让服务业与工业齐飞，实现后发地区弯道超车。

（二）城市竞争和城乡统筹

衢州在"十二五"规划中提出了"两个崛起"之一——加快在四省边际"率先崛起"，这是衢州人心中一个挥之不去的情结，也是衢州人心中怀揣多年的"复兴之梦"。历史上的衢州得益于区位优势，商业贸易发展较早，明清时期商业日趋兴旺。改革开放后，衢州经济进入了商品经济大发展的新时期，尤其是1985年衢州升为地级市后，区位优势进一步得以发挥，省际边界贸易活跃，市场日趋繁荣，衢州的商贸物流中心地位再次得以确立。但是，衢州的传统区位优势是基于空间联系的方便，衢州的商贸繁荣是得益于计划经济时期两头在外的中间贸易，随着交通条件的改变、市场经济的不断发展（如义乌小商品市场的崛起），这种优势正在逐渐丧失，曾经红火的衢州逐渐边缘化了：衢州的人均GDP在1970年只比全省少了2元，20世纪80年代之后与全省水平的差距被迅速拉大，到了2010年，差距扩大到了21558元。之后，边缘化了的衢州曾经多次祭起"建成四省边际中心城市"的旗子，但底气显然不足。如今，"十一五"时期衢州的又好又快发展，重新激起了衢州人的勇气，并十分高调地踏上了"复兴之路"。对衢州来讲，增强中心域市竞争力，加快在四省边际"率先崛起"，已经没有了退路。然而，衢州的"复兴"要面对的不仅仅是周边跨省地区强有力的挑战，而且还要面对省内强有力的"约束"——浙江省提出要在"十二五"全面建成小康社会，已经在大力发展经济强镇的基础上，又陆续推出中心镇和小城市发展战略，以快速补齐农村这块短板。从浙江省发展方式转变评价体系来看，这一点也是毫不含糊的：（中心镇和小城市发展）→城市化水平提升→就业岗位增加、居民收入提高→内需扩大、收入差距缩小→公共服务改善、均等化水平提高，也已然形成了一条环环相扣的"考评链"。

而从衢州情况看，城乡一体化发展的形势仍然比较严峻：县域经济（统计上全部划归农村）基础薄弱，省级重点扶持的欠发达县总共才26个，而衢州6个县（市、区）被全部囊括其中；镇域经济同样山中无老虎，无一镇乡完全符合浙江省小城市试点备选的硬杠杠；农村居民收入全省倒数第二，究其原因，还是镇域经济发展的落后——衢州农村居民在本乡镇地域内劳动得到收入、外出从业得到收入分别是全省的41%、285%，在本乡镇地域内企业中劳动得到收入是全省的20%。另外，衢州城市发展水平横向对比，也不乐观，城市化水平偏低，2010年衢州的城市化率只有44.1%，而且有28万外出人口被其他地方城市化了，他们现在是"少小离家"，将来肯定有很多人是要"老大回"的，是要回到衢州享受公共服务和社会保障的。因此，就算省委、省政府没有统筹部署，加快经济强镇、中心镇以及小城市发展，缩小城乡差距，实现全面小康，也必须是衢州不二的选择。

如此一来，衢州将面临一个现代版的"鱼与熊掌"的两难处境：中心城市间的竞争是自然存在的，你不争，你的资源、人才就会持续流出，你要争，你就必须倾力打造城市高地，最好能够在周边形成"灯塔"效应；而区域内城乡统筹发展，更加需要真金白银。但事在人为，我们要力求跳出"有多少钱就办多少事"的传统模式，全市上下要心往一处想，劲往一处使，激起一股"办多少事就有多少钱"的闯劲，既要高筑"灯塔"，又能戴"链"起舞。一味的按部就班、故步自封，何来跨越？

（三）产业集聚和绿色发展

衢州根据中央和省委要求，综合考虑发展趋势和自身条件，在"十二五"规划中明确提出了"着力'优工'，打造先进特色制造业集聚区"的目标，这与省委、省政府发展产业集聚区的宗旨保持一致。今年，省政府出台了《浙江省产业集聚区发展总体规划（2011—2020年）》（以下简称《总体规划》），提出今后十年全省14个产业集聚区，要作为区域经济发展的新增长点、产业发展的新制高点，并纳入省级战略层面，统筹规划、合理开发、重点培育。同时，省政府还配套出台了一套产业集聚区统计监测评价实施办法，每年考评公布一次成绩"排行榜"。这意味着，产业集聚区将成为承载浙江经济实现发展方式转变宏大蓝图的重要平台，大有破釜沉舟、一展宏图的豪迈气概。产业集聚区的发展，同样涉及浙江省发展方式转变评价的许多方面，尤其是产业升级、科技创新、全球化发展，甚至还有城市化。如果条件成熟，也不排除将来会把产业集聚区的评价结果，作为一个独立的考项纳入发展方式转变评价体系。

衢州绿色产业集聚区是浙江省14个产业集聚区的一份子，肩负着衢州高端发展、创新发展、绿色发展、集群发展的重任，并将成为中心城市重要组团和特色产业配套改革的载体。目前，省内许多产业集聚区建设已经如火如荼地展开了，而衢州却显得有些风平浪静，已经落后在起跑线上，需要奋起直追了。但在加快绿色产业集聚区建设进度的同时，不能"病急乱投医"，而要缜密把脉,严格把关。例如在项目选择上要坚决立足产业高端。我们从发展方式转变评价的结果已经清楚地看到,目前衢州的产业发展相对低端,创新性不强,科技含量不高,外向度偏低,尤其是在引进世界500强和国内具有强大竞争力的企业方面还存在很大差距。这方面省内发达地区的产业集聚区已经给我们提供了很好的样板:全球最大的规划咨询公司——美国AECOM走进了宁波杭州湾产业集聚区;世界最著名的物流研究机构之一、德国最大的应用科学研究机构——弗劳恩霍夫应用研究促进协会旗下的弗劳恩霍夫物流研究院等,选择在嘉兴现代服务业集聚区内开始他们的物联网新历程;在美国纳斯达克上市公司数量居全球第三的以色列基金公司,甚至想参与杭州城西科创产业集聚区的项目建设,帮助引进高新技术企业集群、研发机构、创新团队等。又如在政策导向上要坚决立足绿色发展。发展方式转变评价的结果显示,衢州产业偏重,能源单耗水平高,资源节约利用效率低,生态环境保护压力大,因此我们不能心浮气躁,要摆脱"政绩"冲动,避免初创时期那种"先筑巢,引凤不成养鸡也行"的短视行为,不对伪新兴、伪高科、高消耗、低效能的产业和项目开绿灯,否则,就是再宽的大路也会变成独木桥,再高的平台也会变成洼地。

产业集聚区的规划与发展,为衢州提供了一次宝贵的高端切入、直奔高端的发展良机,我们要力求跳出只有工业化程度达到一定水平才能发展高端产业和产业高端的传统模式,优先配置资源、政策和人力,秉承绿色发展理念,好好把握住产业升级、跨越发展的良机,免走"先跨越、后治理"的老路。

（四）经济实力和幸福指数

衢州市委"十二五"规划建议还提出"群众生活品质实现新提高,打造幸福衢州",强调"城乡居民收入增长与经济发展同步",这是一个令人充满期待的新目标,也是衢州拉高标杆探索社会转型发展的新思路,它一方面体现了衢州发展为了人民、发展依靠人民、发展成果由人民共享的执政理念,另一方面也契合了浙江省发展方式转变评价的内涵:民生投入→就业增加→民生改善,还有公共服务均等、公共安全保障。也许会有人担心:衢州此举,是不是有些好高骛远、自不量力?因为有那么多各方面条件超好的城市都不敢标榜自己是幸福之城。是的,衢州经济还欠发达、实力还不够强,但条条道路通罗马,幸福并不是富人的专利,幸福城市也不是大城市的俱乐部,这也是被实践证明了的现实存在。衢州能够成为全省最安全的城市,那么衢州的幸福指数为什么就不能走在全省前列?显然,我们要力求跳出"以实力论英雄"的发展模式,要敢于创新,敢为人先,探索出一条欠发达地区奔幸福的新路子。

当然,要打造"幸福衢州"也绝非易事,幸福感成为发展目标是好事,但目标如何一步一步落到实处,更为关键。尽管什么样的城市才算是幸福之城,目前世界上还没有定论,但可参考的研究成果仍有不少,其中,加拿大的马克·安尼尔斯基幸福经济学理论认为,一个国家、一个城市要想生活在其中的居民幸福,必须具备 5 种资本,而且这 5 种资本要充裕,配置要恰当。把它当做参照系进行对照,衢州还有很多的短腿需要补长。在这 5 种资本中,首先是人力资本,包括人力资本的层次、结构,而衢州的"人才金字塔"是塔尖过小、塔基过大;其次要有比较好的人造资本,也就是基础建设,这方面衢州"看起来很美",但用起来还有很多的不足;第三个是经营资本,讲的是整体经济发展水平,目前衢州还在发力"两个崛起";第四指的是自然资本,就是自然生态保持的怎么样,这方面衢州既有优势、又有压力;第五是社会资本,强调人与人之间的和谐相处,应该也包括政府的社会管理良好,衢州这方面已有一定的基础。照此看来,衢州要追求成为幸福城市,还有很多的课要补,还有很长的路要走。可能有人会质疑马克·安尼尔斯基"幸福资本论"的权威性,但我们稍加分析就可以发现,它其实也暗合了浙江省发展方式转变评价的内涵:经济实力、人才资源、环境保护、社会公平、管理质量。而且我们发现,衢州以前侧重的是平安,"幸福资本论"注重的是活力,两者合二为一,平安衢州+活力衢州,不是与幸福衢州的内涵更贴近吗?

发展方式转变知易行难,关键在于抓落实,浙江省转变发展方式评价体系的推出,体现了省委、省政府加快发展方式转变的信心与决心,其综合评价的成果运用也比较独特:一是每年由省政府办公厅牵头召开工作例会,对浙江省各地、各部门上一年度发展方式转变进行综合评价和通报;二是纳入省对各市党政领导班子和个人政绩评价体系。可以说,发展方式转变体系也给了我们重要导向:省委、省政府今后关注的不只是经济规模和实力,而是重视各个区域以何种方式在发展。尽管衢州的基础还不够扎实,但我们无须妄自菲薄,而要看到自身优势,充分挖掘潜力,创新发展模式,跳出发展桎梏,坚定树立信心,力争使衢州在"十二五"以及今后一段时期实现发展方式的华丽转身,走到全省前列。正如尚清市长常说的一句话:衢州也许不能成为实力最强的城市,但可以成为最绿色的城市;也许不能成为最富裕的城市,但可以成为最具幸福感的城市。这正是对发展方式转变的高度概括与生动诠释,也是衢州后发崛起的真正内涵。

课题组成员　潘　佶　张良军　周晓燕

附　录

附表1　2007—2010年11地市发展方式转变评价综合指数及排序

	2007年		2008年		2009年		2010年	
	指数	排序	指数	排序	指数	排序	指数	排序
全省	108.8		117.3		124.1		132.0	
杭州	118.3	1	125.9	1	133.1	1	138.8	1
宁波	113.2	2	124.5	2	125.9	3	137.0	2
温州	107.2	5	112.7	7	117.8	8	123.1	9
嘉兴	104.4	8	115.2	6	122.4	5	127.9	5
湖州	106.9	6	112.6	8	121.0	6	126.5	6
绍兴	109.1	4	119.2	4	124.0	4	132.9	4
金华	102.5	9	109.1	9	117.6	9	125.4	8
衢州	96.5	11	106.3	10	114.0	10	120.5	10
舟山	111.2	3	123.6	3	130.1	2	133.4	3
台州	105.6	7	115.4	5	120.4	7	125.8	7
丽水	98.0	10	102.8	11	109.4	11	120.1	11

附表2　2006—2010年发展方式转变分领域水平指数

	2006年	2007年	2008年	2009年	2010年
水平指数	86.8	90.9	97.8	103.9	110.1
①结构优化	83.5	88.2	91.4	93.8	99.7
②创新发展	67.3	72.1	69.2	88.8	90.1
③资源环境	76.6	79.4	100.9	110.0	114.1
④社会公平	98.7	97.4	108.9	111.8	122.7
⑤管理质量	135.7	130.6	134.1	126.6	134.7

附表3　衢州市发展方式转变评价指标数据表

	2006年	2007年	2008年	2009年	2010年
人均GDP(元)	18037	22362	27142	29353	35500
人均地方财政收入(元)	1096	1370	1608	1773	2208
城镇居民人均可支配收入(元)	14541	16388	18069	19539	21811
农村居民人均纯收入(元)	5359	6071	6843	7336	8270
农业标准化生产程度(%)	40.60	46.10	54.00	60.86	62.60
农业组织化程度(%)	46.90	48.10	49.10	51.20	53.00
农业设施化程度(%)	25.70	25.90	27.70	29.10	29.40
高新技术产业总产值占规模以上工业总产值的比重(%)	31.93	33.46	30.59	27.99	29.16
装备制造业总产值占规模以上工业总产值的比重(%)	20.36	22.46	23.31	24.93	25.25
规模以上工业企业总资产贡献率(%)	11.7	12.8	12.8	11.0	12.5
第三产业比重(%)	38.3	37.2	36.3	37.7	36.6
居民消费率(%)	34.76	29.85	27.67	29.76	26.71
城市化率(%)	38.81	40.31	40.99	41.10	44.13
服务贸易出口相当于货物和服务贸易出口的比重(%)					
高新技术产品和机电产品出口占总出口的比重(%)	26.3	32.2	36.5	34.2	30.1
每万人人才资源数(人)	431.90	455.82	519.19	535.86	578.84
平均受教育年限(年)					8.00
R&D经费支出相当于GDP的比重(%)	0.47	0.44	0.45	0.61	0.83
人均教育经费支出(元)	821.19	987.01	1085.53	1266.90	1511.05
商标创建水平(%)	12.53	13.40	13.80	10.93	13.27
商号创建水平(%)	14.16	14.77	15.29	14.77	16.81
企业名牌创建水平(%)	3.81	4.31	3.71	3.64	3.56
每千个国家标准中为主制修订数量(个)			0.2	1.7	0.8
规模以上工业企业主导产品采标率					

续表

	2006年	2007年	2008年	2009年	2010年
互联网用户比例(%)	4.54	5.76	7.23	9.18	11.04
移动电话普及率(部/百人)	27.99	36.82	46.92	52.88	61.08
外资引进相当于GDP的比例(%)	0.75	0.54	0.70	0.68	0.54
对外投资相当于GDP的比例(‰)	0.45	0.08	0.01	1.70	0.62
每亩耕地农业产出率(元/亩)	2499	2639	2806	2904	3123
建设用地集约利用水平			80.39	79.29	82.4
万元GDP能耗(吨标准煤)	1.97	1.88	1.80	1.70	1.66
万元GDP用水量(立方米)	391.22	335.65	290.01	237.74	213.88
工业固体废物综合利用率(%)	98	96.67	96.66	96.68	97.18
环境质量综合评分(%)	98.56	98.33	98.85	97.37	98.85
化学需氧量排放削减率完成任务的比率(%)		14.88	59.53	81.85	106.36
二氧化硫排放削减率完成任务的比率(%)		46.55	76.35	94.97	122.91
氮氧化物排放削减率完成任务的比率(%)					
氨氮排放削减率完成任务的比率(%)					
城乡生活垃圾无害化处理率(%)	49.50	74.25	84.71	89.69	94.52
城乡污水处理率(%)	18.61	21.73	33.36	45.51	50.71
城乡居民收入之比(倍)	2.71	2.7	2.64	2.66	2.64
城镇居民收入基尼系数	0.34	0.34	0.34	0.35	0.34
农村居民收入基尼系数	0.33	0.33	0.32	0.33	0.31
城镇低保标准与农村低保标准比(%)	1.67	1.65	1.67	1.66	1.66
人均民生财政支出(元)	1397	1820	2272	2908	3440
城镇职工及城乡居民养老保险参保率(%)					89.75
城镇职工及城镇居民参加医疗保险参保率(%)			83.68	91.47	96.38
新型农村合作医疗参保率(%)	36.77	90.27	92.55	94.23	94.4
住房公积金参建比率(%)	11.42	3.08	8.78	3.98	7.27

续表

	2006年	2007年	2008年	2009年	2010年
城镇住房保障实施比率(%)	2.64	3.87	6.34	9.86	11.35
每千人医生护士数(人)	2.89	3.00	2.96	3.10	3.68
每千人床位数(床)	2.88	3.09	3.11	3.29	3.47
每百位老人养老床位数(床)	2.36	2.41	2.57	2.6	2.82
全社会从业人员占劳动年龄段人口的比重(%)	77.71	78.86	80.01	81.92	78.71
生产及餐饮服务环节食品抽样检测合格率(%)	85.8	75.6	87.6	87.5	91.2
药品抽样检测合格率(%)			98.8	98.7	93.1
每十万人生产安全事故死亡人数(人)	16.51	15.76	14.98	14.25	13.71
每万人严重刑事案件立案数(件)	3.29	2.85	2.98	2.76	3.05
地方政府性债务债务率(%)	68.1	63.0	60.8	86.9	60.7
纳入电子监测的审批事项比例(%)					
审批效率(%)					
行政诉讼案件败诉率(%)	3.57	18.75	6.9	3.75	4.48
行政复议纠错率(%)					
公民权益保障满意度(%)				63.44	73.56
民生满意度(%)			67.1	69.63	66.84

舟山市人口流动现状与经济影响分析

人口迁移流动是指人口居住地与户口登记地不相一致的现象，简称“人户分离”现象。人口的迁移流动不仅会改变人口的地区分布，而且会改变区域的人口结构。受经济的快速发展、社会转型的加速、城市化进程的推进以及用工制度的改变、公共资源和基础设施的不均衡等诸多因素的影响，人户分离现象越来越普遍。由于迁移流动的主体是经济活动人口，因此人口的迁移流动对区域的经济、社会和人口发展都会产生深刻的影响。本文借助2010年舟山市第六次全国人口普查数据资料，分析舟山市人口迁移流动现状及其对经济的影响，以便正确引导人口的合理流动，更好地服务浙江舟山群岛新区建设。

一、迁移流动现状

近年来，随着舟山船舶修造、港航海运、海洋渔业、海水产品加工等海洋产业和现代服务业的快速发展，市外、特别是省外人口大量流入舟山，市外外来常住人口占比超过两成，即每五个常住人口中有一个来自市外。随着舟山经济发展、城市化进程的加快，加之教育、卫生、文体娱乐等公共资源的不平衡，本市户籍人口的流动亦日趋频繁。人口的迁移流动已对舟山经济和社会发展的诸多方面，如劳动力、性别结构、教育、交通等，产生了正面和负面的各种影响。

（一）人口迁移流动（人户分离）总体情况

1.迁移流入人口和迁移流出人口总量越来越大。据第六次人口普查，以2010年11月1日零时为普查标准时点，舟山以乡镇、街道（为叙述简便，以下均把乡镇、街道简称为“乡”）地域为界的迁移流入人口共49.10万人，其中跨乡的外来常住人口42.41万人，比2000年第五次人口普查（以下简称“五普”）时增长了1.15倍，占全市常住人口的37.8%，比“五普”时上升了18.1个百分点；跨乡迁移流出人口共28.73万人，其中跨乡的外出常住人口27.26万人，比“五普”时增长了54.4%（详见表1）。

表1　分地区人口迁移情况

	舟山市	定海区	临城	普陀区	普陀山	岱山县	嵊泗县
常住人口(人)	**1121261**	**464184**	**55897**	**378805**	**10411**	**202164**	**76108**
总迁移流入(人)	490961	226929	30176	174678	7169	69176	20177
#外来常住人口(人)	424117	197673	26256	148440	6491	61772	16232
1.乡外县内(人)	142113	69896	2657	50964	981	16247	5006
2.县外市内(人)	36526	21106	2951	11186	1054	3158	1076
3.市外外来(人)	245478	106671	20648	86290	4456	42367	10150
#省外外来(人)	213925	88349	17235	77937	3586	39774	7865
总迁移流出(人)	287290	117090	11028	96080	1020	52681	21439
#外出常住人口(人)	272590	110361	10288	91861	943	50694	19674
1.乡外县内(人)	142113	69896	5460	50964	384	16247	5006
2.县外市内(人)	36526	8199	1988	8720	199	14193	5414
3.外出市外(人)	93951	32266	2839	32177	359	20254	9254
#外出省外(人)	55101	20296	1887	19127	230	10249	5429
常住人口净流入(人)	151527	87312	15968	56579	5548	11078	－3442
净流入人口占比(%)	13.51	18.81	28.57	14.94	53.29	5.48	－4.52

以舟山市域为界，全市迁移人口净流入20.37万人。全市市外外来常住人口24.55万人，占全市常住人口的21.9%；外出市外常住人口9.40万人，占舟山户籍人口的9.7%；全市常住人口净流入15.15万人，占全市常住人口的13.5%。

2.除嵊泗外，其他县区人口均进大于出。分县区看，除嵊泗外其他县区无论是迁移流动总人口还是常住人口均表现为流入大于流出。四个县区常住人口净流入占常住人口的比重，定海最高，占18.8%，普陀占14.9%，岱山占5.5%，嵊泗流出人口多于流入人口，其常住人口净流出0.34万人。

分乡镇、街道看，常住人口净流入比重超过10%的共16个，其中超过30%的10个，分别为普陀山镇(53.3%)、城东街道(47.5%)、东港街道(42.0%)、册子乡(37.0%)、盐仓街道(36.3%)、长涂镇(35.7%)、解放街道(34.9%)、沈家门街道(34.3%)、蚂蚁岛乡(31.5%)、勾山街道(30.6%)。常住人口净流出有24个乡镇街道，流出过半的依次为东极镇、白沙乡、登步乡、花鸟乡。

（二）舟山户籍人口的县内跨乡迁移和市内跨县迁移情况

1. 市内迁移流动以县内跨乡流动为主。从户籍地角度看，县内跨乡迁移人口总量 14.91 万人，其中从县内其他乡来常住的 14.21 万人，占 95.3%；在外乡居住但未常住（仍属于本乡常住人口）的 0.69 万人，占 4.7%。分县区看，定海区县内乡外迁移人口占户籍人口比重达到 19.8%，几乎每五个人中有一个人跨乡居住，普陀区占 16.5%；岱山县、嵊泗县活跃度较低，分别占 8.9%和 7.0%（详见表 2）。

表 2　县内跨乡迁移情况（从户籍地角度看）

	户籍人口（人）	县内乡外迁移（人）	外出但未在外乡镇街道常住（人）	跨乡镇街道常住（人）	县内乡外迁移占户籍人口比重（%）
舟山市	**963818**	**149059**	**6946**	**142113**	**15.47**
定海区	373981	73928	4032	69896	19.77
普陀区	320086	52732	1768	50964	16.47
岱山县	190584	16881	634	16247	8.86
嵊泗县	79167	5518	512	5006	6.97

市内跨县迁移人口总量 3.88 万人，其中从其他县区来常住的 3.65 万人，占 94.2%；在外县区居住但未常住（仍属于本县常住人口）的 0.22 万人，占 5.8%。分县区看，常住人口净流入主要是定海区，为 1.29 万人；净流出主要是岱山县，为 1.10 万人；嵊泗县净流出绝对数虽只有四千余人，但占其户籍人口比重也较高（详见表 3）。

表 3　市内跨县迁移情况

	市内县外迁移（人）	（外来总数）		市内县外外来常住占常住人口比重（%）	市内县外迁移（人）	（外出总数）		外出到市内县外占户籍人口比重（%）
		从外县区来但未常住（人）	从外县区来常住（人）			未在外县区常住（人）	在外县区常住（人）	
舟山市	**38769**	**2243**	**36526**	**3.26**	**38769**	**2243**	**36526**	**3.79**
定海区	22705	1599	21106	4.55	8691	492	8199	2.19
普陀区	11597	411	11186	2.95	9431	711	8720	2.72
岱山县	3302	144	3158	1.56	14720	527	14193	7.45
嵊泗县	1165	89	1076	1.41	5927	513	5414	6.84

从具体流向看，来定海的主要是岱山县和普陀区人，来普陀区的近六成是

定海区人，来岱山的也有近六成是定海区人，来嵊泗的主要是岱山县和定海区人；定海区人外出去向近四分之三到普陀区，普陀区人外出超过九成到定海区，岱山县人近七成到定海区，嵊泗县人近三分之二是到定海区的。从绝对人数看，岱山县到定海区的最多，超过 9000 人（详见表 4）。

表 4　常住人口市内跨县流动明细表

	来源（%）				去向（%）			
	定海区来	普陀区来	岱山县来	嵊泗县来	去定海区	去普陀区	去岱山县	去嵊泗县
定海区		41.59	43.78	14.62		74.45	20.30	5.25
普陀区	59.22		31.75	9.04	90.89		8.02	1.09
岱山县	57.19	24.54		18.27	69.50	26.71		3.79
嵊泗县	43.40	9.76	46.84		66.02	21.63	12.34	

从迁移流动人数看，县内跨乡迁移人口是市内跨县迁移人口的 3.8 倍，说明人口的市内迁移流动以县内跨乡流动为主。

2. 市内迁移现象日趋活跃、女性流动人口超过男性。以普查时点对应的 11 月 1 日为每一年的年度分界，离开户籍地满五年不满六年的市内迁移常住人口共 1.30 万人，四至五年的 1.33 万人，三至四年的 1.86 万人，二至三年的 2.41 万人，一至二年的 2.91 万人，半年以上不到一年的 1.88 万人。市内迁移常住人口数量随着迁移时间的远近而增加，说明舟山市内迁移现象正日趋活跃，其中县内跨乡迁移更加明显。

女性流动人口超过男性。县内跨乡迁移人口总量中，男性 7.24 万人，占 48.6%；女性 7.67 万人，占 51.4%。市内跨县迁移人口中男性 1.92 万人，占 49.5%；女性 1.96 万人，占 50.5%（详见表 5）。

表 5　县内跨乡和市内跨县人口的迁移时间情况

迁移时间	县内跨乡迁移（人）			市内跨县迁移（人）		
	合计	男	女	合计	男	女
合计	149059	72409	76650	38769	19183	19586
半年以下（非常住流动）	6946	3238	3708	2243	1184	1059
半年至一年	14552	7007	7545	4252	2225	2027
一年至二年	22415	10819	11596	6695	3278	3417

续表

迁移时间	县内跨乡迁移(人)			市内跨县迁移(人)		
	合计	男	女	合计	男	女
二年至三年	18916	9339	9577	5195	2604	2591
三年至四年	14876	7392	7484	3699	1840	1859
四年至五年	10639	5042	5597	2625	1281	1344
五年至六年	10429	4970	5459	2566	1231	1335
六年及以上	50286	24602	25684	11494	5540	5954

3. 务工经商和拆迁搬家是市内人口迁移的主要原因。县内乡外迁移以拆迁搬家居首，共5.54万人，占总数的37.2%；务工经商2.91万人，占19.5%；随迁家属占14.4%；婚姻嫁娶、学习培训、投亲靠友均为6%多。

市内县外迁移则以务工经商为主，共1.23万人，占31.7%；拆迁搬家(包括购房等搬家)占21.6%；学习培训占11.7%；随迁家属占11.2%(详见表6)。

表6 县内跨乡和市内跨县人口的迁移原因

迁移原因	县内跨乡迁移(人)			市内跨县迁移(人)		
	合计	男	女	合计	男	女
合计	149059	72409	76650	38769	19183	19586
务工经商	29070	17378	11692	12295	7548	4747
工作调动	4695	3269	1426	2014	1371	643
学习培训	9173	4372	4801	4522	2622	1900
随迁家属	21441	7613	13828	4350	1576	2774
投亲靠友	9088	3595	5493	2759	1047	1712
拆迁搬家	55421	29491	25930	8176	4216	3960
寄挂户口	7374	4173	3201	263	143	120
婚姻嫁娶	9311	1059	8252	3473	343	3130
其他	3486	1459	2027	917	317	600

(三) 外出市外(常住)人口情况

1. 外出市外人口约占一成、男性略多于女性。外出市外常住人口9.40万人，占全市户籍人口的 9.7%，其中在市外省内的 3.89 万人，在省外的 5.51 万人。

分性别看，男性占 50.1%，女性占 49.9%，男女性别比(以女性为 100)为 100.2。外出省外的男女性别比为 114.8，比“五普”时下降了 25.8，说明舟山妇女在经济社会活动中日趋活跃。

2. 外出市外人口以年轻人为主、文化程度相对较高。外出市外人口年龄呈年轻化，20—24 周岁组占 27.6%，超过四分之一；25—29 周岁组占 15.4%，15—19 周岁组占 9.0%；15—29 周岁的青年人合计超过一半，占 52%。30—44 周岁占 21.0%，45—59 周岁占 15.9%，0—14 周岁的少年儿童占 5.4%，60 周岁以上老人占 5.6%。这说明外出市外人口主要以劳动力人口为主体，接近九成，而少年儿童与 60 周岁以上老人合占 11.0%。

外出市外人口文化程度相对较高，每千人中具有大专、本科的人数要远远大于全市常住人口平均水平。结合外出年龄看，表明舟山去外市、外省就读大专、本科的年轻人多，而且毕业后在外工作不回舟山的也较多(详见表 7)。

表 7　外出市外常住人口每千人受教育程度情况

	未上过学	小学	初中	高中	大专	本科	研究生以上
全市常住人口(人)	73	304	355	124	59	42	2
外出市外人口(人)	16	144	249	151	233	176	4
#剔除学习培训人员(人)	21	190	328	162	160	99	3

3. 外出市外人口的流向省内较多集中在宁波和杭州两市、省外上海占四成。外出到市外省内的人员中，流向地集中在宁波市和杭州市，分别占 57.7% 和 25.7%，合计超过 80%。其余较多的在绍兴市(3.6%)、台州市(3.2%)、温州市(2.9%)。外出到省外的人员中，超过四成流向上海市，占 43.9%。其余较多的在北京市(9.9%)、江苏省(9.1%)、广东省(7.9%)、山东省(3.5%)。其他各省份均低于 2.5%。

舟山外出市外人口的外出动因是多方面的，主要原因是从事经济活动和学习培训。务工经商占 34.1%，超过了三分之一；学习培训占 25.2%，超过了四分之一。

数据显示，以普查时点对应的 11 月 1 日为每一年的年度分界，从 2005 年到 2008 年外出市外人口逐年增加，其中 2007 年、2008 年均比上年增长了 30%多，2009 年比 2008 年略微下降。由于高校招生数的增加、高考入学学生户籍可以不迁等原因，舟山外出学习培训人口数量呈逐年增加态势，2006 年比上年增长 32.5%,2007 年大幅增长 78.2%,之后增速开始回落,2008 年增长 53.4%,2009 年增长 7.8%。2004 年 11 月以前外出舟山满六年以上的合计占全部外出市外人口的 42.5%(详见表 8)。

表 8　外出市外人口的外出原因和时间状况(%)

	合计	半年至一年	一年至二年	二年至三年	三年至四年	四年至五年	五年至六年	六年及以上
合计	100.0	7.5	12.9	13.0	9.6	7.3	7.2	42.5
务工经商	34.1	2.9	3.3	3.4	2.8	2.5	2.8	16.4
工作调动	4.4	0.4	0.6	0.6	0.5	0.5	0.5	1.4
学习培训	25.2	1.4	6.0	5.6	3.7	2.0	1.5	4.9
随迁家属	8.6	0.6	0.8	0.8	0.7	0.5	0.6	4.5
投亲靠友	5.5	1.0	0.7	0.6	0.4	0.3	0.4	2.0
拆迁搬家	8.4	0.3	0.4	0.6	0.3	0.4	0.5	6.0
寄挂户口	8.0	0.6	0.6	0.7	0.7	0.5	0.5	4.5
婚姻嫁娶	3.9	0.1	0.3	0.4	0.3	0.3	0.3	2.2
其他	1.8	0.2	0.3	0.2	0.2	0.1	0.1	0.7

4.外出市外人口就业主要在批发零售业、制造业和建筑业。根据第六次人口普查 10%抽样长表资料,舟山外出市外人口的就业行业批发零售业居第一,占 24.5%,接近四分之一;其余主要集中在制造业、建筑业、农林牧渔业和住宿餐饮业,分别占 19.0%、15.0%、10.9%和 7.5%;其他各行业均小于 5%,其中交通运输业占 4.1%。

(四) 市外外来(常住)人口情况

1.市外外来人口超过两成、男女性别比严重失调。市外外来人口 24.55 万人,占全市常住人口的 21.9%,其中来自市外省内的 3.16 万人,来自省外的 21.39 万人。

分性别看,男性占 61.9%,女性占 38.1%,男女性别比(以女性为 100)高达 162.3。来自省外的男女性别比为 166.7,2000 年"五普"时为 138.4,说明外省男性流入速度远高于女性。

由于市外外来人口在舟山的区域分布存在明显的经济特征差异,使得其性别比也产生了明显差异,特别是在一些大型船舶修造企业所在的岛屿中男女性别比更显突出。数据显示,市外外来人口超过千人的岛屿中,男女性别比超过200(以女性为100)的有江南山岛(495.5)、册子岛(463.4)、小干岛(457.6)、小长涂岛(428.4)、马峙岛(376.2)、六横岛(289.8)、秀山岛(275.0)、蚂蚁岛(258.6)和鲁家峙岛(220.8)。

2.市外外来人口以青壮年为主、文化程度低。来自市外的外来常住人口以青壮年为主,15—49周岁合计20.84万人,占外来人口的84.9%。其中,最多的是20—24周岁组占17.8%;40—44周岁组占14.3%,35—39周岁组占14.2%,25—29周岁组占12.4%,30—44周岁组占11.7%,45—49周岁组占7.9%,15—19周岁组占6.7%。这表明20—45周岁的壮劳力占了外来常住人口总数的七成。0—14周岁的少年儿童占8.9%,50—59周岁占4.7%,60周岁以上老人占1.5%。

随着农村剩余劳动力的转移,来自农村的农业人口成为我国流动人口的主力军。数据显示,市外外来常住人口中91.8%的人是来自农村地区的农民,文化素质较低,初中及以下的人口占83.7%,其中初中11.87万人,占48.4%;小学6.78万人,占27.6%。高中1.97万人,仅占8.0%,大学(指大专以上)2.04万人,占8.3%。市外外来常住人口中具有大学程度的大部分为在海洋学院、海运职业学院学习的大学生。市外外来常住人口文化素质较低,但人数占到舟山常住人口的两成以上,由此也在一定程度上影响了舟山人口的整体文化素质(详见表9)。

表9 市外外来常住人口每千人受教育程度情况

	未上过学	小学	初中	高中	大专	本科	研究生以上
全市常住人口(人)	73	304	355	124	59	42	2
市外外来人口(人)	34	276	484	80	38	44	1
#剔除学习培训人员(人)	35	288	507	83	27	13	1

3.市外外来人口以安徽、河南两省居多。从来源省份看,安徽省居首位,占32.3%;其次是河南省,占14.1%;再次是浙江省其他各市,占12.9%;其余依次为四川省、江苏省、湖北省、湖南省、江西省、山东省、贵州省,占比从6.1%到3.2%不等。

浙江省内各市,主要来自台州市和宁波市,分别占市外省内外来人口的25.2%和24.2%,占比超过5%的还有温州市12.4%、杭州市8.5%、绍兴市8.0%和金华市6.6%(详见表10)。

表 10 市外外来人口最多的十个省

省份	外来人数（人）	男（人）	女（人）	省份	外来人数（人）	男（人）	女（人）
1.安徽省	79273	47381	31892	6.湖北省	12099	7253	4846
2.河南省	34664	23225	11439	7.湖南省	9677	5141	4536
3.浙江省	31553	18179	13374	8.江西省	9356	5584	3772
4.四川省	14963	8626	6337	9.山东省	8085	6216	1869
5.江苏省	14663	11213	3450	10.贵州省	7873	4547	3326

从外来常住人口在舟山的分布看，约五分之四集中在市辖的两区，其中定海区 10.67 万人，占 43.5%；普陀区 8.63 万人，占 35.2%；在岱山县的 4.24 万人，占 17.3%；在嵊泗县的 1.02 万人，占 4.1%。分乡镇街道看，分布从高到低的前十位依次为沈家门街道（15.6%）、城东街道（11.3%）、临城街道（8.4%）、高亭镇（6.0%）、六横镇（6.6%）、长涂镇（4.6%）、勾山街道（4.6%）、盐仓街道（3.9%）、解放街道（3.4%）、金塘镇（2.9%）。

4.市外外来人口多数来舟山务工经商。舟山市外外来人口的外来动因非常明显，主要是从事经济活动，务工经商占比高达 71.5%。加之舟山生活环境、教育医疗卫生条件的吸引，由此带动随迁家属的外来，随迁家属占 13.2%。学习培训占 5.0%，主要是海洋学院和海运职业学院的学生。

从外来（或离开其户籍地）时间看，以普查时点对应的 11 月 1 日为每一年的年度分界，离开其户籍地满五年不满六年的 1.57 万人，占 6.4%；四至五年的 1.69 万人，占 6.9%；三至四年的 2.33 万人，占 9.5%；二至三年的 3.16 万人，占 12.9%；一至二年的 4.37 万人，占 17.8%；半年以上不到一年的 5.69 万人，高达 23.2%。离开其户籍地六年以上的合计为 5.73 万人，占 23.4%（详见表 11）。

表 11 市外外来人口的外来原因和和时间状况(%)

	合计	半年至一年	一年至二年	二年至三年	三年至四年	四年至五年	五年至六年	六年及以上
合计	100.0	23.2	17.8	12.9	9.5	6.9	6.4	23.4
务工经商	71.5	17.8	11.4	8.3	6.0	4.8	4.8	18.3
工作调动	3.9	1.5	1.3	0.5	0.2	0.1	0.1	0.2
学习培训	5.0	0.2	1.6	1.3	1.2	0.4	0.1	0.3

续表

	合计	半年至一年	一年至二年	二年至三年	三年至四年	四年至五年	五年至六年	六年及以上
随迁家属	13.2	2.6	2.4	1.9	1.4	1.1	1.0	2.8
投亲靠友	3.3	0.7	0.7	0.5	0.4	0.3	0.2	0.6
拆迁搬家	0.9	0.1	0.1	0.1	0.1	0.1	0.1	0.3
寄挂户口	0.1	0.0	0.0	0.0	0.0	0.0	0.0	0.0
婚姻嫁娶	1.6	0.1	0.2	0.2	0.2	0.1	0.1	0.6
其他	0.5	0.1	0.1	0.1	0.0	0.0	0.0	0.2

5. 市外外来人口近半在制造业就业。外来人口的劳动就业对舟山的经济发展具有明显的积极作用。

根据第六次人口普查10%抽样长表资料，舟山市外外来常住人口的就业行业主要集中在制造业，占48.8%，接近二分之一，主要是由于近年来舟山船舶修造业的迅猛发展；超过5%的行业有建筑业占14.1%、批发零售业占10.1%、住宿餐饮业占7.0%、农林牧渔业占5.6%；其他各行业均小于4%，其中交通运输业占3.4%、居民服务和其他服务业占3.2%。

据10%抽样长表资料，市外外来常住舟山的就业人口，其职业主要是生产运输设备操作人员及有关人员，占58.2%；其次是商业服务业人员，占23.4%。但也有部分人员经过自身创业等原因成为了单位负责人，部分高学历来舟山人员担当起了专业技术人员的担子(详见表12)。

表12　市外外来就业人口的职业情况

	合计	单位负责人	专业技术人员	办事人员和有关人员	商业服务业人员	农林牧渔水利业生产人员	生产运输设备操作人员及有关人员	其他人员
舟山市(人)	17958	195	591	416	4205	2100	10449	2
比重(%)	100	1.1	3.3	2.3	23.4	11.7	58.2	0.0

注：数据取自人普10%抽样长表资料。

6. 来自省外的迁移流入人口明显大于市外省内。除市外外来常住人口外，来自市外不满半年的非常住人口有5.77万人，其中来自市外省内的0.94万人，来自省外的4.83万人。

加上常住人口，舟山来自市外的迁移流入人口总数为30.31万人，其中来自市外省内的共4.09万人，来自省外的共26.22万人，来自省外的迁移流入人口是市外省内的6.4倍。

二、迁移流动人口对舟山经济发展的影响

人口的迁移流动会产生多方面的影响和效应，如经济效应、社会效应、人口发展效应、生物效应、环境效应等等，本文主要分析迁移流动人口对舟山经济发展的影响效应。

（一）迁移流动人口的正效应

1.促进了劳动力资源的合理配置。舟山市外外来常住人口中91.8%的人是来自农村地区的农民，舟山户籍外出市外常住的人口中近三分之二是农民，舟山户籍市内跨县流动人口中也有近三分之二是农民，因此人口迁移流动既及时转移了农村的剩余劳动力和新增劳动力，又满足了城镇对劳动力的需求。以我国现行劳动法规规定的男16—59岁、女16—54岁为劳动年龄人口的划分标准，2010年普查时点全市劳动力资源人口78.16万人，其中城区35.77万人，占45.8%；镇区15.62万人，占20.0%；乡村26.77万人，占34.2%。这表明农村劳动力的转移促进了舟山的城镇化，使城镇劳动年龄人口资源丰富，从而有利于促进劳动力市场的发展与完善，建立公开、公平的市场竞争机制。

2.减轻了社会抚养压力、促进了经济发展。人口抚养系数是指人口中处于被供养年龄（一般指15岁以下和65岁以上）的人口与处于劳动年龄（15—64岁）人口的比，也被称为人口抚养比。其中15岁以下人口与15—64岁人口的比值，称为少儿抚养比；65岁及以上人口与15—64岁人口的比值称为老年抚养比。

计划生育政策的持续实施降低了生育率，带来了较低的少儿抚养比，而外来年轻劳动力的持续大量流入延缓了舟山老龄化的速度，使得舟山现在仍处于一个劳动力资源相对丰富、少儿与老年抚养负担相对较轻的“人口红利”窗口期，有力地促进了近些年舟山经济的快速发展。“六普”数据表明，舟山市常住人口的总抚养系数为26.09%，即每100名劳动年龄人口需要负担26名被供养年龄人口，比“五普”时下降了6.54个百分点。从全省比较看，舟山人口总抚养系数低于全省的29.11%，略高于杭州、宁波两市，低于全省其他各市，人口抚养压力相对较轻。

3.为各行业提供了大量体力型劳动力。外来劳动力大多来自农村地区，比较能吃苦，对就业岗位的要求相对不高，在一些本市劳动者不愿从事的重、脏、累、险的工作岗位上补充了相对廉价的劳动力，缓解了低端劳动岗位就业不足的矛盾，调剂了劳动力的余缺，对舟山的经济发展具有明显的积极作用。

据第六次人口普查10%长表抽样资料，市外外来就业人口在制造业行业

门类就业人口的占比达到 48.1%，即每 100 个制造业人员中有 48 个来自市外，几乎接近一半，其中在船舶修造行业中类中，市外人口占了 69.0%；在传统的舟山海水产品加工行业中类中，市外人口占了 44.5%。在文体娱乐业、住宿餐饮业、建筑业、居民服务与其他服务业的比重都超过 30%，分别为 42.8%、38.8%、37.7%和 32.4%，其中在餐饮业行业大类中，市外人口占了 46.1%。在采矿业、批发零售业的比重为 24.9%和 19.3%。

分职业看，市外外来就业人员占了体力型就业人员的 32.5%，特别是在体力活重的"生产、运输设备操作人员及有关人员"中占到 42.8%，而智力型仅占 8.4%（详见表 13）。

表 13　分职业市外外来常住人口就业比重

职业	比重(%)
合计	27.23
智力型	8.38
国家机关、党群组织、企业、事业单位负责人	9.56
专业技术人员	8.71
办事人员和有关人员	7.54
体力型	32.47
商业、服务业人员	24.28
农、林、牧、渔、水利业生产人员	21.26
生产、运输设备操作人员及有关人员	42.83
不便分类的其他人员	22.22

4. 促进了流通和消费，繁荣了市场。一方面，外来人口的流入促进了人口集聚与城镇化水平，从而促进了商品的流通与消费。尽管以省外为主的外来人口消费水平普遍偏低，但人口总量大，因此有力地促进了市场繁荣，特别是农产品市场和低端消费品市场的发展。另一方面，许多外来人口艰苦创业，开店设摊，经营批零贸易、餐饮、居民服务和其他服务业，大大方便了人民群众的日常生活，也促进了舟山第三产业的发展。

（二）迁移流动人口的负效应

1. 对舟山本地劳动力就业带来一定压力。外来人口尤其是外省人口对劳动岗位和报酬要求相对较低，而且具有吃苦耐劳的精神，相比本市户籍的劳动就业和用工有一定的比较优势，因此给舟山本地劳动力就业带来一定的冲击，尤其是那些文化程度和技能要求低的行业，使本市劳动力处于一种起点不同的竞争状态，就业难度增大。

据第六次人口普查10%长表抽样资料，舟山15周岁以上常住人口的劳动参与率为68.6%，失业率为3.2%；市外外来常住人口的劳动参与率为85.5%，失业率为2.1%，其参与劳动的比例远高于全市平均水平，失业率低了1.1个百分点；而户籍人口的劳动参与率为64.3%，失业率为3.8%，其中户籍城镇人口的劳动参与率为63.7%，失业率为3.8%。

2.低素质外来劳动力不利于经济转型升级。在市外外来的24.55万人口中高中仅占8.0%，大学(指大专以上)仅占8.3%。如果剔除来高校学习培训的人口，大学仅占4.1%。占常住人口两成以上的市外人口在一定程度上影响了舟山人口的整体文化素质，进而影响到人力资源的质量水平，不利于舟山经济的转型升级，更不利于浙江舟山群岛新区未来的建设和发展。

3.高素质劳动力流出对县域经济已造成不利影响。从表1人口总量看，嵊泗县常住人口净流出，岱山县常住人口净流入1.1万人左右，但主要是依靠近年来船舶修造行业的大发展。从进出人口的文化素质分析，除定海区外，岱山县、嵊泗县大学(指大专以上)和高中文化程度的劳动力资源绝对数均呈现为净流出状态，普陀区大学程度劳动力呈净流出而高中呈净流入。从10%长表抽样调查职业构成分析，岱山县智力型外出就业人员占外出就业人员比重超出定海、普陀两区7个多百分点，嵊泗县超出2个多百分点。岱山县职业为“国家机关、党群组织、企业、事业单位负责人”的外出人口占比高出全市平均水平10.7个百分点，“办事人员和有关人员”占比高出全市平均水平3.7个百分点。高素质劳动力与第三产业发展关联度大，因此高素质劳动力的流出对县域经济特别是对第三产业造成一定的不利影响。以岱山县为例，据2010年人普10%长表抽样测算，其第三产业从业人员比重为33.6%，比其他县区低15个百分点以上，其同期第三产业增加值比重仅为28.9%，比其他县区低14个百分点以上。

三、对策建议

1.合理控制人口、加强人口管理。面对浙江舟山群岛新区建设的新情况、新形势，要科学规划舟山人口规模和素质层次，既满足劳动力增长的需要又要防止外来人口的无序增长。这是因为：一是人口发展要与经济、社会发展和资源环境相协调。舟山人口密度大，每平方公里778人，比全省平均多253人，仅次于嘉兴位列第二，而传统型资源少。虽然在经济全球化时代，资源实际上是没有国界和省界的，可以在全球全国范围流动配置，但有些资源的地域性很强，如舟山的人均水资源仅 777.9 立方米，远远低于全国、全省水平，列全省末位，短时期内人口大量流入将大大增加资源承载压力。短期内人口如果大量无序流入，还会造成对交通、教育、医疗卫生、房地产、生活安全、环境等公共资源、公共服务的巨大压力。二是新区建设将提供更多的创业、就业机会，有可能吸引外来人口继续大量流入，短时期内可能造成劳动密集型企业的较快发展，但随着我国经济社会和人口发展，“人口红利”会逐渐消失，将对劳动密集型企业的稳定可持续发展带来冲击，因此要提前防范。三是如果人口大量无序流入，将给舟山城市承载力、社会管理带来巨大压力。随着时间推移，老龄化程度不断深入，社会抚养负担会相当沉重，目前的“人口红利”终将变成人口负债。

鉴于舟山户籍人口已经处于负增长，加上独生子女计生政策不会完全放开，因此，建议将外来流动人口的发展战略和管理策略纳入整个经济社会发展战略和政府工作重点，既做到合理有序调控劳动力总量又切实加强对他们的管理，避免外来人口无序大量流入、男女性别比严重失调和民族人口集聚等可能出现的社会问题。

2. 在适当发展劳动密集型产业的同时抓转型、促升级。在新区的感召和影响力下，未来近十年外来人口还可能大量流入舟山，可以充分利用本时期劳动力要素的相对优势和“人口红利”期继续发展好劳动密集型产业，大力发展第三产业特别是新兴服务业，注重发展生活服务业以提高居民生活质量并积极应对人口老龄化的深度发展。

与此同时，要高起点谋划，抓好经济发展的转型升级。经济转型升级已经不单纯是我国沿海地区未来经济如何发展的问题。我国计生政策实施三十年来，少儿人口大幅减少，老龄化程度不断加深，“人口红利”期将逐渐消失，劳动力资源总数将会减少，因此经济发展的转型升级实际上是未来人口发展的内在本质要求。浙江舟山群岛新区的建设要走海洋综合开发利用的路子，在坚持科学发展、可持续发展的前提下大力发展海洋经济，改变 GDP 粗放型增长发展的方式，依靠科技创新大力发展高新技术产业，逐步实现由劳动密集型、资金密集型为主向科技密集型、高新技术型为主的升级转变。

3. 引进人才、强化教育培训，提高人力资源素质。人是最活跃的劳动要素，人才资源是最宝贵的资源，经济竞争归根到底是人才的竞争。新区建设要始终坚持把吸引人才、用好人才作为一项重大的战略任务来切实抓好。在大力引进领军型人才、高素质人才同时，要建立有利于优秀人才脱颖而出的有效机制，形成尊重知识、尊重人才、鼓励创业、鼓励创新的社会氛围。

新区建设需要有大量的高素质劳动力，因此，一是要抓好教育，二是要强化职业培训，三是要优化环境加大吸收引进力度，四是要挖掘渔农村劳动力的潜力，以提高人口的文化素质、劳动者的技能素质，培育一大批具有丰富理论知识和较强实践能力，生产、管理、建设、服务第一线所需的高端劳动力。

4. 软硬兼修，优化服务，加快集聚。完善人才和劳动力市场，充分利用计算机技术和网络技术完善市场功能，规范市场行为，构建高效实时、免费开放的劳动力需求库，促进人才和劳动力的有序流动，最大限度发挥信息网络作用。加强人力资源管理，构建人力资源动态数据库系统，转变和深化用人观念，努力做到人尽其才、人尽其用，着力解决人力资源的结构性失调、地区分布失调等问题，满足劳动力的多层次需要。

完善办证中心服务功能，树立高效服务、优质服务意识，提高办证工作效率和效果质量，为企业发展和人口发展服务，促进劳动力供给的稳定。

大力推进城镇化建设，这是加快建设舟山群岛新区、发展舟山经济的必然要求。一是要以保障经济、社会、生态可持续发展为目标，明确城市分区功能定位，在做好定海、普陀、新城三组团建设的同时大力推进中心城区一体化进程，增强中心城区集聚、辐射、人居、服务、创新等功能。二是要优化群岛空间布局，按照人口集聚、产业集约的发展原则，不断推进中心镇建设，逐步完善城镇功能使小城镇发展充满活力。三是要科学配置要素资源，进一步加快融入长三角经济圈，积极引导要素集中、企业集聚、产业集群，促进城、港、岛、桥的联动开发。四是要完善公共设施配套建设，加快改善交通、电力、供水等重大基础设施和教育、通讯、市场、卫生、环境等公共设施，切实提高资源、环境、公共设施等对人口的承载能力，促进人口与经济、社会的和谐发展，切实提高居民生活的质量。

发达国家和地区物流发展对台州物流业的启示

随着世界经济的快速发展和现代科学技术的进步，物流产业作为国民经济中一个新兴的服务行业正在全球范围内迅速发展。物流业是国民经济发展的动脉和基础产业，是经济发展的加速器。美国、德国、日本这些经济发达的国家和中国香港、新加坡等发达的城市在物流发展方面已经走在了世界的前列，他们不论在产业规划布局、物流硬件设施建设方面，还是在物流信息网络建设和规范化管理方面，都为台州的物流发展提供了很多可借鉴的经验。

一、物流的含义

物流概念起源于美国，后经日本传入我国。我国自 20 世纪 80 年代引进"物流"概念和相关理论。国家质量技术监督局发布的《中华人民共和国国家标准物流术语》将物流解释为："物品从供应地向接收地的实体流动过程。根据实际需要，将运输、储存、装卸、搬运、包装、流通加工、配送、信息处理等基本功能实施有机结合。"人类社会自从有了经济活动开始就有了物流，汽车、火车等交通运输工具的普及推动了物流的发展。在经济发展的前期，物流主要还是生产和销售企业自行承担，以内部自营为主，鲜有独立的物流企业。随着产业分工的细化，越来越多的企业出于集中精力搞好主业、降低运输成本的需要，把原属于自己处理的运输活动分离出来委托给专业的物流服务企业来承担，这种独立的物流活动就是所谓的第三方物流。

目前物流不仅跟每个产业活动都有联系，而且已经渗透到城乡居民的实际生活中，平时我们经常接触的邮政、快递、搬家服务等，都属于第三方物流的范畴。在美国和德国，其国内 60％以上的物流量是通过第三方物流服务提供商来完成的，日本的物流市场化程度最高，第三方物流完成的物流量达到了 80％。

20 世纪 90 年代以来，随着电子技术及计算机的普及，信息、通讯网络技术在物流中得到广泛应用，现代物流逐步展现在人们眼前。现代物流不仅利用信息和网络技术，还采用了现代组织和管理方式，将货物流动所涉及的运输、仓储、加工、配送、信息等环节进行整合和一体化管理。与传统物流相比，发展现代物流业，能扩大企业的利润空间，同时提高企业竞争力。

二、发达国家和地区在发展物流方面的主要做法

美国、德国、日本、新加坡、中国香港等这些经济发达的国家和地区，是发展物流业最早、物流市场发育最成熟的国家和地区，他们的物流业占国内生产总值的份额都相当大，物流管理、物流技术和物流专业化水平都相当高。学习借鉴发达国家和地区在发展现代物流、建设物流中心过程中的经验，对于台州大力发展现代物流业具有重要意义。

（一）利用独特地理优势获得物流发展先机的中国香港和新加坡

中国香港地处亚太地区中心，与美国的旧金山、巴西的里约热内卢并称为世界三大天然良港，香港利用其独特的港口优势，以中国内地特别是经济发达的珠江三角洲为腹地，依托中国内地，连接欧美，面向东南亚，重点发展占其港口吞吐量83%以上的中转货运物流，把香港建设成为虚拟供应链控制中心，使香港物流业的覆盖面遍及整个内地，香港已经成为世界著名的港口物流中心。

新加坡在世界地图上只不过是个"小红点"，但其地处马六甲海峡出入口的战略要地，是亚洲重要的航运中心。新加坡较好利用了良好的地理条件，充分发挥其强大的物流发散和辐射功能，积极发展现代物流业，成为亚洲乃至国际性的区域物流中心。目前，世界顶尖的50家第三方物流公司，有超过一半在新加坡设立亚洲总部，物流业已经成为新加坡的支柱产业。

（二）对物流发展实行统筹规划的日本和德国

日本是一个政府主导型的市场经济国家，政府在现代物流发展中发挥了重要的作用，使日本在不太长的时间内就成为物流发展的先进国家。日本政府考虑到其国土面积较小，国内资源和市场有限，商品进出口量大等因素，对全国的物流布局进行了全面的规划。首先，政府在城乡接合部、港口、主要公路枢纽等地选择合适的地块作为建设物流园区的选址。其次，将园区内的地块出售给各个不同类型的物流行业协会，协会以股份制的形式在其内部会员中招募资金，用来购买土地和建造物流设施，同时成立专业公司来负责此项工作。再次，政府对已确定的物流园区积极加快交通设施的配套发展，在促进物流企业发展的同时，促使物流园区的地价升值，使投资者能得到回报。最后，各个协会的专业公司则根据当前本行业的实际需求在物流园区内统一规划建设物流设施，建成后由专业公司负责管理。

德国是欧洲物流业发展最好的国家。德国政府注重物流的发展规划、建设和协调工作，在统筹考虑交通干线、运输枢纽规划的基础上，通过对经济布局、物流现状进行调查，根据各种运输方式衔接的可能性，在全国范围内对物流园区的布局、用地规模与未来发展进行合理科学的规划。各州政府和地方

政府围绕着规划中的物流中心，积极做好选址、征地工作，并负责物流中心地面以下的基础设施建设以及连通物流中心的道路、铁路的建设。同时，通过政策调整、引导企业从事专业物流业务，为物流企业提供一个良好的经营环境，同时也创造了可观的经济与社会效益。

（三）基于发达交通网络的美国和德国物流业

美国物流的发达，相当程度上要归功于其密集而先进的综合交通网络。美国完善的运输系统不仅体现在运输方式多，技术水平高，更体现在充分利用各种运输方式相互连接的优势，货物在物流过程中广泛实行转运、联运，节约了运输时间和运输费用，有效提高了运输效率。美国航空运输几乎占全球的一半。全球前十大货运机场中，美国占 5 个，前 20 大货运机场中，美国占 9 个。美国海运和内河运输也很发达，洛杉矶港、纽约港等都是世界大港，美国内河运输总长度约 30 万公里，全球最长。美国国内高速公路占世界高速公路总长度的一半，任何一个地区，甚至是相当偏僻的山区，都可以方便地利用高速公路来实现出行目的。铁路在美国货物运输中发挥着重要作用，美国拥有的铁路占世界铁路总长的 35%左右，其货运量约占美国社会总货运量的三分之一。

德国是当今世界现代物流最为发达的国家之一，拥有现代化的物流基础设施网络。德国政府在物流基础设施的网络化上做了大量的工作，所有的运输基础设施均由政府投资建设。德国拥有世界上最密集的汽车公路网，德国的高速公路成网，又与欧洲的高速公路连通。铁路网密集，通达欧洲各大城市。水运资源整治合理，利用充分，如莱茵河运量胜过十多条高速公路或十多条铁路。天然河流和人工运河形成网络，通达各个城市港口，又与国际大港相连。德国政府要求物流中心紧临港口，靠近铁路货运站，周围有高速公路网，物流中心内至少有两种以上运输方式的连接。优越的交通运输环境为德国物流的发展提供了良好的基础条件。

（四）重视物流学习和培训的日本和美国

日本在经济恢复过程中，十分重视学习美国先进的技术和管理经验，他们从美国引进了先进的搬运技术和设备，物流技术从此得到广泛的应用，加之他们非常重视物流的研究，从而在进入 20 世纪 70 年代后，日本在物流技术和管理方面开始走在了世界的前列。日本物流业除了积极向他人学习借鉴之外，还非常重视自身的科学研究。他们成立了物流研究所、物流学会等机构，组织各方面专家、学者和物流企业，对共同关心的物流问题进行理论与实际应用的研究。为了提高全社会的物流意识，他们召开全国乃至国际会议，提高物流科学研究和管理水平，取得了良好的社会效益。日本除了在有关的大专院校设有物流课程、培养高级物流管理人才外，还有群众学术团体为社会培养一般的专业技术人才。如日本物流管理学会和日本物资流通协会定期举办物流大型讲座，为社会培养了大批物流管理人才。

在美国，从企业、物流协会、学校到政府，都注重对物流人才的培训，形成一种多层次、多渠道、适应市场需要的物流人才培训机制。最直接的物流人才培训来自企业本身，具有一定规模的物流企业都有自己的培训机构，负责对新员工和管理人员进行物流知识和技能的培训。有的企业还选派员工到大学深造，或与大学联合办学，对有意进入该企业的学生进行预培训，或通过半工半读形式培养物流人才。美国的各物流行业协会很重要的一项业务就是进行物流人才培训，如美国物流管理协会是全美影响最大的国际性物流协会，会员超过1万人。该协会给自己确定的三大任务分别是：一是为物流专业人士提供互相交流的机会，以提高其物流管理技能；二是对物流研究给予指导和鉴定；三是帮助人们提高物流对企业和经济发展重要意义的认识。许多大学都设有物流管理专业，更多的大学开设物流专业课程，这是培养物流高级专业人才的主渠道。此外，一些中学特别是职业技术学校也开设物流课程，培养初级的物流从业人员。政府对物流人才培训也很重视，除了提供资金鼓励大学开设物流专业和物流课程外，有的地方政府还为大学和企业合作培养物流人才提供了条件。

（五）服务高效周到的新加坡物流业

新加坡能吸引大量的物流企业，并非单靠地理位置的优势，处在同样位置的马来西亚、印尼，他们的物流业却并不发达，新加坡的物流业是有其过人之处的，其主要表现是物流服务效率高、服务专业性强、服务周到细致等。(1)新加坡樟宜国际机场是一个24小时运作的自由贸易区，提供了所有装卸航空货物所需的设备，从飞机卸下的货物送到收货人手里，前后只需一小时。(2)新加坡在全国范围内建立了贸易网，实现了无纸化通关，贸易审批、许可、管制等流程可以通过一个电脑终端即可完成，一个货柜到达港口，从通关到装上运输工具，只需要15分钟。(3)新加坡港口、机场附近均设有自由贸易区（保税区）或物流园区，提供集中的物流服务，在园区内就能找到运输、仓储、配送等各个环节的专业物流商，大大减少了客户的服务等待时间。

三、未来物流发展的三大趋势

发达国家和地区物流发展的今天，就是台州物流发展的明天，从当前发达国家和地区物流发展的新情况来看，未来物流发展将呈现出信息化、标准化和专业化的趋势，信息化、标准化和专业化将成为区别现代物流与传统物流的主要标志。

（一）信息化

由于物流管理的基础是物流信息，是用信息流来控制实物流，因此信息化水平的提高对于提高物流运作效率、管理质量和水平具有重要意义。在发达国家和地区中，几乎所有的物流企业都是凭借现代化的信息和网络技术，建立了发达的物流信息系统。美国物流企业普遍采用条形码技术和射频识别技术，提高信息采集效率和准确性；采用基于互联网的电子数据交换技术进行企业内外的信息传输，实现订单录入、处理、跟踪、结算等业务处理的无纸化；广泛应用仓库管理系统和运输管理系统来提高运输与仓储效率。

（二）标准化

物流标准化包括物流企业内部设施、机械装备、专用工具等的技术标准，包装、仓储、装卸、运输等各类作业标准以及作为现代物流突出特征的物流信息标准等。物流标准化可以实现不同运输方式之间的无缝连接，提高作业的效率，降低物流的成本。在德国，物品无论是进入工厂、商店、建筑工地，还是仓库、码头、配送中心等，都普遍实现托盘标准化、集装箱标准化、运输工具标准化。美国行业协会在物流标准的制定方面发挥了重要作用，在条形码、信息交换接口等方面建立了一套比较实用的标准，使物流企业与客户、分包方、供应商更便于沟通和服务，物流软件也融入了格式、流程等方面的行业标准，为企业物流信息系统的建设创造了条件。

（三）专业化

物流市场竞争的加剧带来物流企业向个性化发展的趋势，主要表现为传统服务的整合和专业化服务的创新。物流企业为了提高服务质量，会越来越注重为客户提供专业化和个性化服务，提供个性化的物流解决方案，以满足不同客户的需求。美国目前第三方物流的作用已从单纯的提供运输、仓储等功能性服务向提供咨询、信息和管理服务，为客户提供改进价值链的解决方案，与客户结成风险和利益共享的战略合作伙伴关系等延伸。

四、当前台州物流发展存在的主要问题

近年来，台州物流业虽然得到了较快发展，但就总体而言，物流活动还处于由传统物流向现代物流转型的起步阶段，与发达国家和地区的物流发展水平相比还有很大的差距，发展的总体水平不高，存在的制约因素较多，主要表现在以下几个方面：

(一) 物流业发展面临周边发达城市的竞争压力

在物流发展方面,台州面临杭州、宁波、温州和金华等周边城市快速发展的竞争压力。《浙江省"十二五"物流业发展规划》把杭州、宁波—舟山、金华—义乌和温州定位为浙江省四大物流枢纽,而且,杭州和宁波是两个全国性的物流节点城市,台州只是一个区域性的物流节点城市,台州物流发展受上级政府和部门的政策、资金支持机会可能比较少。特别是港口物流方面,面临上海、宁波、温州等港口的强大竞争压力,由于高速公路的通畅便利,台州对外出口的商品大部分都要经由宁波和上海港口发往世界各地,台州港口得不到充分开发,港口物流发展空间受到挤压。

(二) 物流基础设施配套比较滞后

虽然台州已经形成了公、水、铁、空四位一体的立体交通网络,但物流必需的交通网络还不够完善。路网方面,与周边的发达城市相比,台州的公路设施配套仍比较滞后,高速公路已滞后于台州的经济发展,目前,主干线甬台温高速公路台州段车流量已处于饱和状态。2010 年,台州每百平方公里高速公路里程数为 2.91 公里,分别比宁波和嘉兴的少 1.01 公里和 6 公里。铁路方面,台州虽然于 2009 年开通了动车,但货运的作用未能充分发挥。航空方面,台州路桥机场航班少、机型小、票价高,而且经常出现航班延误等情况,与周边的杭州、宁波、温州机场相比缺乏竞争优势,2010 年全年航空货运量仅为 32.28 万吨,只有温州机场的 11.5%。港口方面,目前台州港口物流逐渐饱和,港口潜力仍待进一步挖掘,难以适应船舶大型化和集装箱化发展的要求,2010 年港口货运量和嘉兴港差不多,相当于温州港的 73%,只有宁波—舟山港的 7.4%,2005 年以来,台州港口吞吐量年均增长 10.8%,低于全省平均增速 1.7 个百分点,海运大市的优势尚未全面发挥。

(三) 物流园区缺少统一的规划

从全市来看,虽然台州对物流主要节点布局、功能定位和建设规模进行过规划,但在具体操作中,不少物流园区建设与城市规划、交通规划、土地利用规划脱节。现在许多地方政府都把建设物流园区作为发展当地经济的一个重要内容进行规划,而不是从本地区的产业、市场和交通条件出发,盲目上马,重复建设,这在一定程度上造成了各类物流园区在功能定位上存在交叉、相互关系模糊不清,缺乏必要的统筹、协调、整合,难以发挥物流集约化运作的效益。

(四) 物流产业层次有待提高

目前台州物流企业繁多,但大都是由传统的仓储、运输企业转型而来,只能简单地提供运输(送货)和仓储服务,在管理水平、技术力量及服务范围上还没有质的提高。绝大部分物流企业规模很小，物流业务量很少，实施信息化、标准化的难度很大。物流企业为了减少购买运输工具成本，更多地倾向于选择社会车辆进行运输，经营风险系数很高，影响了物流服务水平。当前台州真正实力超群、竞争力强的物流企业为数不多，3A 级以上物流企业家数只占全省的 4.8%，一旦跨国物流企业进入，很难与之竞争。

（五）企业自营物流仍比较普遍

在物流需求方面，相当多企业仍保留着大而全或小而全的经营组织方式，从原材料采购到产品销售过程中的一系列物流活动，主要依靠企业内部组织的自我服务完成，大量潜在的物流需求还不能转化为有效的市场需求。这种以自我服务为主的物流活动模式在一定程度上影响到物流企业的创新动力和专业化服务能力的提升。

（六）专业物流人才极其缺乏

台州物流企业中既掌握物流信息技术又具备物流资源整合能力的高素质人才十分稀缺。随着台州物流业的快速增长，社会对物流人才的需求正急剧扩大，台州物流人才特别是中、高级物流管理人才和工程技术人才匮乏的问题将会更加突出，物流人才匮乏在一定程度上制约了先进科技手段的应用和企业管理水平的提升。

五、台州物流发展具备的有利条件

当前，台州已经进入经济发展的重要时期，无论从宏观政策环境来看，还是自身基础条件来看，台州物流业已经具备发展现代物流的基础条件。

（一）从国内宏观政策环境分析

近年来，国家和浙江省都已陆续出台了一系列物流发展政策，2009 年，国务院颁布了《物流业调整和振兴规划》，把物流业列入“十大调整和振兴产业”。今年 6 月，国务院召开国务院常务会议研究部署促进物流业健康发展工作，提出了推动物流业发展的 8 项政策措施。浙江省政府也先后出台了《关于进一步加快发展现代物流业的若干意见》和《浙江省“十二五”物流业发展规划》，并将物流业列为全省服务业发展“10＋1”个重点行业之一。这些充分说明了国家和省对物流业发展的高度重视和大力支持，台州物流业发展必将迎来“政策的春天”。

（二）从台州自身基础条件分析

一是经济基础雄厚。台州是浙江省经济发达的重要地区，2010 年，台州生产总值达到 2426.45 亿元，在全省 11 个地市中居第五位，在全国 283 个地级市中居第 38 位。人均生产总值突破 6000 美元，台州已经步入工业化中期阶段。对外贸易快速增长，进出口总额达到170.01亿美元，其中出口额139.63亿美元，2005年以来年均分别增长21.8%和21.9%，增幅分别比全省高3.1个百分点和3.3个百分点。消费市场发展势头良好，社会消费品零售总额达到960.45亿元，2005年以来年均增长16.8%，城乡居民消费需求的不断增长对物流配送的需求更加迫切。

二是产业基础扎实。台州制造业发达，形成了独具特色的产业集群，汽摩及配件、医药化工、缝制设备、家用电器、塑料模具和船舶修造等产业在国内具有较大的影响力。主营业务收入500万元以上的工业企业达到6322家，上市公司总数达到23家，在中小板上市的企业数量在全国地级市中居第二位。制造业发达为物流业的发展提供了强有力的支撑。

三是港口资源丰富。台州深水岸线和港湾资源丰富，可开发港口岸线长96公里，其中可建万吨级以上港口的岸线长达31公里。大陈岛港区30万吨级深水岸线长达4公里，是国内不可多得的深水良港。头门岛港区可建设1万吨—5万吨级码头32个，10万吨—20万吨级泊位10多个。大麦屿港区已实现对台常态化直航，其南侧改造后可建20万吨—30万吨级码头。

四是商贸市场发达。截至2010年底，台州共有商品交易市场488个，市场成交总额达1019.9亿元，年成交额达亿元以上市场有100个，比2005年年末增加27家。全市拥有世纪联华超市、欧尚超市等超市22家，比2005年增加4家。市场规模的不断扩大、交易额的不断攀升需要更高规模和层次的物流与之配套。

五是交通条件逐步改善。2010年末全市公路通车里程11267公里，公路密度达到每平方公里1.2公里。境内甬台温、上三、台金和诸永四条高速公路连接周边城市，台金高速至市区连接线已经投入使用，沿海高速公路、74和75省道南延、椒江二桥等重大项目正在建设。台州路桥机场开通国内航线9条，2010年货邮吞吐量已经达5483吨，台州新机场正在前期规划之中。甬台温铁路贯穿境内，铁路货运已经开通。金台铁路，头门、石化园区、大麦屿、健跳等铁路疏港支线，城市轨道交通正在规划之中。头门、大陈、大麦屿深水港区开发稳步推进。台州集陆海空铁于一体的立体交通网络已经形成，这为台州物流发展奠定了良好的基础。

六是物流发展初具雏形。经过多年发展，台州物流业逐渐从传统的运输企业和仓储企业向现代物流业转型，拥有山鹰物流、中捷物流4A级物流企业2家，3A级物流企业4家，2A级物流企业2家。物流园区建设开始起步，仓储、配送设施现代化水平不断提高，一批区域性物流中心正在形成。2010年，全年完成货物周转量 1110.64 亿吨公里，完成港口货物吞吐量 4706 万吨，完成集装箱吞吐量 12.16 万标箱。

六、发达国家和地区物流发展对台州的几点启示

从台州与发达国家和地区物流发展的比较来看，差距是比较明显的，学习借鉴发达国家和地区在发展第三方物流和现代物流过程中的经验，对于台州大力推进物流业发展具有重要意义，主要启示有以下几个方面：

（一）以政策为导向，发挥政府在物流发展中的积极作用

物流业从总体讲是一个投入高、见效慢的产业，其发展离不开政府在政策方面的大力支持，需要通过政府的统一规划、政策扶持和有效组织，再加上企业的积极参与、自主经营，推进物流的快速发展。政府要解决好影响当前物流业发展的土地、税收、收费、融资和交通管理等方面的问题，制定形式多样的税收优惠政策，加大对物流业的土地政策支持力度，全面清理道路不合理收费，为台州物流业发展创造良好的政策环境。鼓励现有运输、仓储、货代、联运、快递企业加快资源整合、功能整合和服务延伸，引导物流企业通过参股、控股、兼并、联合、合资、合作等多种形式进行资产重组，加快向现代物流企业转型提升。

（二）以园区为载体，科学规划和合理布局物流基地

物流园区作为物流企业集聚的空间，其选址布局合理与否直接影响物流最优功能的实现，政府要事先做好统筹规划，引导物流业向健康有序的方向发展，避免重复建设和资源的大量浪费。第一，物流园区的选址布局要服从城市规划的总体框架，尽可能设在城市边缘地带，避免增加城市交通的负荷，减少对城乡居民生活的干扰。第二，物流园区选址布局要切合当地的产业特色，靠近大型工业、商业企业集中地，为工商企业迅速取、存、供货创造便捷的条件。比如，在玉环和路桥建设钢材等金属物流园区，在椒江和临海建设医化物流园区，在仙居和天台建设农产品物流园区。第三，物流园区选址和布局要尽量靠近港口、机场、铁路及公路干线出入口处，最好有两种以上运输方式相衔接。比如正在规划的台州新机场周边布局空港物流园区，在甬台温铁路重要站点周边建设铁路物流园区，在重要的港口周边建设港口物流园区。

（三）以协会为桥梁，发挥物流协会的积极作用

物流协会在物流业的发展中往往扮演着非常重要的作用，它是政府与企业之间必不可少的桥梁。在台州，各级物流协会从职能上来看尚未在物流业的发展中发挥显著的协调作用。因此，政府应给予物流协会一些职责和权力，在制定和推广物流行业标准、教育培训、理论研究和经验交流、现代物流理念

宣传等方面发挥协会的作用，使其能够承担政府与企业之间、企业与企业之间的协调任务，并成为物流业发展的积极推动因素。

（四）以人才为支撑，加快物流专门人才的培养

任何一个行业的飞速发展都离不开大量的专业人才支撑，物流业也不例外。美国、日本物流业之所以很发达，正是缘于他们具有一流的、基础雄厚的和科学有序的物流教育体系为其飞速发展的现代物流业源源不断地输送了大批优秀的各类物流专业人才。作为台州地方政府、相关部门、高等院校和行业协会，要有计划、有步骤、系统地开展物流理论和政策研究，在学习探讨国外现代物流理论和实践经验基础上，深化对台州现代物流发展战略、物流标准化、物流信息化和物流政策的研究和应用。针对台州物流学科建设相对滞后、物流专业教育起步较晚的情况下，还要加快物流专门人才的培养，通过采取正规教育和在职培训相结合等方法，努力为台州物流业发展提供人才支撑。

（五）以交通为先导，强势推进物流基础设施建设

物流业发展水平比较高的国家和地区，政府在基础设施规模方面的投资力度都比较大，台州在发展物流的过程中也不能例外。台州要在当前交通网络的基础上，不断完善综合运输网络布局，要加快推进沿海高速公路、74 和 75 省道南延、椒江二桥等重大项目建设，加快推进台州新机场规划建设的前期工作。充分发挥铁路货运的低成本优势，大力发展铁路货运，有资料显示，完成相同的货运量，铁路占地仅为公路的八分之一，运输能耗约为公路的七分之一，因此要积极争取利用甬台温铁路组织货运，并争取金台铁路早日开工建设。要发展多式联运，使铁路、港口码头、机场及公路实现“无缝对接”，大力推进头门、石化园区、大麦屿、健跳等铁路疏港支线和疏港公路建设。

（六）以港口为平台，抢占港口物流发展的制高点

与内地城市相比，台州拥有丰富港口资源这个天然的优势，台州要借鉴中国香港和新加坡建设港口物流的经验，以浙江建设海洋经济发展示范区为契机，合理、有效地开发利用港口资源，建设结构合理、功能完善、信息畅通的现代化港口。首先，要集中力量加快头门、大陈、大麦屿深水港区开发，提高接纳大型船舶能力，拓展远洋航线。其次，要完善沿海基础设施网络建设，建设一批连接港口的支线铁路和高等级公路，提高港口辐射能力。再次，要以提高港口服务质量和通关效率为目标，完善码头装卸配套设施，建设高标准的仓库场地，建立通畅的信息网络，提高作业管理水平，营造良好的港口软环境。

（七）以外包为方式，大力支持和发展第三方物流

第三方物流是现代物流的主要形式，尽管当前台州物流很“热”，但各方面

对第三方物流的重要性认识还不充分，与发达国家和地区的物流发展相比，还体现在理念上的差距。因此，各级政府和有关部门要加大对发展第三方物流的宣传力度，让社会了解发展第三方物流的重要性，通过更新理念，达成共识，引导台州企业尽可能把物流业务外包给第三方物流公司，降低自营物流的运输成本。各级政府要充分调动可用的政策资源，在土地、税费、信贷等方面，大力扶持重点物流企业的发展。同时要引导物流企业向标准化、信息化和专业化方向发展，努力提升物流的服务和层次。

课题负责人　曹桂芝
课题组成员　颜海彬　潘　洪　林国连
　　　　　　吴　俏　裘晓洁　任奔奔
执　笔　人　颜海彬

“十一五”时期丽水经济社会发展报告

“十一五”时期是丽水发展史上极不平凡的五年。五年来，丽水人民深入实施省委“两创”总战略和市委“三市并举”发展战略，按照“十一五”规划提出的“立足丽水实际、坚持科学发展、全面建设小康、构建和谐社会、谋求跨越目标”的总体要求，扎实推进改革开放和统筹发展，促进经济结构调整和发展方式转变，积极应对国际金融危机冲击，努力克服雨雪冰冻等不利因素的影响，全市国民经济保持平稳较快的发展，在推动科学发展、促进生态文明和全面小康社会建设中迈出了坚实步伐，谱写了科学发展的丽水新篇章。

一、“十一五”时期丽水经济社会发展成就

（一）综合实力明显增强，可持续发展能力得到提升

“十一五”时期，全市生产总值从2005年的318.07亿元增加到663.29亿元，按可比价格计算，年均增长13.0％，增幅高于全省1.2个百分点。人均生产总值与全省的差距逐步缩小。2008年人均生产总值突破3000美元，2010年突破4000美元，达到4623美元。人均GDP相当于全省的比重由2005年的54.7％提高到2010年的61.6％。在经济快速发展的同时，财政实力不断增强。2010年，全市实现财政总收入76.84亿元，其中地方财政收入44.94亿元，年均分别增长17.2％和17.6％。财政总收入占GDP比重由2005年的10.9％提高到11.6％。财政支出重点加强了对经济社会发展中薄弱环节的投入，加大了对民生的投入，有效保障了全市经济社会的稳定协调发展。

可持续发展能力不断增强。建设资源节约型和环境友好型社会取得阶段性成效，圆满完成“十一五”期间单位GDP能耗五年累计下降20％的目标任务。化学需氧量（COD）、二氧化硫分别累计削减16％、16.69％，已超额完成原定的“十一五”减排目标任务。环境质量持续改善。省统计局2010年度全省生态环境质量公众满意度调查结果显示，连续三年获得第一。生态建设成效突出。2010年，丽水成功创建省级环保模范城市。

（二）产业结构逐步优化，转型升级初显成效

三次产业结构由2005年的13.8∶45.8∶40.4调整为2010年的9.5∶49.5∶41，第一产业比重下降了4.3个百分点，第二、第三产业比重分别

上升了 3.7 个和 0.6 个百分点。全社会从业人员比重由 48.4∶22.7∶28.9 转变为 42.0∶24.6∶33.4，非农从业人员比重上升到 58.0%，比 2005 年提高了 6.4 个百分点，其中二产和三产从业人员比重分别上升了 1.9 个和 4.5 个百分点。

（三）自主创新能力不断增强，区域竞争力有所提升

围绕建设创新型城市，着力推进自主创新，推进产业结构优化升级，不断提升区域创新能力。重视人才培养和引进，科技队伍稳步扩大。2010 年，R&D 经费与当年地区生产总值(GDP)之比为 0.47%，比 2005 年提高了 0.25 个百分点。地方财政科技支出 2.45 亿元，占地方财政支出的比例为 1.81%，比 2005 年增长 2.16 倍。强化企业技术创新主体作用，深入实施品牌战略，形成了一批拥有知识产权和知名品牌的优势企业。2010 年，全市专利申请量和专利授权量分别达到 1568 件和 1573 件，分别比 2005 年增长 1.29 倍和 5.78 倍，其中发明专利授权量达到 35 件，增长 2.83 倍，拥有全国知名品牌 5 个，省级知名品牌 56 个。工业企业中装备制造业产值比重为 28.1%，比 2005 年提高了 2.3 个百分点；新产品产值率达到 11.0%，比 2005 年提高了 8.4 个百分点；高新技术产业比重 7.6%，比 2005 年提高了 3.4 个百分点。2010 年，工业投资中技术改造投资比重达到 37.1%。区域综合竞争实力不断提升，2008 年，丽水在全国 286 个地级以上城市中，综合竞争力位列 100 位，首次跻身全国地级市百强。

（四）三大需求稳步扩大，扩大内需成效明显

“十一五”时期，全市全社会固定资产投资、社会消费品零售总额、出口总额年均分别增长 9.4%、16.5%和 25.1%。

1. 投资规模继续扩张，投资结构逐步优化。“十一五”时期，全市累计完成全社会固定资产投资 1307.84 亿元，年均增长 9.4%。其中基础设施投资累计完成投资 533.76 亿元，占全社会固定资产投资额的 40.8%，其中，交通运输、仓储和邮政业 165.86 亿元，水利、环境和公共设施管理业投资达到 158.09 亿元，电力和水的生产和供应业 117.20 亿元。2010 年与 2005 年相比，客运量和货运量分别增长 22.7%和 130.3%；邮电业务量增长 78.9%。制造业投资较快增长，对产业结构调整和重点行业的技术改造起到重要推动作用。2010 年，完成限额以上制造业投资 81.62 亿元，年均增长 17.8%，制造业投资占限额以上投资比重为 25.6%，比 2005 年提高了 6.5 个百分点。房地产开发投资增势明显，对拉动内需、扩大消费和促进经济增长有着重要作用。“十一五”时期，累计完成房地产开发投资 228.79 亿元，年均增长 9.2%。

2. 消费需求较快增长，消费结构明显升级。随着城乡居民收入较快增长，国家一系列扩大内需、刺激消费政策的实施，消费需求持续保持旺盛。2010年，全市实现社会消费品零售总额266.13亿元，年均增长16.5%，高于“十五”时期4.9个百分点。消费环境明显改善。具有时代气息和多种服务功能的大型综合商厦不断涌现，连锁经营、超级市场、便利店、专卖店、购物中心、网上购物等新型业态快速发展，沃尔玛等世界500强企业进驻我市。

3. 出口规模明显扩大，出口结构不断优化。2010年，全市实现进出口总额15.33亿美元，对外贸易依存度从2005年末的13.7%上升到2010年末的16.1%，提升了2.4个百分点。其中实现出口总额13.49亿美元，年均增长25.1%。出口结构实现了从资源密集型的初级产品向劳动密集型及技术密集型制成品转变，基本形成以机械产品、轻工艺品、纺织服装、农产品为主的出口格局。

（五）城乡统筹协调发展，新型城市化扎实推进

根据省统计局、省发改委发布的《2009年浙江省城乡统筹发展水平综合评价报告》显示，2009年我市城乡统筹发展水平综合评价得分为65.24分，比2008年提高3.98分，由基本统筹阶段进入了整体协调阶段。5年来，我市城乡统筹发展水平快速提升。从2005年到2009年的评价结果显示，我市从43.51分提高到65.24分，提高了21.73分，年均增速为5.43分，比全省统筹城乡发展水平年均增速高1.68分。

1. 城市化水平逐步提高。2010年全市城市化水平为48.4%，比2005年提高8.1个百分点。2010年与2005年相比，城市道路面积从883.45万平方米增加到1295.9万平方米，年均增长8.0%；公共汽车数量从187辆增加到346辆，公交车客运总量达到3964.4万人次，年均增长7.5%；污水处理率从31.0%提高到67.96%，生活垃圾无害化处理率从87.0%提高到99.6%。人均公园绿地面积达到11.55平方米。

2. 区域经济发展水平差距有所缩小。2010年，9个县（市、区）人均GDP最高为莲都区（39275元），最低为庆元县（21999元），两者相差1.79倍，比2005年的2.25倍缩小0.46倍。城镇居民人均可支配收入最高最低差距从2005年的1.43倍缩小到1.26倍。农村居民人均纯收入最高最低差距从2005年的1.46倍缩小到1.34倍。

（六）社会建设得到加强，民生进一步改善

加强以改善民生为重点的社会建设，切实解决人民群众最关心、最直接、最现实的利益问题，呈现经济社会协调发展、社会和谐稳定的良好局面。2010

年，财政对社会保障和就业、医疗卫生、教育、环境保护、城乡社区事务、文化体育与传媒、公共安全、农林水事务等民生支出的比重达62.8%。根据浙江省统计局发布的《2009年度浙江省民生指数及民生评价报告》显示，2009年，我市民生综合指数89.30，其中，民生改善进程指数为115.90，位居全省第一位。

“十一五”时期，全市用于教育设施投资达到32.01亿元，年均增长22.0%。丽水中学、丽水市职业高中、丽水市外国语实验学校等一大批教育项目建成投入使用。实现城乡免费义务教育，基本普及从学前三年到高中段的十五年教育。列入“十一五”规划目标的初升高比例由2005年的87%提高到2010年的95.02%；高等教育毛入学率由25%提高到35.54%。加快发展高等教育，建成丽水学院、丽水职业技术学院，2010年在校大学生达到3.56万人，每万人在校大学生数达到152.6人。

（七）人民得到更多实惠，生活水平明显提高

1.全面小康建设取得明显成效。按《浙江全面建设小康社会综合评价指标体系》测算，2010年丽水全面小康实现程度为87.03%，比2005年（71.01%）提高16.02个百分点，年均提高3.2个百分点。从综合评价指标体系的五个方面来看，全面小康实现程度均逐年有所提高。实现程度最高的是生态环境方面，达到了100%；人民生活、经济发展和社会和谐方面分别达到了94.53%、86.07%和79.51%；社会事业方面为75.06%。

2.就业和社会保障进一步加强。2010年全市从业人员137.60万人，比2005年增加2.63万人，城镇登记失业率从2005年的4.3%下降到2010年的3.9%。实施农村低收入农户增收工程，加大对农村低收入家庭就业的帮扶力度，城镇“零就业”家庭基本消除。社会保障体系进一步健全。2010年末，全市参加基本养老保险人数为34.08万人，参加失业保险的人数为15.6万人，参加医疗保险的人数为25.36万人。

3.城乡居民收入保持较快增长。随着农民增收工程的深入实施，农村居民收入实现较快增长，2010年，全市农村居民人均纯收入为6537元年均名义增长12.8%，扣除价格因素，实际增长9.8%。城镇居民人均可支配收入21093元，年均名义增长10.4%，实际增长7.4%。城乡居民收入差距由2005年的3.60∶1缩小至2010年的3.23∶1，连续三年呈现差距缩小的趋势。

4.居民生活质量明显提高。城镇居民人均消费支出由2005年的9244元增加到2010年的15366元，农村居民人均消费支出由3293元增加到4947元，分别年均增长10.7%和8.5%。城乡居民恩格尔系数分别为35.1%和38.2%，分别比2005年下降2.1个和0.1个百分点。城乡居民生活更加宽裕

富足，城乡居民人民币储蓄存款余额由2005年的206.57亿元增加到2010年的533.75亿元，年均增长20.9%，人均储蓄存款余额（按常住人口计算）由9321元增加到25203元，增长1.7倍。

二、“十一五”时期丽水经济社会发展的重要启示

1.以工业园区建设推进工业加快发展。“十一五”时期，积极争取上级政策支持，努力解决发展空间制约的突出问题，加快工业园区建设，着力打造产业集聚平台，加快推进工业跨越发展。到2010年底，全市10个省级以上开发区（园区）已开发面积36.94平方公里，比2006年增加15.8平方公里；已建成投产面积20.6平方公里，增加9.33平方公里。在园区建设的同时，大力开展招商引资，五年共引进市外内资项目1163个，实际利用市外内资297.2亿元。到2010年底，工业园区投产规模以上企业（年主营业务收入500万元及以上）1555家，比2005年增加558家；实现工业产值723.95亿元，比2005年增长216%，占全市规模以上工业产值的63.5%。工业的快速发展，有力支撑全市经济发展。“十一五”时期，工业对GDP增长的贡献率达到46.9%，比“十五”时期提高5.2个百分点。

2.以项目建设增强经济发展推动力。“十一五”时期，突出项目对经济的支撑作用，把项目建设作为经济工作的生命线，紧紧抓住国家扩大投资和省里加大区域统筹发展的机遇，完善项目前期和项目推进机制，努力将项目建设转化为经济发展第一推动力。五年来，累计完成固定资产投资1307.84亿元。一大批交通、电力和信息化基础设施项目建成投产，园区建设明显加快，工业投资、房地产投资增长明显，有力推动了经济平稳较快发展。公路总里程增加9131公里，水电装机容量增长84.5%，发电量增长1.6倍，新增110千伏及以上输变电线路943公里，邮电业务量增长78.9%，制造业投资和房地产投资分别增长1.3倍和55.3%。

3.以加快服务业发展增强经济发展内生动力。“十一五”时期，制订了服务业发展规划，出台了加快服务业发展的政策措施，坚持以扩大总量、优化结构、产业升级为重点，优先发展为制造业服务的生产性服务业，积极发展为城乡居民生活服务的消费性服务业，加快改造和提升传统服务业，大力发展新兴服务业。五年来，服务业增加值年均增长12.9%，对GDP增长贡献率达41.5%；货运量和客运量增长1.3倍和22.8%；金融系统人民币存贷款余额分别增长1.7倍和1.8倍；旅游人数和旅游收入分别增长3.2倍和3.1倍。

4.以实施“农民增收”工程推进统筹城乡发展。“十一五”时期，不断深入实施“农民增收”工程，大力推进农业生产结构调整和农业生产的产业化经营水平，大力促进农村劳动力素质提高和转移就业，大力发展乡村旅游业和商贸服务业，努力提高农村居民社会保障水平。坚持以城带乡，全力推进新农村建设，农村经济社会加快发展，统筹城乡发展水平不断提高。“十一五”时期，农业产值增长 42.9%；城乡居民收入差距缩小 0.37 倍，已经连续三年呈缩小趋势。2009 年我市城乡统筹发展水平已由基本统筹阶段进入了整体协调阶段，四年统筹城乡发展水平的提升快于全省水平 1.68 分。

三、“十一五”时期丽水经济社会发展中存在的若干问题

“十一五”时期，丽水的经济社会发展在全国、全省转型升级的宏观背景下，面临成型与转型的双重任务，长期积累的体制性、结构性、素质性矛盾还难以根本解决，产业层次低、布局散、竞争力弱，企业主要依靠低成本、低价格竞争。这些都是迫切需要解决的矛盾和问题。“十一五”时期，部分主要经济指标增幅明显低于“十五”时期：GDP 年均增速低 1.4 个百分点，人均 GDP 低 1.3 个百分点，财政总收入低 4.9 个百分点，地方财政收入低 3.7 个百分点，全社会固定资产投资低 27.3 个百分点，外贸出口总额低 1.0 个百分点。GDP 和工业产值年均增长高于全省水平，经济总量占全省比重有所提高（从 2.37%提高到 2.44%）。但财政总收入、地方财政收入、全社会固定资产投资和社会消费品零售总额等主要指标年均增幅均低于全省水平，城乡居民收入差距仍为全省最大。自主创新能力与其他市相比差距较大，资源环境制约和节能减排压力仍然较大，全面小康社会建设任务还很艰巨，仍然有一部分低收入群体生活比较困难。

（一）支撑经济增长的内生动力不够强

目前，国家政策的支持对于经济的发展还起着重要的支撑作用，一些短期政策的效应有可能逐步递减，中长期政策见效尚需时日，需求不足的矛盾依然突出，经济发展仍缺乏内生动力和活力。一是政府主导型投资还未有效带动民间投资的增长。2010 年限额以上投资中民间投资的比重为 53.4%，比 2005 高 10.6 个百分点，但比全省水平低 3.9 个百分点；限额以上投资中制造业投资的比重为 27.4%，低于全省水平 7.6 个百分点。从民间资金情况看，2010 年，全市城乡居民本外币储蓄存款余额占全部存款比重为 56.6%，高于全国的 41.9%和全省的 38.7%。全市城乡居民人均储蓄存款余额为 2.52 万元（按常住人口计算），高于全国水平（2.26 万元），占全省水平（3.78 万元）的 66.7%；人均民间投资额为 0.75 万元，占全国水平（0.9 万元）的 83.3%，仅为全省水平（1.21 万元）的 62.3%。二是短期内大幅度扩大消费难度较大。由于经济运行规律特别是经济发展阶段制约，总体消费基本平稳，消费升级是个渐进的

过程。同时,居民消费的扩大还受到诸多因素的制约,居民消费行为和习惯更加谨慎和理性,消费支出增幅不高。2010 年,全市城镇居民人均消费支出和农村居民人均消费支出分别为 15366 元和 4947 元,分别仅为全省水平的 86%和 59.0%。

（二）产业结构转型升级任务艰巨

丽水是浙江省的欠发达地区,目前刚跨入人均 GDP4000 美元的工业化中期阶段,产业结构转型升级任务艰巨。一是服务业特别是面向生产的现代服务业发展相对滞后。三产比重从 2003 年突破 40%以来,一直提高缓慢。2010 年三产比重为 41.0%,比 2005 年仅提高 0.6 个百分点。二是工业企业竞争力不够强,产业结构抗风险能力不强,传统产业比重仍然较大,装备制造业和高技术产业发展不快,企业自主创新能力不强、产品附加值不高,很多私营企业没有自主知识产权的品牌,搞贴牌加工、低成本扩张。2010 年,规模以上工业中高技术产业产值比重仅为 7.6%;2010 年 R&D 经费支出占 GDP 比重仅为 0.47%,与全省 1.82%的水平差距较大。在较长时期内仍将处于艰难的产业结构转型升级期。三是农业综合生产能力还不适应国民经济发展的要求。农业产业化和现代化水平低、生产规模小、经营方式分散、要素投入少、劳动生产率低。2010 年,全市第一产业从业人员还有 57.74 万人,占全社会从业人员的 42.0%,比增加值比重(9.5%)高出 32.5 个百分点。一产劳动生产率仅为 10899 元/人,相当于二、三产业(75158 元/人)的 14.5%。

（三）统筹城乡发展任重道远

一是真正的城市化进程缓慢。2010 年,全市城市化率为 48.4%,比全省水平低 13.2 个百分点,处于全省第 10 位,“十一五”时期,每年提高 1.6 个百分点。事实上,按照目前统计口径作为城市人口的部分建制镇区域,还存在相当数量的农村人口,城镇配套基础设施、公用设施如道路交通、商贸服务等很不健全,社区服务缺失、环境保护乏力,在养老、医疗、教育、居住环境等方面也与城市有较大差距,离真正的城市化还有很大差距。二是城乡居民收入差距仍然较大。2007—2010 年,全市城乡居民收入总体基尼系数分别为 0.438、0.436、0.435 和 0.432。城乡居民收入差距虽然已连续三年缩小,但与全省 2.42∶1 的差距相比,城乡居民收入差距仍然较大。城镇以上单位中,人均工资最高行业相当于最低行业的倍数,2005 年为 3.61 倍,扩大到 2010 年的 3.75 倍,特别是金融、通讯、电力及水的生产供应等垄断程度较高的行业工资收入水平较高,2010 年平均工资分别为 76290 元、62636 元和 80250 元,是全市平均工资(44979 元)的 1.39 倍及以上。相反,作为直接创造社会物质财富和服务的生产行业职工工资相对较低，采矿业、住宿和餐饮业、制造业职工平均工资分别为 20353 元、24118 元和 26531 元，居倒数第 1—3 位，这三大行业的从业人员占到全部城镇单位从业人员的 21.6%。由于城镇中占绝大多数的一般产业工人和服务业人员收入水平比较低，加上农村人口多，农业劳动力比重高，使得丽水现阶段社会中间层规模过小，容易带来社会公正、社会矛盾和社会治安等方面的问题。各国发展经验表明，中间层规模大的社会，社会资源的配置一般比较合理，收入分配差距比较小，社会各阶层之间的利益矛盾和冲突不会很大，这样的社会才是稳定、可持续发展的。

（四）要素制约更加明显，节能降耗压力增大

丽水是"九山半水半分田"的山区，仍然是浙江的欠发达地区。从土地资源看，2010 年末全市耕地面积为 165.33 千公顷，按常住人口计算，人均占有耕地面积为 0.06 公顷。在严格的耕地保护政策下，土地供应越来越紧，实现建设用地占补平衡的难度越来越大。从资金看，丽水欠发达地区长期以来都是金融支持的非重点地区，2010 年末，全市金融系统人民币贷款余额仅占全省的 1.79%；人均贷款余额（按常住人口计算）仅为全省水平的 45.9%；每实现 1 万元 GDP 得到的贷款支持为 1.2 元，仅为全省水平的 72.3%。从人才拥有情况看，2010 年，全市每万人拥有人才数为 560 人，仅为全省水平的 60%。

当前，丽水正处于工业化加快推进时期，决定了结构性节能的压力比其他地区要大。而"十一五"时期在节能降耗已作出较大努力的情况下，技术节能的潜力和空间很有限。在产业结构趋于重型化，居民个人拥有汽车数量快速增加的情况下，节能降耗面临新的挑战。而且，2010 年我市 0.66 吨标准煤/万元的 GDP 能耗水平，已处于全省 11 个地市第 3 位（由低到高），人均用电量为 2705 千瓦，仅为全省水平的 52.2%，在加快工业化、城镇化进程和全面建设小康社会的背景下，要依靠现有技术进一步推进节能降耗的难度将越来越大。

丽水市统计局

慈溪与江阴发展比较研究

根据慈溪市委主要领导批示精神，慈溪市统计局组织开展了慈溪与江阴发展的比较研究，形成了相关专题报告。报告系统分析了慈溪相比江阴存在的差距，总结了江阴之所以全面领先的深层次因素，提出了慈溪如何以江阴为标杆，学习追赶江阴的相关对策建议。

一、慈溪与江阴的综合指标对比

（一）城市特点与竞争力

表 1 城市基本市情对比表

序号	项目＼城市	江阴	慈溪
1	主要特征	长江三角洲太湖平原北端江海联动的开放型枢纽港城	长江三角洲地区大上海经济圈南翼重要的工商名城，也是国务院批准的沿海经济开放区之一
2	全市区域总面积（平方公里）	陆域：811.73	陆域：1361
		水域：175.8	水域：1200
3	常住人口（万人）	159.48	146.24
4	户籍人口（万人）	120.71	103.88
5	行政所辖镇（街道）数	6 个街道、11 个镇	5 个街道、15 个镇

（二）综合经济实力

表 2 城市综合经济指标对比表（2010 年）

序号	项目＼城市	江阴	慈溪	两市比数①
1	地区生产总值（亿元）	2000.92	757.42	2.64
2	近五年 GDP 年均增长率（%）	15.9	12.5	1.27
3	人均 GDP（户籍人口）（元）	166010	73037	2.27

①两市比数以慈溪为 1，下同。

续表

序号	项目＼城市	江阴	慈溪	两市比数
4	全社会固定资产投资总额(亿元)	626.52	251.41	2.49
5	地方财政一般预算收入(亿元)	130.72	57.19	2.29
6	社会消费品零售总额(亿元)	381.38	289.77	1.32
7	金融机构存款余额(亿元)	2005.1	1223.42	1.64
8	金融机构贷款余额(亿元)	1546.02	1099.38	1.41
9	境内外上市公司数量(个)	28	4	7.00

（三）创新发展能力

表 3　城市创新发展能力对比表(2010 年)

序号	项目＼城市	江阴	慈溪	两市比数
1	专利授权量(个)	3830	5181	0.74
2	发明专利授权量(个)	234	205	1.14
3	发明专利占专利授权总量比重(%)	6.1	4.0	1.54
4	高新技术企业数量(个)	146	84	1.74
5	财政科技投入(亿元)	2.6	2.85	0.91
6	R&D 投入占 GDP 比重(%)	2.5	1.63	1.53
7	专业技术人员总量(万人)	13.1	7.4	1.77

（四）产业发展

表 4　城市产业发展指标对比表(2010 年)

序号	项目＼城市	江阴	慈溪	两市比数
1	三次产业结构	1.8∶59.2∶39.0	5.1∶60.2∶34.7	—
2	第一产业增加值(亿元)	36.26	38.34	0.95
3	第二产业增加值(亿元)	1184.23	456.18	2.60
4	第三产业增加值(亿元)	780.43	262.90	2.97
5	高新技术产业产值	1650	251.77	6.55
6	金融业增加值(亿元)	84.85	38.37	2.21
7	金融业增加值占 GDP 比重(%)	4.24	5.07	0.84

续表

序号	项目 \ 城市	江阴	慈溪	两市比数
8	工业全员劳动生产率(万元/人)	19.89	8.06	2.47
9	规模以上工业产品销售率(%)	97.92	95.75	1.02
10	规模以上工业成本费用利润率(%)	7.45	4.54	1.64
11	年主营业务收入2000万以上工业企业数量(家)	1653	1057	1.56

(五) 开放型经济与城市国际化

表5 开放型经济与城市国际化指标对比表(2010年)

序号	项目 \ 城市	江阴	慈溪	两市比数
1	自营进出口总额(亿美元)	158.49	82.02	1.93
2	其中进口(亿美元)	64.25	13.16	4.88
3	其中出口(亿美元)	94.24	68.86	1.37
4	合同利用外资(亿美元)	12.03	8.08	1.49
5	实际利用外资(亿美元)	7.5	3.62	2.07
6	当年新批三资企业家数(家)	66	54	1.22
7	境外投资中方投资额(亿美元)	1.09	0.59	1.85
8	外贸依存度(%)	53.6	73.3	0.73
9	年入境旅游人数(万人)	3.14	3.74	0.84

(六) 城市基础设施

表6 城市基础设施对比表(2010年)

序号	项目 \ 城市	江阴	慈溪	两市比数
1	中心建成区面积(平方公里)	53.8	40.7	1.32
2	人均城市道路面积(平方米)	28.16	37.96	0.74
3	公路网密度(公里/百平方公里)	241	111.34	2.16
4	每万人拥有公共交通车辆(辆)	4.72	1.87	2.52

续表

序号	项目＼城市	江阴	慈溪	两市比数
5	货运周转量(亿吨公里)	45.18	18.31	2.47
6	客运周转量(亿人公里)	27.04	15.64	1.73
7	年供水总量(亿立方米)	0.759	0.75	1.01
8	国际互联网宽带用户数量(万户)	26.37	24.35	1.08

（七）社会事业发展

表 7　城市教育资源对比表(2010 年)

序号	项目＼城市	江阴	慈溪	两市比数
1	高等教育毛入学率(%)	60	45.8	1.31
2	普通中学数量(所)	41	51	0.80
3	普通中学在校学生数量(万人)	6.37	6.13	1.04
4	中职学校在校学生人数(万人)	1.37	1.22	1.12
5	初中毕业生升学率(%)	97.5	98.18	0.99
6	幼儿园数量(所)	47	257	0.18
7	在园幼儿人数(万人)	3.65	4.85	0.75

表 8　城市医疗卫生资源对比表(2010 年)

序号	项目＼城市	江阴	慈溪	两市比数
1	卫生机构数量(个)	451	444	1.02
2	医院(卫生院)数量(个)	35	34	1.03
3	每千人拥有病床数量(张/千人)	4.44	3.10	1.43
4	每千人拥有卫生技术人员数量(名/千人)	5.77	6.16	0.94

表 9　城市文化建设对比表(2010 年)

序号	项目＼城市	江阴	慈溪	两市比数
1	公共图书馆藏书量(万册)	144.8	50.7	2.85
2	人均公共图书馆藏书数量(册/人)	1.20	0.49	2.45
3	影院、剧院数量(家)	24	4	6

（八）民生品质

表 10　城市基础生活条件对比表(2010 年)

序号	项目＼城市	江阴	慈溪	两市比数
1	城镇居民人均可支配收入(元)	30184	30896	0.98
2	农村居民人均纯收入(元)	14898	15513	0.96
3	城镇居民人均消费支出(元)	22016	19304	1.14
4	农村居民人均生活消费支出(元)	9343	10730	0.87
5	城镇居民恩格尔系数(%)	34.8	32.3	1.08
6	农村居民恩格尔系数(%)	36	39.9	0.90
7	居民消费价格指数(%)	104.4	104.4	1.00
8	城镇居民最低生活保障标准(元)	350	400	0.88
9	农村居民最低生活保障标准(元)	350	320	1.09
10	城镇居民登记失业率(%)	2.46	2.12	1.16
11	在岗职工年平均工资(元)	44392	42277	1.05
12	人均期望寿命(岁)	78.12	79.52	0.98
13	城镇居民人均住房面积(平方米)	35.13	38.56	0.91
14	农村居民人均住房面积(平方米)	66.9	60.91	1.10

表 11　城市社会保障情况对比表(2010 年)

序号	项目＼城市	江阴	慈溪	两市比数
1	城镇职工基本养老保险参保人数(万人)	44.93	50.09	0.90
2	城镇职工医疗保险参保人数(万人)	51.03	26.91	1.90
3	城镇职工失业保险参保人数(万人)	24.5	17.33	1.41

（九）生态环境

表 12　城市主要生态指标对比表(2010 年)

序号	项目＼城市	江阴	慈溪	两市比数
1	污水集中处理率(%)	70	60	1.17
2	工业废水排放达标率(%)	100	98.9	1.01
3	工业烟尘排放量达标率(%)	100	86.6	1.15

续表

序号	项目＼城市	江阴	慈溪	两市比数
4	工业二氧化硫排放量(万吨)	5.49	0.93	5.90
5	工业烟尘排放量(吨)	16663	2185	7.63
6	工业固体废物处置利用率(%)	99.6	92.3	1.08
7	生活垃圾无害化处理率(%)	100	100	1
8	城市建成区绿化覆盖率(%)	44.2	38.5	1.15
9	人均公共绿地面积(平方米)	15.8	12.2	1.30
10	集中式饮用水水源地水质达标率(%)	100	100	1
11	环境空气质量优良率(%)	93.4	94.5	0.99

（十）"十二五"经济社会发展目标

表 13　城市"十二五"部分经济社会指标对比表

序号	项目＼城市	江阴	慈溪	两市比数
1	地区生产总值(亿元)	3710	1300	2.85
2	GDP 年均增长率(%)	11.0	11.0	1.00
3	第三产业增加值占 GDP 比重(%)	44.0	40.0	1.10
4	R&D 占 GDP 比重(%)	3.0	2.0	1.50
5	高等教育毛入学率(%)	65.0	50.0	1.30
6	人均预期寿命(岁)	80.0	80.3	1.00
7	每万人医生数(人)	30	32	0.94
8	城镇居民人均可支配收入年均增速(%)	11.0	10.0	1.10
9	农村居民人均纯收入年均增速(%)	11.0	10.0	1.10
11	城镇登记失业率(%)	≤3.0	≤2.5	/
12	万元 GDP 综合能耗累计下降率(%)	20.0	21.0	/
13	城市化率(%)	70.0	68.0	1.03
14	森林覆盖率(%)	23.0	21.0	1.10
15	城市建成区绿化覆盖率(%)	46.0	40.0	1.15

二、慈溪与江阴的差距在哪里

江阴、慈溪都是东部沿海城市、长三角县域城市和经济发达城市，既有许多共同特征和相似之处，也有各自突出的城市特色和发展优势。从城市规模看，两地规模基本相当，江阴陆域面积811.7公里，海域面积175.8平方公里；慈溪陆域面积1361平方公里，海域面积1200平方公里；截至2010年底，江阴户籍人口120.1万人、常住人口159.5万人，慈溪分别为103.9万人和146.2万人。近几年来，两市经济社会都实现了又好又快发展，但从总体上看，慈溪与江阴相比存在着诸多差距。

（一）在经济实力和城市竞争力上，慈溪相比江阴存在层级差距

2010年江阴地区生产总值达2000.92亿元，人均GDP2.45万美元。2010年慈溪大多数经济规模性指标不到江阴一半，地区生产总值和人均GDP分别为757.42亿元和1.08万美元，相当于江阴2005年的水平。江阴不仅经济规模大，而且经济质量也处于领先水平。

从发展阶段看，江阴比慈溪处于更高水平的发展阶段。按照钱纳里的“三阶段、六时期”发展理论，江阴已进入发达经济的高级阶段(2.2万—3.25万美元)，慈溪正处于工业化高级阶段(0.7万—1.35万美元)。按照世界银行的划分标准，江阴已进入高收入经济的发展阶段(1.3万美元以上)，慈溪正处于上中等收入经济的发展阶段(0.45万—1.3万美元)。

从经济规模看，江阴经济规模实力高出慈溪一倍左右。江阴的GDP、地方财政、社会消费品零售总额、金融存款余额分别是慈溪的2.64、2.29、1.32和1.64倍。而在进出口、上市公司等方面则相差更多，慈溪自营进口、出口规模分别排在浙江省县级市第4位和第2位，但与江阴相比，分别仅为江阴的20.48%和73.07%左右。慈溪目前仅有4家上市公司，而江阴的上市公司数量已扩容至29家，共有30只股票。

从发展质量看，特别是地均产出，江阴明显高于慈溪。以陆域总面积为基数测算，江阴地均GDP产出(2.47亿元/平方公里)是慈溪(0.56亿元/平方公里)的4倍多。2010年，慈溪万元GDP能耗和水耗分别为0.7383吨标煤和36.5立方米，与江阴基本持平。

从城市综合竞争力看，慈溪虽长期位居全国县域城市前列，但与江阴仍有差距。根据《全国县域经济竞争力与科学发展评价报告》，从2000—2011年，江阴县域城市经济竞争力一直排名前三位，并在2003—2010年连续八年居全国县域城市首位；慈溪在2002年进入全国县域城市十强，2006年之后稳定在全国县域城市(并列)第3位，落后于江阴、昆山、张家港、常熟等苏南先进

地区。

（二）在自主创新能力上，江阴全面领先，慈溪需要加快提升创新能级

目前，江阴已进入创新驱动为主的发展阶段，但慈溪还处于要素驱动为主的发展阶段，建设创新型城市任重道远。

从创新主体和要素集聚上看，江阴在创新企业、人才要素方面的优势明显。截至 2010 年底，江阴高新技术企业累计已达 146 家，是慈溪的 1.74 倍；高新技术产业产值达 1650 亿元，是慈溪的 6.6 倍；专业技术人员达到 13.1 万人，是慈溪的 1.8 倍。江阴市金融业相对发达，也使得企业有相对充足的资本支持空间，2010 年实现金融业增加值 84.85 亿元，是慈溪的 2.2 倍。

从创新投入结构和产出效率看，江阴更加侧重于发挥企业自主性，创新成果含金量更高。2010 年江阴固定资产投资达到 626.52 亿元，超过慈溪 375 亿元，但同年慈溪财政科技投入占财政收入的比例是江阴的 2.5 倍，绝对值高出 0.15 亿元，说明政府对推动科技创新的支持力度不低；但 R&D 投入占 GDP 比例仅为江阴 0.65 倍，企业参与创新相对薄弱。2010 年慈溪的专利授权量达到 5181 个，尽管高出江阴 1351 个，但发明专利少于江阴。2010 年慈溪发明专利仅占授权总量的 3.9％，远低于江阴的 6.1％。

（三）在产业体系上，江阴已初步完成高级化转型，慈溪在产业档次上存在差距

江阴产业发展已加速进入服务经济与高新技术产业为主导的发展阶段，产业结构优、层次高、质量效益好，与之相比，慈溪在构建现代产业体系、加快转型升级的任务更加紧迫。

从产业结构看，江阴整体上优于慈溪。2010 年，江阴第二、第三产业增加值分别是慈溪的 2.6 和 2.97 倍，分别超过慈溪 728.05 亿元和 517.53 亿元；第三产业增加值占 GDP 的 39％，高出慈溪 4.3 个百分点，第二产业比重低于慈溪 1 个百分点，考虑到江阴的总量优势，慈溪在三产发展上与江阴差距十分明显；2010 年，江阴三大产业结构为 1.8∶59.2∶39.0，而慈溪为 5.1∶60.2∶34.7。

从产业层次看，慈溪的规模经济与江阴差距明显。2010 年，江阴主营业务收入 2000 万元以上工业企业数量 1653 家，多出慈溪 596 家，产值超 20 亿元以上企业共有 40 家，是慈溪的近 7 倍，其中超百亿企业 13 家，慈溪则为零。2010 年江阴单个规模以上工业企业平均实现工业总产值、工业销售产值、工业利税总额分别达到 3.1 亿元、3.05 亿元和 2791 万元，而慈溪分别为 0.74 亿元、0.71 亿元和 463.3 万元。

从产业效益看，江阴在销售能力、生产效率和效益等方面均占优势。以规

模以上工业企业为例，2010 年，江阴规模以上工业产品销售率和成本费用利润率分别为 97.92%和 7.45%，高出慈溪 2.17 和 2.91 个百分点；工业全员劳动生产率达 19.89 万元/人，是慈溪的近 2.5 倍，优势明显。

（四）在城市国际化发展上，慈溪还需再创开放强市新优势

慈溪、江阴在开放方面具有许多共同特征，均有开发开放的先发优势、政策优势和开放型经济的规模优势、主体优势，但江阴国际化总体水平略高于慈溪。

从开放型经济看，两地经济国际化水平均处于中国县域城市前列，江阴在总量上超过慈溪，慈溪在外贸依存度上高于江阴。2010 年，慈溪外贸依存度达到 73.3%，高于江阴 19.7 个百分点，但自营进出口总额和出口总额均低于江阴，其中，自营进出口总额、自营进口额和出口额分别为江阴的 1/2、1/5 和 1/2 左右。2010 年江阴实际利用外资达到 7.5 亿美元，是慈溪的 2.07 倍，体现了项目增量优势；境外投资中方投资额达 1.09 亿美元，是慈溪的 1.85 倍，体现了海外营销优势。

（五）在城市建设发展上，江阴已基本形成现代化县域城市格局，慈溪在城市发展综合水平上存在差距

江阴现已基本形成现代化的全域性县域城市格局，“十一五”期间农村城市化全面完成，城市空间结构加速优化，基础设施保障能力加快提升，现代化城市功能不断增强。尽管近年来慈溪加快新型城市化建设步伐，基础设施不断完善，现代化中心城区的框架初步形成，但与江阴相比，慈溪在城市框架和综合功能上有待优化提升，城市改造提升力度有待加大，2010 年江阴市完成拆迁面积达到 485 万平方米，是慈溪的 4.8 倍。

慈溪在城市基础设施投入和城市功能建设上均落后于江阴。2010 年，江阴公路网密度约为慈溪的 2.2 倍，每万人拥有公共交通车辆是慈溪的 2.5 倍；江阴旅客周转量 27.04 亿人公里，货物周转量 45.18 亿吨公里，分别是慈溪的 1.73 倍和 2.47 倍。2010 年江阴供水总量 0.759 亿立方米，国际互联网宽带用户数 26.37 万户，均略高于慈溪。

（六）在社会事业建设上，江阴社会各项事业快速推进，慈溪社会发展综合水平还需进一步提高

江阴近几年十分注重经济社会协调发展，大力推动社会建设与管理创新，社会事业实现了跨越式发展，尤其幸福工程建设等方面，江阴走在了全国前列。

从教育事业看，二者各有所长。2010 年，慈溪在普通中学数量、初中毕业

生升学率、幼儿园数量、在园幼儿人数上都超过了江阴，其中幼儿园数量是江阴的 5.7 倍。但慈溪学前教育办学质量低于江阴，目前慈溪在职幼儿教师持证率仅为 51.5%，而江阴在 2008 年就实现 100%持证上岗。2010 年江阴在高等教育毛入学率、普通中学在校生数量、中职学校在校生人数上均超过了慈溪，体现了学校规模办学优势，尤其是江阴已实现高等院校零的突破，其中本科院校 1 所(系南京工业大学民办二级学院)、专科院校 1 所(系江阴职业技术学院)，2010 年江阴高校在校生达到 1.16 万人，目前慈溪还没有高等院校。

从医疗卫生事业看，慈溪整体不及江阴，但差距相对较小。江阴卫生机构数、医院数、每千人拥有的病床数分别是慈溪的 1.02 倍、1.03 倍和 1.43 倍。慈溪的每千人拥有卫生技术人员数达到 6.16 名，比江阴高出 0.39 名。

从文化事业看，慈溪与江阴差距显著。江阴公共图书馆藏书量、人均公共图书馆藏书数量和电影院数量分别达到 144.8 万册、1.2 册和 24 家，分别是慈溪的 2.85 倍、2.45 倍和 6 倍。

（七）在民生保障上，江阴的民生整体品质相对较高，慈溪在社会保障和生态环境方面有待进一步改善

江阴、慈溪都均提出了打造宜居城市的目标口号。从居民生活水平看，慈溪与江阴基本相当，都处于全国领先水平。

从收入消费水平看，两市基本相当。2010 年，慈溪市城镇居民人均可支配收入 30896 元，农村居民人均纯收入达到 15513 元；江阴城镇居民人均可支配收入达到 30184 元，农村居民人均纯收入达到 14898 元，略低于慈溪；但同年江阴的在岗职工平均工资达到 44395 元/年，高出慈溪 5%；居民人均消费支出达 22016 元/年，高出慈溪 14%。2010 年，慈溪市区居民人均住房建筑面积达到 38.56 平方米，超过江阴 3.43 平方米。

从社会保障看，两市都处于全国先进水平，但江阴保障整体水平略高于慈溪。2010 年，在各项社会保险中，江阴基本养老保险达到 44.93 万人，比慈溪少 5.16 万人，但江阴的医疗保险、失业保险参保人数分别为慈溪的 1.90 倍和 1.41 倍，超过慈溪 24.12 万人、7.17 万人，江阴市新型合作医疗参保率达到 100%，高出慈溪 5.13 个百分点。

从生态环境看，江阴全面领先。2010 年，江阴人均公共绿地面积 15.81 平方米，超过慈溪 3.59 平方米；建成区绿化覆盖率达到 44.2%，超过慈溪 5.7 个百分点。污水集中处理率 70%，高于慈溪 10 个百分点；工业废水排放达标率 100%，高于慈溪的 98.6%；工业烟尘排放量 100%，高于慈溪 13.4 个百分点；工业固体废物处置利用率 99.6%，高于慈溪 6.72 个百分点。

（八）江阴"十二五"发展将在高起点上迈向新目标，慈溪实施"一个引领、五大突破"将推动科学发展和现代化跃上新台阶

江阴在"十二五"规划中描绘了未来五年发展的宏伟蓝图，提出的明确目标是"全市综合经济实力、自主创新能力、国际竞争力和可持续发展能力显著增强，让人民更加幸福安康、城乡更加协调发展、社会更加公平正义，把江阴打造成为'三区三城'，即成为基本实现现代化的先行区、创新型经济的先导区、城乡一体化的示范区，江海联动的枢纽港城、学习进取的创新智城、和谐宜居的幸福名城，确保经济社会发展始终走在长三角地区和全国同类城市的前列。"江阴在"十二五"期间将更加注重经济发展方式转变，更加注重民生幸福城市建设。慈溪将着力推进新型城市化与新型工业化，加快转变经济发展方式和提升城市综合实力，更加注重海洋经济和开放型经济发展，更加注重城乡区域统筹协调发展和人民生活品质提升。从"十二五"规划主要指标看，由于江阴起点高，两地在期末指标上存在差异。

三、慈溪需向江阴学什么

改革开放 30 多年来，江阴从乡镇企业起步，抓住机遇，大胆探索，在每一个重要发展阶段始终明确自身定位，把握商机方针政策，主动适应外部环境变化，充分发挥"人心齐、民性刚、勇攀登、创一流"的江阴精神，走出了一条具有江阴特色的创新发展之路。建议慈溪市从五个方面入手，系统学习借鉴江阴的经验做法。

（一）学解放思想，不遗余力抢抓机遇创新发展的胆魄力

改革开放以来，江阴始终把解放思想，加快发展作为永恒主题，不失时机抓住了几次重大机遇，做到了"先人一步、快人一拍、高人一筹"。一是抓住改革开放初期发展经济的机遇，全面推广实施经济承包责任制，在社队企业基础上大力发展乡镇企业、以工补农政策，实现了农业县向工业市的跨越；二是抓住小平同志南方讲话以后快速发展机遇，提出了大力发展民营和外向型经济，主动对接上海浦东的思路，逐渐由工业市向经济强市的跨越；三是抓住 21 世纪推动科学发展的机遇，提出了富民增收、生态绿化、统筹经济社会全面发展的理念，提出了"跳出江阴看江阴，立足全国看江阴、放眼世界看江阴、面向未来看江阴"等一系列发展口号，实现了由经济强市向小康达标市的跨越。与此同时，江阴市还大力推进体制机制改革，努力打破制约发展的各类瓶颈，使经济社会发展迸发巨大活力。一是从跨江联动到港城互动。21 世纪之初，该市抓住江苏省委省政府加快沿江深度开发和上海建设国际航运中心的有利时机，大胆突破行政区划限制，与隔江相望的靖江市实施联动开发，创立全国首

个跨行政区划的联动园区——江阴经济技术开发区靖江园区；2005 年又实施港城一体化战略，打破原有行政区划设立临港新城，实现了港口发展带动城市发展。二是从资本经营到战略经营。江阴市将城市作为一个经营整体来运作，将城市建设重点项目和重点工程全部推向市场，通过层层严格招标方式引进战略投资者，用全社会、全国乃至全世界的钱来建设江阴。三是从政府包办到社会共建。坚持“市场能解决的问题，政府不参与；市场暂时不能解决的问题，政府先引导；市场不能解决的问题，政府做到位”的理念，在社会事业建设上，从单一依靠政府向政府和各种社会力量合作推进转变，组织和利用社会各种资源，有效提升了社会民生保障水平。

（二）学产业培育，不遗余力推进经济转型升级的发展力

江阴始终将优化产业结构作为推动经济转型发展的首要任务。一是坚持“工业立市”战略。引导企业走高质量、高效益、高科技、集约化、节约型、低能耗的新兴工业化道路，一方面推进传统产业高新化，加快信息化与工业化融合发展，实施好专利、品牌、标准战略，推动企业发展模式由“橄榄型”向“哑铃型”转变；另一方面推进新兴产业育成化，在原有基础上，于 2009 年提出了新兴产业“445”计划，利用 4 年左右时间建成 4 个“千亿级新兴产业集群”和 5 个“百亿级新型战略性产业园区”，推动新兴产业爆发式增长。二是坚持“三产兴市”战略。打造富有地方特色的现代服务业体系，依托开发中的临港新城，加快发展现代物流产业；大力发展城市经济、道口经济、区域总部经济、文化经济等新型经济形态，成为同类地区现代服务业发展的标兵。三是坚持农业基础地位。加快推动农业“接二连三”，以华西村为代表，走出了一条工业化带动农业、产业化提升农业、城市化促进农业的三农发展新模式。

（三）学立足全局，不遗余力推进城乡统筹发展的谋划力

江阴提出了“城市建设学新加坡、新市镇建设学上海”的目标，通过城乡发展互动、资源互享、设施互通，通过五个坚持提升城乡一体化水平。一是坚持城乡规划一体。将江阴 988 平方公里作为一个整体，提出了“一中心四片区”的整体规划，各区块既相互统筹，又兼具特色，通过优化布局、集群发展，提高了城乡产业集中度和设施共享度。二是坚持城乡建设同步。投入资金超过 350 亿元实施城市建设三年行动纲要，狠抓路网体系和港口资源建设，在“同城效应”中承接上海优势资源，在“和而不同”中培育江阴城市特色。三是坚持城乡管理一体。按照大家庭理念、精细化理念管理整座城市，努力提升城市信息化水平，将城市管理中心向乡镇、街道、社区下移，构建起了“大城管、动态化”的新兴城市管理格局。四是坚持城乡保障一致。建成了市、镇、社区三级就业

服务网络，以及政策、服务、配需一体的创业促进机制，实现了城保、农保、土保盖率“三个100%”，形成了阳光普照的社会保障体系。五是坚持城乡公共服务均衡。把缩小城乡差距的重点放在均衡城乡公共服务上，推进教育、卫生、文化、交通资源均衡化布局，率先在江苏省内基本实现城乡公交一体化、率先完成“村村体育健身工程”、率先通过区域教育现代化教育水平评估，所有镇均进入江苏省级群众文化先进镇行列。

（四）学高瞻远瞩，不遗余力推进科技人才工程的远见力

江阴将“科教兴市”和“人才强市”作为一项重点战略来实施，打造推动转型发展的“永动机”。早在2007年该市就成立了国内省首家由100多所著名高校、科研院所组成的区域产学研战略联盟。江阴还提出了“人才创业有机会、干事有舞台、发展有空间”的口号，推进各类创业创新载体建设，现已累计建成国家级科技产业基地4个，国家级科技创业平台2个、国家级工程技术研究中心和重点实验室3个，博士后工作站数量居江苏省同类地区首位。江阴重视专业人才培育，实施了530高端人才培育计划、“常青藤”企业后备人才培训计划、优秀干部出国培训计划等系列人才计划，全力打造对接上海智慧杨浦、对接浙江大学产学研合作平台、建设实用管用柔性人才库的“三大智力支撑”计划，形成了集聚高端人才“洼地”。

（五）学以人为本，不遗余力推进幸福江阴建设的亲和力

江阴把发展的立足点和落脚点回归到“以人为本”上，于2005年提出了“个个都有好工作、家家都有好收入、处处都有好环境、天天都有好心情、人人都有好身体”的“幸福江阴”计划。该市“以人民幸福评估发展”，树立了以人为本的执政理念和发展理念，做到了在考核体系上“问计于民”、在发展目标上“问需于民”、在建设成效上“问绩于民”，按照群众意愿建立了幸福江阴综合评价指标体系，做到了“百姓出题目、政府做答卷、人民来评价”，把以人为本科学发展理念落到了实处。

四、慈溪怎样学江阴

当前，全市上下正以“省内学鄞州、省外学江阴”为标杆导向，紧紧围绕“一个引领、五大突破”，凝心聚力推进“十二五”开局之年的各项工作。学赶标杆不是一时之举，应切实贯穿到慈溪“十二五”发展的全过程，转化为推动发展的实际行动，充分汲取标杆之长，为我所用。建议本着互利共赢原则，探索慈溪与江阴的跨区域战略合作机制，力争从两市市级层面共同推进。

（一）探索建立跨区域产业联动发展机制

与慈溪比较，江阴具有新兴产业先发优势、大企业集团集聚优势相对突

出，建议通过两地政府合作，在慈溪规划建设江阴产业园（或者苏南产业园），承接产业层次较高的溢出项目和关联项目，比如在江阴及周边先进地区缺乏拓展部局空间的项目、与江阴及周边先进地区新兴产业相关的上下游配套项目等，当中包括传统产业高端项目、符合慈溪产业导向的新兴产业项目、城市功能提升型项目，也可以通过产权式工业项目模式降低商务成本，吸引一批技术研发、创意设计、软件开发等头脑经济项目落户。对江阴流出项目，两地可根据政府协议，在一定期限内共享收益，初期可在税收比例上甚至可以向江阴倾斜。同时，慈溪基础制造业相对发达，一定程度上与江阴存在产业互补，可在基础产业方面探索建立与江阴的配套合作机制；可鼓励江阴当地企业，尤其是科技型企业在慈溪建立营销渠道，在慈溪实施科技项目市场化推广。

（二）探索建立跨区域人才交流互访机制

一是建立两地干部交流学习机制，市级层面每年安排一些干部到江阴相关部门、项目中挂职锻炼，最终形成两地干部互访互派机制；二是建立专业人才对接交流机制，江阴市在高层次专业人才储备上具有比较优势，可通过跨区域人才合作协议，促成当地高层次专业人才到慈溪重大项目、重点企业及专业技术部门中兼职，推动慈溪项目建设和企业自主创新能力培育。

（三）探索建立跨区域项目建设合作渠道

江阴市城市建设水平在国内同类地区处于领先位置，城市规划建设理念先进，项目资源尤其是优质开发商资源较多，可探索建立两地建设资源共享机制，有选择地吸引相关开发商、专业人士参与慈溪项目开发。与江阴相比，慈溪民间富余资本相对充足，可本着互利原则，引导其投资入股江阴重点建设项目和新兴高科技项目，实现两地资源优势互补。

课题组组长　王炳耀
成　　　员　胡达龙　岑云杰
沈益品　韩学俊

青田县工业企业农民工生存状况分析

农民工是我国社会经济转型期的必然产物，更是我国经济社会建设的主力军，但由于城乡二元结构、现行户籍制度等方面限制，农民工不能和城市居民享受同样的就业、医疗卫生、教育等公共服务待遇，生存环境不容乐观。本文以青田县工业企业内的农民工为对象，采取分层抽样和随机询问相结合的方式，对全县工业企业农民工生存状况做了大量调研。现将有关调研情况分析如下：

一、青田县工业企业农民工基本生存现状

（一）文化程度低，年龄趋向年轻，岗位技术含量不高

据公安部门统计，截至2010年12月31日，青田县全县61277人暂住人口中，务工人数为53508人，其中男工为33916人，女工为19592人，主要集中在鹤城、温溪、油竹、船寮、腊口等工业乡镇。农民工的户籍所在地，以县外为主，占98%以上，主要来自贵州、江西、安徽、四川、河南、湖南等中西部欠发达地区。农民工主要集中在鞋革制造、服装、机械五金等技术含量较低的工业企业内，所从事的工作主要靠手工或半手工劳动完成的占80.2%；只有6%的农民工从事机械化劳动或较为轻松的劳动。

农民工年龄呈年轻化趋势，受调查农民工平均年龄为30岁，其中16—30周岁的约占58%；30—40周岁的约占29%，40周岁以上为13%。“80后”进城务工青年已成为农民工队伍的重要组成部分。虽然农民工年龄结构趋向年轻化，但受教育程度却偏低，大部分农村青年都是初中毕业后外出打工的，被访问者中初中以下文化程度的达68.6%，接受高中或中专教育的占30%，大学专科以上文化程度的只有1.4%。

（二）工作环境欠佳，超时、超强劳动现象比较普遍

走访过程中，农民工反映最多的问题就是工作时间过长，无休息日。由于工种性质关系，很多制造加工企业采取计件方式支付劳动报酬。为提高工资收入或完成企业下达的订单任务，大部分工人只好放弃休息加班加点，其中每天工作8—10小时的占20%；工作10小时以上的占71%；工作8小时或8小时以下的不到11%。有47%的农民工每月只有1天休息；还有28%的农民工

从来没有休息日；只有 24%的农民工每月能休息 2 天以上。而且农民工主要集中在劳动密集型产业和劳动环境差、危险性高的劳动岗位，导致农民工职业病发病率和工伤事故发生率较高。据统计，2010 年青田县劳动部门受理的工伤认定案件超过 200 件。

（三）劳动工资收入偏低，生活成本较高

调查显示，该县农民工收入普遍不高，月平均工资在 1500—2000 元的占 46%；月平均工资为 1000—1500 元的占 15.8%；月平均工资为 2000—3000 元占 29.5%；月工资 3000 元以上的占 8.7%。由于招工难等原因，企业管理人员近年来开始重视员工提高工资待遇等要求，帮助员工解决了一些实际困难。由于青田是著名的侨乡，消费水平相对较高，很多农民工感到在青田生活压力大。据统计，约 64%的农民工平均每月用于个人或家庭的支出在 1000 元左右，每月支出 1000—1500 元的占 23%，每月支出 1500 元以上的占 13%左右，远远高出我省其他县市。在各项支出中，最大的支出是房租，平均每月为 200 元左右，约占他们工资收入的 10%；其次是药费支出。另外，企业欠薪现象仍然存在，有 9.2%的农民工每月不能按时领到工资。

（四）居住状况虽有所改善，但不同企业差别很大

农民工的居住状况逐年改善。2008 年我县农民工住单位内部的占总数的 36%，有 16275 人；2009 年住单位内部的人数增加到 20555 人；2010 年住单位内部的人数增加到 30346 人，占总数的 56.7%。总体来看，一些规模企业较重视农民工的居住问题，为农民工免费提供带卫生设施的集体宿舍，为工作五年以上的夫妻职工提供夫妻房或帮助租房并给予一定的租房补助。而一些小企业或未建集体宿舍楼的企业农民工只能在厂区外租用民房，居住面积较小，设施简陋。还有一些农民工只能住在工棚中，环境卫生和食物安全条件很差。统计显示，截至 2010 年 12 月 31 日，我县住在工地现场的农民工有 3598 人，占总数的 6%；租住民房的有 22411 人，占总数的 41.8%。

二、工业企业农民工生存状况的主要问题及影响

（一）农民工流动性大，企业“留工难”问题突出

从全国看，“招工难”是一个普遍现象，主要原因是农民工选择返乡创业或留在农村生活，外出人数减少。2010 年在青田县就业的农民工人数比 2009 年大幅下降，2009 年为 63489 人，2010 年为 53508 人。企业员工流动性很大，乡镇干部和企业管理人员普遍反映“招工难”且“留工”更难。如意尔康鞋业集团目前在册的一年以上固定农民工为 1600 多名，而实际用工人数为 4000 多名，超出的 2400 名多为流动工人。这些工人都是短期就业的，长则几个月，短则

几天,流动非常频繁。被调查的外来务工人员中,来青田就业时间最短的只有三个多月,最长的达18年,来青田就业五年以上的工人不到18%。劳动强度大、劳动时间长也是农民工不愿安心留在企业工作的主要因素。

(二) 社会保障水平低,农民工维权意识淡薄

从县劳动部门了解到,2010年全县参加企业职工基本养老保险23683人,职工医疗保险参保26739人,职工工伤保险参保45018人,生育保险参保12528人。数据表明,我县农民工的劳动合同签订率和社会保险率偏低。与其他行业相比,工业企业劳动合同签订率相对较高,占78%以上。但实际上,由于农民工流动频繁,企业很少与短期劳动的工人签订合同。有九成以上的农民工自愿放弃参加社会劳动保险,主要原因是参加社保,农民工要增加个人负担。

(三) 园区设施功能不完善,"社会距离"增大

青田县大部分工业园区都建在离城区中心较远的地段,园区内交通、文化、购物、休闲等功能不尽完善。很多企业的农民工反映,工业园区的公共文化设施建设滞后,精神文化及娱乐休闲活动十分缺乏。尽管一些较大规模企业在内部专门为工人开设健身、娱乐场所并适时举办一些文化活动,丰富企业文化,但毕竟场地有限,无法满足需要。调查显示,农民工空闲时的活动:睡觉10%;看电影电视43%;玩游戏6%;看书看报12%;其他如上网、体育活动、上公园等形式来丰富、充实业余生活的占29%;业余时间经常或偶尔参加各类培训以提高劳动技能的占36%,从来没有参加过培训的占30%。对县城主要街道熟悉程度:熟悉15.8%,一般32.6%,不熟悉42.6%,从未去过县城的占10%。当被问到你对青田工作环境的感受时,认为"不好"的占12%,认为"一般"的占54%,只有32%的人认为"好"或"非常好";当被问及是否想在青田安家时,有92%的人表示"从未想过"。以上情况表明,外来农民工与城市居民的"社会距离"实际上是在逐渐增大。

(四) 社会待遇不公,存在和谐隐患

农民工作为一个进退于城市和农村之间的特殊群体,他们在职业上是工人,而身份上依然是农民,在城市生活中属于边缘群体,他们不能与城市居民享受到同样的待遇,内心往往存在孤独感和失落感。农民工劳动强度高、工资待遇差,失业后又得不到医疗、养老等保障,容易造成逆反心理和苦闷情绪,进而引发社会问题。2010年青田县查获的违法犯罪人员中外来务工人员达273人。如果政府对农民工放任不管,将会是一个巨大的社会和谐隐患。实际上大量外来务工人员涌入给区域承载、城市建设和政府的社会管理带来了巨大压力。

三、改善农民工生存问题的建议与对策

善待农民工，切实保障他们的权益是政府管理的基本价值取向，也是我国城乡统筹、经济社会健康发展的需要。

（一）完善公平政策，优化务工环境

首先，要从促进经济发展和社会进步的角度出发，对农民工的就业、劳动安全、工资发放、权益保护、子女入学、创业等问题进一步作出明确规定，制定公平就业政策，逐步建立市场经济体制下新型的城乡关系；其次，要突破户籍管理制度的限制，逐步把农民工的医疗、子女入学等公共服务和社会保障纳入城市管理体制；第三，新闻媒体要充分发挥舆论导向作用，引导城市居民正确认识和客观评价农民工。

（二）做好规划建设，改善园区环境

政府要从社会和谐、区域发展的重要战略高度，充分研究区域人口的承载能力，确定长远和近期的人口发展战略目标，并就人口发展与城市基础设施、公共卫生、环境保护、义务教育、社会治安、住房建设用地、灾害预防等方面进行统筹规划。同时，要引导企业加快转型升级，实现劳动密集型产业向高新技术产业的转移，减少单位用工需求，降低人口压力。在实践中，还要重视农民工出行难、子女入学难等实际问题，加快工业园区的配套功能项目的规划和建设，包括交通道路网、公共文化设施和民工子弟学校等项目的建设。

（三）发挥党团作用，丰富企业文化

依托工青妇等各类组织实现党组织对非公企业的组织覆盖和工作覆盖。加大党组织主导下农民工读书会、联谊会等党的外围组织组建力度，各级党团组织要开展经常性多种形式的学习交流活动。同时，企业所在地乡镇要因地制宜建立文化广场、“打工之家”等文化宣传阵地，组建文学社、读书俱乐部等，定期开展健康有益的文体活动，增进农民工间的友谊和联系，引导他们和谐融入城市生活。有条件的企业要开设心理咨询室，积极做好农民工的心理疏导工作。

（四）加强教育培训，提高综合素质

建立由政府领导、部门负责、社会参与的农民工管理服务体系。具有一定规模的企业实行“谁用人、谁管理、谁培训”的原则；小型分散的用工单位，应由劳动部门联合工青妇等社会力量，对他们进行分层次、多渠道的系统培训。鼓励农民工参加自学考试、成人高考或网络教育等，接受基础教育和职业技能教育，为他们获得学历证书和职业资格证书创造条件，切实提高农民的就业能力和综合素质。

（五）加强维权工作，保障民工权益

要发挥各类维权机构的作用，及时受理农民工的维权事务的咨询、投诉，提供形式多样的维权、法律服务。建立“民工服务中心”，完善法律援助机制，并从农民工的实际需要出发加强法制教育，使他们学法、守法并能运用法律维护自身权益。同时，联合有关部门加强安全检查，采取有效措施解决劳动安全、人身伤害、工资拖欠等问题。

国家统计局青田调查队